OECD ECONOMIC STATISTICS

*OECD economic statistics for 25 countries
are available in printed publications, and on magnetic tape and microfiches.
This wealth of data, available from no other single source,
covers the economic situation of individual OECD countries
as well as the OECD area as a whole.*

MONTHLY PUBLICATIONS

Main Economic Indicators
Tables and graphs showing recent developments in national accounts, industrial production, deliveries, stocks and orders, construction activity, retail and wholesale trade, labour force, wages, prices, finance, foreign trade and balance of payments.

**Monthly Statistics of Foreign Trade:
Series A**
Summary foreign trade statistics for each OECD country broken down by countries of origin and destination, and volume and average value indices.

QUARTERLY PUBLICATIONS

Quarterly Labour Force Statistics
Tables and graphs showing quarterly changes in the labour force, unemployment and employment by sex, age and industry.

Quarterly National Accounts
Quarterly statistics covering final expenditures on GDP and its industrial origin, the composition of final consumption and capital formation.

Indicators of Industrial Activity
Monthly and quarterly indices of output, deliveries, orders, prices and employment in mining, manufacturing and utilities, and quarterly data from surveys of business conditions (published jointly with the OECD Industrial Analysis Division).

ANNUAL PUBLICATIONS

Labour Force Statistics
Detailed statistics on population, labour force, employment and unemployment, broken down by sex, employment status and industry.

National Accounts *(2 volumes)*
National accounts statistics compiled according to the joint UN-OECD *System of National Accounts.*
Volume I: Main Aggregates;
Volume II: Detailed Tables.

Foreign Trade by Commodities: Series C
(2 volumes)
Matrix tables showing trade between OECD countries and partner countries for commodity groups defined at the 1 and 2-digit levels of the *Standard International Trade Classification.* Separate volumes are published for exports and imports.

Historical Statistics
Analytical statistics showing long-term trends and structure of major economic variables such as national income, population, employment, foreign trade, prices, wages, interest rates, money supply and finance (published as a companion volume to the July *Economic Outlook*).

MAGNETIC TAPES

Magnetic tape versions of the publications listed above are also available; they contain the same series as the printed publications but for longer time periods. Tapes are also available for quarterly balance of payments statistics, leading and cyclical indicators, and stocks of fixed capital. In addition, selected parts of the computerized foreign trade file, which contains detailed time series of imports and exports according to the *Standard International Trade Classification,* can be provided on magnetic tape or computer listings.

MICROFICHES

Series B: Trade by country
Statistics of a single year's trade for each OECD country, giving full commodity and partner country detail.

Series C: Trade by commodity
Statistics of a single year's trade in commodities and groups of commodities between OECD countries and trade partners.

For further information mail the attached coupon for a free brochure.

Please, send me more information about and prices for:

Veuillez me faire parvenir des informations complémentaires et des indications sur les prix des :

☐ MAGNETIC TAPES / BANDES MAGNÉTIQUES   ☐ MICROFICHES { BY COUNTRY — PAR PAYS / BY COMMODITY — PAR PRODUIT

☐ COMPUTER EXTRACTIONS / EXTRAITS DU FICHIER INFORMATIQUE   ☐ PUBLICATIONS

Name/Nom ....

Title/Fonction ....

Organisation ....

Address/Adresse ....

....

.... Tel ....

LES STATISTIQUES ÉCONOMIQUES DE L'OCDE

Les statistiques économiques de l'OCDE portent sur vingt-cinq pays et sont disponibles sous forme de publications, de bandes magnétiques et de microfiches. Cette masse de données, qu'aucune autre source ne peut fournir dans leur totalité, couvre à la fois la situation économique des divers pays Membres et celle de la zone de l'OCDE dans son ensemble.

PUBLICATIONS MENSUELLES

Principaux indicateurs économiques
Tableaux et graphiques retraçant l'évolution récente des comptes nationaux, de la production industrielle, des livraisons, stocks et commandes, de l'activité de la construction, commerce de gros et de détail, de la population active, des salaires, des prix, des finances, du commerce extérieur et de la balance des paiements.

Statistiques mensuelles du commerce extérieur : Série A
Statistiques récapitulatives du commerce extérieur de chaque pays de l'OCDE, ventilées par pays d'origine et de destination ainsi que les indices de volume et de valeurs moyennes.

PUBLICATIONS TRIMESTRIELLES

Statistiques trimestrielles de la Population active
Tableaux et graphiques présentant les variations trimestrielles de la population active, du chômage et de l'emploi par sexe, âge et branche d'activité.

Comptes nationaux trimestriels
Données trimestrielles donnant la ventilation du PIB par emplois et par genres d'activité, la composition de la consommation finale et de la formation de capital.

Indicateurs des activités industrielles
Indices mensuels et trimestriels concernant la production, les livraisons, les commandes, les prix et l'emploi dans les industries extractives et manufacturières et les entreprises de services publics, et données trimestrielles tirées d'enquêtes de conjoncture (publiés conjointement avec la division des Analyses industrielles).

PUBLICATIONS ANNUELLES

Statistiques de la Population active
Statistiques détaillées sur la population, la population active, l'emploi et le chômage, ventilées par sexe, situation dans la profession et branche d'activité.

Comptes nationaux *(2 volumes)*
Statistiques des comptes nationaux établies à partir du *Système de comptabilité nationale* commun aux Nations-Unies et à l'OCDE.
Volume I : Principaux agrégats;
Volume II : Tableaux détaillés.

Commerce extérieur par produits : Série C
(2 volumes)
Tableaux présentant sous forme matricielle les échanges entre les pays de l'OCDE et leurs partenaires commerciaux pour des catégories de produits correspondant aux sections et divisions (un et deux chiffres) de la *Classification type pour le commerce international*. Les exportations et les importations font l'objet de volumes séparés.

Statistiques rétrospectives
Données analytiques retraçant l'évolution à long terme et la structure de grandes variables économiques comme le revenu national, la population, l'emploi, le commerce extérieur, les prix, les salaires, les taux d'intérêt, la masse monétaire et les finances (volume publié en complément des *Perspectives Économiques* du mois de juillet).

BANDES MAGNÉTIQUES

Les publications énumérées ci-dessus existent aussi sous forme de bandes magnétiques; celles-ci contiennent les mêmes séries que les ouvrages imprimés mais couvrent des périodes plus longues. Il existe aussi des bandes magnétiques pour les statistiques trimestrielles de la balance des paiements, les indicateurs avancés et conjoncturels, et les stocks de capital fixe. Il est également possible d'obtenir sur bandes magnétiques ou listing certains extraits du fichier informatique du commerce extérieur, qui contient des séries chronologiques détaillées des importations et des exportations regroupées suivant la *Classification type pour le commerce international*.

MICROFICHES

Série B : Commerce par pays
Statistiques commerciales relatives à une année donnée pour chaque pays de l'OCDE, avec ventilation complète par produits et par pays partenaires.

Série C : Échanges par produits
Statistiques des échanges entre les pays de l'OCDE et leurs partenaires commerciaux, relatives à une année donnée, par produits et groupes de produits.

OECD - OCDE

Division des Statistiques économiques et des Comptes nationaux

2, rue André-Pascal

75775 PARIS CEDEX 16   FRANCE

Pour tous renseignements complémentaires, veuillez remplir et expédier le coupon ci-contre qui vous permettra de recevoir une notice d'information à titre gracieux.

OECD
DEPARTMENT
OF ECONOMICS AND STATISTICS
DÉPARTEMENT DES
AFFAIRES ÉCONOMIQUES ET STATISTIQUES
OCDE

NATIONAL ACCOUNTS

MAIN AGGREGATES   VOLUME I   PRINCIPAUX AGRÉGATS

COMPTES NATIONAUX

1960-1983

ORGANISATION FOR ECONOMIC CO-OPERATION AND DEVELOPMENT
ORGANISATION DE COOPÉRATION ET DE DÉVELOPPEMENT ÉCONOMIQUES

INTRODUCTION

National Accounts is published in two separate volumes.

VOLUME I

The **first volume** gives for each country the main aggregates calculated according to either the present[1] or the former[2] Systems of National Accounts. After a summary of the definitions of these main aggregates, this volume is divided into five parts.

Part one contains graphs for each country showing the growth in real terms of *Gross domestic product* and *expenditure*.

Part two gives for the OECD as a whole, OECD-Europe, EEC, and for each country the main aggregates in national currencies.

Part three gives "growth triangles" for the main components of final expenditure. These triangles are made up of geometric average annual rates of change in per cent between any two years within the period shown.

Part four gives a set of comparative tables (US dollars, volume and price indices, population and exchange rates), with totals for groups of countries and for the OECD as a whole. For the comparative tables the national accounts data have been converted into U.S. dollars using market or official exchange rates[3]. It must be emphasized that these rates do not necessarily reflect the relationships between the internal purchasing powers of currencies and may consequently distort intercountry comparisons of GDP and its components.

Part five contains a set of comparative tables using **purchasing power parities (PPPs)**. These tables enable direct comparisons to be made of the volumes of final goods and services produced in the eighteen Member countries for which PPPs are available.

VOLUME II

The **second volume** gives detailed national accounts for each country. To the extent that data are available, the following tables are shown:

1. Main aggregates.
2. Private final consumption expenditure by type and purpose (current and constant prices).
3. Gross fixed capital formation by kind of activity of owner (current and constant prices).
4. Gross capital formation by type of good and owner (current and constant prices).
5. Total government outlays by function and type.
6. Accounts for general government.
6.1 Accounts for central government.
6.2 Accounts for state or provincial government.
6.3 Accounts for local government.
6.4 Accounts for social security funds.
7. Accounts for non-financial and financial corporate and quasi-corporate enterprises.
7.1 Accounts for non-financial corporate and quasi-corporate enterprises.
7.2 Accounts for financial institutions.
8. Accounts for households and private unincorporated enterprises.
9. Accounts for private non-profit institutions serving households.

Les *Comptes nationaux* sont publiés en deux volumes séparés.

VOLUME I

Le **premier volume** présente pour chaque pays les principaux agrégats de comptabilité nationale évalués conformément soit au nouveau[1] soit à l'ancien[2] Système de Comptabilité Nationale. Après un rappel sommaire des définitions suivant les deux systèmes de ces principaux agrégats, ce volume se divise en cinq parties.

La **première partie** présente, sous forme de graphiques, l'évolution en termes de volume du *Produit intérieur brut* et de ses *emplois*.

La **deuxième partie** comprend pour l'OCDE-Total, l'OCDE-Europe, la CEE et pour chaque pays les données en monnaies nationales des principaux agrégats.

La **troisième partie** présente des « triangles de croissance » pour les principales composantes de la dépense. Ces triangles de croissance sont composés de moyennes géométriques de pourcentages annuels de variation enregistrées entre deux années quelconques de la période montrée.

La **quatrième partie** fournit un ensemble de tableaux comparatifs (dollars, indices de volume et de prix, population et taux de change) avec les groupes de pays (OCDE-Europe et CEE). Pour les tableaux comparatifs, les données des comptes nationaux ont été converties en dollars E.-U. en utilisant le taux de change du marché ou le taux de change officiel[3]. Il faut souligner que ces taux ne reflètent pas nécessairement les rapports entre les pouvoirs d'achat intérieurs des monnaies et peuvent donc rendre inexactes les comparaisons entre le PIB et ses composantes d'un pays à l'autre.

La **cinquième partie** contient un ensemble de tableaux comparatifs établi à partir des **parités de pouvoir d'achat (PPA)**. Ces tableaux permettent des comparaisons directes entre les volumes de biens et services finals produits dans les dix-huit pays Membres pour lesquels des PPA sont disponibles.

VOLUME II

Le **deuxième volume** présente les statistiques détaillées de chaque pays. Dans la mesure de la disponibilité des données, les tableaux montrés sont les suivants :

1. Principaux agrégats.
2. Consommation finale privée par catégorie de dépenses et par fonction (prix courants et prix constants).
3. Formation brute de capital fixe par genre d'activité (prix courants et prix constants).
4. Formation brute de capital selon la nature des biens (prix courants et prix constants).
5. Dépenses des administrations publiques par fonction et par nature.
6. Comptes des adminstrations publiques.
6.1 Comptes des administrations centrales.
6.2 Comptes des administrations provinciales.
6.3. Comptes des administrations locales.
6.4 Comptes des administrations de sécurité sociale.
7. Comptes des sociétés et quasi-sociétés, non financières et financières.
7.1 Comptes des sociétés et quasi-sociétés non financières.
7.2 Comptes des institutions financières.
8. Comptes des ménages et entreprises individuelles.
9. Comptes des institutions privées sans but lucratif au service des ménages.

10. External transactions, current and capital accumulation accounts.
11. Capital finance accounts.
12. Gross domestic product by kind of activity (current and constant prices).
13. Cost components of value added by kind of activity.
14. Profit shares and rates of return on capital.
15. Employment by kind of activity.

A table on page 6 of Volume II shows which of these data are available for each country. The explanatory notes to the tables appear at the end of each country section.

Two annexes are included at the end of Volume II. **Annex I** is a glossary of the technical terms used in the present System of National Accounts (S.N.A.); **Annex II** gives a full set of English and French translations of the item descriptions in the detailed country tables.

The national accounts in both volumes have been prepared from statistics reported to the OECD by Member countries in their answers to successive *National Accounts Questionnaires*. These questionnaires are designed to collect internationally comparable data according to either the *Present* S.N.A. or the *Former* S.N.A. Although Member countries have all agreed to adopt the *Present* S.N.A. a number are still using the earlier system or can give data for only a few years according to the *Present* S.N.A. The country tables in both volumes indicate the system used by each country. There are numerous differences between the *Present* S.N.A. and the earlier system as regards valuation, classifications and definitions, and these must be taken into account when comparing data compiled according to different systems.

The following signs and abbreviations are used:

*	: Secretariat estimates
..	: not available
—	: nil or negligible
.	: decimal point
billion	: thousand million
n.e.c.	: not elsewhere classified
c.i.f.	: cost, insurance and freight
f.o.b.	: free on board

EEC: European Economic Community: Belgium, Denmark, France, Germany, Greece, Ireland, Italy, Luxembourg, Netherlands and the United Kingdom.
OECD-Europe: All European Member countries of OECD, *i.e.* countries in EEC plus Austria, Finland, Iceland, Norway, Portugal, Spain, Sweden, Switzerland and Turkey.

OECD-Total: All Member countries of OECD, *i.e.* countries of OECD-Europe plus Canada, United-States, Japan, Australia and New Zealand.

---

1. *A System of National Accounts* (Series F. No. 2, Rev 3) New York, United Nations, 1968.
2. *A system of National Accounts and Supporting Tables* (Series F, No. 2, Rev 2) New York, United Nations, 1964.
3. The rates used are the period average market rates/par or central rates shown in *International Financial Statistics* published by the International Monetary Fund.

---

10. Transactions extérieures, compte courant et compte d'accumulation de capital.
11. Comptes de financement de capital par secteur.
12. Produit intérieur brut par genre d'activité (prix courants et prix constants).
13. Coûts constitutifs de la valeur ajoutée par genre d'activité.
14. Part des bénéfices et taux de rendement.
15. Emploi par genre d'activité.

La disponibilité de ces données est précisée dans le tableau page 6, et les notes explicatives relatives aux tableaux apparaissent à la fin du chapitre du pays.

Deux annexes sont incluses à la fin du volume II. L'**Annexe I** est un glossaire des termes techniques utilisés dans le nouveau Système de Comptabilité Nationale (S.C.N.); l'**Annexe II** comprend les traductions anglaise et française des rubriques des tableaux par pays.

Les deux volumes des comptes nationaux sont préparés à l'aide de l'information statistique fournie à l'OCDE par les pays Membres dans leurs réponses aux *Questionnaires des comptes nationaux* des dernières années. Ces questionnaires sont destinés à rassembler des données comparables au niveau international et conformes soit au *nouveau* S.C.N. ou à l'*ancien* S.C.N. Bien que tous les pays Membres aient été d'accord pour adopter le *nouveau* S.C.N., un certain nombre de pays utilisent encore le système précédent ou ne peuvent fournir des données que pour quelques années suivant le *nouveau* S.C.N. Les pages de couverture des tableaux par pays dans les deux volumes spécifient le système utilisé par chaque pays. Il existe de nombreuses différences entre le *nouveau* S.C.N. et le système précédent en ce qui concerne les évaluations, les classifications et les définitions et il faut en tenir compte lorsqu'on compare des données compilées selon des systèmes différents.

Les signes et abréviations utilisés sont les suivants :

*	: estimations du Secrétariat
..	: non disponible
—	: nul ou négligeable
.	: point décimal
billion	: mille millions
n.d.a.	: non défini ailleurs
c.a.f.	: coût, assurance et fret
f.o.b.	: free on board

CEE : Communauté Économique Européenne : Belgique, Danemark, France, Allemagne, Grèce, Irlande, Italie, Luxembourg, Pays-Bas et Royaume-Uni.
OCDE-Europe : Ensemble des pays européens membres de l'OCDE, *i.e.* les pays de la CEE plus Autriche, Finlande, Islande, Norvège, Portugal, Espagne, Suède, Suisse et Turquie.

OCDE-Total : Ensemble des pays membres de l'OCDE, *i.e.* les pays de l'OCDE-Europe plus Canada, États-Unis, Japon, Australie et Nouvelle-Zélande.

---

1. *Système de Comptabilité nationale* (série F, n° 2, Rev 3) Nations Unies, New York, 1970.
2. *Système de Comptes nationaux et Tableaux connexes* (série F, n° 2, Rev 2), Nations Unies, New York, 1964.
3. Les taux utilisés sont les moyennes mensuelles des taux du marché/parité ou taux central montrés dans *International Financial Statistics* publié par le Fonds Monétaire International.

TABLE OF CONTENTS - TABLE DES MATIÈRES

I. Graphs .... 15 .... **I. Graphiques**

II. Main aggregates - Principaux agrégats

OECD-Total	22
OECD-Europe	24
EEC	26
Canada	28
United States	30
Japan	32
Australia	34
New Zealand	36
Austria	38
Belgium	40
Denmark	42
Finland	44
France	46
Germany	48
Greece	50
Iceland	52
Ireland	54
Italy	56
Luxembourg	58
Netherlands	60
Norway	62
Portugal	64
Spain	66
Sweden	68
Switzerland	70
Turkey	72
United Kingdom	74
Yugoslavia	76

III. Growth triangles - Triangles de croissance

OCDE-Total	80
OCDE-Europe	81
CEE	82
Canada	83
États-Unis	84
Japon	85
Australie	86
Nouvelle-Zélande	87
Autriche	88
Belgique	89
Danemark	90
Finlande	91
France	92
Allemagne	93
Grèce	94
Islande	95
Irlande	96
Italie	97
Luxembourg	98
Pays-Bas	99
Norvège	100
Portugal	101
Espagne	102
Suède	103
Suisse	104
Turquie	105
Royaume-Uni	106
Yougoslavie	..

IV. Comparative tables

Aggregates in U.S. Dollars	110	Agrégats en dollars des É.-U.
Volume indices	118	Indices de volume
Price indices	120	Indices de prix
Population	122	Population
Exchange rates	122	Taux de change

V. Purchasing power parities .... 123 .... **V. Parités de pouvoir d'achat**
Explanatory notes .... 128 .... Notes explicatives

DEFINITION OF MAIN AGGREGATES
DÉFINITION DES PRINCIPAUX AGRÉGATS

1. Private final consumption expenditure

In present SNA: The sum of (*i*) the expenditure of resident households as consumers on non-durable and durable goods, except land, and on services, reduced by their net sales (sales *less* purchases) of second-hand goods, scraps and wastes, and (*ii*) the excess of the gross output of the producers of private non-profit services to households over the sum of their sales of services and new goods and their own-account production of fixed assets which is not separated out as an industry. It is equivalent to the sum of (*i*) the purchases, *less* sales of goods and services by households and of non-durable goods and services by the private non-profit services, reduced by the value of the own-account production of fixed assets mentioned above and (*ii*) the compensation of employees, consumption of fixed assets and payments of indirect taxes by the private non-profit services.

The expenditure of resident households includes (*i*) their purchases abroad, apart from outlays in connection with business, (*ii*) the value of receipts *less* disbursements of gifts in kind in respect of the rest of the world, (*iii*) the imputed gross rent of owner-occupied dwellings, (*iv*) where appropriate, food and other items produced on own-account and consumed, valued at producers' values and (*v*) wages and salaries in kind, such as food, shelter, clothing, valued at cost to the employer.

The purchases of the private non-profit services include transfers in kind of non-durable goods and services from government services, industries and the rest of the world.

Differences in the former systems. In the former systems included are (*i*) the final consumption expenditure of the private non-profit bodies mainly serving households or government which are entirely, or mainly, financed and controlled by the public authorities, (*ii*) the outlays of private non-profit bodies on machinery and equipment, (*iii*) an imputation of a bank service charge to households and (*iv*) household payments of motor vehicle taxes and similar government levies; and excluded are (*i*) the consumption of fixed assets in respect of machinery and equipment by private non-profit bodies, (*i*) nominal fees paid by individuals for government services or for the services of industries and private non-profit bodies, which are to be treated as government purchases, and (*iii*) government payments directly to industries and private non-profit bodies for services rendered directly to individuals which should be classed as the individuals' purchases in the case of the present SNA. (In the former SNA only).

2. Government final consumption expenditure

In present SNA: The excess of the gross output of government services over the sum of their sales of services and new goods and the value of their own account production of fixed assets which is not segregated as an industry. It is equivalent to the sum of (*i*) purchases, *less* sales, of goods and services on current account, reduced by the value of the aforementioned own account production of fixed assets, (*ii*) compensation of employees, (*iii*) consumption of fixed assets and (*iv*) any payments of indirects taxes.

Goods and services on current account cover (*i*) non-

1. Consommation finale privée

Dans le nouveau SCN: Somme *i*) des dépenses faites par les ménages résidents, en tant que consommateurs, au titre de biens durables et non durables (à l'exception des terres) et au titre de services, diminuées de leurs ventes nettes (ventes *moins* achats) de biens d'occasion, de rebuts et de déchets, et *ii*) de l'excédent de la production brute des institutions privées sans but lucratif desservant les ménages sur la somme de leurs ventes de services et de biens neufs et de leur production de biens de capital fixe pour compte propre qui n'est pas classée comme branche d'activité marchande distincte. Cette valeur est égale à la somme des éléments suivants : *i*) les achats (*moins* les ventes) de biens et services effectués par les ménages et les achats de biens non durables et de services effectués par les institutions privées sans but lucratif, diminués de la valeur de la production de biens de capital fixe pour compte propre mentionnée ci-dessus, et *ii*) la rémunération des salariés, la consommation de biens de capital fixe et les paiements d'impôts indirects des organismes privés sans but lucratif.

Les dépenses des ménages résidents comprennent *i*) les achats qu'ils font à l'étranger, exception faite des dépenses liées à des activités commerciales, *ii*) la valeur des dons en nature reçus du reste du monde, diminuée des paiements correspondants, *iii*) le loyer brut imputé des logements occupés par leurs propriétaires, *iv*) lorsqu'il y a lieu, les produits alimentaires et autres qui sont produits pour compte propre et consommés, à la valeur au départ de l'unité de production, et *v*) les traitements et salaires en nature, tels que les denrées alimentaires, le logement et l'habillement, évalués au prix payé par l'employeur.

Les achats de produits et de services rendus aux ménages par les institutions privées sans but lucratif comprennent les transferts en nature de biens non durables et de services provenant de services des administrations publiques, de branches d'activité marchande et du reste du monde.

Différences entre les anciens systèmes et le nouveau SCN. La définition des anciens systèmes : *i*) la consommation finale des organismes privés sans but lucratif desservant essentiellement les ménages ou les administrations publiques, qui sont entièrement ou principalement financés et contrôlés par les pouvoirs publics, *ii*) les dépenses consacrées par les organismes privés sans but lucratif aux machines et au matériel, *iii*) l'imputation des frais bancaires aux ménages, *iv*) les paiements de taxes sur les véhicules à moteur et autres redevances payables aux administrations publiques par les ménages ; elle exclut : *i*) la consommation de biens de capital fixe correspondant à l'utilisation de machines et de matériel par des institutions privées sans but lucratif, *ii*) les paiements nominaux faits par des particuliers au titre de services rendus par les administrations publiques ou au titre de services rendus par des branches d'activité marchande et des institutions privées sans but lucratif, qui doivent être considérées comme des achats des administrations publiques, et *iii*) les paiements effectués directement par les administrations publiques en faveur de branches d'activité marchande et d'organismes sans but lucratif pour des services fournis directement à des particuliers, qui doivent être considérés dans le nouveau SCN comme des achats des particuliers (dans l'ancien SCN seulement).

2. Consommation finale des administrations publiques

Dans le nouveau SCN: Excédent de la production brute des services des administrations publiques sur la somme de leurs ventes de services et de biens neufs et de la valeur de leur production de biens de capital fixe pour compte propre qui ne peut être mise à part comme branche d'activité marchande distincte. Cette valeur est l'équivalent de la somme *i*) des achats (*moins* les ventes) de biens et services en compte courant, diminués de la valeur de la production de biens de capital fixe pour compte propre mentionnée

durable goods and scraps therefrom, except commodities held in stocks of special importance to the nation and sales, including grants, of large quantities of surplus goods, (*ii*) durable goods, except land, used primarily for military purposes and (*iii*) all services. The purchases cover transfers in kind received from foreign government but exclude commodities purchased from industries and granted to foreign governments or to private non-profit services to households. Also included are services and goods which industries and the private non-profit services furnish directly to individuals when these items should be treated as purchased by government. The sales cover (*i*) voluntary payments to government in respect of dispositions of goods and services on current account and (*ii*) grants of similar second hand goods to foreign governments and to private non-profit services.

Differences in the former systems. In the former systems included are (*i*) the military surplus and equipment purchased from industries and granted to foreign governments; (*ii*) the operating surplus (net rent) of buildings owned and occupied by government services, (*iii*) royalties paid for patents, copyrights, etc., by General Government (in the former SSNA only), and (*iv*) government payments directly to industries and private non-profit bodies for services furnished directly to individuals which should in the present SNA be considered as the individuals' purchases (in the former SNA only) but excluded are (*i*) the final consumption expenditure of the private non-profit bodies classed as government services in the present SNA, (*ii*) the military supplies and equipment granted by foreign governments and (*iii*) depreciation of government equipment and machinery used for civilian purposes; and not deducted are the nominal fees paid by individuals for government services or for the services of industries or private non-profit bodies which should be classed as government purchases.

3. Gross fixed capital formation

In present SNA: The outlays (purchases and own-account production) of industries, producers of government services and producers of private non-profit services to households on additions of new and imported durable goods to their stocks of fixed assets, reduced by the proceeds of their net sales (sales *less* purchases) of similar second-hand and scrapped goods. Excluded is the outlay of government services on durable goods primarily for military purposes. Included are (*i*) dealers' margins and other transfer costs only in respect of transactions in land, mineral deposits, timber tracts etc., (*ii*) outlays on the reclaiming and improving of land, (*iii*) expenditure on developing and extending timber tracts, mines, plantations, orchards, vineyards, etc. and (*iv*) outlays on alterations in, and additions to, fixed assets which significantly extend their life time of use, or increase their productivity. Outlays on repair and maintenance in order to keep fixed assets in good working condition are classed as current expenditure. Breeding and draught animals, dairy cattle, animals raised for wool clip are, in principle, to be classed as fixed assets, but it may be necessary to include some of these animals in increases in stocks.

ci-dessus, *ii*) de la rémunération des salariés, *iii*) de la consommation de biens de capital fixe, *iv*) de tous paiements d'impôts indirects.

Les biens et services en compte courant comprennent *i*) les biens non durables et les déchets qui en proviennent, à l'exception des stocks de produits d'une importance particulière pour la nation et les ventes et dons de grosses quantités de stocks excédentaires, *ii*) les biens durables, à l'exclusion des terres, utilisés essentiellement à des fins militaires, *iii*) tous les services. Les achats comprennent les transferts en nature reçus de gouvernements étrangers, mais ne comprennent pas les biens et services marchands achetés à des branches d'activité marchande et cédés en tant que dons à des gouvernements étrangers ou à des institutions privées sans but lucratif desservant les ménages. Ils comprennent également les services et biens que les branches d'activité marchande et les institutions privées sans but lucratif fournissent directement à des particuliers lorsqu'il y a lieu de considérer que ces biens et services ont été achetés par des administrations publiques. Les ventes comprennent *i*) les paiements faits librement aux administrations publiques pour la vente de biens et services en compte courant, *ii*) les dons de biens d'occasion analogues faits à des gouvernements étrangers et à des institutions privées sans but lucratif.

Différences entre les anciens systèmes et le nouveau SCN. La définition des anciens systèmes comprenait *i*) les fournitures et matériels militaires achetés à des branches d'activité marchande et octroyés en tant que dons à des gouvernements étrangers, *ii*) l'excédent d'exploitation (loyer net imputé) des bâtiments qui appartiennent à des services des administrations publiques et qui sont occupés par eux, *iii*) les droits de brevets, droits d'auteur, etc., payés par l'Etat (dans l'ancien SNCN seulement), et *iv*) les paiements effectués directement par les administrations publiques en faveur des branches d'activité marchande et d'organismes sans but lucratif pour des services fournis directement à des particuliers, qui doivent être considérés dans le nouveau SCN comme des achats des particuliers (dans l'ancien SCN seulement); mais elle ne comprenait pas *i*) les dépenses de consommation finale des organismes privés sans but lucratif, selon le nouveau SCN, sont considérés comme des services des administrations publiques, *ii*) les fournitures et le matériel militaire reçus en dons de gouvernements étrangers, *iii*) l'amortissement de matériel et de machines appartenant aux administrations publiques et utilisés à des fins civiles. Ne sont pas déduits les paiements nominaux faits par les particuliers pour les services des administrations publiques ou pour les services de branches d'activité marchande ou d'organismes privés sans but lucratif, qui doivent être considérés comme des achats des administrations publiques.

3. Formation brute de capital fixe

Selon le nouveau SCN: Dépenses (achats et production pour compte propre) que les branches d'activité marchande, les producteurs des services rendus par les administrations publiques et des services rendus aux ménages par les organisations privées sans but lucratif effectuent pour ajouter des biens durables neufs et importés à leurs biens de capital fixe, ces dépenses étant diminuées de leurs ventes nettes (ventes *moins* achats) de biens analogues d'occasion ou de rebut. Ne sont pas comprises les dépenses consacrées par les administrations publiques à des biens durables destinés essentiellement à des utilisations militaires. Sont comprises *i*) les marges des intermédiaires et autres frais de transfert se rapportant uniquement aux transactions relatives à des terres, des gisements miniers, des forêts, etc., *ii*) les dépenses consacrées à la remise en valeur ou à l'amélioration des terres, *iii*) les dépenses consacrées à l'exploitation et l'extension des forêts, des mines, plantations, vergers, vignobles, etc., *iv*) les dépenses consacrées à améliorer ou à modifier les actifs fixes de façon à en augmenter notablement la durée de l'usage ou la productivité. Les dépenses d'entretien et de réparation destinées à maintenir les biens de capital fixe en bon état de fonctionnement sont considérées comme des dépenses courantes. Les animaux de reproduction et de trait, les vaches laitières, les animaux qui sont élevés pour la laine doivent en principe, être classés comme biens de capital fixe, mais il peut être nécessaire de comprendre certains de ces animaux dans les variations de stocks.

The value of the additions to fixed assets should cover all costs directly connected with the acquisition and installation of the fixed assets for use, e.g. purchase price, custom and other indirect taxes, transport, delivery and installation charges, site clearance, planning and designing costs, legal fees. The costs of financing the additions, such as flotation costs, underwriters' commisions, advertising bond issues, are excluded. It may be necessary to value fixed assets produced on own-account at explicit cost instead of producers' values.

The acquisition of fixed assets is to be recorded at the moment when the ownership of the goods passes to the buyer. In the case of construction projects this is taken to be at the time that work is put in place.

Differences in the former systems. In the former systems included in transactions in second-hand fixed assets are purchases and sales of land, timber tracts, mineral deposits, etc.; excluded are (*i*) additions to the machinery and equipment of private non-profit bodies mainly serving households or the public authorities, (*ii*) additions to stocks of breeding and draught animals, dairy cattle, etc. and (*iii*) the costs of developing and extending plantations, orchards, vineyards and timber tracts excepting land clearance; and outlays of an extra-territorial body of a foreign government on construction are allocated to the country where the construction is located instead of the country of the foreign government.

4. Increase in stocks

In present SNA: The value of the physical change in (*i*) stocks of raw materials, work in progress (other than work put in place on structures, roads and other construction projects) and finished goods held by industries and (*ii*) stocks of strategic materials or other commodities of importance to the nation held by producers of government services. Excluded in principle are increases in breeding and draught animals, dairy cattle, animals raised for wool clip. Included in principle are changes in stocks of commodities located abroad which are owned by resident units and excluded are stocks held in the country which are owned by non-resident units.

The physical change in stocks during a period of account may be valued at an average of prices ruling over the period. Purchased commodities added to, or withdrawn from, stocks should, in principle, be valued at purchasers' values. Commodities processed internally which are added to, or withdrawn from, stocks should, in principle, be valued at producers' values, but it may be practicable to use explicit costs only.

Differences in the former systems. In the former systems, in principle, (*i*) included are changes in the stocks of breeding stocks, draught animals, dairy cattle, etc. and (*ii*) additions to, and withdrawals from, stocks of commodities internally processed are to be valued at cost.

5. Exports and imports of goods and services

In present SNA: The value of all goods and services which residents sell to, and purchase from, non-residents. The categories of these goods and services are defined in Table 6.4 of *A System of National Accounts* (Series F, N° 2, Rev. 3) U.N., 1968.

The major category « exports and imports of merchandise » is broadly speaking the equivalent of general exports and imports of merchandise in international trade statistics, with the additions and omissions which are given in the afore-

CEE

Principaux Agrégats

milliards de dollars É-U

1972	1973	1974	1975	1976	1977	1978	1979	1980	1981	1982	1983	
												DÉPENSES IMPUTÉES AU P.I.B.
												Aux prix courants et taux de change de 1980
177.31	203.57	242.19	287.43	322.37	355.19	398.58	450.41	522.24	594.31	655.60	714.84	1. Consommation finale des administrations publiques
637.22	717.68	814.36	930.41	1 058.86	1 183.06	1 315.02	1 486.72	1 685.85	1 879.69	2 075.82	2 258.67	2. Consommation finale privée
..	..	..	..	..	..	..	..	..	..	..	..	3. Ménages
..	..	..	..	..	..	..	..	..	..	..	..	4. Institutions privées sans but lucratif au service des ménages
8.62	23.79	23.87	-8.20	22.80	20.57	17.15	38.64	37.88	-6.35	9.13	4.41	5. Variations des stocks
255.50	285.87	311.21	329.36	372.45	408.94	453.41	520.57	593.74	621.22	657.10	696.47	6. Formation brute de capital fixe
1 078.65	1 230.91	1 391.63	1 538.99	1 776.48	1 967.76	2 184.16	2 496.34	2 839.72	3 088.88	3 397.66	3 674.40	7. **Demande intérieure totale**
257.81	310.71	409.36	423.29	509.33	573.27	622.09	719.89	820.59	949.81	1 049.87	1 128.75	8. Exportations de biens et services
242.39	298.22	404.96	407.91	504.68	556.74	592.02	717.82	843.37	946.09	1 040.40	1 100.46	9. *Moins :* Importations de biens et services
0.12	0.27	0.31	0.01	0.53	0.03	-.48	-.67	-1.39	-2.19	1.57	2.09	10. Divergence statistique
1 094.19	1 243.68	1 396.34	1 554.38	1 781.67	1 984.32	2 213.76	2 497.74	2 815.56	3 090.41	3 408.70	3 704.77	11. **Produit intérieur brut**
												Aux taux de change et niveaux de prix de 1980
415.37	432.16	443.93	463.53	476.49	481.15	498.48	511.84	522.24	531.04	534.98	542.38	1. Consommation finale des administrations publiques
1 346.75	1 410.49	1 426.14	1 450.68	1 505.14	1 541.53	1 603.10	1 663.05	1 685.85	1 689.85	1 700.28	1 719.94	2. Consommation finale privée
..	..	..	..	..	..	..	..	..	..	..	..	3. Ménages
..	..	..	..	..	..	..	..	..	..	..	..	4. Institutions privées sans but lucratif au service des ménages
18.76	56.48	45.73	-13.97	34.28	26.73	22.18	43.73	37.88	-6.57	7.24	4.84	5. Variations des stocks
542.23	566.66	545.28	519.94	537.65	543.95	560.50	584.19	593.74	565.19	556.43	558.27	6. Formation brute de capital fixe
2 323.12	2 465.78	2 461.08	2 420.18	2 553.55	2 593.35	2 684.26	2 802.82	2 839.72	2 779.50	2 798.93	2 825.43	7. **Demande intérieure totale**
539.73	597.68	645.66	625.17	690.63	724.93	757.47	804.67	820.59	852.83	865.62	880.08	8. Exportations de biens et services
577.83	641.64	649.57	619.73	693.62	711.20	750.06	824.24	843.37	827.88	848.50	861.23	9. *Moins :* Importations de biens et services
-6.74	-9.08	-6.62	-3.32	-4.31	-1.20	0.29	1.21	-1.39	4.57	6.89	9.05	10. Divergence statistique
2 278.27	2 412.74	2 450.54	2 422.30	2 546.25	2 605.87	2 691.96	2 784.45	2 815.56	2 809.02	2 822.95	2 853.33	11. **Produit intérieur brut**
												RÉPARTITION DU P.I.B. [1]
147.98	164.88	179.68	197.68	230.19	259.76	294.11	341.49	388.26	427.11	475.72	524.53	1. Impôts indirects
21.62	26.60	32.02	38.51	44.14	49.64	57.42	65.49	71.11	80.07	89.47	97.91	2. *Moins :* Subventions
105.28	119.74	142.99	166.03	191.75	213.45	239.09	271.51	314.14	356.49	396.15	430.74	3. Consommation de capital fixe
587.13	676.33	783.39	894.58	1 009.23	1 122.81	1 246.88	1 400.94	1 594.32	1 753.13	1 911.00	2 057.30	4. Rémunération des salariés payée par les producteurs résidents
276.84	311.16	321.16	332.55	387.92	437.57	489.69	549.99	588.82	631.30	720.47	795.56	5. Excédent net d'exploitation
-1.42	-1.83	1.15	2.05	6.73	0.38	1.42	-.70	1.13	2.45	-5.17	-5.44	6. Divergence statistique
1 094.20	1 243.68	1 396.34	1 554.38	1 781.67	1 984.32	2 213.76	2 497.74	2 815.56	3 090.41	3 408.70	3 704.77	7. **Produit intérieur brut**
												OPÉRATIONS EN CAPITAL DE LA NATION [1]
												Financement de la formation brute de capital
105.28	119.74	142.99	166.03	191.75	213.45	239.09	271.51	314.14	356.49	396.15	430.74	1. Consommation de capital fixe
168.80	197.05	186.60	155.46	190.76	217.85	246.76	278.83	281.04	236.58	250.93	272.70	2. Epargne nette
8.48	5.02	-4.89	2.31	-6.22	2.16	16.71	-9.57	-35.31	-19.36	-24.34	-2.89	3. *Moins :* Solde des opérations courantes de la nation
-1.47	-2.11	0.60	1.97	6.53	0.38	1.42	-.70	1.13	2.45	-5.25	-5.44	4. Divergence statistique
264.13	309.67	335.08	321.16	395.25	429.51	470.56	559.21	631.62	614.87	666.17	700.89	5. **Financement de la formation brute de capital**
												Formation brute de capital
8.62	23.79	23.87	-8.20	22.80	20.57	17.15	38.64	37.88	-6.35	9.06	4.41	6. Variations des stocks
255.50	285.87	311.21	329.36	372.45	408.94	453.41	520.57	593.74	621.22	657.10	696.47	7. Formation brute de capital fixe
..	..	..	..	..	..	..	..	..	..	..	..	8. Divergence statistique
264.13	309.67	335.08	321.16	395.25	429.51	470.56	559.21	631.62	614.87	666.17	700.89	9. **Formation brute de capital**
												RELATIONS ENTRE LES PRINCIPAUX AGRÉGATS [1]
1 094.20	1 243.68	1 396.34	1 554.38	1 781.67	1 984.32	2 213.76	2 497.75	2 815.56	3 090.41	3 408.70	3 704.78	1. **Produit intérieur brut**
3.78	4.88	4.89	2.53	4.09	2.31	5.65	9.07	6.67	0.80	-5.03	-5.21	2. *Plus :* Revenu net des facteurs reçu du reste du monde
..	..	..	..	..	..	..	..	..	..	..	..	3. Revenu des facteurs reçu du reste du monde
..	..	..	..	..	..	..	..	..	..	..	..	4. Revenu des facteurs payé au reste du monde
1 097.97	1 248.56	1 401.23	1 556.92	1 785.75	1 986.64	2 219.41	2 506.82	2 822.22	3 091.21	3 403.67	3 699.57	5. *Égal :* **Produit national brut**
105.28	119.74	142.99	166.03	191.75	213.45	239.09	271.51	314.14	356.49	396.15	430.74	6. *Moins :* consommation de capital fixe
0.15	0.24	0.17	-.06	0.03	..	..	..	..	..	..	..	7. *Plus :* Divergence statistique
992.84	1 129.05	1 258.41	1 390.83	1 594.04	1 773.19	1 980.32	2 235.31	2 508.09	2 734.72	3 007.52	3 268.83	8. *Égal :* **Revenu national**
-10.72	-12.34	-14.18	-15.60	-14.96	-16.68	-19.01	-20.70	-19.20	-23.87	-28.78	-25.99	9. *Plus :* Transferts courants nets reçus du reste du monde
..	..	..	..	..	..	..	..	..	..	..	..	10. Transferts courants reçus du reste du monde
..	..	..	..	..	..	..	..	..	..	..	..	11. Transferts courants payés au reste du monde
982.12	1 116.71	1 244.23	1 375.23	1 579.08	1 756.51	1 961.31	2 214.60	2 488.89	2 710.85	2 978.75	3 242.84	12. *Égal :* **Revenu national disponible**
814.52	921.25	1 056.55	1 217.84	1 381.23	1 538.26	1 713.61	1 937.14	2 208.10	2 474.01	2 731.44	2 973.50	13. *Moins :* Consommation finale
1.21	1.60	-1.08	-1.93	-7.09	-.41	-.94	1.36	0.25	-.26	3.63	3.36	14. *Plus :* Divergence statistique
168.80	197.05	186.60	155.46	190.76	217.85	246.76	278.83	281.04	236.58	250.93	272.70	15. *Égal :* **Épargne nette**
8.48	5.02	-4.89	2.31	-6.22	2.16	16.71	-9.57	-35.31	-19.36	-24.41	-2.89	16. *Moins :* Solde des opérations courantes de la nation
-1.47	-2.11	0.60	1.97	6.53	0.38	1.42	-.70	1.13	2.45	-5.25	-5.44	17. *Plus :* Divergence statistique
158.85	189.92	192.09	155.12	203.50	216.07	231.47	287.70	317.48	258.39	270.09	270.15	18. *Égal :* **Formation nette de capital**

1. Aux prix courants et taux de change de 1980.

mentioned Table 6.4. International trade statistics necessarily furnish a main basis for compiling data in respect of this category; and the exports or imports of merchandise are often recorded in international trade statistics of a country at the time at which they physically cross out of, or into, her domestic territory. If exports and imports of goods and services are none the less to be recorded in the national accounts at the moment at which a transfer of the ownership takes place between residents and non-residents, the statistics of international trade on merchandise must be adjusted for sales to, and purchases from, non-residents which have not yet crossed the boundaries of the country.

Differences in the former systems. In the former systems (*i*) the outlays of extra-territorial bodies of foreign governments and international agencies on the construction of buildings and other non transportable fixed assets for civilian use are covered in the gross fixed capital formation of the country where the construction takes place, not in the exports of the country of the foreign government, (*ii*) grants of military supplies and equipment by one government to another are excluded from the exports of the donor country and the imports of the receiving country and (*iii*) in former SSNA only: royalties for patents, copyrights, etc., were included in the exports when paid by the rest of the world, in the imports when paid to them.

6. Gross domestic product

In present SNA: The sum of the items in respect of final expenditure on goods and services, in purchasers' values, *less* the c.i.f. value of imports of goods and services; or the sum of the value added of resident producers, in producers' values, *plus* import duties. The value added of resident producers is equivalent to the difference between the value of their gross output, in producers' values, and the value of their intermediate consumption, in purchasers' values; or to the sum of their compensation of employees, operating surplus, consumption of capital assets and excess of indirect taxes over subsidies.

Differences in the former systems. In the former systems included are (*i*) operating surplus (net rent) in respect of buildings owned and occupied by government, (*ii*) motor vehicle duties and similar government levies paid by households and (*iii*) bank service charges to households; excluded are charges in respect of the consumption of machinery and equipment of government and private non-profit services; private non-profit bodies primarily serving business which are entirely, or mainly, financed and controlled by the public authorities are classified as enterprises (industries) rather than as government services; and additions to, and withdrawats from, stocks of internally processed commodities are, in principle, valued at explicit costs rather than at producers' values.

7. Compensation of employees

In the present SNA and the former systems: (*i*) all wages and salaries, in cash and in kind, paid to employees, (*ii*) the contributions made by employers to social security schemes in respect of their employees and (*iii*) the contributions, paid or imputed, made by employers to private pension arrangements, family allowances, health insurance, lay-off and severance pay and other casualty insurance, life insurance and similar schemes in respect of their employees.

statistiques du commerce international, sauf les additions et exclusions indiquées dans le tableau 6.4 susmentionné. Les statistiques du commerce international fournissent nécessairement une base essentielle pour le rassemblement de données relatives à cette catégorie; et les exportations ou importations de marchandises sont souvent enregistrées dans les statistiques du commerce international d'un pays au moment où les marchandises franchissent la frontière. Si les exportations et les importations de biens et services doivent néanmoins être enregistrées dans la comptabilité nationale au moment où s'effectue le transfert de propriété entre résidents et non-résidents, les statistiques du commerce international de marchandises doivent être ajustées compte tenu des biens vendus ou achetés à des non-résidents et qui n'ont pas encore franchi la frontière du pays.

Différences entre les anciens systèmes et le nouveau SCN. Dans les anciens systèmes *i*) les dépenses consacrées par les organismes extra-territoriaux de gouvernements étrangers et par des organisations internationales à la construction de bâtiments et d'autres biens de capital fixe inamovibles à des fins civiles sont comprises dans la formation brute de capital fixe des pays où la construction a lieu, non dans les exportations de ce pays et dans la formation brute de capital fixe du pays étranger, *ii*) les dons de fournitures et de matériel militaires d'un gouvernement à un autre ne sont pas compris dans les exportations du pays donateur ni dans les importations du pays bénéficiaire et *iii*) (dans l'ancien SNCN seulement) les droits de brevets, les droits d'auteur étaient inclus dans les exportations lorsqu'ils étaient payés par le reste du monde, et dans les importations dans le cas contraire.

6. Produit intérieur brut

Selon le nouveau SCN: Somme des rubriques des dépenses finales au titre des biens et services, à la valeur d'acquisition, diminuée de la valeur c.a.f. des importations de biens et services; ou somme de la valeur ajoutée par les producteurs résidents, à la valeur à la production, *plus* les droits et taxes sur importations. La valeur ajoutée par les producteurs résidents est égale à la différence entre la valeur de leur production brute, mesurée à sa valeur à la production, et la valeur de leur consommation intermédiaire, mesurée à la valeur d'acquisition; ou bien à la somme de la rémunération des salariés, de l'excédent d'exploitation, de la consommation de capital fixe et de l'excédent des impôts indirects par rapport aux subventions.

Différences entre les anciens systèmes et le nouveau SCN. La définition des anciens systèmes comprenait *i*) l'excédent net d'exploitation (loyer net) des bâtiments appartenant aux administrations publiques et occupés par elles, *ii*) les taxes sur les véhicules à moteur et autres redevances analogues payables à l'Etat par les ménages, *iii*) la rémunération des services bancaires imputés au compte des ménages; elle ne comprenait pas les dépenses relatives à la consommation de machines et de matériel des administrations publiques et des organismes privés sans but lucratif desservant les ménages. Les organismes privés sans but lucratif desservant essentiellement les entreprises et financés et contrôlés en totalité ou en majeure partie par les pouvoirs publics étaient classés comme entreprises (branches d'activité marchande) et non pas comme services des administrations publiques, et les augmentations ou diminutions des stocks liées aux fabrications des entreprises étaient en principe évaluées d'après les coûts explicites et non pas selon la valeur à la production.

7. Rémunération des salariés

Selon le nouveau SCN et les anciens systèmes: *i*) tous les traitements et salaires versés aux salariés, en espèces aussi bien qu'en nature, *ii*) les contributions que les employeurs versent pour leurs salariés aux caisses de sécurité sociale, et *iii*) les contributions versées ou imputées que les employeurs font pour leurs salariés aux caisses privées de retraite, aux caisses d'allocations familiales, aux systèmes d'assurance médicale, d'indemnités de licenciement et de départ, et à d'autres systèmes d'assurance-dommage, aux caisses d'assurance-vie et autres régimes analogues.

Wages and salaries include commissions, bonuses and tips, cost-of-living allowances, and vacation and sick-leave allowances which are paid directly by employers, but exclude reimbursements of travelling and other expenses incurred by employees for business purposes. Covered are the pay and allowances of members of the armed forces; the fees, salaries, bonuses, etc. of members of the board of directors, managing directors, executives and other employees of incorporated enterprises; and the fees of ministers of religion. Wages and salaries in kind are equivalent to the cost to employers of goods and services furnished to employees free of charge, or at markedly reduced cost, which are clearly and primarily of benefit to the employees as consumers.

8. Operating surplus

In present SNA: The excess of the value added of resident industries over the sum of their costs of employee compensation, consumption of fixed capital, and indirect taxes reduced by subsidies.

Differences in the former systems. In the former systems imputations are included in respect of (*i*) the bank service charges to household final consumption expenditure and (*ii*) the operating surplus (net rent) of buildings, such as office premises, schools, and hospitals, owned and occupied by government services and private non-profit bodies primarily serving businesses which are entirely, or mainly, financed and controlled by the public authorities; and in principle, as well as in practice, additions to, and withdrawals from, stocks of internally processed commodities are to be valued at explicit costs and (*iii*) in former SSNA only, royalties paid for patents or copyrights by the rest of the world (net) or by general government.

9. Domestic factor incomes

The compensation of employees and operating surplus originating in domestic production, in other words, included in the value added of resident producers.

10. Compensation of employees from the r.o.w., net

Income from, and to, the rest of the world arising from compensation of employees.

11. Property and entrepreneurial income from the r.o.w., net

Income from, and to, the rest of the world arising from property and entrepreneurial income.

a) **Property income**

In present SNA: Property income consists of three items: Interest, dividends and rent.
Interest is income payable and receivable in respect of financial claims such as bank and other deposits, bills and bonds, including public debt, other loans, hire-purchase sales and accounts receivable and payable, including consumers' debt, and the equity of households in life insurance actuarial reserves and pension funds. The dividends payable in respect of deposits in mutual saving banks and saving and loan associations are included.
Dividends consists of income payable and receivable in respect of corporate equity securities and other forms of participation in the equity of private incorporated enterprises, public corporations and co-operatives.
Rents consists of payments for the use of rented (leased) land for agricultural and non-agricultural purposes, excluding any portions of the rents which cover (*i*) maintenance costs and/or real estate taxes in respect of the land or (*ii*)

Sont compris dans les traitements et salaires les commissions, pourboires et primes, indemnités de vie chère, sommes reçues pendant les vacances et jours fériés, congés de maladie, quand ces sommes sont versées directement par les employeurs ; le remboursement des frais de voyage, de représentation et autres dépenses encourues à titre professionnel par les salariés n'est pas compris. Les traitements et salaires comprennent également les soldes et indemnités des membres des forces armées ; les jetons de présence, salaires, primes, etc., perçus par les membres de conseils d'administration, présidents, directeurs et autres employés d'entreprises constituées en sociétés ; les rémunérations des ministres du culte. La valeur des traitements et salaires en nature est équivalente au coût pour l'employeur des biens et services fournis au personnel gratuitement ou à un prix sensiblement réduit et qui sont essentiellement et nettement à l'avantage des salariés en tant que consommateurs.

8. Excédent net d'exploitation

Selon le nouveau SCN: Excédent de la valeur ajoutée par les branches d'activité marchande résidentes par rapport à la somme de la rémunération des travailleurs, de la consommation de capital fixe et des impôts indirects diminués des subventions d'exploitation.

Différences entre les anciens systèmes et le nouveau SCN. Dans les anciens systèmes des imputations sont faites *i*) au titre de la rémunération des services bancaires dans les dépenses de consommation finale des ménages, *ii*) au titre de l'excédent d'exploitation (loyer net) des bâtiments tels que les bâtiments administratifs, écoles et hôpitaux, appartenant aux administrations publiques et occupés par elles et aux organismes privés sans but lucratif servant principalement les entreprises et qui sont financés et contrôlés en totalité ou en majeure partie par les pouvoirs publics ; enfin, en principe, et en pratique également, les augmentations ou diminutions des stocks qui sont liées aux fabrications de l'usine doivent être évaluées sur la base des coûts explicites et *iii*) dans l'ancien SNCN seulement, les droits de brevets et les droits d'auteur (nets) payés par le reste du monde ou par l'Etat.

9. Revenu des facteurs issu de la production intérieure

Rémunération des salariés et excédent net d'exploitation issus de la production intérieure, c'est-à-dire compris dans la valeur ajoutée des producteurs résidents.

10. Solde de la rémunération des salariés reçu du r.d.m.

Revenu en provenance, et en direction, du reste du monde résultant de rémunération des salariés.

11. Solde du revenu de la propriété et de l'entreprise reçu du r.d.m.

Revenu en provenance, et en direction, du reste du monde résultant de revenu de la propriété et de l'entreprise.

a) **Revenu de la propriété**

Selon le nouveau SCN: Le revenu de la propriété recouvre les intérêts, les dividendes et les loyers.
Les intérêts représentent le revenu effectif à payer et à recevoir au titre de créances financières telles que les dépôts bancaires et autres, billets à ordre, bons, obligations, y compris les titres de la dette publique, autres prêts, ventes à tempérament, sommes à recevoir et à payer, y compris, les crédits à la consommation, et le droit des ménages sur les réserves techniques d'assurance-vie et de pension. Les dividendes payables au titre de dépôts dans les mutuelles d'épargne et les associations d'épargne et de prêts sont compris.
Les dividendes représentent le revenu à payer et à recevoir au titre des actions et autres formes de participation au capital social des entreprises privées constituées en sociétés, des entreprises publiques et des coopératives.
Quant aux loyers, il s'agit des paiements relatifs à l'utilisation à des fins agricoles et non agricoles, des terres

the use of buildings, structures, facilities or equipment on the land ; and royalties in respect of concessions concerning mineral deposits or the use of patents, copyrights, trademarks, etc.

Differences in the former systems. With respect to interest the former systems differ from the present SNA because in addition to the interest actually due, interest is imputed in respect of the bank deposits of households and enterprises, counter-balancing the bank service charge imputed to them.
There are no differences in the treatment of dividends. Net rent in the former systems is broader in scope because included are actual and imputed net rents in respect of buildings and structures, including buildings owned and occupied by government for civilian purposes. In the former SSNA, however, royalties paid for patents, copyrights, etc. are excluded from proterty income.

b) Entrepreneurial income

In present SNA: Entrepreneurial income may be classified into two categories by source: that from private unincorporated enterprises and that consisting of withdrawals from the entrepreneurial income of quasi-corporate enterprises. The first is the excess of the operating surplus of the enterprises over the obligations to pay property income, i.e., interest, rents, and royalties incurred in connexion with the business.
Withdrawals from the entrepreneurial income of quasi-corporate enterprises consist of actual payments made to the proprietors of quasi-corporate enterprises out of the entrepreneurial income, i.e., the sum of the operating surplus and the net property income of the enterprises. The withdrawals from quasi-corporate enterprises may be negative ; the proprietors may provide funds to the enterprises to compensate for operating losses.
Differences in the former systems. In the case of withdrawals from the entrepreneurial income of quasi-corporate enterprises, there existed no such flow in the former SNA.

12. Indirect taxes

In present SNA: Taxes chargeable to the costs of production of industries, producers of government services and producers of private non-profit services to households in respect of the production, sale, purchase or use of goods and services. Examples are (*i*) import and export duties, (*ii*) excise, entertainment, sales and turnover taxes, (*iii*) real estate and land taxes, unless merely an administrative scheme for collective income tax, (*iv*) levies on value added and the employment of labour, and (*v*) motor vehicle, driving test, licence, airport, passport duties and fees paid by producers. Also included is the operating surplus of fiscal and similar monopolies of government, e.g. in respect of tobacco or of alcoholic beverages, reduced by the normal margin of profit of business units.

Differences in the former systems. In the former systems included are household payments to government bodies of motor vehicle and other duties which are not for the purchase of an identifiable service and are mainly designed to raise revenue.

13. Subsidies

In present SNA: Grants on current account by the public authorities to (*i*) private industries and public corporations

données ou prises à bail, non compris la portion du loyer qui sert à couvrir *i*) les frais d'entretien et, éventuellement, les impôts sur la propriété immobilière frappant les terrains, où *ii*) l'utilisation des bâtiments, constructions, installations ou matériels situés sur ces terres ; sont comprises également les redevances relatives à des concessions de gisements miniers, ou à l'utilisation de brevets, de droits d'auteur ou de marques de fabrique et droits analogues.

Différences entre les anciens systèmes et le nouveau SCN. En ce qui concerne les intérêts, les anciens systèmes se différencient du nouveau SCN en ce sens qu'en plus de l'intérêt effectivement dû, un intérêt est imputé au titre des dépôts en banque des ménages et des entreprises afin d'équilibrer la rémunération des services bancaires qui leur est imputée.
Il n'y a pas de différence dans le traitement des dividendes.
Les loyers nets selon les anciens systèmes ont une acception plus large parce qu'ils comprennent le loyer net, réel et imputé, des bâtiments et autres constructions, y compris les bâtiments appartenant aux administrations publiques et occupés par elles à des fins civiles. Dans l'ancien SNCN, toutefois, les droits de brevets, droits d'auteur, etc., sont exclus du revenu de la propriété.

b) Revenu de l'entreprise

Selon le nouveau SCN: Revenu des entreprises privées non constituées en société et revenu prélevé par les entrepreneurs des quasi-sociétés. Le premier est équivalent à l'excédent d'exploitation, c'est-à-dire les intérêts, loyers et redevances. Quant au second, il s'agit en principe des sommes effectivement versées aux propriétaires des quasi-sociétés, qui sont prélevées à cet effet sur le revenu de l'entreprise, c'est-à-dire la somme de l'excédent d'exploitation et du revenu net de la propriété de ces entreprises. Dans certains cas, le revenu total de l'entreprise peut être en fait transféré à son propriétaire, ou encore on peut être obligé de supposer qu'il en est ainsi. Les prélèvements sur les revenus des quasi-sociétés peuvent être négatifs ; il se peut que des propriétaires versent des fonds aux entreprises pour compenser les pertes d'exploitation.

Différences entre les anciens systèmes et le nouveau SCN. La rubrique concernant le revenu prélevé par les entrepreneurs des quasi-sociétés n'existent pas dans les anciens systèmes.

12. Impôts indirects

Selon le nouveau SCN: Impôts frappant les dépenses de production des branches d'activité marchande, des producteurs des services rendus par les administrations publiques et des producteurs des services rendus aux ménages par les organismes privés sans but lucratif au titre de la production, de la vente, de l'achat ou de l'utilisation de biens et services. Des exemples en sont fournis par *i*) les droits et taxes sur l'importation et l'exportation, *ii*) les droits d'accise et les taxes sur les spectacles, les taxes sur les ventes et le chiffre d'affaires, *iii*) les impôts sur la propriété immobilière bâtie et non bâtie (sauf s'il s'agit d'un simple mode administratif de perception de l'impôt sur le revenu), les taxes sur la valeur ajoutée et sur l'emploi de la main-d'œuvre, et les droits et redevances payés par les producteurs pour les véhicules à moteur, l'examen de permis de conduire, les documents de permis de conduire, les taxes d'aéroport et les passeports. Les excédents d'exploitation des monopoles fiscaux et autres monopoles publics (par exemple, pour la production et la vente du tabac et de l'alcool), diminués de la marge bénéficiaire normale des entreprises, sont également compris.

Différences entre les anciens systèmes et le nouveau SCN. Dans les anciens systèmes sont compris les paiements faits par les ménages aux administrations publiques au titre de droits sur les véhicules à moteur et autres droits analogues, qui ne servent pas à acheter des services identifiables et sont principalement destinés à augmenter les recettes de l'Etat.

13. Subventions d'exploitation

Selon le nouveau SCN: Sommes en compte courant que les pouvoirs publics allouent *i*) aux entreprises privées et *ii*)

and (*ii*) government enterprises to compensate for losses which are clearly the consequence of the price policies of the public authorities. Excluded are current grants to producers of private non-profit services to households.

Differences in the former systems. The former systems include transfers on current account to private non-profit bodies mainly serving business enterprises which are entirely, or primarily, financed and controlled by the public authorities.

14. National income

In present SNA: The sum of (*i*) the compensation of employees received by residents, (*ii*) the net entrepreneurial and property income of residents and (*iii*) indirect taxes reduced by subsidies.

Differences in the former systems. While the formal definition is identical, national income at market prices in the former systems differs from that in the present SNA primarily because included are (*i*) the imputed bank service charges to households, (*ii*) motor vehicle duties and similar levies paid by households and (*iii*) imputed net rents in respect of buildings owned and occupied by government for civilian purposes; and the entrepreneurial income of domestic branches owned by non-residents and the entrepreneurial income of foreign branches owned by residents, are assigned to the owners.

15. Other current transfers, net, from the r.o.w.

In present SNA: This item consists of casualty insurance transactions and unrequited current transfers, except indirect taxes and subsidies. Net casualty insurance premiums are equivalent to total premiums less imputed service charge in respect of health, accident, fire, theft and other casualty insurance, while casualty insurance claims are claims payable and receivable in respect of casualty insurance.
Unrequited current transfers except indirect taxes and subsidies are defined as non-contractual transfers of income, i.e. do not involve a *quid pro quo*, which are utilized to finance consumption, but not accumulation, and are made out of current income, not out of wealth at infrequent intervals. Examples of these transfers are direct taxes on income, social security contributions and benefits, social assistance grants, grants to finance the current operating expenses of private non-profit institutions serving households, grants between governments to finance military or other consumption expenditure. The categories of unrequited current transfers except indirect taxes and subsidies used in the present SNA are defined in Table 7.1 of *A System of National Accounts*.

Differences in the former systems. The scope differs primarily because excluded are (*i*) the counterpart to transfers in kind of military equipment between governments, (*ii*) motor vehicle duties and similar government levies paid by households, (*iii*) unrequited current transfers to private non-profit institutions primarily serving business which are entirely, or mainly, financed, and controlled by the public authorities and (*iv*) current-account grants by corporations to households and to private non-profit institutions primarily serving households or government; not recorded are payments and receipts of unfunded employee welfare benefits and imputed unfunded employee welfare contributions; and included are nominal fees paid by households to government, and consolidated out are current transfers between private non-profit institutions primarily serving households and households. The classification of the transfers is also less detailed than in the present SNA.

---

aux entreprises publiques pour compenser des pertes qui résultent manifestement de la politique des prix appliquée par les pouvoirs publics. Ne sont pas compris les dons courants faits aux organismes privés sans but lucratif fournissant des services aux ménages.

Différences entre les anciens systèmes et le nouveau SCN. Sont compris, dans les anciens systèmes, les transferts en compte courant aux organismes privés sans but lucratif desservant principalement les entreprises qui sont financés ou contrôlés en totalité ou en majeure partie par les pouvoirs publics.

14. Revenu national

Selon le nouveau SCN: Somme des éléments suivants: *i*) rémunération du travail perçue par les résidents, *ii*) revenu net de l'entreprise et de la propriété des résidents et *iii*) impôts indirects diminués des subventions d'exploitation.

Différences entre les anciens systèmes et le nouveau SCN. Quoique le revenu national aux prix du marché selon les anciens systèmes réponde à la même définition théorique que dans le nouveau SCN, il en diffère pour l'essentiel en ce qu'il comprend: *i*) la rémunération des services bancaires imputée aux ménages, *ii*) les droits sur les véhicules à moteur et autres droits analogues payés par les ménages, et *iii*) le loyer net imputé des bâtiments et autres constructions appartenant aux administrations publiques et occupés par elles à des fins civiles; en outre, le revenu de l'entreprise de succursales intérieures appartenant à des non-résidents ainsi que le revenu de l'entreprise de succursales à l'étranger appartenant à des résidents, sont attribués aux propriétaires.

15. Autres transferts courants reçus, nets, du reste du monde

Selon le nouveau SCN: Cette rubrique recouvre les opérations concernant les assurances-dommages et les transferts courants sans contrepartie, à l'exception des impôts indirects et des subventions d'exploitation. Les primes nettes d'assurance-dommages représentent la différence entre le total des primes payables et les frais imputés, pour les assurances contre la maladie, les accidents, l'incendie, le vol et autres formes d'assurances accident, alors que les indemnités d'assurance-dommages sont les sommes à payer ou à recevoir à ce titre.
Les transferts courants sans contrepartie, à l'exception des impôts indirects et de subventions d'exploitation, sont les transferts de revenus autres que les transferts synallagmatiques — autrement dit, ils n'impliquent pas un échange — qui servent à financer la consommation mais non pas l'accumulation et qui sont prélevés sur le revenu courant, et non sur la fortune à de très longs intervalles. On peut citer comme exemples de ces transferts, les impôts directs sur le revenu, les cotisations et prestations de sécurité sociale, les allocations d'assistance, les subventions destinées à financer les dépenses courantes d'exploitation des institutions privées sans but lucratif desservant les ménages, les transferts entre gouvernements destinés à financer les dépenses militaires ou d'autres dépenses de consommation. Les catégories de transferts courants sans contrepartie, à l'exception des impôts indirects et subventions, qui sont utilisées dans le nouveau SCN sont définies au tableau 7.1 du *Système de comptabilité nationale*.

Différences entre les anciens systèmes et le nouveau SCN. Ces différences, quant à l'extension du concept dont il s'agit, tiennent essentiellement à ce qu'en sont exclus dans l'ancien SNCN) *i*) la contrepartie des transferts en nature de matériel militaire entre gouvernements, *ii*) les droits sur les véhicules à moteur et autres redevances payées à l'Etat par les ménages, *iii*) les transferts courants sans contrepartie aux institutions privées sans but lucratif desservant principalement les entreprises et qui sont financées et contrôlées en totalité ou en majeure partie par les pouvoirs publics, et *iv*) les versements et dons en compte courant faits par les sociétés aux ménages et aux institutions privées sans but lucratif desservant principalement les ménages ou l'Etat; n'y sont pas enregistrés les paiements et recettes correspondant aux prestations sociales payées directement par l'employeur, et les contributions imputées pour les prestations sociales payées directement par l'employeur; y

16. National disposable income

In present SNA: Net receipts of residents from employment, entrepreneurship and property and unrequited current transfers.

Differences in the former systems. In the former systems included are (*i*) the bank service charge imputed to households, (*ii*) the operating surplus (net rent) imputed in respect of buildings owned and occupied by the government for civilian purposes, and (*iii*) the transfers to the owners of the total entrepreneurial income of domestic branches of non-residents and the total entrepreneurial income of foreign branches of residents; not recorded are net casualty premiums and claims receivable from, and payable to, the rest of the world; and excluded is the counterpart of transfers in kind of military equipment to, and from, foreign governments.

17. Saving

In present SNA: The excess of disbursements over receipts on current account of resident institutions.

Differences in the former systems. In the former systems (*i*) outlays on machinery and equipment by private non-profit bodies serving households or government are classed as final consumption, not as fixed capital formation, (*ii*) depreciation is not charged in respect of the machinery and equipment of these private non-profit bodies and of government services, (*iii*) the total entrepreneurial income of domestic branches of non-residents and branches abroad of residents is transfered to the owners, and (*iv*) claims receivable (payable) and net casualty premiums payable (receivable) are not recorded.

18. Consumption of fixed capital

In present SNA: The normal wear and tear, foreseen obsolescence, and probable (normally expected) rate of accidental damage not made good by repair in all fixed assets valued at current replacement cost. Charges are not included in respect of unforeseen obsolescence or the depletion of natural resources. No attempt should be made to allow for arrears in the consumption of fixed capital because earlier estimates have been at a lower price level. The charge for the probable rate of accidental damage might be based on past experience or on the net premiums paid for such insurance of the fixed assets.

Differences in the former systems. In the former systems excluded are charges for the consumption of the machinery and equipment of government services and private non-profit services to households.

19. Capital transfers from the rest of the world net

In present SNA and in the former systems: Unrequited transfers, in cash or in kind, which are used for purposes of capital formation or other forms of accumulation, are made out of wealth, or are non-recurrent in the case of either party to the transaction. Examples of capital transfers are grants from one government to another to finance deficits in external trade, investment grants, unilateral transfers of capital goods, legacies, death duties and inheritance taxes,

sont inclus en revanche les droits nominaux payés par les ménages aux pouvoirs publics; enfin sont éliminés par consolidation, les transferts entre les institutions privées sans but lucratif desservant principalement les ménages et les ménages eux-mêmes. La classification des transferts courants sans contrepartie dans les anciens systèmes est aussi moins détaillée que celle du nouveau SCN.

16. Revenu national disponible

Dans le nouveau SCN: Recettes nettes des résidents au titre du revenu de l'emploi, de l'entreprise et de la propriété et du fait des transferts courants sans contrepartie.

Différences entre les anciens systèmes et le nouveau SCN. Dans les anciens systèmes sont inclus: *i*) la rémunération des services bancaires imputée aux ménages, *ii*) l'excédent d'exploitation (loyer net) imputé des bâtiments appartenant aux administrations publiques et occupés par elles à des fins civiles et *iii*) les transferts aux propriétaires du revenu total de l'entreprise de succursales intérieures appartenant à des non-résidents et du revenu total de l'entreprise de succursales à l'étranger appartenant à des résidents; ne sont pas enregistrées les primes nettes et les indemnités d'assurances-dommages à payer au, et à recevoir du, reste du monde; est exclue la contrepartie des transferts en nature de matériel militaire effectués en faveur de, ou reçus de, gouvernements étrangers.

17. Epargne nette

Selon le nouveau SCN: Excédent des ressources par rapport aux emplois en compte courant des institutions résidentes.

Différences entre les anciens systèmes et le nouveau SCN. Dans les anciens systèmes *i*) les dépenses consacrées aux machines et au matériel par les institutions privées sans but lucratif desservant les ménages ou les administrations publiques sont classées comme consommation finale au lieu d'être considérées comme formation de capital fixe, *ii*) il n'est pas prévu de provisions pour amortissement en ce qui concerne les machines et le matériel de ces institutions et des services des administrations publiques, *iii*) la totalité du revenu d'entreprise des succursales appartenant à des non-résidents et celui des succursales à l'étranger appartenant à des résidents est transférée à leurs propriétaires, et *iv*) les indemnités d'assurances-dommages à recevoir (à payer) et les primes nettes d'assurances-dommages à payer (à recevoir) ne sont pas enregistrées.

18. Consommation de capital fixe

Selon le nouveau SCN: L'usure normale, l'obsolescence prévisible et le taux probable (raisonnablement escompté) et non-réparable de tous les actifs fixes, l'évaluation étant faite au cours actuel de remplacement. Il n'est pas tenu compte de détérioration accidentelle, de l'obsolescence imprévisible et de l'épuisement des ressources naturelles. On ne doit pas essayer de faire la part d'un arriéré d'amortissement découlant du fait que les estimations antérieures étaient fondées sur des prix moins élevés. Pour faire la part de la détérioration accidentelle probable, on pourra se fonder sur l'expérience déjà acquise ou sur le montant net des primes à payer pour assurer les actifs fixes contre un tel risque.

Différences entre les anciens systèmes et le nouveau SCN. Dans les anciens systèmes les provisions pour consommation des machines et du matériel des administrations publiques et des organismes privés sans but lucratif desservant les ménages ne sont pas comprises.

19. Transferts en capital reçus, nets, du reste du monde

Dans les anciens systèmes et dans le nouveau SCN: Transferts sans contrepartie, en espèces ou en nature, qui servent à la formation de capital ou à d'autres formes d'accumulation, qui sont prélevés sur la fortune, ou qui ne sont pas périodiques pour l'une des deux parties à l'opération. Comme exemple de transferts en capital, on peut citer les transferts d'un gouvernement à un autre en vue de financer les déficits du commerce extérieur, les subventions

migrants' transfers of fixed or financial assets, indemnities in respect of calamities.

20. Purchases of intangible assets n.e.c., from the r.o.w., net

In present SNA: Purchases, *less* sales, of exclusive rights to mineral, fishing and other concessions, and of leases, patents, copyrights, etc. These transactions involve once-for-all relinquishment and acquisition of the exclusive rights; not included are concessions, leases, licenses to use patents, permission to use patents, permission to publish copyright materials which involve periodic payments of royalties or rents. The purchases and sales are to be valued at the transaction (sales) value of the mineral concession, leases, patents, etc., not including any involved transfer costs.

Differences in the former systems. These transactions are not explicitly included in the flow « net lending » in the former systems.

21. Net lending to the rest of the world

In present SNA: The excess of the sources of finance of accumulation, e.g. saving, capital transfers over the uses of these funds, e.g. gross capital formation and the net acquisition of land; or the excess of net acquisition of financial assets over the net incurrence of liabilities.

Differences in the former systems. The former systems differ primarily because: (*i*) except for the domestic branches of non-residents and the foreign branches of residents, the owners' financing of the gross capital formation of the quasi-corporate enterprises of the present SNA is not treated as a financial transaction, (*ii*) the owners finance the total gross capital formation of these branches, as well as of all other unincorporated enterprises, (*iii*) part of net lending from abroad of a country is the finance of the construction of embassies and other civilian structures by foreign extra-territorial bodies located there and (*iv*) casualty insurance claims receivable (payable), net casualty insurance premiums payable (receivable), and net purchases of intangible assets other than financial claims are not explicitly recorded.

au titre des investissements ou les transferts unilatéraux de biens d'équipement, les donations, les droits de succession, les transferts d'actifs fixes ou d'avoirs financiers faits par les migrants, ou les indemnités versées en cas de calamité.

20. Achats, nets des ventes, au r.d.m., d'actifs incorporels n.d.a.

Selon le nouveau SCN: Achats, moins ventes, de monopoles d'exploitation de gisements miniers, lieux de pêche et autres concessions, de baux, brevets, droits d'auteur, etc. Ces opérations sont des transferts et des acquisitions de caractère définitif de ces droits exclusifs; les concessions, les baux, les licences d'exploitation de brevets, les autorisations de publier des œuvres faisant l'objet de droits d'auteur, qui entraînent des paiements de redevances ou de loyers, ne sont pas compris. Les achats et ventes doivent être évalués à la valeur de vente de la concession minière, du bail, du brevet, etc., non compris les dépenses de transfert y afférentes.

Différences entre les anciens systèmes et le nouveau SCN. Ces opérations ne sont pas explicitement comprises dans le flux « Prêts nets » des anciens systèmes.

21. Capacité de financement de la nation

Selon le nouveau SCN: Excédent des sources de financement de l'accumulation (épargne, transferts en capital) par rapport aux emplois de ces fonds (formation brute de capital et solde des achats et des ventes de terres par exemple); ou encore de l'excédent de la variation des créances sur la variation des engagements.

Différences entre les anciens systèmes et le nouveau SCN. Dans les anciens systèmes les différences portent sur les points suivants: *i*) sauf dans le cas des succursales appartenant à des non-résidents et des succursales des résidents situées à l'étranger, le financement de la formation brute de capital par les propriétaires des quasi-sociétés dans le nouveau SCN n'est pas classé comme opération financière dans l'ancien SNCN; *ii*) dans le cas des succursales mentionnées ci-dessus, ainsi que dans celui de toutes les autres entreprises non constituées en sociétés, le montant de prêts octroyés par les propriétaires est équivalent à leur formation brute de capital totale; *iii*) est inclus dans les prêts nets de l'étranger à un pays le financement de la construction d'ambassades et d'autres bâtiments civils par les organes extra-territoriaux étrangers qui s'y trouvent et *iv*) ne sont pas explicitement enregistrés dans le système les indemnités d'assurances-dommages à recevoir (à payer) et les primes nettes d'assurances-dommages à payer (à recevoir) non plus que le solde des achats et des ventes d'actifs incorporels autres que les créances financières.

PART ONE

PREMIÈRE PARTIE

Graphs
Graphiques

This part contains graphs for each country and groups of countries showing the growth from 1960 to 1983 in real terms of Gross Domestic Product, consumption expenditure, and fixed capital formation.

Cette partie présente, sous forme de graphiques, l'évolution de 1960 à 1983 en termes de volume du Produit Intérieur Brut, de la consommation finale, et de la formation brute de capital fixe.

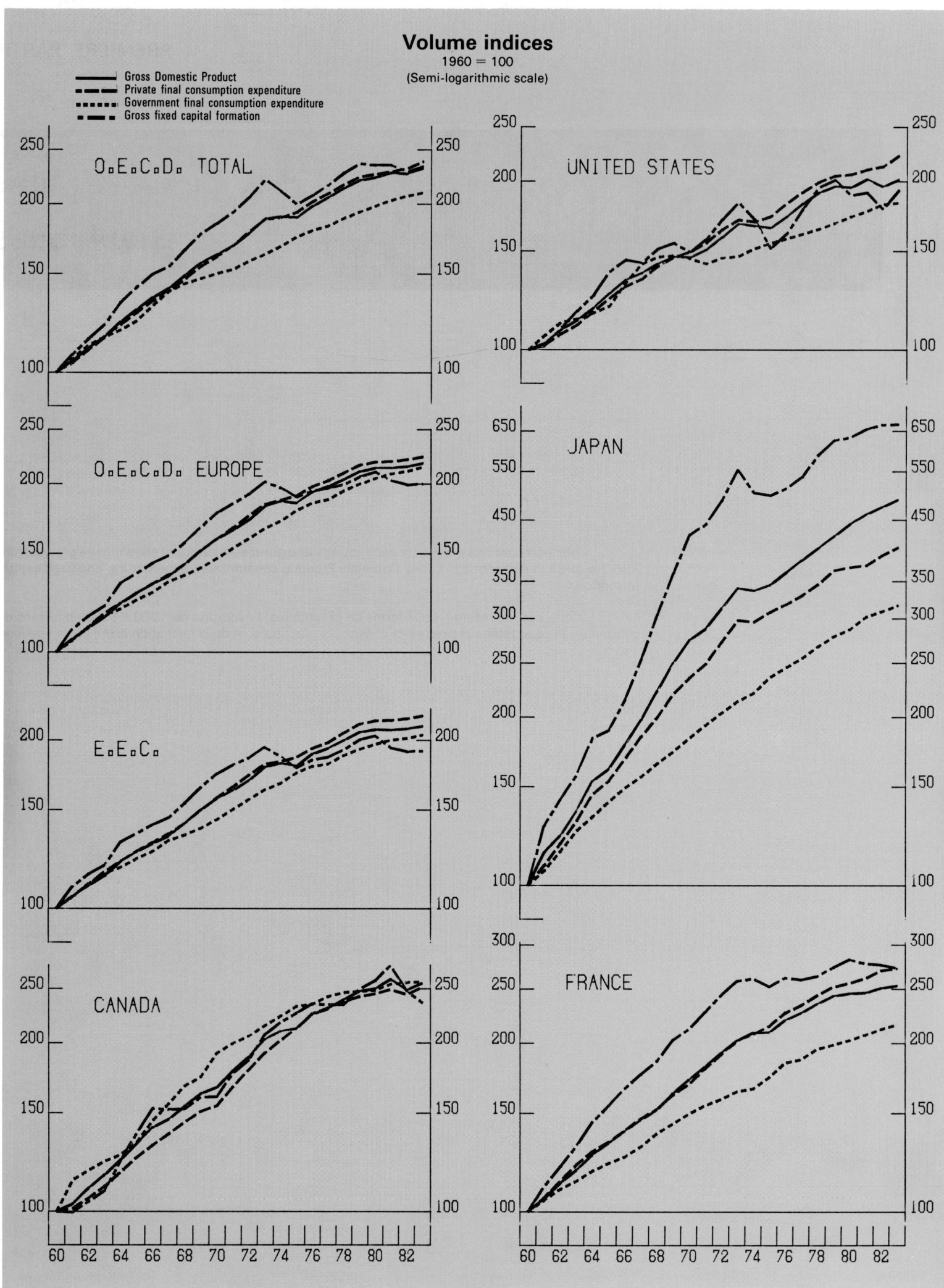

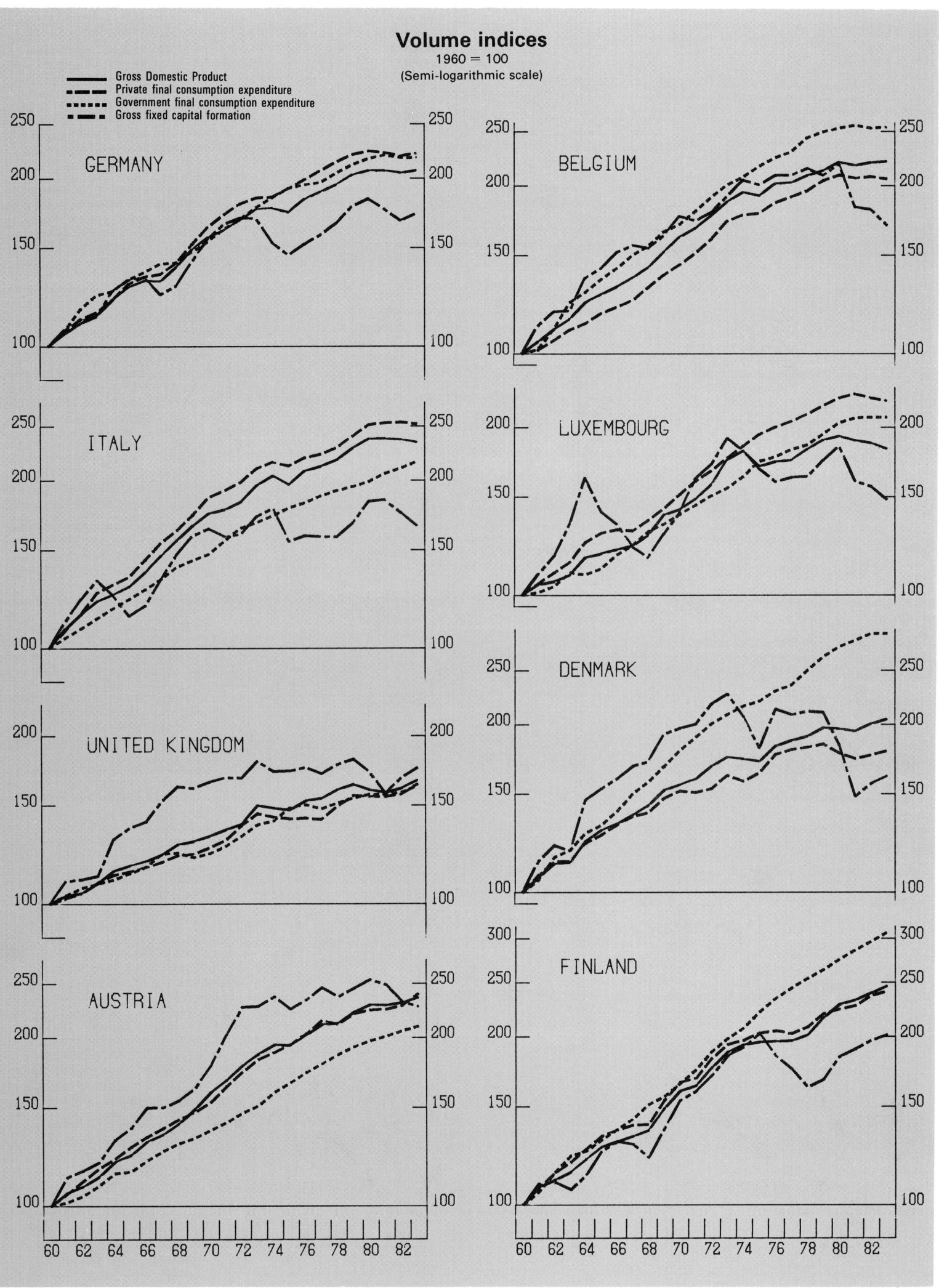

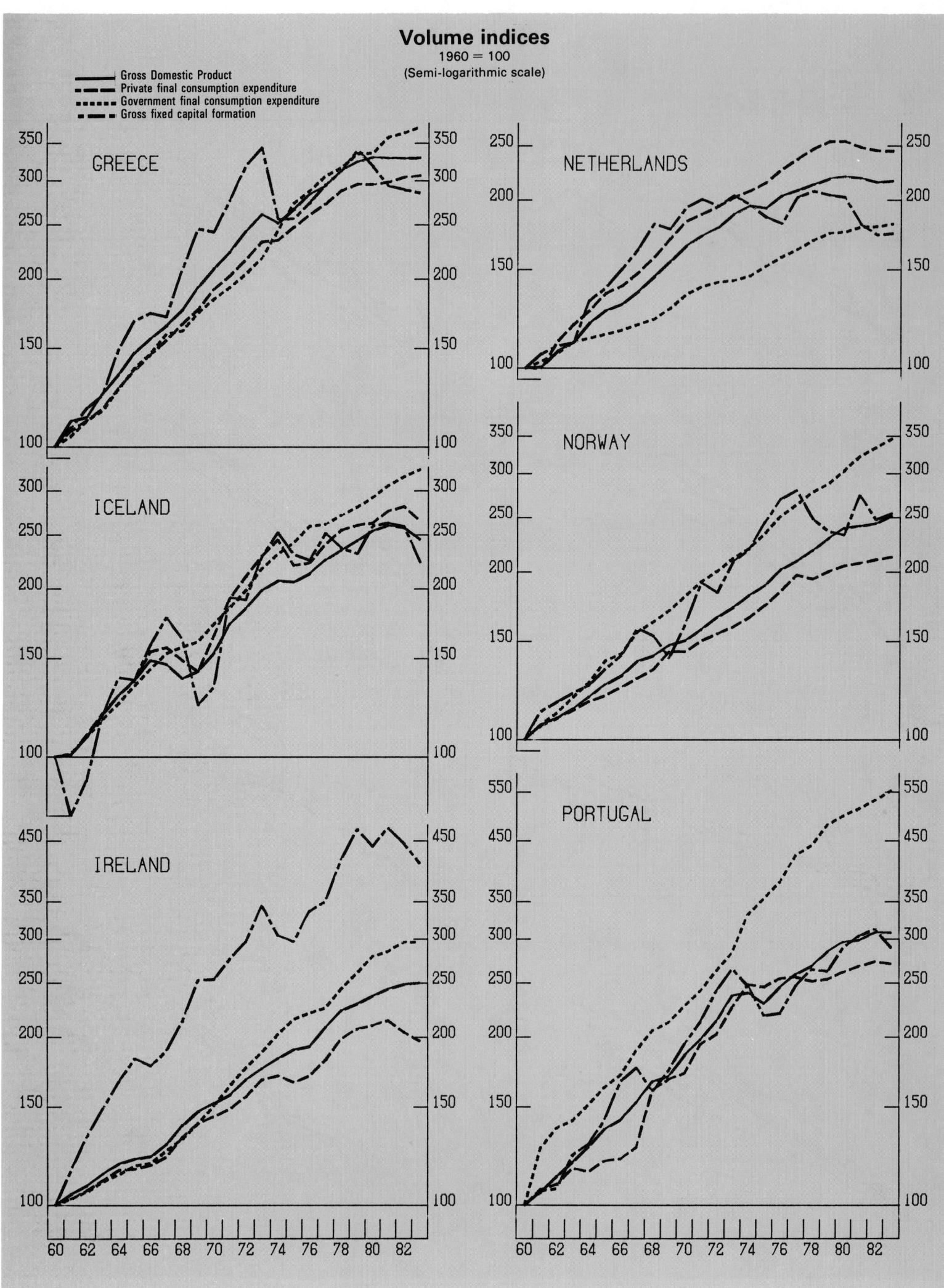

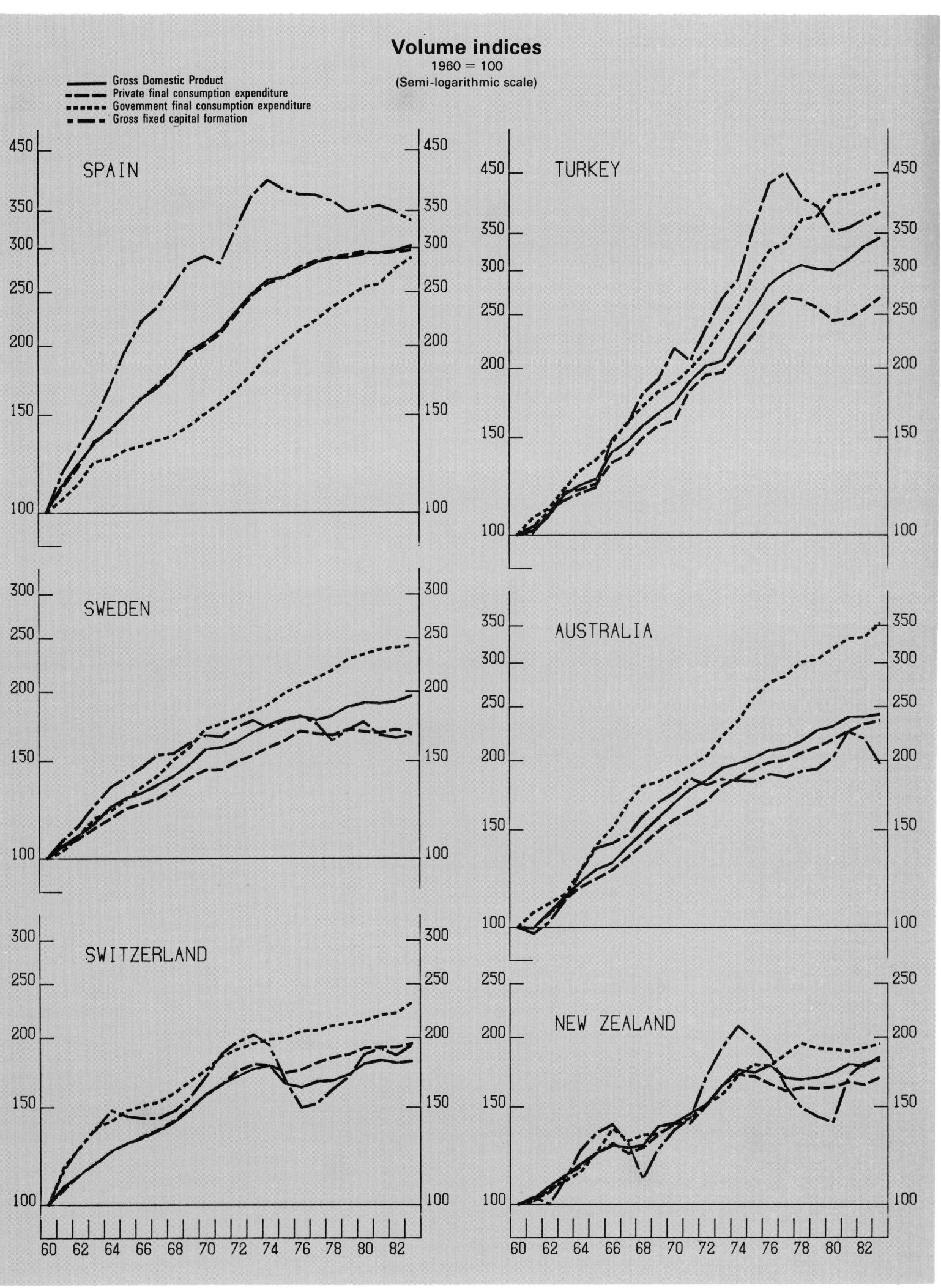

PART TWO

DEUXIÈME PARTIE

Main aggregates
Principaux agrégats

This part presents for each country the following tables:
— Expenditure on the gross domestic product, at current and constant prices.
— Cost components of G.D.P.
— Capital transactions of the nation.
— Relations among national accounting aggregates.

The first three tables, referring to OECD-Total, OECD-Europe and EEC are in U.S. dollars. The data for the individual countries in each group have been converted into U.S. dollars using 1980 exchange rates. The use of constant exchange rates throughout ensures that year to year movements depend only on movements in the current price data for the countries concerned, and are not affected by fluctuations in exchange rates from one year to the next.

To facilitate inter-country comparisons the constant price data are shown at the price levels of 1980. For countries that do not use 1980 as the base year for calculating their constant price series, the constant price data for each aggregate have been scaled up by the ratio in 1980 of the current value of that aggregate to its value at the prices of the base year used by the country concerned. This scaling procedure in no way alters the fact that the constant price series concerned still reflect the *relative* prices of the years actually used. The base years used are given in the tables when they differ from 1980.

Cette partie fournit pour chaque pays les tableaux suivants :
— Produit intérieur brut et ses emplois aux prix courants et aux prix constants.
— Répartition du P.I.B.
— Opérations en capital de la nation.
— Relations entre les principaux agégats de la Comptabilité nationale.

Les trois premiers tableaux concernant l'OCDE-Total, l'OCDE-Europe et la CEE sont exprimés en dollars des É.-U. Les données des pays composant chaque groupe de pays ont été converties en dollars É.-U. en utilisant les taux de change de 1980. L'utilisation de taux de change constant sur toute la période assure le fait que les variations d'une année à l'autre dépendent uniquement des mouvements des données à prix courants des pays concernés et ne sont pas affectées par les fluctuations des taux de change d'une année à l'autre.

Pour faciliter les comparaisons entre pays, les séries à prix constants sont montrées, aux niveaux de prix de 1980. Pour les pays n'utilisant pas 1980 comme année de base de leurs séries à prix constants, les données à prix constants de chaque agrégat ont été multipliées par le rapport en 1980 de la valeur courante de cet agrégat à sa valeur aux prix de l'année de base utilisée par le pays concerné. Cette procédure ne modifie pas le fait que les séries ainsi rebasées aux prix de 1980 reflètent toujours les prix *relatifs* de l'année de base réellement utilisée. Les années de base utilisées sont précisées dans les tableaux lorsqu'elles diffèrent de 1980.

OECD-TOTAL

Main aggregates

billions of US dollars

	1960	1961	1962	1963	1964	1965	1966	1967	1968	1969	1970	1971
EXPENDITURE ON THE G.D.P.												
At current prices and 1980 exchange rates												
1. Government final consumption expenditure	157.41	173.62	191.90	207.38	222.21	241.26	272.56	303.29	329.30	358.27	396.14	438.07
2. Private final consumption expenditure	673.06	713.68	771.62	831.63	901.36	978.59	1 061.99	1 133.87	1 238.68	1 360.47	1 487.05	1 639.14
3. Households	..	..	..	..	..	..	..	..	..	..	..	..
4. Private non-profit institutions serving households	..	..	..	..	..	..	..	..	..	..	..	..
5. Increase in stocks	18.40	17.56	17.21	15.24	21.68	26.41	26.23	22.95	31.36	41.71	37.81	26.96
6. Gross fixed capital formation	222.64	245.01	268.94	292.04	329.15	359.42	391.74	411.03	453.54	510.76	573.19	637.28
7. **Total Domestic Expenditure**	1 071.51	1 149.87	1 249.68	1 346.29	1 474.40	1 605.68	1 752.51	1 871.13	2 052.87	2 271.21	2 494.19	2 741.45
8. Exports of goods and services	140.97	148.12	157.39	171.20	192.80	211.44	234.34	250.84	284.60	326.61	377.09	417.69
9. Less: Imports of goods and services	133.38	141.32	152.51	167.12	187.55	206.18	226.59	239.63	270.82	312.65	362.03	397.03
10. Statistical discrepancy	−.29	−.47	−.20	−.09	−.25	−.52	−.70	−.60	−.17	0.64	−.34	−.53
11. **Gross Domestic Product**	1 078.82	1 156.20	1 254.36	1 350.29	1 479.40	1 610.42	1 759.56	1 881.74	2 066.48	2 285.80	2 508.91	2 761.58
At the exchange rates and price levels of 1980												
1. Government final consumption expenditure	655.74	693.16	732.33	758.27	780.68	809.53	862.14	914.92	944.92	964.73	985.18	1 002.41
2. Private final consumption expenditure	2 053.57	2 134.68	2 250.62	2 368.01	2 499.01	2 624.22	2 754.38	2 865.53	3 016.12	3 175.99	3 310.49	3 458.34
3. Households	..	..	..	..	..	..	..	..	..	..	..	..
4. Private non-profit institutions serving households	..	..	..	..	..	..	..	..	..	..	..	..
5. Increase in stocks	45.92	43.72	37.50	34.92	53.02	61.20	57.25	48.74	56.81	78.83	81.59	50.82
6. Gross fixed capital formation	706.84	759.70	809.77	858.81	941.40	1 002.13	1 059.01	1 091.20	1 169.96	1 249.63	1 305.76	1 366.18
7. **Total Domestic Expenditure**	3 462.08	3 631.26	3 830.21	4 020.02	4 274.11	4 497.09	4 732.78	4 920.39	5 187.81	5 469.18	5 683.02	5 877.75
8. Exports of goods and services	395.72	415.33	437.70	467.30	512.17	548.46	592.24	625.39	695.38	769.07	838.94	893.73
9. Less: Imports of goods and services	431.57	455.95	492.42	530.30	579.12	626.77	680.54	723.90	803.89	893.98	980.46	1 036.20
10. Statistical discrepancy	−23.26	−26.35	−21.82	−20.59	−26.40	−20.86	−18.74	−18.59	−14.72	−6.28	−16.25	−6.82
11. **Gross Domestic Product**	3 402.96	3 564.29	3 753.68	3 936.44	4 180.77	4 397.92	4 625.74	4 803.29	5 064.58	5 337.99	5 525.24	5 728.46
COST COMPONENTS OF THE G.D.P. [1]												
1. Indirect taxes	116.46	126.63	137.48	147.66	161.96	175.28	188.27	203.33	226.26	254.62	275.89	303.92
2. Less: Subsidies	7.81	9.85	10.95	11.79	13.20	15.56	17.75	19.26	26.70	27.29	28.87	31.59
3. Consumption of fixed capital	107.86	116.16	125.20	135.20	147.51	160.89	176.50	192.48	210.78	234.19	266.54	295.20
4. Compensation of employees paid by resident producers	568.16	607.65	663.28	716.43	783.85	857.33	944.38	1 011.93	1 114.01	1 240.08	1 384.71	1 534.23
5. Operating surplus	297.19	313.01	337.48	360.93	395.74	432.55	464.98	492.17	540.41	584.42	613.59	653.09
6. Statistical discrepancy	−3.04	2.60	1.87	1.87	3.54	−.07	3.19	1.09	1.71	−.21	−2.94	6.73
7. **Gross Domestic Product**	1 078.82	1 156.19	1 254.36	1 350.29	1 479.40	1 610.41	1 759.56	1 881.75	2 066.48	2 285.81	2 508.92	2 761.58
CAPITAL TRANSACTIONS OF THE NATION [1]												
Finance of Gross Capital Formation												
1. Consumption of fixed capital	107.86	116.16	125.20	135.20	147.51	160.89	176.50	192.48	210.78	234.19	266.54	295.20
2. Net saving	141.25	147.21	161.52	171.84	202.53	226.82	241.47	246.84	281.76	328.05	356.45	376.27
3. Less: Surplus of the nation on current transactions	5.46	4.04	2.75	1.88	3.08	2.45	3.98	7.04	9.62	9.04	9.21	14.33
4. Statistical discrepancy	−2.60	3.24	2.19	2.13	3.88	0.58	3.98	1.70	1.97	−.73	−2.78	7.10
5. **Finance of Gross Capital Formation**	241.04	262.57	286.16	307.28	350.84	385.83	417.97	433.99	484.89	552.48	611.00	664.23
Gross capital formation												
6. Increase in stocks	18.40	17.56	17.21	15.24	21.68	26.41	26.23	22.95	31.36	41.71	37.81	26.96
7. Gross fixed capital formation	222.64	245.01	268.94	292.04	329.15	359.42	391.74	411.03	453.54	510.76	573.19	637.28
8. Statistical discrepancy	..	..	..	..	..	0.00	0.00	0.00	..	..	..	..
9. **Gross Capital Formation**	241.04	262.57	286.15	307.28	350.84	385.83	417.97	433.98	484.89	552.47	610.99	664.23
RELATIONS AMONG NATIONAL ACCOUNTING AGGREGATES [1]												
1. **Gross Domestic Product**	1 078.82	1 156.20	1 254.36	1 350.29	1 479.40	1 610.42	1 759.56	1 881.74	2 066.48	2 285.81	2 508.92	2 761.58
2. Plus: Net factor income from the rest of the world	4.87	4.70	5.56	6.18	6.44	6.88	6.41	6.83	7.98	8.68	9.25	12.00
3. Factor income from the rest of the world	..	..	..	..	..	..	..	..	..	..	..	..
4. Factor income paid to the rest of the world	..	..	..	..	..	..	..	..	..	..	..	..
5. Equals: **Gross National Product**	1 083.69	1 160.90	1 259.92	1 356.47	1 485.84	1 617.29	1 765.97	1 888.58	2 074.46	2 294.49	2 518.17	2 773.58
6. Less: Consumption of fixed capital	107.86	116.16	125.20	135.20	147.51	160.89	176.50	192.48	210.78	234.19	266.54	295.20
7. Plus: Statistical discrepancy	0.17	−2.62	0.23	−.33	−3.50	−1.75	−2.10	−.94	−3.17	−4.71	0.24	−1.65
8. Equals: **National Income**	976.00	1 042.12	1 134.95	1 220.94	1 334.83	1 454.65	1 587.37	1 695.16	1 860.51	2 055.59	2 251.86	2 476.73
9. Plus: Net current transfers from the rest of the world	−6.68	−7.19	−7.36	−7.99	−8.16	−9.19	−9.63	−10.40	−11.43	−12.82	−14.07	−16.48
10. Current transfers from the rest of the world	..	..	..	..	..	..	..	..	..	..	..	..
11. Current transfers paid to the rest of the world	..	..	..	..	..	..	..	..	..	..	..	..
12. Equals: **National Disposable Income**	969.32	1 034.94	1 127.59	1 212.95	1 326.68	1 445.47	1 577.75	1 684.76	1 849.08	2 042.78	2 237.80	2 460.25
13. Less: Final consumption	830.46	887.29	963.51	1 038.99	1 123.56	1 219.85	1 334.54	1 437.15	1 567.97	1 718.74	1 883.20	2 077.21
14. Plus: Statistical discrepancy	−2.06	−.39	2.05	1.72	0.15	−.73	1.58	−.69	−2.87	−2.98	−.12	3.28
15. Equals: **Net Saving**	141.25	147.21	161.52	171.84	202.53	226.82	241.47	246.84	281.76	328.05	356.45	376.27
16. Less: Surplus of the nation on current transactions	5.46	4.04	2.75	1.88	3.08	2.45	3.98	7.04	9.62	9.04	9.21	14.33
17. Plus: Statistical discrepancy	−2.73	3.30	2.12	2.12	4.02	0.24	3.97	1.70	1.97	−.73	−2.78	7.10
18. Equals: **Net Capital Formation**	133.06	146.48	160.90	172.08	203.47	224.61	241.47	241.49	274.11	318.28	344.45	369.04

1. At current prices and 1980 exchange rates.

OCDE-TOTAL

Principaux Agrégats

milliards de dollars É-U

1972	1973	1974	1975	1976	1977	1978	1979	1980	1981	1982	1983	
												DÉPENSES IMPUTÉES AU P.I.B.
												Aux prix courants et taux de change de 1980
487.53	547.10	641.15	746.25	830.04	915.38	1 015.57	1 134.03	1 300.70	1 467.73	1 615.52	1 744.57	1. Consommation finale des administrations publiques
1 824.89	2 060.05	2 332.72	2 634.14	2 971.73	3 318.25	3 688.52	4 140.36	4 646.01	5 163.15	5 645.08	6 143.07	2. Consommation finale privée
..	..	..	..	..	..	..	..	..	..	..	..	3. Ménages
..	..	..	..	..	..	..	..	..	..	..	..	4. Institutions privées sans but lucratif au service des ménages
25.13	52.81	67.70	−6.63	49.32	56.89	47.57	74.42	56.13	43.52	−.91	0.99	5. Variations des stocks
713.11	830.51	910.77	948.27	1 053.36	1 183.11	1 337.45	1 515.86	1 659.93	1 787.47	1 827.49	1 927.44	6. Formation brute de capital fixe
3 050.66	3 490.47	3 952.34	4 322.03	4 904.45	5 473.63	6 089.11	6 864.66	7 662.76	8 461.88	9 087.19	9 816.08	7. **Demande intérieure totale**
462.21	564.06	749.42	781.90	914.83	1 018.32	1 111.30	1 305.75	1 531.38	1 745.30	1 863.53	1 984.89	8. Exportations de biens et services
440.64	548.21	764.80	762.86	920.90	1 026.82	1 094.02	1 342.69	1 598.76	1 768.41	1 879.16	1 984.73	9. *Moins :* Importations de biens et services
0.57	2.02	2.88	1.24	1.04	−1.06	0.56	0.35	1.02	0.66	2.97	4.47	10. Divergence statistique
3 072.80	3 508.33	3 939.84	4 342.31	4 899.42	5 464.07	6 106.94	6 828.07	7 596.41	8 439.42	9 074.54	9 820.70	11. **Produit intérieur brut**
												Aux taux de change et niveaux de prix de 1980
1 037.41	1 067.28	1 102.59	1 145.20	1 176.42	1 198.64	1 236.76	1 270.05	1 300.70	1 331.23	1 355.50	1 374.02	1. Consommation finale des administrations publiques
3 664.95	3 854.67	3 880.63	3 971.10	4 147.91	4 289.97	4 450.85	4 599.14	4 646.01	4 694.65	4 757.50	4 887.92	2. Consommation finale privée
..	..	..	..	..	..	..	..	..	..	..	..	3. Ménages
..	..	..	..	..	..	..	..	..	..	..	..	4. Institutions privées sans but lucratif au service des ménages
39.54	94.58	103.76	−9.21	58.21	54.51	40.02	75.47	56.13	28.44	8.56	−.69	5. Variations des stocks
1 453.52	1 562.03	1 488.16	1 411.29	1 464.31	1 527.36	1 607.90	1 670.13	1 659.93	1 659.64	1 614.42	1 647.59	6. Formation brute de capital fixe
6 195.43	6 578.57	6 575.15	6 518.38	6 846.85	7 070.48	7 335.53	7 614.79	7 662.76	7 713.96	7 735.97	7 908.84	7. **Demande intérieure totale**
965.73	1 075.77	1 156.07	1 126.37	1 238.20	1 303.00	1 374.27	1 461.37	1 531.38	1 593.46	1 590.98	1 620.40	8. Exportations de biens et services
1 132.91	1 261.14	1 289.97	1 203.80	1 352.56	1 400.22	1 472.71	1 592.80	1 598.76	1 603.78	1 626.46	1 672.80	9. *Moins :* Importations de biens et services
3.61	11.00	10.26	−7.45	8.80	20.43	28.34	20.95	1.02	42.28	8.61	19.18	10. Divergence statistique
6 031.87	6 404.19	6 451.51	6 433.51	6 741.29	6 993.69	7 265.44	7 504.32	7 596.41	7 745.92	7 709.10	7 875.62	11. **Produit intérieur brut**
												RÉPARTITION DU P.I.B. [1]
334.81	374.32	411.29	448.95	509.14	572.32	630.63	711.86	806.53	914.53	994.87	1 087.74	1. Impôts indirects
38.83	43.70	54.67	66.19	74.32	85.11	99.28	111.02	126.40	142.36	160.49	183.39	2. *Moins :* Subventions
330.42	373.34	439.87	502.00	562.16	628.82	706.65	802.20	916.53	1 031.99	1 132.26	1 215.21	3. Consommation de capital fixe
1 711.91	1 967.08	2 262.42	2 525.59	2 843.37	3 168.95	3 529.28	3 938.27	4 397.42	4 855.70	5 223.69	5 589.72	4. Rémunération des salariés payée par les producteurs résidents
734.51	844.07	876.23	921.77	1 047.07	1 170.03	1 333.87	1 485.00	1 602.67	1 768.42	1 886.16	2 114.56	5. Excédent net d'exploitation
−.02	−6.76	4.71	10.19	12.00	9.05	5.79	1.76	−.36	11.14	−1.97	−3.14	6. Divergence statistique
3 072.80	3 508.35	3 939.85	4 342.31	4 899.41	5 464.07	6 106.94	6 828.07	7 596.40	8 439.42	9 074.54	9 820.70	7. **Produit intérieur brut**
												OPÉRATIONS EN CAPITAL DE LA NATION [1]
												Financement de la formation brute de capital
330.41	373.34	439.87	502.00	562.16	628.82	706.65	802.20	916.53	1 031.99	1 132.26	1 215.21	1. Consommation de capital fixe
422.57	532.93	520.41	440.24	519.25	585.65	685.75	757.14	738.26	753.54	650.24	689.20	2. Epargne nette
14.01	13.90	−16.67	9.67	−9.83	−15.39	12.13	−30.20	−64.03	−37.18	−47.46	−29.54	3. *Moins :* Solde des opérations courantes de la nation
−.74	−9.04	1.53	9.07	11.43	10.14	4.75	0.74	−2.77	8.29	−3.45	−5.52	4. Divergence statistique
738.23	883.33	978.48	941.64	1 102.67	1 240.01	1 385.02	1 590.28	1 716.05	1 831.00	1 826.52	1 928.43	5. **Financement de la formation brute de capital**
												Formation brute de capital
25.13	52.81	67.70	−6.63	49.32	56.89	47.57	74.42	56.12	43.52	−.98	0.99	6. Variations des stocks
713.11	830.51	910.77	948.27	1 053.35	1 183.11	1 337.45	1 515.86	1 659.93	1 787.47	1 827.49	1 927.44	7. Formation brute de capital fixe
..	..	..	..	..	..	..	..	..	..	..	..	8. Divergence statistique
738.24	883.32	978.48	941.64	1 102.68	1 240.00	1 385.02	1 590.28	1 716.06	1 830.99	1 826.51	1 928.43	9. **Formation brute de capital**
												RELATIONS ENTRE LES PRINCIPAUX AGRÉGATS [1]
3 072.79	3 508.34	3 939.84	4 342.31	4 899.42	5 464.07	6 106.94	6 828.07	7 596.40	8 439.42	9 074.54	9 820.71	1. **Produit intérieur brut**
14.52	21.05	23.75	17.61	20.63	20.22	27.48	43.67	41.08	32.28	21.03	18.33	2. *Plus :* Revenu net des facteurs reçu du reste du monde
..	..	..	..	..	..	..	..	..	..	..	..	3. Revenu des facteurs reçu du reste du monde
..	..	..	..	..	..	..	..	..	..	..	..	4. Revenu des facteurs payé au reste du monde
3 087.31	3 529.39	3 963.59	4 359.92	4 920.05	5 484.29	6 134.42	6 871.74	7 637.47	8 471.70	9 095.56	9 839.04	5. *Égal :* **Produit national brut**
330.41	373.34	439.87	502.00	562.16	628.82	706.65	802.20	916.53	1 031.99	1 132.26	1 215.21	6. *Moins :* consommation de capital fixe
2.26	6.18	0.38	−2.93	−.28	−7.32	−6.93	−3.94	3.78	−3.04	−3.69	−1.83	7. *Plus :* Divergence statistique
2 759.16	3 162.23	3 524.11	3 854.99	4 357.61	4 848.14	5 420.84	6 065.61	6 724.73	7 436.66	7 959.61	8 622.00	8. *Égal :* **Revenu national**
−19.38	−19.14	−20.75	−22.43	−19.87	−21.55	−23.94	−25.84	−25.20	−29.57	−34.76	−30.39	9. *Plus :* Transferts courants nets reçus du reste du monde
..	..	..	..	..	..	..	..	..	..	..	..	10. Transferts courants reçus du reste du monde
..	..	..	..	..	..	..	..	..	..	..	..	11. Transferts courants payés au reste du monde
2 739.78	3 143.09	3 503.36	3 832.57	4 337.74	4 826.59	5 396.90	6 039.76	6 699.52	7 407.09	7 924.85	8 591.61	12. *Égal :* **Revenu national disponible**
2 312.42	2 607.16	2 973.87	3 380.39	3 801.77	4 233.64	4 704.09	5 274.39	5 946.71	6 630.89	7 260.63	7 887.63	13. *Moins :* Consommation finale
4.52	2.36	2.65	3.55	−1.99	0.94	−3.50	−.12	2.55	5.39	3.14	3.84	14. *Plus :* Divergence statistique
422.57	532.93	520.41	440.24	519.25	585.65	685.75	757.14	738.26	753.54	650.24	689.20	15. *Égal :* **Épargne nette**
14.01	13.90	−16.68	9.67	−9.83	−15.39	12.13	−30.20	−64.03	−37.18	−47.53	−29.54	16. *Moins :* Solde des opérations courantes de la nation
−.74	−9.04	1.53	9.07	11.43	10.14	4.75	0.74	−2.77	8.29	−3.45	−5.52	17. *Plus :* Divergence statistique
407.83	509.99	538.61	439.64	540.52	611.18	678.37	788.08	799.52	799.01	694.32	713.22	18. *Égal :* **Formation nette de capital**

1. Aux prix courants et taux de change de 1980.

OECD-EUROPE

Main aggregates

billions of US dollars

	1960	1961	1962	1963	1964	1965	1966	1967	1968	1969	1970	1971
EXPENDITURE ON THE G.D.P.												
At current prices and 1980 exchange rates												
1. Government final consumption expenditure	59.96	66.65	75.42	84.62	91.45	101.48	110.71	120.36	129.36	143.48	162.53	189.22
2. Private final consumption expenditure	275.16	298.77	326.30	355.11	385.13	419.59	452.01	479.95	516.51	568.84	628.18	698.74
3. Households	..	..	..	..	..	..	..	..	..	..	..	..
4. Private non-profit institutions serving households	..	..	..	..	..	..	..	..	..	..	..	..
5. Increase in stocks	11.90	9.49	8.05	5.32	11.47	12.77	9.81	5.92	12.41	20.97	24.09	12.44
6. Gross fixed capital formation	99.71	113.80	125.90	136.87	156.97	168.68	180.20	184.27	196.29	220.21	258.34	291.19
7. **Total Domestic Expenditure**	446.73	488.70	535.67	581.93	645.03	702.52	752.74	790.50	854.57	953.50	1 073.13	1 191.59
8. Exports of goods and services	98.90	104.32	110.46	120.18	134.29	147.59	162.49	173.64	196.66	227.26	261.63	290.90
9. *Less:* Imports of goods and services	94.19	100.32	109.05	119.97	135.11	148.00	159.72	165.50	185.72	217.64	254.61	279.94
10. Statistical discrepancy	−.09	0.03	−.13	−.04	0.06	−.15	−.16	−.17	0.00	0.32	0.03	0.06
11. **Gross Domestic Product**	451.35	492.74	536.95	582.09	644.27	701.97	755.35	798.47	865.51	963.43	1 080.18	1 202.61
At the exchange rates and price levels of 1980												
1. Government final consumption expenditure	313.04	328.15	347.10	363.48	373.68	387.91	400.45	418.38	429.73	442.82	460.55	480.33
2. Private final consumption expenditure	969.69	1 019.16	1 075.70	1 135.56	1 185.67	1 237.41	1 285.66	1 332.49	1 392.01	1 468.77	1 545.25	1 615.71
3. Households	..	..	..	..	..	..	..	..	..	..	..	..
4. Private non-profit institutions serving households	..	..	..	..	..	..	..	..	..	..	..	..
5. Increase in stocks	34.40	29.60	23.85	18.83	34.88	36.19	30.87	19.41	28.64	48.48	57.54	29.51
6. Gross fixed capital formation	357.47	392.09	413.77	431.65	474.59	493.70	515.47	531.70	560.34	596.83	633.59	658.53
7. **Total Domestic Expenditure**	1 674.60	1 768.99	1 860.41	1 949.52	2 068.82	2 155.21	2 232.46	2 301.98	2 410.72	2 556.89	2 696.93	2 784.07
8. Exports of goods and services	277.64	292.39	307.49	327.48	355.05	382.72	411.19	433.00	482.27	537.58	582.17	622.74
9. *Less:* Imports of goods and services	283.53	302.30	326.85	354.51	387.47	414.53	441.49	461.08	506.63	572.34	634.85	671.45
10. Statistical discrepancy	−16.99	−18.28	−19.79	−18.18	−18.69	−19.43	−20.32	−20.37	−18.15	−14.83	−13.86	−11.03
11. **Gross Domestic Product**	1 651.72	1 740.80	1 821.25	1 904.32	2 017.71	2 103.97	2 181.85	2 253.54	2 368.21	2 507.31	2 630.39	2 724.33
COST COMPONENTS OF THE G.D.P. [1]												
1. Indirect taxes	58.82	64.89	71.05	76.74	85.00	92.64	100.54	107.72	118.35	135.48	143.89	158.90
2. *Less:* Subsidies	5.90	6.82	7.58	8.33	9.00	10.87	11.58	12.75	19.00	18.85	19.33	21.45
3. Consumption of fixed capital	39.72	44.04	48.97	54.26	59.89	66.25	72.43	77.66	83.11	90.82	105.93	117.99
4. Compensation of employees paid by resident producers	217.35	241.76	267.56	293.68	325.50	357.73	388.25	408.23	442.53	493.59	567.98	643.17
5. Operating surplus	141.93	148.83	157.03	165.99	183.11	196.98	206.15	217.37	240.03	263.62	283.16	303.23
6. Statistical discrepancy	−.57	0.04	−.10	−.26	−.22	−.75	−.43	0.24	0.49	−1.23	−1.45	0.77
7. **Gross Domestic Product**	451.35	492.74	536.95	582.09	644.27	701.97	755.35	798.47	865.51	963.43	1 080.18	1 202.61
CAPITAL TRANSACTIONS OF THE NATION [1]												
Finance of Gross Capital Formation												
1. Consumption of fixed capital	39.72	44.04	48.97	54.26	59.89	66.25	72.42	77.66	83.11	90.82	105.92	117.99
2. Net saving	76.49	81.76	85.20	87.06	106.36	113.24	118.35	118.02	133.49	158.44	181.79	192.35
3. *Less:* Surplus of the nation on current transactions	4.27	2.69	0.37	−.91	−2.39	−2.44	0.59	5.92	8.48	6.65	3.62	7.24
4. Statistical discrepancy	−.33	0.17	0.14	−.05	−.19	−.48	−.18	0.42	0.58	−1.43	−1.66	0.54
5. **Finance of Gross Capital Formation**	111.61	123.28	133.94	142.19	168.45	181.45	190.02	190.18	208.70	241.18	282.43	303.63
Gross capital formation												
6. Increase in stocks	11.90	9.49	8.05	5.32	11.47	12.77	9.81	5.92	12.41	20.97	24.09	12.44
7. Gross fixed capital formation	99.71	113.80	125.90	136.87	156.97	168.68	180.20	184.27	196.29	220.21	258.34	291.19
8. Statistical discrepancy	..	..	..	..	..	..	..	..	..	..	..	..
9. **Gross Capital Formation**	111.61	123.28	133.94	142.19	168.45	181.45	190.02	190.19	208.70	241.18	282.43	303.63
RELATIONS AMONG NATIONAL ACCOUNTING AGGREGATES [1]												
1. **Gross Domestic Product**	451.35	492.74	536.95	582.09	644.27	701.97	755.35	798.47	865.51	963.43	1 080.18	1 202.61
2. *Plus:* Net factor income from the rest of the world	2.09	1.81	2.11	2.51	2.43	2.62	2.49	2.84	3.40	4.06	4.40	5.26
3. Factor income from the rest of the world	..	..	..	..	..	..	..	..	..	..	..	..
4. Factor income paid to the rest of the world	..	..	..	..	..	..	..	..	..	..	..	..
5. *Equals:* **Gross National Product**	453.44	494.56	539.06	584.60	646.71	704.58	757.84	801.30	868.90	967.49	1 084.58	1 207.87
6. *Less:* Consumption of fixed capital	39.72	44.04	48.97	54.26	59.89	66.25	72.43	77.66	83.11	90.82	105.92	117.99
7. *Plus:* Statistical discrepancy	0.08	0.06	0.07	0.08	0.12	0.14	0.13	0.17	0.16	0.20	0.24	0.22
8. *Equals:* **National Income**	413.81	450.58	490.15	530.41	586.93	638.48	685.55	723.82	785.96	876.87	978.90	1 090.10
9. *Plus:* Net current transfers from the rest of the world	−2.54	−3.13	−3.16	−3.63	−4.01	−4.65	−4.67	−5.05	−5.85	−7.02	−7.78	−8.97
10. Current transfers from the rest of the world	..	..	..	..	..	..	..	..	..	..	..	..
11. Current transfers paid to the rest of the world	..	..	..	..	..	..	..	..	..	..	..	..
12. *Equals:* **National Disposable Income**	411.27	447.45	486.99	526.78	582.92	633.83	680.88	718.76	780.11	869.85	971.11	1 081.12
13. *Less:* Final consumption	335.11	365.41	401.71	439.72	476.57	521.07	562.72	600.31	645.86	712.32	790.70	887.78
14. *Plus:* Statistical discrepancy	0.33	−.27	−.08	0.00	0.01	0.48	0.20	−.43	−.76	0.90	1.37	−.82
15. *Equals:* **Net Saving**	76.49	81.76	85.20	87.06	106.36	113.24	118.35	118.02	133.49	158.44	181.79	192.35
16. *Less:* Surplus of the nation on current transactions	4.27	2.69	0.37	−.91	−2.39	−2.44	0.58	5.91	8.48	6.65	3.62	7.24
17. *Plus:* Statistical discrepancy	−.46	0.24	0.08	−.05	−.05	−.81	−.18	0.42	0.58	−1.43	−1.66	0.54
18. *Equals:* **Net Capital Formation**	71.77	79.31	84.91	87.93	108.69	114.87	117.59	112.53	125.59	150.36	176.51	185.64

1. At current prices and 1980 exchange rates.

OCDE-EUROPE

Principaux Agrégats

milliards de dollars É-U

1972	1973	1974	1975	1976	1977	1978	1979	1980	1981	1982	1983	
												DÉPENSES IMPUTÉES AU P.I.B.
												Aux prix courants et taux de change de 1980
212.36	243.94	289.89	343.98	388.39	431.69	486.13	550.52	640.41	728.84	809.22	889.26	1. Consommation finale des administrations publiques
780.90	882.16	1 005.79	1 146.76	1 305.69	1 467.57	1 635.18	1 854.17	2 120.77	2 382.50	2 654.91	2 921.41	2. Consommation finale privée
..	..	..	..	..	..	..	..	..	..	..	..	3. Ménages
..	..	..	..	..	..	..	..	..	..	..	..	4. Institutions privées sans but lucratif au service des ménages
10.88	27.00	34.45	−3.30	28.73	22.43	14.25	44.85	54.61	−1.74	14.96	5.94	5. Variations des stocks
320.53	360.49	396.62	419.91	469.42	518.88	570.87	650.70	750.25	803.09	856.68	918.12	6. Formation brute de capital fixe
1 324.67	1 513.58	1 726.76	1 907.35	2 192.23	2 440.57	2 706.44	3 100.26	3 566.03	3 912.69	4 335.77	4 734.72	7. **Demande intérieure totale**
323.05	388.00	504.51	519.15	618.22	697.33	761.70	883.64	1 014.43	1 177.84	1 308.22	1 435.15	8. Exportations de biens et services
307.47	376.07	508.84	509.70	622.80	690.74	728.69	884.53	1 055.29	1 185.92	1 309.69	1 410.35	9. *Moins* : Importations de biens et services
0.17	0.62	0.51	−.18	0.88	−.51	−.51	−.47	−1.30	−2.01	1.39	2.95	10. Divergence statistique
1 340.41	1 526.13	1 722.94	1 916.63	2 188.53	2 446.65	2 738.93	3 098.90	3 523.88	3 902.61	4 335.68	4 762.48	11. **Produit intérieur brut**
												Aux taux de change et niveaux de prix de 1980
499.92	520.36	536.58	560.80	578.49	586.70	608.57	626.08	640.41	652.09	659.44	670.38	1. Consommation finale des administrations publiques
1 700.36	1 782.08	1 812.27	1 845.73	1 917.35	1 964.81	2 028.14	2 094.95	2 120.77	2 124.99	2 141.56	2 167.18	2. Consommation finale privée
..	..	..	..	..	..	..	..	..	..	..	..	3. Ménages
..	..	..	..	..	..	..	..	..	..	..	..	4. Institutions privées sans but lucratif au service des ménages
23.70	62.29	63.38	−4.40	44.27	30.01	17.34	50.64	54.61	−3.98	10.83	5.39	5. Variations des stocks
685.17	720.71	702.47	675.68	693.99	701.98	712.42	736.02	750.25	724.56	712.01	713.77	6. Formation brute de capital fixe
2 909.16	3 085.45	3 114.70	3 077.82	3 234.11	3 283.50	3 366.46	3 507.69	3 566.03	3 497.65	3 523.83	3 556.72	7. **Demande intérieure totale**
673.87	744.86	795.83	767.32	846.54	889.53	934.16	992.14	1 014.43	1 056.46	1 075.27	1 103.99	8. Exportations de biens et services
731.63	812.52	829.96	792.76	885.65	905.89	936.73	1 026.83	1 055.29	1 035.91	1 060.74	1 078.89	9. *Moins* : Importations de biens et services
−6.70	−8.24	−6.85	−3.61	−3.74	−.57	1.28	1.85	−1.30	5.35	7.83	10.31	10. Divergence statistique
2 844.70	3 009.55	3 073.73	3 048.77	3 191.25	3 266.57	3 365.18	3 474.85	3 523.88	3 523.55	3 546.19	3 592.14	11. **Produit intérieur brut**
												RÉPARTITION DU P.I.B. [1]
176.51	197.74	215.41	237.72	276.06	313.13	351.33	405.65	463.68	516.20	576.97	643.00	1. Impôts indirects
25.92	31.39	38.68	47.33	55.44	62.98	73.68	83.29	92.04	104.11	118.98	132.13	2. *Moins* : Subventions
131.96	149.79	178.23	204.81	235.15	263.79	295.74	335.22	388.61	442.80	494.69	542.07	3. Consommation de capital fixe
720.20	829.47	963.06	1 101.37	1 244.69	1 390.50	1 549.45	1 738.61	1 977.44	2 183.49	2 386.23	2 578.79	4. Rémunération des salariés payée par les producteurs résidents
339.07	382.34	403.75	418.04	481.37	541.83	614.67	703.41	785.02	861.78	1 001.94	1 136.20	5. Excédent net d'exploitation
−1.41	−1.81	1.16	2.01	6.70	0.38	1.42	−.70	1.13	2.45	−5.17	−5.44	6. Divergence statistique
1 340.42	1 526.13	1 722.94	1 916.63	2 188.53	2 446.65	2 738.93	3 098.90	3 523.88	3 902.61	4 335.69	4 762.47	7. **Produit intérieur brut**
												OPÉRATIONS EN CAPITAL DE LA NATION [1]
												Financement de la formation brute de capital
131.96	149.79	178.23	204.81	235.15	263.79	295.74	335.22	388.61	442.80	494.69	542.07	1. Consommation de capital fixe
211.52	247.26	241.49	207.44	242.61	269.43	307.56	349.53	362.68	324.20	342.59	376.24	2. Epargne nette
10.35	6.86	−11.01	−2.04	−14.10	−7.17	19.63	−11.71	−52.53	−32.09	−39.36	−12.06	3. *Moins* : Solde des opérations courantes de la nation
−1.72	−2.70	0.35	2.32	6.29	0.91	1.45	−.90	1.04	2.27	−5.07	−6.31	4. Divergence statistique
331.41	387.49	431.08	416.61	498.15	541.31	585.12	695.56	804.86	801.36	871.57	924.06	5. **Financement de la formation brute de capital**
												Formation brute de capital
10.88	27.00	34.45	−3.30	28.73	22.43	14.25	44.85	54.61	−1.74	14.89	5.94	6. Variations des stocks
320.53	360.49	396.62	419.91	469.42	518.88	570.87	650.70	750.25	803.09	856.68	918.12	7. Formation brute de capital fixe
..	..	..	..	..	..	..	..	..	..	..	..	8. Divergence statistique
331.41	387.49	431.08	416.61	498.15	541.30	585.12	695.56	804.86	801.35	871.57	924.06	9. **Formation brute de capital**
												RELATIONS ENTRE LES PRINCIPAUX AGRÉGATS [1]
1 340.42	1 526.13	1 722.94	1 916.63	2 188.53	2 446.65	2 738.93	3 098.90	3 523.88	3 902.61	4 335.68	4 762.49	1. **Produit intérieur brut**
5.46	7.10	7.68	4.26	5.28	2.73	4.60	8.48	5.52	−2.56	−12.09	−14.48	2. *Plus* : Revenu net des facteurs reçu du reste du monde
..	..	..	..	..	..	..	..	..	..	..	..	3. Revenu des facteurs reçu du reste du monde
..	..	..	..	..	..	..	..	..	..	..	..	4. Revenu des facteurs payé au reste du monde
1 345.87	1 533.23	1 730.62	1 920.88	2 193.81	2 449.38	2 743.53	3 107.38	3 529.41	3 900.05	4 323.60	4 748.01	5. *Égal* : **Produit national brut**
131.96	149.79	178.23	204.81	235.15	263.79	295.74	335.22	388.61	442.80	494.69	542.07	6. *Moins* : consommation de capital fixe
0.34	0.47	0.20	−.23	−.08	..	..	..	..	..	..	..	7. *Plus* : Divergence statistique
1 214.25	1 383.91	1 552.59	1 715.84	1 958.58	2 185.59	2 447.80	2 772.16	3 140.80	3 457.25	3 828.90	4 205.94	8. *Égal* : **Revenu national**
−10.67	−12.15	−14.33	−15.73	−14.80	−16.49	−17.98	−19.29	−17.19	−21.44	−25.79	−22.40	9. *Plus* : Transferts courants nets reçus du reste du monde
..	..	..	..	..	..	..	..	..	..	..	..	10. Transferts courants reçus du reste du monde
..	..	..	..	..	..	..	..	..	..	..	..	11. Transferts courants payés au reste du monde
1 203.57	1 371.76	1 538.26	1 700.12	1 943.78	2 169.10	2 429.82	2 752.87	3 123.60	3 435.81	3 803.11	4 183.53	12. *Égal* : **Revenu national disponible**
993.26	1 126.10	1 295.68	1 490.75	1 694.08	1 899.27	2 121.32	2 404.70	2 761.18	3 111.34	3 464.15	3 810.65	13. *Moins* : Consommation finale
1.21	1.60	−1.08	−1.93	−7.09	−.41	−.94	1.36	0.25	−.26	3.63	3.36	14. *Plus* : Divergence statistique
211.52	247.26	241.49	207.44	242.61	269.43	307.56	349.53	362.68	324.20	342.59	376.24	15. *Égal* : **Épargne nette**
10.35	6.86	−11.01	−2.04	−14.10	−7.17	19.63	−11.71	−52.53	−32.09	−39.43	−12.06	16. *Moins* : Solde des opérations courantes de la nation
−1.73	−2.70	0.35	2.32	6.29	0.91	1.45	−.90	1.04	2.27	−5.07	−6.31	17. *Plus* : Divergence statistique
199.45	237.70	252.85	211.80	263.00	277.51	289.39	360.34	416.25	358.56	376.94	381.99	18. *Égal* : **Formation nette de capital**

1. Aux prix courants et taux de change de 1980.

EEC

Main aggregates

billions of US dollars

	1960	1961	1962	1963	1964	1965	1966	1967	1968	1969	1970	1971
EXPENDITURE ON THE G.D.P.												
At current prices and 1980 exchange rates												
1. Government final consumption expenditure	51.38	56.95	64.37	72.12	77.64	86.06	93.37	100.87	107.86	119.71	135.54	158.15
2. Private final consumption expenditure	228.64	247.78	270.07	293.40	317.86	345.45	371.13	392.07	421.74	465.48	514.77	572.21
3. Households	..	..	..	..	..	..	..	..	..	..	..	..
4. Private non-profit institutions serving households	..	..	..	..	..	..	..	..	..	..	..	..
5. Increase in stocks	9.95	7.24	6.33	4.16	9.44	10.43	7.37	3.87	10.46	17.78	17.52	8.10
6. Gross fixed capital formation	81.95	92.99	102.74	110.90	127.74	136.84	145.65	147.42	157.71	178.25	209.74	235.40
7. **Total Domestic Expenditure**	371.92	404.96	443.51	480.58	532.68	578.77	617.52	644.22	697.76	781.23	877.57	973.86
8. Exports of goods and services	80.25	84.16	88.62	96.45	107.43	118.11	130.17	138.88	157.36	181.98	208.87	233.16
9. *Less:* Imports of goods and services	75.43	79.30	86.04	94.80	106.75	116.89	125.80	129.76	146.74	172.73	200.02	221.10
10. Statistical discrepancy	−.01	0.00	−.08	−.01	0.00	0.02	0.00	−.09	−.03	0.15	−.04	−.02
11. **Gross Domestic Product**	376.74	409.83	446.01	482.22	533.35	580.02	621.88	653.26	708.36	790.64	886.38	985.90
At the exchange rates and price levels of 1980												
1. Government final consumption expenditure	265.60	277.77	293.59	305.96	314.26	325.89	335.98	351.11	359.29	369.25	382.61	399.18
2. Private final consumption expenditure	779.03	815.38	859.55	904.25	945.43	985.57	1 022.29	1 058.94	1 104.14	1 163.98	1 228.21	1 282.65
3. Households	..	..	..	..	..	..	..	..	..	..	..	..
4. Private non-profit institutions serving households	..	..	..	..	..	..	..	..	..	..	..	..
5. Increase in stocks	29.88	23.10	17.83	13.56	28.00	27.68	20.69	12.42	22.74	39.63	41.27	18.66
6. Gross fixed capital formation	291.76	318.56	335.36	347.87	383.57	396.83	411.63	423.66	449.22	479.23	507.40	526.80
7. **Total Domestic Expenditure**	1 366.27	1 434.81	1 506.32	1 571.64	1 671.26	1 735.97	1 790.60	1 846.13	1 935.38	2 052.09	2 159.49	2 227.30
8. Exports of goods and services	223.77	235.27	245.66	262.06	282.00	304.89	327.50	345.76	387.28	431.09	466.26	500.69
9. *Less:* Imports of goods and services	225.45	238.12	256.51	278.39	304.57	323.20	342.17	359.86	397.54	451.14	498.43	530.54
10. Statistical discrepancy	−15.65	−16.70	−17.39	−14.67	−16.05	−16.20	−15.36	−15.95	−14.94	−12.78	−12.09	−9.55
11. **Gross Domestic Product**	1 348.94	1 415.26	1 478.08	1 540.63	1 632.64	1 701.46	1 760.56	1 816.08	1 910.19	2 019.25	2 115.24	2 187.89
COST COMPONENTS OF THE G.D.P.[1]												
1. Indirect taxes	51.19	56.30	61.46	66.35	73.43	79.69	86.06	92.00	100.89	116.08	122.08	133.75
2. *Less:* Subsidies	4.77	5.54	6.15	6.70	7.26	8.83	9.37	10.39	16.13	15.83	16.10	17.62
3. Consumption of fixed capital	31.63	35.09	39.20	43.58	48.04	53.18	58.03	61.99	66.07	72.44	84.94	94.34
4. Compensation of employees paid by resident producers	180.87	200.99	221.90	242.71	268.69	294.73	318.55	331.55	359.85	402.96	466.24	526.69
5. Operating surplus	118.39	122.96	129.72	136.53	150.68	162.03	169.05	177.88	197.21	216.24	230.68	247.98
6. Statistical discrepancy	−.57	0.03	−.11	−.27	−.23	−.77	−.44	0.23	0.47	−1.25	−1.46	0.76
7. **Gross Domestic Product**	376.74	409.83	446.01	482.22	533.35	580.02	621.88	653.26	708.36	790.64	886.38	985.90
CAPITAL TRANSACTIONS OF THE NATION[1]												
Finance of Gross Capital Formation												
1. Consumption of fixed capital	31.63	35.09	39.20	43.58	48.04	53.18	58.03	61.99	66.07	72.44	84.94	94.34
2. Net saving	64.64	68.17	71.02	71.94	88.06	93.53	96.93	95.15	108.73	130.09	147.85	155.01
3. *Less:* Surplus of the nation on current transactions	3.94	3.21	1.23	0.39	−1.18	−1.17	1.65	6.27	7.30	5.29	4.05	6.58
4. Statistical discrepancy	−.42	0.18	0.08	−.07	−.11	−.61	−.30	0.42	0.66	−1.21	−1.48	0.72
5. **Finance of Gross Capital Formation**	91.91	100.23	109.07	115.06	137.18	147.27	153.02	151.29	168.17	196.04	227.26	243.49
Gross capital formation												
6. Increase in stocks	9.95	7.24	6.33	4.16	9.44	10.43	7.37	3.87	10.46	17.78	17.52	8.10
7. Gross fixed capital formation	81.95	92.99	102.74	110.90	127.74	136.84	145.65	147.42	157.71	178.25	209.74	235.40
8. Statistical discrepancy	..	..	..	..	..	..	..	..	..	..	..	..
9. **Gross Capital Formation**	91.91	100.23	109.07	115.06	137.18	147.27	153.02	151.29	168.17	196.04	227.26	243.49
RELATIONS AMONG NATIONAL ACCOUNTING AGGREGATES[1]												
1. **Gross Domestic Product**	376.74	409.83	446.01	482.22	533.35	580.02	621.89	653.26	708.36	790.64	886.38	985.90
2. *Plus:* Net factor income from the rest of the world	1.68	1.38	1.64	2.04	1.92	2.05	1.83	2.18	2.55	3.09	3.05	3.70
3. Factor income from the rest of the world	..	..	..	..	..	..	..	..	..	..	..	..
4. Factor income paid to the rest of the world	..	..	..	..	..	..	..	..	..	..	..	..
5. *Equals:* **Gross National Product**	378.41	411.20	447.66	484.26	535.27	582.07	623.71	655.45	710.91	793.73	889.43	989.60
6. *Less:* Consumption of fixed capital	31.63	35.09	39.20	43.58	48.04	53.18	58.03	61.99	66.07	72.44	84.94	94.34
7. *Plus:* Statistical discrepancy	0.10	0.09	0.08	0.08	0.10	0.11	0.10	0.10	0.13	0.15	0.15	0.12
8. *Equals:* **National Income**	346.88	376.21	408.53	440.76	487.33	529.00	565.78	593.56	644.96	721.45	804.63	895.38
9. *Plus:* Net current transfers from the rest of the world	−2.57	−3.05	−3.00	−3.31	−3.78	−4.45	−4.56	−5.04	−5.88	−7.07	−7.85	−9.19
10. Current transfers from the rest of the world	..	..	..	..	..	..	..	..	..	..	..	..
11. Current transfers paid to the rest of the world	..	..	..	..	..	..	..	..	..	..	..	..
12. *Equals:* **National Disposable Income**	344.30	373.16	405.53	437.45	483.55	524.55	561.22	588.52	639.08	714.38	796.78	886.19
13. *Less:* Final consumption	280.00	304.72	334.43	365.51	395.49	431.50	464.49	492.93	529.59	585.19	650.31	730.36
14. *Plus:* Statistical discrepancy	0.33	−.27	−.08	0.00	0.01	0.48	0.20	−.43	−.76	0.90	1.37	−.82
15. *Equals:* **Net Saving**	64.64	68.17	71.02	71.94	88.06	93.53	96.93	95.15	108.73	130.09	147.85	155.01
16. *Less:* Surplus of the nation on current transactions	3.94	3.21	1.23	0.39	−1.18	−1.17	1.65	6.27	7.30	5.29	4.05	6.58
17. *Plus:* Statistical discrepancy	−.42	0.18	0.08	−.07	−.11	−.61	−.30	0.42	0.66	−1.21	−1.48	0.72
18. *Equals:* **Net Capital Formation**	60.28	65.14	69.87	71.48	89.14	94.09	94.98	89.30	102.10	123.60	142.32	149.15

1. At current prices and 1980 exchange rates.

CANADA

Present S.N.A.

Main aggregates

millions of Canadian dollars

	1960	1961	1962	1963	1964	1965	1966	1967	1968	1969	1970	1971
EXPENDITURE ON THE G.D.P.												
At current prices												
1. Government final consumption expenditure	5 260	6 184	6 585	6 954	7 568	8 327	9 716	11 125	12 652	14 205	16 587	18 329
2. Private final consumption expenditure	25 245	25 699	27 210	28 970	31 110	33 634	36 543	39 580	43 224	46 964	49 753	54 986
3. Households	..	..	..	..	..	..	..	..	..	..	..	..
4. Private non-profit institutions serving households	..	..	..	..	..	..	..	..	..	..	..	..
5. Increase in stocks	409	116	667	669	553	1 244	1 225	260	745	1 467	105	392
6. Gross fixed capital formation	8 473	8 392	8 885	9 556	11 205	13 179	15 361	15 628	15 754	17 232	18 015	20 800
7. **Total Domestic Expenditure**	39 387	40 391	43 347	46 149	50 436	56 384	62 845	66 593	72 375	79 868	84 460	94 507
8. Exports of goods and services	6 776	7 349	7 963	8 776	10 088	10 745	12 588	14 228	16 160	17 929	20 184	21 265
9. *Less:* Imports of goods and services	7 248	7 483	8 003	8 422	9 590	10 884	12 654	13 530	15 200	17 747	17 845	19 516
10. Statistical discrepancy	−195	−142	126	39	−50	−205	−182	−33	−10	443	−345	−891
11. **Gross Domestic Product**	38 720	40 115	43 433	46 542	50 884	56 040	62 597	67 258	73 325	80 493	86 454	95 365
At 1980 price levels[1]												
1. Government final consumption expenditure	23 890	27 187	28 282	29 341	30 157	31 736	34 695	37 202	40 019	41 488	45 782	47 667
2. Private final consumption expenditure	68 821	69 642	72 765	76 332	80 958	85 893	90 383	94 675	99 306	103 911	106 321	114 840
3. Households	..	..	..	..	..	..	..	..	..	..	..	..
4. Private non-profit institutions serving households	..	..	..	..	..	..	..	..	..	..	..	..
5. Increase in stocks	59	29	86	87	74	164	157	29	88	173	10	45
6. Gross fixed capital formation	26 782	26 687	27 891	29 170	33 050	36 934	40 923	40 758	40 807	42 820	42 943	47 250
7. **Total Domestic Expenditure**	119 553	123 545	129 024	134 929	144 239	154 727	166 159	172 664	180 220	188 392	195 055	209 802
8. Exports of goods and services	23 650	25 341	26 429	28 848	32 482	33 962	38 722	42 925	48 038	52 173	56 771	59 617
9. *Less:* Imports of goods and services	24 150	24 286	24 831	25 545	28 845	32 498	36 966	38 895	42 599	48 361	47 354	50 876
10. Statistical discrepancy	2 557	729	3 193	2 987	2 363	4 211	3 774	896	1 856	5 061	−2 041	−1 997
11. **Gross Domestic Product**	121 610	125 329	133 815	141 220	150 239	160 403	171 690	177 589	187 515	197 265	202 431	216 546
COST COMPONENTS OF THE G.D.P.												
1. Indirect taxes	4 901	5 159	5 807	6 115	6 877	7 741	8 669	9 489	10 303	11 423	12 055	13 048
2. *Less:* Subsidies	314	321	361	401	436	457	639	637	641	701	756	772
3. Consumption of fixed capital	4 739	4 883	5 236	5 603	6 108	6 655	7 322	7 786	8 308	9 019	9 806	10 500
4. Compensation of employees paid by resident producers	20 141	21 009	22 468	23 932	26 034	28 878	32 629	36 160	39 318	43 949	47 620	52 436
5. Operating surplus	9 057	9 243	10 408	11 332	12 250	13 017	14 434	14 427	16 027	17 246	17 384	19 262
6. Statistical discrepancy	196	142	−125	−39	51	206	182	33	10	−443	345	891
7. **Gross Domestic Product**	38 720	40 115	43 433	46 542	50 884	56 040	62 597	67 258	73 325	80 493	86 454	95 365
CAPITAL TRANSACTIONS OF THE NATION												
Finance of Gross Capital Formation												
1. Consumption of fixed capital	4 739	4 883	5 236	5 603	6 108	6 655	7 322	7 786	8 308	9 019	9 806	10 500
2. Net saving	2 601	2 485	3 788	4 213	5 157	6 222	7 668	7 421	7 903	9 487	8 540	9 094
3. *Less:* Surplus of the nation on current transactions	−1 151	−856	−779	−487	−392	−1 135	−1 232	−615	−268	−1 079	916	184
4. Statistical discrepancy	391	284	−251	−78	101	411	364	66	20	−886	690	1 782
5. **Finance of Gross Capital Formation**	8 882	8 508	9 552	10 225	11 758	14 423	16 586	15 888	16 499	18 699	18 120	21 192
Gross capital formation												
6. Increase in stocks	409	116	667	669	553	1 244	1 225	260	745	1 467	105	392
7. Gross fixed capital formation	8 473	8 392	8 885	9 556	11 205	13 179	15 361	15 628	15 754	17 232	18 015	20 800
8. Statistical discrepancy	..	..	..	..	..	..	..	..	..	..	..	..
9. **Gross Capital Formation**	8 882	8 508	9 552	10 225	11 758	14 423	16 586	15 888	16 499	18 699	18 120	21 192
RELATIONS AMONG NATIONAL ACCOUNTING AGGREGATES												
1. **Gross Domestic Product**	38 720	40 115	43 433	46 542	50 884	56 040	62 597	67 258	73 325	80 493	86 454	95 365
2. *Plus:* Net factor income from the rest of the world	−616	−722	−771	−847	−908	−1 020	−1 148	−1 269	−1 251	−1 242	−1 386	−1 584
3. Factor income from the rest of the world	254	300	297	314	443	465	486	464	590	857	1 011	953
4. Factor income paid to the rest of the world	870	1 022	1 068	1 161	1 351	1 485	1 634	1 733	1 841	2 099	2 397	2 537
5. *Equals:* **Gross National Product**	38 104	39 393	42 662	45 695	49 976	55 020	61 449	65 989	72 074	79 251	85 068	93 781
6. *Less:* Consumption of fixed capital	4 739	4 883	5 236	5 603	6 108	6 655	7 322	7 786	8 308	9 019	9 806	10 500
7. *Plus:* Statistical discrepancy	−196	−142	125	39	−51	−206	−182	−33	−10	443	−345	−891
8. *Equals:* **National Income**	33 169	34 368	37 551	40 131	43 817	48 159	53 945	58 170	63 756	70 675	74 917	82 390
9. *Plus:* Net current transfers from the rest of the world	−63	0	32	6	18	24	−18	−44	23	−19	−37	19
10. Current transfers from the rest of the world	109	176	190	197	215	250	287	311	304	329	376	438
11. Current transfers paid to the rest of the world	172	176	158	191	197	226	305	355	281	348	413	419
12. *Equals:* **National Disposable Income**	33 106	34 368	37 583	40 137	43 835	48 183	53 927	58 126	63 779	70 656	74 880	82 409
13. *Less:* Final consumption	30 505	31 883	33 795	35 924	38 678	41 961	46 259	50 705	55 876	61 169	66 340	73 315
14. *Plus:* Statistical discrepancy	..	..	..	..	..	..	..	..	..	..	..	..
15. *Equals:* **Net Saving**	2 601	2 485	3 788	4 213	5 157	6 222	7 668	7 421	7 903	9 487	8 540	9 094
16. *Less:* Surplus of the nation on current transactions	−1 151	−856	−779	−487	−392	−1 135	−1 232	−615	−268	−1 079	916	184
17. *Plus:* Statistical discrepancy	391	284	−251	−78	101	411	364	66	20	−886	690	1 782
18. *Equals:* **Net Capital Formation**	4 143	3 625	4 316	4 622	5 650	7 768	9 264	8 102	8 191	9 680	8 314	10 692

1. At 1971 relative prices.

CANADA
Principaux Agrégats
Nouveau S.C.N.

millions de dollars canadiens

1972	1973	1974	1975	1976	1977	1978	1979	1980	1981	1982	1983	
												DÉPENSES IMPUTÉES AU P.I.B.
												Aux prix courants
20 249	22 980	27 728	33 302	38 252	43 276	47 640	52 200	59 326	69 149	77 673	83 976	1. Consommation finale des administrations publiques
61 470	70 457	82 484	95 814	110 308	122 104	134 892	150 515	168 526	191 434	207 786	226 030	2. Consommation finale privée
..	..	..	..	..	..	..	..	..	..	..	..	3. Ménages
..	..	..	..	..	..	..	..	..	..	..	..	4. Institutions privées sans but lucratif au service des ménages
544	1 588	3 451	−239	2 094	886	390	3 880	−59	2 042	−9 135	−1 224	5. Variations des stocks
23 051	27 848	34 260	40 044	44 927	48 376	52 482	60 921	69 196	82 058	79 330	77 647	6. Formation brute de capital fixe
105 314	122 873	147 923	168 921	195 581	214 642	235 404	267 516	296 989	344 683	355 654	386 429	7. **Demande intérieure totale**
23 637	29 562	37 649	38 832	44 215	51 142	61 098	75 091	87 593	96 935	96 592	103 141	8. Exportations de biens et services
22 756	27 974	37 311	41 302	45 172	51 137	59 908	73 158	81 794	92 841	82 366	89 991	9. *Moins* : Importations de biens et services
−190	45	630	300	−507	−1 265	2	612	1 148	749	−928	−278	10. Divergence statistique
106 005	124 506	148 891	166 751	194 117	213 382	236 596	270 061	303 936	349 526	368 952	399 301	11. **Produit intérieur brut**
												Aux niveaux de prix de 1980[1]
49 118	51 352	53 384	55 524	56 054	57 841	58 775	59 053	59 326	60 837	61 300	61 461	1. Consommation finale des administrations publiques
123 366	131 947	139 053	146 005	155 329	159 021	163 219	166 651	168 526	171 538	168 075	173 075	2. Consommation finale privée
..	..	..	..	..	..	..	..	..	..	..	..	3. Ménages
..	..	..	..	..	..	..	..	..	..	..	..	4. Institutions privées sans but lucratif au service des ménages
59	153	300	−29	156	41	15	201	−59	88	−415	−25	5. Variations des stocks
49 874	55 391	58 367	60 564	62 994	62 711	62 663	66 895	69 196	73 603	66 479	63 251	6. Formation brute de capital fixe
222 416	238 844	251 104	262 064	274 533	279 614	284 671	292 799	296 989	306 066	295 439	297 762	7. **Demande intérieure totale**
63 741	70 391	69 014	64 318	71 058	76 508	84 223	86 836	87 593	90 458	87 943	94 237	8. Exportations de biens et services
57 552	65 978	73 520	70 962	76 817	77 195	79 312	84 792	81 794	83 689	71 898	80 214	9. *Moins* : Importations de biens et services
566	3 178	8 568	2 602	5 094	1 061	1 272	5 966	1 148	3 218	−9 176	−982	10. Divergence statistique
229 171	246 435	255 166	258 022	273 867	279 987	290 854	300 809	303 936	316 052	302 308	310 803	11. **Produit intérieur brut**
												RÉPARTITION DU P.I.B.
14 760	16 686	20 876	21 442	24 864	27 227	29 090	32 533	36 085	46 431	48 582	50 044	1. Impôts indirects
884	1 088	2 619	3 858	3 344	3 320	3 527	4 805	7 352	8 694	8 226	8 627	2. *Moins* : Subventions
11 474	13 355	16 046	18 270	21 479	24 031	26 824	30 942	35 739	40 897	44 650	47 519	3. Consommation de capital fixe
58 549	67 849	81 289	94 625	110 507	122 039	133 237	149 805	169 606	195 961	209 770	221 338	4. Rémunération des salariés payée par les producteurs résidents
21 916	27 748	33 928	36 572	40 104	42 140	50 973	62 198	71 006	75 680	73 247	88 749	5. Excédent net d'exploitation
190	−44	−629	−300	507	1 265	−1	−612	−1 148	−749	929	278	6. Divergence statistique
106 005	124 506	148 891	166 751	194 117	213 382	236 596	270 061	303 936	349 526	368 952	399 301	7. **Produit intérieur brut**
												OPÉRATIONS EN CAPITAL DE LA NATION
												Financement de la formation brute de capital
11 474	13 355	16 046	18 270	21 479	24 031	26 824	30 942	35 739	40 897	44 650	47 519	1. Consommation de capital fixe
11 074	15 928	20 925	16 883	19 873	17 912	20 770	29 699	33 736	37 541	25 298	29 299	2. Epargne nette
−667	−242	−1 999	−5 252	−4 655	−4 789	−5 281	−5 384	−1 958	−7 160	1 610	951	3. *Moins* : Solde des opérations courantes de la nation
380	−89	−1 259	−600	1 014	2 530	−3	−1 224	−2 296	−1 498	1 857	556	4. Divergence statistique
23 595	29 436	37 711	39 805	47 021	49 262	52 872	64 801	69 137	84 100	70 195	76 423	5. **Financement de la formation brute de capital**
												Formation brute de capital
544	1 588	3 451	−239	2 094	886	390	3 880	−59	2 042	−9 135	−1 224	6. Variations des stocks
23 051	27 848	34 260	40 044	44 927	48 376	52 482	60 921	69 196	82 058	79 330	77 647	7. Formation brute de capital fixe
..	..	..	..	..	..	..	..	..	..	..	..	8. Divergence statistique
23 595	29 436	37 711	39 805	47 021	49 262	52 872	64 801	69 137	84 100	70 195	76 423	9. **Formation brute de capital**
												RELATIONS ENTRE LES PRINCIPAUX AGRÉGATS
106 005	124 506	148 891	166 751	194 117	213 382	236 596	270 061	303 936	349 526	368 952	399 301	1. **Produit intérieur brut**
−1 551	−1 824	−2 355	−2 667	−3 682	−4 752	−6 157	−7 439	−8 112	−11 671	−12 933	−12 243	2. *Plus* : Revenu net des facteurs reçu du reste du monde
977	1 188	1 386	1 671	1 619	1 713	2 253	2 484	3 496	3 819	5 235	5 087	3. Revenu des facteurs reçu du reste du monde
2 528	3 012	3 741	4 338	5 301	6 465	8 410	9 923	11 608	15 490	18 168	17 330	4. Revenu des facteurs payé au reste du monde
104 454	122 682	146 536	164 084	190 435	208 630	230 439	262 622	295 824	337 855	356 019	387 058	5. *Égal* : **Produit national brut**
11 474	13 355	16 046	18 270	21 479	24 031	26 824	30 942	35 739	40 897	44 650	47 519	6. *Moins* : consommation de capital fixe
−190	44	629	300	−507	−1 265	1	612	1 148	749	−929	−278	7. *Plus* : Divergence statistique
92 790	109 371	131 119	146 114	168 449	183 334	203 616	232 292	261 233	297 707	310 440	339 261	8. *Égal* : **Revenu national**
3	−6	18	−115	−16	−42	−314	122	355	417	317	44	9. *Plus* : Transferts courants nets reçus du reste du monde
460	537	659	723	782	865	976	1 204	1 514	1 655	1 778	1 659	10. Transferts courants reçus du reste du monde
457	543	641	838	798	907	1 290	1 082	1 159	1 238	1 461	1 615	11. Transferts courants payés au reste du monde
92 793	109 365	131 137	145 999	168 433	183 292	203 302	232 414	261 588	298 124	310 757	339 305	12. *Égal* : **Revenu national disponible**
81 719	93 437	110 212	129 116	148 560	165 380	182 532	202 715	227 852	260 583	285 459	310 006	13. *Moins* : Consommation finale
..	..	..	..	..	..	..	..	..	..	..	..	14. *Plus* : Divergence statistique
11 074	15 928	20 925	16 883	19 873	17 912	20 770	29 699	33 736	37 541	25 298	29 299	15. *Égal* : **Épargne nette**
−667	−242	−1 999	−5 252	−4 655	−4 789	−5 281	−5 384	−1 958	−7 160	1 610	951	16. *Moins* : Solde des opérations courantes de la nation
380	−89	−1 259	−600	1 014	2 530	−3	−1 224	−2 296	−1 498	1 857	556	17. *Plus* : Divergence statistique
12 121	16 081	21 665	21 535	25 542	25 231	26 048	33 859	33 398	43 203	25 545	28 904	18. *Égal* : **Formation nette de capital**

1. Aux prix relatifs de 1971.

UNITED STATES
Present S.N.A.

Main aggregates

millions of dollars

	1960	1961	1962	1963	1964	1965	1966	1967	1968	1969	1970	1971
EXPENDITURE ON THE G.D.P.												
At current prices												
1. Government final consumption expenditure	85 564	93 236	101 234	105 699	111 397	117 749	136 646	154 506	167 476	177 936	190 184	198 872
2. Private final consumption expenditure	322 537	332 934	353 594	372 830	398 976	428 796	463 445	489 002	536 635	581 430	621 743	674 338
3. Households	..	..	..	..	..	..	..	..	..	..	..	..
4. Private non-profit institutions serving households	..	..	..	..	..	..	..	..	..	..	..	..
5. Increase in stocks	3 391	1 945	6 536	5 571	4 700	8 765	11 537	9 535	9 279	10 466	1 506	8 127
6. Gross fixed capital formation	90 284	91 140	98 935	106 670	114 782	129 121	139 852	142 427	157 569	171 632	174 018	194 369
7. **Total Domestic Expenditure**	501 776	519 255	560 299	590 770	629 855	684 431	751 480	795 470	870 959	941 464	987 451	1 075 706
8. Exports of goods and services	25 781	26 236	27 549	29 441	33 155	35 090	38 721	41 115	45 311	48 980	56 386	59 385
9. *Less:* Imports of goods and services	22 191	22 049	24 201	25 260	27 212	30 540	35 960	38 696	45 241	49 075	54 324	60 897
10. Statistical discrepancy	..	..	..	..	..	..	..	..	..	..	..	..
11. **Gross Domestic Product**	505 366	523 442	563 647	594 951	635 798	688 981	754 241	797 889	871 029	941 369	989 513	1 074 194
At 1980 price levels[1]												
1. Government final consumption expenditure	276 615	293 409	309 047	313 671	321 570	330 507	364 080	393 231	405 217	407 380	402 296	394 034
2. Private final consumption expenditure	813 788	830 912	868 060	900 788	950 356	1 004 000	1 055 476	1 087 795	1 146 891	1 189 201	1 216 952	1 262 191
3. Households	..	..	..	..	..	..	..	..	..	..	..	..
4. Private non-profit institutions serving households	..	..	..	..	..	..	..	..	..	..	..	..
5. Increase in stocks	5 527	3 957	10 390	9 570	6 706	13 453	16 034	15 059	11 444	13 720	4 174	10 991
6. Gross fixed capital formation	254 936	258 931	278 032	298 503	318 349	351 126	368 841	363 957	385 978	395 139	380 782	401 198
7. **Total Domestic Expenditure**	1 350 867	1 387 209	1 465 529	1 522 533	1 596 981	1 699 086	1 804 431	1 860 042	1 949 529	2 005 440	2 004 204	2 068 414
8. Exports of goods and services	74 769	75 236	79 245	84 582	94 813	97 060	104 072	108 551	117 004	122 676	134 367	135 632
9. *Less:* Imports of goods and services	89 786	89 990	100 935	103 876	109 568	121 699	140 307	150 170	173 342	183 552	190 606	202 792
10. Statistical discrepancy	906	−1 026	5 485	4 202	1 233	7 845	11 498	11 475	10 179	13 207	5 578	13 005
11. **Gross Domestic Product**	1 336 755	1 371 428	1 449 324	1 507 441	1 583 458	1 682 291	1 779 694	1 829 899	1 903 369	1 957 770	1 953 544	2 014 259
COST COMPONENTS OF THE G.D.P.												
1. Indirect taxes	45 389	48 035	51 557	54 638	58 752	62 575	65 320	70 239	78 860	86 551	94 283	103 682
2. *Less:* Subsidies	1 239	2 137	2 399	2 322	2 810	3 088	4 032	3 896	4 306	4 650	4 951	4 963
3. Consumption of fixed capital	54 762	56 306	58 167	60 242	63 067	66 905	72 404	78 558	85 946	95 339	105 190	115 528
4. Compensation of employees paid by resident producers	295 931	304 696	326 319	344 277	369 570	398 397	441 596	474 055	522 901	576 294	615 870	656 794
5. Operating surplus	112 913	116 664	127 871	136 399	147 075	165 398	177 568	179 189	189 741	191 721	180 615	199 053
6. Statistical discrepancy	−2 390	−122	2 132	1 717	144	−1 206	1 385	−255	−2 113	−3 886	−1 495	4 098
7. **Gross Domestic Product**	505 366	523 442	563 647	594 951	635 798	688 981	754 241	797 890	871 029	941 369	989 512	1 074 192
CAPITAL TRANSACTIONS OF THE NATION												
Finance of Gross Capital Formation												
1. Consumption of fixed capital	54 762	56 306	58 167	60 242	63 067	66 905	72 404	78 558	85 946	95 339	105 190	115 528
2. Net saving	44 126	40 722	48 560	54 695	63 093	77 623	80 634	76 248	83 618	91 044	74 169	81 429
3. *Less:* Surplus of the nation on current transactions	2 823	3 821	3 388	4 413	6 822	5 431	3 029	2 586	603	399	2 340	−1 441
4. Statistical discrepancy	−2 390	−122	2 132	1 717	144	−1 206	1 385	−255	−2 113	−3 886	−1 495	4 098
5. **Finance of Gross Capital Formation**	93 675	93 085	105 471	112 241	119 482	137 891	151 394	151 965	166 848	182 098	175 524	202 496
Gross capital formation												
6. Increase in stocks	3 391	1 945	6 536	5 571	4 700	8 765	11 537	9 535	9 279	10 466	1 506	8 127
7. Gross fixed capital formation	90 284	91 140	98 935	106 670	114 782	129 121	139 852	142 427	157 569	171 632	174 018	194 369
8. Statistical discrepancy	..	..	..	..	..	5	5	3	..	..	..	..
9. **Gross Capital Formation**	93 675	93 085	105 471	112 241	119 482	137 891	151 394	151 965	166 848	182 098	175 524	202 496
RELATIONS AMONG NATIONAL ACCOUNTING AGGREGATES												
1. **Gross Domestic Product**	505 366	523 442	563 647	594 951	635 798	688 981	754 241	797 889	871 029	941 369	989 513	1 074 194
2. *Plus:* Net factor income from the rest of the world	3 569	3 901	4 554	4 949	5 453	5 860	5 641	5 928	6 734	6 875	7 309	9 163
3. Factor income from the rest of the world	4 775	5 165	5 792	6 335	7 010	7 632	7 731	8 233	9 591	11 149	11 998	12 975
4. Factor income paid to the rest of the world	1 206	1 264	1 238	1 386	1 557	1 772	2 090	2 305	2 857	4 274	4 689	3 812
5. *Equals:* **Gross National Product**	508 935	527 343	568 201	599 900	641 251	694 841	759 882	803 817	877 763	948 244	996 822	1 083 357
6. *Less:* Consumption of fixed capital	54 762	56 306	58 167	60 242	63 067	66 905	72 404	78 558	85 946	95 339	105 190	115 528
7. *Plus:* Statistical discrepancy	..	..	..	..	..	..	..	..	..	..	..	..
8. *Equals:* **National Income**	454 173	471 037	510 034	539 658	578 184	627 936	687 478	725 259	791 817	852 905	891 632	967 829
9. *Plus:* Net current transfers from the rest of the world	−4 004	−3 989	−4 175	−4 316	−4 121	−4 490	−4 824	−5 164	−5 499	−5 604	−6 007	−7 248
10. Current transfers from the rest of the world	237	245	217	208	188	203	301	319	413	381	382	398
11. Current transfers paid to the rest of the world	4 241	4 234	4 392	4 524	4 309	4 693	5 125	5 483	5 912	5 985	6 389	7 646
12. *Equals:* **National Disposable Income**	450 169	467 048	505 859	535 342	574 063	623 446	682 654	720 095	786 318	847 301	885 625	960 581
13. *Less:* Final consumption	408 101	426 170	454 828	478 529	510 373	546 545	600 091	643 508	704 111	759 366	811 927	873 210
14. *Plus:* Statistical discrepancy	−2 390	−122	2 132	1 717	144	−1 206	1 385	−255	−2 113	−3 886	−1 495	4 098
15. *Equals:* **Net Saving**	44 126	40 722	48 560	54 695	63 093	77 623	80 634	76 247	83 618	91 044	74 169	81 429
16. *Less:* Surplus of the nation on current transactions	2 823	3 821	3 388	4 413	6 822	5 431	3 029	2 585	603	399	2 340	−1 441
17. *Plus:* Statistical discrepancy	−2 390	−122	2 132	1 717	144	−1 211	1 380	−258	−2 113	−3 886	−1 495	4 098
18. *Equals:* **Net Capital Formation**	38 913	36 779	47 304	51 999	56 415	70 981	78 985	73 404	80 902	86 759	70 334	86 968

1. At 1975 relative prices.

ÉTATS-UNIS

Principaux Agrégats

Nouveau S.C.N.

millions de dollars

1972	1973	1974	1975	1976	1977	1978	1979	1980	1981	1982	1983	
												DÉPENSES IMPUTÉES AU P.I.B.
												Aux prix courants
217 879	234 189	263 185	294 613	320 323	347 779	380 482	420 983	478 129	534 889	584 879	619 680	1. Consommation finale des administrations publiques
739 899	815 239	891 429	979 833	1 090 482	1 210 914	1 349 837	1 510 049	1 675 382	1 864 031	1 998 862	2 167 431	2. Consommation finale privée
..	..	..	..	..	..	..	..	..	..	..	..	3. Ménages
..	..	..	..	..	..	..	..	..	..	..	..	4. Institutions privées sans but lucratif au service des ménages
8 116	15 364	11 655	−5 528	12 808	26 970	27 787	14 146	−7 741	34 426	−13 768	−4 174	5. Variations des stocks
221 041	251 310	261 689	261 582	292 614	349 116	418 074	472 118	481 460	523 151	503 641	549 154	6. Formation brute de capital fixe
1 186 935	1 316 102	1 427 958	1 530 500	1 716 227	1 934 779	2 176 180	2 417 296	2 627 230	2 956 497	3 073 614	3 332 091	7. **Demande intérieure totale**
66 913	90 299	120 096	131 429	141 578	150 366	175 911	217 004	264 994	284 108	262 485	252 267	8. Exportations de biens et services
72 584	89 289	124 670	119 754	147 905	177 613	206 394	245 898	285 599	305 694	290 820	308 630	9. *Moins :* Importations de biens et services
..	..	..	..	..	..	..	..	..	..	..	..	10. Divergence statistique
1 181 264	1 317 112	1 423 384	1 542 175	1 709 900	1 907 532	2 145 697	2 388 402	2 606 625	2 934 911	3 045 279	3 275 728	11. **Produit intérieur brut**
												Aux niveaux de prix de 1980[1]
403 779	406 207	419 565	428 812	437 136	445 446	454 762	466 057	478 129	489 421	503 213	506 401	1. Consommation finale des administrations publiques
1 334 571	1 388 292	1 378 318	1 406 995	1 485 723	1 557 194	1 623 179	1 666 212	1 675 382	1 709 403	1 730 528	1 808 203	2. Consommation finale privée
..	..	..	..	..	..	..	..	..	..	..	..	3. Ménages
..	..	..	..	..	..	..	..	..	..	..	..	4. Institutions privées sans but lucratif au service des ménages
10 784	18 036	10 830	−4 086	6 775	16 795	19 132	9 986	−7 741	21 503	−7 986	−6 737	5. Variations des stocks
435 487	467 227	435 254	386 577	410 973	454 288	497 436	512 786	481 460	486 612	454 639	491 373	6. Formation brute de capital fixe
2 184 622	2 279 761	2 243 966	2 218 298	2 340 607	2 473 724	2 594 509	2 655 040	2 627 230	2 706 938	2 680 395	2 799 241	7. **Demande intérieure totale**
148 373	177 267	193 123	190 619	198 131	202 196	221 253	240 608	264 994	262 076	239 015	226 533	8. Exportations de biens et services
225 211	235 744	228 381	200 247	240 566	261 319	290 264	295 047	285 599	302 946	307 712	341 904	9. *Moins :* Importations de biens et services
14 321	20 950	13 763	−2 929	11 716	22 213	26 510	17 520	0	29 404	3 540	8 282	10. Divergence statistique
2 122 105	2 242 235	2 222 470	2 205 742	2 309 888	2 436 814	2 552 007	2 618 122	2 606 625	2 695 473	2 615 238	2 692 153	11. **Produit intérieur brut**
												RÉPARTITION DU P.I.B.
111 459	120 925	129 065	140 057	151 718	165 740	178 162	189 578	213 387	251 265	258 764	280 376	1. Impôts indirects
6 966	5 629	3 754	5 086	5 791	7 722	9 527	9 542	10 723	12 182	15 494	22 213	2. *Moins :* Subventions
127 077	139 165	163 326	190 380	207 666	230 585	262 947	302 910	346 449	387 500	418 170	438 159	3. Consommation de capital fixe
723 385	807 773	885 639	941 578	1 048 039	1 165 067	1 315 841	1 475 006	1 620 215	1 789 203	1 890 574	2 012 782	4. Rémunération des salariés payée par les producteurs résidents
222 998	254 114	245 373	269 769	303 166	352 512	400 830	431 937	435 006	513 477	493 753	566 143	5. Excédent net d'exploitation
3 312	764	3 736	5 477	5 102	1 350	−2 556	−1 487	2 291	5 648	−487	481	6. Divergence statistique
1 181 265	1 317 112	1 423 385	1 542 175	1 709 900	1 907 532	2 145 697	2 388 402	2 606 625	2 934 911	3 045 280	3 275 728	7. **Produit intérieur brut**
												OPÉRATIONS EN CAPITAL DE LA NATION
												Financement de la formation brute de capital
127 077	139 165	163 326	190 380	207 666	230 585	262 947	302 910	346 449	387 500	418 170	438 159	1. Consommation de capital fixe
92 968	133 238	111 168	78 459	97 780	130 506	171 150	181 916	130 110	169 137	65 635	72 427	2. Epargne nette
−5 800	6 493	4 886	18 262	5 127	−13 645	−14 320	−2 925	5 131	4 708	−6 555	−33 913	3. *Moins :* Solde des opérations courantes de la nation
3 312	764	3 736	5 477	5 102	1 350	−2 556	−1 487	2 291	5 648	−487	481	4. Divergence statistique
229 157	266 674	273 344	256 054	305 421	376 086	445 861	486 264	473 719	557 577	489 873	544 980	5. **Financement de la formation brute de capital**
												Formation brute de capital
8 116	15 364	11 655	−5 528	12 808	26 970	27 787	14 146	−7 741	34 426	−13 768	−4 174	6. Variations des stocks
221 041	251 310	261 689	261 582	292 614	349 116	418 074	472 118	481 460	523 151	503 641	549 154	7. Formation brute de capital fixe
..	..	..	..	..	..	..	..	..	..	..	..	8. Divergence statistique
229 157	266 674	273 344	256 054	305 422	376 086	445 861	486 264	473 719	557 577	489 873	544 980	9. **Formation brute de capital**
												RELATIONS ENTRE LES PRINCIPAUX AGRÉGATS
1 181 264	1 317 112	1 423 384	1 542 174	1 709 900	1 907 532	2 145 697	2 388 402	2 606 625	2 934 911	3 045 279	3 275 728	1. **Produit intérieur brut**
10 901	16 010	19 779	17 314	20 480	23 464	29 603	42 572	45 310	50 260	47 955	48 297	2. *Plus :* Revenu net des facteurs reçu du reste du monde
15 045	22 103	27 916	25 708	29 671	32 581	43 043	64 819	74 533	86 494	86 536	84 106	3. Revenu des facteurs reçu du reste du monde
4 144	6 093	8 137	8 394	9 191	9 117	13 440	22 247	29 223	36 234	38 581	35 809	4. Revenu des facteurs payé au reste du monde
1 192 165	1 333 122	1 443 163	1 559 488	1 730 380	1 930 996	2 175 300	2 430 974	2 651 935	2 985 171	3 093 235	3 324 025	5. *Égal :* **Produit national brut**
127 077	139 165	163 326	190 380	207 666	230 585	262 947	302 910	346 449	387 500	418 170	438 159	6. *Moins :* consommation de capital fixe
..	..	..	..	..	..	..	..	..	..	..	..	7. *Plus :* Divergence statistique
1 065 088	1 193 957	1 279 837	1 369 108	1 522 714	1 700 411	1 912 353	2 128 064	2 305 486	2 597 671	2 675 064	2 885 866	8. *Égal :* **Revenu national**
−8 346	−6 691	−6 057	−6 184	−4 507	−4 319	−4 766	−5 527	−7 062	−7 213	−8 079	−8 189	9. *Plus :* Transferts courants nets reçus du reste du monde
574	696	640	732	753	942	1 206	1 365	1 560	1 447	1 384	1 412	10. Transferts courants reçus du reste du monde
8 920	7 387	6 697	6 916	5 260	5 261	5 972	6 892	8 622	8 660	9 463	9 601	11. Transferts courants payés au reste du monde
1 056 742	1 187 266	1 273 780	1 362 924	1 518 207	1 696 092	1 907 587	2 122 537	2 298 424	2 590 458	2 666 985	2 877 677	12. *Égal :* **Revenu national disponible**
957 778	1 049 428	1 154 614	1 274 446	1 410 805	1 558 693	1 730 319	1 931 032	2 153 511	2 398 920	2 583 741	2 787 111	13. *Moins :* Consommation finale
3 312	764	3 736	5 477	5 102	1 350	−2 556	−1 487	2 291	5 648	−487	481	14. *Plus :* Divergence statistique
92 968	133 238	111 168	78 459	97 780	130 507	171 150	181 916	130 110	169 137	65 635	72 427	15. *Égal :* **Épargne nette**
−5 800	6 493	4 886	18 262	5 126	−13 644	−14 320	−2 925	5 131	4 708	−6 555	−33 913	16. *Moins :* Solde des opérations courantes de la nation
3 312	764	3 736	5 477	5 102	1 350	−2 556	−1 487	2 291	5 648	−487	481	17. *Plus :* Divergence statistique
102 080	127 509	110 018	65 674	97 756	145 501	182 914	183 354	127 270	170 077	71 703	106 821	18. *Égal :* **Formation nette de capital**

1. Aux prix relatifs de 1975.

JAPAN

Present S.N.A.

Main aggregates

billions of yen

	1960	1961	1962	1963	1964	1965	1966	1967	1968	1969	1970	1971
EXPENDITURE ON THE G.D.P.												
At current prices												
1. Government final consumption expenditure	1 261*	1 466*	1 700*	2 007*	2 330*	2 690	3 054	3 410	3 934	4 558	5 455	6 421
2. Private final consumption expenditure	9 323*	10 678*	12 412*	14 549*	16 947*	19 123	22 001	25 242	28 851	33 252	38 272	43 160
3. Households	..	..	..	..	..	..	..	..	..	..	37 828	42 711
4. Private non-profit institutions serving households	..	..	..	..	..	..	..	..	..	..	445	450
5. Increase in stocks	504*	1 358*	410*	821*	1 017*	695	815	1 528	1 910	1 938	2 573	1 215
6. Gross fixed capital formation	4 679*	6 382*	7 153*	7 901*	9 406*	9 782	11 562	14 287	17 567	21 441	26 043	27 637
7. **Total Domestic Expenditure**	15 767*	19 884*	21 675*	25 278*	29 700*	32 290	37 432	44 467	52 262	61 189	72 343	78 433
8. Exports of goods and services	1 714*	1 794*	2 070*	2 269*	2 801*	3 451	4 031	4 311	5 348	6 558	7 926	9 452
9. *Less:* Imports of goods and services	1 640*	2 099*	2 030*	2 471*	2 855*	2 991	3 434	4 211	4 757	5 567	6 985	7 254
10. Statistical discrepancy	..	..	..	..	..	..	..	..	..	..	..	..
11. **Gross Domestic Product**	15 841*	19 579*	21 715*	25 076*	29 646*	32 750	38 029	44 567	52 853	62 180	73 284	80 631
At 1980 price levels [1]												
1. Government final consumption expenditure	8 211*	8 713*	9 445*	10 270*	10 883*	11 573	12 243	12 823	13 559	14 245	15 054	15 862
2. Private final consumption expenditure	37 051*	40 179*	44 003*	48 229*	53 833*	56 854	62 386	68 300	73 967	81 433	87 072	92 184
3. Households	..	..	..	..	..	..	..	..	..	..	85 747	90 962
4. Private non-profit institutions serving households	..	..	..	..	..	..	..	..	..	..	1 419	1 294
5. Increase in stocks	455*	2 064*	281*	1 168*	1 678*	1 180	1 428	2 500	3 114	2 949	3 640	1 732
6. Gross fixed capital formation	11 922*	15 238*	16 962*	18 731*	21 863*	22 565	25 596	30 261	36 322	43 191	50 502	52 651
7. **Total Domestic Expenditure**	57 639*	66 195*	70 691*	78 398*	88 257*	92 172	101 652	113 884	126 961	141 818	156 267	162 429
8. Exports of goods and services	2 837*	3 035*	3 544*	3 803*	4 603*	5 642	6 515	6 888	8 481	10 142	11 845	13 841
9. *Less:* Imports of goods and services	5 279*	6 711*	6 665*	7 867*	8 978*	9 609	10 801	13 446	14 893	16 792	20 468	21 425
10. Statistical discrepancy	−1 896*	−1 457*	−2 201*	−2 099*	−2 104*	−2 228	−2 278	−1 993	−1 768	−1 815	−1 210	−1 664
11. **Gross Domestic Product**	53 301*	61 061*	65 369*	72 236*	81 779*	85 977	95 087	105 333	118 782	133 352	146 435	153 181
COST COMPONENTS OF THE G.D.P.												
1. Indirect taxes	1 344*	1 633*	1 749*	1 964*	2 206*	2 400	2 713	3 160	3 759	4 253	5 202	5 712
2. *Less:* Subsidies	66*	113*	122*	150*	194*	232	310	410	586	657	805	904
3. Consumption of fixed capital	1 767*	2 263*	2 681*	3 172*	3 903*	4 471	5 175	6 076	7 157	8 378	9 848	11 063
4. Compensation of employees paid by resident producers	6 368*	7 553*	9 008*	10 598*	12 260*	14 233	16 281	18 729	22 081	25 592	31 225	37 096
5. Operating surplus	6 485*	7 663*	8 411*	9 392*	10 660*	11 489	13 699	16 769	19 689	23 415	27 881	27 414
6. Statistical discrepancy	−57*	580*	−12*	100*	811*	388	471	244	754	1 200	−66	251
7. **Gross Domestic Product**	15 841*	19 579*	21 715*	25 076*	29 646*	32 749	38 029	44 568	52 854	62 181	73 285	80 632
CAPITAL TRANSACTIONS OF THE NATION												
Finance of Gross Capital Formation												
1. Consumption of fixed capital	1 767*	2 263*	2 681*	3 172*	3 903*	4 471	5 175	6 076	7 157	8 378	9 848	11 063
2. Net saving	3 521*	4 545*	4 882*	5 181*	5 555*	5 983	7 224	9 478	11 994	14 604	19 579	19 574
3. *Less:* Surplus of the nation on current transactions	48*	−352*	−12*	−269*	−154*	365	493	−18	427	803	744	2 036
4. Statistical discrepancy	−57*	580*	−12*	100*	811*	388	471	244	754	1 200	−66	251
5. **Finance of Gross Capital Formation**	5 183*	7 740*	7 563*	8 722*	10 423*	10 477	12 377	15 816	19 478	23 379	28 617	28 852
Gross capital formation												
6. Increase in stocks	504*	1 358*	410*	821*	1 017*	695	815	1 528	1 910	1 938	2 573	1 215
7. Gross fixed capital formation	4 679*	6 382*	7 153*	7 901*	9 406*	9 782	11 562	14 287	17 567	21 441	26 043	27 637
8. Statistical discrepancy	..	..	..	..	..	..	..	..	..	..	..	..
9. **Gross Capital Formation**	5 183*	7 740*	7 563*	8 722*	10 423*	10 477	12 377	15 815	19 477	23 379	28 616	28 852
RELATIONS AMONG NATIONAL ACCOUNTING AGGREGATES												
1. **Gross Domestic Product**	15 841*	19 579*	21 715*	25 076*	29 646*	32 750	38 029	44 567	52 853	62 181	73 285	80 632
2. *Plus:* Net factor income from the rest of the world	−17*	−37*	−49*	−65*	−94*	−94	−96	−105	−150	−163	−157	−110
3. Factor income from the rest of the world	..	..	..	..	..	112	135	156	180	260	347	443
4. Factor income paid to the rest of the world	..	..	..	..	..	206	231	261	330	423	503	552
5. *Equals:* **Gross National Product**	15 824*	19 542*	21 666*	25 011*	29 552*	32 655	37 933	44 463	52 704	62 018	73 128	80 522
6. *Less:* Consumption of fixed capital	1 767*	2 263*	2 681*	3 172*	3 903*	4 471	5 175	6 076	7 157	8 378	9 848	11 063
7. *Plus:* Statistical discrepancy	57*	−580*	12*	−100*	−811*	−388	−471	−244	−754	−1 200	66	−251
8. *Equals:* **National Income**	14 114*	16 699*	18 997*	21 739*	24 838*	27 796	32 287	38 143	44 793	52 440	63 346	69 209
9. *Plus:* Net current transfers from the rest of the world	−9*	−10*	−3*	−2*	−6*	−1	−8	−13	−13	−26	−40	−53
10. Current transfers from the rest of the world	..	..	..	..	..	23	25	26	30	31	35	45
11. Current transfers paid to the rest of the world	..	..	..	..	..	24	32	40	43	56	75	98
12. *Equals:* **National Disposable Income**	14 105*	16 689*	18 994*	21 737*	24 832*	27 796	32 279	38 130	44 779	52 415	63 306	69 156
13. *Less:* Final consumption	10 584*	12 144*	14 112*	16 556*	19 277*	21 813	25 055	28 652	32 785	37 810	43 728	49 582
14. *Plus:* Statistical discrepancy	..	..	..	..	..	..	..	..	..	..	..	..
15. *Equals:* **Net Saving**	3 521*	4 545*	4 882*	5 181*	5 555*	5 983	7 224	9 478	11 994	14 604	19 579	19 574
16. *Less:* Surplus of the nation on current transactions	48*	−352*	−12*	−269*	−154*	365	493	−18	427	803	744	2 036
17. *Plus:* Statistical discrepancy	−57*	580*	−12*	100*	811*	388	471	244	754	1 200	−66	251
18. *Equals:* **Net Capital Formation**	3 416*	5 477*	4 882*	5 550*	6 520*	6 006	7 202	9 739	12 320	15 001	18 769	17 789

1. At 1975 relative prices.

JAPON
Nouveau S.C.N.

Principaux Agrégats

rds de yens

972	1973	1974	1975	1976	1977	1978	1979	1980	1981	1982	1983	
												DÉPENSES IMPUTÉES AU P.I.B.
												Aux prix courants
7 537	9 336	12 240	14 890	16 417	18 243	19 753	21 486	23 593	25 621	26 890	27 997	1. Consommation finale des administrations publiques
9 813	60 229	72 837	84 568	95 149	105 789	115 910	127 066	137 458	145 123	155 360	163 010	2. Consommation finale privée
9 328	59 710	72 201	83 935	94 486	104 933	115 059	126 147	136 306	143 709	153 962	..	3. Ménages
485	520	636	633	663	857	851	919	1 152	1 413	1 398	..	4. Institutions privées sans but lucratif au service des ménages
1 299	1 885	3 396	494	1 073	1 211	1 037	1 817	1 591	1 353	1 234	252	5. Variations des stocks
1 524	40 938	46 695	48 017	51 877	56 177	62 384	70 248	75 420	78 399	79 173	77 996	6. Formation brute de capital fixe
0 173	112 388	135 168	147 969	164 516	181 420	199 084	220 617	238 062	250 496	262 657	269 255	7. **Demande intérieure totale**
9 779	11 291	18 258	18 982	22 582	24 308	22 729	25 627	32 887	37 977	39 391	38 478*	8. Exportations de biens et services
7 645	11 261	19 257	18 919	21 247	21 267	19 174	27 629	35 036	35 927	37 341	33 165*	9. *Moins :* Importations de biens et services
..	..	..	..	..	..	..	..	..	..	..	..	10. Divergence statistique
2 307	112 418	134 169	148 032	165 851	184 461	202 639	218 615	235 913	252 546	264 707	274 568*	11. **Produit intérieur brut**
												Aux niveaux de prix de 1980[1]
6 692	17 522	18 130	19 354	20 149	20 934	21 991	22 930	23 593	24 813	25 391	26 006	1. Consommation finale des administrations publiques
0 970	110 401	109 638	114 080	117 908	122 374	128 142	135 750	137 458	138 490	144 303	149 115	2. Consommation finale privée
9 791	109 328	108 596	113 151	117 041	121 354	127 156	134 736	136 306	137 111	142 975	..	3. Ménages
1 232	1 097	1 061	925	847	1 021	972	994	1 152	1 416	1 347	..	4. Institutions privées sans but lucratif au service des ménages
1 797	2 380	3 429	480	1 021	1 121	939	1 758	1 591	1 495	1 424	212	5. Variations des stocks
8 125	66 092	60 079	59 419	61 178	64 140	70 189	74 611	75 420	78 119	79 509	79 688	6. Formation brute de capital fixe
7 584	196 395	191 275	193 333	200 256	208 568	221 262	235 049	238 062	242 916	250 627	255 021	7. **Demande intérieure totale**
4 561	15 606	19 143	19 907	23 728	26 646	26 646	27 726	32 887	37 716	38 175	40 001*	8. Exportations de biens et services
3 552	29 184	30 658	27 736	29 540	31 016	33 266	37 608	35 036	35 547	35 943	33 712*	9. *Moins :* Importations de biens et services
-1 909	-1 464	-288	-1 827	-1 027	-614	-817	-371	0	820	459	-284	10. Divergence statistique
6 684	181 353	179 472	183 677	193 417	203 584	213 824	224 797	235 913	245 905	253 318	261 026*	11. **Produit intérieur brut**
												RÉPARTITION DU P.I.B.
6 491	7 890	9 254	9 736	10 870	12 890	13 912	16 188	17 688	19 013	20 504	20 600*	1. Impôts indirects
1 066	1 180	2 123	2 207	2 181	2 469	2 713	2 930	3 627	3 813	3 838	4 409*	2. *Moins :* Subventions
2 997	15 495	18 006	19 313	21 288	24 034	26 379	28 939	31 641	34 799	37 640	40 200*	3. Consommation de capital fixe
3 035	54 081	68 411	79 648	90 292	100 867	108 819	117 682	128 224	138 794	147 072	155 455*	4. Rémunération des salariés payée par les producteurs résidents
1 323	37 421	40 541	40 871	45 634	47 723	54 670	57 724	62 620	62 619	62 672	62 362*	5. Excédent net d'exploitation
-473	-1 286	80	670	-53	1 415	1 571	1 012	-635	835	656	360*	6. Divergence statistique
2 307	112 421	134 169	148 031	165 850	184 460	202 638	218 615	235 911	252 546	264 706	274 568*	7. **Produit intérieur brut**
												OPÉRATIONS EN CAPITAL DE LA NATION
												Financement de la formation brute de capital
2 997	15 495	18 006	19 313	21 288	24 034	26 379	28 939	31 641	34 799	37 640	40 200*	1. Consommation de capital fixe
2 375	28 626	30 720	28 376	32 831	34 806	38 975	40 218	43 523	45 369	43 996	43 138*	2. Épargne nette
2 077	11	-1 285	-152	1 117	2 867	3 504	-1 896	-2 481	1 251	1 885	5 450*	3. *Moins :* Solde des opérations courantes de la nation
-473	-1 286	80	670	-53	1 415	1 571	1 012	-635	835	656	360*	4. Divergence statistique
2 822	42 824	50 091	48 511	52 949	57 388	63 421	72 065	77 010	79 752	80 407	78 248	5. **Financement de la formation brute de capital**
												Formation brute de capital
1 299	1 885	3 396	494	1 073	1 211	1 037	1 817	1 591	1 353	1 234	252	6. Variations des stocks
1 524	40 938	46 695	48 017	51 877	56 177	62 384	70 248	75 420	78 399	79 173	77 996	7. Formation brute de capital fixe
..	..	..	..	..	..	..	..	..	..	..	..	8. Divergence statistique
2 823	42 823	50 091	48 511	52 950	57 388	63 421	72 065	77 011	79 752	80 407	78 248	9. **Formation brute de capital**
												RELATIONS ENTRE LES PRINCIPAUX AGRÉGATS
2 306	112 420	134 169	148 031	165 851	184 460	202 638	218 616	235 912	252 546	264 707	274 568*	1. **Produit intérieur brut**
6	21	-247	-157	-156	-92	70	278	-78	-546	69	71*	2. *Plus :* Revenu net des facteurs reçu du reste du monde
598	841	1 189	1 273	1 257	1 254	1 376	2 276	2 820	3 837	5 088	..	3. Revenu des facteurs reçu du reste du monde
592	820	1 436	1 430	1 414	1 346	1 306	1 998	2 898	4 384	5 019	..	4. Revenu des facteurs payé au reste du monde
2 313	112 441	133 922	147 874	165 695	184 368	202 708	218 894	235 834	252 000	264 775	274 639	5. *Égal :* **Produit national brut**
2 997	15 495	18 006	19 313	21 288	24 034	26 379	28 939	31 641	34 799	37 640	40 200*	6. *Moins :* consommation de capital fixe
473	1 286	-80	-670	53	-1 415	-1 571	-1 012	635	-835	-656	-360*	7. *Plus :* Divergence statistique
9 789	98 232	115 836	127 891	144 459	158 919	174 758	188 943	204 828	216 365	226 479	234 079*	8. *Égal :* **Revenu national**
-64	-41	-39	-57	-62	-81	-121	-172	-254	-252	-233	66*	9. *Plus :* Transferts courants nets reçus du reste du monde
42	41	55	59	68	70	62	80	87	97	117	..	10. Transferts courants reçus du reste du monde
106	81	94	115	129	151	183	252	342	349	350	..	11. Transferts courants payés au reste du monde
9 725	98 191	115 797	127 834	144 397	158 838	174 637	188 771	204 574	216 114	226 246	234 145*	12. *Égal :* **Revenu national disponible**
7 350	69 566	85 077	99 458	111 566	124 032	135 662	148 553	161 051	170 744	182 250	191 007	13. *Moins :* Consommation finale
..	..	..	..	..	..	..	..	..	..	..	..	14. *Plus :* Divergence statistique
2 375	28 626	30 720	28 376	32 831	34 806	38 975	40 218	43 523	45 369	43 996	43 138*	15. *Égal :* **Épargne nette**
2 077	11	-1 285	-152	1 117	2 867	3 504	-1 896	-2 481	1 251	1 885	5 450*	16. *Moins :* Solde des opérations courantes de la nation
-473	-1 286	80	670	-53	1 415	1 571	1 012	-635	835	656	360*	17. *Plus :* Divergence statistique
9 826	27 329	32 085	29 198	31 662	33 354	37 042	43 126	45 369	44 953	42 767	38 048*	18. *Égal :* **Formation nette de capital**

prix relatifs de 1975.

AUSTRALIA[1]
Present S.N.A.

Main aggregates

millions of Australian dollars, fiscal y[...]

	1960	1961	1962	1963	1964	1965	1966	1967	1968	1969	1970	1971
EXPENDITURE ON THE G.D.P.												
At current prices												
1. Government final consumption expenditure	1 409	1 528	1 605	1 771	2 056	2 371	2 708	3 175	3 299	3 665	4 196	4 7
2. Private final consumption expenditure	9 601	9 887	10 599	11 437	12 366	13 149	14 207	15 499	16 795	18 494	20 421	22 6
3. Households	..	..	..	..	..	..	..	..	..	..	..	
4. Private non-profit institutions serving households	..	..	..	..	..	..	..	..	..	..	..	
5. Increase in stocks	478	−219	253	120	561	109	360	113	682	440	446	
6. Gross fixed capital formation	3 671	3 708	4 014	4 499	5 250	5 723	6 009	6 533	7 322	7 864	8 724	9 5
7. **Total Domestic Expenditure**	15 159	14 904	16 471	17 827	20 233	21 352	23 284	25 320	28 098	30 463	33 787	37 0
8. Exports of goods and services	2 166	2 459	2 481	3 150	3 033	3 121	3 468	3 549	3 878	4 737	5 032	5 6
9. *Less:* Imports of goods and services	2 603	2 204	2 610	2 860	3 474	3 617	3 695	4 134	4 269	4 758	5 092	5 2
10. Statistical discrepancy	−108	−190	−160	−152	−31	−85	−187	−326	−159	86	4	2
11. **Gross Domestic Product**	14 614	14 969	16 182	17 965	19 761	20 771	22 870	24 409	27 548	30 528	33 731	37 6
At 1980 price levels[2]												
1. Government final consumption expenditure	6 999	7 393	7 651	8 057	8 892	9 946	10 769	11 965	11 995	12 536	13 043	13 6
2. Private final consumption expenditure	35 784	36 678	38 932	41 333	43 219	44 504	46 679	49 155	51 770	54 743	56 927	59 2
3. Households	..	..	..	..	..	..	..	..	..	..	..	
4. Private non-profit institutions serving households	..	..	..	..	..	..	..	..	..	..	..	
5. Increase in stocks	2 102	−908	1 178	560	2 239	466	1 409	303	2 732	1 515	1 244	
6. Gross fixed capital formation	14 493	14 461	15 559	17 131	19 371	20 594	20 939	22 218	24 075	24 990	26 196	26 8
7. **Total Domestic Expenditure**	59 378	57 624	63 320	67 081	73 722	75 510	79 797	83 641	90 572	93 784	97 410	99 7
8. Exports of goods and services	7 816	8 845	8 647	10 067	10 025	10 185	11 299	11 800	12 592	14 633	15 774	17 1
9. *Less:* Imports of goods and services	9 987	8 545	10 035	11 085	13 288	13 658	13 800	15 166	15 702	16 929	16 530	15 9
10. Statistical discrepancy	−436	−473	−544	−328	−77	−155	−687	−945	−601	302	71	7
11. **Gross Domestic Product**	56 772	57 452	61 388	65 736	70 382	71 882	76 609	79 330	86 861	91 790	96 725	101 7
COST COMPONENTS OF THE G.D.P.												
1. Indirect taxes	1 645	1 618	1 741	1 875	2 086	2 290	2 452	2 689	2 974	3 295	3 598	4
2. *Less:* Subsidies	73	84	98	103	126	147	180	206	233	272	310	
3. Consumption of fixed capital	1 220	1 289	1 381	1 531	1 696	1 853	2 039	2 235	2 442	2 629	2 815	3
4. Compensation of employees paid by resident producers	7 500	7 748	8 202	8 948	10 035	10 845	11 850	12 911	14 303	16 143	18 532	20
5. Operating surplus	4 325	4 396	4 956	5 714	6 073	5 930	6 708	6 782	8 062	8 732	9 096	10
6. Statistical discrepancy	..	..	..	..	..	..	..	..	..	..	..	
7. **Gross Domestic Product**	14 617	14 967	16 182	17 965	19 764	20 771	22 869	24 411	27 548	30 527	33 731	37
CAPITAL TRANSACTIONS OF THE NATION												
Finance of Gross Capital Formation												
1. Consumption of fixed capital	1 220	1 289	1 381	1 531	1 696	1 853	2 039	2 235	2 442	2 629	2 815	3
2. Net saving	2 184	2 055	2 357	3 000	3 402	3 103	3 584	3 151	4 629	5 246	5 777	6
3. *Less:* Surplus of the nation on current transactions	−639	45	−370	64	−682	−788	−561	−938	−775	−518	−583	
4. Statistical discrepancy	108	190	160	152	31	85	187	326	159	−86	−4	
5. **Finance of Gross Capital Formation**	4 151	3 489	4 268	4 619	5 811	5 829	6 371	6 650	8 005	8 307	9 171	9
Gross capital formation												
6. Increase in stocks	478	−219	253	120	561	109	360	113	682	440	446	
7. Gross fixed capital formation	3 671	3 708	4 014	4 499	5 250	5 723	6 009	6 533	7 322	7 864	8 724	9
8. Statistical discrepancy	..	..	..	..	..	..	..	..	..	..	..	
9. **Gross Capital Formation**	4 149	3 489	4 267	4 619	5 811	5 832	6 369	6 646	8 004	8 304	9 170	9
RELATIONS AMONG NATIONAL ACCOUNTING AGGREGATES												
1. **Gross Domestic Product**	14 616	14 968	16 182	17 965	19 764	20 772	22 870	24 409	27 548	30 527	33 731	37
2. *Plus:* Net factor income from the rest of the world	−179	−186	−212	−208	−214	−247	−280	−311	−352	−452	−456	
3. Factor income from the rest of the world	47	63	59	69	89	80	94	86	105	106	130	
4. Factor income paid to the rest of the world	226	249	269	277	303	325	372	398	455	557	586	
5. *Equals:* **Gross National Product**	14 438	14 783	15 971	17 757	19 550	20 524	22 591	24 100	27 196	30 075	33 275	37
6. *Less:* Consumption of fixed capital	1 220	1 289	1 381	1 531	1 696	1 853	2 039	2 235	2 442	2 629	2 815	3
7. *Plus:* Statistical discrepancy	..	..	..	..	..	..	..	..	..	..	..	
8. *Equals:* **National Income**	13 218	13 494	14 590	16 226	17 854	18 671	20 552	21 865	24 754	27 446	30 460	34
9. *Plus:* Net current transfers from the rest of the world	−24	−22	−31	−19	−30	−47	−56	−42	−32	−44	−67	
10. Current transfers from the rest of the world	80	91	99	132	146	157	179	199	220	253	254	
11. Current transfers paid to the rest of the world	103	114	129	150	175	202	234	240	252	295	322	
12. *Equals:* **National Disposable Income**	13 194	13 470	14 561	16 208	17 824	18 623	20 499	21 825	24 723	27 405	30 394	34
13. *Less:* Final consumption	11 010	11 415	12 204	13 208	14 422	15 520	16 915	18 674	20 094	22 159	24 617	27
14. *Plus:* Statistical discrepancy	..	..	..	..	..	..	..	..	..	..	..	
15. *Equals:* **Net Saving**	2 184	2 055	2 357	3 000	3 402	3 103	3 584	3 151	4 629	5 246	5 777	6
16. *Less:* Surplus of the nation on current transactions	−639	45	−370	64	−682	−788	−561	−938	−775	−518	−583	
17. *Plus:* Statistical discrepancy	108	190	160	152	31	85	187	326	159	−86	−4	
18. *Equals:* **Net Capital Formation**	2 929	2 200	2 886	3 088	4 115	3 979	4 330	4 411	5 562	5 675	6 355	6

1. Fiscal years beginning on 1st July.
2. At 1979-80 relative prices.

AUSTRALIE [1]

Nouveau S.C.N.

Principaux Agrégats

millions de dollars australiens, années fiscales

1972	1973	1974	1975	1976	1977	1978	1979	1980	1981	1982	1983	
												DÉPENSES IMPUTÉES AU P.I.B.
												Aux prix courants
5 450	6 842	9 212	11 452	13 396	15 116	16 747	18 703	22 151	25 356	29 080	32 092	1. Consommation finale des administrations publiques
25 430	30 013	36 442	43 508	49 775	55 170	62 168	70 103	79 319	90 210	101 752	112 669	2. Consommation finale privée
..	..	..	..	..	..	..	..	..	..	..	..	3. Ménages
..	..	..	..	..	..	..	..	..	..	..	..	4. Institutions privées sans but lucratif au service des ménages
−289	1 171	1 021	138	1 128	−468	1 271	801	414	1 486	−2 565	1 196	5. Variations des stocks
10 155	11 717	14 193	17 002	19 045	20 726	23 284	25 082	31 504	36 799	37 180	38 239	6. Formation brute de capital fixe
40 746	49 743	60 868	72 100	83 344	90 544	103 470	114 689	133 388	153 851	165 447	184 196	7. **Demande intérieure totale**
6 945	7 810	9 920	11 005	13 206	13 979	16 502	21 585	22 003	22 656	24 482	27 835	8. Exportations de biens et services
5 349	7 774	10 227	10 832	13 787	15 007	17 784	20 914	24 749	28 562	27 993	30 302	9. *Moins :* Importations de biens et services
594	1 668	1 345	717	574	961	465	404	1 472	1 333	1 664	3 728	10. Divergence statistique
42 936	51 447	61 906	72 990	83 337	90 477	102 653	115 760	132 114	149 278	163 600	185 457	11. **Produit intérieur brut**
												Aux niveaux de prix de 1980 [2]
14 189	15 348	16 786	18 183	18 952	19 741	20 557	21 005	22 151	22 408	23 393	24 396	1. Consommation finale des administrations publiques
62 458	65 733	67 778	69 875	71 625	72 562	74 940	76 703	79 319	82 375	83 537	85 663	2. Consommation finale privée
..	..	..	..	..	..	..	..	..	..	..	..	3. Ménages
..	..	..	..	..	..	..	..	..	..	..	..	4. Institutions privées sans but lucratif au service des ménages
−707	2 289	2 150	115	1 681	−827	1 879	870	414	1 382	−2 061	1 528	5. Variations des stocks
26 643	27 193	26 426	27 346	27 417	27 318	28 499	27 834	31 504	33 298	29 966	29 189	6. Formation brute de capital fixe
102 584	110 564	113 140	115 520	119 675	118 794	125 875	126 413	133 388	139 464	134 835	140 776	7. **Demande intérieure totale**
17 844	16 836	17 814	18 530	19 929	20 332	21 651	23 297	22 003	22 296	22 559	24 191	8. Exportations de biens et services
16 152	20 591	21 138	20 068	22 099	21 059	22 712	22 741	24 749	27 525	24 854	26 300	9. *Moins :* Importations de biens et services
1 597	3 821	2 600	1 209	909	1 303	651	507	1 472	1 218	1 347	2 863	10. Divergence statistique
105 873	110 630	112 417	115 191	118 414	119 370	125 466	127 476	132 114	135 452	133 886	141 529	11. **Produit intérieur brut**
												RÉPARTITION DU P.I.B.
4 567	5 686	6 975	8 877	10 050	10 834	12 605	14 885	17 135	19 533	22 386	25 484	1. Impôts indirects
325	333	327	320	315	516	632	815	997	1 095	1 243	1 398	2. *Moins :* Subventions
3 332	3 619	4 130	4 875	5 666	6 226	7 007	7 905	9 236	10 876	12 277	13 457	3. Consommation de capital fixe
23 097	28 288	36 324	41 817	47 173	51 795	55 663	62 078	71 983	83 268	92 161	97 920	4. Rémunération des salariés payée par les producteurs résidents
12 265	14 187	14 805	17 742	20 762	22 137	28 010	31 706	34 755	36 696	38 019	49 994	5. Excédent net d'exploitation
..	..	..	..	..	..	..	..	..	..	..	..	6. Divergence statistique
42 936	51 447	61 907	72 991	83 336	90 476	102 653	115 759	132 112	149 278	163 600	185 457	7. **Produit intérieur brut**
												OPÉRATIONS EN CAPITAL DE LA NATION
												Financement de la formation brute de capital
3 332	3 619	4 130	4 875	5 666	6 226	7 007	7 905	9 236	10 876	12 277	13 457	1. Consommation de capital fixe
8 078	10 360	11 429	12 127	13 204	12 510	15 003	17 164	19 336	20 056	17 054	23 069	2. Epargne nette
948	−578	−1 000	−855	−1 878	−2 484	−3 010	−1 220	−4 818	−8 686	−6 950	−6 636	3. *Moins :* Solde des opérations courantes de la nation
−594	−1 668	−1 345	−717	−574	−961	−465	−404	−1 472	−1 333	−1 664	−3 728	4. Divergence statistique
9 868	12 889	15 214	17 140	20 174	20 259	24 555	25 885	31 918	38 285	34 617	39 434	5. **Financement de la formation brute de capital**
												Formation brute de capital
−289	1 171	1 021	138	1 128	−468	1 271	801	414	1 486	−2 565	1 196	6. Variations des stocks
10 155	11 717	14 193	17 002	19 045	20 726	23 284	25 082	31 504	36 799	37 180	38 239	7. Formation brute de capital fixe
..	..	..	..	..	..	..	..	..	..	..	..	8. Divergence statistique
9 866	12 888	15 214	17 140	20 173	20 258	24 555	25 883	31 918	38 285	34 615	39 435	9. **Formation brute de capital**
												RELATIONS ENTRE LES PRINCIPAUX AGRÉGATS
42 936	51 447	61 907	72 991	83 336	90 476	102 653	115 759	132 112	149 278	163 600	185 457	1. **Produit intérieur brut**
−513	−421	−592	−784	−964	−1 156	−1 341	−1 701	−1 876	−2 559	−3 242	−4 007	2. *Plus :* Revenu net des facteurs reçu du reste du monde
274	391	373	266	258	277	333	449	538	551	849	1 195	3. Revenu des facteurs reçu du reste du monde
787	812	965	1 050	1 223	1 433	1 674	2 150	2 414	3 110	4 091	5 202	4. Revenu des facteurs payé au reste du monde
42 423	51 026	61 315	72 207	82 372	89 321	101 312	114 058	130 236	146 719	160 359	181 451	5. *Égal :* **Produit national brut**
3 332	3 619	4 130	4 875	5 666	6 226	7 007	7 905	9 236	10 876	12 277	13 457	6. *Moins :* consommation de capital fixe
..	..	..	..	..	..	..	..	..	..	..	..	7. *Plus :* Divergence statistique
39 091	47 407	57 185	67 332	76 706	83 095	94 305	106 153	121 000	135 843	148 082	167 994	8. *Égal :* **Revenu national**
−134	−193	−102	−246	−330	−299	−388	−183	−194	−221	−197	−163	9. *Plus :* Transferts courants nets reçus du reste du monde
339	364	523	455	373	520	526	729	872	1 003	1 207	1 294	10. Transferts courants reçus du reste du monde
472	556	626	701	703	820	913	913	1 065	1 225	1 404	1 457	11. Transferts courants payés au reste du monde
38 958	47 215	57 083	67 087	76 375	82 796	93 918	105 970	120 806	135 622	147 886	167 830	12. *Égal :* **Revenu national disponible**
30 880	36 855	45 654	54 960	63 171	70 286	78 915	88 806	101 470	115 566	130 832	144 761	13. *Moins :* Consommation finale
..	..	..	..	..	..	..	..	..	..	..	..	14. *Plus :* Divergence statistique
8 078	10 360	11 429	12 127	13 204	12 510	15 003	17 164	19 336	20 056	17 054	23 069	15. *Égal :* **Épargne nette**
948	−578	−1 000	−855	−1 878	−2 484	−3 010	−1 220	−4 818	−8 686	−6 950	−6 636	16. *Moins :* Solde des opérations courantes de la nation
−594	−1 668	−1 345	−717	−574	−961	−465	−404	−1 472	−1 333	−1 664	−3 728	17. *Plus :* Divergence statistique
6 534	9 269	11 084	12 265	14 507	14 032	17 548	17 978	22 682	27 409	22 338	25 978	18. *Égal :* **Formation nette de capital**

1. Années fiscales commençant le 1er juillet.
2. Aux prix relatifs de 1979-80.

NEW ZEALAND[1]

Present S.N.A.

Main aggregates

millions of N. Z. dollars, fiscal years

	1960	1961	1962	1963	1964	1965	1966	1967	1968	1969	1970	1971
EXPENDITURE ON THE G.D.P.												
At current prices												
1. Government final consumption expenditure	300	319	353	370	411	501	579	554	597	643	770	886
2. Private final consumption expenditure	1 930*	1 975	2 077	2 248	2 412	2 620	2 800	2 902	3 061	3 344	3 742	4 210
3. Households	..	..	..	..	..	..	..	..	..	..	..	4 148
4. Private non-profit institutions serving households	..	..	..	..	..	..	..	..	..	..	..	62
5. Increase in stocks	52	70	43	65	108	196	195	138	88	140	204	306
6. Gross fixed capital formation	601	629	613	682	795	880	918	889	859	1 006	1 214	1 420
7. **Total Domestic Expenditure**	2 883	2 993	3 086	3 365	3 726	4 197	4 492	4 483	4 605	5 133	5 930	6 822
8. Exports of goods and services	628	659	689	851	853	863	920	861	1 065	1 263	1 296	1 560
9. *Less:* Imports of goods and services	691	696	663	768	815	952	1 012	873	994	1 142	1 456	1 505
10. Statistical discrepancy	−7*	−84	2	−51	−43	−95	−210	−97	−34	−122	62	−3
11. **Gross Domestic Product**	2 813	2 872	3 114	3 397	3 721	4 013	4 190	4 374	4 642	5 132	5 832	6 874
At 1980 price levels[2]												
1. Government final consumption expenditure	2 181*	2 215*	2 329*	2 405*	2 494*	2 710*	2 984*	2 838*	2 904*	2 922*	3 044*	3 117*
2. Private final consumption expenditure	8 949*	9 090*	9 437*	10 094*	10 460*	11 061*	11 526*	11 052*	11 320*	11 947*	12 507*	12 565*
3. Households	..	..	..	..	..	..	..	..	..	..	..	..
4. Private non-profit institutions serving households	..	..	..	..	..	..	..	..	..	..	..	..
5. Increase in stocks	999*	1 210*	738*	799*	1 362*	3 431*	3 734*	932*	266*	1 937*	823*	1 047*
6. Gross fixed capital formation	3 169*	3 266*	3 169*	3 514*	3 966*	4 262*	4 413*	4 070*	3 519*	3 994*	4 317*	4 542*
7. **Total Domestic Expenditure**	15 297*	15 781*	15 672*	16 811*	18 281*	21 465*	22 656*	18 892*	18 009*	20 799*	20 691*	21 271*
8. Exports of goods and services	2 808*	3 057*	3 067*	3 418*	3 297*	3 416*	3 702*	3 671*	4 168*	4 720*	4 752*	5 115*
9. *Less:* Imports of goods and services	3 747*	3 775*	3 695*	4 234*	4 449*	5 179*	5 490*	4 472*	4 467*	4 952*	5 867*	5 816*
10. Statistical discrepancy	−167*	−497*	265*	−8*	−365*	−2 143*	−2 771*	−156*	401*	−969*	323*	100*
11. **Gross Domestic Product**	14 191*	14 567*	15 309*	15 986*	16 764*	17 559*	18 098*	17 935*	18 111*	19 598*	19 899*	20 670*
COST COMPONENTS OF THE G.D.P.												
1. Indirect taxes	285	293	293	324	355	371	389	408	441	482	577	662
2. *Less:* Subsidies	32	29	30	30	36	39	40	21	20	27	59	108
3. Consumption of fixed capital	210	231	249	265	287	317	373	390	426	466	523	552
4. Compensation of employees paid by resident producers	1 255	1 339	1 419	1 525	1 689	1 854	2 003	2 088	2 200	2 444	2 945	3 407
5. Operating surplus	1 095	1 038	1 183	1 313	1 426	1 509	1 465	1 510	1 595	1 768	1 846	2 361
6. Statistical discrepancy	..	..	..	..	..	..	..	..	..	..	..	..
7. **Gross Domestic Product**	2 813	2 872	3 114	3 397	3 721	4 012	4 190	4 375	4 642	5 133	5 832	6 874
CAPITAL TRANSACTIONS OF THE NATION												
Finance of Gross Capital Formation												
1. Consumption of fixed capital	210	231	249	265	287	317	373	390	426	466	523	552
2. Net saving	357*	327	413	491	587	523	375	465	516	626	747	1 210
3. *Less:* Surplus of the nation on current transactions	−79	−56	5	60	14	−140	−155	−75	29	67	−209	39
4. Statistical discrepancy	7*	84	−2	51	43	95	210	97	34	122	−62	3
5. **Finance of Gross Capital Formation**	653	698	655	747	903	1 075	1 113	1 027	947	1 147	1 417	1 726
Gross capital formation												
6. Increase in stocks	52	70	43	65	108	196	195	138	88	140	204	306
7. Gross fixed capital formation	601	629	613	682	795	880	918	889	859	1 006	1 214	1 420
8. Statistical discrepancy	..	..	..	..	..	..	..	..	..	..	..	..
9. **Gross Capital Formation**	653	699	656	747	903	1 076	1 113	1 027	947	1 146	1 418	1 726
RELATIONS AMONG NATIONAL ACCOUNTING AGGREGATES												
1. **Gross Domestic Product**	2 813	2 872	3 114	3 397	3 721	4 012	4 190	4 375	4 642	5 133	5 832	6 874
2. *Plus:* Net factor income from the rest of the world	−14	−15	−18	−20	−22	−31	−42	−47	−32	−41	−41	−46
3. Factor income from the rest of the world	..	..	..	..	..	..	..	..	..	..	..	39
4. Factor income paid to the rest of the world	..	..	..	..	..	..	..	..	..	..	..	85
5. *Equals:* **Gross National Product**	2 799	2 857	3 096	3 377	3 699	3 981	4 148	4 328	4 610	5 092	5 791	6 828
6. *Less:* Consumption of fixed capital	210	231	249	265	287	317	373	390	426	466	523	552
7. *Plus:* Statistical discrepancy	..	..	..	..	..	..	..	..	..	..	..	..
8. *Equals:* **National Income**	2 589	2 626	2 847	3 112	3 412	3 664	3 775	3 938	4 184	4 626	5 268	6 276
9. *Plus:* Net current transfers from the rest of the world	−3	−5	−4	−3	−2	−20	−21	−17	−10	−13	−9	30
10. Current transfers from the rest of the world	..	..	..	..	..	..	..	..	..	..	..	84
11. Current transfers paid to the rest of the world	..	..	..	..	..	..	..	..	..	..	..	54
12. *Equals:* **National Disposable Income**	2 586	2 621	2 843	3 109	3 410	3 644	3 754	3 921	4 174	4 613	5 259	6 306
13. *Less:* Final consumption	2 230*	2 294	2 430	2 618	2 823	3 121	3 379	3 456	3 658	3 987	4 512	5 096
14. *Plus:* Statistical discrepancy	..	..	..	..	..	..	..	..	..	..	..	..
15. *Equals:* **Net Saving**	357*	327	413	491	587	523	375	465	516	626	747	1 210
16. *Less:* Surplus of the nation on current transactions	−79	−56	5	60	14	−140	−155	−75	29	67	−209	39
17. *Plus:* Statistical discrepancy	7*	84	−2	51	43	95	210	97	34	122	−62	3
18. *Equals:* **Net Capital Formation**	443	468	407	482	616	759	740	637	521	680	895	1 174

1. Fiscal years beginning on 1st April.
2. At 1980 relative prices.

NOUVELLE-ZÉLANDE[1]

Principaux Agrégats

millions de dollars N. Z., années fiscales

Nouveau S.C.N.

	1972	1973	1974	1975	1976	1977	1978	1979	1980	1981	1982	1983	
													DÉPENSES IMPUTÉES AU P.I.B.
													Aux prix courants
	1 023	1 176	1 443	1 732	1 943	2 375	2 882	3 322	4 152	5 022	5 632	5 841	1. Consommation finale des administrations publiques
	4 764	5 488	6 256	7 174	8 272	9 329	10 473	12 266	14 564	17 011	19 058	20 421	2. Consommation finale privée
	4 703	5 421	6 176	7 086	8 153	9 193	10 317	12 082	14 343	16 733	18 765	20 127	3. Ménages
	61	67	80	88	119	136	156	184	221	278	293	294	4. Institutions privées sans but lucratif au service des ménages
	154	452	1 035	460	820	716	372	1 830	1 404	1 561	1 018	722	5. Variations des stocks
	1 778	2 091	2 618	3 149	3 503	3 458	3 645	3 833	4 448	6 216	7 425	7 952	6. Formation brute de capital fixe
	7 719	9 207	11 352	12 515	14 538	15 878	17 372	21 251	24 568	29 810	33 133	34 936	7. **Demande intérieure totale**
	1 946	2 241	2 118	2 666	3 766	4 129	4 771	5 998	7 024	8 292	9 116	10 752	8. Exportations de biens et services
	1 710	2 233	3 371	3 458	4 127	4 378	4 640	6 318	7 289	9 194	10 254	10 973	9. *Moins* : Importations de biens et services
	-54	-15	18	-55	-71	-206	7	162	158	388	245	-280	10. Divergence statistique
	7 901	9 200	10 117	11 668	14 106	15 423	17 510	21 093	24 461	29 296	32 240	34 435	11. **Produit intérieur brut**
													Aux niveaux de prix de 1980[2]
	3 307*	3 443*	3 719*	3 896*	3 872*	4 058*	4 256*	4 164*	4 152*	4 112*	4 172*	4 240*	1. Consommation finale des administrations publiques
	13 487*	14 664*	15 296*	15 223*	14 762*	14 321*	14 512*	14 469*	14 564*	14 871*	14 689*	15 121*	2. Consommation finale privée
	..	..	..	..	..	..	..	..	..	..	..	..	3. Ménages
	..	..	..	..	..	..	..	..	..	..	..	..	4. Institutions privées sans but lucratif au service des ménages
	-1 029*	2 705*	6 978*	-1 985*	1 023*	1 065*	-902*	2 887*	1 404*	1 586*	896*	629*	5. Variations des stocks
	5 388*	6 079*	6 637*	6 285*	5 880*	5 168*	4 733*	4 559*	4 448*	5 388*	5 682*	5 751*	6. Formation brute de capital fixe
	21 153*	26 891*	32 629*	23 419*	25 537*	24 613*	22 599*	26 079*	24 568*	25 956*	25 439*	25 741*	7. **Demande intérieure totale**
	5 218*	5 075*	4 938*	5 615*	6 282*	6 286*	6 575*	6 743*	7 024*	7 247*	7 310*	8 039*	8. Exportations de biens et services
	6 359*	7 716*	8 806*	6 910*	6 868*	6 830*	6 931*	7 879*	7 289*	8 092*	8 164*	8 137*	9. *Moins* : Importations de biens et services
	1 479*	-1 044*	-4 003*	2 364*	267*	-112*	1 568*	-954*	158*	239*	564*	472*	10. Divergence statistique
	21 491*	23 206*	24 758*	24 489*	25 219*	23 956*	23 810*	23 988*	24 461*	25 349*	25 149*	26 114*	11. **Produit intérieur brut**
													RÉPARTITION DU P.I.B.
	754	850	917	1 103	1 300	1 469	1 725	1 998	2 343	2 914	3 435	3 867	1. Impôts indirects
	129	163	238	391	243	277	444	356	355	600	769	732	2. *Moins* : Subventions
	613	693	803	945	1 084	1 175	1 306	1 464	1 670	1 872	2 152	2 394	3. Consommation de capital fixe
	3 833	4 521	5 444	6 271	7 062	8 092	9 422	11 005	13 100	15 778	17 276	17 556	4. Rémunération des salariés payée par les producteurs résidents
	2 829	3 300	3 191	3 742	4 902	4 964	5 501	6 981	7 704	9 332	10 146	11 351	5. Excédent net d'exploitation
	..	..	..	..	..	..	..	..	..	..	..	..	6. Divergence statistique
	7 900	9 201	10 117	11 670	14 105	15 423	17 510	21 092	24 462	29 296	32 240	34 436	7. **Produit intérieur brut**
													OPÉRATIONS EN CAPITAL DE LA NATION
													Financement de la formation brute de capital
	613	693	803	945	1 084	1 175	1 306	1 464	1 670	1 872	2 152	2 394	1. Consommation de capital fixe
	1 491	1 852	1 552	1 677	2 549	2 213	2 407	3 592	3 605	4 808	4 657	4 765	2. Epargne nette
	226	17	-1 316	-933	-618	-580	-311	-769	-736	-1 485	-1 880	-1 236	3. *Moins* : Solde des opérations courantes de la nation
	54	15	-18	55	71	206	-7	-162	-158	-388	-245	280	4. Divergence statistique
	1 932	2 543	3 653	3 610	4 322	4 174	4 017	5 663	5 853	7 777	8 444	8 675	5. **Financement de la formation brute de capital**
													Formation brute de capital
	154	452	1 035	460	820	716	372	1 830	1 404	1 561	1 018	722	6. Variations des stocks
	1 778	2 091	2 618	3 149	3 503	3 458	3 645	3 833	4 448	6 216	7 425	7 952	7. Formation brute de capital fixe
	..	..	..	..	..	..	..	..	..	..	..	..	8. Divergence statistique
	1 932	2 543	3 653	3 609	4 323	4 174	4 017	5 663	5 852	7 777	8 443	8 674	9. **Formation brute de capital**
													RELATIONS ENTRE LES PRINCIPAUX AGRÉGATS
	7 901	9 199	10 117	11 669	14 105	15 424	17 510	21 092	24 461	29 296	32 240	34 435	1. **Produit intérieur brut**
	-54	-37	-82	-165	-265	-336	-409	-460	-511	-615	-860	-1 128	2. *Plus* : Revenu net des facteurs reçu du reste du monde
	57	79	73	75	70	87	83	79	93	188	208	232	3. Revenu des facteurs reçu du reste du monde
	111	116	155	240	335	423	492	539	604	803	1 068	1 360	4. Revenu des facteurs payé au reste du monde
	7 847	9 162	10 035	11 504	13 840	15 088	17 101	20 632	23 950	28 681	31 380	33 308	5. *Égal* : **Produit national brut**
	613	693	803	945	1 084	1 175	1 306	1 464	1 670	1 872	2 152	2 394	6. *Moins* : consommation de capital fixe
	..	..	..	..	..	..	..	..	..	..	..	..	7. *Plus* : Divergence statistique
	7 234	8 470	9 232	10 559	12 756	13 913	15 795	19 168	22 281	26 809	29 229	30 914	8. *Égal* : **Revenu national**
	44	46	19	24	8	5	-33	11	40	32	118	113	9. *Plus* : Transferts courants nets reçus du reste du monde
	105	123	124	143	142	163	166	223	302	343	413	455	10. Transferts courants reçus du reste du monde
	61	77	105	119	134	158	199	212	262	311	295	342	11. Transferts courants payés au reste du monde
	7 278	8 516	9 251	10 583	12 764	13 918	15 762	19 179	22 321	26 841	29 347	31 027	12. *Égal* : **Revenu national disponible**
	5 787	6 664	7 699	8 906	10 215	11 704	13 355	15 588	18 716	22 034	24 690	26 263	13. *Moins* : Consommation finale
	..	..	..	..	..	..	..	..	..	..	..	..	14. *Plus* : Divergence statistique
	1 491	1 852	1 552	1 677	2 549	2 213	2 407	3 592	3 605	4 808	4 657	4 765	15. *Égal* : **Épargne nette**
	226	17	-1 316	-933	-618	-580	-311	-769	-736	-1 485	-1 880	-1 236	16. *Moins* : Solde des opérations courantes de la nation
	54	15	-18	55	71	206	-7	-162	-158	-388	-245	280	17. *Plus* : Divergence statistique
	1 319	1 850	2 850	2 665	3 238	2 999	2 711	4 199	4 183	5 905	6 291	6 280	18. *Égal* : **Formation nette de capital**

1. Années fiscales commençant le 1er Avril.
2. Aux prix relatifs de 1980.

AUSTRIA

Present S.N.A.

Main aggregates

millions of schilling

	1960	1961	1962	1963	1964	1965	1966	1967	1968	1969	1970	1971
EXPENDITURE ON THE G.D.P.												
At current prices												
1. Government final consumption expenditure	20 840*	22 610*	24 590*	27 460*	30 180	32 930	36 680	41 570	45 250	50 480	55 220	61 980
2. Private final consumption expenditure	95 520*	104 320*	114 300*	124 260*	133 050	145 790	155 660	167 360	178 370	189 700	205 290	230 000
3. Households	..	..	..	..	..	..	..	..	..	..	..	..
4. Private non-profit institutions serving households	..	..	..	..	..	..	..	..	..	..	..	..
5. Increase in stocks [2]	5 570*	3 580*	470*	−550*	3 430	1 620	5 260	2 880	5 130	6 850	14 510	7 760
6. Gross fixed capital formation	40 660*	47 350*	49 570*	53 910*	59 920	67 400	74 760	76 030	78 860	83 950	97 180	116 900
7. **Total Domestic Expenditure**	162 590*	177 860*	188 930*	205 080*	226 580	247 740	272 360	287 840	307 610	330 980	372 200	416 640
8. Exports of goods and services	40 990*	44 980*	48 640*	52 560*	57 440	63 180	69 470	74 510	82 080	99 220	121 890	133 760
9. *Less:* Imports of goods and services	40 710*	42 500*	45 670*	50 800*	57 420	64 600	73 300	76 760	82 870	95 210	118 210	130 780
10. Statistical discrepancy	0*	0*	0*	0*	0	0	0	0	0	0	0	0
11. **Gross Domestic Product**	162 870*	180 340*	191 900*	206 840*	226 600	246 320	268 530	285 590	306 820	334 990	375 880	419 620
At 1980 price levels [1]												
1. Government final consumption expenditure	90 597*	92 108*	94 418*	98 571*	103 608	104 370	109 210	113 572	117 135	119 789	123 732	127 787
2. Private final consumption expenditure	246 367*	259 014*	272 932*	287 546*	299 107	314 294	327 553	339 139	352 324	362 554	377 620	402 989
3. Households	..	..	..	..	..	..	..	..	..	..	..	..
4. Private non-profit institutions serving households	..	..	..	..	..	..	..	..	..	..	..	..
5. Increase in stocks [2]	11 668*	6 579*	−1 234*	−129*	6 489	3 649	8 738	6 361	9 779	12 940	21 485	2 287
6. Gross fixed capital formation	100 041*	112 595*	115 681*	119 672*	131 136	137 915	150 135	150 235	154 535	162 120	178 046	202 585
7. **Total Domestic Expenditure**	448 672*	470 297*	481 798*	505 660*	540 340	560 229	595 636	609 306	633 772	657 403	700 883	735 648
8. Exports of goods and services	83 501*	87 718*	95 413*	101 416*	108 051	115 651	124 918	133 340	144 656	170 361	198 366	210 134
9. *Less:* Imports of goods and services	87 348*	89 070*	95 159*	104 889*	116 538	128 629	143 501	148 151	158 975	174 130	203 516	215 350
10. Statistical discrepancy	−10 362*	−10 366*	−11 463*	−12 044*	−11 396	−11 641	−11 214	−11 636	−10 525	−6 495	−2 484	−1 762
11. **Gross Domestic Product**	434 463*	458 579*	470 588*	490 143*	520 458	535 609	565 839	582 859	608 928	647 140	693 248	728 670
COST COMPONENTS OF THE G.D.P.												
1. Indirect taxes	24 460*	27 740*	29 830*	32 280*	35 940	39 240	43 840	45 650	51 100	55 190	61 680	70 000
2. *Less:* Subsidies	2 990*	3 470*	4 420*	5 060*	5 000	5 540	6 040	6 050	6 240	6 470	6 520	7 560
3. Consumption of fixed capital	18 430*	20 230*	22 000*	24 360*	26 290	29 190	32 350	35 030	37 050	39 420	43 850	49 520
4. Compensation of employees paid by resident producers	73 030*	81 630*	89 170*	96 250*	105 910	116 630	128 350	138 950	147 310	160 640	175 820	203 190
5. Operating surplus	49 940*	54 210*	55 320*	59 010*	63 470	66 800	70 040	72 000	77 610	86 220	101 060	104 470
6. Statistical discrepancy	..	..	..	..	..	..	..	..	..	..	..	..
7. **Gross Domestic Product**	162 870*	180 340*	191 900*	206 840*	226 610	246 320	268 540	285 580	306 830	335 000	375 890	419 620
CAPITAL TRANSACTIONS OF THE NATION												
Finance of Gross Capital Formation												
1. Consumption of fixed capital	18 430*	20 230*	22 000*	24 360*	26 290	29 190	32 350	35 030	37 050	39 420	43 850	49 520
2. Net saving	28 170*	32 810*	31 800*	30 210*	37 220	38 540	44 340	41 870	45 670	55 310	70 110	77 120
3. *Less:* Surplus of the nation on current transactions	370*	2 110*	3 760*	1 210*	150	−1 280	−3 330	−2 010	−1 270	3 920	2 260	1 980
4. Statistical discrepancy	..	..	..	..	..	..	..	..	..	..	..	..
5. **Finance of Gross Capital Formation**	46 230*	50 930*	50 040*	53 360*	63 360	69 010	80 020	78 910	83 990	90 810	111 700	124 660
Gross capital formation												
6. Increase in stocks [2]	5 570*	3 580*	470*	−550*	3 430	1 620	5 260	2 880	5 130	6 850	14 510	7 760
7. Gross fixed capital formation	40 660*	47 350*	49 570*	53 910*	59 920	67 400	74 760	76 030	78 860	83 950	97 180	116 900
8. Statistical discrepancy	..	..	..	..	..	..	..	..	..	..	..	..
9. **Gross Capital Formation**	46 230*	50 930*	50 040*	53 360*	63 350	69 020	80 020	78 910	83 990	90 800	111 690	124 660
RELATIONS AMONG NATIONAL ACCOUNTING AGGREGATES												
1. **Gross Domestic Product**	162 870*	180 340*	191 900*	206 840*	226 610	246 320	268 530	285 590	306 830	335 000	375 880	419 620
2. *Plus:* Net factor income from the rest of the world	−640*	−690*	−700*	−750*	−810	−890	−930	−1 290	−1 860	−1 670	−1 970	−1 900
3. Factor income from the rest of the world	..	..	..	..	1 080	1 180	1 400	1 520	1 900	2 620	3 540	4 230
4. Factor income paid to the rest of the world	..	..	..	..	1 890	2 070	2 330	2 810	3 760	4 290	5 510	6 140
5. *Equals:* **Gross National Product**	162 230*	179 650*	191 200*	206 090*	225 800	245 430	267 600	284 300	304 970	333 330	373 910	417 720
6. *Less:* Consumption of fixed capital	18 430*	20 230*	22 000*	24 360*	26 290	29 190	32 350	35 030	37 050	39 420	43 850	49 520
7. *Plus:* Statistical discrepancy	..	..	..	..	..	..	..	..	..	..	..	..
8. *Equals:* **National Income**	143 800*	159 420*	169 200*	181 730*	199 510	216 240	235 250	249 260	267 930	293 910	330 060	368 200
9. *Plus:* Net current transfers from the rest of the world	730*	320*	1 490*	200*	950	1 030	1 440	1 540	1 370	1 580	550	900
10. Current transfers from the rest of the world	..	..	..	..	2 610	2 820	3 330	3 100	3 000	3 380	3 730	4 540
11. Current transfers paid to the rest of the world	..	..	..	..	1 670	1 790	1 900	1 560	1 630	1 800	3 180	3 640
12. *Equals:* **National Disposable Income**	144 530*	159 740*	170 690*	181 930*	200 450	217 270	236 700	250 800	269 290	295 490	330 610	369 100
13. *Less:* Final consumption	116 360*	126 930*	138 890*	151 720*	163 230	178 720	192 340	208 930	223 620	240 180	260 510	291 980
14. *Plus:* Statistical discrepancy	..	..	..	..	..	..	..	..	..	..	..	..
15. *Equals:* **Net Saving**	28 170*	32 810*	31 800*	30 210*	37 220	38 540	44 340	41 870	45 670	55 310	70 110	77 120
16. *Less:* Surplus of the nation on current transactions	370*	2 110*	3 760*	1 210*	150	−1 280	−3 330	−2 010	−1 270	3 920	2 260	1 980
17. *Plus:* Statistical discrepancy	..	..	..	..	..	..	..	..	..	..	..	..
18. *Equals:* **Net Capital Formation**	27 800*	30 700*	28 040*	29 000*	37 060	39 830	47 680	43 890	46 940	51 390	67 850	75 140

1. At 1976 relative prices for 1970-1983 and at 1964 relative prices for 1960-1969.
2. From 1964 including statistical discrepancy.

AUTRICHE
Principaux Agrégats
Nouveau S.C.N.

millions de schillings

1972	1973	1974	1975	1976	1977	1978	1979	1980	1981	1982	1983	
												DÉPENSES IMPUTÉES AU P.I.B.
												Aux prix courants
70 100	81 910	97 430	113 050	127 790	138 740	154 140	165 960	178 700	195 190	214 300	226 030	1. Consommation finale des administrations publiques
259 810	291 780	330 610	368 260	410 180	456 860	468 850	511 720	552 530	595 620	642 870	696 390	2. Consommation finale privée
..	..	..	..	..	..	..	..	..	..	..	..	3. Ménages
..	..	..	..	..	..	..	..	..	..	..	..	4. Institutions privées sans but lucratif au service des ménages
1 990	12 790	16 880	-4 320	9 120	9 270	3 750	13 860	28 810	12 860	-690	6 620	5. Variations des stocks [2]
144 910	154 970	175 720	174 920	188 710	212 770	215 260	230 900	254 080	266 540	262 810	267 210	6. Formation brute de capital fixe
476 810	541 450	620 640	651 910	735 800	817 640	842 000	922 440	1 014 120	1 070 210	1 119 290	1 196 250	7. **Demande intérieure totale**
150 870	176 040	218 330	220 940	251 200	274 460	295 190	344 930	388 250	434 020	463 260	495 380	8. Exportations de biens et services
148 140	174 030	220 410	216 720	262 250	295 920	294 860	348 830	407 660	447 980	444 460	485 810	9. *Moins :* Importations de biens et services
0	0	0	0	0	0	0	0	0	0	0	0	10. Divergence statistique
479 540	543 460	618 560	656 130	724 750	796 180	842 330	918 540	994 710	1 056 250	1 138 090	1 205 820	11. **Produit intérieur brut**
												Aux niveaux de prix de 1980 [1]
133 045	137 014	144 827	150 590	157 003	162 667	168 896	174 375	178 700	182 177	186 366	190 065	1. Consommation finale des administrations publiques
427 491	450 455	463 933	478 999	500 766	529 322	520 690	544 472	552 530	554 166	562 211	590 401	2. Consommation finale privée
..	..	..	..	..	..	..	..	..	..	..	..	3. Ménages
..	..	..	..	..	..	..	..	..	..	..	..	4. Institutions privées sans but lucratif au service des ménages
-2 403	18 620	12 028	-7 415	11 719	15 382	9 072	18 851	28 810	4 922	-206	6 374	5. Variations des stocks [2]
227 174	227 967	237 014	225 277	233 879	245 987	236 741	245 281	254 080	248 887	232 044	227 682	6. Formation brute de capital fixe
785 307	834 055	857 803	847 451	903 367	953 357	935 400	982 979	1 014 120	990 152	980 416	1 014 521	7. **Demande intérieure totale**
229 455	249 991	277 602	268 013	299 222	314 433	328 275	364 177	388 250	407 976	416 636	442 484	8. Exportations de biens et services
239 275	270 150	290 286	274 184	322 588	349 404	341 199	381 546	407 660	406 541	395 925	435 115	9. *Moins :* Importations de biens et services
-1 557	-2 143	-1 364	-594	-824	-889	-222	46	0	1 740	2 293	2 808	10. Divergence statistique
773 930	811 754	843 755	840 686	879 177	917 498	922 253	965 657	994 710	993 327	1 003 420	1 024 697	11. **Produit intérieur brut**
												RÉPARTITION DU P.I.B.
82 490	97 230	106 920	111 530	119 550	135 870	139 300	151 200	162 830	174 440	185 030	200 010	1. Impôts indirects
7 900	9 200	12 910	18 980	20 810	23 300	26 550	26 930	30 050	32 090	34 520	38 720	2. *Moins :* Subventions
56 200	62 370	71 470	77 420	82 510	90 610	97 620	104 270	116 100	128 510	140 760	150 780	3. Consommation de capital fixe
230 880	270 380	315 030	353 600	389 470	431 450	472 420	504 520	545 630	589 480	617 660	643 940	4. Rémunération des salariés payée par les producteurs résidents
117 870	122 680	138 050	132 550	154 030	161 560	159 540	185 480	200 200	195 900	229 170	249 800	5. Excédent net d'exploitation
..	..	..	..	..	..	..	..	..	..	..	..	6. Divergence statistique
479 540	543 460	618 560	656 120	724 750	796 190	842 330	918 540	994 710	1 056 240	1 138 100	1 205 810	7. **Produit intérieur brut**
												OPÉRATIONS EN CAPITAL DE LA NATION
												Financement de la formation brute de capital
56 200	62 370	71 470	77 420	82 510	90 610	97 620	104 270	116 100	128 510	140 760	150 780	1. Consommation de capital fixe
91 330	103 790	115 230	92 800	99 010	102 510	115 170	131 450	140 360	129 470	133 540	124 630	2. Épargne nette
630	-1 610	-5 900	-370	-16 310	-28 940	-6 230	-9 040	-26 430	-21 410	12 180	1 580	3. *Moins :* Solde des opérations courantes de la nation
..	..	..	..	..	..	..	..	..	..	..	..	4. Divergence statistique
146 900	167 770	192 600	170 590	197 830	222 060	219 020	244 760	282 890	279 390	262 120	273 830	5. **Financement de la formation brute de capital**
												Formation brute de capital
1 990	12 790	16 880	-4 320	9 120	9 270	3 750	13 860	28 810	12 860	-690	6 620	6. Variations des stocks [2]
144 910	154 970	175 720	174 920	188 710	212 770	215 260	230 900	254 080	266 540	262 810	267 210	7. Formation brute de capital fixe
..	..	..	..	..	..	..	..	..	..	..	..	8. Divergence statistique
146 900	167 760	192 600	170 600	197 830	222 040	219 010	244 760	282 890	279 400	262 120	273 830	9. **Formation brute de capital**
												RELATIONS ENTRE LES PRINCIPAUX AGRÉGATS
479 540	543 460	618 560	656 120	724 750	796 190	842 330	918 540	994 700	1 056 250	1 138 100	1 205 810	1. **Produit intérieur brut**
-2 700	-3 380	-2 970	-3 620	-5 040	-6 870	-8 380	-7 810	-8 350	-8 760	-8 420	-8 790	2. *Plus :* Revenu net des facteurs reçu du reste du monde
4 090	5 120	10 180	10 620	11 370	12 350	14 500	21 090	32 850	50 940	54 250	46 950	3. Revenu des facteurs reçu du reste du monde
6 800	8 500	13 150	14 240	16 410	19 220	22 880	28 900	41 200	59 700	62 670	55 740	4. Revenu des facteurs payé au reste du monde
476 840	540 080	615 590	652 500	719 700	789 320	833 950	910 730	986 350	1 047 490	1 129 680	1 197 020	5. *Égal :* **Produit national brut**
56 200	62 370	71 470	77 420	82 510	90 610	97 620	104 270	116 100	128 510	140 760	150 780	6. *Moins :* consommation de capital fixe
..	..	..	..	..	..	..	..	..	..	..	..	7. *Plus :* Divergence statistique
420 630	477 710	544 120	575 070	637 200	698 710	736 340	806 460	870 250	918 980	988 920	1 046 240	8. *Égal :* **Revenu national**
600	-230	-850	-970	-220	-600	1 820	2 670	1 340	1 310	1 800	800	9. *Plus :* Transferts courants nets reçus du reste du monde
5 130	6 000	6 910	7 190	8 330	8 840	10 150	12 250	12 950	14 120	14 680	14 630	10. Transferts courants reçus du reste du monde
4 530	6 230	7 760	8 160	8 550	9 440	8 320	9 580	11 610	12 810	12 880	13 830	11. Transferts courants payés au reste du monde
421 240	477 470	543 270	574 100	636 980	698 110	738 160	809 120	871 590	920 290	990 720	1 047 040	12. *Égal :* **Revenu national disponible**
329 910	373 690	428 040	481 310	537 970	595 600	622 990	677 680	731 230	790 810	857 170	922 420	13. *Moins :* Consommation finale
..	..	..	..	..	..	..	..	..	..	..	..	14. *Plus :* Divergence statistique
91 330	103 790	115 230	92 800	99 010	102 510	115 170	131 450	140 360	129 470	133 540	124 630	15. *Égal :* **Épargne nette**
630	-1 610	-5 910	-370	-16 310	-28 940	-6 230	-9 040	-26 430	-21 410	12 180	1 580	16. *Moins :* Solde des opérations courantes de la nation
..	..	..	..	..	..	..	..	..	..	..	..	17. *Plus :* Divergence statistique
90 700	105 400	121 140	93 170	115 320	131 450	121 390	140 490	166 790	150 890	121 370	123 040	18. *Égal :* **Formation nette de capital**

[1] Aux prix relatifs de 1976 pour la période 1970-1983 et aux prix relatifs de 1964 pour la période 1960-1969.
[2] A partir de 1964 y compris une divergence statistique.

BELGIUM

Present S.N.A.

Main aggregates

millions of fra

	1960	1961	1962	1963	1964	1965	1966	1967	1968	1969	1970	1971
EXPENDITURE ON THE G.D.P.												
At current prices												
1. Government final consumption expenditure	69 309	70 682	77 877	88 563	95 471	106 227	117 102	128 766	139 007	154 503	169 406	194 66
2. Private final consumption expenditure	385 274	402 041	422 306	457 380	488 892	533 296	570 132	601 221	651 577	705 980	755 200	833 08
3. Households	..	..	..	..	..	..	..	..	..	..	..	
4. Private non-profit institutions serving households	..	..	..	..	..	..	..	..	..	..	..	
5. Increase in stocks	–406	3 178	–47	2 492	11 682	6 650	8 651	4 216	9 285	21 985	20 527	19 06
6. Gross fixed capital formation	107 741	122 340	134 778	140 765	170 480	185 507	204 329	218 847	219 667	241 297	286 177	304 80
7. **Total Domestic Expenditure**	561 918	598 241	634 914	689 200	766 525	831 680	900 214	953 050	1 019 536	1 123 765	1 231 310	1 351 61
8. Exports of goods and services	213 900	234 800	261 200	288 700	329 200	353 975	395 300	414 200	465 500	561 600	654 500	698 70
9. *Less:* Imports of goods and services	218 800	240 600	262 400	296 600	333 200	355 700	403 400	411 900	462 700	551 200	623 700	668 30
10. Statistical discrepancy	..	..	..	..	..	..	..	..	..	..	..	
11. **Gross Domestic Product**	557 018	592 441	633 714	681 300	762 525	829 955	892 114	955 350	1 022 336	1 134 165	1 262 110	1 382 01
At 1980 price levels[1]												
1. Government final consumption expenditure	242 131	246 739	267 958	298 921	311 467	328 740	344 288	363 842	376 500	400 140	412 528	435 35
2. Private final consumption expenditure	1 038 953	1 055 993	1 097 465	1 146 285	1 176 216	1 226 406	1 258 946	1 294 723	1 363 778	1 436 783	1 499 530	1 570 78
3. Households	..	..	..	..	..	..	..	..	..	..	..	
4. Private non-profit institutions serving households	..	..	..	..	..	..	..	..	..	..	..	
5. Increase in stocks	191	5 271	209	1 323	18 906	9 966	12 231	4 323	11 490	31 124	31 368	29 82
6. Gross fixed capital formation	333 197	374 391	396 404	396 992	455 211	473 983	506 337	521 053	514 497	541 935	587 611	576 44
7. **Total Domestic Expenditure**	1 614 472	1 682 393	1 762 037	1 843 521	1 961 800	2 039 095	2 121 802	2 183 941	2 266 265	2 409 982	2 531 037	2 612 40
8. Exports of goods and services	528 259	576 673	635 043	687 362	752 174	797 855	859 153	895 854	1 005 176	1 159 203	1 277 700	1 335 70
9. *Less:* Imports of goods and services	572 739	613 961	664 344	721 805	785 721	837 352	920 421	934 995	1 044 505	1 206 271	1 298 500	1 345 60
10. Statistical discrepancy	–17 496	–15 320	–18 006	–19 729	–14 426	–17 625	–15 887	–20 915	–13 802	–2 827	0	
11. **Gross Domestic Product**	1 552 496	1 629 786	1 714 730	1 789 349	1 913 827	1 981 972	2 044 647	2 123 885	2 213 134	2 360 087	2 510 237	2 602 50
COST COMPONENTS OF THE G.D.P.												
1. Indirect taxes	64 170	72 812	78 158	84 523	93 878	101 669	119 381	131 083	140 209	154 085	166 969	180 48
2. *Less:* Subsidies	10 734	10 853	11 650	13 452	14 385	18 931	24 012	24 327	29 775	32 890	36 355	39 58
3. Consumption of fixed capital	56 286	58 596	61 958	67 210	74 281	80 000	86 135	92 407	98 959	108 861	124 569	133 83
4. Compensation of employees paid by resident producers	256 690	269 582	296 170	325 889	367 394	406 583	445 613	476 887	506 841	562 038	630 649	718 90
5. Operating surplus	190 606	202 304	209 078	217 130	241 357	260 634	264 997	279 300	306 102	342 071	376 278	388 38
6. Statistical discrepancy	..	..	..	..	..	..	..	..	..	..	..	
7. **Gross Domestic Product**	557 018	592 441	633 714	681 300	762 525	829 955	892 114	955 350	1 022 336	1 134 165	1 262 110	1 382 01
CAPITAL TRANSACTIONS OF THE NATION												
Finance of Gross Capital Formation												
1. Consumption of fixed capital	56 286	58 596	61 958	67 210	74 281	80 000	86 135	92 407	98 959	108 861	124 569	133 83
2. Net saving	51 749	66 522	76 673	72 647	109 081	116 835	124 345	138 456	138 993	167 521	217 066	219 30
3. *Less:* Surplus of the nation on current transactions	700	–400	3 900	–3 400	1 200	4 678	–2 500	7 800	9 000	13 100	34 931	29 26
4. Statistical discrepancy	..	..	..	..	..	..	..	..	..	..	..	
5. **Finance of Gross Capital Formation**	107 335	125 518	134 731	143 257	182 162	192 157	212 980	223 063	228 952	263 282	306 704	323 87
Gross capital formation												
6. Increase in stocks	–406	3 178	–47	2 492	11 682	6 650	8 651	4 216	9 285	21 985	20 527	19 06
7. Gross fixed capital formation	107 741	122 340	134 778	140 765	170 480	185 507	204 329	218 847	219 667	241 297	286 177	304 80
8. Statistical discrepancy	..	..	..	..	..	..	..	..	..	..	..	
9. **Gross Capital Formation**	107 335	125 518	134 731	143 257	182 162	192 157	212 980	223 063	228 952	263 282	306 704	323 87
RELATIONS AMONG NATIONAL ACCOUNTING AGGREGATES												
1. **Gross Domestic Product**	557 018	592 441	633 714	681 300	762 525	829 955	892 114	955 350	1 022 336	1 134 165	1 262 110	1 382 01
2. *Plus:* Net factor income from the rest of the world	6 900	5 800	5 100	4 400	4 300	5 900	6 000	6 900	7 300	7 500	9 600	8 00
3. Factor income from the rest of the world	..	..	..	..	..	..	..	..	..	..	..	
4. Factor income paid to the rest of the world	..	..	..	..	..	..	..	..	..	..	..	
5. *Equals:* **Gross National Product**	563 918	598 241	638 814	685 700	766 825	835 855	898 114	962 250	1 029 636	1 141 665	1 271 710	1 390 01
6. *Less:* Consumption of fixed capital	56 286	58 596	61 958	67 210	74 281	80 000	86 135	92 407	98 959	108 861	124 569	133 83
7. *Plus:* Statistical discrepancy	..	..	..	..	..	..	..	..	..	..	..	
8. *Equals:* **National Income**	507 632	539 645	576 856	618 490	692 544	755 855	811 979	869 843	930 677	1 032 804	1 147 141	1 256 18
9. *Plus:* Net current transfers from the rest of the world	–1 300	–400	0	100	900	503	–400	–1 400	–1 100	–4 800	–5 469	–9 13
10. Current transfers from the rest of the world	..	..	..	..	..	..	..	..	..	..	..	
11. Current transfers paid to the rest of the world	..	..	..	..	..	..	..	..	..	..	..	
12. *Equals:* **National Disposable Income**	506 332	539 245	576 856	618 590	693 444	756 358	811 579	868 443	929 577	1 028 004	1 141 672	1 247 04
13. *Less:* Final consumption	454 583	472 723	500 183	545 943	584 363	639 523	687 234	729 987	790 584	860 483	924 606	1 027 74
14. *Plus:* Statistical discrepancy	..	..	..	..	..	..	..	..	..	..	..	
15. *Equals:* **Net Saving**	51 749	66 522	76 673	72 647	109 081	116 835	124 345	138 456	138 993	167 521	217 066	219 30
16. *Less:* Surplus of the nation on current transactions	700	–400	3 900	–3 400	1 200	4 678	–2 500	7 800	9 000	13 100	34 931	29 26
17. *Plus:* Statistical discrepancy	..	..	..	..	..	..	..	..	..	..	..	
18. *Equals:* **Net Capital Formation**	51 049	66 922	72 773	76 047	107 881	112 157	126 845	130 656	129 993	154 421	182 135	190 03

1. At 1980 relative prices for 1970-1983 and at 1970 relative prices for 1960-1969.

BELGIQUE
Nouveau S.C.N.

Principaux Agrégats

millions de francs

1972	1973	1974	1975	1976	1977	1978	1979	1980	1981	1982	1983	
												DÉPENSES IMPUTÉES AU P.I.B.
												Aux prix courants
224 282	255 264	302 339	373 592	423 388	467 281	520 144	561 057	613 889	669 935	708 000	725 505	1. Consommation finale des administrations publiques
930 163	1 063 352	1 230 319	1 390 427	1 567 652	1 717 193	1 833 953	1 990 921	2 171 876	2 327 468	2 518 438	2 669 260	2. Consommation finale privée
..	..	..	..	..	..	..	..	..	..	..	..	3. Ménages
..	..	..	..	..	..	..	..	..	..	..	..	4. Institutions privées sans but lucratif au service des ménages
7 396	22 225	44 678	−13 122	4 081	8 512	4 977	22 271	−1 201	−1 298	−15 440	−15 628	5. Variations des stocks
329 746	375 579	467 370	511 147	568 732	602 958	647 527	661 101	728 203	642 372	675 195	660 169	6. Formation brute de capital fixe
1 491 587	1 716 420	2 044 706	2 262 044	2 563 853	2 795 944	3 006 601	3 235 350	3 512 767	3 638 477	3 886 193	4 039 306	7. **Demande intérieure totale**
789 100	975 800	1 260 200	1 220 100	1 466 900	1 550 300	1 608 300	1 892 100	2 151 800	2 433 400	2 837 700	3 047 900	8. Exportations de biens et services
735 300	937 200	1 248 100	1 211 000	1 459 200	1 572 100	1 635 700	1 947 300	2 245 000	2 517 500	2 874 400	2 992 200	9. *Moins :* Importations de biens et services
..	..	..	..	..	..	..	..	..	..	..	..	10. Divergence statistique
1 545 387	1 755 020	2 056 806	2 271 144	2 571 553	2 774 144	2 979 201	3 180 150	3 419 567	3 554 377	3 849 493	4 095 006	11. **Produit intérieur brut**
												Aux niveaux de prix de 1980[1]
460 987	485 599	502 155	524 773	544 102	556 475	590 089	604 729	613 889	621 364	613 834	615 794	1. Consommation finale des administrations publiques
1 664 331	1 793 110	1 840 276	1 852 193	1 936 592	1 981 327	2 033 026	2 122 747	2 171 876	2 144 788	2 158 733	2 138 344	2. Consommation finale privée
..	..	..	..	..	..	..	..	..	..	..	..	3. Ménages
..	..	..	..	..	..	..	..	..	..	..	..	4. Institutions privées sans but lucratif au service des ménages
9 881	39 325	64 710	−22 179	3 988	8 778	7 657	26 472	−1 201	−8 669	−17 433	−11 841	5. Variations des stocks
596 012	637 872	682 129	669 391	696 123	696 415	715 666	696 190	728 203	609 216	603 676	565 277	6. Formation brute de capital fixe
2 731 211	2 955 906	3 089 270	3 024 178	3 180 805	3 242 995	3 346 438	3 450 138	3 512 767	3 366 699	3 358 810	3 307 574	7. **Demande intérieure totale**
1 483 400	1 693 400	1 757 000	1 612 600	1 832 700	1 868 300	1 916 200	2 067 200	2 151 800	2 222 200	2 291 700	2 292 100	8. Exportations de biens et services
1 474 800	1 747 800	1 825 300	1 660 600	1 881 700	1 966 700	2 023 700	2 212 500	2 245 000	2 212 500	2 235 800	2 171 100	9. *Moins :* Importations de biens et services
0	0	0	0	0	0	0	0	0	0	0	0	10. Divergence statistique
2 739 811	2 901 506	3 020 970	2 976 178	3 131 805	3 144 595	3 238 938	3 304 838	3 419 567	3 376 399	3 414 710	3 428 574	11. **Produit intérieur brut**
												RÉPARTITION DU P.I.B.
190 419	212 747	244 807	264 808	319 181	349 540	378 433	405 802	427 301	446 778	488 844	524 171	1. Impôts indirects
48 624	60 960	63 328	76 854	101 497	116 009	126 221	143 139	137 786	146 423	153 984	180 739	2. *Moins :* Subventions
148 993	161 636	193 201	212 444	231 274	262 291	281 399	302 497	312 145	330 305	362 138	393 200	3. Consommation de capital fixe
823 487	948 732	1 144 350	1 313 747	1 515 968	1 645 689	1 770 697	1 893 540	2 060 342	2 164 835	2 299 398	2 419 214	4. Rémunération des salariés payée par les producteurs résidents
431 112	492 865	537 776	556 999	606 627	632 633	674 893	721 450	757 565	758 882	853 097	939 160	5. Excédent net d'exploitation
..	..	..	..	..	..	..	..	..	..	..	..	6. Divergence statistique
1 545 387	1 755 020	2 056 806	2 271 144	2 571 553	2 774 144	2 979 201	3 180 150	3 419 567	3 554 377	3 849 493	4 095 006	7. **Produit intérieur brut**
												OPÉRATIONS EN CAPITAL DE LA NATION
												Financement de la formation brute de capital
148 993	161 636	193 201	212 444	231 274	262 291	281 399	302 497	312 145	330 305	362 138	393 200	1. Consommation de capital fixe
244 359	270 598	326 261	282 699	345 324	313 625	329 731	293 791	260 704	151 697	162 950	211 652	2. Epargne nette
56 210	34 430	7 414	−2 882	3 785	−35 554	−41 374	−87 084	−154 153	−159 072	−134 667	−39 689	3. *Moins :* Solde des opérations courantes de la nation
..	..	..	..	..	..	..	..	..	..	..	..	4. Divergence statistique
337 142	397 804	512 048	498 025	572 813	611 470	652 504	683 372	727 002	641 074	659 755	644 541	5. **Financement de la formation brute de capital**
												Formation brute de capital
7 396	22 225	44 678	−13 122	4 081	8 512	4 977	22 271	−1 201	−1 298	−15 440	−15 628	6. Variations des stocks
329 746	375 579	467 370	511 147	568 732	602 958	647 527	661 101	728 203	642 372	675 195	660 169	7. Formation brute de capital fixe
..	..	..	..	..	..	..	..	..	..	..	..	8. Divergence statistique
337 142	397 804	512 048	498 025	572 813	611 470	652 504	683 372	727 002	641 074	659 755	644 541	9. **Formation brute de capital**
												RELATIONS ENTRE LES PRINCIPAUX AGRÉGATS
1 545 387	1 755 020	2 056 806	2 271 144	2 571 553	2 774 144	2 979 201	3 180 150	3 419 567	3 554 377	3 849 493	4 095 006	1. **Produit intérieur brut**
9 800	7 100	8 700	9 700	13 800	8 000	5 600	−8 600	−26 200	−31 700	−48 700	−46 100	2. *Plus :* Revenu net des facteurs reçu du reste du monde
..	..	..	94 900	96 500	101 700	118 600	139 500	217 300	356 300	413 900	379 900	3. Revenu des facteurs reçu du reste du monde
..	..	..	85 200	82 700	93 700	113 000	148 100	243 500	388 000	462 600	426 000	4. Revenu des facteurs payé au reste du monde
1 555 187	1 762 120	2 065 506	2 280 844	2 585 353	2 782 144	2 984 801	3 171 550	3 393 367	3 522 677	3 800 793	4 048 906	5. *Égal :* **Produit national brut**
148 993	161 636	193 201	212 444	231 274	262 291	281 399	302 497	312 145	330 305	362 138	393 200	6. *Moins :* consommation de capital fixe
..	..	..	..	..	..	..	..	..	..	..	..	7. *Plus :* Divergence statistique
1 406 194	1 600 484	1 872 305	2 068 400	2 354 079	2 519 853	2 703 402	2 869 053	3 081 222	3 192 372	3 438 655	3 655 706	8. *Égal :* **Revenu national**
−7 390	−11 270	−13 386	−21 682	−17 715	−21 754	−19 574	−23 284	−34 753	−43 272	−49 267	−49 289	9. *Plus :* Transferts courants nets reçus du reste du monde
..	..	..	..	..	..	..	..	..	..	..	..	10. Transferts courants reçus du reste du monde
..	..	..	..	..	..	..	..	..	..	..	..	11. Transferts courants payés au reste du monde
1 398 804	1 589 214	1 858 919	2 046 718	2 336 364	2 498 099	2 683 828	2 845 769	3 046 469	3 149 100	3 389 388	3 606 417	12. *Égal :* **Revenu national disponible**
1 154 445	1 318 616	1 532 658	1 764 019	1 991 040	2 184 474	2 354 097	2 551 978	2 785 765	2 997 403	3 226 438	3 394 765	13. *Moins :* Consommation finale
..	..	..	..	..	..	..	..	..	..	..	..	14. *Plus :* Divergence statistique
244 359	270 598	326 261	282 699	345 324	313 625	329 731	293 791	260 704	151 697	162 950	211 652	15. *Égal :* **Épargne nette**
56 210	34 430	7 414	−2 882	3 785	−35 554	−41 374	−87 084	−154 153	−159 072	−134 667	−39 689	16. *Moins :* Solde des opérations courantes de la nation
..	..	..	..	..	..	..	..	..	..	..	..	17. *Plus :* Divergence statistique
188 149	236 168	318 847	285 581	341 539	349 179	371 105	380 875	414 857	310 769	297 617	251 341	18. *Égal :* **Formation nette de capital**

1. Aux prix relatifs de 1980 pour la période 1970-1983 et aux prix relatifs de 1970 pour la période 1960-1969.

DENMARK

Present S.N.A.

Main aggregates

millions of kroner

	1960	1961	1962	1963	1964	1965	1966	1967	1968	1969	1970	1971
EXPENDITURE ON THE G.D.P.												
At current prices												
1. Government final consumption expenditure	5 466*	6 593*	7 816*	8 456*	9 739*	11 460*	13 209	15 127	17 562	20 253	23 675	27 865
2. Private final consumption expenditure	25 492*	28 334*	31 852*	33 643*	37 729*	41 388*	45 975	50 832	55 477	61 684	68 078	73 165
3. Households	..	..	..	..	..	..	45 817	50 650	55 265	61 446	67 800	72 802
4. Private non-profit institutions serving households	..	..	..	..	..	..	158	182	212	238	278	363
5. Increase in stocks	1 816*	872*	1 502*	444*	1 056*	1 589*	585	6	530	1 348	1 148	759
6. Gross fixed capital formation	8 890*	10 603*	11 902*	12 065*	15 360*	16 968*	18 609	20 542	22 086	26 358	29 283	31 752
7. **Total Domestic Expenditure**	41 664*	46 402*	53 072*	54 608*	63 884*	71 405*	78 378	86 507	95 655	109 643	122 184	133 541
8. Exports of goods and services	13 233*	13 632*	14 655*	16 572*	18 600*	20 505*	21 934	23 076	25 980	29 429	33 104	36 184
9. *Less:* Imports of goods and services	13 748*	14 375*	16 279*	16 415*	19 883*	21 590*	23 129	24 770	27 277	31 753	36 661	38 604
10. Statistical discrepancy	..	..	..	..	..	..	..	..	..	..	..	..
11. **Gross Domestic Product**	41 149*	45 659*	51 448*	54 765*	62 601*	70 320*	77 183	84 813	94 358	107 319	118 627	131 121
At 1980 price levels[1]												
1. Government final consumption expenditure	36 153*	38 052*	41 833*	43 041*	46 165*	47 733*	50 508	54 331	56 891	60 760	64 942	68 490
2. Private final consumption expenditure	117 466*	126 088*	133 530*	133 565*	144 044*	148 991*	155 360	160 911	163 100	173 148	178 369	177 237
3. Households	..	..	..	..	..	..	154 710	160 217	162 357	172 358	177 532	176 253
4. Private non-profit institutions serving households	..	..	..	..	..	..	661	705	754	801	848	991
5. Increase in stocks	8 135*	4 307*	6 537*	1 406*	4 082*	6 228*	2 099	91	1 907	4 674	3 619	2 269
6. Gross fixed capital formation	38 281*	43 606*	46 509*	45 387*	56 040*	58 666*	61 167	64 529	65 667	73 588	75 350	76 636
7. **Total Domestic Expenditure**	200 034*	212 053*	228 409*	223 399*	250 331*	261 617*	269 134	279 862	287 565	312 169	322 280	324 632
8. Exports of goods and services	42 463*	44 279*	46 453*	51 088*	55 453*	59 823*	62 154	64 289	70 558	74 588	78 443	82 437
9. *Less:* Imports of goods and services	48 173*	50 318*	57 042*	56 420*	67 452*	72 095*	76 018	80 057	83 966	94 570	102 559	102 059
10. Statistical discrepancy	-3 852*	-3 393*	-3 715*	-2 598*	-2 888*	-3 178*	-2 355	-1 907	-1 962	-2 256	-1 641	-1 224
11. **Gross Domestic Product**	190 472*	202 622*	214 105*	215 469*	235 443*	246 167*	252 915	262 187	272 195	289 930	296 524	303 785
COST COMPONENTS OF THE G.D.P.												
1. Indirect taxes	5 028*	5 628*	6 707*	7 631*	8 646*	9 800*	11 454	13 369	16 137	18 431	20 484	22 935
2. *Less:* Subsidies	269*	1 105*	1 259*	1 323*	1 353*	1 241*	1 594	2 009	2 601	2 900	3 189	3 689
3. Consumption of fixed capital	2 770*	3 130*	3 489*	3 915*	4 319*	4 901*	5 466	5 960	6 605	7 252	8 161	9 137
4. Compensation of employees paid by resident producers	20 000*	23 042*	26 144*	27 697*	31 427*	36 417*	40 582	44 891	50 122	56 747	63 859	72 120
5. Operating surplus	13 620*	14 964*	16 367*	16 845*	19 562*	20 443*	21 275	22 602	24 095	27 789	29 312	30 616
6. Statistical discrepancy	..	..	..	..	..	..	..	..	..	..	..	..
7. **Gross Domestic Product**	41 149*	45 659*	51 448*	54 765*	62 601*	70 320*	77 183	84 813	94 358	107 319	118 627	131 119
CAPITAL TRANSACTIONS OF THE NATION												
Finance of Gross Capital Formation												
1. Consumption of fixed capital	2 770*	3 130*	3 489*	3 915*	4 319*	4 901*	5 466	5 960	6 605	7 252	8 161	9 137
2. Net saving	7 475*	7 572*	8 286*	8 653*	10 708*	12 375*	12 255	12 557	14 449	17 409	17 699	20 179
3. *Less:* Surplus of the nation on current transactions	-461*	-773*	-1 629*	59*	-1 389*	-1 281*	-1 473	-2 031	-1 562	-3 045	-4 571	-3 193
4. Statistical discrepancy	..	..	..	..	..	..	..	..	..	..	..	..
5. **Finance of Gross Capital Formation**	10 706*	11 475*	13 404*	12 509*	16 416*	18 557*	19 194	20 548	22 616	27 706	30 431	32 509
Gross capital formation												
6. Increase in stocks	1 816*	872*	1 502*	444*	1 056*	1 589*	585	6	530	1 348	1 148	759
7. Gross fixed capital formation	8 890*	10 603*	11 902*	12 065*	15 360*	16 968*	18 609	20 542	22 086	26 358	29 283	31 752
8. Statistical discrepancy	..	..	..	..	..	..	..	..	..	..	..	..
9. **Gross Capital Formation**	10 706*	11 475*	13 404*	12 509*	16 416*	18 557*	19 194	20 548	22 616	27 706	30 431	32 511
RELATIONS AMONG NATIONAL ACCOUNTING AGGREGATES												
1. **Gross Domestic Product**	41 149*	45 659*	51 448*	54 765*	62 601*	70 320*	77 183	84 813	94 358	107 319	118 627	131 120
2. *Plus:* Net factor income from the rest of the world	58*	-5*	17*	-23*	-24*	-42*	-15	-64	-78	-137	-213	-406
3. Factor income from the rest of the world	..	..	..	..	..	..	592	664	800	876	1 021	1 059
4. Factor income paid to the rest of the world	..	..	..	..	..	..	607	728	878	1 013	1 234	1 465
5. *Equals:* **Gross National Product**	41 207*	45 654*	51 465*	54 742*	62 577*	70 278*	77 168	84 749	94 280	107 182	118 414	130 713
6. *Less:* Consumption of fixed capital	2 770*	3 130*	3 489*	3 915*	4 319*	4 901*	5 466	5 960	6 605	7 252	8 161	9 137
7. *Plus:* Statistical discrepancy	..	..	..	..	..	..	..	..	..	..	..	..
8. *Equals:* **National Income**	38 437*	42 524*	47 976*	50 827*	58 258*	65 377*	71 702	78 789	87 675	99 930	110 253	121 576
9. *Plus:* Net current transfers from the rest of the world	-4*	-25*	-22*	-76*	-82*	-154*	-272	-281	-197	-588	-801	-367
10. Current transfers from the rest of the world	..	..	..	..	..	..	21	47	253	93	142	205
11. Current transfers paid to the rest of the world	..	..	..	..	..	..	293	328	450	681	943	572
12. *Equals:* **National Disposable Income**	38 433*	42 499*	47 954*	50 752*	58 176*	65 223*	71 430	78 508	87 478	99 342	109 452	121 209
13. *Less:* Final consumption	30 958*	34 927*	39 668*	42 099*	47 468*	52 848*	59 184	65 959	73 039	81 937	91 753	101 030
14. *Plus:* Statistical discrepancy	..	..	..	..	..	..	..	..	..	..	..	..
15. *Equals:* **Net Saving**	7 475*	7 572*	8 286*	8 653*	10 708*	12 375*	12 246	12 549	14 439	17 405	17 699	20 179
16. *Less:* Surplus of the nation on current transactions	-461*	-773*	-1 629*	59*	-1 389*	-1 281*	-1 482	-2 039	-1 572	-3 049	-4 571	-3 193
17. *Plus:* Statistical discrepancy	..	..	..	..	..	..	..	..	..	..	..	..
18. *Equals:* **Net Capital Formation**	7 936*	8 345*	9 915*	8 594*	12 097*	13 656*	13 728	14 588	16 011	20 454	22 270	23 374

1. At 1980 relative prices for 1978-1983 and at 1975 relative prices for 1960-1977.

DANEMARK

Principaux Agrégats

Nouveau S.C.N.

ns de couronnes

1972	1973	1974	1975	1976	1977	1978	1979	1980	1981	1982	1983	
												DÉPENSES IMPUTÉES AU P.I.B.
												Aux prix courants
2 075	36 808	45 254	53 182	60 523	66 767	76 247	86 834	99 734	113 215	130 940	140 232	1. Consommation finale des administrations publiques
0 437	94 202	105 224	119 942	142 133	158 900	174 890	195 814	208 814	228 566	257 462	280 795	2. Consommation finale privée
9 976	93 679	104 585	119 184	141 217	157 855	173 556	194 307	207 048	226 705	255 241	278 328	3. Ménages
461	523	639	758	916	1 045	1 334	1 507	1 766	1 861	2 221	2 467	4. Institutions privées sans but lucratif au service des ménages
318	2 332	2 365	−424	2 569	2 177	−524	1 577	−1 125	−800	1 500	−400	5. Variations des stocks
7 006	42 808	46 461	45 588	57 678	61 659	67 495	72 471	70 312	63 817	75 310	84 151	6. Formation brute de capital fixe
9 836	176 150	199 304	218 288	262 903	289 503	318 108	356 696	377 735	404 798	465 212	504 778	7. **Demande intérieure totale**
0 835	49 314	61 481	65 049	72 455	80 463	86 516	101 444	122 256	149 042	169 015	186 907	8. Exportations de biens et services
9 943	52 605	67 157	67 080	84 144	90 656	93 247	111 248	126 205	146 050	166 928	176 286	9. *Moins :* Importations de biens et services
..	..	..	..	..	..	..	..	..	..	..	..	10. Divergence statistique
0 728	172 859	193 628	216 257	251 214	279 310	311 377	346 892	373 786	407 790	467 299	515 399	11. **Produit intérieur brut**
												Aux niveaux de prix de 1980 [1]
2 426	75 317	77 962	79 532	83 083	85 077	90 349	95 645	99 734	102 359	105 231	105 224	1. Consommation finale des administrations publiques
0 073	190 371	185 636	192 329	207 561	211 810	213 861	216 804	208 814	203 993	207 038	210 658	2. Consommation finale privée
8 943	189 226	184 470	191 145	206 250	210 443	212 247	215 157	207 048	202 320	205 273	208 766	3. Ménages
1 135	1 151	1 171	1 190	1 316	1 372	1 614	1 647	1 766	1 673	1 765	1 892	4. Institutions privées sans but lucratif au service des ménages
1 581	6 133	4 801	−805	4 899	3 717	−759	1 647	−1 125	−887	1 400	−300	5. Variations des stocks
3 219	86 837	79 056	69 442	81 513	79 678	80 808	80 453	70 312	56 798	59 877	61 822	6. Formation brute de capital fixe
7 299	358 657	347 455	340 498	377 056	380 283	384 259	394 549	377 735	362 263	373 546	377 404	7. **Demande intérieure totale**
7 135	93 812	97 957	96 267	100 352	105 198	107 297	116 265	122 256	132 282	135 656	140 331	8. Exportations de biens et services
4 010	118 542	114 343	109 424	128 040	128 234	128 962	135 367	126 205	124 085	127 736	128 624	9. *Moins :* Importations de biens et services
4 085	−1 316	−904	−455	−1 089	−939	0	0	0	0	0	0	10. Divergence statistique
0 338	332 612	330 165	326 886	348 278	356 307	362 594	375 447	373 786	370 460	381 466	389 111	11. **Produit intérieur brut**
												RÉPARTITION DU P.I.B.
6 222	29 133	30 833	33 560	40 797	47 869	56 817	65 759	69 591	75 077	81 994	91 374	1. Impôts indirects
4 332	5 376	6 857	6 017	7 703	8 761	10 498	11 184	11 794	12 406	15 193	17 341	2. *Moins :* Subventions
0 477	12 169	15 379	17 859	20 259	23 015	26 122	29 370	33 670	38 000	42 600	46 000	3. Consommation de capital fixe
0 223	92 318	109 094	122 742	140 460	155 815	172 801	193 130	212 722	230 056	258 770	277 562	4. Rémunération des salariés payée par les producteurs résidents
3 140	44 616	45 180	48 112	57 401	61 372	66 133	69 817	69 597	77 063	99 128	117 804	5. Excédent net d'exploitation
..	..	..	..	..	..	..	..	..	..	..	..	6. Divergence statistique
0 730	172 860	193 629	216 256	251 214	279 310	311 375	346 892	373 786	407 790	467 299	515 399	7. **Produit intérieur brut**
												OPÉRATIONS EN CAPITAL DE LA NATION
												Financement de la formation brute de capital
0 477	12 169	15 379	17 859	20 259	23 015	26 122	29 370	33 670	38 000	42 600	46 000	1. Consommation de capital fixe
6 318	30 042	27 418	24 036	27 672	29 636	32 317	28 348	21 859	12 708	15 071	26 694	2. Epargne nette
−531	−2 930	−6 030	−3 268	−12 316	−11 185	−8 530	−16 330	−13 658	−12 309	−19 139	−11 057	3. *Moins :* Solde des opérations courantes de la nation
..	..	..	..	..	..	..	..	..	..	..	..	4. Divergence statistique
7 326	45 141	48 827	45 163	60 247	63 836	66 969	74 048	69 187	63 017	76 810	83 751	5. **Financement de la formation brute de capital**
												Formation brute de capital
318	2 332	2 365	−424	2 569	2 177	−524	1 577	−1 125	−800	1 500	−400	6. Variations des stocks
7 006	42 808	46 461	45 588	57 678	61 659	67 495	72 471	70 312	63 817	75 310	84 151	7. Formation brute de capital fixe
..	..	..	..	..	..	..	..	..	..	..	..	8. Divergence statistique
7 324	45 140	48 826	45 164	60 247	63 836	66 971	74 048	69 187	63 017	76 810	83 751	9. **Formation brute de capital**
												RELATIONS ENTRE LES PRINCIPAUX AGRÉGATS
0 729	172 860	193 629	216 256	251 214	279 310	311 376	346 892	373 786	407 790	467 299	515 399	1. **Produit intérieur brut**
−746	−833	−1 276	−1 664	−1 955	−3 066	−4 599	−6 584	−9 282	−12 685	−17 762	−17 893	2. *Plus :* Revenu net des facteurs reçu du reste du monde
1 157	1 523	2 283	2 117	2 390	3 152	4 016	5 672	7 563	11 114	10 997	11 179	3. Revenu des facteurs reçu du reste du monde
1 903	2 356	3 559	3 781	4 345	6 218	8 615	12 256	16 845	23 799	28 759	29 072	4. Revenu des facteurs payé au reste du monde
9 984	172 027	192 353	214 592	249 259	276 244	306 776	340 308	364 504	395 105	449 537	497 506	5. *Égal :* **Produit national brut**
0 477	12 169	15 379	17 859	20 259	23 015	26 122	29 370	33 670	38 000	42 600	46 000	6. *Moins :* consommation de capital fixe
..	..	..	..	..	..	..	..	..	..	..	..	7. *Plus :* Divergence statistique
9 507	159 858	176 974	196 733	229 000	253 229	280 654	310 938	330 834	357 105	406 937	451 506	8. *Égal :* **Revenu national**
−677	1 194	922	427	1 328	2 074	2 800	58	−427	−2 616	−3 464	−3 785	9. *Plus :* Transferts courants nets reçus du reste du monde
165	2 830	2 562	2 730	3 973	5 829	6 801	5 406	5 608	4 127	4 260	5 180	10. Transferts courants reçus du reste du monde
842	1 636	1 640	2 303	2 645	3 755	4 001	5 348	6 035	6 788	7 743	8 842	11.
8 830	161 052	177 896	197 160	230 328	255 303	283 454	310 996	330 407	354 489	403 473	447 721	12. *Égal :* **Revenu national disponible**
2 512	131 010	150 478	173 124	202 656	225 667	251 137	282 648	308 548	341 781	388 402	421 027	13. *Moins :* Consommation finale
..	..	..	..	..	..	..	..	..	..	..	..	14. *Plus :* Divergence statistique
6 318	30 042	27 418	24 036	27 672	29 636	32 317	28 348	21 859	12 708	15 071	26 694	15. *Égal :* **Épargne nette**
−531	−2 930	−6 030	−3 268	−12 316	−11 185	−8 530	−16 330	−13 658	−12 309	−19 139	−11 057	16. *Moins :* Solde des opérations courantes de la nation
..	..	..	..	..	..	..	..	..	..	..	..	17. *Plus :* Divergence statistique
6 847	32 971	33 447	27 305	39 988	40 822	40 849	44 678	35 517	25 017	34 210	37 751	18. *Égal :* **Formation nette de capital**

[1] prix relatifs de 1980 pour la période 1978-1983 et aux prix relatifs de 1975 pour la période 1960-1977.

FINLAND

Present S.N.A.

Main aggregates

millions of ma[rks]

	1960	1961	1962	1963	1964	1965	1966	1967	1968	1969	1970	197[1]
EXPENDITURE ON THE G.D.P.												
At current prices												
1. Government final consumption expenditure	1 931	2 156	2 463	2 862	3 249	3 637	4 087	4 658	5 482	5 934	6 613	7 6
2. Private final consumption expenditure	9 857	10 905	12 030	13 190	15 019	16 534	17 579	19 148	20 935	23 679	25 901	28 1
3. Households	9 576	10 587	11 671	12 784	14 566	16 011	16 991	18 487	20 169	22 852	24 989	27 0
4. Private non-profit institutions serving households	281	318	359	406	453	523	588	661	766	827	912	1 0
5. Increase in stocks	168	221	88	−169	−55	522	212	−54	462	461	1 594	1 1
6. Gross fixed capital formation	4 589	5 133	5 419	5 461	6 068	7 016	7 559	7 862	8 290	9 768	12 010	13 8
7. **Total Domestic Expenditure**	16 545	18 415	20 000	21 344	24 281	27 709	29 437	31 614	35 169	39 842	46 118	50 7
8. Exports of goods and services	3 640	3 911	4 169	4 335	4 863	5 390	5 683	6 176	8 143	9 905	11 745	12 2
9. *Less:* Imports of goods and services	3 755	4 092	4 393	4 319	5 321	5 842	6 140	6 460	7 572	9 517	12 310	13 1
10. Statistical discrepancy	−231	128	−115	−8	260	−623	−426	−9	168	756	190	4
11. **Gross Domestic Product**	16 199	18 362	19 661	21 352	24 083	26 634	28 554	31 321	35 908	40 986	45 743	50 2
At 1980 price levels[1]												
1. Government final consumption expenditure	12 693	13 435	14 500	15 514	15 832	16 575	17 331	18 125	19 186	19 835	20 916	22 1
2. Private final consumption expenditure	46 427	49 969	52 974	55 313	58 366	61 627	63 198	64 529	64 572	71 502	76 917	78 2
3. Households	44 688	48 129	50 984	53 211	56 205	59 321	60 748	61 957	61 933	68 764	74 044	75 1
4. Private non-profit institutions serving households	1 739	1 840	1 990	2 102	2 161	2 306	2 450	2 572	2 639	2 738	2 873	3 0
5. Increase in stocks	904	1 150	430	−881	−318	2 333	958	−228	1 763	1 648	5 690	3 8
6. Gross fixed capital formation	26 428	28 846	29 000	28 138	29 845	32 963	34 263	33 841	32 086	36 155	40 659	42 1
7. **Total Domestic Expenditure**	86 452	93 400	96 904	98 084	103 725	113 498	115 750	116 267	117 607	129 140	144 182	146 3
8. Exports of goods and services	18 014	18 940	20 279	20 723	21 927	23 158	24 641	26 107	28 713	33 519	36 448	35 9
9. *Less:* Imports of goods and services	20 591	22 251	23 500	22 847	27 553	29 830	30 885	30 791	29 582	36 174	43 515	43 2
10. Statistical discrepancy	463	663	−225	568	3 486	146	4	302	−2 276	−1 042	−2 301	−1 4
11. **Gross Domestic Product**	84 338	90 752	93 458	96 528	101 585	106 972	109 510	111 885	114 462	125 443	134 814	137 6
COST COMPONENTS OF THE G.D.P.												
1. Indirect taxes	2 131	2 347	2 546	2 637	2 942	3 348	3 673	4 324	5 094	5 615	6 091	6 8
2. *Less:* Subsidies	461	461	488	646	823	843	928	911	1 006	1 216	1 350	1 4
3. Consumption of fixed capital	1 844	2 105	2 317	2 543	2 791	3 054	3 367	3 731	4 360	4 763	5 511	6 4
4. Compensation of employees paid by resident producers	7 376	8 217	9 203	10 257	12 013	13 441	14 794	16 198	18 091	20 117	22 784	26 2
5. Operating surplus	5 309	6 154	6 083	6 561	7 160	7 634	7 648	7 979	9 369	11 707	12 707	12 1
6. Statistical discrepancy	..	..	..	..	..	..	..	..	..	..	..	
7. **Gross Domestic Product**	16 199	18 362	19 661	21 352	24 083	26 634	28 554	31 321	35 908	40 986	45 743	50 2
CAPITAL TRANSACTIONS OF THE NATION												
Finance of Gross Capital Formation												
1. Consumption of fixed capital	1 844	2 105	2 317	2 543	2 791	3 054	3 367	3 731	4 360	4 763	5 511	6 4
2. Net saving	2 544	3 154	2 784	2 663	2 899	3 252	3 338	3 543	4 823	6 222	7 280	7 5
3. *Less:* Surplus of the nation on current transactions	−138	−223	−291	−78	−583	−609	−637	−525	263	0	−1 003	−1 4
4. Statistical discrepancy	231	−128	115	8	−260	623	429	9	−168	−756	−190	4
5. **Finance of Gross Capital Formation**	4 757	5 354	5 507	5 292	6 013	7 538	7 771	7 808	8 752	10 229	13 604	14 9
Gross capital formation												
6. Increase in stocks	168	221	88	−169	−55	522	212	−54	462	461	1 594	1 1
7. Gross fixed capital formation	4 589	5 133	5 419	5 461	6 068	7 016	7 559	7 862	8 290	9 768	12 010	13 8
8. Statistical discrepancy	..	..	..	..	..	..	..	..	..	..	..	
9. **Gross Capital Formation**	4 757	5 354	5 507	5 292	6 013	7 538	7 771	7 808	8 752	10 229	13 604	14 9
RELATIONS AMONG NATIONAL ACCOUNTING AGGREGATES												
1. **Gross Domestic Product**	16 199	18 362	19 661	21 352	24 083	26 634	28 554	31 321	35 908	40 986	45 743	50 2
2. *Plus:* Net factor income from the rest of the world	−27	−42	−64	−92	−123	−151	−173	−236	−307	−369	−426	−4
3. Factor income from the rest of the world	33	41	31	29	33	46	43	47	87	118	174	2
4. Factor income paid to the rest of the world	60	83	95	121	156	197	216	283	394	487	600	
5. *Equals:* **Gross National Product**	16 172	18 320	19 597	21 260	23 960	26 483	28 381	31 085	35 601	40 617	45 317	49 7
6. *Less:* Consumption of fixed capital	1 844	2 105	2 317	2 543	2 791	3 054	3 367	3 731	4 360	4 763	5 511	6 4
7. *Plus:* Statistical discrepancy	..	..	..	..	..	..	..	..	..	..	..	
8. *Equals:* **National Income**	14 328	16 215	17 280	18 717	21 169	23 429	25 014	27 354	31 241	35 854	39 806	43 3
9. *Plus:* Net current transfers from the rest of the world	4	0	−3	−2	−2	−6	−10	−5	−1	−19	−12	
10. Current transfers from the rest of the world	65	76	88	110	111	112	137	168	184	206	248	
11. Current transfers paid to the rest of the world	61	76	91	112	113	118	147	173	185	225	260	3
12. *Equals:* **National Disposable Income**	14 332	16 215	17 277	18 715	21 167	23 423	25 004	27 349	31 240	35 835	39 794	43 3
13. *Less:* Final consumption	11 788	13 061	14 493	16 052	18 268	20 171	21 666	23 806	26 417	29 613	32 514	35 7
14. *Plus:* Statistical discrepancy	..	..	..	..	..	..	..	..	..	..	..	
15. *Equals:* **Net Saving**	2 544	3 154	2 784	2 663	2 899	3 252	3 338	3 543	4 823	6 222	7 280	7 5
16. *Less:* Surplus of the nation on current transactions	−138	−223	−291	−78	−583	−609	−637	−525	263	0	−1 003	−1 4
17. *Plus:* Statistical discrepancy	−231	128	−115	−8	260	−623	429	9	−168	−756	−190	−4
18. *Equals:* **Net Capital Formation**	2 451	3 505	2 960	2 733	3 742	3 238	4 404	4 077	4 392	5 466	8 093	8 5

1. At 1980 relative prices.

FINLANDE
Nouveau S.C.N.

Principaux Agrégats

ns de markkas

1972	1973	1974	1975	1976	1977	1978	1979	1980	1981	1982	1983	
												DÉPENSES IMPUTÉES AU P.I.B.
												Aux prix courants
8 959	10 694	13 686	17 799	21 307	24 006	26 346	29 876	34 895	40 837	46 661	53 234	1. Consommation finale des administrations publiques
33 042	39 269	47 812	57 236	65 596	72 477	80 231	91 494	104 038	118 016	134 161	149 159	2. Consommation finale privée
31 847	37 880	46 149	55 309	63 342	69 985	77 562	88 394	100 420	113 812	129 387	143 779	3. Ménages
1 195	1 389	1 663	1 927	2 254	2 492	2 669	3 100	3 618	4 204	4 774	5 380	4. Institutions privées sans but lucratif au service des ménages
−347	−74	4 258	2 327	−1 502	−1 832	−2 797	3 610	6 287	1 144	2 001	559	5. Variations des stocks
16 359	20 566	26 859	32 667	32 910	35 106	34 413	38 689	48 638	54 686	60 987	67 688	6. Formation brute de capital fixe
58 013	70 455	92 615	110 029	118 311	129 757	138 193	163 669	193 858	214 683	243 810	270 640	7. **Demande intérieure totale**
14 946	18 153	24 799	24 757	29 537	36 974	42 960	52 486	63 386	73 321	76 397	84 030	8. Exportations de biens et services
14 797	18 603	28 094	30 923	31 823	34 727	37 390	49 948	65 016	70 239	74 367	82 823	9. *Moins* : Importations de biens et services
463	1 359	735	428	1 750	−2 003	−143	752	328	690	−668	3 237	10. Divergence statistique
58 625	71 364	90 055	104 291	117 775	130 001	143 620	166 959	192 556	218 455	245 172	275 084	11. **Produit intérieur brut**
												Aux niveaux de prix de 1980 [1]
23 837	25 170	26 303	28 117	29 720	30 989	32 248	33 435	34 895	36 289	37 585	39 053	1. Consommation finale des administrations publiques
84 762	89 805	91 403	94 280	95 142	94 039	96 648	102 096	104 038	105 494	109 825	111 977	2. Consommation finale privée
81 560	86 553	88 186	91 131	91 931	90 792	93 360	98 607	100 420	101 740	105 953	107 950	3. Ménages
3 202	3 252	3 217	3 149	3 211	3 247	3 288	3 489	3 618	3 754	3 872	4 027	4. Institutions privées sans but lucratif au service des ménages
−1 033	−196	8 455	3 994	−2 449	−2 591	−3 684	4 376	6 287	1 019	1 504	220	5. Variations des stocks
44 945	48 771	50 474	53 474	48 755	46 247	42 919	44 270	48 638	50 195	51 962	53 243	6. Formation brute de capital fixe
2 511	163 550	176 635	179 865	171 168	168 684	168 131	184 177	193 858	192 997	200 876	204 493	7. **Demande intérieure totale**
11 197	44 197	43 917	37 783	42 601	49 397	53 595	58 428	63 386	67 462	66 438	68 833	8. Exportations de biens et services
15 075	50 941	54 351	54 656	53 580	52 730	50 676	60 044	65 016	62 720	64 026	66 430	9. *Moins* : Importations de biens et services
−500	1 263	−3 345	1 742	4 986	145	−1 311	−244	328	−1 619	−1 585	596	10. Divergence statistique
148 133	158 069	162 856	164 734	165 175	165 496	169 739	182 317	192 556	196 120	201 703	207 492	11. **Produit intérieur brut**
												RÉPARTITION DU P.I.B.
7 989	9 471	11 335	13 016	15 082	17 797	20 399	23 699	27 088	31 367	35 438	37 185	1. Impôts indirects
1 619	1 751	2 967	4 141	4 863	5 230	5 520	7 110	7 585	8 881	9 965	9 052	2. *Moins* : Subventions
7 547	9 318	12 277	14 974	17 410	20 330	22 341	24 769	29 171	32 662	36 379	40 282	3. Consommation de capital fixe
30 735	37 537	47 419	59 247	68 508	74 007	77 922	89 166	104 408	120 899	133 945	148 308	4. Rémunération des salariés payée par les producteurs résidents
3 973	16 789	21 991	21 195	21 638	23 097	28 478	36 435	39 474	42 408	49 375	58 361	5. Excédent net d'exploitation
..	..	..	..	..	..	..	..	..	..	..	..	6. Divergence statistique
58 625	71 364	90 055	104 291	117 775	130 001	143 620	166 959	192 556	218 455	245 172	275 084	7. **Produit intérieur brut**
												OPÉRATIONS EN CAPITAL DE LA NATION
												Financement de la formation brute de capital
7 547	9 318	12 277	14 974	17 410	20 330	22 341	24 769	29 171	32 662	36 379	40 282	1. Consommation de capital fixe
8 378	11 187	15 142	12 635	11 432	10 515	11 872	17 813	20 919	22 130	22 046	25 902	2. Epargne nette
−550	−1 346	−4 433	−7 813	−4 316	−426	2 740	−469	−5 163	−1 728	−3 895	−5 300	3. *Moins* : Solde des opérations courantes de la nation
−463	−1 359	−735	−428	−1 750	2 003	143	−752	−328	−690	668	−3 237	4. Divergence statistique
16 012	20 492	31 117	34 994	31 408	33 274	31 616	42 299	54 925	55 830	62 988	68 247	5. **Financement de la formation brute de capital**
												Formation brute de capital
−347	−74	4 258	2 327	−1 502	−1 832	−2 797	3 610	6 287	1 144	2 001	559	6. Variations des stocks
6 359	20 566	26 859	32 667	32 910	35 106	34 413	38 689	48 638	54 686	60 987	67 688	7. Formation brute de capital fixe
..	..	..	..	..	..	..	..	..	..	..	..	8. Divergence statistique
16 012	20 492	31 117	34 994	31 408	33 274	31 616	42 299	54 925	55 830	62 988	68 247	9. **Formation brute de capital**
												RELATIONS ENTRE LES PRINCIPAUX AGRÉGATS
58 625	71 364	90 055	104 291	117 775	130 001	143 620	166 959	192 556	218 455	245 172	275 084	1. **Produit intérieur brut**
−648	−815	−1 042	−1 525	−1 861	−2 478	−2 625	−2 710	−3 138	−4 328	−5 293	−5 786	2. *Plus* : Revenu net des facteurs reçu du reste du monde
253	329	569	512	541	607	1 011	1 517	2 111	3 148	3 598	3 685	3. Revenu des facteurs reçu du reste du monde
901	1 144	1 611	2 037	2 402	3 085	3 636	4 227	5 249	7 476	8 891	9 471	4. Revenu des facteurs payé au reste du monde
57 977	70 549	89 013	102 766	115 914	127 523	140 995	164 249	189 418	214 127	239 879	269 298	5. *Égal* : **Produit national brut**
7 547	9 318	12 277	14 974	17 410	20 330	22 341	24 769	29 171	32 662	36 379	40 282	6. *Moins* : consommation de capital fixe
..	..	..	..	..	..	..	..	..	..	..	..	7. *Plus* : Divergence statistique
50 430	61 231	76 736	87 792	98 504	107 193	118 654	139 480	160 247	181 465	203 500	229 016	8. *Égal* : **Revenu national**
−51	−81	−96	−122	−169	−195	−205	−297	−395	−482	−632	−721	9. *Plus* : Transferts courants nets reçus du reste du monde
301	321	358	489	547	640	721	955	1 237	1 798	2 174	2 585	10. Transferts courants reçus du reste du monde
352	402	454	611	716	835	926	1 252	1 632	2 280	2 806	3 306	11. Transferts courants payés au reste du monde
50 379	61 150	76 640	87 670	98 335	106 998	118 449	139 183	159 852	180 983	202 868	228 295	12. *Égal* : **Revenu national disponible**
42 001	49 963	61 498	75 035	86 903	96 483	106 577	121 370	138 933	158 853	180 822	202 393	13. *Moins* : Consommation finale
..	..	..	..	..	..	..	..	..	..	..	..	14. *Plus* : Divergence statistique
8 378	11 187	15 142	12 635	11 432	10 515	11 872	17 813	20 919	22 130	22 046	25 902	15. *Égal* : **Épargne nette**
−550	−1 346	−4 433	−7 813	−4 316	−426	2 740	−469	−5 163	−1 728	−3 895	−5 300	16. *Moins* : Solde des opérations courantes de la nation
−463	−1 359	−735	−428	−1 750	2 003	143	−752	−328	−690	668	−3 237	17. *Plus* : Divergence statistique
8 465	11 174	18 840	20 020	13 998	12 944	9 275	17 530	25 754	23 168	26 609	27 965	18. *Égal* : **Formation nette de capital**

[1] prix relatifs de 1980.

FRANCE

Present S.N.A.

Main aggregates

millions of f

	1960	1961	1962	1963	1964	1965	1966	1967	1968	1969	1970	197
EXPENDITURE ON THE G.D.P.												
At current prices												
1. Government final consumption expenditure	38 549	42 511	47 952	54 379	59 632	63 477	67 982	73 264	83 070	93 521	105 138	117 3
2. Private final consumption expenditure	183 425	200 837	224 390	253 457	276 902	295 385	319 465	345 870	377 454	428 524	469 338	527 8
3. Households	182 683	200 003	223 464	252 428	275 791	294 204	318 182	344 503	375 860	426 664	467 231	525 4
4. Private non-profit institutions serving households	742	834	926	1 029	1 111	1 181	1 283	1 367	1 594	1 860	2 107	2 3
5. Increase in stocks	8 783	5 584	8 261	6 148	10 709	7 670	10 559	10 069	11 005	18 415	21 057	12 7
6. Gross fixed capital formation	59 491	68 543	77 143	89 517	102 871	112 650	124 043	134 716	143 453	164 273	183 041	205 9
7. **Total Domestic Expenditure**	290 248	317 475	357 746	403 501	450 114	479 182	522 049	563 919	614 982	704 733	778 574	863 8
8. Exports of goods and services	44 436	46 869	48 248	53 089	59 086	66 584	72 405	77 367	84 277	102 203	127 894	148 8
9. *Less:* Imports of goods and services	38 178	40 885	44 830	51 709	60 043	62 278	71 038	75 897	84 742	106 247	123 908	140 2
10. Statistical discrepancy	..	..	..	..	..	..	..	..	..	..	..	
11. **Gross Domestic Product**	296 506	323 459	361 164	404 881	449 157	483 488	523 416	565 389	614 517	700 689	782 560	872 4
At 1980 price levels [1]												
1. Government final consumption expenditure	208 062	218 038	228 330	236 047	245 862	253 768	260 647	271 738	286 982	298 811	311 312	322 0
2. Private final consumption expenditure	681 004	721 491	772 445	825 723	872 220	907 187	951 035	999 483	1 039 235	1 101 955	1 148 926	1 224 8
3. Households	676 789	717 206	768 104	821 306	867 729	902 643	946 410	994 797	1 034 261	1 096 727	1 143 563	1 219 1
4. Private non-profit institutions serving households	4 274	4 341	4 389	4 458	4 527	4 576	4 653	4 706	5 000	5 253	5 386	5 6
5. Increase in stocks	27 017	18 209	22 763	16 409	30 391	20 069	29 498	25 443	28 739	47 513	48 603	29 8
6. Gross fixed capital formation	214 785	238 131	258 347	281 063	310 496	332 197	356 299	377 787	398 672	435 209	455 324	487 6
7. **Total Domestic Expenditure**	1 130 868	1 195 868	1 281 886	1 359 242	1 458 970	1 513 222	1 597 479	1 674 450	1 753 628	1 883 488	1 964 165	2 064 4
8. Exports of goods and services	125 519	131 943	134 274	143 753	153 317	170 972	182 263	195 545	213 963	247 619	287 537	319 1
9. *Less:* Imports of goods and services	113 938	121 841	130 022	148 332	170 756	174 597	193 033	209 027	235 985	282 064	299 735	327 0
10. Statistical discrepancy	–14 635	–16 054	–16 830	–17 484	–17 189	–17 197	–16 494	–17 140	–17 768	–15 399	–13 235	–13 0
11. **Gross Domestic Product**	1 127 814	1 189 916	1 269 307	1 337 179	1 424 342	1 492 399	1 570 215	1 643 829	1 713 839	1 833 644	1 938 731	2 043 5
COST COMPONENTS OF THE G.D.P.												
1. Indirect taxes	48 320	53 212	59 684	68 006	76 515	81 583	88 564	92 879	98 139	113 925	119 091	131 2
2. *Less:* Subsidies	4 791	6 350	7 678	8 748	9 125	10 479	11 575	12 336	16 078	16 727	15 432	17 1
3. Consumption of fixed capital	29 518	32 163	35 243	39 815	43 517	47 234	51 414	55 947	58 623	65 228	80 565	83 1
4. Compensation of employees paid by resident producers	130 639	146 116	165 136	188 154	210 093	226 512	244 276	263 660	294 746	337 107	382 291	432 1
5. Operating surplus	92 820	98 318	108 779	117 654	128 157	138 638	150 737	165 239	179 087	201 156	216 045	243 0
6. Statistical discrepancy	..	..	..	..	..	..	..	..	..	..	..	
7. **Gross Domestic Product**	296 506	323 459	361 164	404 881	449 157	483 488	523 416	565 389	614 517	700 689	782 560	872 4
CAPITAL TRANSACTIONS OF THE NATION												
Finance of Gross Capital Formation												
1. Consumption of fixed capital	29 518	32 163	35 243	39 815	43 517	47 234	51 414	55 947	58 623	65 228	80 565	83 1
2. Net saving	43 244	45 563	53 676	57 086	68 804	77 009	83 562	89 084	92 731	109 812	124 239	140 5
3. *Less:* Surplus of the nation on current transactions	4 488	3 599	3 515	1 236	–1 259	3 923	374	246	–3 104	–7 648	706	5 0
4. Statistical discrepancy	..	..	..	..	..	..	..	..	..	..	..	
5. **Finance of Gross Capital Formation**	68 274	74 127	85 404	95 665	113 580	120 320	134 602	144 785	154 458	182 688	204 098	218 7
Gross capital formation												
6. Increase in stocks	8 783	5 584	8 261	6 148	10 709	7 670	10 559	10 069	11 005	18 415	21 057	12 7
7. Gross fixed capital formation	59 491	68 543	77 143	89 517	102 871	112 650	124 043	134 716	143 453	164 273	183 041	205 9
8. Statistical discrepancy	..	..	..	..	..	..	..	..	..	..	..	
9. **Gross Capital Formation**	68 274	74 127	85 404	95 665	113 580	120 320	134 602	144 785	154 458	182 688	204 098	218 7
RELATIONS AMONG NATIONAL ACCOUNTING AGGREGATES												
1. **Gross Domestic Product**	296 506	323 459	361 164	404 881	449 157	483 488	523 416	565 389	614 517	700 689	782 560	872 4
2. *Plus:* Net factor income from the rest of the world	2 071	1 981	2 756	3 342	3 608	3 839	3 522	4 052	3 851	3 868	4 341	5 2
3. Factor income from the rest of the world	3 607	3 793	4 755	5 548	6 088	6 619	6 815	7 404	8 470	10 297	13 303	14 7
4. Factor income paid to the rest of the world	1 536	1 812	1 999	2 206	2 480	2 780	3 293	3 352	4 619	6 429	8 962	9 5
5. *Equals:* **Gross National Product**	298 577	325 440	363 920	408 223	452 765	487 327	526 938	569 441	618 368	704 557	786 901	877 6
6. *Less:* Consumption of fixed capital	29 518	32 163	35 243	39 815	43 517	47 234	51 414	55 947	58 623	65 228	80 565	83 1
7. *Plus:* Statistical discrepancy	..	..	..	..	..	..	..	..	..	..	..	
8. *Equals:* **National Income**	269 059	293 277	328 677	368 408	409 248	440 093	475 524	513 494	559 745	639 329	706 336	794 4
9. *Plus:* Net current transfers from the rest of the world	–3 841	–4 366	–2 659	–3 486	–3 910	–4 222	–4 515	–5 276	–6 490	–7 472	–7 621	–8 7
10. Current transfers from the rest of the world	1 683	1 937	3 477	2 366	2 633	2 747	2 910	2 923	3 729	5 296	7 136	10 5
11. Current transfers paid to the rest of the world	5 524	6 303	6 136	5 852	6 543	6 969	7 425	8 199	10 219	12 768	14 757	19 2
12. *Equals:* **National Disposable Income**	265 218	288 911	326 018	364 922	405 338	435 871	471 009	508 218	553 255	631 857	698 715	785 7
13. *Less:* Final consumption	221 974	243 348	272 342	307 836	336 534	358 862	387 447	419 134	460 524	522 045	574 476	645 1
14. *Plus:* Statistical discrepancy	..	..	..	..	..	..	..	..	..	..	..	
15. *Equals:* **Net Saving**	43 244	45 563	53 676	57 086	68 804	77 009	83 562	89 084	92 731	109 812	124 239	140 5
16. *Less:* Surplus of the nation on current transactions	4 488	3 599	3 515	1 236	–1 259	3 923	374	246	–3 104	–7 648	706	5 0
17. *Plus:* Statistical discrepancy	..	..	..	..	..	..	..	..	..	..	..	
18. *Equals:* **Net Capital Formation**	38 756	41 964	50 161	55 850	70 063	73 086	83 188	88 838	95 835	117 460	123 533	135 5

1. At 1970 relative prices.

FRANCE
Nouveau S.C.N.

Principaux Agrégats

millions de francs

1972	1973	1974	1975	1976	1977	1978	1979	1980	1981	1982	1983		
												DÉPENSES IMPUTÉES AU P.I.B.	
												Aux prix courants	
129 094	146 713	173 905	209 142	245 023	277 711	320 292	363 457	420 904	491 780	576 990	643 269	1.	Consommation finale des administrations publiques
592 243	668 980	781 334	898 751	1 041 901	1 171 464	1 327 829	1 517 873	1 743 316	2 008 527	2 305 474	2 541 002	2.	Consommation finale privée
589 580	665 934	777 851	894 798	1 037 398	1 166 384	1 322 129	1 511 478	1 735 974	2 000 247	2 296 198	2 530 881	3.	Ménages
2 663	3 046	3 483	3 953	4 503	5 080	5 700	6 395	7 342	8 280	9 276	10 121	4.	Institutions privées sans but lucratif au service des ménages
18 379	26 878	30 536	-3 640	19 730	20 815	13 125	33 013	47 518	-5 356	38 827	20 166	5.	Variations des stocks
232 048	264 981	310 902	337 889	390 671	419 899	458 883	524 518	606 365	665 509	732 596	776 094	6.	Formation brute de capital fixe
971 764	1 107 552	1 296 677	1 442 142	1 697 325	1 889 889	2 120 129	2 438 861	2 818 103	3 160 460	3 653 887	3 980 531	7.	**Demande intérieure totale**
169 140	203 222	275 084	283 851	338 244	401 900	455 196	535 616	616 097	735 564	825 070	928 546	8.	Exportations de biens et services
159 789	196 574	293 459	273 674	357 596	407 204	434 246	532 165	664 883	784 631	909 624	952 034	9.	*Moins :* Importations de biens et services
..	..	..	..	..	..	..	..	..	..	..	..	10.	Divergence statistique
981 115	1 114 200	1 278 302	1 452 319	1 677 973	1 884 585	2 141 079	2 442 312	2 769 317	3 111 393	3 569 333	3 957 043	11.	**Produit intérieur brut**
												Aux niveaux de prix de 1980[1]	
330 650	341 206	345 132	361 450	383 915	389 346	406 123	413 463	420 904	430 584	441 415	449 729	1.	Consommation finale des administrations publiques
1 299 217	1 374 017	1 414 010	1 462 000	1 543 882	1 592 391	1 659 852	1 718 241	1 743 316	1 780 116	1 837 411	1 850 733	2.	Consommation finale privée
1 293 423	1 367 841	1 407 740	1 455 675	1 537 117	1 585 475	1 652 694	1 710 950	1 735 974	1 773 130	1 830 275	1 843 639	3.	Ménages
5 808	6 194	6 284	6 332	6 777	6 925	7 166	7 293	7 342	6 964	7 109	7 063	4.	Institutions privées sans but lucratif au service des ménages
40 169	50 939	52 672	-6 638	29 097	23 414	20 762	41 134	47 518	53	41 189	22 751	5.	Variations des stocks
522 970	555 032	560 204	542 221	562 472	557 977	566 233	587 437	606 365	596 417	593 042	584 902	6.	Formation brute de capital fixe
2 193 006	2 321 194	2 372 018	2 359 033	2 519 366	2 563 128	2 652 970	2 760 275	2 818 103	2 807 170	2 913 057	2 908 116	7.	**Demande intérieure totale**
360 438	403 103	444 862	438 394	484 701	528 195	562 852	601 823	616 097	647 305	636 264	657 905	8.	Exportations de biens et services
379 323	436 840	459 378	429 244	516 414	531 300	559 745	621 713	664 883	677 121	716 311	705 602	9.	*Moins :* Importations de biens et services
-9 969	-7 173	-3 515	-9 810	-7 340	-3 968	-3 278	110	0	-1 693	-1 814	-1 865	10.	Divergence statistique
2 164 152	2 280 284	2 353 987	2 358 372	2 480 313	2 556 056	2 652 799	2 740 495	2 769 317	2 775 662	2 831 196	2 858 554	11.	**Produit intérieur brut**
												RÉPARTITION DU P.I.B.	
148 163	167 621	187 056	211 619	252 715	271 771	316 221	374 057	424 924	475 914	553 733	607 657	1.	Impôts indirects
19 516	24 951	27 357	35 496	44 956	51 928	56 719	63 910	69 634	85 493	95 738	108 021	2.	*Moins :* Subventions
93 291	106 490	132 198	157 633	197 862	211 579	239 586	273 061	318 959	371 555	429 279	475 271	3.	Consommation de capital fixe
483 793	558 116	665 700	783 732	909 686	1 036 356	1 173 512	1 329 987	1 529 631	1 735 351	1 985 422	2 192 988	4.	Rémunération des salariés payée par les producteurs résidents
275 384	306 924	320 705	334 831	362 666	416 807	468 479	529 117	565 437	614 066	696 637	789 148	5.	Excédent net d'exploitation
..	..	..	..	..	..	..	..	..	..	..	..	6.	Divergence statistique
981 115	1 114 200	1 278 302	1 452 319	1 677 973	1 884 585	2 141 079	2 442 312	2 769 317	3 111 393	3 569 333	3 957 043	7.	**Produit intérieur brut**
												OPÉRATIONS EN CAPITAL DE LA NATION	
												Financement de la formation brute de capital	
93 291	106 490	132 198	157 633	197 862	211 579	239 586	273 061	318 959	371 555	429 279	475 271	1.	Consommation de capital fixe
161 656	183 685	180 379	176 203	187 495	216 009	244 882	284 486	296 604	243 700	235 561	259 619	2.	Epargne nette
4 520	-1 684	-28 861	-413	-25 044	-13 126	12 460	16	-38 320	-44 898	-106 583	-61 370	3.	*Moins :* Solde des opérations courantes de la nation
..	..	..	..	..	..	..	..	..	..	..	..	4.	Divergence statistique
250 427	291 859	341 438	334 249	410 401	440 714	472 008	557 531	653 883	660 153	771 423	796 260	5.	**Financement de la formation brute de capital**
												Formation brute de capital	
18 379	26 878	30 536	-3 640	19 730	20 815	13 125	33 013	47 518	-5 356	38 827	20 166	6.	Variations des stocks
232 048	264 981	310 902	337 889	390 671	419 899	458 883	524 518	606 365	665 509	732 596	776 094	7.	Formation brute de capital fixe
..	..	..	..	..	..	..	..	..	..	..	..	8.	Divergence statistique
250 427	291 859	341 438	334 249	410 401	440 714	472 008	557 531	653 883	660 153	771 423	796 260	9.	**Formation brute de capital**
												RELATIONS ENTRE LES PRINCIPAUX AGRÉGATS	
981 115	1 114 200	1 278 302	1 452 319	1 677 973	1 884 585	2 141 079	2 442 312	2 769 317	3 111 393	3 569 333	3 957 093	1.	**Produit intérieur brut**
4 014	3 028	4 932	3 872	6 265	7 735	9 661	13 465	18 036	18 155	11 997	-4 192	2.	*Plus :* Revenu net des facteurs reçu du reste du monde
15 277	18 243	28 577	28 570	35 272	40 566	51 574	70 691	102 817	161 829	189 308	173 433	3.	Revenu des facteurs reçu du reste du monde
11 263	15 215	23 645	24 698	29 007	32 831	41 913	57 226	84 781	143 674	177 311	177 625	4.	Revenu des facteurs payé au reste du monde
985 129	1 117 228	1 283 234	1 456 191	1 684 238	1 892 320	2 150 740	2 455 777	2 787 353	3 129 548	3 581 330	3 952 901	5.	*Égal :* **Produit national brut**
93 291	106 490	132 198	157 633	197 862	211 579	239 586	273 061	318 959	371 555	429 279	475 271	6.	*Moins :* consommation de capital fixe
..	..	..	..	..	..	..	..	..	..	..	..	7.	*Plus :* Divergence statistique
891 838	1 010 738	1 151 036	1 298 558	1 486 376	1 680 741	1 911 154	2 182 716	2 468 394	2 757 993	3 152 051	3 477 630	8.	*Égal :* **Revenu national**
-8 845	-11 360	-15 418	-14 462	-11 957	-15 557	-18 151	-16 900	-7 570	-13 986	-34 026	-33 740	9.	*Plus :* Transferts courants nets reçus du reste du monde
12 311	13 904	13 694	21 273	24 193	27 596	33 629	41 155	56 444	61 644	56 566	69 101	10.	Transferts courants reçus du reste du monde
21 156	25 264	29 112	35 735	36 150	43 153	51 780	58 055	64 014	75 630	90 592	102 841	11.	Transferts courants payés au reste du monde
882 993	999 378	1 135 618	1 284 096	1 474 419	1 665 184	1 893 003	2 165 816	2 460 824	2 744 007	3 118 025	3 443 890	12.	*Égal :* **Revenu national disponible**
721 337	815 693	955 239	1 107 893	1 286 924	1 449 175	1 648 121	1 881 330	2 164 220	2 500 307	2 882 464	3 184 271	13.	*Moins :* Consommation finale
..	..	..	..	..	..	..	..	..	..	..	..	14.	*Plus :* Divergence statistique
161 656	183 685	180 379	176 203	187 495	216 009	244 882	284 486	296 604	243 700	235 561	259 619	15.	*Égal :* **Épargne nette**
4 520	-1 684	-28 861	-413	-25 044	-13 126	12 460	16	-38 320	-44 898	-106 583	-61 370	16.	*Moins :* Solde des opérations courantes de la nation
..	..	..	..	..	..	..	..	..	..	..	..	17.	*Plus :* Divergence statistique
157 136	185 369	209 240	176 616	212 539	229 135	232 422	284 470	334 924	288 598	342 144	320 989	18.	*Égal :* **Formation nette de capital**

1. Aux prix relatifs de 1970.

GERMANY
Present S.N.A.

Main aggregates

millions of DM

	1960	1961	1962	1963	1964	1965	1966	1967	1968	1969	1970	1971
EXPENDITURE ON THE G.D.P.												
At current prices												
1. Government final consumption expenditure	40 450	45 780	52 830	59 390	62 100	69 650	75 450	80 050	82 730	93 120	106 470	126 820
2. Private final consumption expenditure	171 840	188 330	204 790	216 790	233 500	257 620	275 060	282 630	300 740	330 900	368 850	409 440
3. Households	169 390	185 640	201 920	213 740	230 320	253 980	271 080	278 480	296 320	325 750	363 130	402 920
4. Private non-profit institutions serving households	2 450	2 690	2 870	3 050	3 180	3 640	3 980	4 150	4 420	5 150	5 720	6 520
5. Increase in stocks	9 200	6 700	5 700	2 600	6 400	10 700	5 300	−500	11 100	17 300	14 200	4 500
6. Gross fixed capital formation	73 580	83 460	92 880	97 710	111 700	119 900	124 170	114 180	119 390	138 900	172 050	196 110
7. **Total Domestic Expenditure**	295 070	324 270	356 200	376 490	413 700	457 870	479 980	476 360	513 960	580 220	661 570	736 870
8. Exports of goods and services	57 490	59 840	62 660	68 250	75 860	82 880	93 540	101 010	113 890	129 460	143 000	157 990
9. *Less:* Imports of goods and services	49 850	52 400	58 080	62 370	69 380	81 580	85 290	83 020	94 570	112 730	129 270	144 300
10. Statistical discrepancy	..	..	..	..	..	..	..	..	..	..	..	..
11. **Gross Domestic Product**	302 710	331 710	360 780	382 370	420 180	459 170	488 230	494 350	533 280	596 950	675 300	750 560
At 1980 price levels[1]												
1. Government final consumption expenditure	137 358	145 912	159 700	169 373	172 224	180 706	186 372	193 098	193 940	202 554	211 529	222 454
2. Private final consumption expenditure	373 067	395 310	416 921	428 558	451 118	482 118	496 868	502 347	526 101	566 970	610 040	641 906
3. Households	363 575	385 665	407 171	418 719	441 347	471 897	486 417	491 682	515 246	555 367	598 213	629 605
4. Private non-profit institutions serving households	9 685	9 831	9 929	10 014	9 929	10 381	10 613	10 833	11 016	11 773	11 981	12 457
5. Increase in stocks	16 429	13 218	10 006	6 424	13 959	21 741	10 500	−1 729	19 147	30 018	24 829	7 412
6. Gross fixed capital formation	184 120	196 714	204 877	207 607	230 870	241 950	244 741	227 830	236 168	261 106	286 950	304 655
7. **Total Domestic Expenditure**	710 975	751 154	791 504	811 961	868 170	926 514	938 482	921 546	975 356	1 060 648	1 133 349	1 176 426
8. Exports of goods and services	111 193	115 476	120 289	129 858	140 715	149 892	165 068	177 711	200 566	218 805	231 655	245 506
9. *Less:* Imports of goods and services	97 313	104 955	116 607	122 354	133 700	152 958	156 968	155 085	176 054	204 958	235 831	258 964
10. Statistical discrepancy	−7 040	−7 320	−7 319	−7 076	−8 050	−8 210	−7 444	−5 903	−6 066	−6 542	−6 297	−5 371
11. **Gross Domestic Product**	717 814	754 355	787 867	812 389	867 136	915 239	939 138	938 269	993 802	1 067 953	1 122 876	1 157 597
COST COMPONENTS OF THE G.D.P.												
1. Indirect taxes	41 780	46 190	50 060	52 790	57 480	62 190	65 500	67 990	74 940	88 280	89 050	98 690
2. *Less:* Subsidies	2 520	2 660	2 900	3 480	4 090	5 750	5 650	5 550	12 980	11 620	11 780	12 610
3. Consumption of fixed capital	23 630	27 120	31 230	34 990	38 960	43 310	47 770	50 520	53 650	58 200	68 030	77 530
4. Compensation of employees paid by resident producers	143 160	161 640	178 840	191 860	209 930	232 960	250 830	250 350	268 840	302 620	359 290	407 770
5. Operating surplus	96 660	99 420	103 550	106 210	117 900	126 460	129 780	131 040	148 830	159 470	170 710	179 180
6. Statistical discrepancy	..	..	..	..	..	..	..	..	..	..	..	..
7. **Gross Domestic Product**	302 710	331 710	360 780	382 370	420 180	459 170	488 230	494 350	533 280	596 950	675 300	750 560
CAPITAL TRANSACTIONS OF THE NATION												
Finance of Gross Capital Formation												
1. Consumption of fixed capital	23 630	27 120	31 230	34 990	38 960	43 310	47 770	50 520	53 650	58 200	68 030	77 530
2. Net saving	63 900	66 300	67 120	66 110	79 840	81 440	82 920	74 070	89 130	106 510	122 000	125 840
3. *Less:* Surplus of the nation on current transactions	4 750	3 260	−230	790	700	−5 850	1 220	10 910	12 290	8 510	3 780	2 760
4. Statistical discrepancy	..	..	..	..	..	..	..	..	..	..	..	..
5. **Finance of Gross Capital Formation**	82 780	90 160	98 580	100 310	118 100	130 600	129 470	113 680	130 490	156 200	186 250	200 610
Gross capital formation												
6. Increase in stocks	9 200	6 700	5 700	2 600	6 400	10 700	5 300	−500	11 100	17 300	14 200	4 500
7. Gross fixed capital formation	73 580	83 460	92 880	97 710	111 700	119 900	124 170	114 180	119 390	138 900	172 050	196 110
8. Statistical discrepancy	..	..	..	..	..	..	..	..	..	..	..	..
9. **Gross Capital Formation**	82 780	90 160	98 580	100 310	118 100	130 600	129 470	113 680	130 490	156 200	186 250	200 610
RELATIONS AMONG NATIONAL ACCOUNTING AGGREGATES												
1. **Gross Domestic Product**	302 710	331 710	360 780	382 370	420 180	459 170	488 230	494 350	533 280	596 950	675 300	750 560
2. *Plus:* Net factor income from the rest of the world	290	−310	−280	−270	−580	−970	−830	−650	420	850	400	1 240
3. Factor income from the rest of the world	3 190	3 360	3 600	3 780	4 000	4 310	4 880	5 400	6 320	7 880	9 930	11 760
4. Factor income paid to the rest of the world	2 900	3 670	3 880	4 050	4 580	5 280	5 710	6 050	5 900	7 030	9 530	10 520
5. *Equals:* **Gross National Product**	303 000	331 400	360 500	382 100	419 600	458 200	487 400	493 700	533 700	597 800	675 700	751 800
6. *Less:* Consumption of fixed capital	23 630	27 120	31 230	34 990	38 960	43 310	47 770	50 520	53 650	58 200	68 030	77 530
7. *Plus:* Statistical discrepancy	..	..	..	..	..	..	..	..	..	..	..	..
8. *Equals:* **National Income**	279 370	304 280	329 270	347 110	380 640	414 890	439 630	443 180	480 050	539 600	607 670	674 270
9. *Plus:* Net current transfers from the rest of the world	−3 180	−3 870	−4 530	−4 820	−5 200	−6 180	−6 200	−6 430	−7 450	−9 070	−10 350	−12 170
10. Current transfers from the rest of the world	240	240	230	310	370	480	600	640	1 520	1 980	2 420	3 190
11. Current transfers paid to the rest of the world	3 420	4 110	4 760	5 130	5 570	6 660	6 800	7 070	8 970	11 050	12 770	15 360
12. *Equals:* **National Disposable Income**	276 190	300 410	324 740	342 290	375 440	408 710	433 430	436 750	472 600	530 530	597 320	662 100
13. *Less:* Final consumption	212 290	234 110	257 620	276 180	295 600	327 270	350 510	362 680	383 470	424 020	475 320	536 260
14. *Plus:* Statistical discrepancy	..	..	..	..	..	..	..	..	..	..	..	..
15. *Equals:* **Net Saving**	63 900	66 300	67 120	66 110	79 840	81 440	82 920	74 070	89 130	106 510	122 000	125 840
16. *Less:* Surplus of the nation on current transactions	4 750	3 260	−230	790	700	−5 850	1 220	10 910	12 290	8 510	3 780	2 760
17. *Plus:* Statistical discrepancy	..	..	..	..	..	..	..	..	..	..	..	..
18. *Equals:* **Net Capital Formation**	59 150	63 040	67 350	65 320	79 140	87 290	81 700	63 160	76 840	98 000	118 220	123 080

1. At 1976 relative prices.

ALLEMAGNE
Nouveau S.C.N.

Principaux Agrégats
millions de DM

1972	1973	1974	1975	1976	1977	1978	1979	1980	1981	1982	1983	
												DÉPENSES IMPUTÉES AU P.I.B.
												Aux prix courants
141 130	163 160	190 210	210 530	222 270	234 670	252 540	273 500	297 900	317 840	325 330	334 150	1. Consommation finale des administrations publiques
452 100	495 360	533 740	585 540	633 500	680 940	725 340	779 250	834 030	879 200	910 300	947 240	2. Consommation finale privée
445 230	487 630	525 630	577 180	625 000	671 780	715 760	769 060	822 660	867 490	897 560	933 760	3. Ménages
6 870	7 730	8 110	8 360	8 500	9 160	9 580	10 190	11 370	11 710	12 740	13 480	4. Institutions privées sans but lucratif au service des ménages
4 800	12 500	5 000	−6 500	12 200	8 900	7 900	26 600	18 900	−4 900	−5 300	4 900	5. Variations des stocks
209 170	219 260	212 710	209 410	226 040	243 010	266 790	304 820	337 980	338 220	330 640	346 540	6. Formation brute de capital fixe
807 200	890 280	941 660	998 980	1 094 010	1 167 520	1 252 570	1 384 170	1 488 810	1 530 360	1 560 970	1 632 830	7. **Demande intérieure totale**
172 570	203 020	262 480	257 010	294 470	311 790	327 700	358 230	402 100	461 360	500 320	500 850	8. Exportations de biens et services
156 030	176 030	219 560	229 480	268 790	283 200	295 130	349 940	409 550	447 600	460 970	466 200	9. *Moins* : Importations de biens et services
..	..	..	..	..	..	..	..	..	..	..	..	10. Divergence statistique
823 740	917 270	984 580	1 026 510	1 119 690	1 196 110	1 285 140	1 392 460	1 481 360	1 544 120	1 600 320	1 667 480	11. **Produit intérieur brut**
												Aux niveaux de prix de 1980[1]
231 814	243 387	253 337	263 275	267 413	269 952	280 563	290 405	297 900	302 315	299 163	299 151	1. Consommation finale des administrations publiques
671 162	687 306	690 338	714 303	741 638	769 396	797 247	822 288	834 030	829 008	817 418	826 620	2. Consommation finale privée
659 394	675 470	679 109	703 574	731 269	758 835	786 647	811 451	822 660	817 840	805 660	814 482	3. Ménages
11 883	11 944	11 309	10 772	10 381	10 564	10 588	10 820	11 370	11 162	11 785	12 176	4. Institutions privées sans but lucratif au service des ménages
8 029	19 147	6 176	−9 265	15 071	11 241	8 771	27 671	18 900	−4 818	−5 188	4 694	5. Variations des stocks
312 360	311 702	281 863	268 104	280 449	291 218	305 399	327 558	337 980	323 898	308 749	318 191	6. Formation brute de capital fixe
1 223 365	1 261 543	1 231 715	1 236 416	1 304 571	1 341 807	1 391 980	1 467 921	1 488 810	1 450 403	1 420 142	1 448 656	7. **Demande intérieure totale**
262 709	290 573	326 026	306 186	339 060	352 612	364 449	381 455	402 100	435 215	452 912	447 316	8. Exportations de biens et services
275 422	286 817	288 419	295 963	328 645	339 503	360 007	394 071	409 550	406 151	409 428	417 204	9. *Moins* : Importations de biens et services
−4 975	−4 734	−1 961	−713	−672	−352	−128	−744	0	2 327	3 683	2 909	10. Divergence statistique
1 205 677	1 260 565	1 267 361	1 245 927	1 314 314	1 354 564	1 396 293	1 454 562	1 481 360	1 481 794	1 467 309	1 481 677	11. **Produit intérieur brut**
												RÉPARTITION DU P.I.B.
110 180	121 070	125 040	130 280	141 670	152 370	167 300	182 950	193 300	198 140	201 680	214 190	1. Impôts indirects
15 780	18 650	18 860	20 380	21 880	24 500	29 410	30 910	30 300	29 040	29 260	30 700	2. *Moins* : Subventions
85 360	94 590	106 460	115 940	123 980	132 450	142 800	156 320	173 320	188 220	200 510	210 640	3. Consommation de capital fixe
449 120	509 870	562 050	585 850	630 050	674 410	719 710	775 640	840 710	879 280	898 590	913 460	4. Rémunération des salariés payée par les producteurs résidents
194 860	210 390	209 890	214 820	245 870	261 380	284 740	308 460	304 330	307 520	328 800	359 890	5. Excédent net d'exploitation
..	..	..	..	..	..	..	..	..	..	..	..	6. Divergence statistique
823 740	917 270	984 580	1 026 510	1 119 690	1 196 110	1 285 140	1 392 460	1 481 360	1 544 120	1 600 320	1 667 480	7. **Produit intérieur brut**
												OPÉRATIONS EN CAPITAL DE LA NATION
												Financement de la formation brute de capital
85 360	94 590	106 460	115 940	123 980	132 450	142 800	156 320	173 320	188 220	200 510	210 640	1. Consommation de capital fixe
131 790	149 150	137 840	97 580	124 190	128 700	149 970	163 750	156 370	132 080	133 990	152 500	2. Epargne nette
3 180	11 980	26 590	10 610	9 930	9 240	18 080	−11 350	−27 190	−13 020	9 160	11 700	3. *Moins* : Solde des opérations courantes de la nation
..	..	..	..	..	..	..	..	..	..	..	..	4. Divergence statistique
213 970	231 760	217 710	202 910	238 240	251 910	274 690	331 420	356 880	333 320	325 340	351 440	5. **Financement de la formation brute de capital**
												Formation brute de capital
4 800	12 500	5 000	−6 500	12 200	8 900	7 900	26 600	18 900	−4 900	−5 300	4 900	6. Variations des stocks
209 170	219 260	212 710	209 410	226 040	243 010	266 790	304 820	337 980	338 220	330 640	346 540	7. Formation brute de capital fixe
..	..	..	..	..	..	..	..	..	..	..	..	8. Divergence statistique
213 970	231 760	217 710	202 910	238 240	251 910	274 690	331 420	356 880	333 320	325 340	351 440	9. **Formation brute de capital**
												RELATIONS ENTRE LES PRINCIPAUX AGRÉGATS
823 740	917 270	984 580	1 026 510	1 119 690	1 196 110	1 285 140	1 392 460	1 481 360	1 544 120	1 600 320	1 667 480	1. **Produit intérieur brut**
1 360	1 630	1 020	2 390	3 310	190	4 860	2 840	4 340	980	−1 220	4 120	2. *Plus* : Revenu net des facteurs reçu du reste du monde
12 560	14 040	16 500	16 420	18 130	17 970	22 020	24 910	28 510	33 240	38 790	39 180	3. Revenu des facteurs reçu du reste du monde
11 200	12 410	15 480	14 030	14 820	17 780	17 160	22 070	24 170	32 260	40 010	35 060	4. Revenu des facteurs payé au reste du monde
825 100	918 900	985 600	1 028 900	1 123 000	1 196 300	1 290 000	1 395 300	1 485 700	1 545 100	1 599 100	1 671 600	5. *Égal* : **Produit national brut**
85 360	94 590	106 460	115 940	123 980	132 450	142 800	156 320	173 320	188 220	200 510	210 640	6. *Moins* : consommation de capital fixe
..	..	..	..	..	..	..	..	..	..	..	..	7. *Plus* : Divergence statistique
739 740	824 310	879 140	912 960	999 020	1 063 850	1 147 200	1 238 980	1 312 380	1 356 880	1 398 590	1 460 960	8. *Égal* : **Revenu national**
−14 720	−16 640	−17 350	−19 310	−19 060	−19 540	−19 350	−22 480	−24 080	−27 760	−28 970	−27 070	9. *Plus* : Transferts courants nets reçus du reste du monde
3 330	4 560	4 330	4 730	5 900	7 730	10 280	9 750	9 830	9 120	9 280	11 910	10. Transferts courants reçus du reste du monde
18 050	21 200	21 680	24 040	24 960	27 270	29 630	32 230	33 910	36 880	38 250	38 980	11. Transferts courants payés au reste du monde
725 020	807 670	861 790	893 650	979 960	1 044 310	1 127 850	1 216 500	1 288 300	1 329 120	1 369 620	1 433 890	12. *Égal* : **Revenu national disponible**
593 230	658 520	723 950	796 070	855 770	915 610	977 880	1 052 750	1 131 930	1 197 040	1 235 630	1 281 390	13. *Moins* : Consommation finale
..	..	..	..	..	..	..	..	..	..	..	..	14. *Plus* : Divergence statistique
131 790	149 150	137 840	97 580	124 190	128 700	149 970	163 750	156 370	132 080	133 990	152 500	15. *Égal* : **Épargne nette**
3 180	11 980	26 590	10 610	9 930	9 240	18 080	−11 350	−27 190	−13 020	9 160	11 700	16. *Moins* : Solde des opérations courantes de la nation
..	..	..	..	..	..	..	..	..	..	..	..	17. *Plus* : Divergence statistique
128 610	137 170	111 250	86 970	114 260	119 460	131 890	175 100	183 560	145 100	124 830	140 800	18. *Égal* : **Formation nette de capital**

1. Aux prix relatifs de 1976.

GREECE
Former system

Main aggregates

millions of drachmae

	1960	1961	1962	1963	1964	1965	1966	1967	1968	1969	1970	1971
EXPENDITURE ON THE G.D.P.												
At current prices												
1. Government final consumption expenditure	12 307	13 386	14 602	15 840	18 407	21 076	23 621	28 130	30 225	33 872	37 742	41 362
2. Private final consumption expenditure	84 429	91 160	96 251	104 510	116 227	130 843	144 521	156 510	168 497	184 316	206 813	224 538
3. Households	..	..	..	..	..	..	..	..	..	..	..	..
4. Private non-profit institutions serving households	..	..	..	..	..	..	..	..	..	..	..	..
5. Increase in stocks	−443	2 097	1 414	2 954	7 401	8 500	1 278	4 371	−159	3 455	13 346	8 950
6. Gross fixed capital formation	20 006	21 634	25 311	27 072	33 238	38 784	43 319	43 869	54 379	65 587	70 663	83 298
7. **Total Domestic Expenditure**	116 299	128 277	137 578	150 376	175 273	199 203	212 739	232 880	252 942	287 230	328 564	358 148
8. Exports of goods and services	9 599	11 010	12 245	14 109	14 473	16 122	22 515	23 025	22 493	25 899	29 988	34 111
9. Less: Imports of goods and services	17 562	19 450	21 270	25 277	30 017	36 476	37 500	38 984	43 100	49 794	54 996	60 912
10. Statistical discrepancy	−3 169	−1 200	−2 548	1 506	−1 730	916	2 234	−824	2 173	3 125	−4 639	−1 047
11. **Gross Domestic Product**	105 167	118 637	126 005	140 714	157 999	179 765	199 988	216 097	234 508	266 460	298 917	330 300
At 1980 price levels[1]												
1. Government final consumption expenditure	83 284	86 948	92 749	96 620	105 638	115 107	122 318	132 676	134 460	144 774	153 317	160 893
2. Private final consumption expenditure	371 015	396 271	413 145	434 017	472 138	508 324	542 670	576 537	616 103	654 179	711 734	751 297
3. Households	..	..	..	..	..	..	..	..	..	..	..	..
4. Private non-profit institutions serving households	..	..	..	..	..	..	..	..	..	..	..	..
5. Increase in stocks	−3 196	12 060	3 019	13 167	27 884	34 692	10 266	17 948	−954	14 690	52 393	34 213
6. Gross fixed capital formation	129 949	140 458	152 292	160 628	193 868	218 670	225 649	222 093	269 514	319 743	315 325	359 481
7. **Total Domestic Expenditure**	581 052	635 737	661 204	704 432	799 529	876 793	900 903	949 255	1 019 124	1 133 386	1 232 769	1 305 883
8. Exports of goods and services	43 795	50 156	55 155	58 826	59 797	67 371	90 563	95 145	94 194	107 927	121 268	135 652
9. Less: Imports of goods and services	87 166	98 241	108 177	124 821	143 856	174 323	173 495	185 882	205 105	236 870	251 470	270 688
10. Statistical discrepancy	−19 581	−11 786	−23 485	5 525	−18 326	−7 219	−8 833	−5 030	2 155	−3 953	−22 489	−13 875
11. **Gross Domestic Product**	518 100	575 866	584 697	643 962	697 143	762 623	809 137	853 487	910 368	1 000 491	1 080 077	1 156 972
COST COMPONENTS OF THE G.D.P.												
1. Indirect taxes	12 082	14 118	15 516	17 972	20 715	23 805	28 458	31 616	35 242	39 891	43 406	46 833
2. Less: Subsidies	140	402	418	725	1 387	1 996	3 280	3 935	3 366	2 426	2 489	3 955
3. Consumption of fixed capital	5 321	5 745	6 724	7 320	8 134	9 129	10 484	11 680	12 901	14 350	16 860	19 635
4. Compensation of employees paid by resident producers	30 484	33 163	36 190	39 691	45 811	52 610	60 415	67 241	75 051	84 195	93 913	104 392
5. Operating surplus	57 420	66 013	67 993	76 456	84 726	96 217	103 911	109 495	114 680	130 450	147 227	163 395
6. Statistical discrepancy	..	..	..	..	..	..	..	..	..	..	..	..
7. **Gross Domestic Product**	105 167	118 637	126 005	140 714	157 999	179 765	199 988	216 097	234 508	266 460	298 917	330 300
CAPITAL TRANSACTIONS OF THE NATION												
Finance of Gross Capital Formation												
1. Consumption of fixed capital	5 321	5 745	6 724	7 320	8 134	9 129	10 484	11 680	12 901	14 350	16 860	19 635
2. Net saving	11 234	15 376	18 030	19 667	25 674	27 672	30 045	31 826	32 810	44 013	57 847	67 648
3. Less: Surplus of the nation on current transactions	−3 008	−2 610	−1 971	−3 039	−6 831	−10 483	−4 068	−4 734	−8 509	−10 679	−9 302	−4 965
4. Statistical discrepancy	..	..	..	..	..	..	..	..	..	..	..	..
5. **Finance of Gross Capital Formation**	19 563	23 731	26 725	30 026	40 639	47 284	44 597	48 240	54 220	69 042	84 009	92 248
Gross capital formation												
6. Increase in stocks	−443	2 097	1 414	2 954	7 401	8 500	1 278	4 371	−159	3 455	13 346	8 950
7. Gross fixed capital formation	20 006	21 634	25 311	27 072	33 238	38 784	43 319	43 869	54 379	65 587	70 663	83 298
8. Statistical discrepancy	..	..	..	..	..	..	..	..	..	..	..	..
9. **Gross Capital Formation**	19 563	23 731	26 725	30 026	40 639	47 284	44 597	48 240	54 220	69 042	84 009	92 248
RELATIONS AMONG NATIONAL ACCOUNTING AGGREGATES												
1. **Gross Domestic Product**	105 167	118 637	126 005	140 714	157 999	179 765	199 988	216 097	234 508	266 460	298 917	330 300
2. Plus: Net factor income from the rest of the world	1 949	2 384	2 601	2 942	3 350	3 630	3 898	4 315	5 042	5 032	5 503	7 877
3. Factor income from the rest of the world	2 213	2 806	3 045	3 467	4 234	4 388	4 944	5 613	6 484	6 757	7 777	10 774
4. Factor income paid to the rest of the world	264	422	444	525	884	758	1 046	1 298	1 442	1 725	2 274	2 897
5. Equals: **Gross National Product**	107 116	121 021	128 606	143 656	161 349	183 395	203 886	220 412	239 550	271 492	304 420	338 177
6. Less: Consumption of fixed capital	5 321	5 745	6 724	7 320	8 134	9 129	10 484	11 680	12 901	14 350	16 860	19 635
7. Plus: Statistical discrepancy	..	..	..	..	..	..	..	..	..	..	..	..
8. Equals: **National Income**	101 795	115 276	121 882	136 336	153 215	174 266	193 402	208 732	226 649	257 142	287 560	318 542
9. Plus: Net current transfers from the rest of the world	3 006	3 446	4 453	5 187	5 363	6 241	7 019	6 910	7 056	8 184	10 203	13 959
10. Current transfers from the rest of the world	3 039	3 489	4 519	5 257	5 481	6 368	7 134	7 040	7 181	8 319	10 337	14 090
11. Current transfers paid to the rest of the world	33	43	66	70	118	127	115	130	125	135	134	131
12. Equals: **National Disposable Income**	104 801	118 722	126 335	141 523	158 578	180 507	200 421	215 642	233 705	265 326	297 763	332 501
13. Less: Final consumption	96 736	104 546	110 853	120 350	134 634	151 919	168 142	184 640	198 722	218 188	244 555	265 900
14. Plus: Statistical discrepancy	3 169	1 200	2 548	−1 506	1 730	−916	−2 234	824	−2 173	−3 125	4 639	1 047
15. Equals: **Net Saving**	11 234	15 376	18 030	19 667	25 674	27 672	30 045	31 826	32 810	44 013	57 847	67 648
16. Less: Surplus of the nation on current transactions	−3 008	−2 610	−1 971	−3 039	−6 831	−10 483	−4 068	−4 734	−8 509	−10 679	−9 302	−4 965
17. Plus: Statistical discrepancy	..	..	..	..	..	..	..	..	..	..	..	..
18. Equals: **Net Capital Formation**	14 242	17 986	20 001	22 706	32 505	38 155	34 113	36 560	41 319	54 692	67 149	72 613

1. At 1970 relative prices.

GRÈCE
Ancien système

Principaux Agrégats — millions de drachmes

1972	1973	1974	1975	1976	1977	1978	1979	1980	1981	1982	1983	
												DÉPENSES IMPUTÉES AU P.I.B.
												Aux prix courants
45 943	55 444	78 071	102 007	124 332	153 840	185 150	233 530	280 050	368 750	469 900	570 600	1. Consommation finale des administrations publiques
248 124	307 109	381 953	454 009	542 431	634 847	756 832	904 235	1 095 554	1 364 106	1 684 897	2 026 000	2. Consommation finale privée
..	..	..	..	..	..	..	..	..	..	..	..	3. Ménages
..	..	..	..	..	..	..	..	..	..	..	..	4. Institutions privées sans but lucratif au service des ménages
6 846	37 525	39 904	41 400	41 700	33 300	43 370	61 550	75 688	65 000	49 696	31 300	5. Variations des stocks
104 833	135 677	125 476	139 950	175 000	221 420	278 000	369 185	413 685	454 357	511 900	623 100	6. Formation brute de capital fixe
405 746	535 755	625 404	737 366	883 463	1 043 407	1 263 352	1 568 500	1 864 977	2 252 213	2 716 393	3 251 000	7. **Demande intérieure totale**
44 300	68 904	90 763	113 349	145 133	162 328	204 362	249 556	356 841	414 464	461 850	591 300	8. Exportations de biens et services
75 723	122 095	144 695	180 562	213 068	243 291	286 071	360 847	451 820	538 402	713 450	890 450	9. *Moins :* Importations de biens et services
3 403	1 587	-7 267	2 005	9 404	1 284	-20 251	-28 452	-59 064	-93 464	66 920	88 880	10. Divergence statistique
377 726	484 151	564 205	672 158	824 932	963 728	1 161 392	1 428 757	1 710 934	2 034 811	2 531 713	3 040 730	11. **Produit intérieur brut**
												Aux niveaux de prix de 1980[1]
170 008	181 573	203 501	227 789	239 481	255 108	264 045	279 481	280 050	299 143	304 708	311 979	1. Consommation finale des administrations publiques
803 751	865 071	870 859	918 465	967 271	1 011 535	1 069 048	1 097 564	1 095 554	1 106 240	1 129 824	1 136 982	2. Consommation finale privée
..	..	..	..	..	..	..	..	..	..	..	..	3. Ménages
..	..	..	..	..	..	..	..	..	..	..	..	4. Institutions privées sans but lucratif au service des ménages
25 466	104 071	88 525	82 833	70 781	50 760	61 791	71 448	75 688	40 965	35 685	16 684	5. Variations des stocks
414 899	446 653	332 447	333 161	355 875	383 542	406 523	442 316	413 685	381 315	375 599	370 378	6. Formation brute de capital fixe
1 414 124	1 597 368	1 495 333	1 562 248	1 633 407	1 700 944	1 801 407	1 890 809	1 864 977	1 827 662	1 845 815	1 836 023	7. **Demande intérieure totale**
166 697	205 628	205 874	227 768	265 081	269 780	314 012	334 895	356 841	342 372	311 582	341 911	8. Exportations de biens et services
312 418	413 146	345 834	367 622	390 224	421 335	451 463	483 819	451 820	467 033	490 632	503 435	9. *Moins :* Importations de biens et services
-8 695	-37 898	-52 609	-40 806	-38 811	-29 555	-42 331	-60 418	-59 064	2 531	36 570	33 688	10. Divergence statistique
1 259 709	1 351 953	1 302 765	1 381 589	1 469 454	1 519 834	1 621 624	1 681 468	1 710 934	1 705 532	1 703 335	1 708 188	11. **Produit intérieur brut**
												RÉPARTITION DU P.I.B.
52 526	64 826	71 562	95 961	119 254	147 600	178 219	216 690	228 710	276 500	379 296	488 880	1. Impôts indirects
4 777	8 891	14 685	16 984	23 057	28 500	33 536	33 120	41 500	98 434	133 142	157 450	2. *Moins :* Subventions
23 738	30 566	39 284	47 457	59 200	72 430	89 470	112 351	142 082	175 503	215 514	272 910	3. Consommation de capital fixe
120 549	145 548	177 373	217 793	276 599	346 534	432 380	539 386	647 575	799 670	1 021 767	1 226 900	4. Rémunération des salariés payée par les producteurs résidents
185 690	252 102	290 671	327 931	392 936	425 664	494 859	593 450	734 067	881 572	1 048 278	1 209 490	5. Excédent net d'exploitation
..	..	..	..	..	..	..	..	..	..	..	..	6. Divergence statistique
377 726	484 151	564 205	672 158	824 932	963 728	1 161 392	1 428 757	1 710 934	2 034 811	2 531 713	3 040 730	7. **Produit intérieur brut**
												OPÉRATIONS EN CAPITAL DE LA NATION
												Financement de la formation brute de capital
23 738	30 566	39 284	47 457	59 200	72 430	89 470	112 351	142 082	175 503	215 514	272 910	1. Consommation de capital fixe
83 221	124 159	110 357	109 229	141 909	163 883	216 307	291 727	353 163	340 101	248 082	244 440	2. Épargne nette
-4 720	-18 477	-15 739	-24 664	-15 591	-18 407	-15 593	-26 657	5 872	-3 753	-98 000	-137 050	3. *Moins :* Solde des opérations courantes de la nation
..	..	..	..	..	..	..	..	..	..	..	..	4. Divergence statistique
111 679	173 202	165 380	181 350	216 700	254 720	321 370	430 735	489 373	519 357	561 596	654 400	5. **Financement de la formation brute de capital**
												Formation brute de capital
6 846	37 525	39 904	41 400	41 700	33 300	43 370	61 550	75 688	65 000	49 696	31 300	6. Variations des stocks
104 833	135 677	125 476	139 950	175 000	221 420	278 000	369 185	413 685	454 357	511 900	623 100	7. Formation brute de capital fixe
..	..	..	..	..	..	..	..	..	..	..	..	8. Divergence statistique
111 679	173 202	165 380	181 350	216 700	254 720	321 370	430 735	489 373	519 357	561 596	654 400	9. **Formation brute de capital**
												RELATIONS ENTRE LES PRINCIPAUX AGRÉGATS
377 726	484 151	564 205	672 158	824 932	963 728	1 161 392	1 428 757	1 710 934	2 034 811	2 531 713	3 040 730	1. **Produit intérieur brut**
9 577	13 085	17 868	19 207	24 942	30 279	32 441	43 461	57 103	60 367	58 500	29 500	2. *Plus :* Revenu net des facteurs reçu du reste du monde
13 027	17 604	24 744	26 761	34 906	40 602	44 701	59 558	79 804	110 052	115 600	115 150	3. Revenu des facteurs reçu du reste du monde
3 450	4 519	6 876	7 554	9 964	10 323	12 260	16 097	22 701	49 685	57 100	85 650	4. Revenu des facteurs payé au reste du monde
387 303	497 236	582 073	691 365	849 874	994 007	1 193 833	1 472 218	1 768 037	2 095 178	2 590 213	3 070 230	5. *Égal :* **Produit national brut**
23 738	30 566	39 284	47 457	59 200	72 430	89 470	112 351	142 082	175 503	215 514	272 910	6. *Moins :* consommation de capital fixe
..	..	..	..	..	..	..	..	..	..	..	..	7. *Plus :* Divergence statistique
363 565	466 670	542 789	643 908	790 674	921 577	1 104 363	1 359 867	1 625 955	1 919 675	2 374 699	2 797 320	8. *Égal :* **Revenu national**
17 126	21 629	20 325	23 342	27 402	32 277	33 675	41 173	43 748	59 818	95 100	132 600	9. *Plus :* Transferts courants nets reçus du reste du monde
17 259	21 782	21 654	24 821	29 036	33 727	35 796	42 826	45 736	70 818	116 800	163 400	10. Transferts courants reçus du reste du monde
133	153	1 329	1 479	1 634	1 450	2 121	1 653	1 988	11 000	21 700	30 800	11. Transferts courants payés au reste du monde
380 691	488 299	563 114	667 250	818 076	953 854	1 138 038	1 401 040	1 669 703	1 979 493	2 469 799	2 929 920	12. *Égal :* **Revenu national disponible**
294 067	362 553	460 024	556 016	666 763	788 687	941 982	1 137 765	1 375 604	1 732 856	2 154 797	2 596 600	13. *Moins :* Consommation finale
-3 403	-1 587	7 267	-2 005	-9 404	-1 284	20 251	28 452	59 064	93 464	-66 920	-88 880	14. *Plus :* Divergence statistique
83 221	124 159	110 357	109 229	141 909	163 883	216 307	291 727	353 163	340 101	248 082	244 440	15. *Égal :* **Épargne nette**
-4 720	-18 477	-15 739	-24 664	-15 591	-18 407	-15 593	-26 657	5 872	-3 753	-98 000	-137 050	16. *Moins :* Solde des opérations courantes de la nation
..	..	..	..	..	..	..	..	..	..	..	..	17. *Plus :* Divergence statistique
87 941	142 636	126 096	133 893	157 500	182 290	231 900	318 384	347 291	343 854	346 082	381 490	18. *Égal :* **Formation nette de capital**

1. Aux prix relatifs de 1970.

ICELAND
Former system

Main aggregates

millions of kronur

	1960	1961	1962	1963	1964	1965	1966	1967	1968	1969	1970	1971
EXPENDITURE ON THE G.D.P.												
At current prices												
1. Government final consumption expenditure	7.3	8.0	9.6	12.3	15.4	18.6	22.7	25.1	28.0	33.0	42.3	55.2
2. Private final consumption expenditure	56.7	62.2	75.2	90.8	113.6	132.2	164.7	174.7	188.3	217.7	281.8	356.7
3. Households	..	..	..	..	..	..	..	..	..	..	..	..
4. Private non-profit institutions serving households	..	..	..	..	..	..	..	..	..	..	..	..
5. Increase in stocks	−1.2	1.5	−.8	−1.4	0.2	3.7	0.9	0.7	−2.6	2.1	−2.9	14.1
6. Gross fixed capital formation	25.3	22.1	28.0	38.2	50.2	55.6	69.9	79.5	87.1	85.3	104.1	162.2
7. **Total Domestic Expenditure**	88.0	93.8	112.0	139.8	179.3	210.1	258.2	280.0	300.7	338.0	425.3	588.2
8. Exports of goods and services	37.8	42.7	55.7	60.9	69.8	82.6	90.0	77.9	94.3	159.7	208.1	220.3
9. *Less:* Imports of goods and services	40.7	39.2	51.0	61.8	71.7	78.4	91.2	98.1	115.7	149.6	196.7	253.8
10. Statistical discrepancy	..	..	..	..	..	..	..	..	..	..	..	..
11. **Gross Domestic Product**	85.1	97.3	116.7	138.9	177.5	214.3	257.0	259.8	279.4	348.1	436.6	554.6
At 1980 price levels [1]												
1. Government final consumption expenditure	556.0	562.7	602.6	647.6	692.0	744.6	798.8	852.2	875.3	894.5	962.5	1 027.6
2. Private final consumption expenditure	3 192.7	3 210.0	3 491.5	3 811.0	4 109.2	4 363.6	4 929.4	5 017.1	4 753.5	4 533.0	5 269.4	6 132.9
3. Households	..	..	..	..	..	..	..	..	..	..	..	..
4. Private non-profit institutions serving households	..	..	..	..	..	..	..	..	..	..	..	..
5. Increase in stocks	−134.5	177.9	−120.1	−125.9	0.0	239.1	72.5	46.9	−184.1	79.4	−65.9	474.7
6. Gross fixed capital formation	1 411.9	1 107.3	1 277.5	1 668.8	1 956.0	1 935.5	2 241.4	2 506.2	2 295.0	1 746.6	1 882.0	2 724.0
7. **Total Domestic Expenditure**	5 026.1	5 057.8	5 251.4	6 001.5	6 757.2	7 282.8	8 042.1	8 422.4	7 739.7	7 253.6	8 048.1	10 359.2
8. Exports of goods and services	1 661.4	1 676.1	2 031.0	2 174.7	2 303.7	2 531.8	2 724.1	2 509.6	2 357.2	2 692.4	3 163.8	3 039.7
9. *Less:* Imports of goods and services	1 503.8	1 396.2	1 689.1	2 004.9	2 265.1	2 458.3	2 821.9	3 012.0	2 741.5	2 410.9	3 080.3	3 787.4
10. Statistical discrepancy	264.4	150.9	307.0	283.5	210.0	114.5	164.7	53.7	165.3	220.7	229.1	−188.3
11. **Gross Domestic Product**	5 448.1	5 488.6	5 900.4	6 454.8	7 005.8	7 470.8	8 109.0	7 973.7	7 520.7	7 755.8	8 360.8	9 423.1
COST COMPONENTS OF THE G.D.P.												
1. Indirect taxes	23.3	17.7	23.0	28.0	34.1	43.4	55.0	57.6	60.9	66.7	93.6	128.0
2. *Less:* Subsidies	7.2	5.1	5.9	6.9	11.0	11.7	13.9	17.9	17.8	14.6	16.7	30.1
3. Consumption of fixed capital	11.5	13.6	15.4	16.5	19.4	23.7	26.3	30.5	39.6	54.0	60.6	67.0
4. Compensation of employees paid by resident producers	35.6*	44.0*	53.1*	63.9*	86.4*	104.9*	127.0*	127.1*	133.8*	167.0*	209.4*	272.8*
5. Operating surplus	21.9*	27.0*	31.2*	37.5*	48.6*	54.1*	62.6*	62.6*	63.0*	75.0*	89.7*	116.9*
6. Statistical discrepancy	..	..	..	..	..	..	..	..	..	..	..	..
7. **Gross Domestic Product**	85.1	97.3	116.7	138.9	177.5	214.3	257.0	259.8	279.4	348.1	436.6	554.6
CAPITAL TRANSACTIONS OF THE NATION												
Finance of Gross Capital Formation												
1. Consumption of fixed capital	11.5	13.6	15.4	16.5	19.4	23.7	26.3	30.5	39.6	54.0	60.6	67.0
2. Net saving	8.4	12.1	15.4	18.2	27.7	38.0	41.1	26.9	19.3	37.0	46.8	70.4
3. *Less:* Surplus of the nation on current transactions	−4.1	2.1	3.6	−2.1	−3.3	2.4	−3.3	−22.8	−25.6	3.7	6.2	−38.9
4. Statistical discrepancy	..	..	..	..	..	..	..	..	..	..	..	..
5. **Finance of Gross Capital Formation**	24.1	23.6	27.2	36.8	50.4	59.3	70.7	80.2	84.5	87.3	101.2	176.3
Gross capital formation												
6. Increase in stocks	−1.2	1.5	−.8	−1.4	0.2	3.7	0.9	0.7	−2.6	2.1	−2.9	14.1
7. Gross fixed capital formation	25.3	22.1	28.0	38.2	50.2	55.6	69.9	79.5	87.1	85.3	104.1	162.2
8. Statistical discrepancy	..	..	..	..	..	..	..	..	..	..	..	..
9. **Gross Capital Formation**	24.1	23.6	27.2	36.8	50.4	59.3	70.7	80.2	84.5	87.3	101.2	176.3
RELATIONS AMONG NATIONAL ACCOUNTING AGGREGATES												
1. **Gross Domestic Product**	85.1	97.3	116.7	138.9	177.5	214.3	257.0	259.8	279.4	348.1	436.6	554.6
2. *Plus:* Net factor income from the rest of the world	−1.2	−1.3	−1.1	−1.1	−1.4	−1.8	−2.0	−2.5	−4.1	−6.1	−4.8	−5.1
3. Factor income from the rest of the world	0.1	0.2	0.4	0.5	0.6	0.8	0.9	0.9	0.8	1.6	3.3	3.4
4. Factor income paid to the rest of the world	1.3	1.5	1.5	1.6	2.0	2.6	3.0	3.4	4.9	7.8	8.1	8.5
5. *Equals:* **Gross National Product**	83.9	96.0	115.7	137.8	176.1	212.6	255.0	257.3	275.3	342.0	431.8	549.6
6. *Less:* Consumption of fixed capital	11.5	13.6	15.4	16.5	19.4	23.7	26.3	30.5	39.6	54.0	60.6	67.0
7. *Plus:* Statistical discrepancy	..	..	..	..	..	..	..	..	..	..	..	..
8. *Equals:* **National Income**	72.4	82.4	100.3	121.3	156.7	188.9	228.6	226.8	235.7	288.0	371.2	482.5
9. *Plus:* Net current transfers from the rest of the world	0.0	−.1	0.0	−.1	−.1	−.1	−.1	−.2	−.2	−.2	−.3	−.3
10. Current transfers from the rest of the world	0.0	0.0	0.0	0.0	0.0	0.0	0.0	0.0	0.0	0.0	0.0	0.0
11. Current transfers paid to the rest of the world	0.0	0.1	0.0	0.1	0.1	0.1	0.1	0.2	0.2	0.2	0.3	0.3
12. *Equals:* **National Disposable Income**	72.4	82.3	100.3	121.3	156.7	188.8	228.5	226.7	235.5	287.7	370.9	482.2
13. *Less:* Final consumption	63.9	70.2	84.8	103.0	129.0	150.8	187.4	199.7	216.3	250.7	324.1	411.9
14. *Plus:* Statistical discrepancy	..	..	..	..	..	..	..	..	..	..	..	..
15. *Equals:* **Net Saving**	8.4	12.1	15.4	18.2	27.7	38.0	41.1	26.9	19.3	37.0	46.8	70.4
16. *Less:* Surplus of the nation on current transactions	−4.1	2.1	3.6	−2.1	−3.3	2.4	−3.3	−22.8	−25.6	3.7	6.2	−38.9
17. *Plus:* Statistical discrepancy	..	..	..	..	..	..	..	..	..	..	..	..
18. *Equals:* **Net Capital Formation**	12.6	10.0	11.8	20.3	31.0	35.6	44.4	49.7	44.9	33.3	40.6	109.3

1. At 1980 relative prices for 1977-1983 and at 1969 relative prices for 1960-1976.

millions de couronnes | **Principaux Agrégats** | **ISLANDE** Ancien système

1972	1973	1974	1975	1976	1977	1978	1979	1980	1981	1982	1983	
												DÉPENSES IMPUTÉES AU P.I.B.
												Aux prix courants
72.2	99.2	156.7	219.7	299.4	429.8	683.6	1 022.0	1 622.0	2 520.0	4 055.0	6 890.0	1. Consommation finale des administrations publiques
446.8	609.2	932.1	1 249.9	1 641.1	2 323.8	3 545.5	5 316.1	8 380.0	13 240.0	20 790.0	35 470.0	2. Consommation finale privée
..	..	..	..	..	..	..	..	..	..	..	..	3. Ménages
..	..	..	..	..	..	..	..	..	..	..	..	4. Institutions privées sans but lucratif au service des ménages
−10.4	−3.1	25.3	37.1	−17.8	66.0	−38.6	51.0	80.0	253.0	913.0	−1 056.0	5. Variations des stocks
193.0	287.4	451.9	635.3	780.8	1 091.8	1 506.8	2 136.4	3 661.0	5 529.0	8 549.0	12 963.0	6. Formation brute de capital fixe
701.7	992.6	1 566.1	2 142.0	2 703.5	3 911.4	5 697.3	8 525.5	13 743.0	21 542.0	34 307.0	54 267.0	7. **Demande intérieure totale**
259.0	369.3	474.7	718.3	1 048.2	1 443.0	2 482.1	3 808.9	5 746.0	8 724.0	12 714.0	27 078.0	8. Exportations de biens et services
267.6	383.8	610.9	883.5	1 019.3	1 451.2	2 242.4	3 630.3	5 648.0	8 936.0	14 329.0	25 275.0	9. *Moins* : Importations de biens et services
..	..	..	..	..	..	..	..	..	..	..	..	10. Divergence statistique
693.0	978.1	1 429.9	1 976.8	2 732.4	3 903.1	5 937.0	8 704.1	13 841.0	21 330.0	32 692.0	56 070.0	11. **Produit intérieur brut**
												Aux niveaux de prix de 1980 [1]
1 105.4	1 209.8	1 283.8	1 345.6	1 439.6	1 451.0	1 506.0	1 559.0	1 622.0	1 703.0	1 768.0	1 821.0	1. Consommation finale des administrations publiques
6 722.7	7 307.5	7 819.0	7 037.1	7 107.4	7 676.0	8 137.0	8 300.0	8 380.0	8 800.0	8 973.0	8 435.0	2. Consommation finale privée
..	..	..	..	..	..	..	..	..	..	..	..	3. Ménages
..	..	..	..	..	..	..	..	..	..	..	..	4. Institutions privées sans but lucratif au service des ménages
−353.4	−160.4	362.3	484.3	−303.0	198.0	−130.0	60.0	80.0	170.0	357.0	−204.0	5. Variations des stocks
2 697.6	3 223.2	3 559.8	3 255.8	3 175.7	3 550.0	3 342.0	3 266.0	3 661.0	3 700.0	3 648.0	3 151.0	6. Formation brute de capital fixe
10 172.3	11 580.1	13 024.9	12 122.8	11 419.8	12 875.0	12 855.0	13 185.0	13 743.0	14 373.0	14 746.0	13 203.0	7. **Demande intérieure totale**
3 365.2	3 650.8	3 620.8	3 715.4	4 146.6	4 572.0	5 265.0	5 595.0	5 746.0	5 825.0	5 261.0	5 802.0	8. Exportations de biens et services
3 793.7	4 501.0	5 078.3	4 451.9	4 297.1	5 164.0	5 352.0	5 484.0	5 648.0	6 056.0	5 988.0	5 648.0	9. *Moins* : Importations de biens et services
291.0	98.5	−302.0	−176.1	337.5	0.0	0.0	0.0	0.0	0.0	0.0	0.0	10. Divergence statistique
10 034.8	10 828.5	11 265.4	11 210.4	11 606.8	12 283.0	12 768.0	13 296.0	13 841.0	14 142.0	14 019.0	13 357.0	11. **Produit intérieur brut**
												RÉPARTITION DU P.I.B.
157.0	230.6	362.5	520.8	699.9	978.4	1 462.0	2 173.0	3 540.0	5 760.0	9 180.0	14 570.0	1. Impôts indirects
33.2	43.8	75.1	124.3	126.1	168.4	311.0	542.0	775.0	1 140.0	1 840.0	2 935.0	2. *Moins* : Subventions
84.6	113.5	171.7	283.3	371.3	489.3	752.7	1 137.5	1 799.0	2 829.0	4 613.0	8 525.0	3. Consommation de capital fixe
344.1*	488.0*	718.4*	959.8*	1 340.5*	1 926.8*	2 944.3*	4 332.6*	6 772.0*	10 133.0*	15 139.0*	26 214.0*	4. Rémunération des salariés payée par les producteurs résidents
140.5*	189.8*	252.4*	337.2*	446.8*	677.0*	1 089.0*	1 603.0*	2 505.0*	3 748.0*	5 600.0*	9 696.0*	5. Excédent net d'exploitation
..	..	..	..	..	..	..	..	..	..	..	..	6. Divergence statistique
693.0	978.1	1 429.9	1 976.8	2 732.4	3 903.1	5 937.0	8 704.1	13 841.0	21 330.0	32 692.0	56 070.0	7. **Produit intérieur brut**
												OPÉRATIONS EN CAPITAL DE LA NATION
												Financement de la formation brute de capital
84.6	113.5	171.7	283.3	371.3	489.3	752.7	1 137.5	1 799.0	2 829.0	4 613.0	8 525.0	1. Consommation de capital fixe
79.9	143.7	149.4	173.5	346.2	570.5	792.1	979.5	1 624.0	1 918.0	1 721.0	2 087.0	2. Epargne nette
−18.1	−27.0	−156.2	−215.6	−45.5	−98.0	76.6	−70.4	−318.0	−1 035.0	−3 128.0	−1 295.0	3. *Moins* : Solde des opérations courantes de la nation
..	..	..	..	..	..	..	..	..	..	..	..	4. Divergence statistique
182.6	284.2	477.3	672.4	763.0	1 157.8	1 468.2	2 187.4	3 741.0	5 782.0	9 462.0	11 907.0	5. **Financement de la formation brute de capital**
												Formation brute de capital
−10.4	−3.1	25.3	37.1	−17.8	66.0	−38.6	51.0	80.0	253.0	913.0	−1 056.0	6. Variations des stocks
193.0	287.4	451.9	635.3	780.8	1 091.8	1 506.8	2 136.4	3 661.0	5 529.0	8 549.0	12 963.0	7. Formation brute de capital fixe
..	..	..	..	..	..	..	..	..	..	..	..	8. Divergence statistique
182.6	284.2	477.3	672.4	763.0	1 157.8	1 468.2	2 187.4	3 741.0	5 782.0	9 462.0	11 907.0	9. **Formation brute de capital**
												RELATIONS ENTRE LES PRINCIPAUX AGRÉGATS
693.0	978.1	1 429.9	1 976.8	2 732.4	3 903.1	5 937.0	8 704.1	13 841.0	21 330.0	32 692.0	56 070.0	1. **Produit intérieur brut**
−8.9	−11.8	−19.2	−48.6	−72.8	−88.3	−161.0	−243.9	−411.0	−811.0	−1 495.0	−3 066.0	2. *Plus* : Revenu net des facteurs reçu du reste du monde
3.1	4.6	6.1	3.6	7.0	9.7	15.9	42.6	67.0	163.0	349.0	..	3. Revenu des facteurs reçu du reste du monde
12.0	16.4	25.2	52.2	79.8	98.0	176.9	286.5	478.0	974.0	1 844.0	..	4. Revenu des facteurs payé au reste du monde
684.1	966.3	1 410.8	1 928.2	2 659.6	3 814.8	5 776.0	8 460.2	13 430.0	20 519.0	31 197.0	53 004.0	5. *Égal* : **Produit national brut**
84.6	113.5	171.7	283.3	371.3	489.3	752.7	1 137.5	1 799.0	2 829.0	4 613.0	8 525.0	6. *Moins* : consommation de capital fixe
..	..	..	..	..	..	..	..	..	..	..	..	7. *Plus* : Divergence statistique
599.6	852.8	1 239.0	1 644.9	2 288.2	3 325.5	5 023.3	7 322.7	11 631.0	17 690.0	26 584.0	44 479.0	8. *Égal* : **Revenu national**
−.5	−.6	−.9	−1.8	−1.6	−1.5	−2.1	−5.1	−5.0	−12.0	−18.0	−32.0	9. *Plus* : Transferts courants nets reçus du reste du monde
0.0	0.0	0.0	0.0	0.0	0.0	0.0	0.0	0.0	0.0	0.0	0.0	10. Transferts courants reçus du reste du monde
0.5	0.6	0.9	1.8	1.6	1.5	2.1	5.1	5.0	12.0	18.0	32.0	11. Transferts courants payés au reste du monde
599.0	852.1	1 238.2	1 643.1	2 286.7	3 324.0	5 021.3	7 317.6	11 626.0	17 678.0	26 566.0	44 447.0	12. *Égal* : **Revenu national disponible**
519.1	708.4	1 088.8	1 469.6	1 940.5	2 753.6	4 229.1	6 338.1	10 002.0	15 760.0	24 845.0	42 360.0	13. *Moins* : Consommation finale
..	..	..	..	..	..	..	..	..	..	..	..	14. *Plus* : Divergence statistique
79.9	143.7	149.4	173.5	346.2	570.5	792.1	979.5	1 624.0	1 918.0	1 721.0	2 087.0	15. *Égal* : **Épargne nette**
−18.1	−27.0	−156.2	−215.6	−45.5	−98.0	76.6	−70.4	−318.0	−1 035.0	−3 128.0	−1 295.0	16. *Moins* : Solde des opérations courantes de la nation
..	..	..	..	..	..	..	..	..	..	..	..	17. *Plus* : Divergence statistique
98.0	170.7	305.5	389.1	391.7	668.5	715.5	1 049.9	1 942.0	2 953.0	4 849.0	3 382.0	18. *Égal* : **Formation nette de capital**

[1]. Aux prix relatifs de 1980 pour la période 1977-1983 et aux prix relatifs de 1969 pour la période 1960-1976.

IRELAND
Present S.N.A.

Main aggregates

millions of irish pounds

	1960	1961	1962	1963	1964	1965	1966	1967	1968	1969	1970	1971
EXPENDITURE ON THE G.D.P.												
At current prices												
1. Government final consumption expenditure	78.6	84.5	92.2	100.3	120.1	130.4	137.2	147.4	166.9	194.6	237.3	282.5
2. Private final consumption expenditure	483.4	509.9	549.3	586.2	653.7	687.8	725.4	773.5	883.5	1 003.3	1 116.0	1 260.9
3. Households	..	..	..	..	..	..	..	..	..	..	..	..
4. Private non-profit institutions serving households	..	..	..	..	..	..	..	..	..	..	..	..
5. Increase in stocks	12.5	9.4	11.8	7.4	10.8	22.0	7.9	−4.9	14.1	34.9	28.0	6.3
6. Gross fixed capital formation	91.0	110.9	131.5	154.6	184.5	205.4	199.9	221.3	260.4	334.7	368.5	438.2
7. **Total Domestic Expenditure**	665.5	714.7	784.8	848.5	969.1	1 045.6	1 070.4	1 137.3	1 324.9	1 567.5	1 749.8	1 987.9
8. Exports of goods and services	201.0	235.3	237.3	265.5	300.7	333.8	376.3	417.7	483.6	536.9	598.9	669.1
9. *Less:* Imports of goods and services	235.2	270.3	286.3	322.7	369.2	420.5	436.3	451.4	563.3	666.1	728.5	803.9
10. Statistical discrepancy	..	..	..	..	..	..	..	..	..	..	..	..
11. **Gross Domestic Product**	631.3	679.7	735.8	791.3	900.6	958.9	1 010.4	1 103.6	1 245.2	1 438.3	1 620.2	1 853.1
At 1980 price levels[1]												
1. Government final consumption expenditure	668.3	687.5	707.3	737.1	759.1	786.3	795.3	837.2	878.4	937.4	1 007.9	1 095.1
2. Private final consumption expenditure	2 850.5	2 930.0	3 034.9	3 159.9	3 295.3	3 309.3	3 363.9	3 479.6	3 776.9	3 993.8	4 110.6	4 243.7
3. Households	..	..	..	..	..	..	..	..	..	..	..	..
4. Private non-profit institutions serving households	..	..	..	..	..	..	..	..	..	..	..	..
5. Increase in stocks	23.1	18.3	23.8	24.0	34.6	44.5	14.4	−9.3	25.0	51.1	46.0	6.0
6. Gross fixed capital formation	599.9	695.4	798.1	894.1	997.8	1 097.1	1 064.7	1 134.2	1 282.9	1 518.0	1 523.0	1 656.9
7. **Total Domestic Expenditure**	4 141.7	4 331.1	4 564.1	4 815.0	5 086.8	5 237.2	5 238.4	5 441.7	5 963.2	6 500.3	6 687.4	7 001.7
8. Exports of goods and services	1 048.2	1 228.4	1 220.1	1 338.6	1 445.0	1 575.3	1 743.8	1 921.9	2 090.1	2 186.5	2 283.3	2 376.9
9. *Less:* Imports of goods and services	1 306.7	1 488.5	1 568.8	1 737.5	1 961.9	2 179.4	2 256.3	2 341.7	2 707.8	3 072.0	3 144.0	3 290.5
10. Statistical discrepancy	−10.5	−14.9	−9.8	−7.5	23.1	51.2	5.0	−47.8	32.7	88.8	74.6	16.3
11. **Gross Domestic Product**	3 872.6	4 056.1	4 205.5	4 408.7	4 593.0	4 684.4	4 730.7	4 974.1	5 378.2	5 703.6	5 901.3	6 104.4
COST COMPONENTS OF THE G.D.P.												
1. Indirect taxes	100.6	109.6	112.6	124.4	147.7	161.5	182.9	201.0	227.5	274.3	314.7	358.1
2. *Less:* Subsidies	20.7	29.0	27.3	27.9	33.0	37.9	42.1	52.1	58.7	69.4	79.1	86.2
3. Consumption of fixed capital	40.5	45.7	52.7	59.7	66.1	73.5	79.1	88.1	102.1	123.0	134.9	155.4
4. Compensation of employees paid by resident producers	293.8	321.6	356.3	383.7	445.2	474.3	514.7	558.1	625.9	724.1	844.8	979.1
5. Operating surplus	217.1	231.8	241.5	251.4	274.6	287.5	275.8	308.5	348.4	386.3	404.9	446.7
6. Statistical discrepancy	..	..	..	..	..	..	..	..	..	..	..	..
7. **Gross Domestic Product**	631.3	679.7	735.8	791.3	900.6	958.9	1 010.4	1 103.6	1 245.2	1 438.3	1 620.2	1 853.1
CAPITAL TRANSACTIONS OF THE NATION												
Finance of Gross Capital Formation												
1. Consumption of fixed capital	40.5	45.7	52.7	59.7	66.1	73.5	79.1	88.1	102.1	123.0	134.9	155.4
2. Net saving	62.2	75.8	77.2	80.2	97.8	112.1	112.6	143.5	156.1	177.5	196.3	218.1
3. *Less:* Surplus of the nation on current transactions	−.8	1.2	−13.4	−22.1	−31.4	−41.8	−16.1	15.2	−16.3	−69.1	−65.3	−71.0
4. Statistical discrepancy	..	..	..	..	..	..	..	..	..	..	..	..
5. **Finance of Gross Capital Formation**	103.5	120.3	143.3	162.0	195.3	227.4	207.8	216.4	274.5	369.6	396.5	444.5
Gross capital formation												
6. Increase in stocks	12.5	9.4	11.8	7.4	10.8	22.0	7.9	−4.9	14.1	34.9	28.0	6.3
7. Gross fixed capital formation	91.0	110.9	131.5	154.6	184.5	205.4	199.9	221.3	260.4	334.7	368.5	438.2
8. Statistical discrepancy	..	..	..	..	..	..	..	..	..	..	..	..
9. **Gross Capital Formation**	103.5	120.3	143.3	162.0	195.3	227.4	207.8	216.4	274.5	369.6	396.5	444.5
RELATIONS AMONG NATIONAL ACCOUNTING AGGREGATES												
1. **Gross Domestic Product**	631.3	679.7	735.8	791.3	900.6	958.9	1 010.4	1 103.6	1 245.2	1 438.3	1 620.2	1 853.1
2. *Plus:* Net factor income from the rest of the world	15.8	17.7	17.9	17.8	18.5	25.5	23.2	24.6	31.7	28.3	28.3	26.6
3. Factor income from the rest of the world	..	..	..	..	..	..	..	..	..	..	69.2	74.1
4. Factor income paid to the rest of the world	..	..	..	..	..	..	..	..	..	..	40.9	47.5
5. *Equals:* **Gross National Product**	647.1	697.4	753.7	809.1	919.1	984.4	1 033.6	1 128.2	1 276.9	1 466.6	1 648.5	1 879.7
6. *Less:* Consumption of fixed capital	40.5	45.7	52.7	59.7	66.1	73.5	79.1	88.1	102.1	123.0	134.9	155.4
7. *Plus:* Statistical discrepancy	..	..	..	..	..	..	..	..	..	..	..	..
8. *Equals:* **National Income**	606.6	651.7	701.0	749.4	853.0	910.9	954.5	1 040.1	1 174.8	1 343.6	1 513.6	1 724.3
9. *Plus:* Net current transfers from the rest of the world	17.6	18.5	17.7	17.3	18.6	19.4	20.7	24.3	31.7	31.8	36.0	37.2
10. Current transfers from the rest of the world	..	..	..	..	..	..	..	..	..	..	38.6	40.3
11. Current transfers paid to the rest of the world	..	..	..	..	..	..	..	..	..	..	2.6	3.1
12. *Equals:* **National Disposable Income**	624.2	670.2	718.7	766.7	871.6	930.3	975.2	1 064.4	1 206.5	1 375.4	1 549.6	1 761.5
13. *Less:* Final consumption	562.0	594.4	641.5	686.5	773.8	818.2	862.6	920.9	1 050.4	1 197.9	1 353.3	1 543.4
14. *Plus:* Statistical discrepancy	..	..	..	..	..	..	..	..	..	..	..	..
15. *Equals:* **Net Saving**	62.2	75.8	77.2	80.2	97.8	112.1	112.6	143.5	156.1	177.5	196.3	218.1
16. *Less:* Surplus of the nation on current transactions	−.8	1.2	−13.4	−22.1	−31.4	−41.8	−16.1	15.2	−16.3	−69.1	−65.3	−71.0
17. *Plus:* Statistical discrepancy	..	..	..	..	..	..	..	..	..	..	..	..
18. *Equals:* **Net Capital Formation**	63.0	74.6	90.6	102.3	129.2	153.9	128.7	128.3	172.4	246.6	261.6	289.1

1. At 1975 relative prices.

IRLANDE
Nouveau S.C.N.

Principaux Agrégats
millions de livres irlandaises

1972	1973	1974	1975	1976	1977	1978	1979	1980	1981	1982	1983	
												DÉPENSES IMPUTÉES AU P.I.B.
												Aux prix courants
343.0	422.8	513.1	705.3	839.4	972.9	1 158.8	1 433.8	1 865.9	2 263.0	2 641.0	2 920.0	1. Consommation finale des administrations publiques
1 453.8	1 738.2	2 044.3	2 432.8	2 972.2	3 597.1	4 227.5	5 043.1	5 987.8	7 305.3	8 063.0	8 531.0	2. Consommation finale privée
..	..	..	..	..	..	..	..	..	..	..	..	3. Ménages
..	..	..	..	..	..	..	..	..	..	..	..	4. Institutions privées sans but lucratif au service des ménages
30.9	42.4	131.0	23.0	15.5	180.1	98.6	188.5	-52.7	-160.1	-82.0	84.0	5. Variations des stocks
529.7	682.2	735.8	857.8	1 163.3	1 412.1	1 868.8	2 416.8	2 638.7	3 263.7	3 349.0	3 272.0	6. Formation brute de capital fixe
2 357.4	2 885.6	3 424.2	4 018.9	4 990.4	6 162.2	7 353.7	9 082.2	10 439.7	12 671.9	13 971.0	14 807.0	7. **Demande intérieure totale**
773.2	1 026.4	1 271.7	1 619.0	2 152.4	2 817.0	3 373.8	3 936.3	4 638.6	5 503.6	6 433.0	7 719.0	8. Exportations de biens et services
893.1	1 211.0	1 708.4	1 849.0	2 522.2	3 336.8	4 043.4	5 235.1	5 899.9	7 117.2	7 415.0	8 074.0	9. Moins : Importations de biens et services
..	..	..	..	..	..	..	..	..	..	..	..	10. Divergence statistique
2 237.5	2 701.0	2 987.5	3 788.9	4 620.6	5 642.4	6 684.1	7 783.4	9 178.4	11 058.3	12 989.0	14 452.0	11. **Produit intérieur brut**
												Aux niveaux de prix de 1980 [1]
1 177.4	1 256.9	1 352.0	1 440.5	1 478.1	1 508.7	1 632.5	1 743.6	1 865.9	1 902.9	1 979.0	1 981.1	1. Consommation finale des administrations publiques
4 462.0	4 782.3	4 860.8	4 728.0	4 861.2	5 190.4	5 659.2	5 901.7	5 987.8	6 113.2	5 814.8	5 608.8	2. Consommation finale privée
..	..	..	..	..	..	..	..	..	..	..	..	3. Ménages
..	..	..	..	..	..	..	..	..	..	..	..	4. Institutions privées sans but lucratif au service des ménages
29.1	33.3	133.8	19.4	10.1	116.1	63.5	85.3	-52.7	-73.2	-23.6	29.5	5. Variations des stocks
1 779.0	2 066.6	1 826.5	1 778.6	2 019.8	2 101.7	2 498.3	2 833.8	2 638.7	2 848.5	2 670.6	2 459.1	6. Formation brute de capital fixe
7 447.6	8 139.1	8 173.1	7 966.5	8 369.1	8 916.9	9 853.4	10 564.4	10 439.7	10 791.3	10 440.9	10 078.5	7. **Demande intérieure totale**
2 462.5	2 731.3	2 750.6	2 948.2	3 187.5	3 634.7	4 082.5	4 355.8	4 638.6	4 720.2	4 978.6	5 506.7	8. Exportations de biens et services
3 456.9	4 114.9	4 020.8	3 610.5	4 140.3	4 689.6	5 426.2	6 188.7	5 899.9	6 035.0	5 848.3	6 074.9	9. Moins : Importations de biens et services
40.8	45.1	187.4	47.3	36.7	200.4	133.4	157.1	0.0	-36.1	52.5	171.6	10. Divergence statistique
6 494.1	6 800.6	7 090.3	7 351.5	7 452.9	8 062.4	8 643.1	8 888.5	9 178.4	9 440.3	9 623.7	9 681.9	11. **Produit intérieur brut**
												RÉPARTITION DU P.I.B.
414.5	494.2	532.1	645.8	891.3	1 016.2	1 116.8	1 229.8	1 571.1	1 979.5	2 422.0	2 796.0	1. Impôts indirects
94.8	118.9	155.8	256.7	298.3	483.8	635.0	705.0	740.8	755.8	851.0	972.0	2. Moins : Subventions
184.6	215.1	258.6	303.0	374.2	476.3	629.3	769.8	925.3	1 044.6	1 177.0	1 320.0	3. Consommation de capital fixe
1 144.3	1 393.1	1 686.8	2 155.8	2 562.2	3 007.2	3 582.2	4 443.4	5 494.2	6 532.4	7 429.0	8 002.0	4. Rémunération des salariés payée par les producteurs résidents
588.9	717.5	665.8	941.0	1 091.2	1 626.5	1 990.8	2 045.4	1 928.6	2 257.6	2 812.0	3 306.0	5. Excédent net d'exploitation
..	..	..	..	..	..	..	..	..	..	..	..	6. Divergence statistique
2 237.5	2 701.0	2 987.5	3 788.9	4 620.6	5 642.4	6 684.1	7 783.4	9 178.4	11 058.3	12 989.0	14 452.0	7. **Produit intérieur brut**
												OPÉRATIONS EN CAPITAL DE LA NATION
												Financement de la formation brute de capital
184.6	215.1	258.6	303.0	374.2	476.3	629.3	769.8	925.3	1 044.6	1 177.0	1 320.0	1. Consommation de capital fixe
327.6	416.2	313.7	520.1	557.7	807.1	878.7	776.6	559.7	384.2	676.0	1 082.0	2. Épargne nette
-48.4	-93.3	-294.5	-57.7	-246.9	-308.8	-459.4	-1 058.9	-1 101.0	-1 674.8	-1 414.0	-954.0	3. Moins : Solde des opérations courantes de la nation
..	..	..	..	..	..	..	..	..	..	..	..	4. Divergence statistique
560.6	724.6	866.8	880.8	1 178.8	1 592.2	1 967.4	2 605.3	2 586.0	3 103.6	3 267.0	3 356.0	5. **Financement de la formation brute de capital**
												Formation brute de capital
30.9	42.4	131.0	23.0	15.5	180.1	98.6	188.5	-52.7	-160.1	-82.0	84.0	6. Variations des stocks
529.7	682.2	735.8	857.8	1 163.3	1 412.1	1 868.8	2 416.8	2 638.7	3 263.7	3 349.0	3 272.0	7. Formation brute de capital fixe
..	..	..	..	..	..	..	..	..	..	..	..	8. Divergence statistique
560.6	724.6	866.8	880.8	1 178.8	1 592.2	1 967.4	2 605.3	2 586.0	3 103.6	3 267.0	3 356.0	9. **Formation brute de capital**
												RELATIONS ENTRE LES PRINCIPAUX AGRÉGATS
2 237.5	2 701.0	2 987.5	3 788.9	4 620.6	5 642.4	6 684.1	7 783.4	9 178.4	11 058.3	12 989.0	14 452.0	1. **Produit intérieur brut**
29.6	12.5	19.2	4.3	-36.0	-108.4	-228.2	-283.0	-358.1	-504.6	-927.0	-1 176.0	2. Plus : Revenu net des facteurs reçu du reste du monde
89.1	120.6	165.5	182.7	234.0	240.3	285.1	346.3	474.0	578.5	596.0	568.0	3. Revenu des facteurs reçu du reste du monde
59.5	108.1	146.3	178.4	270.0	348.7	513.3	629.3	832.1	1 083.1	1 523.0	1 744.0	4. Revenu des facteurs payé au reste du monde
2 267.1	2 713.5	3 006.7	3 793.2	4 584.6	5 534.0	6 455.9	7 500.4	8 820.3	10 553.7	12 062.0	13 276.0	5. **Égal : Produit national brut**
184.6	215.1	258.6	303.0	374.2	476.3	629.3	769.8	925.3	1 044.6	1 177.0	1 320.0	6. Moins : consommation de capital fixe
..	..	..	..	..	..	..	..	..	..	..	..	7. Plus : Divergence statistique
2 082.5	2 498.4	2 748.1	3 490.2	4 210.4	5 057.7	5 826.6	6 730.6	7 895.0	9 509.1	10 885.0	11 956.0	8. **Égal : Revenu national**
41.9	78.8	123.0	168.0	158.9	319.4	438.4	522.9	518.4	443.4	495.0	577.0	9. Plus : Transferts courants nets reçus du reste du monde
45.5	89.3	136.0	202.3	221.8	404.5	517.6	615.2	632.9	581.0	..	..	10. Transferts courants reçus du reste du monde
3.6	10.5	13.0	34.3	62.9	85.1	79.2	92.3	114.5	137.0	..	..	11. Transferts courants payés au reste du monde
2 124.4	2 577.2	2 871.1	3 658.2	4 369.3	5 377.1	6 265.0	7 253.5	8 413.4	9 952.5	11 380.0	12 533.0	12. **Égal : Revenu national disponible**
1 796.8	2 161.0	2 557.4	3 138.1	3 811.6	4 570.0	5 386.3	6 476.9	7 853.7	9 568.3	10 704.0	11 451.0	13. Moins : Consommation finale
..	..	..	..	..	..	..	..	..	..	..	..	14. Plus : Divergence statistique
327.6	416.2	313.7	520.1	557.7	807.1	878.7	776.6	559.7	384.2	676.0	1 082.0	15. **Égal : Épargne nette**
-48.4	-93.3	-294.5	-57.7	-246.9	-308.8	-459.4	-1 058.9	-1 101.0	-1 674.8	-1 414.0	-954.0	16. Moins : Solde des opérations courantes de la nation
..	..	..	..	..	..	..	..	..	..	..	..	17. Plus : Divergence statistique
376.0	509.5	608.2	577.8	804.6	1 115.9	1 338.1	1 835.5	1 660.7	2 059.0	2 090.0	2 036.0	18. **Égal : Formation nette de capital**

1. Aux prix relatifs de 1975.

ITALY
Present S.N.A.

Main aggregates

billions of lire

	1960	1961	1962	1963	1964	1965	1966	1967	1968	1969	1970	1971
EXPENDITURE ON THE G.D.P.												
At current prices												
1. Government final consumption expenditure	2 959	3 272	3 787	4 614	5 213	5 915	6 301	6 726	7 331	7 947	8 664	10 608
2. Private final consumption expenditure	14 561	15 919	17 967	21 017	22 784	24 366	26 873	29 767	31 762	34 838	39 371	42 772
3. Households	14 410	15 747	17 772	20 811	22 619	24 194	26 694	29 566	31 552	34 606	39 057	42 397
4. Private non-profit institutions serving households	151	172	195	206	165	172	179	201	210	232	314	375
5. Increase in stocks	495	588	498	347	172	276	356	491	19	394	1 077	424
6. Gross fixed capital formation	5 240	5 998	6 859	7 975	8 075	7 540	7 967	9 104	10 275	11 752	13 434	13 947
7. **Total Domestic Expenditure**	23 255	25 777	29 111	33 953	36 244	38 097	41 497	46 088	49 387	54 931	62 546	67 751
8. Exports of goods and services	3 261	3 713	4 132	4 544	5 241	6 287	7 007	7 595	8 675	9 956	11 176	12 471
9. *Less:* Imports of goods and services	3 309	3 680	4 245	5 282	5 125	5 260	6 113	6 988	7 448	9 011	10 839	11 712
10. Statistical discrepancy	..	..	..	..	..	..	..	..	..	..	..	..
11. **Gross Domestic Product**	23 207	25 810	28 998	33 215	36 360	39 124	42 391	46 695	50 614	55 876	62 883	68 510
At 1980 price levels[1]												
1. Government final consumption expenditure	27 978	29 201	30 340	31 640	32 978	34 283	35 640	37 202	39 130	40 226	41 259	43 593
2. Private final consumption expenditure	82 829	89 024	95 383	104 228	107 682	111 195	119 157	127 955	134 569	143 445	154 356	158 884
3. Households	81 977	88 075	94 404	103 259	106 890	110 459	118 392	127 121	133 709	142 516	153 159	157 582
4. Private non-profit institutions serving households	847	942	973	961	794	740	771	839	866	935	1 198	1 301
5. Increase in stocks	4 138	4 791	3 876	2 541	1 188	1 836	2 319	3 132	119	2 393	6 121	2 262
6. Gross fixed capital formation	36 582	40 812	44 798	48 418	45 600	41 766	43 572	48 685	53 941	58 122	59 888	57 957
7. **Total Domestic Expenditure**	151 526	163 829	174 397	186 826	187 448	189 079	200 688	216 973	227 760	244 186	261 624	262 696
8. Exports of goods and services	15 285	17 540	19 357	20 612	22 839	27 403	30 468	32 652	37 180	41 552	43 971	47 036
9. *Less:* Imports of goods and services	18 620	21 177	24 339	29 823	27 990	28 549	32 555	36 945	39 118	46 665	54 137	55 530
10. Statistical discrepancy	−5 292	−5 564	−5 195	−4 181	−4 013	−3 822	−3 471	−3 542	−2 997	−2 660	−2 491	−1 145
11. **Gross Domestic Product**	142 900	154 627	164 221	173 434	178 284	184 112	195 130	209 138	222 825	236 413	248 968	253 058
COST COMPONENTS OF THE G.D.P.												
1. Indirect taxes	2 811	3 094	3 442	3 812	4 212	4 509	4 837	5 605	5 943	6 399	7 032	7 618
2. *Less:* Subsidies	315	251	344	326	449	500	550	661	848	974	940	1 295
3. Consumption of fixed capital	1 897	2 078	2 325	2 689	3 059	3 286	3 460	3 698	3 967	4 401	5 128	5 551
4. Compensation of employees paid by resident producers	9 855	10 954	12 745	15 506	17 348	18 313	19 585	21 663	23 555	25 954	30 349	34 727
5. Operating surplus	8 959	9 935	10 830	11 534	12 190	13 516	15 059	16 390	17 997	20 096	21 314	21 909
6. Statistical discrepancy	..	..	..	..	..	..	..	..	..	..	..	..
7. **Gross Domestic Product**	23 207	25 810	28 998	33 215	36 360	39 124	42 391	46 695	50 614	55 876	62 883	68 510
CAPITAL TRANSACTIONS OF THE NATION												
Finance of Gross Capital Formation												
1. Consumption of fixed capital	1 897	2 078	2 325	2 689	3 059	3 286	3 460	3 698	3 967	4 401	5 128	5 551
2. Net saving	4 023	4 816	5 210	5 180	5 589	5 933	6 212	6 933	7 996	9 245	10 112	10 031
3. *Less:* Surplus of the nation on current transactions	185	308	178	−453	401	1 403	1 349	1 036	1 669	1 500	729	1 211
4. Statistical discrepancy	..	..	..	..	..	..	..	..	..	..	..	..
5. **Finance of Gross Capital Formation**	5 735	6 586	7 357	8 322	8 247	7 816	8 323	9 595	10 294	12 146	14 511	14 371
Gross capital formation												
6. Increase in stocks	495	588	498	347	172	276	356	491	19	394	1 077	424
7. Gross fixed capital formation	5 240	5 998	6 859	7 975	8 075	7 540	7 967	9 104	10 275	11 752	13 434	13 947
8. Statistical discrepancy	..	..	..	..	..	..	..	..	..	..	..	..
9. **Gross Capital Formation**	5 735	6 586	7 357	8 322	8 247	7 816	8 323	9 595	10 294	12 146	14 511	14 371
RELATIONS AMONG NATIONAL ACCOUNTING AGGREGATES												
1. **Gross Domestic Product**	23 207	25 810	28 998	33 215	36 360	39 124	42 391	46 695	50 614	55 876	62 883	68 510
2. *Plus:* Net factor income from the rest of the world	60	55	51	54	77	139	186	165	204	260	244	263
3. Factor income from the rest of the world	180	218	275	325	366	462	549	565	655	847	1 000	1 122
4. Factor income paid to the rest of the world	120	163	224	271	289	323	363	400	451	587	756	859
5. *Equals:* **Gross National Product**	23 267	25 865	29 049	33 269	36 437	39 263	42 577	46 860	50 818	56 136	63 127	68 773
6. *Less:* Consumption of fixed capital	1 897	2 078	2 325	2 689	3 059	3 286	3 460	3 698	3 967	4 401	5 128	5 551
7. *Plus:* Statistical discrepancy	..	..	..	..	..	..	..	..	..	..	..	..
8. *Equals:* **National Income**	21 370	23 787	26 724	30 580	33 378	35 977	39 117	43 162	46 851	51 735	57 999	63 222
9. *Plus:* Net current transfers from the rest of the world	173	220	240	231	208	237	269	264	238	295	148	189
10. Current transfers from the rest of the world	221	284	316	320	289	367	403	429	463	514	569	833
11. Current transfers paid to the rest of the world	48	64	76	89	81	130	134	165	225	219	421	644
12. *Equals:* **National Disposable Income**	21 543	24 007	26 964	30 811	33 586	36 214	39 386	43 426	47 089	52 030	58 147	63 411
13. *Less:* Final consumption	17 520	19 191	21 754	25 631	27 997	30 281	33 174	36 493	39 093	42 785	48 035	53 380
14. *Plus:* Statistical discrepancy	..	..	..	..	..	..	..	..	..	..	..	..
15. *Equals:* **Net Saving**	4 023	4 816	5 210	5 180	5 589	5 933	6 212	6 933	7 996	9 245	10 112	10 031
16. *Less:* Surplus of the nation on current transactions	185	308	178	−453	401	1 403	1 349	1 036	1 669	1 500	729	1 211
17. *Plus:* Statistical discrepancy	..	..	..	..	..	..	..	..	..	..	..	..
18. *Equals:* **Net Capital Formation**	3 838	4 508	5 032	5 633	5 188	4 530	4 863	5 897	6 327	7 745	9 383	8 820

1. At 1970 relative prices.

ITALIE

Principaux Agrégats

milliards de lires — Nouveau S.C.N.

1972	1973	1974	1975	1976	1977	1978	1979	1980	1981	1982	1983	
												DÉPENSES IMPUTÉES AU P.I.B.
												Aux prix courants
12 077	13 907	16 714	19 362	23 133	28 991	35 257	43 890	55 636	73 297	87 694	104 372	1. Consommation finale des administrations publiques
47 061	56 061	69 571	80 571	98 427	117 979	136 815	165 226	208 232	250 220	293 536	335 176	2. Consommation finale privée
46 639	55 623	69 008	79 906	97 511	117 005	135 691	163 881	206 561	248 224	291 059	332 171	3. Ménages
422	438	563	665	916	974	1 124	1 345	1 671	1 996	2 477	3 005	4. Institutions privées sans but lucratif au service des ménages
465	3 025	4 652	-352	5 666	3 477	2 940	6 545	17 648	4 532	5 332	-3 236	5. Variations des stocks
14 842	18 651	24 775	25 776	31 396	37 203	41 494	50 927	67 016	81 149	89 560	96 268	6. Formation brute de capital fixe
74 445	91 644	115 712	125 357	158 622	187 650	216 506	266 588	348 532	409 198	476 122	532 580	7. **Demande intérieure totale**
14 178	16 869	24 686	28 529	38 613	49 938	59 536	75 318	84 964	107 065	125 153	140 552	8. Exportations de biens et services
13 499	18 767	29 679	28 508	40 578	47 505	53 788	71 708	94 753	114 684	129 885	137 228	9. *Moins :* Importations de biens et services
..	..	..	..	..	..	..	..	..	..	..	..	10. Divergence statistique
75 124	89 746	110 719	125 378	156 657	190 083	222 254	270 198	338 743	401 579	471 390	535 904	11. **Produit intérieur brut**
												Aux niveaux de prix de 1980 [1]
45 912	47 021	48 340	49 902	50 993	52 422	53 626	54 488	55 636	57 498	58 803	60 393	1. Consommation finale des administrations publiques
164 287	173 935	178 522	175 727	181 768	184 321	189 343	198 678	208 232	209 949	210 420	209 149	2. Consommation finale privée
162 927	172 656	177 076	174 194	180 029	182 770	187 762	197 036	206 561	208 267	208 459	207 224	3. Ménages
1 358	1 282	1 446	1 530	1 732	1 549	1 579	1 640	1 671	1 682	1 801	1 919	4. Institutions privées sans but lucratif au service des ménages
2 347	12 328	12 425	-813	10 600	5 132	3 905	7 662	17 648	2 694	2 927	-2 876	5. Variations des stocks
58 488	63 008	65 117	56 816	58 149	57 944	57 886	61 261	67 016	67 448	63 940	60 565	6. Formation brute de capital fixe
271 034	296 293	304 404	281 633	301 511	299 819	304 760	322 088	348 532	337 590	336 090	327 232	7. **Demande intérieure totale**
52 025	53 752	58 296	60 519	68 042	73 849	81 348	89 044	84 964	88 438	89 831	93 423	8. Exportations de biens et services
61 624	67 942	68 781	62 103	71 238	71 213	76 997	87 421	94 753	89 903	91 776	92 540	9. *Moins :* Importations de biens et services
-273	-2 578	-2 818	466	-1 329	168	1 640	2 279	0	3 208	3 712	5 750	10. Divergence statistique
261 162	279 525	291 102	280 515	296 985	302 623	310 751	325 990	338 743	339 333	337 856	333 865	11. **Produit intérieur brut**
												RÉPARTITION DU P.I.B.
7 864	9 044	11 196	11 333	15 617	20 410	23 485	27 229	36 501	42 173	51 331	64 446	1. Impôts indirects
1 723	1 837	2 059	3 341	4 080	5 200	6 502	8 380	10 214	12 618	17 373	17 795	2. *Moins :* Subventions
6 103	7 525	10 171	12 919	15 793	19 442	22 364	26 434	32 666	40 667	48 909	56 724	3. Consommation de capital fixe
38 753	47 080	58 606	71 204	86 953	106 501	124 315	148 895	184 154	225 544	263 910	303 762	4. Rémunération des salariés payée par les producteurs résidents
24 127	27 934	32 805	33 263	42 374	48 930	58 592	76 020	95 636	105 813	124 613	128 767	5. Excédent net d'exploitation
..	..	..	..	..	..	..	..	..	..	..	..	6. Divergence statistique
75 124	89 746	110 719	125 378	156 657	190 083	222 254	270 198	338 743	401 579	471 390	535 904	7. **Produit intérieur brut**
												OPÉRATIONS EN CAPITAL DE LA NATION
												Financement de la formation brute de capital
6 103	7 525	10 171	12 919	15 793	19 442	22 364	26 434	32 666	40 667	48 909	56 724	1. Consommation de capital fixe
10 396	12 581	14 112	12 220	18 899	23 429	27 365	35 648	43 688	35 632	38 309	36 882	2. Epargne nette
1 192	-1 570	-5 144	-285	-2 370	2 191	5 295	4 610	-8 310	-9 382	-7 674	574	3. *Moins :* Solde des opérations courantes de la nation
..	..	..	..	..	..	..	..	..	..	..	..	4. Divergence statistique
15 307	21 676	29 427	25 424	37 062	40 680	44 434	57 472	84 664	85 681	94 892	93 032	5. **Financement de la formation brute de capital**
												Formation brute de capital
465	3 025	4 652	-352	5 666	3 477	2 940	6 545	17 648	4 532	5 332	-3 236	6. Variations des stocks
14 842	18 651	24 775	25 776	31 396	37 203	41 494	50 927	67 016	81 149	89 560	96 268	7. Formation brute de capital fixe
..	..	..	..	..	..	..	..	..	..	..	..	8. Divergence statistique
15 307	21 676	29 427	25 424	37 062	40 680	44 434	57 472	84 664	85 681	94 892	93 032	9. **Formation brute de capital**
												RELATIONS ENTRE LES PRINCIPAUX AGRÉGATS
75 124	89 746	110 719	125 378	156 657	190 083	222 254	270 198	338 743	401 579	471 390	535 904	1. **Produit intérieur brut**
243	197	-182	-542	-594	-420	-138	591	492	-2 434	-3 806	-4 265	2. *Plus :* Revenu net des facteurs reçu du reste du monde
1 213	1 577	2 311	1 628	1 733	2 254	3 103	4 720	6 442	8 803	10 435	9 392	3. Revenu des facteurs reçu du reste du monde
970	1 380	2 493	2 170	2 327	2 674	3 241	4 129	5 950	11 237	14 241	13 657	4. Revenu des facteurs payé au reste du monde
75 367	89 943	110 537	124 836	156 063	189 663	222 116	270 789	339 235	399 145	467 584	531 639	5. *Égal :* **Produit national brut**
6 103	7 525	10 171	12 919	15 793	19 442	22 364	26 434	32 666	40 667	48 909	56 724	6. *Moins :* consommation de capital fixe
..	..	..	..	..	..	..	..	..	..	..	..	7. *Plus :* Divergence statistique
69 264	82 418	100 366	111 917	140 270	170 221	199 752	244 355	306 569	358 478	418 675	474 915	8. *Égal :* **Revenu national**
270	131	31	236	189	178	-315	409	987	671	864	1 515	9. *Plus :* Transferts courants nets reçus du reste du monde
975	1 077	1 008	1 363	1 623	2 068	2 462	3 461	4 947	5 758	6 988	8 545	10. Transferts courants reçus du reste du monde
705	946	977	1 127	1 434	1 890	2 777	3 052	3 960	5 087	6 124	7 030	11. Transferts courants payés au reste du monde
69 534	82 549	100 397	112 153	140 459	170 399	199 437	244 764	307 556	359 149	419 539	476 430	12. *Égal :* **Revenu national disponible**
59 138	69 968	86 285	99 933	121 560	146 970	172 072	209 116	263 868	323 517	381 230	439 548	13. *Moins :* Consommation finale
..	..	..	..	..	..	..	..	..	..	..	..	14. *Plus :* Divergence statistique
10 396	12 581	14 112	12 220	18 899	23 429	27 365	35 648	43 688	35 632	38 309	36 882	15. *Égal :* **Épargne nette**
1 192	-1 570	-5 144	-285	-2 370	2 191	5 295	4 610	-8 310	-9 382	-7 674	574	16. *Moins :* Solde des opérations courantes de la nation
..	..	..	..	..	..	..	..	..	..	..	..	17. *Plus :* Divergence statistique
9 204	14 151	19 256	12 505	21 269	21 238	22 070	31 038	51 998	45 014	45 983	36 308	18. *Égal :* **Formation nette de capital**

1. Aux prix relatifs de 1970.

LUXEMBOURG[1]

Present S.N.A.

Main aggregates

millions of francs

	1960	1961	1962	1963	1964	1965	1966	1967	1968	1969	1970	1971
EXPENDITURE ON THE G.D.P.												
At current prices												
1. Government final consumption expenditure	2 546	2 594	2 994	3 607	3 611	3 832	4 208	4 482	4 899	5 177	5 769	6 552
2. Private final consumption expenditure	14 363	15 138	15 974	17 176	19 203	20 597	21 629	22 015	23 536	25 163	27 715	30 702
3. Households	..	..	..	..	..	..	..	..	..	..	..	..
4. Private non-profit institutions serving households	..	..	..	..	..	..	..	..	..	..	..	..
5. Increase in stocks	273	1 444	1 108	−56	−638	399	225	−601	−98	−42	1 161	1 447
6. Gross fixed capital formation	5 458	6 328	7 131	8 826	11 200	9 825	9 805	8 783	8 860	10 306	12 716	15 913
7. **Total Domestic Expenditure**	22 640	25 504	27 207	29 553	33 376	34 653	35 867	34 679	37 197	40 604	47 361	54 614
8. Exports of goods and services	22 159	22 155	21 357	22 096	25 641	27 605	27 708	28 374	31 803	38 626	46 941	47 113
9. *Less:* Imports of goods and services	18 770	20 387	21 194	22 165	25 610	27 116	26 776	25 284	27 626	31 657	40 259	45 757
10. Statistical discrepancy	..	..	..	..	..	..	..	..	..	..	..	..
11. **Gross Domestic Product**	26 029	27 272	27 370	29 484	33 407	35 142	36 799	37 769	41 374	47 573	54 043	55 970
At 1980 price levels[2]												
1. Government final consumption expenditure	11 089	11 228	11 497	12 166	12 074	12 371	13 090	13 637	14 399	14 872	15 479	16 067
2. Private final consumption expenditure	35 057	36 777	38 450	40 177	43 577	45 278	45 953	45 726	47 704	50 084	53 059	56 118
3. Households	..	..	..	..	..	..	..	..	..	..	..	..
4. Private non-profit institutions serving households	..	..	..	..	..	..	..	..	..	..	..	..
5. Increase in stocks	4 088	6 846	7 017	−122	−4 861	201	84	−1 736	−599	160	1 717	3 019
6. Gross fixed capital formation	19 153	20 889	22 515	25 709	31 116	27 036	25 658	23 347	22 382	24 659	26 922	30 992
7. **Total Domestic Expenditure**	69 387	75 740	79 480	77 930	81 906	84 885	84 785	80 974	83 884	89 775	97 177	106 196
8. Exports of goods and services	46 457	47 933	47 026	48 676	55 222	58 622	58 457	59 665	66 075	75 189	81 033	83 783
9. *Less:* Imports of goods and services	44 503	47 807	49 350	51 121	58 464	60 959	59 411	56 584	61 834	68 810	78 854	85 445
10. Statistical discrepancy	−1 209	−2 659	−2 937	642	3 181	694	786	1 954	1 519	1 512	490	−365
11. **Gross Domestic Product**	70 133	73 207	74 219	76 128	81 846	83 242	84 617	86 009	89 645	97 664	99 846	104 169
COST COMPONENTS OF THE G.D.P.												
1. Indirect taxes	2 641	2 717	2 744	2 846	3 207	3 656	3 808	3 912	4 133	4 488	5 096	5 941
2. *Less:* Subsidies	304	345	398	413	641	830	938	976	961	725	604	670
3. Consumption of fixed capital	3 613	3 513	3 605	3 800	4 646	5 200	5 369	5 844	6 693	7 763	8 540	8 220
4. Compensation of employees paid by resident producers	11 220	11 806	12 571	13 694	16 065	17 110	18 309	18 743	19 941	21 573	25 500	28 996
5. Operating surplus	8 859	9 581	8 848	9 557	10 130	10 006	10 251	10 246	11 568	14 474	15 511	13 483
6. Statistical discrepancy	..	..	..	..	..	..	..	..	..	..	..	..
7. **Gross Domestic Product**	26 029	27 272	27 370	29 484	33 407	35 142	36 799	37 769	41 374	47 573	54 043	55 970
CAPITAL TRANSACTIONS OF THE NATION												
Finance of Gross Capital Formation												
1. Consumption of fixed capital	3 613	3 513	3 605	3 800	4 646	5 200	5 369	5 844	6 693	7 763	8 540	8 220
2. Net saving	5 680	6 271	5 221	5 299	6 142	5 807	6 241	6 589	7 704	10 677	12 720	12 242
3. *Less:* Surplus of the nation on current transactions	3 562	2 012	587	329	226	783	1 580	4 251	5 635	8 176	7 383	3 102
4. Statistical discrepancy	..	..	..	..	..	..	..	..	..	..	..	..
5. **Finance of Gross Capital Formation**	5 731	7 772	8 239	8 770	10 562	10 224	10 030	8 182	8 762	10 264	13 877	17 360
Gross capital formation												
6. Increase in stocks	273	1 444	1 108	−56	−638	399	225	−601	−98	−42	1 161	1 447
7. Gross fixed capital formation	5 458	6 328	7 131	8 826	11 200	9 825	9 805	8 783	8 860	10 306	12 716	15 913
8. Statistical discrepancy	..	..	..	..	..	..	..	..	..	..	..	..
9. **Gross Capital Formation**	5 731	7 772	8 239	8 770	10 562	10 224	10 030	8 182	8 762	10 264	13 877	17 360
RELATIONS AMONG NATIONAL ACCOUNTING AGGREGATES												
1. **Gross Domestic Product**	26 029	27 272	27 370	29 484	33 407	35 142	36 799	37 769	41 374	47 573	54 043	55 970
2. *Plus:* Net factor income from the rest of the world	62	128	243	224	102	298	616	1 345	1 623	1 513	1 245	2 213
3. Factor income from the rest of the world	..	..	..	..	..	..	..	..	..	..	12 846	17 681
4. Factor income paid to the rest of the world	..	..	..	..	..	..	..	..	..	..	11 601	15 468
5. *Equals:* **Gross National Product**	26 091	27 400	27 613	29 708	33 509	35 440	37 415	39 114	42 997	49 086	55 288	58 183
6. *Less:* Consumption of fixed capital	3 613	3 513	3 605	3 800	4 646	5 200	5 369	5 844	6 693	7 763	8 540	8 220
7. *Plus:* Statistical discrepancy	..	..	..	..	..	..	..	..	..	..	..	..
8. *Equals:* **National Income**	22 478	23 887	24 008	25 908	28 863	30 240	32 046	33 270	36 304	41 323	46 748	49 963
9. *Plus:* Net current transfers from the rest of the world	−152	−152	−141	−124	−120	−182	−148	−269	−361	−449	−542	−575
10. Current transfers from the rest of the world	..	..	..	..	..	..	..	..	..	..	593	834
11. Current transfers paid to the rest of the world	..	..	..	..	..	..	..	..	..	..	1 135	1 409
12. *Equals:* **National Disposable Income**	22 326	23 735	23 867	25 784	28 743	30 058	31 898	33 001	35 943	40 874	46 206	49 388
13. *Less:* Final consumption	16 646	17 464	18 646	20 485	22 601	24 251	25 657	26 412	28 239	30 197	33 486	37 146
14. *Plus:* Statistical discrepancy	..	..	..	..	..	..	..	..	..	..	..	..
15. *Equals:* **Net Saving**	5 680	6 271	5 221	5 299	6 142	5 807	6 241	6 589	7 704	10 677	12 720	12 242
16. *Less:* Surplus of the nation on current transactions	3 562	2 012	587	329	226	783	1 580	4 251	5 635	8 176	7 383	3 102
17. *Plus:* Statistical discrepancy	..	..	..	..	..	..	..	..	..	..	..	..
18. *Equals:* **Net Capital Formation**	2 118	4 259	4 634	4 970	5 916	5 024	4 661	2 338	2 069	2 501	5 337	9 140

1. In the National Accounts published by the Service Central de la Statistique et des Études Économiques of Luxembourg imputed bank services provided to non-residents are not deducted in calculating GDP. For this reason, estimates of GDP published by the Luxembourg authorities are somewhat higher than those shown here, particularly for recent years.
2. At 1975 relative prices.

LUXEMBOURG[1]

Principaux Agrégats

Nouveau S.C.N.

millions de francs

1972	1973	1974	1975	1976	1977	1978	1979	1980	1981	1982	1983	
												DÉPENSES IMPUTÉES AU P.I.B.
												Aux prix courants
7 414	8 645	10 713	12 930	14 679	16 261	17 525	19 498	22 582	25 032	26 375*	28 250*	1. Consommation finale des administrations publiques
33 701	37 306	43 042	49 836	56 211	60 877	64 889	71 151	79 072	86 639	93 725*	100 150*	2. Consommation finale privée
..	..	..	..	..	..	..	..	..	..	..	..	3. Ménages
..	..	..	..	..	..	..	..	..	..	..	..	4. Institutions privées sans but lucratif au service des ménages
830	692	−1 936	−2 875	−15	−3 153	3 641	−144	2 208	5 438	2 985*	3 220*	5. Variations des stocks
17 580	20 956	23 023	24 089	24 366	25 733	26 765	30 339	35 400	33 300	37 115*	37 780*	6. Formation brute de capital fixe
59 525	67 599	74 842	83 980	95 241	99 718	112 820	120 844	139 262	150 409	160 200*	169 400*	7. **Demande intérieure totale**
49 611	65 611	92 620	76 509	83 801	83 978	88 656	105 371	110 105	113 724	131 600*	136 550*	8. Exportations de biens et services
46 722	56 805	74 220	73 858	79 538	81 827	89 392	102 893	114 167	120 931	138 070*	142 750*	9. *Moins* : Importations de biens et services
..	..	..	..	..	..	..	..	..	..	..	..	10. Divergence statistique
62 414	76 405	93 242	86 631	99 504	101 869	112 084	123 322	135 200	143 202	153 730*	163 200*	11. **Produit intérieur brut**
												Aux niveaux de prix de 1980[2]
16 708	17 255	18 081	19 267	19 632	20 216	20 615	21 579	22 582	23 050	23 111*	23 111*	1. Consommation finale des administrations publiques
58 556	61 735	64 802	68 080	70 145	71 821	73 940	76 612	79 072	80 418	79 056*	78 099*	2. Consommation finale privée
..	..	..	..	..	..	..	..	..	..	..	..	3. Ménages
..	..	..	..	..	..	..	..	..	..	..	..	4. Institutions privées sans but lucratif au service des ménages
2 005	3 545	−6 678	−7 799	−4 177	−10 126	5 767	1 427	2 208	4 229	2 360*	−190*	5. Variations des stocks
32 855	36 610	34 722	32 267	30 591	31 139	31 229	33 426	35 400	30 661	30 005*	28 384*	6. Formation brute de capital fixe
110 124	119 145	110 926	111 815	116 190	113 050	131 550	133 043	139 262	138 357	134 531*	129 404*	7. **Demande intérieure totale**
87 156	99 754	113 786	95 446	97 065	98 460	101 894	111 375	110 105	111 819	112 076*	110 616*	8. Exportations de biens et services
87 035	96 492	103 608	93 308	95 166	95 674	103 843	112 124	114 167	116 252	115 154*	112 968*	9. *Moins* : Importations de biens et services
366	155	5 915	5 355	3 516	6 528	−1 685	701	0	−1 162	−151*	1 096*	10. Divergence statistique
110 610	122 563	127 019	119 308	121 604	122 363	127 916	132 995	135 200	132 762	131 303*	128 149*	11. **Produit intérieur brut**
												RÉPARTITION DU P.I.B.
7 212	8 500	9 492	11 134	12 117	13 385	15 086	16 509	18 614	20 733	23 905*	28 800*	1. Impôts indirects
839	1 237	1 812	2 118	3 357	3 577	4 058	4 774	4 472	5 090	5 996*	7 200*	2. *Moins* : Subventions
9 040	11 120	12 700	11 300	13 500	14 200	14 900	15 500	17 600	18 600	19 846*	20 800*	3. Consommation de capital fixe
32 747	37 981	47 838	54 484	61 547	67 782	71 735	77 097	84 425	91 350	98 201*	104 645*	4. Rémunération des salariés payée par les producteurs résidents
14 254	20 041	25 024	11 831	15 697	10 079	14 421	18 990	19 033	17 609	16 840*	16 155*	5. Excédent net d'exploitation
..	..	..	..	..	..	..	..	..	..	934	..	6. Divergence statistique
62 414	76 405	93 242	86 631	99 504	101 869	112 084	123 322	135 200	143 202	153 730*	163 200*	7. **Produit intérieur brut**
												OPÉRATIONS EN CAPITAL DE LA NATION
												Financement de la formation brute de capital
9 040	11 120	12 700	11 300	13 500	14 200	14 900	15 500	17 600	18 600	19 846*	20 800*	1. Consommation de capital fixe
16 343	27 038	37 811	28 647	35 208	34 020	41 596	49 626	50 498	49 861*	75 506*	93 431*	2. Épargne nette
6 973	16 510	29 424	18 733	24 357	25 640	26 090	34 931	30 490	29 723*	53 790*	73 231*	3. *Moins* : Solde des opérations courantes de la nation
..	..	..	..	..	..	..	..	..	..	−1 462*	..	4. Divergence statistique
18 410	21 648	21 087	21 214	24 351	22 580	30 406	30 195	37 608	38 738	40 100*	41 000*	5. **Financement de la formation brute de capital**
												Formation brute de capital
830	692	−1 936	−2 875	−15	−3 153	3 641	−144	2 208	5 438	2 985*	3 220*	6. Variations des stocks
17 580	20 956	23 023	24 089	24 366	25 733	26 765	30 339	35 400	33 300	37 115*	37 780*	7. Formation brute de capital fixe
..	..	..	..	..	..	..	..	..	..	..	..	8. Divergence statistique
18 410	21 648	21 087	21 214	24 351	22 580	30 406	30 195	37 608	38 738	40 100*	41 000*	9. **Formation brute de capital**
												RELATIONS ENTRE LES PRINCIPAUX AGRÉGATS
62 414	76 405	93 242	86 631	99 504	101 869	112 084	123 322	135 200	143 202	153 730*	163 200*	1. **Produit intérieur brut**
4 747	8 514	11 860	17 050	21 207	25 213	27 643	33 992	36 549	39 500*	65 253*	82 750*	2. *Plus* : Revenu net des facteurs reçu du reste du monde
22 977	44 510	83 833	86 277	93 613	110 401	138 104	..	..	..	..	..	3. Revenu des facteurs reçu du reste du monde
18 230	35 996	71 973	69 227	72 406	85 188	110 461	..	..	..	..	..	4. Revenu des facteurs payé au reste du monde
67 161	84 919	105 102	103 681	120 711	127 082	139 727	157 314	171 749	182 702*	218 983*	245 950*	5. *Égal* : **Produit national brut**
9 040	11 120	12 700	11 300	13 500	14 200	14 900	15 500	17 600	18 600	19 846*	20 800*	6. *Moins* : consommation de capital fixe
..	..	..	..	..	..	..	..	..	..	..	..	7. *Plus* : Divergence statistique
58 121	73 799	92 402	92 381	107 211	112 882	124 827	141 814	154 149	164 102*	199 137*	225 150*	8. *Égal* : **Revenu national**
−613	−650	−806	−826	−987	−1 524	−642	−1 364	−1 827	−2 390	−2 977*	−3 700*	9. *Plus* : Transferts courants nets reçus du reste du monde
848	1 233	1 475	2 002	2 435	2 613	3 665	3 534	3 736	..	..	..	10. Transferts courants reçus du reste du monde
1 461	1 883	2 281	2 828	3 422	4 137	4 307	4 898	5 563	..	..	..	11. Transferts courants payés au reste du monde
57 508	73 149	91 596	91 555	106 224	111 358	124 185	140 450	152 322	161 712*	196 159*	221 450*	12. *Égal* : **Revenu national disponible**
41 165	46 111	53 785	62 908	71 016	77 338	82 589	90 824	101 824	111 851	120 653*	128 019*	13. *Moins* : Consommation finale
..	..	..	..	..	..	..	..	..	..	..	..	14. *Plus* : Divergence statistique
16 343	27 038	37 811	28 647	35 208	34 020	41 596	49 626	50 498	49 861*	75 506*	93 431*	15. *Égal* : **Épargne nette**
6 973	16 510	29 424	18 733	24 357	25 640	26 090	34 931	30 490	29 723*	53 790*	73 231*	16. *Moins* : Solde des opérations courantes de la nation
..	..	..	..	..	..	..	..	..	..	−1 462*	..	17. *Plus* : Divergence statistique
9 370	10 528	8 387	9 914	10 851	8 380	15 506	14 695	20 008	20 138	20 254*	20 200*	18. *Égal* : **Formation nette de capital**

1. Dans les Comptes Nationaux publiés par le Service Central de la Statistique et des Études Économiques du Luxembourg les services bancaires imputés fournis par les non-résidents ne sont pas déduits du PIB. Pour cette raison, le PIB publié par les autorités Luxembourgeoises est sensiblement plus élevé que celui montré ici, surtout pour les années récentes.
2. Aux prix relatifs de 1975.

NETHERLANDS[1]

Present S.N.A.

Main aggregates

millions of guilders

	1960	1961	1962	1963	1964	1965	1966	1967	1968	1969	1970	1971
EXPENDITURE ON THE G.D.P.												
At current prices												
1. Government final consumption expenditure	5 650*	6 203*	6 949*	7 964*	9 479*	10 551*	11 768*	13 223*	14 327*	16 338*	18 800*	21 779*
2. Private final consumption expenditure	25 616*	27 598*	30 053*	33 381*	37 746*	42 184*	45 887*	49 821*	54 462*	62 322*	70 062*	78 181*
3. Households	..	..	..	..	..	..	..	..	..	..	..	..
4. Private non-profit institutions serving households	..	..	..	..	..	..	..	..	..	..	..	..
5. Increase in stocks	1 182*	1 026*	627*	500*	1 584*	1 125*	821*	608*	477*	2 099*	2 509*	1 549*
6. Gross fixed capital formation	10 613*	11 525*	12 233*	12 896*	16 279*	17 925*	20 369*	22 437*	25 364*	26 267*	31 078*	35 251*
7. Total Domestic Expenditure	43 061*	46 352*	49 862*	54 741*	65 088*	71 785*	78 845*	86 089*	94 630*	107 026*	122 449*	136 760*
8. Exports of goods and services	21 147*	21 282*	22 584*	24 550*	27 996*	30 802*	32 632*	34 783*	39 016*	45 826*	54 090*	61 870*
9. Less: Imports of goods and services	20 340*	21 229*	22 398*	24 932*	29 320*	31 281*	33 722*	35 549*	39 032*	46 038*	56 174*	62 280*
10. Statistical discrepancy	135*	53*	−35*	−99*	85*	2*	−107*	−137*	−158*	161*	134*	5*
11. **Gross Domestic Product**	44 003*	46 458*	50 013*	54 260*	63 849*	71 308*	77 648*	85 186*	94 456*	106 975*	120 499*	136 355*
At 1980 price levels[2]												
1. Government final consumption expenditure	34 340*	35 312*	36 488*	38 212*	38 869*	39 471*	40 155*	41 113*	42 016*	43 904*	46 530*	48 076*
2. Private final consumption expenditure	80 725*	80 625*	90 136*	96 486*	102 175*	109 818*	113 309*	119 472*	127 345*	137 401*	147 932*	152 357*
3. Households	..	..	..	..	..	..	..	..	..	..	..	..
4. Private non-profit institutions serving households	..	..	..	..	..	..	..	..	..	..	..	..
5. Increase in stocks	2 988*	2 524*	1 549*	1 220*	3 963*	2 732*	1 890*	1 390*	1 134*	4 659*	5 122*	3 293*
6. Gross fixed capital formation	35 018*	37 131*	38 391*	38 825*	46 261*	48 719*	52 632*	57 084*	63 455*	62 031*	67 922*	70 230*
7. Total Domestic Expenditure	153 071*	155 592*	166 564*	174 743*	191 268*	200 740*	207 986*	219 059*	233 950*	247 995*	267 506*	273 956*
8. Exports of goods and services	46 919*	48 020*	51 017*	54 067*	60 181*	64 730*	68 111*	72 620*	81 903*	94 144*	105 721*	117 298*
9. Less: Imports of goods and services	46 850*	49 846*	53 062*	58 271*	66 929*	71 024*	76 027*	80 851*	91 378*	104 296*	119 455*	126 766*
10. Statistical discrepancy	−336*	−511*	−774*	−860*	−799*	−1 082*	−1 406*	−1 676*	−1 901*	−959*	−1 016*	−933*
11. **Gross Domestic Product**	152 804*	153 255*	163 745*	169 679*	183 721*	193 364*	198 664*	209 152*	222 574*	236 884*	252 756*	263 555*
COST COMPONENTS OF THE G.D.P.												
1. Indirect taxes	4 209*	4 547*	4 813*	5 225*	6 132*	6 871*	7 744*	8 713*	10 126*	10 711*	13 070*	15 020*
2. Less: Subsidies	534*	515*	436*	452*	536*	501*	565*	725*	791*	1 027*	1 517*	1 230*
3. Consumption of fixed capital	3 938*	4 237*	4 579*	4 977*	5 500*	6 055*	6 644*	7 220*	7 807*	8 632*	9 800*	11 425*
4. Compensation of employees paid by resident producers	20 525*	22 537*	24 764*	27 624*	32 967*	37 350*	42 020*	45 860*	50 575*	58 594*	67 153*	76 934*
5. Operating surplus	16 489*	16 178*	16 796*	17 340*	20 320*	22 066*	22 188*	24 559*	27 216*	30 618*	32 378*	34 382*
6. Statistical discrepancy	−624*	−527*	−502*	−454*	−535*	−532*	−383*	−441*	−477*	−552*	−385*	−176*
7. **Gross Domestic Product**	44 003*	46 457*	50 014*	54 260*	63 848*	71 309*	77 648*	85 186*	94 456*	106 976*	120 499*	136 355*
CAPITAL TRANSACTIONS OF THE NATION												
Finance of Gross Capital Formation												
1. Consumption of fixed capital	3 938*	4 237*	4 579*	4 977*	5 500*	6 055*	6 644*	7 220*	7 807*	8 632*	9 800*	11 425*
2. Net saving	9 425*	9 182*	8 895*	8 841*	12 003*	13 284*	13 923*	15 643*	18 397*	20 456*	22 510*	25 185*
3. Less: Surplus of the nation on current transactions	1 244*	633*	497*	362*	−644*	71*	−711*	−253*	270*	263*	−1 702*	−440*
4. Statistical discrepancy	−324*	−235*	−117*	−60*	−284*	−218*	−88*	−71*	−93*	−459*	−425*	−250*
5. **Finance of Gross Capital Formation**	11 795*	12 551*	12 860*	13 396*	17 863*	19 050*	21 190*	23 045*	25 841*	28 366*	33 587*	36 800*
Gross capital formation												
6. Increase in stocks	1 182*	1 026*	627*	500*	1 584*	1 125*	821*	608*	477*	2 099*	2 509*	1 549*
7. Gross fixed capital formation	10 613*	11 525*	12 233*	12 896*	16 279*	17 925*	20 369*	22 437*	25 364*	26 267*	31 078*	35 251*
8. Statistical discrepancy	..	..	..	..	..	..	..	..	..	..	..	..
9. **Gross Capital Formation**	11 795*	12 551*	12 860*	13 396*	17 863*	19 050*	21 190*	23 045*	25 841*	28 366*	33 587*	36 800*
RELATIONS AMONG NATIONAL ACCOUNTING AGGREGATES												
1. **Gross Domestic Product**	44 003*	46 458*	50 013*	54 260*	63 849*	71 308*	77 648*	85 186*	94 456*	106 975*	120 499*	136 355*
2. Plus: Net factor income from the rest of the world	465*	649*	449*	665*	767*	755*	601*	849*	593*	766*	531*	390*
3. Factor income from the rest of the world	1 499*	1 744*	1 774*	2 028*	2 252*	2 457*	2 447*	2 963*	3 082*	3 744*	4 703*	5 350*
4. Factor income paid to the rest of the world	1 034*	1 095*	1 325*	1 363*	1 485*	1 702*	1 846*	2 114*	2 489*	2 978*	4 172*	4 960*
5. Equals: **Gross National Product**	44 468*	47 107*	50 462*	54 925*	64 616*	72 063*	78 249*	86 035*	95 049*	107 741*	121 030*	136 745*
6. Less: Consumption of fixed capital	3 938*	4 237*	4 579*	4 977*	5 500*	6 055*	6 644*	7 220*	7 807*	8 632*	9 800*	11 425*
7. Plus: Statistical discrepancy	189*	182*	152*	159*	199*	216*	195*	208*	251*	298*	291*	245*
8. Equals: **National Income**	40 719*	43 052*	46 035*	50 107*	59 315*	66 224*	71 800*	79 023*	87 493*	99 407*	111 521*	125 565*
9. Plus: Net current transfers from the rest of the world	−28*	−69*	−138*	79*	−87*	−205*	−222*	−336*	−307*	−291*	−149*	−420*
10. Current transfers from the rest of the world	101*	105*	124*	251*	118*	126*	222*	247*	318*	438*	733*	1 610*
11. Current transfers paid to the rest of the world	129*	174*	262*	172*	205*	331*	444*	583*	625*	729*	882*	2 030*
12. Equals: **National Disposable Income**	40 691*	42 983*	45 897*	50 186*	59 228*	66 019*	71 578*	78 687*	87 186*	99 116*	111 372*	125 145*
13. Less: Final consumption	31 266*	33 801*	37 002*	41 345*	47 225*	52 735*	57 655*	63 044*	68 789*	78 660*	88 862*	99 960*
14. Plus: Statistical discrepancy	..	..	..	..	..	..	..	..	..	..	..	..
15. Equals: **Net Saving**	9 425*	9 182*	8 895*	8 841*	12 003*	13 284*	13 923*	15 643*	18 397*	20 456*	22 510*	25 185*
16. Less: Surplus of the nation on current transactions	1 244*	633*	497*	362*	−644*	71*	−711*	−253*	270*	263*	−1 702*	−440*
17. Plus: Statistical discrepancy	−324*	−235*	−117*	−60*	−284*	−218*	−88*	−71*	−93*	−459*	−425*	−250*
18. Equals: **Net Capital Formation**	7 857*	8 314*	8 281*	8 419*	12 363*	12 995*	14 546*	15 825*	18 034*	19 734*	23 787*	25 375*

1. New series from 1977. In order to prevent discontinuity, the Secretariat has readjusted the level of the series from 1960 TO 1976.
2. At 1980 relative prices for 1977-1983 and at 1975 relative prices for 1960-1976.

PAYS-BAS[1]

Nouveau S.C.N.

Principaux Agrégats

millions de florins

1972	1973	1974	1975	1976	1977	1978	1979	1980	1981	1982	1983	
												DÉPENSES IMPUTÉES AU P.I.B.
												Aux prix courants
24 583*	27 588*	32 604*	38 383*	43 548*	47 850	52 610	57 170	60 260	62 750	65 100	66 730	1. Consommation finale des administrations publiques
87 816*	99 652*	112 641*	128 953*	148 405*	164 310	179 170	192 430	205 780	213 230	221 830	227 890	2. Consommation finale privée
..	..	..	..	..	..	..	..	..	..	..	..	3. Ménages
..	..	..	..	..	..	..	..	..	..	..	..	4. Institutions privées sans but lucratif au service des ménages
938*	2 598*	4 732*	−379*	2 710*	1 540	1 820	1 500	1 720	−3 090	−1 760	−610	5. Variations des stocks
36 644*	40 855*	43 726*	45 985*	48 782*	57 890	63 300	66 490	70 790	67 580	67 150	68 500	6. Formation brute de capital fixe
149 981*	170 693*	193 703*	212 942*	243 445*	271 590	296 900	317 590	338 550	340 470	352 320	362 510	7. **Demande intérieure totale**
69 400*	83 400*	107 540*	109 480*	128 470*	130 740	133 340	155 060	176 810	204 620	211 510	220 350	8. Exportations de biens et services
65 150*	77 760*	102 070*	102 100*	119 930*	127 400	133 230	156 690	178 620	192 240	196 080	206 140	9. *Moins* : Importations de biens et services
87*	470*	959*	−70*	607*	..	..	..	..	..	..	..	10. Divergence statistique
154 318*	176 803*	200 132*	220 252*	252 592*	274 930	297 010	315 960	336 740	352 850	367 750	376 720	11. **Produit intérieur brut**
												Aux niveaux de prix de 1980[2]
48 952*	49 294*	50 279*	52 249*	54 342*	56 080	58 260	59 920	60 260	61 460	61 600	62 230	1. Consommation finale des administrations publiques
157 285*	163 362*	167 758*	173 433*	183 389*	191 520	199 810	205 760	205 780	200 610	197 960	197 550	2. Consommation finale privée
..	..	..	..	..	..	..	..	..	..	..	..	3. Ménages
..	..	..	..	..	..	..	..	..	..	..	..	4. Institutions privées sans but lucratif au service des ménages
1 902*	5 488*	7 110*	−537*	3 524*	2 000	2 390	1 950	1 720	−2 420	−1 380	−480	5. Variations des stocks
68 282*	71 355*	68 671*	65 314*	63 500*	70 920	72 710	71 460	70 790	63 350	60 700	60 960	6. Formation brute de capital fixe
276 421*	289 499*	293 818*	290 459*	304 755*	320 520	333 170	339 090	338 550	323 000	318 880	320 260	7. **Demande intérieure totale**
129 950*	146 076*	149 723*	145 187*	159 854*	156 990	162 170	174 180	176 810	179 530	179 100	187 720	8. Exportations de biens et services
133 335*	147 903*	146 309*	140 317*	154 747*	159 200	169 210	179 410	178 620	168 070	169 310	177 500	9. *Moins* : Importations de biens et services
−472*	442*	1 074*	−97*	1 075*	0	0	0	0	0	0	0	10. Divergence statistique
272 564*	288 114*	298 306*	295 232*	310 937*	318 310	326 130	333 860	336 740	334 460	328 670	330 480	11. **Produit intérieur brut**
												RÉPARTITION DU P.I.B.
17 520*	19 840*	21 330*	23 690*	27 860*	32 330	35 810	37 650	40 320	40 960	41 960	44 350	1. Impôts indirects
1 750*	2 820*	3 370*	3 480*	5 090*	5 600	6 510	7 850	8 300	8 060	9 290	10 500	2. *Moins* : Subventions
13 007*	14 669*	17 218*	19 958*	22 306*	24 240	26 670	29 290	32 490	35 620	37 920	39 610	3. Consommation de capital fixe
86 198*	99 598*	115 752*	130 607*	145 141*	158 170	171 260	184 430	196 040	199 890	205 680	207 950	4. Rémunération des salariés payée par les producteurs résidents
39 607*	45 912*	49 414*	49 139*	62 655*	65 790	69 780	72 440	76 190	84 440	91 480	95 310	5. Excédent net d'exploitation
−263*	−394*	−212*	338*	−280*	..	..	..	..	..	..	..	6. Divergence statistique
154 319*	176 805*	200 132*	220 252*	252 592*	274 930	297 010	315 960	336 740	352 850	367 750	376 720	7. **Produit intérieur brut**
												OPÉRATIONS EN CAPITAL DE LA NATION
												Financement de la formation brute de capital
13 007*	14 669*	17 218*	19 958*	22 306*	24 240	26 670	29 290	32 490	35 620	37 920	39 610	1. Consommation de capital fixe
29 282*	36 443*	38 551*	30 637*	37 433*	37 250	36 080	35 200	34 810	36 390	37 810	38 680	2. Epargne nette
4 330*	6 720*	6 010*	5 170*	7 580*	2 060	−2 370	−3 500	−5 210	7 520	10 340	10 400	3. *Moins* : Solde des opérations courantes de la nation
−377*	−939*	−1 301*	181*	−667*	..	..	..	..	..	..	..	4. Divergence statistique
37 582*	43 453*	48 458*	45 606*	51 492*	59 430	65 120	67 990	72 510	64 490	65 390	67 890	5. **Financement de la formation brute de capital**
												Formation brute de capital
938*	2 598*	4 732*	−379*	2 710*	1 540	1 820	1 500	1 720	−3 090	−1 760	−610	6. Variations des stocks
36 644*	40 855*	43 726*	45 985*	48 782*	57 890	63 300	66 490	70 790	67 580	67 150	68 500	7. Formation brute de capital fixe
..	..	..	..	..	..	..	..	..	..	..	..	8. Divergence statistique
37 582*	43 453*	48 458*	45 606*	51 492*	59 430	65 120	67 990	72 510	64 490	65 390	67 890	9. **Formation brute de capital**
												RELATIONS ENTRE LES PRINCIPAUX AGRÉGATS
154 318*	176 803*	200 132*	220 252*	252 592*	274 930	297 010	315 960	336 740	352 850	367 750	376 720	1. **Produit intérieur brut**
700*	1 300*	1 460*	−340*	290*	410	−350	−360	−930	−1 200	−1 350	−740	2. *Plus* : Revenu net des facteurs reçu du reste du monde
5 420*	7 220*	10 100*	9 260*	10 040*	10 620	11 780	15 860	22 420	30 230	31 390	28 420	3. Revenu des facteurs reçu du reste du monde
4 720*	5 920*	8 640*	9 600*	9 750*	10 210	12 130	16 220	23 350	31 430	32 740	29 160	4. Revenu des facteurs payé au reste du monde
155 018*	178 103*	201 592*	219 912*	252 882*	275 340	296 660	315 600	335 810	351 650	366 400	375 980	5. *Égal* : **Produit national brut**
13 007*	14 669*	17 218*	19 958*	22 306*	24 240	26 670	29 290	32 490	35 620	37 920	39 610	6. *Moins* : consommation de capital fixe
290*	469*	342*	−111*	60*	..	..	..	..	..	..	..	7. *Plus* : Divergence statistique
142 301*	163 903*	184 716*	199 843*	230 636*	251 100	269 990	286 310	303 320	316 030	328 480	336 370	8. *Égal* : **Revenu national**
−620*	−220*	−920*	−1 870*	−1 250*	−1 690	−2 130	−1 510	−2 470	−3 660	−3 740	−3 070	9. *Plus* : Transferts courants nets reçus du reste du monde
1 740*	2 640*	2 080*	2 450*	3 430*	3 950	4 450	5 580	5 140	4 330	4 820	5 570	10. Transferts courants reçus du reste du monde
2 360*	2 860*	3 000*	4 320*	4 680*	5 640	6 580	7 090	7 610	7 990	8 560	8 640	11. Transferts courants payés au reste du monde
141 681*	163 683*	183 796*	197 973*	229 386*	249 410	267 860	284 800	300 850	312 370	324 740	333 300	12. *Égal* : **Revenu national disponible**
112 399*	127 240*	145 245*	167 336*	191 953*	212 160	231 780	249 600	266 040	275 980	286 930	294 620	13. *Moins* : Consommation finale
..	..	..	..	..	..	..	..	..	..	..	..	14. *Plus* : Divergence statistique
29 282*	36 443*	38 551*	30 637*	37 433*	37 250	36 080	35 200	34 810	36 390	37 810	38 680	15. *Égal* : **Épargne nette**
4 330*	6 720*	6 010*	5 170*	7 580*	2 060	−2 370	−3 500	−5 210	7 520	10 340	10 400	16. *Moins* : Solde des opérations courantes de la nation
−377*	−939*	−1 301*	181*	−667*	..	..	..	..	..	..	..	17. *Plus* : Divergence statistique
24 575*	28 784*	31 240*	25 648*	29 186*	35 190	38 450	38 700	40 020	28 870	27 470	28 280	18. *Égal* : **Formation nette de capital**

1. Nouvelles séries à partir de 1977. Pour ne pas montrer de discontinuité le Secrétariat a réajusté le niveau des séries de 1960 à 1976.
2. Aux prix relatifs de 1980 pour la période 1977-1983 et aux prix relatifs de 1975 pour la période 1960-1976.

NORWAY
Present S.N.A.

Main aggregates

millions of kroner

	1960	1961	1962	1963	1964	1965	1966	1967	1968	1969	1970	1971
EXPENDITURE ON THE G.D.P.												
At current prices												
1. Government final consumption expenditure	4 249	4 633	5 431	5 977	6 634	7 608	8 438	9 615	10 562	11 674	13 533	15 978
2. Private final consumption expenditure	19 562	21 301	22 929	24 407	26 498	28 297	30 327	32 916	35 182	39 218	43 047	47 904
3. Households	..	..	..	..	..	..	..	..	..	..	..	..
4. Private non-profit institutions serving households	..	..	..	..	..	..	..	..	..	..	..	..
5. Increase in stocks	275	409	133	−82	−7	837	997	571	−399	149	3 131	1 709
6. Gross fixed capital formation	9 573	10 821	11 332	12 296	12 779	14 274	15 634	17 703	17 122	16 867	21 195	26 450
7. **Total Domestic Expenditure**	33 659	37 164	39 825	42 598	45 904	51 016	55 396	60 805	62 467	67 908	80 906	92 041
8. Exports of goods and services	13 651	14 355	14 941	16 362	18 805	20 570	22 256	25 017	27 490	29 368	33 403	35 808
9. *Less:* Imports of goods and services	14 252	15 457	15 923	17 278	18 872	21 023	23 084	26 122	26 208	27 858	34 431	38 742
10. Statistical discrepancy	..	..	..	..	..	..	..	..	..	..	..	..
11. **Gross Domestic Product**	33 058	36 062	38 843	41 682	45 837	50 563	54 568	59 700	63 749	69 418	79 878	89 107
At 1980 price levels[1]												
1. Government final consumption expenditure	17 607	18 745	19 658	20 949	22 290	24 376	25 128	27 483	28 635	30 014	31 898	33 821
2. Private final consumption expenditure	65 907	69 750	71 896	74 331	77 107	79 004	81 843	84 983	88 103	94 863	94 852	99 197
3. Households	..	..	..	..	..	..	..	..	..	..	..	..
4. Private non-profit institutions serving households	..	..	..	..	..	..	..	..	..	..	..	..
5. Increase in stocks	1 757	1 892	586	−463	80	2 164	2 733	3 599	1 325	1 902	5 826	3 452
6. Gross fixed capital formation	30 422	34 186	35 525	36 869	38 086	40 676	43 084	48 155	46 684	42 680	49 027	58 217
7. **Total Domestic Expenditure**	115 693	124 573	127 665	131 686	137 563	146 221	152 789	164 219	164 747	169 459	181 602	194 687
8. Exports of goods and services	43 447	46 547	49 481	53 518	57 861	61 081	64 528	69 965	75 329	79 337	79 416	80 319
9. *Less:* Imports of goods and services	41 275	45 465	47 904	50 787	54 373	59 286	63 914	71 398	72 989	74 316	84 406	89 821
10. Statistical discrepancy	1 179	856	829	578	705	1 234	1 498	1 806	1 221	1 411	2 792	2 431
11. **Gross Domestic Product**	119 043	126 511	130 071	134 994	141 757	149 250	154 901	164 592	168 307	175 892	179 405	187 616
COST COMPONENTS OF THE G.D.P.												
1. Indirect taxes	4 612	5 075	5 493	5 822	6 507	7 379	8 190	9 047	9 433	11 174	14 568	16 598
2. *Less:* Subsidies	1 470	1 592	1 615	1 847	1 746	2 275	2 393	2 564	2 875	3 552	4 118	4 715
3. Consumption of fixed capital	4 427	4 732	5 174	5 556	5 921	6 659	7 295	8 411	8 721	9 521	11 026	12 386
4. Compensation of employees paid by resident producers	16 305	17 807	19 979	21 609	23 456	25 847	28 518	32 076	34 718	37 651	41 879	48 877
5. Operating surplus	9 184	10 040	9 812	10 542	11 699	12 953	12 958	12 730	13 752	14 624	16 523	15 961
6. Statistical discrepancy	..	..	..	..	..	..	..	..	..	..	..	..
7. **Gross Domestic Product**	33 058	36 062	38 843	41 682	45 837	50 563	54 568	59 700	63 749	69 418	79 878	89 107
CAPITAL TRANSACTIONS OF THE NATION												
Finance of Gross Capital Formation												
1. Consumption of fixed capital	4 427	4 732	5 174	5 556	5 921	6 659	7 295	8 411	8 721	9 521	11 024	12 386
2. Net saving	4 668	5 187	5 041	5 377	6 335	7 503	7 941	8 126	8 666	8 406	11 573	12 090
3. *Less:* Surplus of the nation on current transactions	−753	−1 311	−1 250	−1 281	−516	−949	−1 395	−1 737	664	911	−1 728	−3 683
4. Statistical discrepancy	..	..	..	..	..	..	..	..	..	..	..	..
5. **Finance of Gross Capital Formation**	9 848	11 230	11 465	12 214	12 772	15 111	16 631	18 274	16 723	17 016	24 325	28 159
Gross capital formation												
6. Increase in stocks	275	409	133	−82	−7	837	997	571	−399	149	3 131	1 709
7. Gross fixed capital formation	9 573	10 821	11 332	12 296	12 779	14 274	15 634	17 703	17 122	16 867	21 194	26 450
8. Statistical discrepancy	..	..	..	..	..	..	..	..	..	..	..	..
9. **Gross Capital Formation**	9 848	11 230	11 465	12 214	12 772	15 111	16 631	18 274	16 723	17 016	24 325	28 159
RELATIONS AMONG NATIONAL ACCOUNTING AGGREGATES												
1. **Gross Domestic Product**	33 058	36 062	38 843	41 682	45 837	50 563	54 568	59 700	63 749	69 418	79 877	89 107
2. *Plus:* Net factor income from the rest of the world	−320	−343	−383	−457	−521	−564	−627	−696	−683	−566	−621	−748
3. Factor income from the rest of the world	..	..	..	..	..	..	428	500	616	974	1 056	1 000
4. Factor income paid to the rest of the world	..	..	..	..	..	..	1 055	1 196	1 299	1 540	1 677	1 748
5. *Equals:* **Gross National Product**	32 738	35 719	38 460	41 224	45 316	49 999	53 941	59 004	63 066	68 852	79 255	88 359
6. *Less:* Consumption of fixed capital	4 427	4 732	5 174	5 556	5 921	6 659	7 295	8 411	8 721	9 521	11 024	12 386
7. *Plus:* Statistical discrepancy	..	..	..	..	..	..	..	..	..	..	..	..
8. *Equals:* **National Income**	28 311	30 987	33 286	35 668	39 395	43 340	46 646	50 593	54 345	59 331	68 232	75 973
9. *Plus:* Net current transfers from the rest of the world	168	134	115	92	72	68	60	64	65	−33	−79	−1
10. Current transfers from the rest of the world	260	239	223	228	241	257	274	305	360	373	408	516
11. Current transfers paid to the rest of the world	92	105	108	136	169	189	214	241	295	406	487	517
12. *Equals:* **National Disposable Income**	28 479	31 121	33 401	35 761	39 467	43 408	46 706	50 657	54 410	59 298	68 153	75 972
13. *Less:* Final consumption	23 811	25 934	28 360	30 384	33 132	35 905	38 765	42 531	45 744	50 892	56 579	63 882
14. *Plus:* Statistical discrepancy	..	..	..	..	..	..	..	..	..	..	..	..
15. *Equals:* **Net Saving**	4 668	5 187	5 041	5 377	6 335	7 503	7 941	8 126	8 666	8 406	11 573	12 090
16. *Less:* Surplus of the nation on current transactions	−753	−1 311	−1 250	−1 281	−516	−949	−1 395	−1 737	664	911	−1 728	−3 683
17. *Plus:* Statistical discrepancy	..	..	..	..	..	..	..	..	..	..	..	..
18. *Equals:* **Net Capital Formation**	5 421	6 498	6 291	6 658	6 851	8 452	9 336	9 863	8 002	7 495	13 301	15 773

1. At 1980 relative prices for 1980-1983, at 1975 relative prices for 1975-1979 and at 1970 relative prices for 1960-1974.

NORVÈGE
Nouveau S.C.N.

Principaux Agrégats
millions de couronnes

1972	1973	1974	1975	1976	1977	1978	1979	1980	1981	1982	1983		
												DÉPENSES IMPUTÉES AU P.I.B.	
												Aux prix courants	
17 861	20 391	23 759	28 702	34 086	38 625	43 543	46 585	53 478	62 616	70 366	78 257	1.	Consommation finale des administrations publiques
52 559	58 287	66 106	77 615	89 486	103 915	110 670	120 104	135 242	155 205	175 436	192 481	2.	Consommation finale privée
..	..	..	..	..	..	..	..	..	..	..	..	3.	Ménages
..	..	..	..	..	..	..	..	..	..	..	..	4.	Institutions privées sans but lucratif au service des ménages
−84	966	4 018	1 544	1 376	−1 576	−6 941	−459	8 104	−7 761	5 887	−2 257	5.	Variations des stocks
27 302	32 752	39 605	50 791	62 001	71 074	67 705	66 186	70 798	91 793	91 650	100 682	6.	Formation brute de capital fixe
97 638	112 396	133 488	158 652	186 949	212 038	214 977	232 416	267 622	301 853	343 339	369 163	7.	**Demande intérieure totale**
40 055	48 730	60 016	62 189	70 173	76 264	87 221	105 407	134 795	156 288	165 114	185 187	8.	Exportations de biens et services
39 290	49 272	63 775	72 139	86 413	96 768	89 119	99 154	117 371	130 467	144 738	152 581	9.	*Moins :* Importations de biens et services
..	..	..	..	..	..	..	..	..	..	..	..	10.	Divergence statistique
98 403	111 854	129 729	148 702	170 709	191 534	213 079	238 669	285 046	327 674	363 715	401 769	11.	**Produit intérieur brut**
												Aux niveaux de prix de 1980[1]	
35 355	37 283	38 782	41 271	44 316	46 501	48 987	50 726	53 478	56 763	58 855	61 049	1.	Consommation finale des administrations publiques
102 135	105 090	109 142	114 734	121 707	130 144	128 025	132 139	135 242	136 784	138 726	140 109	2.	Consommation finale privée
..	..	..	..	..	..	..	..	..	..	..	..	3.	Ménages
..	..	..	..	..	..	..	..	..	..	..	..	4.	Institutions privées sans but lucratif au service des ménages
167	543	5 288	2 880	2 946	−3 222	−10 108	−1 211	8 104	−7 024	4 595	−2 972	5.	Variations des stocks
55 834	63 449	66 685	74 633	82 187	85 181	75 632	71 872	70 798	83 485	75 387	77 420	6.	Formation brute de capital fixe
193 492	206 365	219 898	233 519	251 156	258 604	242 537	253 526	267 622	270 008	277 563	275 606	7.	**Demande intérieure totale**
91 636	99 230	99 905	102 991	114 587	118 749	128 709	132 029	134 795	136 651	136 903	146 528	8.	Exportations de biens et services
88 914	101 750	106 547	113 960	127 995	132 393	114 466	113 668	117 371	119 113	124 063	122 556	9.	*Moins :* Importations de biens et services
1 103	1 581	2 842	2 554	2 688	4 085	3 571	1 652	0	0	0	0	10.	Divergence statistique
197 317	205 427	216 098	225 104	240 436	249 045	260 351	273 540	285 046	287 546	290 403	299 578	11.	**Produit intérieur brut**
												RÉPARTITION DU P.I.B.	
18 193	20 332	22 741	26 455	31 011	36 327	37 946	41 106	49 024	55 696	61 423	68 496	1.	Impôts indirects
5 233	5 975	7 514	9 258	11 624	14 111	16 446	16 743	19 960	21 795	23 680	24 652	2.	*Moins :* Subventions
13 485	15 213	18 698	21 089	26 280	31 060	34 598	36 878	41 358	48 053	53 814	58 669	3.	Consommation de capital fixe
55 043	62 272	72 402	86 186	99 992	112 981	123 964	129 392	145 420	164 167	182 986	198 289	4.	Rémunération des salariés payée par les producteurs résidents
16 916	20 012	23 402	24 229	25 049	25 277	33 017	48 035	69 203	81 553	89 172	100 967	5.	Excédent net d'exploitation
..	..	..	..	..	..	..	..	..	..	..	..	6.	Divergence statistique
98 404	111 854	129 729	148 701	170 708	191 534	213 079	238 668	285 045	327 674	363 715	401 769	7.	**Produit intérieur brut**
												OPÉRATIONS EN CAPITAL DE LA NATION	
												Financement de la formation brute de capital	
13 484	15 213	18 698	21 089	26 280	31 060	34 598	36 878	41 358	48 053	53 814	58 669	1.	Consommation de capital fixe
13 347	16 503	18 761	18 554	16 726	11 636	15 161	23 570	42 992	48 439	47 930	56 035	2.	Épargne nette
−387	−2 002	−6 164	−12 692	−20 370	−26 802	−11 005	−5 278	5 448	12 460	4 207	16 279	3.	*Moins :* Solde des opérations courantes de la nation
..	..	..	..	..	..	..	..	..	..	..	..	4.	Divergence statistique
27 218	33 718	43 623	52 335	63 376	69 498	60 764	65 726	78 902	84 032	97 537	98 425	5.	**Financement de la formation brute de capital**
												Formation brute de capital	
−85	966	4 018	1 544	1 376	−1 576	−6 941	−460	8 104	−7 761	5 887	−2 257	6.	Variations des stocks
27 303	32 752	39 605	50 791	62 000	71 074	67 705	66 186	70 798	91 793	91 650	100 682	7.	Formation brute de capital fixe
..	..	..	..	..	..	..	..	..	..	..	..	8.	Divergence statistique
27 218	33 718	43 623	52 335	63 376	69 498	60 764	65 726	78 902	84 032	97 537	98 425	9.	**Formation brute de capital**
												RELATIONS ENTRE LES PRINCIPAUX AGRÉGATS	
98 403	111 853	129 729	148 701	170 709	191 534	213 079	238 668	285 045	327 674	363 715	401 769	1.	Produit intérieur brut
−1 028	−1 186	−1 847	−1 915	−3 048	−4 733	−7 182	−9 326	−9 520	−10 579	−12 566	−12 138	2.	*Plus :* Revenu net des facteurs reçu du reste du monde
874	1 219	1 955	1 791	1 758	1 870	2 453	3 337	5 321	8 740	10 992	10 789	3.	Revenu des facteurs reçu du reste du monde
1 902	2 405	3 802	3 706	4 806	6 603	9 635	12 663	14 841	19 319	23 558	22 927	4.	Revenu des facteurs payé au reste du monde
97 375	110 668	127 881	146 786	167 661	186 801	205 897	229 342	275 525	317 095	351 149	389 631	5.	*Égal :* **Produit national brut**
13 484	15 213	18 698	21 089	26 280	31 060	34 598	36 878	41 358	48 053	53 814	58 669	6.	*Moins :* consommation de capital fixe
..	..	..	..	..	..	..	..	..	..	..	..	7.	*Plus :* Divergence statistique
83 891	95 455	109 183	125 697	141 381	155 741	171 299	192 464	234 167	269 042	297 335	330 962	8.	*Égal :* **Revenu national**
−124	−274	−558	−827	−1 082	−1 565	−1 925	−2 205	−2 456	−2 780	−3 603	−4 189	9.	*Plus :* Transferts courants nets reçus du reste du monde
503	505	530	529	529	543	553	594	756	1 016	1 061	1 178	10.	Transferts courants reçus du reste du monde
627	779	1 088	1 356	1 611	2 108	2 478	2 799	3 212	3 796	4 664	5 367	11.	Transferts courants payés au reste du monde
83 767	95 181	108 625	124 870	140 299	154 176	169 374	190 259	231 711	266 262	293 732	326 773	12.	*Égal :* **Revenu national disponible**
70 420	78 678	89 864	106 316	123 573	142 540	154 213	166 689	188 719	217 821	245 802	270 738	13.	*Moins :* Consommation finale
..	..	..	..	..	..	..	..	..	..	..	..	14.	Divergence statistique
13 347	16 503	18 761	18 554	16 726	11 636	15 161	23 570	42 992	48 441	47 930	56 035	15.	*Égal :* **Épargne nette**
−387	−2 002	−6 164	−12 692	−20 370	−26 802	−11 005	−5 278	5 448	12 460	4 207	16 279	16.	*Moins :* Solde des opérations courantes de la nation
..	..	..	..	..	..	..	..	..	..	..	..	17.	*Plus :* Divergence statistique
13 734	18 505	24 925	31 246	37 095	38 438	26 166	28 848	37 544	35 981	43 723	39 756	18.	*Égal :* **Formation nette de capital**

1. Aux prix relatifs de 1980 pour la période 1980-1983, aux prix relatifs de 1975 pour la période 1975-1979 et aux prix relatifs de 1970 pour la période 1960-1974.

PORTUGAL

Present S.N.A.

Main aggregates

millions of escudos

	1960	1961	1962	1963	1964	1965	1966	1967	1968	1969	1970	1971
EXPENDITURE ON THE G.D.P.												
At current prices												
1. Government final consumption expenditure	7 533*	9 593*	10 519*	10 920*	11 812*	12 854*	14 265*	17 208*	19 068*	20 661*	24 586*	26 929*
2. Private final consumption expenditure	52 208*	56 604*	57 018*	61 615*	65 668*	72 930*	79 998*	86 111*	99 790*	110 396*	117 205*	135 905*
3. Households	..	..	..	..	..	..	..	..	..	..	..	..
4. Private non-profit institutions serving households	..	..	..	..	..	..	..	..	..	..	..	..
5. Increase in stocks	490*	1 454*	727*	887*	1 578*	2 318*	1 010*	377*	2 235*	1 386*	5 184*	3 092*
6. Gross fixed capital formation	16 561*	17 852*	18 296*	21 074*	21 914*	24 498*	29 503*	35 008*	32 280*	36 060*	41 293*	49 226*
7. **Total Domestic Expenditure**	76 792*	85 503*	86 560*	94 496*	100 972*	112 600*	124 776*	138 704*	153 373*	168 503*	188 268*	215 152*
8. Exports of goods and services	12 501*	12 596*	15 319*	16 943*	24 637*	28 796*	31 896*	35 834*	36 471*	39 042*	43 365*	49 932*
9. *Less:* Imports of goods and services	16 900*	21 302*	19 206*	21 543*	28 793*	33 810*	36 559*	38 846*	43 417*	45 721*	54 959*	63 895*
10. Statistical discrepancy	−952*	82*	−869*	−1 159*	−565*	−102*	−2 357*	−4 067*	−721*	−2 022*	1 118*	−2 095*
11. **Gross Domestic Product**	71 441*	76 879*	81 804*	88 737*	96 251*	107 484*	117 756*	131 625*	145 706*	159 802*	177 792*	199 094*
At 1980 price levels[1]												
1. Government final consumption expenditure	35 523*	45 015*	48 844*	50 315*	53 747*	57 715*	60 761*	67 273*	72 981*	75 508*	80 791*	85 974*
2. Private final consumption expenditure	314 729*	335 943*	343 105*	366 248*	361 066*	377 474*	380 948*	399 656*	506 091*	528 523*	542 499*	611 297*
3. Households	..	..	..	..	..	..	..	..	..	..	..	..
4. Private non-profit institutions serving households	..	..	..	..	..	..	..	..	..	..	..	..
5. Increase in stocks	3 803*	11 136*	5 666*	6 693*	11 700*	16 281*	6 726*	2 488*	14 699*	8 442*	31 409*	17 819*
6. Gross fixed capital formation	122 874*	130 265*	131 693*	150 963*	157 778*	174 301*	204 606*	216 465*	196 296*	213 938*	238 582*	262 024*
7. **Total Domestic Expenditure**	476 929*	522 359*	529 308*	574 219*	584 290*	625 771*	653 041*	685 881*	790 066*	826 412*	893 280*	977 114*
8. Exports of goods and services	91 747*	89 326*	106 374*	107 355*	170 410*	189 295*	220 187*	228 079*	220 345*	226 710*	223 023*	245 069*
9. *Less:* Imports of goods and services	129 660*	161 731*	147 603*	162 270*	206 048*	225 778*	244 790*	230 061*	306 089*	329 363*	332 246*	380 463*
10. Statistical discrepancy	−22 167*	−10 304*	−19 177*	−22 636*	−19 367*	−20 432*	−36 384*	−47 176*	−11 089*	−15 822*	−11 601*	−18 037*
11. **Gross Domestic Product**	416 849*	439 650*	468 901*	496 668*	529 285*	568 856*	592 054*	636 723*	693 233*	707 937*	772 456*	823 683*
COST COMPONENTS OF THE G.D.P.												
1. Indirect taxes	5 858*	6 842*	7 685*	7 938*	8 831*	10 518*	11 769*	14 110*	16 090*	17 846*	21 632*	23 034*
2. *Less:* Subsidies	633*	956*	974*	829*	781*	1 465*	1 504*	1 674*	2 337*	2 051*	3 102*	3 124*
3. Consumption of fixed capital	3 664*	4 024*	4 216*	4 700*	5 003*	5 475*	5 990*	6 580*	7 467*	8 243*	9 057*	10 141*
4. Compensation of employees paid by resident producers	30 806*	32 971*	34 903*	37 888*	40 987*	45 634*	50 257*	56 928*	58 755*	64 357*	81 670*	94 414*
5. Operating surplus	31 315*	33 515*	35 479*	38 515*	41 665*	46 656*	50 560*	55 021*	64 694*	70 353*	67 969*	74 156*
6. Statistical discrepancy	431*	484*	495*	526*	546*	667*	685*	660*	1 038*	1 054*	567*	472*
7. **Gross Domestic Product**	71 441*	76 880*	81 804*	88 738*	96 251*	107 485*	117 757*	131 625*	145 707*	159 802*	177 793*	199 093*
CAPITAL TRANSACTIONS OF THE NATION												
Finance of Gross Capital Formation												
1. Consumption of fixed capital	3 664*	4 024*	4 216*	4 700*	5 003*	5 475*	5 990*	6 580*	7 467*	8 243*	9 057*	10 141*
2. Net saving	9 077*	6 162*	10 846*	13 135*	19 340*	22 743*	25 281*	33 365*	31 033*	36 074*	47 314*	50 298*
3. *Less:* Surplus of the nation on current transactions	−2 927*	−7 791*	−2 809*	−3 009*	15*	−391*	962*	4 885*	2 273*	5 825*	3 437*	5 101*
4. Statistical discrepancy	1 383*	1 329*	1 152*	1 117*	−836*	−1 793*	204*	325*	−1 712*	−1 046*	−6 457*	−3 020*
5. **Finance of Gross Capital Formation**	17 051*	19 306*	19 023*	21 961*	23 492*	26 816*	30 513*	35 385*	34 515*	37 446*	46 477*	52 318*
Gross capital formation												
6. Increase in stocks	490*	1 454*	727*	887*	1 578*	2 318*	1 010*	377*	2 235*	1 386*	5 184*	3 092*
7. Gross fixed capital formation	16 561*	17 852*	18 296*	21 074*	21 914*	24 498*	29 503*	35 008*	32 280*	36 060*	41 293*	49 226*
8. Statistical discrepancy	..	..	..	..	..	..	..	..	..	..	..	..
9. **Gross Capital Formation**	17 051*	19 306*	19 023*	21 961*	23 492*	26 816*	30 513*	35 385*	34 515*	37 446*	46 477*	52 318*
RELATIONS AMONG NATIONAL ACCOUNTING AGGREGATES												
1. **Gross Domestic Product**	71 442*	76 880*	81 804*	88 737*	96 250*	107 485*	117 756*	131 626*	145 706*	159 802*	177 793*	199 094*
2. *Plus:* Net factor income from the rest of the world	87*	−108*	−163*	−156*	597*	762*	373*	681*	700*	1 075*	1 022*	477*
3. Factor income from the rest of the world	..	..	..	..	..	..	..	..	..	..	..	..
4. Factor income paid to the rest of the world	..	..	..	..	..	..	..	..	..	..	..	..
5. *Equals:* **Gross National Product**	71 529*	76 772*	81 641*	88 581*	96 847*	108 247*	118 129*	132 307*	146 406*	160 877*	178 815*	199 571*
6. *Less:* Consumption of fixed capital	3 664*	4 024*	4 216*	4 700*	5 003*	5 475*	5 990*	6 580*	7 467*	8 243*	9 057*	10 141*
7. *Plus:* Statistical discrepancy	−615*	−1 573*	−490*	−180*	1 001*	1 415*	1 690*	3 214*	1 928*	2 536*	4 799*	4 624*
8. *Equals:* **National Income**	67 250*	71 175*	76 935*	83 701*	92 845*	104 187*	113 829*	128 941*	140 867*	155 170*	174 557*	194 054*
9. *Plus:* Net current transfers from the rest of the world	1 568*	1 184*	1 448*	1 969*	3 975*	4 340*	5 715*	7 743*	9 024*	11 961*	14 548*	19 078*
10. Current transfers from the rest of the world	..	..	..	..	..	..	..	..	..	..	..	..
11. Current transfers paid to the rest of the world	..	..	..	..	..	..	..	..	..	..	..	..
12. *Equals:* **National Disposable Income**	68 818*	72 359*	78 383*	85 670*	96 820*	108 527*	119 544*	136 684*	149 891*	167 131*	189 105*	213 132*
13. *Less:* Final consumption	59 741*	66 197*	67 537*	72 535*	77 480*	85 784*	94 263*	103 319*	118 858*	131 057*	141 791*	162 834*
14. *Plus:* Statistical discrepancy	..	..	..	..	..	..	..	..	..	..	..	..
15. *Equals:* **Net Saving**	9 077*	6 162*	10 846*	13 135*	19 340*	22 743*	25 281*	33 365*	31 033*	36 074*	47 314*	50 298*
16. *Less:* Surplus of the nation on current transactions	−2 927*	−7 791*	−2 809*	−3 009*	15*	−391*	962*	4 885*	2 273*	5 825*	3 437*	5 101*
17. *Plus:* Statistical discrepancy	1 383*	1 329*	1 152*	1 117*	−836*	−1 793*	204*	325*	−1 712*	−1 046*	−6 457*	−3 020*
18. *Equals:* **Net Capital Formation**	13 387*	15 282*	14 807*	17 261*	18 489*	21 341*	24 523*	28 805*	27 048*	29 203*	37 420*	42 177*

1. At 1977 relative prices for 1977-1983 and at 1963 relative prices for 1960-1976.

PORTUGAL
Nouveau S.C.N.

Principaux Agrégats

millions d'escudos

1972	1973	1974	1975	1976	1977	1978	1979	1980	1981	1982	1983		
												DÉPENSES IMPUTÉES AU P.I.B.	
												Aux prix courants	
31 010*	36 138*	47 854*	56 470*	64 397*	87 847	109 670	137 576	177 300	218 700	266 600	333 600	1.	Consommation finale des administrations publiques
148 744*	183 003*	246 543*	290 947*	351 682*	450 377	535 360	670 255	823 100	1 020 300	1 276 100	1 585 500	2.	Consommation finale privée
..	..	..	..	..	448 535	533 128	667 269	..	..	..	..	3.	Ménages
..	..	..	..	..	1 842	2 232	2 986	..	..	..	..	4.	Institutions privées sans but lucratif au service des ménages
4 076*	8 189*	8 611*	−6 152*	4 128*	15 937	20 223	29 060	65 300*	79 400*	115 100*	1 700*	5.	Variations des stocks
62 790*	75 645*	88 203*	97 756*	117 493*	165 807	219 774	263 956	355 300*	451 600*	573 100*	661 600*	6.	Formation brute de capital fixe
246 620*	302 975*	391 211*	439 021*	537 700*	719 968	885 027	1 100 847	1 421 000	1 770 000	2 230 900	2 582 400	7.	**Demande intérieure totale**
63 137*	75 424*	91 156*	76 946*	81 737*	115 298	158 369	268 723	355 100	403 000	488 700	722 100	8.	Exportations de biens et services
74 019*	95 175*	143 114*	123 601*	144 643*	209 431	256 136	376 265	541 100	700 300	862 700	1 014 900	9.	*Moins :* Importations de biens et services
−3 901*	−1 015*	30*	−15 163*	−5 940*	..	..	..	..	..	..	..	10.	Divergence statistique
231 837*	282 209*	339 283*	377 203*	468 854*	625 835	787 260	993 305	1 235 000	1 472 700	1 856 900	2 289 600	11.	**Produit intérieur brut**
												Aux niveaux de prix de 1980 [1]	
93 377*	100 660*	118 090*	125 909*	134 721*	150 617*	157 020*	170 973*	177 300*	182 615*	189 010*	196 571*	1.	Consommation finale des administrations publiques
635 915*	712 369*	781 748*	774 830*	801 947*	806 758*	792 691*	800 118*	823 100*	842 894*	859 750*	851 152*	2.	Consommation finale privée
..	..	..	..	..	..	..	..	..	..	..	..	3.	Ménages
..	..	..	..	..	..	..	..	..	..	..	..	4.	Institutions privées sans but lucratif au service des ménages
21 896*	39 982*	34 549*	−21 462*	2 528*	26 732*	27 383*	52 099*	65 300*	47 553*	63 237*	−554*	5.	Variations des stocks
297 421*	325 757*	303 100*	268 839*	271 043*	303 572*	325 210*	322 125*	355 300*	373 426*	384 246*	355 428*	6.	Formation brute de capital fixe
1 048 609*	1 178 768*	1 237 487*	1 148 115*	1 210 239*	1 287 679*	1 302 304*	1 345 315*	1 421 000	1 446 488*	1 496 243*	1 402 598*	7.	**Demande intérieure totale**
290 528*	302 667*	255 121*	215 348*	215 348*	228 053*	253 293*	329 881*	355 100	343 074*	363 665*	425 495*	8.	Exportations de biens et services
426 257*	480 180*	503 038*	376 172*	388 963*	435 640*	434 914*	484 812*	541 100	544 615*	577 294*	531 116*	9.	*Moins :* Importations de biens et services
−23 172*	−11 895*	11 100*	−30 130*	−13 419*	443*	−3 549*	−4 072*	0*	−105*	2 111*	−13 461*	10.	Divergence statistique
889 708*	989 361*	1 000 669*	957 162*	1 023 206*	1 080 534*	1 117 134*	1 186 311*	1 235 000*	1 244 841*	1 284 725*	1 283 516*	11.	**Produit intérieur brut**
												RÉPARTITION DU P.I.B.	
25 985*	31 226*	38 050*	42 923*	63 428*	81 546	96 622	119 679	178 800*	216 500*	273 000*	336 600*	1.	Impôts indirects
2 979*	3 944*	8 579*	8 681*	18 930*	23 748	36 084	44 934	67 600*	91 900*	115 900*	142 900*	2.	*Moins :* Subventions
11 865*	13 329*	15 073*	17 415*	19 488*	26 090*	35 740*	43 270*	53 100*	63 300*	79 800*	98 400*	3.	Consommation de capital fixe
109 408*	128 958*	173 855*	230 905*	282 751*	345 711	411 200	503 638	646 800*	788 900*	953 000*	1 129 300*	4.	Rémunération des salariés payée par les producteurs résidents
87 023*	111 656*	120 317*	96 500*	123 553*	196 236*	279 782*	371 652*	423 900*	495 900*	667 000*	868 200*	5.	Excédent net d'exploitation
535*	984*	566*	−1 857*	−1 436*	..	..	..	..	..	..	..	6.	Divergence statistique
231 837*	282 209*	339 282*	377 205*	468 854*	625 835	787 260	993 305	1 235 000	1 472 700	1 856 900	2 289 600	7.	**Produit intérieur brut**
												OPÉRATIONS EN CAPITAL DE LA NATION	
												Financement de la formation brute de capital	
11 865*	13 329*	15 073*	17 415*	19 488*	26 090*	35 740*	43 270*	53 100*	63 300*	79 800*	98 400*	1.	Consommation de capital fixe
74 239*	90 760*	63 119*	29 841*	52 283*	97 123*	159 206*	232 501*	285 300*	272 400*	325 000*	389 200*	2.	Épargne nette
12 881*	8 719*	−21 320*	−21 264*	−38 316*	−58 531	−45 051	−17 245	−82 200*	−195 300*	−283 400*	−175 700*	3.	*Moins :* Solde des opérations courantes de la nation
−6 357*	−11 536*	−2 698*	23 084*	11 534*	..	..	..	..	..	..	..	4.	Divergence statistique
66 866*	83 834*	96 814*	91 604*	121 621*	181 744*	239 997*	293 016*	420 600*	531 000*	688 200*	663 300*	5.	**Financement de la formation brute de capital**
												Formation brute de capital	
4 076*	8 189*	8 611*	−6 152*	4 128*	15 937	20 223	29 060	65 300*	79 400*	115 100*	1 700*	6.	Variations des stocks
62 790*	75 645*	88 203*	97 756*	117 493*	165 807	219 774	263 956	355 300*	451 600*	573 100*	661 600*	7.	Formation brute de capital fixe
..	..	..	..	..	..	..	..	..	..	..	..	8.	Divergence statistique
66 866*	83 834*	96 814*	91 604*	121 621*	181 744*	239 997*	293 016*	420 600*	531 000*	688 200*	663 300*	9.	**Formation brute de capital**
												RELATIONS ENTRE LES PRINCIPAUX AGRÉGATS	
231 837*	282 209*	339 282*	377 204*	468 854*	625 835	787 260	993 305	1 235 000	1 472 700	1 856 900	2 289 600	1.	**Produit intérieur brut**
665*	2 425*	3 770*	−424*	−4 624*	−7 902	−15 688	−22 336	−32 600	−60 800	−103 900	−119 100	2.	*Plus :* Revenu net des facteurs reçu du reste du monde
..	..	..	..	..	2 788	4 098	6 977	.	..	..	..	3.	Revenu des facteurs reçu du reste du monde
..	..	..	..	..	10 690	19 786	29 313	..	..	..	..	4.	Revenu des facteurs payé au reste du monde
232 502*	284 634*	343 052*	376 780*	464 230*	617 933	771 572	970 969	1 202 400	1 411 900	1 753 000	2 170 500	5.	*Égal :* **Produit national brut**
11 865*	13 329*	15 073*	17 415*	19 488*	26 090*	35 740*	43 270*	53 100*	63 300*	79 800*	98 400*	6.	*Moins :* consommation de capital fixe
9 609*	11 575*	1 358*	−8 558*	−5 743*	..	..	..	..	..	..	..	7.	*Plus :* Divergence statistique
230 246*	282 880*	329 337*	350 807*	438 999*	591 843	735 832*	927 699*	1 149 300	1 348 600	1 673 200	2 072 100	8.	*Égal :* **Revenu national**
23 747*	27 021*	28 179*	26 451*	29 363*	43 504	68 404	112 633	136 400*	162 800*	194 500*	236 200*	9.	*Plus :* Transferts courants nets reçus du reste du monde
..	..	..	..	..	49 269	75 915	..	..	..	..	..	10.	Transferts courants reçus du reste du monde
..	..	..	..	..	5 765	7 511	..	..	..	..	..	11.	Transferts courants payés au reste du monde
253 993*	309 901*	357 516*	377 258*	468 362*	635 347*	804 236*	1 040 332*	1 285 700*	1 511 400*	1 867 700*	2 308 300*	12.	*Égal :* **Revenu national disponible**
179 754*	219 141*	294 397*	347 417*	416 079*	538 224	645 030	807 831	1 000 400	1 239 000	1 542 700	1 919 100	13.	*Moins :* Consommation finale
..	..	..	..	..	..	..	..	..	..	..	..	14.	*Plus :* Divergence statistique
74 239*	90 760*	63 119*	29 841*	52 283*	97 123*	159 206*	232 501*	285 300*	272 400*	325 000*	389 200*	15.	*Égal :* **Épargne nette**
12 881*	8 719*	−21 320*	−21 264*	−38 316*	−58 531	−45 051	−17 245	−82 200*	−195 300*	−283 400*	−175 700*	16.	*Moins :* Solde des opérations courantes de la nation
−6 357*	−11 536*	−2 698*	23 084*	11 534*	..	..	..	..	..	..	..	17.	*Plus :* Divergence statistique
55 001*	70 505*	81 741*	74 189*	102 133*	155 654	204 257	249 746	367 500*	467 700*	608 400*	564 900*	18.	*Égal :* **Formation nette de capital**

. Aux prix relatifs de 1977 pour la période 1977-1983 et aux prix relatifs de 1963 pour la période 1960-1976.

SPAIN
Present S.N.A.

Main aggregates

billions of pesetas

	1960	1961	1962	1963	1964	1965	1966	1967	1968	1969	1970	1971
EXPENDITURE ON THE G.D.P.												
At current prices												
1. Government final consumption expenditure	50.7*	56.8*	65.2*	80.0*	87.3	104.0	125.0	153.0	166.8	191.8	219.2	252.5
2. Private final consumption expenditure	491.0*	555.0*	635.9*	763.1*	849.0	996.0	1 142.7	1 281.3	1 427.4	1 577.9	1 751.9	1 986.4
3. Households	..	..	..	..	..	..	..	..	..	..	..	..
4. Private non-profit institutions serving households	..	..	..	..	..	..	..	..	..	..	..	..
5. Increase in stocks	1.4*	17.7*	36.5*	39.9*	31.7	41.8	47.3	24.7	15.5	57.1	32.5	39.6
6. Gross fixed capital formation	122.7*	146.5*	172.9*	206.5*	249.1	304.1	355.7	404.8	464.9	538.7	596.5	617.8
7. **Total Domestic Expenditure**	665.8*	776.0*	910.5*	1 089.5*	1 217.1	1 445.9	1 670.7	1 863.8	2 074.6	2 365.5	2 600.1	2 896.3
8. Exports of goods and services	71.0*	78.2*	92.4*	102.1*	131.7	148.6	180.9	186.0	240.4	282.2	347.9	416.7
9. *Less:* Imports of goods and services	51.3*	73.4*	100.6*	126.8*	146.6	195.6	233.3	232.0	277.5	330.7	371.8	393.0
10. Statistical discrepancy	..	..	..	..								
11. **Gross Domestic Product**	685.5*	780.8*	902.3*	1 064.8*	1 202.2	1 398.9	1 618.3	1 817.8	2 037.5	2 317.0	2 576.2	2 920.0
At 1980 price levels [1]												
1. Government final consumption expenditure	686.6*	724.9*	773.1*	848.3*	859.1	890.8	905.9	927.2	944.2	983.9	1 035.4	1 084.1
2. Private final consumption expenditure	3 587.2*	3 981.8*	4 331.7*	4 822.0*	5 029.0	5 379.3	5 750.5	6 093.8	6 456.5	6 905.7	7 194.4	7 550.1
3. Households	..	..	..	..	..	..	..	..	..	..	..	..
4. Private non-profit institutions serving households	..	..	..	..	..	..	..	..	..	..	..	..
5. Increase in stocks	−13.4*	124.4*	254.3*	229.0*	179.0	235.5	262.2	132.9	79.8	284.0	161.6	187.4
6. Gross fixed capital formation	832.9*	981.9*	1 093.7*	1 218.4*	1 401.4	1 634.3	1 842.4	1 953.0	2 137.2	2 346.5	2 415.8	2 345.7
7. **Total Domestic Expenditure**	5 093.3*	5 813.1*	6 452.8*	7 117.7*	7 468.5	8 139.8	8 761.1	9 106.8	9 617.6	10 520.2	10 807.2	11 167.2
8. Exports of goods and services	403.7*	435.7*	491.6*	510.3*	640.5	684.6	788.4	751.6	890.1	1 028.3	1 207.7	1 364.7
9. *Less:* Imports of goods and services	270.5*	379.2*	509.9*	629.6*	711.7	947.6	1 127.8	1 090.5	1 178.8	1 364.5	1 459.9	1 469.3
10. Statistical discrepancy	−37.6*	−66.1*	−91.3*	−99.6*	−71.7	−87.2	−82.6	−68.2	−40.1	−64.4	−22.5	−8.4
11. **Gross Domestic Product**	5 189.0*	5 803.5*	6 343.1*	6 898.8*	7 325.6	7 789.6	8 339.1	8 699.7	9 288.8	10 119.6	10 532.5	11 054.2
COST COMPONENTS OF THE G.D.P.												
1. Indirect taxes	52.5*	57.8*	67.2*	75.1*	88.7	107.0	127.0	143.5	152.0	182.5	204.7	222.0
2. *Less:* Subsidies	5.7*	6.1*	9.2*	7.6*	10.1	12.6	12.1	15.5	18.0	16.8	23.0	30.8
3. Consumption of fixed capital	75.4*	83.6*	91.7*	101.8*	117.4	130.0	143.6	154.4	182.4	205.6	235.0	262.9
4. Compensation of employees paid by resident producers	292.0*	330.0*	382.7*	465.6*	533.1	628.9	751.8	871.6	962.7	1 101.4	1 246.2	1 443.2
5. Operating surplus	271.3*	315.5*	369.9*	429.9*	473.1	545.6	608.0	663.8	758.3	844.3	913.3	1 022.7
6. Statistical discrepancy	..	..	..	..	..	..	..	..	..	..	0.0	0.0
7. **Gross Domestic Product**	685.5*	780.8*	902.3*	1 064.8*	1 202.2	1 398.9	1 618.3	1 817.8	2 037.4	2 317.0	2 576.2	2 920.0
CAPITAL TRANSACTIONS OF THE NATION												
Finance of Gross Capital Formation												
1. Consumption of fixed capital	75.4*	83.6*	91.7*	101.8*	117.4	130.0	143.5	154.4	182.4	205.6	235.0	262.9
2. Net saving	78.0*	99.5*	121.4*	132.9*	165.1	186.5	225.4	247.6	281.5	364.5	400.0	458.1
3. *Less:* Surplus of the nation on current transactions	29.3*	18.9*	3.7*	−11.7*	1.7	−29.4	−34.2	−27.4	−16.3	−25.7	6.0	63.5
4. Statistical discrepancy	..	..	..	..	..	..	..	..	..	..	0.1	−.1
5. **Finance of Gross Capital Formation**	124.1*	164.2*	209.4*	246.4*	280.8	345.9	403.1	429.4	480.2	595.8	629.1	657.4
Gross capital formation												
6. Increase in stocks	1.4*	17.7*	36.5*	39.9*	31.7	41.8	47.3	24.7	15.5	57.1	32.5	39.6
7. Gross fixed capital formation	122.7*	146.5*	172.9*	206.5*	249.1	304.1	355.7	404.8	464.9	538.7	596.5	617.8
8. Statistical discrepancy	..	..	..	..	..	..	..	..	..	..		
9. **Gross Capital Formation**	124.1*	164.2*	209.4*	246.4*	280.8	345.9	403.0	429.5	480.4	595.8	629.0	657.4
RELATIONS AMONG NATIONAL ACCOUNTING AGGREGATES												
1. **Gross Domestic Product**	685.5*	780.8*	902.3*	1 064.8*	1 202.2	1 398.9	1 618.3	1 817.8	2 037.5	2 317.0	2 576.2	2 920.0
2. *Plus:* Net factor income from the rest of the world	−1.7*	−1.4*	−1.3*	−1.5*	−2.3	−4.1	−7.3	−8.6	−10.8	−16.1	−17.1	−15.7
3. Factor income from the rest of the world	..	..	..	..	2.7	3.2	1.7	2.1	2.9	3.4	4.6	8.8
4. Factor income paid to the rest of the world	..	..	..	..	5.1	7.3	8.9	10.6	13.7	19.5	21.7	24.5
5. *Equals:* **Gross National Product**	683.8*	779.4*	901.0*	1 063.3*	1 199.9	1 394.8	1 611.1	1 809.3	2 026.5	2 300.9	2 559.1	2 904.3
6. *Less:* Consumption of fixed capital	75.4*	83.6*	91.7*	101.8*	117.4	130.0	143.6	154.4	182.4	205.6	235.0	262.9
7. *Plus:* Statistical discrepancy	..	..	..	..	..	..	..	..	..	..		
8. *Equals:* **National Income**	608.4*	695.8*	809.3*	961.5*	1 082.5	1 264.8	1 467.5	1 654.9	1 844.1	2 095.3	2 324.0	2 641.4
9. *Plus:* Net current transfers from the rest of the world	11.3*	15.5*	13.2*	14.5*	19.0	21.6	25.6	27.1	31.5	38.9	47.0	55.5
10. Current transfers from the rest of the world	..	..	..	..	19.4	22.2	26.2	28.2	33.2	40.1	50.5	60.7
11. Current transfers paid to the rest of the world	..	..	..	..	0.4	0.5	0.6	1.1	1.6	1.3	3.5	5.2
12. *Equals:* **National Disposable Income**	619.7*	711.3*	822.5*	976.0*	1 101.5	1 286.4	1 493.1	1 682.0	1 875.7	2 134.2	2 371.1	2 696.9
13. *Less:* Final consumption	541.7*	611.8*	701.1*	843.1*	936.3	1 100.0	1 267.7	1 434.3	1 594.2	1 769.7	1 971.0	2 238.8
14. *Plus:* Statistical discrepancy	..	..	..	..	..	..	..	..	..	..		
15. *Equals:* **Net Saving**	78.0*	99.5*	121.4*	132.9*	165.1	186.5	225.4	247.6	281.5	364.5	400.0	458.1
16. *Less:* Surplus of the nation on current transactions	29.3*	18.9*	3.7*	−11.7*	1.7	−29.4	−34.2	−27.4	−16.3	−25.7	6.0	63.5
17. *Plus:* Statistical discrepancy	..	..	..	..	..	..	..	..	..	..		
18. *Equals:* **Net Capital Formation**	48.7*	80.6*	117.7*	144.6*	163.4	215.9	259.4	275.1	298.0	390.2	394.1	394.5

1. At 1970 relative prices.

ESPAGNE
Nouveau S.C.N.

Principaux Agrégats
milliards de pesetas

1972	1973	1974	1975	1976	1977	1978	1979	1980	1981	1982	1983	
												DÉPENSES IMPUTÉES AU P.I.B.
												Aux prix courants
293.5	354.6	447.9	555.8	711.5	921.0	1 169.3	1 425.7	1 749.9	2 013.2	2 389.9	2 800.0	1. Consommation finale des administrations publiques
2 327.9	2 802.2	3 464.5	4 101.7	5 012.7	6 374.2	7 702.1	9 053.5	10 605.4	12 093.9	13 906.3	15 724.1	2. Consommation finale privée
..	..	..	..	..	..	..	..	..	..	..	..	3. Ménages
..	..	..	..	..	..	..	..	..	..	..	..	4. Institutions privées sans but lucratif au service des ménages
49.6	49.3	175.0	197.1	223.6	150.2	42.9	152.4	278.1	64.5	25.1	38.3	5. Variations des stocks
762.5	976.1	1 258.5	1 400.3	1 577.7	1 927.3	2 236.1	2 481.2	2 943.4	3 510.2	3 906.3	4 269.6	6. Formation brute de capital fixe
3 433.5	4 182.2	5 345.9	6 254.9	7 525.5	9 372.7	11 150.4	13 112.8	15 576.8	17 681.8	20 227.6	22 832.0	7. **Demande intérieure totale**
496.7	597.5	735.8	800.7	1 014.7	1 322.6	1 696.8	1 950.5	2 347.1	3 004.1	3 617.3	4 646.1	8. Exportations de biens et services
497.9	640.0	979.7	1 037.3	1 306.0	1 516.9	1 616.5	1 932.8	2 738.8	3 358.5	3 974.5	4 795.2	9. *Moins* : Importations de biens et services
..	..	..	..	..	..	..	..	..	..	..	..	10. Divergence statistique
3 432.3	4 139.7	5 102.0	6 018.3	7 234.2	9 178.4	11 230.7	13 130.5	15 185.1	17 327.4	19 870.4	22 682.9	11. **Produit intérieur brut**
												Aux niveaux de prix de 1980[1]
1 143.6	1 220.2	1 320.8	1 390.3	1 464.5	1 524.5	1 608.6	1 676.7	1 749.9	1 775.4	1 891.7	1 979.6	1. Consommation finale des administrations publiques
8 177.6	8 835.0	9 292.5	9 515.9	9 958.6	10 210.3	10 347.9	10 470.3	10 605.4	10 511.8	10 581.2	10 659.6	2. Consommation finale privée
..	..	..	..	..	..	..	..	..	..	..	..	3. Ménages
..	..	..	..	..	..	..	..	..	..	..	..	4. Institutions privées sans but lucratif au service des ménages
223.6	195.3	366.3	366.3	384.7	224.6	55.5	179.0	278.1	50.1	17.4	23.8	5. Variations des stocks
2 717.5	3 106.6	3 313.1	3 183.9	3 120.8	3 113.5	3 040.6	2 904.5	2 943.4	2 977.8	2 904.9	2 800.1	6. Formation brute de capital fixe
12 262.2	13 357.1	14 292.8	14 456.5	14 928.5	15 072.9	15 052.6	15 230.4	15 576.8	15 315.1	15 395.1	15 463.0	7. **Demande intérieure totale**
1 530.9	1 668.8	1 682.6	1 658.3	1 825.3	1 980.2	2 191.9	2 332.9	2 347.1	2 509.9	2 678.3	2 900.1	8. Exportations de biens et services
1 831.6	2 132.7	2 296.5	2 272.1	2 500.5	2 382.8	2 366.3	2 637.5	2 738.8	2 642.6	2 769.8	2 761.6	9. *Moins* : Importations de biens et services
-7.5	0.0	-47.9	-62.8	-58.4	-7.2	48.0	29.2	0.0	70.2	83.9	109.3	10. Divergence statistique
11 954.0	12 893.1	13 630.7	13 779.9	14 194.9	14 663.0	14 926.3	14 954.9	15 185.1	15 252.6	15 387.5	15 710.9	11. **Produit intérieur brut**
												RÉPARTITION DU P.I.B.
265.0	331.3	353.7	403.9	480.4	613.2	693.4	824.0	981.0	1 223.4	1 466.0	1 795.0	1. Impôts indirects
35.5	38.8	48.3	68.6	94.7	130.2	213.6	222.5	280.0	294.4	471.6	610.0	2. *Moins* : Subventions
291.6	342.2	433.9	529.7	636.3	804.8	977.4	1 194.3	1 428.0	1 717.2	2 034.3	2 360.2	3. Consommation de capital fixe
1 753.6	2 138.0	2 652.0	3 232.3	3 975.6	5 047.4	6 189.3	7 216.7	8 176.5	9 262.4	10 439.5	11 667.4	4. Rémunération des salariés payée par les producteurs résidents
1 157.6	1 366.9	1 710.7	1 921.0	2 236.6	2 843.2	3 584.1	4 118.0	4 879.6	5 418.8	6 403.2	7 470.2	5. Excédent net d'exploitation
0.0	0.1	0.0	0.1	0.0	0.1	0.1	0.0	0.0	0.0	0.0	0.0	6. Divergence statistique
3 432.3	4 139.7	5 102.0	6 018.4	7 234.2	9 178.5	11 230.7	13 130.5	15 185.1	17 327.4	19 870.5	22 682.8	7. **Produit intérieur brut**
												OPÉRATIONS EN CAPITAL DE LA NATION
												Financement de la formation brute de capital
291.6	342.2	433.9	529.7	636.3	804.8	977.4	1 194.3	1 428.0	1 717.2	2 034.3	2 360.2	1. Consommation de capital fixe
563.2	709.2	823.1	884.7	912.9	1 105.7	1 407.1	1 479.7	1 431.1	1 436.2	1 439.0	1 638.9	2. Epargne nette
42.8	26.1	-176.4	-183.1	-252.2	-166.9	105.5	40.4	-362.4	-421.3	-458.1	-308.8	3. *Moins* : Solde des opérations courantes de la nation
0.1	0.1	0.1	-.1	-.1	0.1	0.0	0.0	0.0	0.0	0.0	0.0	4. Divergence statistique
812.1	1 025.4	1 433.5	1 597.4	1 801.3	2 077.5	2 279.0	2 633.6	3 221.5	3 574.7	3 931.4	4 307.9	5. **Financement de la formation brute de capital**
												Formation brute de capital
49.6	49.3	175.0	197.1	223.6	150.2	43.0	152.4	278.0	64.5	25.1	38.3	6. Variations des stocks
762.5	976.1	1 258.5	1 400.3	1 577.7	1 927.3	2 236.0	2 481.2	2 943.5	3 510.1	3 906.3	4 269.6	7. Formation brute de capital fixe
..	..	..	..	..	..	..	..	..	..	..	..	8. Divergence statistique
812.1	1 025.4	1 433.5	1 597.4	1 801.3	2 077.5	2 279.0	2 633.6	3 221.5	3 574.6	3 931.4	4 307.9	9. **Formation brute de capital**
												RELATIONS ENTRE LES PRINCIPAUX AGRÉGATS
3 432.3	4 139.7	5 102.0	6 018.3	7 234.2	9 178.4	11 230.7	13 130.5	15 185.1	17 327.4	19 870.3	22 682.8	1. **Produit intérieur brut**
-16.3	-11.8	-1.0	-18.6	-40.1	-62.1	-87.4	-78.2	-113.1	-220.0	-265.4	-336.0	2. *Plus* : Revenu net des facteurs reçu du reste du monde
13.3	22.6	41.7	35.5	29.6	32.5	55.3	91.2	121.9	183.8	202.4	184.0	3. Revenu des facteurs reçu du reste du monde
29.7	34.4	42.7	54.0	69.6	94.6	142.6	169.4	235.0	403.8	467.7	519.9	4. Revenu des facteurs payé au reste du monde
3 416.0	4 127.9	5 101.0	5 999.7	7 194.1	9 116.3	11 143.2	13 052.3	15 072.0	17 107.4	19 604.9	22 346.8	5. *Égal* : **Produit national brut**
291.6	342.2	433.9	529.7	636.3	804.8	977.4	1 194.3	1 427.9	1 717.2	2 034.3	2 360.2	6. *Moins* : consommation de capital fixe
..	..	..	..	..	..	..	..	..	..	..	..	7. *Plus* : Divergence statistique
3 124.3	3 785.7	4 667.1	5 470.0	6 557.8	8 311.5	10 165.8	11 858.0	13 644.1	15 390.2	17 570.6	19 986.6	8. *Égal* : **Revenu national**
60.4	80.3	68.5	72.0	79.2	89.5	112.6	101.0	142.5	153.1	164.5	176.3	9. *Plus* : Transferts courants nets reçus du reste du monde
67.6	90.0	84.4	90.0	108.7	130.3	156.8	159.0	193.3	210.7	233.8	264.2	10. Transferts courants reçus du reste du monde
7.2	9.6	15.9	18.1	29.6	40.7	44.3	58.0	50.8	57.6	69.4	87.9	11. Transferts courants payés au reste du monde
3 184.7	3 866.0	4 735.6	5 542.1	6 637.0	8 401.0	10 278.4	11 959.0	13 786.6	15 543.3	17 735.1	20 162.9	12. *Égal* : **Revenu national disponible**
2 621.5	3 156.7	3 912.5	4 657.5	5 724.1	7 295.2	8 871.3	10 479.2	12 355.5	14 107.0	16 296.1	18 524.1	13. *Moins* : Consommation finale
..	..	..	..	..	..	..	..	..	..	..	..	14. *Plus* : Divergence statistique
563.2	709.2	823.1	884.7	912.9	1 105.7	1 407.1	1 479.7	1 431.1	1 436.2	1 439.0	1 639.0	15. *Égal* : **Épargne nette**
42.8	26.1	-176.4	-183.1	-252.2	-166.9	105.5	40.4	-362.4	-421.3	-458.1	-308.8	16. *Moins* : Solde des opérations courantes de la nation
..	..	..	..	..	..	..	..	..	..	..	..	17. *Plus* : Divergence statistique
520.5	683.2	999.6	1 067.7	1 165.0	1 272.7	1 301.6	1 439.3	1 793.5	1 857.5	1 897.1	1 947.6	18. *Égal* : **Formation nette de capital**

1. Aux prix relatifs de 1970.

SWEDEN[1]

Present S.N.A.

Main aggregates

millions of kronor

	1960	1961	1962	1963	1964	1965	1966	1967	1968	1969	1970	1971
EXPENDITURE ON THE G.D.P.												
At current prices												
1. Government final consumption expenditure	11 429	12 452	14 252	15 840	17 567	19 960	23 100	25 912	28 950	31 755	36 916	41 833
2. Private final consumption expenditure	43 321	46 662	50 119	52 955	57 045	62 699	68 113	73 433	77 791	83 987	92 237	99 372
3. Households	..	..	..	52 449	56 495	62 090	67 445	72 672	76 921	83 016	91 176	98 192
4. Private non-profit institutions serving households				506	550	609	668	761	870	971	1 061	1 180
5. Increase in stocks	1 897	1 237	811	186	1 992	2 756	1 378	248	440	1 998	5 269	1 984
6. Gross fixed capital formation	15 937	17 780	19 707	22 145	25 025	27 672	30 214	32 851	33 559	35 395	38 767	40 879
7. **Total Domestic Expenditure**	72 584	78 131	84 889	91 126	101 629	113 087	122 805	132 444	140 740	153 135	173 189	184 068
8. Exports of goods and services	16 550	17 484	18 589	20 138	22 847	24 616	26 240	28 067	30 430	35 005	41 515	45 317
9. *Less:* Imports of goods and services	16 974	17 093	18 282	19 905	22 583	25 591	27 088	28 135	30 698	35 585	42 478	43 170
10. Statistical discrepancy	..	..	..	..	..	..	..	..	..	..	..	..
11. **Gross Domestic Product**	72 160	78 522	85 196	91 359	101 893	112 112	121 957	132 376	140 472	152 555	172 226	186 215
At 1980 price levels[2]												
1. Government final consumption expenditure	64 695	66 796	71 299	76 554	78 839	82 610	87 175	91 240	97 503	102 583	110 825	113 241
2. Private final consumption expenditure	160 302	168 834	174 374	182 130	189 423	197 475	201 284	205 882	214 279	223 814	231 661	231 867
3. Households	..	..	..	178 463	185 828	193 497	197 423	202 141	210 610	219 943	227 617	227 755
4. Private non-profit institutions serving households				3 814	3 683	4 138	3 965	3 786	3 648	3 860	4 044	4 112
5. Increase in stocks	5 121	3 313	2 074	376	5 687	8 373	4 058	1 174	848	3 719	13 405	5 944
6. Gross fixed capital formation	60 043	64 827	68 875	74 983	80 658	83 914	87 744	92 432	93 028	97 027	100 185	99 607
7. **Total Domestic Expenditure**	290 160	303 771	316 622	334 042	354 609	372 371	380 261	390 728	405 658	427 143	456 076	450 659
8. Exports of goods and services	51 892	54 589	59 011	63 253	70 861	74 809	78 451	82 777	89 071	99 292	107 872	113 016
9. *Less:* Imports of goods and services	65 889	66 031	70 080	74 649	81 879	91 104	94 988	97 320	105 378	118 974	131 301	126 941
10. Statistical discrepancy	–992	–1 436	–2 185	–3 609	–2 814	–2 272	–2 521	–2 814	–2 383	–1 118	0	0
11. **Gross Domestic Product**	275 171	290 892	303 368	319 037	340 776	353 804	361 203	373 371	386 968	406 342	432 647	436 734
COST COMPONENTS OF THE G.D.P.												
1. Indirect taxes	7 206	8 070	9 584	10 425	11 392	13 202	15 079	16 387	18 955	20 171	21 754	27 627
2. *Less:* Subsidies	700	876	943	1 336	1 396	1 599	1 930	2 069	2 986	2 946	2 847	3 425
3. Consumption of fixed capital	7 350	7 996	8 793	9 485	10 366	11 531	12 682	13 633	14 219	14 562	16 351	17 978
4. Compensation of employees paid by resident producers	38 630	42 741	47 878	52 872	58 769	65 098	72 394	78 364	84 449	92 022	103 018	112 668
5. Operating surplus	19 674	20 591	19 884	19 913	22 762	23 880	23 732	26 061	25 835	28 746	33 950	31 367
6. Statistical discrepancy	..	..	..	..	..	..	..	..	..	..	..	..
7. **Gross Domestic Product**	72 160	78 522	85 196	91 359	101 893	112 112	121 957	132 376	140 472	152 555	172 226	186 215
CAPITAL TRANSACTIONS OF THE NATION												
Finance of Gross Capital Formation												
1. Consumption of fixed capital	7 350	7 996	8 793	9 485	10 366	11 531	12 682	13 633	14 219	14 562	16 351	17 978
2. Net saving	10 074	11 429	12 051	13 114	17 019	18 005	18 046	19 282	19 218	21 812	26 318	26 679
3. *Less:* Surplus of the nation on current transactions	–410	408	326	268	368	–892	–864	–184	–562	–1 019	–1 367	1 794
4. Statistical discrepancy	..	..	..	..	..	..	..	..	..	..	..	..
5. **Finance of Gross Capital Formation**	17 834	19 017	20 518	22 331	27 017	30 428	31 592	33 099	33 999	37 393	44 036	42 863
Gross capital formation												
6. Increase in stocks	1 897	1 237	811	186	1 992	2 756	1 378	248	440	1 998	5 269	1 984
7. Gross fixed capital formation	15 937	17 780	19 707	22 145	25 025	27 672	30 214	32 851	33 559	35 395	38 767	40 879
8. Statistical discrepancy	..	..	..	..	..	..	..	..	..	..	..	..
9. **Gross Capital Formation**	17 834	19 017	20 518	22 331	27 017	30 428	31 592	33 099	33 999	37 393	44 036	42 863
RELATIONS AMONG NATIONAL ACCOUNTING AGGREGATES												
1. **Gross Domestic Product**	72 160	78 522	85 196	91 359	101 893	112 112	121 957	132 376	140 472	152 555	172 226	186 215
2. *Plus:* Net factor income from the rest of the world	124	96	127	97	208	158	120	30	–35	–107	–56	184
3. Factor income from the rest of the world	326	328	371	349	489	493	552	538	552	594	856	1 195
4. Factor income paid to the rest of the world	202	232	244	252	281	335	432	508	587	701	912	1 011
5. *Equals:* **Gross National Product**	72 284	78 618	85 323	91 456	102 101	112 270	122 077	132 406	140 437	152 448	172 170	186 399
6. *Less:* Consumption of fixed capital	7 350	7 996	8 793	9 485	10 366	11 531	12 682	13 633	14 219	14 562	16 351	17 978
7. *Plus:* Statistical discrepancy	..	..	..	..	..	..	..	..	..	..	..	..
8. *Equals:* **National Income**	64 934	70 622	76 530	81 971	91 735	100 739	109 395	118 773	126 218	137 886	155 819	168 421
9. *Plus:* Net current transfers from the rest of the world	–110	–79	–108	–62	–104	–75	–136	–146	–259	–332	–348	–537
10. Current transfers from the rest of the world	165	216	223	311	348	412	474	516	572	741	887	923
11. Current transfers paid to the rest of the world	275	295	331	373	452	487	610	662	831	1 073	1 235	1 460
12. *Equals:* **National Disposable Income**	64 824	70 543	76 422	81 909	91 631	100 664	109 259	118 627	125 959	137 554	155 471	167 884
13. *Less:* Final consumption	54 750	59 114	64 371	68 795	74 612	82 659	91 213	99 345	106 741	115 742	129 153	141 205
14. *Plus:* Statistical discrepancy	..	..	..	..	..	..	..	..	..	..	..	..
15. *Equals:* **Net Saving**	10 074	11 429	12 051	13 114	17 019	18 005	18 046	19 282	19 218	21 812	26 318	26 679
16. *Less:* Surplus of the nation on current transactions	–410	408	326	268	368	–892	–864	–184	–562	–1 019	–1 367	1 794
17. *Plus:* Statistical discrepancy	..	..	..	..	..	..	..	..	..	..	..	..
18. *Equals:* **Net Capital Formation**	10 484	11 021	11 725	12 846	16 651	18 897	18 910	19 466	19 780	22 831	27 685	24 885

1. Breaks in 1963 and 1970 due to revisions.
2. At 1980 relative prices for 1970-1983 and at 1975 relative prices for 1960-1969.

SUÈDE[1]

Principaux Agrégats

Nouveau S.C.N.

millions de couronnes

1972	1973	1974	1975	1976	1977	1978	1979	1980	1981	1982	1983	
												DÉPENSES IMPUTÉES AU P.I.B.
												Aux prix courants
46 256	51 386	59 393	71 530	84 540	101 615	115 068	130 657	151 374	167 414	182 711	200 612	1. Consommation finale des administrations publiques
109 373	120 679	137 625	156 908	181 464	198 929	220 480	243 755	271 831	301 024	336 650	365 850	2. Consommation finale privée
108 079	119 263	135 906	154 811	178 802	195 682	216 379	239 430	266 953	295 825	330 696	359 364	3.　Ménages
1 294	1 416	1 719	2 097	2 662	3 247	4 101	4 325	4 878	5 199	5 954	6 486	4.　Institutions privées sans but lucratif au service des ménages
-177	-1 189	6 066	10 013	7 865	-2 399	-7 423	962	5 905	-5 587	-6 093	-9 629	5. Variations des stocks
45 232	49 611	55 001	62 918	72 024	78 047	80 099	91 561	105 986	109 890	118 236	131 470	6. Formation brute de capital fixe
200 684	220 487	258 085	301 369	345 893	376 192	408 224	466 935	535 096	572 741	631 504	688 303	7. **Demande intérieure totale**
49 284	62 133	82 493	84 679	94 073	101 332	116 399	140 568	156 523	172 527	201 331	249 247	8. Exportations de biens et services
46 210	55 876	84 451	85 263	99 769	107 508	112 173	145 196	166 520	172 228	205 157	233 076	9. *Moins* : Importations de biens et services
..	..	..	..	..	..	..	..	..	..	..	..	10. Divergence statistique
203 758	226 744	256 127	300 785	340 197	370 016	412 450	462 307	525 099	573 040	627 678	704 474	11. **Produit intérieur brut**
												Aux niveaux de prix de 1980[2]
116 012	118 988	122 649	128 384	132 915	136 873	141 387	148 084	151 374	154 439	155 641	156 987	1. Consommation finale des administrations publiques
239 824	246 011	254 317	261 433	272 298	269 471	267 564	274 028	271 831	270 432	274 144	269 725	2. Consommation finale privée
235 566	241 537	249 755	256 842	267 929	265 051	263 008	269 338	266 953	265 522	268 914	264 345	3.　Ménages
4 258	4 474	4 562	4 591	4 369	4 420	4 556	4 690	4 878	4 910	5 230	5 380	4.　Institutions privées sans but lucratif au service des ménages
-521	-1 961	10 967	15 073	10 780	-3 189	-9 365	360	5 905	-5 312	-5 181	-7 371	5. Variations des stocks
103 757	106 517	103 290	106 483	108 461	105 267	98 065	102 444	105 986	100 324	99 226	100 355	6. Formation brute de capital fixe
459 072	469 555	491 223	511 373	524 454	508 422	497 651	524 916	535 096	519 883	523 830	519 696	7. **Demande intérieure totale**
119 643	136 027	143 248	129 951	135 563	137 537	148 266	157 364	156 523	158 281	165 260	182 691	8. Exportations de biens et services
131 985	141 126	155 161	149 778	163 270	157 141	148 537	165 801	166 520	154 651	161 357	161 349	9. *Moins* : Importations de biens et services
0	0	0	0	0	0	0	0	0	0	0	0	10. Divergence statistique
446 730	464 456	479 310	491 546	496 747	488 818	497 380	516 479	525 099	523 513	527 733	541 038	11. **Produit intérieur brut**
												RÉPARTITION DU P.I.B.
28 936	32 797	34 112	41 622	49 289	56 463	57 622	62 001	71 337	83 784	91 795	109 639	1. Impôts indirects
3 878	4 297	6 049	9 210	13 366	15 282	17 311	19 719	22 643	26 684	31 076	36 769	2. *Moins* : Subventions
19 781	22 205	26 434	30 538	35 158	40 516	45 963	51 723	59 421	66 479	74 675	84 339	3. Consommation de capital fixe
123 315	132 663	153 427	183 743	217 969	245 104	272 908	299 946	337 085	368 363	389 526	421 042	4. Rémunération des salariés payée par les producteurs résidents
35 604	43 376	48 203	54 092	51 147	43 215	53 268	68 356	79 899	81 098	102 758	126 223	5. Excédent net d'exploitation
..	..	..	..	..	..	..	..	..	..	..	..	6. Divergence statistique
203 758	226 744	256 127	300 785	340 197	370 016	412 450	462 307	525 099	573 040	627 678	704 474	7. **Produit intérieur brut**
												OPÉRATIONS EN CAPITAL DE LA NATION
												Financement de la formation brute de capital
19 781	22 205	26 434	30 538	35 158	40 516	45 963	51 723	59 421	66 479	74 675	84 339	1. Consommation de capital fixe
27 945	32 464	32 193	40 924	37 607	25 538	26 546	30 663	33 647	23 646	14 707	30 476	2. Epargne nette
2 671	6 247	-2 440	-1 469	-7 124	-9 594	-167	-10 137	-18 823	-14 178	-22 761	-7 026	3. *Moins* : Solde des opérations courantes de la nation
..	..	..	..	..	..	..	..	..	..	..	..	4. Divergence statistique
45 055	48 422	61 067	72 931	79 889	75 648	72 676	92 523	111 891	104 303	112 143	121 841	5. **Financement de la formation brute de capital**
												Formation brute de capital
-177	-1 189	6 066	10 013	7 865	-2 399	-7 423	962	5 905	-5 587	-6 093	-9 629	6. Variations des stocks
45 232	49 611	55 001	62 918	72 024	78 047	80 099	91 561	105 986	109 890	118 236	131 470	7. Formation brute de capital fixe
..	..	..	..	..	..	..	..	..	..	..	..	8. Divergence statistique
45 055	48 422	61 067	72 931	79 889	75 648	72 676	92 523	111 891	104 303	112 143	121 841	9. **Formation brute de capital**
												RELATIONS ENTRE LES PRINCIPAUX AGRÉGATS
203 758	226 744	256 127	300 785	340 197	370 016	412 450	462 307	525 099	573 040	627 678	704 474	1. **Produit intérieur brut**
363	765	712	807	461	-689	-1 376	-1 266	-4 023	-9 440	-13 869	-17 162	2. *Plus* : Revenu net des facteurs reçu du reste du monde
1 477	2 123	2 536	2 891	3 816	4 023	5 968	6 720	7 924	12 083	13 730	14 431	3.　Revenu des facteurs reçu du reste du monde
1 114	1 358	1 824	2 084	3 355	4 712	7 344	7 986	11 947	21 523	27 599	31 593	4.　Revenu des facteurs payé au reste du monde
204 121	227 509	256 839	301 592	340 658	369 327	411 074	461 041	521 076	563 600	613 809	687 312	5. *Égal* : **Produit national brut**
19 781	22 205	26 434	30 538	35 158	40 516	45 963	51 723	59 421	66 479	74 675	84 339	6. *Moins* : consommation de capital fixe
..	..	..	..	..	..	..	..	..	..	..	..	7. *Plus* : Divergence statistique
184 340	205 304	230 405	271 054	305 500	328 811	365 111	409 318	461 655	497 121	539 134	602 973	8. *Égal* : **Revenu national**
-766	-775	-1 194	-1 692	-1 889	-2 729	-3 017	-4 243	-4 803	-5 037	-5 066	-6 035	9. *Plus* : Transferts courants nets reçus du reste du monde
1 144	1 274	1 457	1 691	2 062	2 110	2 453	2 024	2 100	6 341	9 113	9 203	10.　Transferts courants reçus du reste du monde
1 910	2 049	2 651	3 383	3 951	4 839	5 470	6 267	6 903	11 378	14 179	15 238	11.　Transferts courants payés au reste du monde
183 574	204 529	229 211	269 362	303 611	326 082	362 094	405 075	456 852	492 084	534 068	596 938	12. *Égal* : **Revenu national disponible**
155 629	172 065	197 018	228 438	266 004	300 544	335 548	374 412	423 205	468 438	519 361	566 462	13. *Moins* : Consommation finale
..	..	..	..	..	..	..	..	..	..	..	..	14. *Plus* : Divergence statistique
27 945	32 464	32 193	40 924	37 607	25 538	26 546	30 663	33 647	23 646	14 707	30 476	15. *Égal* : **Épargne nette**
2 671	6 247	-2 440	-1 469	-7 124	-9 594	-167	-10 137	-18 823	-14 178	-22 761	-7 026	16. *Moins* : Solde des opérations courantes de la nation
..	..	..	..	..	..	..	..	..	..	..	..	17. *Plus* : Divergence statistique
25 274	26 217	34 633	42 393	44 731	35 132	26 713	40 800	52 470	37 824	37 468	37 502	18. *Égal* : **Formation nette de capital**

1. Ruptures des séries en 1963 et 1970 dues à des révisions
2. Aux prix relatifs de 1980 pour la période 1970-1983 et aux prix relatifs de 1975 pour la période 1960-1969.

SWITZERLAND
Former system

Main aggregates

millions of francs

	1960	1961	1962	1963	1964	1965	1966	1967	1968	1969	1970	1971
EXPENDITURE ON THE G.D.P.												
At current prices												
1. Government final consumption expenditure	3 305	4 060	4 715	5 400	5 935	6 385	6 810	7 235	7 795	8 560	9 505	11 240
2. Private final consumption expenditure	23 330	25 620	28 595	31 055	33 900	36 475	39 325	42 250	45 020	48 790	53 455	59 890
3. Households	..	..	..	..	..	..	..	..	..	..	..	..
4. Private non-profit institutions serving households	..	..	..	..	..	..	..	..	..	..	..	..
5. Increase in stocks	1 570	2 110	1 535	1 065	1 395	1 050	1 260	2 175	1 915	2 025	4 290	3 325
6. Gross fixed capital formation	9 270	11 510	13 440	15 385	17 450	17 465	17 905	18 325	19 195	20 995	24 955	30 125
7. **Total Domestic Expenditure**	37 475	43 300	48 285	52 905	58 680	61 375	65 300	69 985	73 925	80 370	92 205	104 580
8. Exports of goods and services	10 955	12 065	13 220	14 405	15 940	17 490	19 210	20 495	23 170	26 630	29 710	32 060
9. *Less:* Imports of goods and services	11 060	13 325	14 885	16 045	17 795	18 005	19 155	20 130	21 975	25 605	31 250	33 645
10. Statistical discrepancy	..	..	..	..	..	..	..	..	..	..	..	..
11. **Gross Domestic Product**	37 370	42 040	46 620	51 265	56 825	60 860	65 355	70 350	75 120	81 395	90 665	102 995
At 1980 price levels[1]												
1. Government final consumption expenditure	10 098	11 838	12 816	13 932	14 305	14 956	15 254	15 496	16 092	16 883	17 692	18 725
2. Private final consumption expenditure	56 552	60 403	64 263	67 370	70 544	72 992	75 172	77 369	80 368	84 753	89 306	93 558
3. Households	..	..	..	..	..	..	..	..	..	..	..	..
4. Private non-profit institutions serving households	..	..	..	..	..	..	..	..	..	..	..	..
5. Increase in stocks	3 268	4 227	2 943	1 962	2 471	1 837	2 117	3 548	3 061	3 172	6 329	4 743
6. Gross fixed capital formation	21 692	25 102	27 667	29 691	32 115	31 322	31 063	31 107	32 063	33 969	37 001	40 648
7. **Total Domestic Expenditure**	91 610	101 570	107 689	112 956	119 435	121 107	123 606	127 520	131 584	138 777	150 328	157 675
8. Exports of goods and services	20 755	22 419	23 810	25 047	26 655	28 662	30 151	31 185	34 303	38 882	41 538	43 153
9. *Less:* Imports of goods and services	18 973	22 746	25 125	26 342	28 624	28 638	29 641	30 844	33 408	37 725	42 963	45 637
10. Statistical discrepancy	1 486	1 329	1 111	1 068	1 187	1 299	1 328	1 415	1 437	1 526	1 576	1 422
11. **Gross Domestic Product**	94 879	102 571	107 484	112 729	118 654	122 430	125 443	129 277	133 915	141 459	150 480	156 612
COST COMPONENTS OF THE G.D.P.												
1. Indirect taxes	2 710	3 140	3 455	3 770	4 155	4 345	4 590	4 840	5 265	5 860	6 375	6 960
2. *Less:* Subsidies	365	410	425	420	480	565	575	640	870	815	760	955
3. Consumption of fixed capital	3 975	4 505	4 890	5 330	6 070	6 590	7 235	7 810	8 525	9 290	10 770	12 250
4. Compensation of employees paid by resident producers	19 345	21 925	24 595	27 460	30 520	33 130	35 300	38 335	40 925	44 085	49 605	57 675
5. Operating surplus	11 705	12 880	14 105	15 125	16 560	17 360	18 805	20 005	21 275	22 975	24 675	27 065
6. Statistical discrepancy	..	..	..	..	..	..	..	..	..	..	..	..
7. **Gross Domestic Product**	37 370	42 040	46 620	51 265	56 825	60 860	65 355	70 350	75 120	81 395	90 665	102 995
CAPITAL TRANSACTIONS OF THE NATION												
Finance of Gross Capital Formation												
1. Consumption of fixed capital	3 975	4 505	4 890	5 330	6 070	6 590	7 235	7 810	8 525	9 290	10 770	12 250
2. Net saving	7 275	8 200	8 620	9 565	11 000	11 625	12 470	13 745	14 955	16 030	18 805	21 610
3. *Less:* Surplus of the nation on current transactions	410	−915	−1 465	−1 555	−1 775	−300	540	1 055	2 370	2 300	330	410
4. Statistical discrepancy	..	..	..	..	..	..	..	..	..	..	..	..
5. **Finance of Gross Capital Formation**	10 840	13 620	14 975	16 450	18 845	18 515	19 165	20 500	21 110	23 020	29 245	33 450
Gross capital formation												
6. Increase in stocks	1 570	2 110	1 535	1 065	1 395	1 050	1 260	2 175	1 915	2 025	4 290	3 325
7. Gross fixed capital formation	9 270	11 510	13 440	15 385	17 450	17 465	17 905	18 325	19 195	20 995	24 955	30 125
8. Statistical discrepancy	..	..	..	..	..	..	..	..	..	..	..	..
9. **Gross Capital Formation**	10 840	13 620	14 975	16 450	18 845	18 515	19 165	20 500	21 110	23 020	29 245	33 450
RELATIONS AMONG NATIONAL ACCOUNTING AGGREGATES												
1. **Gross Domestic Product**	37 370	42 040	46 620	51 265	56 825	60 860	65 355	70 350	75 120	81 395	90 665	102 995
2. *Plus:* Net factor income from the rest of the world	900	960	1 030	1 075	1 150	1 330	1 620	1 760	2 270	2 565	3 265	3 490
3. Factor income from the rest of the world	1 470	1 580	1 700	1 810	1 965	2 175	2 545	2 850	3 395	3 890	4 875	5 560
4. Factor income paid to the rest of the world	570	620	670	735	815	845	925	1 090	1 125	1 325	1 610	2 070
5. *Equals:* **Gross National Product**	38 270	43 000	47 650	52 340	57 975	62 190	66 975	72 110	77 390	83 960	93 930	106 485
6. *Less:* Consumption of fixed capital	3 975	4 505	4 890	5 330	6 070	6 590	7 235	7 810	8 525	9 290	10 770	12 250
7. *Plus:* Statistical discrepancy	..	..	..	..	..	..	..	..	..	..	..	..
8. *Equals:* **National Income**	34 295	38 495	42 760	47 010	51 905	55 600	59 740	64 300	68 865	74 670	83 160	94 235
9. *Plus:* Net current transfers from the rest of the world	−385	−615	−830	−990	−1 070	−1 115	−1 135	−1 070	−1 095	−1 290	−1 395	−1 495
10. Current transfers from the rest of the world	260	280	290	305	310	305	340	350	395	410	435	595
11. Current transfers paid to the rest of the world	645	895	1 120	1 295	1 380	1 420	1 475	1 420	1 490	1 700	1 830	2 090
12. *Equals:* **National Disposable Income**	33 910	37 880	41 930	46 020	50 835	54 485	58 605	63 230	67 770	73 380	81 765	92 740
13. *Less:* Final consumption	26 635	29 680	33 310	36 455	39 835	42 860	46 135	49 485	52 815	57 350	62 960	71 130
14. *Plus:* Statistical discrepancy	..	..	..	..	..	..	..	..	..	..	..	..
15. *Equals:* **Net Saving**	7 275	8 200	8 620	9 565	11 000	11 625	12 470	13 745	14 955	16 030	18 805	21 610
16. *Less:* Surplus of the nation on current transactions	410	−915	−1 465	−1 555	−1 775	−300	540	1 055	2 370	2 300	330	410
17. *Plus:* Statistical discrepancy	..	..	..	..	..	..	..	..	..	..	..	..
18. *Equals:* **Net Capital Formation**	6 865	9 115	10 085	11 120	12 775	11 925	11 930	12 690	12 585	13 730	18 475	21 200

1. At 1970 relative prices.

SUISSE
Principaux Agrégats
Ancien système

millions de francs

1972	1973	1974	1975	1976	1977	1978	1979	1980	1981	1982	1983	
												DÉPENSES IMPUTÉES AU P.I.B.
												Aux prix courants
12 705	14 620	16 415	17 685	18 690	18 895	19 510	20 520	21 685	23 545	25 555	27 470	1. Consommation finale des administrations publiques
67 955	76 140	83 345	86 270	89 145	92 900	95 540	101 000	108 335	116 020	122 440	127 730	2. Consommation finale privée
..	..	..	..	..	..	..	..	..	..	..	..	3. Ménages
..	..	..	..	..	..	..	..	..	..	..	..	4. Institutions privées sans but lucratif au service des ménages
2 455	2 530	5 200	−1 455	205	0	435	3 255	5 820	2 450	1 795	1 590	5. Variations des stocks
34 640	38 210	38 885	33 655	29 230	30 235	32 490	34 585	40 500	44 560	45 300	47 500	6. Formation brute de capital fixe
117 755	131 500	143 845	136 155	137 270	142 030	147 975	159 360	176 340	186 575	195 090	204 290	7. **Demande intérieure totale**
35 770	40 225	45 905	44 030	47 700	53 445	53 225	56 015	62 580	69 100	69 550	71 440	8. Exportations de biens et services
36 815	41 665	48 650	40 030	43 010	49 685	49 525	56 830	68 590	70 920	68 660	71 870	9. *Moins* : Importations de biens et services
..	..	..	..	..	..	..	..	..	..	..	..	10. Divergence statistique
116 710	130 060	141 100	140 155	141 960	145 790	151 675	158 545	170 330	184 755	195 980	203 860	11. **Produit intérieur brut**
												Aux niveaux de prix de 1980[1]
19 265	19 731	20 066	20 196	20 754	20 838	21 257	21 480	21 685	22 215	22 411	23 388	1. Consommation finale des administrations publiques
98 645	101 368	100 875	97 927	98 971	101 970	104 233	105 562	108 335	108 828	108 828	110 507	2. Consommation finale privée
..	..	..	..	..	..	..	..	..	..	..	..	3. Ménages
..	..	..	..	..	..	..	..	..	..	..	..	4. Institutions privées sans but lucratif au service des ménages
2 928	2 914	6 012	−1 785	229	0	369	3 651	5 820	2 198	1 564	1 372	5. Variations des stocks
42 672	43 910	42 042	36 334	32 516	33 042	35 058	36 845	40 500	41 471	40 367	42 086	6. Formation brute de capital fixe
163 511	167 923	168 995	152 671	152 469	155 850	160 918	167 538	176 340	174 713	173 169	177 354	7. **Demande intérieure totale**
45 900	49 508	50 018	46 732	51 080	56 044	58 127	59 560	62 580	65 488	63 538	64 118	8. Exportations de biens et services
48 958	52 140	51 632	43 706	49 411	53 982	59 880	63 984	68 590	67 724	65 950	69 044	9. *Moins* : Importations de biens et services
1 171	1 264	1 596	973	333	319	−286	−278	0	326	96	−372	10. Divergence statistique
161 625	166 554	168 977	156 670	154 471	158 231	158 878	162 836	170 330	172 803	170 853	172 056	11. **Produit intérieur brut**
												RÉPARTITION DU P.I.B.
8 170	8 765	9 115	9 115	9 440	9 990	10 775	11 105	11 910	12 670	13 315	14 130	1. Impôts indirects
1 155	1 220	1 715	1 680	1 815	1 970	2 185	2 215	2 250	2 160	2 595	2 835	2. *Moins* : Subventions
14 090	15 250	16 225	15 245	14 900	15 990	16 430	16 700	17 960	19 550	20 400	20 770	3. Consommation de capital fixe
65 555	74 735	83 090	85 150	85 680	87 690	92 185	97 095	104 650	114 120	122 700	128 120	4. Rémunération des salariés payée par les producteurs résidents
30 050	32 530	34 385	32 325	33 755	34 090	34 470	35 860	38 060	40 575	42 160	43 675	5. Excédent net d'exploitation
..	..	..	..	..	..	..	..	..	..	..	..	6. Divergence statistique
116 710	130 060	141 100	140 155	141 960	145 790	151 675	158 545	170 330	184 755	195 980	203 860	7. **Produit intérieur brut**
												OPÉRATIONS EN CAPITAL DE LA NATION
												Financement de la formation brute de capital
14 090	15 250	16 225	15 245	14 900	15 990	16 430	16 700	17 960	19 550	20 400	20 770	1. Consommation de capital fixe
23 940	26 535	28 530	23 775	23 105	22 670	24 535	25 425	27 565	32 890	34 705	35 750	2. Epargne nette
935	1 045	670	6 820	8 570	8 425	8 040	4 285	−795	5 430	8 010	7 430	3. *Moins* : Solde des opérations courantes de la nation
..	..	..	..	..	..	..	..	..	..	..	..	4. Divergence statistique
37 095	40 740	44 085	32 200	29 435	30 235	32 925	37 840	46 320	47 010	47 095	49 090	5. **Financement de la formation brute de capital**
												Formation brute de capital
2 455	2 530	5 200	−1 455	205	0	435	3 255	5 820	2 450	1 795	1 590	6. Variations des stocks
34 640	38 210	38 885	33 655	29 230	30 235	32 490	34 585	40 500	44 560	45 300	47 500	7. Formation brute de capital fixe
..	..	..	..	..	..	..	..	..	..	..	..	8. Divergence statistique
37 095	40 740	44 085	32 200	29 435	30 235	32 925	37 840	46 320	47 010	47 095	49 090	9. **Formation brute de capital**
												RELATIONS ENTRE LES PRINCIPAUX AGRÉGATS
116 710	130 060	141 100	140 155	141 960	145 790	151 675	158 545	170 330	184 755	195 980	203 860	1. **Produit intérieur brut**
3 825	4 480	5 395	4 470	5 220	6 110	5 820	6 645	7 015	9 220	9 190	9 830	2. *Plus* : Revenu net des facteurs reçu du reste du monde
6 370	7 380	8 855	8 060	8 520	9 405	9 555	10 480	11 250	14 510	15 140	16 430	3. Revenu des facteurs reçu du reste du monde
2 545	2 900	3 460	3 590	3 300	3 295	3 755	3 835	4 235	5 290	5 950	6 600	4. Revenu des facteurs payé au reste du monde
120 535	134 540	146 495	144 625	147 180	151 900	157 495	165 190	177 345	193 975	205 170	213 690	5. *Égal* : **Produit national brut**
14 090	15 250	16 225	15 245	14 900	15 990	16 430	16 700	17 960	19 550	20 400	20 770	6. *Moins* : consommation de capital fixe
..	..	..	..	..	..	..	..	..	..	..	..	7. *Plus* : Divergence statistique
106 445	119 290	130 270	129 380	132 280	135 910	141 065	148 490	159 385	174 425	184 770	192 920	8. *Égal* : **Revenu national**
−1 845	−1 995	−1 980	−1 650	−1 340	−1 445	−1 480	−1 545	−1 800	−1 970	−2 070	−1 970	9. *Plus* : Transferts courants nets reçus du reste du monde
520	590	645	850	930	895	940	1 015	1 255	1 440	1 670	1 940	10. Transferts courants reçus du reste du monde
2 365	2 585	2 625	2 500	2 270	2 340	2 420	2 560	3 055	3 410	3 740	3 910	11. Transferts courants payés au reste du monde
104 600	117 295	128 290	127 730	130 940	134 465	139 585	146 945	157 585	172 455	182 700	190 950	12. *Égal* : **Revenu national disponible**
80 660	90 760	99 760	103 955	107 835	111 795	115 050	121 520	130 020	139 565	147 995	155 200	13. *Moins* : Consommation finale
..	..	..	..	..	..	..	..	..	..	..	..	14. *Plus* : Divergence statistique
23 940	26 535	28 530	23 775	23 105	22 670	24 535	25 425	27 565	32 890	34 705	35 750	15. *Égal* : **Épargne nette**
935	1 045	670	6 820	8 570	8 425	8 040	4 285	−795	5 430	8 010	7 430	16. *Moins* : Solde des opérations courantes de la nation
..	..	..	..	..	..	..	..	..	..	..	..	17. *Plus* : Divergence statistique
23 005	25 490	27 860	16 955	14 535	14 245	16 495	21 140	28 360	27 460	26 695	28 320	18. *Égal* : **Formation nette de capital**

1. Aux prix relatifs de 1970.

TURKEY

Present S.N.A.

Main aggregates

millions of liras

	1960	1961	1962	1963	1964	1965	1966	1967	1968	1969	1970	1971
EXPENDITURE ON THE G.D.P.												
At current prices												
1. Government final consumption expenditure	4 951	6 043	6 437	7 383	8 628	9 455	11 013	12 458	14 086	15 468	18 719	25 058
2. Private final consumption expenditure	35 619	37 286	44 839	52 086	53 184	56 709	65 355	71 961	80 110	89 237	101 819	136 054
3. Households	..	..	..	..	..	..	..	..	..	..	..	..
4. Private non-profit institutions serving households	..	..	..	..	..	..	..	..	..	..	..	..
5. Increase in stocks	0	0	0	645	479	229	1 705	1 087	754	100	1 820	1 557
6. Gross fixed capital formation	7 516	7 843	8 759	9 665	10 439	11 144	14 442	16 555	19 447	21 707	27 005	31 736
7. **Total Domestic Expenditure**	48 086	51 172	60 035	69 779	72 730	77 537	92 515	102 061	114 397	126 512	149 363	194 405
8. Exports of goods and services	2 891	3 066	3 562	4 118	4 399	4 704	5 586	5 924	5 975	6 416	8 623	13 061
9. *Less:* Imports of goods and services	4 000	4 411	5 721	6 987	5 652	5 802	7 326	6 799	8 182	8 456	12 495	20 331
10. Statistical discrepancy	..	..	..	..	..	..	..	..	..	..	..	..
11. **Gross Domestic Product**	46 977	49 827	57 876	66 910	71 477	76 439	90 775	101 186	112 190	124 472	145 491	187 135
At 1980 price levels[1]												
1. Government final consumption expenditure	132 972	142 740	148 678	161 262	173 541	181 861	195 330	212 276	226 678	241 387	250 093	265 236
2. Private final consumption expenditure	1 307 723	1 320 415	1 423 438	1 564 659	1 579 963	1 620 357	1 767 973	1 822 645	1 955 275	2 058 884	2 104 843	2 389 360
3. Households	..	..	..	..	..	..	..	..	..	..	..	..
4. Private non-profit institutions serving households	..	..	..	..	..	..	..	..	..	..	..	..
5. Increase in stocks	0	0	0	80 097	68 246	32 590	202 591	115 956	77 032	7 969	159 580	124 538
6. Gross fixed capital formation	245 000	253 400	270 471	283 128	291 369	298 569	364 794	388 160	440 303	468 378	531 682	505 373
7. **Total Domestic Expenditure**	1 685 695	1 716 555	1 842 588	2 089 146	2 113 118	2 133 377	2 530 689	2 539 037	2 699 288	2 776 618	3 046 199	3 284 507
8. Exports of goods and services	100 849	102 580	108 804	119 057	123 989	127 243	142 145	154 128	154 309	164 897	188 476	217 608
9. *Less:* Imports of goods and services	294 580	313 817	380 632	440 163	345 631	343 867	429 406	395 885	465 660	474 538	579 030	635 260
10. Statistical discrepancy	−48 912	−37 464	−13 746	−64 239	−117 132	−95 959	−209 425	−171 713	−120 231	−78 457	−150 274	−134 431
11. **Gross Domestic Product**	1 443 052	1 467 854	1 557 014	1 703 801	1 774 345	1 820 794	2 034 002	2 125 567	2 267 706	2 388 519	2 505 371	2 732 424
COST COMPONENTS OF THE G.D.P.												
1. Indirect taxes	4 222	4 742	5 506	6 328	7 008	7 884	9 233	11 103	12 091	14 011	15 930	20 876
2. *Less:* Subsidies	176	324	364	370	379	363	714	430	803	1 253	1 558	1 708
3. Consumption of fixed capital	2 539	2 839	3 314	3 830	4 138	4 528	5 163	5 876	6 690	7 813	9 066	11 032
4. Compensation of employees paid by resident producers	13 734	14 474	16 803	19 422	20 641	21 893	26 212	28 776	30 426	34 508	42 185	53 759
5. Operating surplus	26 659	28 096	32 617	37 701	40 069	42 498	50 882	55 860	63 787	69 393	79 868	103 175
6. Statistical discrepancy	..	..	..	..	..	..	..	..	..	..	..	..
7. **Gross Domestic Product**	46 978	49 827	57 876	66 911	71 477	76 440	90 776	101 185	112 191	124 472	145 491	187 134
CAPITAL TRANSACTIONS OF THE NATION												
Finance of Gross Capital Formation												
1. Consumption of fixed capital	2 539	2 839	3 314	3 830	4 138	4 528	5 163	5 876	6 690	7 813	9 066	11 032
2. Net saving	4 366	4 263	3 953	4 203	5 568	6 225	10 065	11 244	12 098	12 700	18 886	21 818
3. *Less:* Surplus of the nation on current transactions	−611	−741	−1 492	−2 277	−1 212	−620	−920	−522	−1 413	−1 294	−874	−443
4. Statistical discrepancy	..	..	..	..	..	..	..	..	..	..	..	..
5. **Finance of Gross Capital Formation**	7 516	7 843	8 759	10 310	10 918	11 373	16 148	17 642	20 201	21 807	28 826	33 293
Gross capital formation												
6. Increase in stocks	0	0	0	645	479	229	1 705	1 087	754	100	1 820	1 557
7. Gross fixed capital formation	7 516	7 843	8 759	9 665	10 439	11 144	14 442	16 555	19 447	21 707	27 005	31 736
8. Statistical discrepancy	..	..	..	..	..	..	..	..	..	..	..	..
9. **Gross Capital Formation**	7 516	7 843	8 759	10 310	10 918	11 373	16 147	17 642	20 201	21 807	28 825	33 293
RELATIONS AMONG NATIONAL ACCOUNTING AGGREGATES												
1. **Gross Domestic Product**	46 977	49 827	57 876	66 910	71 477	76 440	90 776	101 185	112 190	124 471	145 491	187 133
2. *Plus:* Net factor income from the rest of the world	−313	−291	−283	−109	−164	286	644	295	303	422	2 285	5 469
3. Factor income from the rest of the world	..	..	..	..	..	..	1 087	891	1 035	1 302	3 780	7 286
4. Factor income paid to the rest of the world	..	..	..	..	..	..	443	596	732	880	1 495	1 817
5. *Equals:* **Gross National Product**	46 665	49 536	57 593	66 802	71 313	76 727	91 419	101 481	112 494	124 893	147 776	192 602
6. *Less:* Consumption of fixed capital	2 539	2 839	3 314	3 830	4 138	4 528	5 163	5 876	6 690	7 813	9 066	11 032
7. *Plus:* Statistical discrepancy	..	..	..	..	..	..	..	..	..	..	..	..
8. *Equals:* **National Income**	44 126	46 697	54 279	62 972	67 175	72 199	86 256	95 605	105 804	117 080	138 711	181 570
9. *Plus:* Net current transfers from the rest of the world	810	895	950	700	205	190	176	58	491	324	713	1 359
10. Current transfers from the rest of the world	..	..	..	..	..	..	201	104	547	484	752	1 413
11. Current transfers paid to the rest of the world	..	..	..	..	..	..	24	46	57	160	39	54
12. *Equals:* **National Disposable Income**	44 936	47 592	55 229	63 672	67 380	72 389	86 433	95 662	106 294	117 404	139 424	182 929
13. *Less:* Final consumption	40 570	43 329	51 276	59 469	61 812	66 164	76 368	84 419	94 196	104 705	120 538	161 112
14. *Plus:* Statistical discrepancy	..	..	..	..	..	..	..	..	..	..	..	..
15. *Equals:* **Net Saving**	4 366	4 263	3 953	4 203	5 568	6 225	10 065	11 244	12 098	12 700	18 886	21 818
16. *Less:* Surplus of the nation on current transactions	−611	−741	−1 492	−2 277	−1 212	−620	−920	−522	−1 413	−1 294	−874	−443
17. *Plus:* Statistical discrepancy	..	..	..	..	..	..	..	..	..	..	..	..
18. *Equals:* **Net Capital Formation**	4 977	5 004	5 445	6 480	6 780	6 845	10 984	11 766	13 511	13 994	19 759	22 261

1. At 1982 relative prices for 1972-1983 and at 1968 relative prices for 1960-1971.

TURQUIE
Principaux Agrégats
Nouveau S.C.N.

millions de livres

1972	1973	1974	1975	1976	1977	1978	1979	1980	1981	1982	1983		
												DÉPENSES IMPUTÉES AU P.I.B.	
												Aux prix courants	
28 000	36 800	47 000	63 900	84 600	116 300	172 700	294 000	544 100	700 100	939 400	1 206 000*	1.	Consommation finale des administrations publiques
164 400	210 000	301 500	378 500	460 000	599 200	913 100	1 550 000	3 187 300	4 675 800	6 195 300	8 278 000*	2.	Consommation finale privée
..	..	..	..	..	..	..	..	..	..	..	..	3.	Ménages
..	..	..	..	..	..	..	..	..	..	..	..	4.	Institutions privées sans but lucratif au service des ménages
1 600	−3 100	12 400	12 400	13 200	7 000	−40 600	−47 300	84 300	167 200	127 700	175 000*	5.	Variations des stocks
46 900	59 300	76 100	107 900	153 700	210 800	279 600	449 300	863 600	1 241 400	1 646 900	2 096 000*	6.	Formation brute de capital fixe
240 900	303 000	437 000	562 700	711 500	933 300	1 324 800	2 246 000	4 679 300	6 784 500	8 909 300	11 755 000*	7.	**Demande intérieure totale**
16 600	26 000	30 000	30 800	48 400	45 500	74 800	125 600	317 100	714 700	1 267 200	1 647 000*	8.	Exportations de biens et services
25 700	34 500	57 200	74 200	95 800	115 600	122 100	213 600	664 000	1 082 100	1 564 000	2 192 000*	9.	*Moins :* Importations de biens et services
..	..	..	..	..	..	..	..	..	..	..	..	10.	Divergence statistique
231 800	294 500	409 800	519 300	664 100	863 200	1 277 500	2 158 000	4 332 400	6 417 100	8 612 500	11 210 000*	11.	**Produit intérieur brut**
												Aux niveaux de prix de 1980[1]	
284 627	313 895	345 070	391 564	433 826	447 774	492 062	500 169	544 100	548 690	559 956	570 029*	1.	Consommation finale des administrations publiques
2 543 005	2 569 742	2 775 020	3 012 210	3 309 615	3 508 316	3 471 066	3 358 293	3 187 300	3 206 760	3 339 695	3 503 356*	2.	Consommation finale privée
..	..	..	..	..	..	..	..	..	..	..	..	3.	Ménages
..	..	..	..	..	..	..	..	..	..	..	..	4.	Institutions privées sans but lucratif au service des ménages
20 433	−33 977	101 464	92 240	84 884	36 721	−137 484	−97 902	84 300	123 473	74 551	95 159*	5.	Variations des stocks
579 999	655 449	708 507	879 705	1 057 135	1 105 560	995 473	959 402	863 600	877 995	908 330	935 576*	6.	Formation brute de capital fixe
3 428 064	3 505 109	3 930 060	4 375 718	4 885 460	5 098 371	4 821 118	4 719 962	4 679 300	4 756 918	4 882 531	5 104 120*	7.	**Demande intérieure totale**
249 347	314 724	280 129	276 924	380 874	297 868	336 387	295 161	317 100	514 390	700 295	759 095*	8.	Exportations de biens et services
756 085	835 168	849 339	949 957	1 155 003	1 091 869	751 057	683 402	664 000	737 445	794 382	893 680*	9.	*Moins :* Importations de biens et services
−9 348	−14 438	−18 137	−21 969	−32 973	−19 780	15 798	15 784	0	−7 446	−6 039	−11 605*	10.	Divergence statistique
2 911 978	2 970 226	3 342 713	3 680 715	4 078 357	4 284 590	4 422 245	4 347 504	4 332 400	4 526 417	4 782 404	4 957 930*	11.	**Produit intérieur brut**
												RÉPARTITION DU P.I.B.	
27 300	31 800	42 100	53 300	69 300	79 500	102 200	165 300	279 600	453 500	573 800	762 600*	1.	Impôts indirects
1 700	1 900	2 200	2 500	5 000	12 600	17 500	24 700	32 100	75 100	91 500	110 900*	2.	*Moins :* Subventions
13 600	17 400	24 000	30 000	37 500	48 200	70 900	120 500	242 200	357 900	476 200	608 400*	3.	Consommation de capital fixe
64 800*	84 200*	113 000*	150 100*	206 000*	277 800*	409 400*	616 500*	988 100	1 285 400*	1 629 500*	1 906 000*	4.	Rémunération des salariés payée par les producteurs résidents
127 800*	163 000*	232 900*	288 400*	356 300*	470 300*	712 500*	1 280 400*	2 854 600*	4 395 400*	6 024 500*	8 043 900*	5.	Excédent net d'exploitation
..	..	..	..	..	..	..	..	..	..	..	..	6.	Divergence statistique
231 800	294 500	409 800	519 300	664 100	863 200	1 277 500	2 158 000	4 332 400	6 417 100	8 612 500	11 210 000*	7.	**Produit intérieur brut**
												OPÉRATIONS EN CAPITAL DE LA NATION	
												Financement de la formation brute de capital	
13 600	17 400	24 000	30 000	37 500	48 200	70 900	120 500	242 200	357 900	476 200	608 400*	1.	Consommation de capital fixe
34 800	45 600	54 600	63 400	92 900	109 200	134 000	235 000	461 600	820 100	1 110 900	1 217 600*	2.	Epargne nette
100	6 800	−9 900	−26 900	−36 500	−60 400	−34 100	−46 500	−244 100	−230 600	−187 500	−445 000*	3.	*Moins :* Solde des opérations courantes de la nation
..	..	..	..	..	..	..	..	..	..	..	..	4.	Divergence statistique
48 300	56 200	88 500	120 300	166 900	217 800	239 000	402 000	947 900	1 408 600	1 774 600	2 271 000*	5.	**Financement de la formation brute de capital**
												Formation brute de capital	
1 600	−3 100	12 400	12 400	13 200	7 000	−40 600	−47 300	84 300	167 200	127 700	175 000*	6.	Variations des stocks
46 900	59 300	76 100	107 900	153 700	210 800	279 600	449 300	863 600	1 241 400	1 646 900	2 096 000*	7.	Formation brute de capital fixe
..	..	..	..	..	..	..	..	..	..	..	..	8.	Divergence statistique
48 500	56 200	88 500	120 300	166 900	217 800	239 000	402 000	947 900	1 408 600	1 774 600	2 271 000*	9.	**Formation brute de capital**
												RELATIONS ENTRE LES PRINCIPAUX AGRÉGATS	
231 800	294 500	409 800	519 300	664 100	863 200	1 277 500	2 158 000	4 332 400	6 417 100	8 612 500	11 210 000*	1.	**Produit intérieur brut**
9 000	15 300	17 300	16 500	10 800	9 700	13 200	41 500	102 800	136 800	109 300	100 000*	2.	*Plus :* Revenu net des facteurs reçu du reste du monde
10 400	16 600	19 700	18 800	15 600	17 500	23 700	63 600	157 500	274 500	352 000	..	3.	Revenu des facteurs reçu du reste du monde
1 400	1 300	2 400	2 300	4 800	7 800	10 500	22 100	54 700	137 700	242 700	..	4.	Revenu des facteurs payé au reste du monde
240 800	309 800	427 100	535 800	674 900	872 900	1 290 700	2 199 500	4 435 200	6 553 900	8 721 800	11 310 000*	5.	**Produit national brut**
13 600	17 400	24 000	30 000	37 500	48 200	70 900	120 500	242 200	357 900	476 200	608 400*	6.	*Moins :* consommation de capital fixe
..	..	..	..	..	..	..	..	..	..	..	..	7.	*Plus :* Divergence statistique
227 200	292 400	403 100	505 800	637 500	824 700	1 219 800	2 079 000	4 193 000	6 196 000	8 245 600	10 701 600*	8.	*Égal :* **Revenu national**
0	0	0	0	0	0	0	0	0	0	0	0*	9.	*Plus :* Transferts courants nets reçus du reste du monde
..	..	..	..	..	..	..	..	..	..	..	..	10.	Transferts courants reçus du reste du monde
..	..	..	..	..	..	..	..	..	..	..	..	11.	Transferts courants payés au reste du monde
227 200	292 400	403 100	505 800	637 500	824 700	1 219 800	2 079 000	4 193 000	6 196 000	8 245 600	10 701 600*	12.	*Égal :* **Revenu national disponible**
192 400	246 800	348 500	442 400	544 600	715 500	1 085 800	1 844 000	3 731 400	5 375 900	7 134 700	9 484 000*	13.	*Moins :* Consommation finale
..	..	..	..	..	..	..	..	..	..	..	..	14.	*Plus :* Divergence statistique
34 800	45 600	54 600	63 400	92 900	109 200	134 000	235 000	461 600	820 100	1 110 900	1 217 600*	15.	*Égal :* **Épargne nette**
100	6 800	−9 900	−26 900	−36 500	−60 400	−34 100	−46 500	−244 100	−230 600	−187 500	−445 000*	16.	*Moins :* Solde des opérations courantes de la nation
..	..	..	..	..	..	..	..	..	..	..	..	17.	*Plus :* Divergence statistique
34 900	38 800	64 500	90 300	129 400	169 600	168 100	281 500	705 700	1 050 700	1 298 400	1 662 600*	18.	*Égal :* **Formation nette de capital**

1. Aux prix relatifs de 1982 pour la période 1972-1983 et aux prix relatifs de 1968 pour la période 1960-1971.

UNITED KINGDOM
Present S.N.A.

Main aggregates

millions of pounds sterling

	1960	1961	1962	1963	1964	1965	1966	1967	1968	1969	1970	1971
EXPENDITURE ON THE G.D.P.												
At current prices												
1. Government final consumption expenditure	4 228	4 562	4 887	5 145	5 472	6 000	6 528	7 221	7 672	8 006	9 015	10 286
2. Private final consumption expenditure	17 059	17 941	19 014	20 211	21 577	22 971	24 301	25 528	27 448	29 122	31 660	35 456
3. Households	..	..	..	..	..	..	..	..	..	..	31 179	34 946
4. Private non-profit institutions serving households	..	..	..	..	..	..	..	..	..	..	579	643
5. Increase in stocks	562	279	–8	161	700	461	288	286	452	537	382	114
6. Gross fixed capital formation	4 232	4 750	4 904	5 144	6 123	6 618	7 051	7 701	8 512	8 832	9 735	10 889
7. **Total Domestic Expenditure**	26 081	27 532	28 797	30 661	33 872	36 050	38 168	40 736	44 084	46 497	50 792	56 745
8. Exports of goods and services	5 424	5 664	5 812	6 129	6 505	6 961	7 454	7 752	9 412	10 518	12 000	13 447
9. *Less:* Imports of goods and services	5 772	5 736	5 845	6 229	7 050	7 210	7 478	8 131	9 704	10 237	11 479	12 551
10. Statistical discrepancy	..	..	..	..	..	..	..	..	..	..	..	..
11. **Gross Domestic Product**	25 733	27 460	28 764	30 561	33 327	35 801	38 144	40 357	43 792	46 778	51 313	57 641
At 1980 price levels[1]												
1. Government final consumption expenditure	31 179	32 279	33 267	33 866	34 415	35 322	36 262	38 331	38 484	37 761	38 369	39 540
2. Private final consumption expenditure	87 431	89 335	91 319	95 486	98 369	99 804	101 524	103 916	106 796	107 395	110 243	113 638
3. Households	..	..	..	..	..	..	..	..	..	..	..	..
4. Private non-profit institutions serving households	..	..	..	..	..	..	..	..	..	..	..	..
5. Increase in stocks	2 818	1 357	44	823	3 366	2 194	1 383	1 071	1 702	1 886	1 413	376
6. Gross fixed capital formation	24 180	26 541	26 723	27 095	31 581	33 095	33 907	36 902	39 191	38 932	39 925	40 700
7. **Total Domestic Expenditure**	145 608	149 512	151 353	157 270	167 731	170 415	173 076	180 220	186 173	185 974	189 950	194 254
8. Exports of goods and services	26 280	27 094	27 574	28 820	29 924	31 278	32 533	33 048	37 022	40 351	42 315	45 154
9. *Less:* Imports of goods and services	28 080	27 894	28 485	29 651	32 710	32 957	33 643	36 139	38 767	39 776	41 655	43 854
10. Statistical discrepancy	–70	–255	–421	–140	–510	–601	–632	–1 062	–985	–684	–612	–512
11. **Gross Domestic Product**	143 738	148 457	150 021	156 299	164 435	168 135	171 334	176 067	183 443	185 865	189 998	195 042
COST COMPONENTS OF THE G.D.P.												
1. Indirect taxes	3 317	3 553	3 788	3 925	4 327	4 826	5 267	5 829	6 587	7 533	8 149	8 462
2. *Less:* Subsidies	493	593	608	569	516	571	559	801	895	842	884	939
3. Consumption of fixed capital	2 023	2 191	2 380	2 518	2 660	3 073	3 312	3 502	3 798	4 147	4 674	5 387
4. Compensation of employees paid by resident producers	15 205	16 443	17 347	18 240	19 778	21 357	22 895	23 851	25 518	27 295	30 632	33 575
5. Operating surplus	5 793	5 737	5 796	6 464	7 063	7 331	7 337	7 782	8 479	9 065	9 286	10 792
6. Statistical discrepancy	–112	129	61	–17	15	–215	–108	194	305	–420	–544	364
7. **Gross Domestic Product**	25 733	27 460	28 764	30 561	33 327	35 801	38 144	40 357	43 792	46 778	51 313	57 641
CAPITAL TRANSACTIONS OF THE NATION												
Finance of Gross Capital Formation												
1. Consumption of fixed capital	2 023	2 191	2 380	2 518	2 660	3 073	3 312	3 502	3 798	4 147	4 674	5 387
2. Net saving	2 637	2 719	2 573	2 901	3 723	4 142	4 175	3 929	4 516	5 959	6 644	6 286
3. *Less:* Surplus of the nation on current transactions	–246	10	118	97	–425	–79	40	–362	–345	317	657	1 034
4. Statistical discrepancy	–112	129	61	–17	15	–215	–108	194	305	–420	–544	364
5. **Finance of Gross Capital Formation**	4 794	5 029	4 896	5 305	6 823	7 079	7 339	7 987	8 964	9 369	10 117	11 003
Gross capital formation												
6. Increase in stocks	562	279	–8	161	700	461	288	286	452	537	382	114
7. Gross fixed capital formation	4 232	4 750	4 904	5 144	6 123	6 618	7 051	7 701	8 512	8 832	9 735	10 889
8. Statistical discrepancy	..	..	..	..	..	..	..	..	..	..	..	..
9. **Gross Capital Formation**	4 794	5 029	4 896	5 305	6 823	7 079	7 339	7 987	8 964	9 369	10 117	11 003
RELATIONS AMONG NATIONAL ACCOUNTING AGGREGATES												
1. **Gross Domestic Product**	25 733	27 460	28 764	30 561	33 327	35 801	38 144	40 357	43 792	46 778	51 313	57 641
2. *Plus:* Net factor income from the rest of the world	170	170	248	320	279	339	245	233	170	242	314	331
3. Factor income from the rest of the world	591	607	664	730	748	832	788	796	840	1 029	1 139	1 170
4. Factor income paid to the rest of the world	421	437	416	410	469	493	543	563	670	787	825	839
5. *Equals:* **Gross National Product**	25 903	27 630	29 012	30 881	33 606	36 140	38 389	40 590	43 962	47 020	51 627	57 972
6. *Less:* Consumption of fixed capital	2 023	2 191	2 380	2 518	2 660	3 073	3 312	3 502	3 798	4 147	4 674	5 387
7. *Plus:* Statistical discrepancy	..	..	..	..	..	..	..	..	..	..	..	..
8. *Equals:* **National Income**	23 880	25 439	26 632	28 363	30 946	33 067	35 077	37 088	40 164	42 873	46 953	52 585
9. *Plus:* Net current transfers from the rest of the world	–68	–88	–97	–123	–159	–169	–181	–216	–223	–206	–178	–193
10. Current transfers from the rest of the world	117	122	125	127	140	150	156	161	185	206	230	246
11. Current transfers paid to the rest of the world	185	210	222	250	299	319	337	377	408	412	408	439
12. *Equals:* **National Disposable Income**	23 812	25 351	26 535	28 240	30 787	32 898	34 896	36 872	39 941	42 667	46 775	52 392
13. *Less:* Final consumption	21 287	22 503	23 901	25 356	27 049	28 971	30 829	32 749	35 120	37 128	40 675	45 742
14. *Plus:* Statistical discrepancy	112	–129	–61	17	–15	215	108	–194	–305	420	544	–364
15. *Equals:* **Net Saving**	2 637	2 719	2 573	2 901	3 723	4 142	4 175	3 929	4 516	5 959	6 644	6 286
16. *Less:* Surplus of the nation on current transactions	–246	10	118	97	–425	–79	40	–362	–345	317	657	1 034
17. *Plus:* Statistical discrepancy	–112	129	61	–17	15	–215	–108	194	305	–420	–544	364
18. *Equals:* **Net Capital Formation**	2 771	2 838	2 516	2 787	4 163	4 006	4 027	4 485	5 166	5 222	5 443	5 616

1. At 1980 relative prices.

ROYAUME-UNI
Nouveau S.C.N.

Principaux Agrégats

millions de livres sterling

1972	1973	1974	1975	1976	1977	1978	1979	1980	1981	1982	1983	
												DÉPENSES IMPUTÉES AU P.I.B.
												Aux prix courants
11 727	13 445	16 720	23 109	27 038	29 458	33 384	38 833	48 889	55 414	60 306	65 968	1. Consommation finale des administrations publiques
40 098	45 673	52 739	64 749	75 144	85 866	98 750	117 167	135 893	151 112	165 255	181 023	2. Consommation finale privée
39 457	44 973	51 740	63 599	73 667	84 342	96 972	115 495	133 317	148 158	162 635	..	3. Ménages
730	846	1 014	1 273	1 557	1 699	1 888	2 143	2 681	3 077	3 281	..	4. Institutions privées sans but lucratif au service des ménages
25	1 529	1 290	-1 531	789	1 804	1 690	2 123	-2 899	-3 148	-1 428	267	5. Variations des stocks
11 947	14 835	17 308	21 312	24 718	27 021	31 137	36 882	41 628	41 794	45 993	49 559	6. Formation brute de capital fixe
63 797	75 482	88 057	107 639	127 689	144 149	164 961	195 005	223 511	245 172	270 126	296 817	7. **Demande intérieure totale**
14 126	17 726	23 683	27 747	36 091	44 235	48 366	55 886	63 901	68 597	73 701	80 355	8. Exportations de biens et services
14 098	19 431	27 837	29 426	37 327	42 951	45 836	54 974	57 852	60 316	67 410	76 944	9. *Moins* : Importations de biens et services
..	..	..	..	..	..	..	..	..	..	..	..	10. Divergence statistique
63 825	73 777	83 903	105 960	126 453	145 433	167 491	195 917	229 560	253 453	276 417	300 228	11. **Produit intérieur brut**
												Aux niveaux de prix de 1980[1]
41 212	43 211	43 880	46 296	46 891	46 120	47 180	48 170	48 889	48 903	49 323	50 625	1. Consommation finale des administrations publiques
120 588	126 782	124 967	124 044	124 433	123 793	130 565	136 425	135 893	135 838	137 184	142 984	2. Consommation finale privée
..	..	..	..	..	..	..	..	..	..	..	..	3. Ménages
..	..	..	..	..	..	..	..	..	..	..	..	4. Institutions privées sans but lucratif au service des ménages
-90	5 023	2 837	-2 969	1 035	2 566	2 054	2 474	-2 899	-2 739	-1 247	207	5. Variations des stocks
40 594	43 535	41 734	41 808	42 434	41 323	42 938	43 925	41 628	38 075	40 645	42 348	6. Formation brute de capital fixe
202 304	218 551	213 418	209 179	214 793	213 802	222 737	230 994	223 511	220 077	225 905	236 164	7. **Demande intérieure totale**
45 464	50 685	54 136	52 667	57 221	60 690	61 713	64 065	63 901	62 670	63 299	63 855	8. Exportations de biens et services
47 940	53 573	54 074	50 260	52 333	52 787	54 716	60 427	57 852	55 804	58 021	61 179	9. *Moins* : Importations de biens et services
-339	-417	-497	-150	-123	-18	..	..	..	..	..	..	10. Divergence statistique
199 489	215 246	212 983	211 436	219 558	221 687	229 734	234 632	229 560	226 943	231 183	238 840	11. **Produit intérieur brut**
												RÉPARTITION DU P.I.B.
8 958	9 809	11 138	13 688	15 923	19 396	22 287	29 206	35 403	41 215	45 930	48 625	1. Impôts indirects
1 147	1 437	2 998	3 679	3 459	3 304	3 678	4 460	5 340	5 953	5 473	6 111	2. *Moins* : Subventions
6 186	7 365	9 201	11 734	14 172	16 955	19 857	23 666	28 546	32 133	34 415	36 490	3. Consommation de capital fixe
37 980	44 014	52 602	68 795	78 395	86 955	99 302	115 940	137 113	148 325	158 384	170 297	4. Rémunération des salariés payée par les producteurs résidents
12 401	14 729	13 420	14 613	18 467	25 269	29 114	31 865	33 351	36 678	45 399	53 269	5. Excédent net d'exploitation
-553	-703	540	809	2 955	162	609	-300	487	1 055	-2 238	-2 342	6. Divergence statistique
63 825	73 777	83 903	105 960	126 453	145 433	167 491	195 917	229 560	253 453	276 417	300 228	7. **Produit intérieur brut**
												OPÉRATIONS EN CAPITAL DE LA NATION
												Financement de la formation brute de capital
6 186	7 365	9 201	11 734	14 172	16 955	19 857	23 666	28 546	32 133	34 415	36 490	1. Consommation de capital fixe
6 441	8 277	5 019	5 103	6 356	11 697	13 294	15 869	13 921	12 231	17 079	17 952	2. Epargne nette
102	-1 425	-3 838	-2 135	-2 024	-11	933	230	4 225	6 773	4 721	2 274	3. *Moins* : Solde des opérations courantes de la nation
-553	-703	540	809	2 955	162	609	-300	487	1 055	-2 238	-2 342	4. Divergence statistique
11 972	16 364	18 598	19 781	25 507	28 825	32 827	39 005	38 729	38 646	44 535	49 826	5. **Financement de la formation brute de capital**
												Formation brute de capital
25	1 529	1 290	-1 531	789	1 804	1 690	2 123	-2 899	-3 148	-1 458	267	6. Variations des stocks
11 947	14 835	17 308	21 312	24 718	27 021	31 137	36 882	41 628	41 794	45 993	49 559	7. Formation brute de capital fixe
..	..	..	..	..	..	..	..	..	..	..	..	8. Divergence statistique
11 972	16 364	18 598	19 781	25 507	28 825	32 827	39 005	38 729	38 646	44 535	49 826	9. **Formation brute de capital**
												RELATIONS ENTRE LES PRINCIPAUX AGRÉGATS
63 825	73 777	83 903	105 960	126 453	145 433	167 491	195 917	229 560	253 453	276 417	300 228	1. **Produit intérieur brut**
342	716	733	12	-13	-179	180	1 583	255	437	449	1 081	2. *Plus* : Revenu net des facteurs reçu du reste du monde
1 301	2 005	2 461	1 996	2 559	2 788	3 989	6 405	6 804	8 279	9 476	..	3. Revenu des facteurs reçu du reste du monde
959	1 289	1 728	1 974	2 562	2 948	3 771	4 809	6 441	7 583	8 222	..	4. Revenu des facteurs payé au reste du monde
64 167	74 493	84 636	105 972	126 440	145 254	167 671	197 500	229 815	253 890	276 866	301 309	5. *Égal* : **Produit national brut**
6 186	7 365	9 201	11 734	14 172	16 955	19 857	23 666	28 546	32 133	34 415	36 490	6. *Moins* : consommation de capital fixe
..	..	..	..	..	..	..	..	..	..	..	..	7. *Plus* : Divergence statistique
57 981	67 128	75 435	94 238	112 268	128 299	147 814	173 834	201 269	221 757	242 451	264 819	8. *Égal* : **Revenu national**
-268	-436	-417	-468	-775	-1 116	-1 777	-2 265	-2 079	-1 945	-2 049	-2 218	9. *Plus* : Transferts courants nets reçus du reste du monde
264	387	489	759	790	915	1 228	1 360	1 801	2 634	3 208	..	10. Transferts courants reçus du reste du monde
532	823	906	1 227	1 565	2 031	3 005	3 625	3 880	4 601	5 320	..	11. Transferts courants payés au reste du monde
57 713	66 692	75 018	93 770	111 493	127 183	146 037	171 569	199 190	219 812	240 402	262 601	12. *Égal* : **Revenu national disponible**
51 825	59 118	69 459	87 858	102 182	115 324	132 134	156 000	184 782	206 526	225 561	246 991	13. *Moins* : Consommation finale
553	703	-540	-809	-2 955	-162	-609	300	-487	-1 055	2 238	2 342	14. *Plus* : Divergence statistique
6 441	8 277	5 019	5 103	6 356	11 697	13 294	15 869	13 921	12 231	17 079	17 952	15. *Égal* : **Epargne nette**
102	-1 425	-3 838	-2 135	-2 024	-11	933	230	4 225	6 773	4 691	2 274	16. *Moins* : Solde des opérations courantes de la nation
-553	-703	540	809	2 955	162	609	-300	487	1 055	-2 238	-2 342	17. *Plus* : Divergence statistique
5 786	8 999	9 397	8 047	11 335	11 870	12 970	15 339	10 183	6 513	10 150	13 336	18. *Égal* : **Formation nette de capital**

. Aux prix relatifs de 1980.

YUGOSLAVIA
Former system

Main aggregates

millions of dinars

	1960	1961	1962	1963	1964	1965	1966	1967	1968	1969	1970	1971
EXPENDITURE ON THE G.D.P.												
At current prices												
1. Government final consumption expenditure	5 860	7 170	8 530	9 980	11 550	14 840	17 607	20 107	23 000	26 054	30 484	36 686
2. Private final consumption expenditure	15 260	18 220	20 400	23 950	30 950	43 600	56 512	63 406	69 238	79 944	95 593	121 722
3.　Households	..	..	..	..	..	..	..	..	..	..	..	..
4.　Private non-profit institutions serving households	..	..	..	..	..	..	..	..	..	..	..	..
5. Increase in stocks	2 960	2 500	2 200	4 050	7 289	10 760	12 410	5 736	3 913	7 297	13 638	21 983
6. Gross fixed capital formation	9 362	11 660	13 331	15 848	20 378	21 788	26 616	30 283	35 044	41 049	51 723	64 651
7. **Total Domestic Expenditure**	33 442	39 550	44 461	53 828	70 167	90 988	113 145	119 532	131 195	154 344	191 438	245 042
8. Exports of goods and services	4 370	5 180	6 930	8 056	9 249	18 871	21 155	22 184	23 212	27 383	31 841	42 909
9. *Less:* Imports of goods and services	5 530	7 230	7 440	8 832	10 920	18 320	21 965	23 852	25 191	29 894	40 494	56 291
10. Statistical discrepancy	78	950	29	98	1 174	−259	−431	604	755	1 034	−867	3 651
11. **Gross Domestic Product**	32 360	38 450	43 980	53 150	69 670	91 280	111 904	118 468	129 971	152 867	181 918	235 311
At 1980 price levels												
1. Government final consumption expenditure	..	..	..	..	..	..	..	..	..	..	..	..
2. Private final consumption expenditure	..	..	..	..	..	..	..	..	..	..	..	..
3.　Households	..	..	..	..	..	..	..	..	..	..	..	..
4.　Private non-profit institutions serving households	..	..	..	..	..	..	..	..	..	..	..	..
5. Increase in stocks	..	..	..	..	..	..	..	..	..	..	..	..
6. Gross fixed capital formation	..	..	..	..	..	..	..	..	..	..	..	..
7. **Total Domestic Expenditure**	..	..	..	..	..	..	..	..	..	..	..	..
8. Exports of goods and services	..	..	..	..	..	..	..	..	..	..	..	..
9. *Less:* Imports of goods and services	..	..	..	..	..	..	..	..	..	..	..	..
10. Statistical discrepancy	..	..	..	..	..	..	..	..	..	..	..	..
11. **Gross Domestic Product**	..	..	..	..	..	..	..	..	..	..	..	..
COST COMPONENTS OF THE G.D.P.												
1. Indirect taxes	3 050	4 140	5 280	6 450	7 220	7 690	8 235	10 017	11 504	12 628	15 864	22 041
2. *Less:* Subsidies	1 080	1 290	1 650	1 620	2 150	1 600	1 099	977	991	935	1 287	2 790
3. Consumption of fixed capital	2 480	3 150	3 650	4 440	5 870	6 920	8 370	9 845	12 041	14 238	16 644	21 180
4. Compensation of employees paid by resident producers	..	..	..	..	..	..	..	..	..	..	..	..
5. Operating surplus	..	..	..	..	..	..	..	..	..	..	..	..
6. Statistical discrepancy	27 910	32 450	36 700	43 880	58 730	78 270	96 398	99 583	107 417	126 936	150 697	194 880
7. **Gross Domestic Product**	32 360	38 450	43 980	53 150	69 670	91 280	111 904	118 468	129 971	152 867	181 918	235 311
CAPITAL TRANSACTIONS OF THE NATION												
Finance of Gross Capital Formation												
1. Consumption of fixed capital	..	..	..	..	..	..	..	..	..	..	..	..
2. Net saving	..	..	..	..	..	..	..	..	..	..	..	..
3. *Less:* Surplus of the nation on current transactions	..	..	..	..	..	..	..	..	..	..	..	..
4. Statistical discrepancy	..	..	..	..	..	..	..	..	..	..	..	..
5. **Finance of Gross Capital Formation**	..	..	..	..	..	..	..	..	..	..	..	..
Gross capital formation												
6. Increase in stocks	..	..	..	..	..	..	..	..	..	..	..	..
7. Gross fixed capital formation	..	..	..	..	..	..	..	..	..	..	..	..
8. Statistical discrepancy	..	..	..	..	..	..	..	..	..	..	..	..
9. **Gross Capital Formation**	..	..	..	..	..	..	..	..	..	..	..	..
RELATIONS AMONG NATIONAL ACCOUNTING AGGREGATES												
1. **Gross Domestic Product**	32 360	38 450	43 980	53 150	69 670	91 280	111 904	118 468	129 971	152 867	181 918	235 311
2. *Plus:*　Net factor income from the rest of the world	−50	−100	−130	−110	−100	−260	−55	216	543	1 434	4 118	7 788
3.　　　Factor income from the rest of the world	..	..	..	..	..	..	..	..	..	..	..	..
4.　　　Factor income paid to the rest of the world	..	..	..	..	..	..	..	..	..	..	..	..
5. *Equals:* **Gross National Product**	32 310	38 350	43 850	53 040	69 570	91 020	111 849	118 684	130 514	154 301	186 036	243 099
6. *Less:*　Consumption of fixed capital	2 480	3 150	3 650	4 440	5 870	6 920	8 370	9 845	12 041	14 238	16 644	21 180
7. *Plus:*　Statistical discrepancy	..	..	..	..	..	..	..	..	..	..	..	..
8. *Equals:* **National Income**	29 830	35 200	40 200	48 600	63 700	84 100	103 479	108 839	118 473	140 063	169 392	221 919
9. *Plus:*　Net current transfers from the rest of the world	..	..	..	..	..	..	..	..	..	..	..	..
10.　　　Current transfers from the rest of the world	..	..	..	..	..	..	..	..	..	..	..	..
11.　　　Current transfers paid to the rest of the world	..	..	..	..	..	..	..	..	..	..	..	..
12. *Equals:* **National Disposable Income**	..	..	..	..	..	..	..	..	..	..	..	..
13. *Less:*　Final consumption	21 120	25 390	28 930	33 930	42 500	58 440	74 119	83 513	92 238	105 998	126 077	158 408
14. *Plus:*　Statistical discrepancy	..	..	..	..	..	..	..	..	..	..	..	..
15. *Equals:* **Net Saving**	..	..	..	..	..	..	..	..	..	..	..	..
16. *Less:*　Surplus of the nation on current transactions	..	..	..	..	..	..	..	..	..	..	..	..
17. *Plus:*　Statistical discrepancy	..	..	..	..	..	..	..	..	..	..	..	..
18. *Equals:* **Net Capital Formation**	9 842	11 010	19 181	15 458	21 797	110 818	30 656	26 174	26 916	34 108	48 717	65 454

YOUGOSLAVIE
Ancien système

Principaux Agrégats

millions de dinars

DÉPENSES IMPUTÉES AU P.I.B.

Aux prix courants

1972	1973	1974	1975	1976	1977	1978	1979	1980	1981	1982	1983		
45 290	52 742	74 300	97 900	118 700	147 500	177 200	227 500	290 967	380 850	499 580	..	1.	Consommation finale des administrations publiques
151 687	187 146	244 100	294 900	351 500	428 950	528 400	672 125	881 140	1 226 437	1 623 803	..	2.	Consommation finale privée
..	..	..	..	..	..	..	..	..	..	..	..	3.	Ménages
..	..	..	..	..	..	..	..	..	..	..	..	4.	Institutions privées sans but lucratif au service des ménages
14 702	31 957	57 800	44 600	30 300	59 100	28 767	82 209	119 622	239 622	311 166	..	5.	Variations des stocks
74 107	85 324	117 400	163 400	206 600	267 900	357 314	447 581	545 665	684 961	854 816	..	6.	Formation brute de capital fixe
285 786	357 169	493 600	600 800	707 100	903 450	1 091 681	1 429 415	1 837 394	2 531 870	3 289 365	..	7.	**Demande intérieure totale**
59 206	76 436	101 100	111 200	129 500	136 400	153 220	206 575	383 634	438 177	601 600	..	8.	Exportations de biens et services
64 996	87 951	142 000	150 000	148 800	190 800	221 188	325 232	527 173	571 226	756 200	..	9.	*Moins :* Importations de biens et services
3 166	8 010	20 000	15 200	−5 000	−13 850	−10 994	−16 822	29 843	11 424	23 937	..	10.	Divergence statistique
283 162	353 664	472 700	577 200	682 800	835 200	1 012 719	1 293 936	1 723 698	2 410 245	3 158 702	..	11.	**Produit intérieur brut**

Aux niveaux de prix de 1980

..	..	..	..	..	..	..	..	..	..	..	..	1.	Consommation finale des administrations publiques
..	..	..	..	..	..	..	..	..	..	..	..	2.	Consommation finale privée
..	..	..	..	..	..	..	..	..	..	..	..	3.	Ménages
..	..	..	..	..	..	..	..	..	..	..	..	4.	Institutions privées sans but lucratif au service des ménages
..	..	..	..	..	..	..	..	..	..	..	..	5.	Variations des stocks
..	..	..	..	..	..	..	..	..	..	..	..	6.	Formation brute de capital fixe
..	..	..	..	..	..	..	..	..	..	..	..	7.	**Demande intérieure totale**
..	..	..	..	..	..	..	..	..	..	..	..	8.	Exportations de biens et services
..	..	..	..	..	..	..	..	..	..	..	..	9.	*Moins :* Importations de biens et services
..	..	..	..	..	..	..	..	..	..	..	..	10.	Divergence statistique
..	..	..	..	..	..	..	..	..	..	..	..	11.	**Produit intérieur brut**

RÉPARTITION DU P.I.B.

27 279	29 239	58 070	62 000	71 200	105 300	123 172	163 085	195 332	269 014	339 970	..	1.	Impôts indirects
7 015	8 194	12 280	15 000	10 000	26 100	26 400	34 233	42 894	50 711	79 430	..	2.	*Moins :* Subventions
27 979	36 290	50 840	61 000	70 000	83 600	102 717	128 507	174 746	236 125	374 535	..	3.	Consommation de capital fixe
..	..	..	..	..	..	..	..	..	..	..	..	4.	Rémunération des salariés payée par les producteurs résidents
..	..	..	..	..	..	..	..	..	..	..	..	5.	Excédent net d'exploitation
234 919	296 329	376 070	469 200	551 600	672 400	813 230	1 036 577	1 396 514	1 955 817	2 523 633	..	6.	Divergence statistique
283 162	353 664	472 700	577 200	682 800	835 200	1 012 719	1 293 936	1 723 698	2 410 245	3 158 708	..	7.	**Produit intérieur brut**

OPÉRATIONS EN CAPITAL DE LA NATION

Financement de la formation brute de capital

..	..	..	..	..	..	..	..	..	..	..	..	1.	Consommation de capital fixe
..	..	..	..	..	..	..	..	..	..	..	..	2.	Epargne nette
..	..	..	..	..	..	..	..	..	..	..	..	3.	*Moins :* Solde des opérations courantes de la nation
..	..	..	..	..	..	..	..	..	..	..	..	4.	Divergence statistique
..	..	..	..	..	..	..	..	..	..	..	..	5.	**Financement de la formation brute de capital**

Formation brute de capital

..	..	..	..	..	..	..	..	..	..	..	..	6.	Variations des stocks
..	..	..	..	..	..	..	..	..	..	..	..	7.	Formation brute de capital fixe
..	..	..	..	..	..	..	..	..	..	..	..	8.	Divergence statistique
..	..	..	..	..	..	..	..	..	..	..	..	9.	**Formation brute de capital**

RELATIONS ENTRE LES PRINCIPAUX AGRÉGATS

283 162	353 664	472 700	577 200	682 800	835 200	1 012 719	1 293 936	1 723 698	2 410 245	3 158 705	..	1.	**Produit intérieur brut**
12 593	19 320	21 910	22 500	24 000	28 400	47 270	49 083	80 972	112 576	136 410	..	2.	*Plus :* Revenu net des facteurs reçu du reste du monde
..	..	..	..	..	..	..	..	..	..	..	..	3.	Revenu des facteurs reçu du reste du monde
..	..	..	..	..	..	..	..	..	..	..	..	4.	Revenu des facteurs payé au reste du monde
295 755	372 984	494 610	599 700	706 800	863 600	1 059 989	1 343 019	1 804 670	2 522 821	3 295 112	..	5.	*Égal :* **Produit national brut**
27 979	36 290	50 840	61 000	70 000	83 600	102 717	128 507	174 746	236 125	374 535	..	6.	*Moins :* consommation de capital fixe
..	..	..	..	..	..	..	..	..	..	..	..	7.	*Plus :* Divergence statistique
267 776	336 240	443 770	538 700	636 800	780 000	957 272	1 214 512	1 629 924	2 286 696	2 920 583	..	8.	*Égal :* **Revenu national**
..	..	..	..	..	..	..	..	..	..	..	..	9.	*Plus :* Transferts courants nets reçus du reste du monde
..	..	..	..	..	..	..	..	..	..	..	..	10.	Transferts courants reçus du reste du monde
..	..	..	..	..	..	..	..	..	..	..	..	11.	Transferts courants payés au reste du monde
..	..	..	..	..	..	..	..	..	..	..	..	12.	*Égal :* **Revenu national disponible**
196 977	239 888	318 400	392 800	470 200	576 450	705 600	899 625	1 172 107	1 607 287	2 123 383	..	13.	*Moins :* Consommation finale
..	..	..	..	..	..	..	..	..	..	..	..	14.	*Plus :* Divergence statistique
..	..	..	..	..	..	..	..	..	..	..	..	15.	*Égal :* **Épargne nette**
..	..	..	..	..	..	..	..	..	..	..	..	16.	*Moins :* Solde des opérations courantes de la nation
..	..	..	..	..	..	..	..	..	..	..	..	17.	*Plus :* Divergence statistique
60 830	80 991	124 360	147 000	166 900	243 400	283 364	401 283	490 541	688 458	791 447	..	18.	*Égal :* **Formation nette de capital**

PART THREE

TROISIÈME PARTIE

Growth triangles
Triangles de croissance

This parts presents for each country growth triangles for the following aggregates:
- Per capita GDP (volume)
- Per capita private consumption (volume)
- GDP (volume and implicit price deflator)
- Private final consumption expenditure (volume and implicit price deflator)
- Government final consumption expenditure (volume and implicit price deflator)
- Gross fixed capital formation (volume and implicit price deflator)
- National disposable income (value)
- Compensation of employees (value)

Cette partie fournit pour chaque pays des triangles de croissance pour les agrégats suivants :
- PIB par habitant (volume)
- Consommation finale privée par habitant (volume)
- PIB (volume et prix implicite)
- Consommation finale privée (volume et prix implicite)
- Consommation des administrations publiques (volume et prix implicite)
- Formation brute de capital fixe (volume et prix implicite)
- Revenu national disponible (valeur)
- Rémunération des salariés (valeur)

OECD-TOTAL

Average per cent changes at annual rate

OCDE-TOTAL

Variations moyennes en pourcentage aux taux annuels

	1971	1972	1973	1974	1975	1976	1977	1978	1979	1980	1981	1982	1983
1970	2.5	3.3	3.9	2.9	2.1	2.4	2.5	2.6	2.6	2.3	2.2	1.9	1.9
1971		4.2	4.7	3.1	2.0	2.4	2.5	2.6	2.6	2.3	2.2	1.9	1.9
1972			5.2	2.5	1.3	1.9	2.2	2.3	2.3	2.1	2.0	1.7	1.7
1973				-0.1	-0.6	0.9	1.4	1.7	1.9	1.7	1.6	1.3	1.3
1974					-1.1	1.4	1.9	2.2	2.3	2.0	1.9	1.5	1.5
1975						4.0	3.5	3.4	3.1	2.6	2.4	1.8	1.8
1976							3.0	3.0	2.8	2.2	2.0	1.5	1.5
1977								3.1	2.8	2.0	1.8	1.2	1.2
1978									2.5	1.4	1.4	0.7	0.9
1979										0.4	0.8	0.1	0.5
1980											1.2	0.0	0.5
1981												-1.2	0.1
1982													1.5

Per capita G.D.P. (volume)
P.I.B. par habitant (volume)

	1971	1972	1973	1974	1975	1976	1977	1978	1979	1980	1981	1982	1983
1970	3.2	4.1	4.1	3.0	2.7	2.9	2.8	2.8	2.8	2.5	2.3	2.2	2.2
1971		4.9	4.5	2.9	2.6	2.8	2.8	2.8	2.8	2.5	2.3	2.1	2.1
1972			4.2	2.0	1.8	2.3	2.4	2.4	2.5	2.2	2.0	1.8	1.8
1973				-0.2	0.6	1.6	1.9	2.1	2.2	1.9	1.7	1.6	1.6
1974					1.5	2.6	2.6	2.7	2.7	2.2	2.0	1.8	1.8
1975						3.7	3.2	3.1	3.0	2.4	2.0	1.8	1.9
1976							2.7	2.8	2.7	2.1	1.7	1.5	1.6
1977								2.9	2.7	1.9	1.5	1.3	1.4
1978									2.5	1.4	1.0	0.9	1.1
1979										0.2	0.2	0.4	0.8
1980											0.3	0.5	1.0
1981												0.6	1.3
1982													2.1

Per capita private final consumption expenditure (volume)
Consommation finale privée par habitant (volume)

	1971	1972	1973	1974	1975	1976	1977	1978	1979	1980	1981	1982	1983
1970	3.7	4.5	5.0	4.0	3.1	3.4	3.4	3.5	3.5	3.2	3.1	2.8	2.8
1971		5.3	5.7	4.0	2.9	3.3	3.4	3.5	3.4	3.2	3.1	2.7	2.7
1972			6.2	3.4	2.2	2.8	3.0	3.1	3.2	2.9	2.8	2.5	2.5
1973				0.7	0.2	1.7	2.2	2.6	2.7	2.5	2.4	2.1	2.1
1974					-0.3	2.2	2.7	3.0	3.1	2.8	2.6	2.3	2.2
1975						4.8	4.3	4.1	3.9	3.4	3.1	2.6	2.6
1976							3.7	3.8	3.6	3.0	2.8	2.3	2.2
1977								3.9	3.6	2.8	2.6	2.0	2.0
1978									3.3	2.3	2.2	1.5	1.6
1979										1.2	1.6	0.9	1.2
1980											2.0	0.7	1.2
1981												-0.5	0.8
1982													2.2

Gross domestic product (volume)
Produit intérieur brut (volume)

	1971	1972	1973	1974	1975	1976	1977	1978	1979	1980	1981	1982	1983
1970	6.2	5.9	6.5	7.7	8.2	8.2	8.1	8.0	8.0	8.2	8.3	8.3	8.1
1971		5.7	6.6	8.2	8.8	8.6	8.4	8.3	8.3	8.4	8.5	8.5	8.2
1972			7.5	9.5	9.8	9.3	8.9	8.7	8.6	8.8	8.8	8.7	8.5
1973				11.5	11.0	9.9	9.3	8.9	8.8	9.0	9.0	8.9	8.6
1974					10.5	9.1	8.6	8.3	8.3	8.6	8.6	8.5	8.3
1975						7.7	7.6	7.6	7.8	8.2	8.3	8.3	8.0
1976							7.5	7.5	7.8	8.3	8.4	8.4	8.0
1977								7.6	7.9	8.6	8.7	8.5	8.1
1978									8.2	9.1	9.0	8.8	8.2
1979										9.9	9.4	9.0	8.2
1980											9.0	8.5	7.6
1981												8.0	7.0
1982													5.9

Gross domestic product (implicit price deflator)
Produit intérieur brut (prix implicite)

	1971	1972	1973	1974	1975	1976	1977	1978	1979	1980	1981	1982	1983
1970	4.5	5.2	5.2	4.1	3.7	3.8	3.8	3.8	3.7	3.4	3.2	3.1	3.0
1971		6.0	5.6	3.9	3.5	3.7	3.7	3.7	3.6	3.3	3.1	2.9	2.9
1972			5.2	2.9	2.7	3.1	3.2	3.3	3.3	3.0	2.8	2.6	2.7
1973				0.7	1.5	2.5	2.7	2.9	3.0	2.7	2.5	2.4	2.4
1974					2.3	3.4	3.4	3.5	3.5	3.0	2.8	2.6	2.6
1975						4.5	3.9	3.9	3.7	3.2	2.8	2.6	2.6
1976							3.4	3.6	3.5	2.9	2.5	2.3	2.4
1977								3.8	3.5	2.7	2.3	2.1	2.2
1978									3.3	2.2	1.8	1.7	1.9
1979										1.0	1.0	1.1	1.5
1980											1.0	1.2	1.7
1981												1.3	2.0
1982													2.7

Private final consumption expenditure (volume)
Consommation finale privée (volume)

	1971	1972	1973	1974	1975	1976	1977	1978	1979	1980	1981	1982	1983
1970	5.5	5.3	6.0	7.6	8.1	8.1	8.1	8.0	8.0	8.3	8.5	8.4	8.2
1971		5.1	6.2	8.2	8.8	8.6	8.5	8.3	8.3	8.6	8.8	8.7	8.5
1972			7.3	9.9	10.0	9.5	9.2	8.9	8.8	9.1	9.2	9.1	8.8
1973				12.5	11.4	10.3	9.7	9.2	9.1	9.4	9.4	9.3	8.9
1974					10.3	9.2	8.8	8.4	8.4	8.9	9.0	8.9	8.5
1975						8.0	8.0	7.7	7.9	8.6	8.8	8.7	8.3
1976							8.0	7.6	7.9	8.7	8.9	8.8	8.4
1977								7.1	7.9	8.9	9.2	8.9	8.4
1978									8.6	9.8	9.9	9.4	8.7
1979										11.1	10.5	9.6	8.7
1980											10.0	8.9	7.9
1981												7.9	6.9
1982													5.9

Private final consumption expenditure (implicit price deflator)
Consommation finale privée (prix implicite)

	1971	1972	1973	1974	1975	1976	1977	1978	1979	1980	1981	1982	1983
1970	1.7	2.6	2.7	2.9	3.1	3.0	2.8	2.9	2.9	2.8	2.8	2.7	2.6
1971		3.5	3.2	3.2	3.4	3.3	3.0	3.0	3.0	2.9	2.9	2.8	2.7
1972			2.9	3.1	3.3	3.2	2.9	3.0	2.9	2.9	2.8	2.7	2.6
1973				3.3	3.6	3.3	2.9	3.0	2.9	2.9	2.8	2.7	2.6
1974					3.9	3.3	2.8	2.9	2.9	2.8	2.7	2.6	2.5
1975						2.7	2.3	2.6	2.6	2.6	2.5	2.4	2.3
1976							1.9	2.5	2.6	2.5	2.5	2.4	2.2
1977								3.2	2.9	2.8	2.7	2.5	2.3
1978									2.7	2.6	2.5	2.3	2.1
1979										2.4	2.4	2.2	2.0
1980											2.3	2.1	1.8
1981												1.8	1.6
1982													1.4

Government final consumption expenditure (volume)
Consommation des administrations publiques (volume)

	1971	1972	1973	1974	1975	1976	1977	1978	1979	1980	1981	1982	1983
1970	8.7	8.1	8.4	9.7	10.1	9.8	9.6	9.3	9.3	9.5	9.6	9.5	9.2
1971		7.5	8.3	10.0	10.5	10.1	9.7	9.4	9.3	9.6	9.7	9.5	9.3
1972			9.1	11.2	11.5	10.7	10.2	9.7	9.6	9.9	9.9	9.8	9.5
1973				13.4	12.7	11.2	10.5	9.9	9.7	10.0	10.0	9.8	9.5
1974					12.1	10.2	9.5	9.0	9.0	9.5	9.6	9.4	9.1
1975						8.3	8.3	8.0	8.2	8.9	9.2	9.0	8.7
1976							8.2	7.9	8.2	9.1	9.3	9.1	8.8
1977								7.5	8.1	9.4	9.6	9.3	8.8
1978									8.7	10.4	10.3	9.8	9.1
1979										12.0	11.1	10.1	9.2
1980											10.3	9.2	8.3
1981												8.1	7.3
1982													6.5

Government final consumption expenditure (implicit price deflator)
Consommation des administrations publiques (prix implicite)

	1971	1972	1973	1974	1975	1976	1977	1978	1979	1980	1981	1982	1983
1970	4.6	5.5	6.2	3.3	1.6	1.9	2.3	2.6	2.8	2.4	2.2	1.8	1.8
1971		6.4	6.9	2.9	0.8	1.4	1.9	2.4	2.5	2.2	2.0	1.5	1.6
1972			7.5	1.2	-1.0	0.2	1.0	1.7	2.0	1.7	1.5	1.1	1.1
1973				-4.7	-4.9	-2.1	-0.6	0.6	1.1	0.9	0.8	0.4	0.5
1974					-5.2	-0.8	0.9	2.0	2.3	1.8	1.6	1.0	1.1
1975						3.8	4.0	4.4	4.3	3.3	2.7	1.9	2.0
1976							4.3	4.8	4.5	3.2	2.5	1.6	1.7
1977								5.3	4.6	2.8	2.1	1.1	1.3
1978									3.9	1.6	1.1	0.1	0.5
1979										-0.6	-0.3	-1.1	-0.3
1980											-0.0	-1.4	-0.2
1981												-2.7	-0.4
1982													2.1

Gross fixed capital formation (volume)
Formation brute de capital fixe (volume)

	1971	1972	1973	1974	1975	1976	1977	1978	1979	1980	1981	1982	1983
1970	6.3	5.7	6.6	8.7	8.9	8.6	8.5	8.3	8.4	8.6	8.5	8.2	7.8
1971		5.2	6.8	9.5	9.6	9.0	8.8	8.6	8.7	8.8	8.7	8.4	8.0
1972			8.4	11.7	11.1	10.0	9.6	9.2	9.2	9.3	9.1	8.7	8.2
1973				15.1	12.4	10.6	9.9	9.4	9.3	9.4	9.2	8.8	8.2
1974					9.8	8.4	8.2	8.0	8.2	8.5	8.4	8.0	7.5
1975						7.1	7.4	7.4	7.8	8.3	8.2	7.7	7.2
1976							7.7	7.5	8.1	8.6	8.4	7.8	7.2
1977								7.4	8.2	8.9	8.6	7.9	7.1
1978									9.1	9.6	9.0	8.0	7.1
1979										10.2	8.9	7.6	6.6
1980											7.7	6.4	5.4
1981												5.1	4.2
1982													3.3

Gross fixed capital formation (implicit price deflator)
Formation brute de capital fixe (prix implicite)

	1971	1972	1973	1974	1975	1976	1977	1978	1979	1980	1981	1982	1983
1970	9.9	10.6	12.0	11.9	11.4	11.7	11.6	11.6	11.7	11.6	11.5	11.1	10.9
1971		11.4	13.0	12.5	11.7	12.0	11.9	11.9	11.9	11.8	11.7	11.2	11.0
1972			14.7	13.1	11.8	12.2	12.0	12.0	12.0	11.8	11.7	11.2	10.9
1973				11.5	10.4	11.3	11.3	11.4	11.5	11.4	11.3	10.8	10.6
1974					9.4	11.3	11.3	11.4	11.5	11.4	11.3	10.7	10.5
1975						13.2	12.2	12.1	12.0	11.8	11.6	10.9	10.6
1976							11.3	11.5	11.7	11.5	11.3	10.6	10.3
1977								11.8	11.9	11.5	11.3	10.4	10.1
1978									11.9	11.4	11.1	10.1	9.7
1979										10.9	10.7	9.5	9.2
1980											10.6	8.8	8.6
1981												7.0	7.7
1982													8.4

National disposable income (value)
Revenu national disponible (valeur)

	1971	1972	1973	1974	1975	1976	1977	1978	1979	1980	1981	1982	1983
1970	10.8	11.2	12.4	13.1	12.8	12.7	12.6	12.4	12.3	12.2	12.1	11.7	11.3
1971		11.6	13.2	13.8	13.3	13.1	12.9	12.6	12.5	12.4	12.2	11.8	11.4
1972			14.9	15.0	13.8	13.5	13.1	12.8	12.6	12.5	12.3	11.8	11.4
1973				15.0	13.3	13.1	12.7	12.4	12.3	12.2	12.0	11.5	11.0
1974					11.6	12.1	11.9	11.8	11.7	11.7	11.5	11.0	10.6
1975						12.6	12.0	11.8	11.7	11.7	11.5	10.9	10.4
1976							11.5	11.4	11.5	11.5	11.3	10.7	10.1
1977								11.4	11.5	11.5	11.3	10.5	9.9
1978									11.6	11.6	11.2	10.3	9.6
1979										11.7	11.0	9.9	9.1
1980											10.4	9.0	8.3
1981												7.6	7.3
1982													7.0

Compensation of employees (value)
Rémunération des salariés (valeur)

OECD-EUROPE

Average per cent changes at annual rate

OCDE-EUROPE

Variations moyennes en pourcentage aux taux annuels

Per capita G.D.P. (volume)
P.I.B. par habitant (volume)

	1971	1972	1973	1974	1975	1976	1977	1978	1979	1980	1981	1982	1983
1970	2.6	3.1	3.7	3.1	2.2	2.5	2.5	2.4	2.5	2.3	2.0	1.9	1.8
1971		3.6	4.3	3.3	2.1	2.5	2.4	2.4	2.5	2.3	2.0	1.8	1.7
1972			5.0	3.2	1.6	2.3	2.2	2.2	2.3	2.1	1.8	1.6	1.6
1973				1.5	0.0	1.4	1.5	1.7	1.9	1.7	1.4	1.3	1.2
1974					−1.4	1.4	1.5	1.8	1.9	1.8	1.4	1.3	1.2
1975						4.2	3.0	2.8	2.8	2.4	1.9	1.6	1.5
1976							1.9	2.2	2.3	1.9	1.4	1.2	1.2
1977								2.4	2.6	2.0	1.3	1.1	1.1
1978									2.7	1.7	1.0	0.8	0.8
1979										0.8	0.1	0.1	0.3
1980											−0.6	−0.2	0.1
1981												0.1	0.5
1982													0.9

Per capita private final consumption expenditure (volume)
Consommation finale privée par habitant (volume)

	1971	1972	1973	1974	1975	1976	1977	1978	1979	1980	1981	1982	1983
1970	3.6	4.0	4.0	3.2	2.8	2.9	2.8	2.8	2.8	2.6	2.3	2.1	2.0
1971		4.4	4.2	3.1	2.6	2.8	2.7	2.7	2.7	2.4	2.2	2.0	1.9
1972			4.0	2.5	2.1	2.4	2.3	2.4	2.4	2.2	1.9	1.8	1.7
1973				1.0	1.1	1.9	1.9	2.1	2.2	1.9	1.7	1.5	1.4
1974					1.2	2.3	2.2	2.3	2.4	2.1	1.7	1.6	1.5
1975						3.4	2.7	2.7	2.7	2.3	1.8	1.6	1.5
1976							2.0	2.3	2.4	2.0	1.5	1.3	1.2
1977								2.6	2.7	2.0	1.4	1.2	1.1
1978									2.7	1.7	1.0	0.8	0.8
1979										0.6	0.1	0.2	0.3
1980											−0.4	−0.0	0.2
1981												0.3	0.5
1982													0.8

Gross domestic product (volume)
Produit intérieur brut (volume)

	1971	1972	1973	1974	1975	1976	1977	1978	1979	1980	1981	1982	1983
1970	3.6	4.0	4.6	4.0	3.0	3.3	3.1	3.1	3.1	3.0	2.7	2.5	2.4
1971		4.4	5.1	4.1	2.9	3.2	3.1	3.1	3.1	2.9	2.6	2.4	2.3
1972			5.8	3.9	2.3	2.9	2.8	2.8	2.9	2.7	2.4	2.2	2.1
1973				2.1	0.6	2.0	2.1	2.3	2.4	2.3	2.0	1.8	1.8
1974					−0.8	1.9	2.0	2.3	2.5	2.3	2.0	1.8	1.7
1975						4.7	3.5	3.3	3.3	2.9	2.4	2.2	2.1
1976							2.4	2.7	2.9	2.5	2.0	1.8	1.7
1977								3.0	3.1	2.6	1.9	1.7	1.6
1978									3.3	2.3	1.5	1.3	1.3
1979										1.4	0.7	0.7	0.8
1980											−0.0	0.3	0.6
1981												0.6	1.0
1982													1.3

Gross domestic product (implicit price deflator)
Produit intérieur brut (prix implicite)

	1971	1972	1973	1974	1975	1976	1977	1978	1979	1980	1981	1982	1983
1970	7.5	7.1	7.3	8.1	8.9	8.9	9.0	8.9	9.0	9.3	9.4	9.5	9.4
1971		6.7	7.2	8.3	9.2	9.2	9.2	9.1	9.2	9.5	9.6	9.7	9.6
1972			7.6	9.1	10.1	9.8	9.7	9.5	9.5	9.9	10.0	10.0	9.9
1973				10.5	11.3	10.6	10.2	9.9	9.9	10.2	10.3	10.3	10.1
1974					12.2	10.6	10.1	9.8	9.7	10.1	10.2	10.2	10.0
1975						9.1	9.2	9.0	9.1	9.7	9.9	10.0	9.8
1976							9.2	8.9	9.2	9.9	10.1	10.1	9.9
1977								8.7	9.1	10.1	10.3	10.3	10.0
1978									9.6	10.8	10.8	10.7	10.3
1979										12.1	11.4	11.1	10.4
1980											10.8	10.6	9.9
1981												10.4	9.4
1982													8.4

Private final consumption expenditure (volume)
Consommation finale privée (volume)

	1971	1972	1973	1974	1975	1976	1977	1978	1979	1980	1981	1982	1983
1970	4.6	4.9	4.9	4.1	3.6	3.7	3.5	3.5	3.4	3.2	2.9	2.8	2.6
1971		5.2	5.0	3.9	3.4	3.5	3.3	3.3	3.3	3.1	2.8	2.6	2.5
1972			4.8	3.2	2.8	3.0	2.9	3.0	3.0	2.8	2.5	2.3	2.2
1973				1.7	1.8	2.5	2.5	2.6	2.7	2.5	2.2	2.1	2.0
1974					1.8	2.9	2.7	2.9	2.9	2.7	2.3	2.1	2.0
1975						3.9	3.2	3.2	3.2	2.8	2.4	2.1	2.0
1976							2.5	2.8	3.0	2.6	2.1	1.9	1.8
1977								3.2	3.3	2.6	2.0	1.7	1.6
1978									3.3	2.3	1.6	1.4	1.3
1979										1.2	0.7	0.7	0.9
1980											0.2	0.5	0.7
1981												0.8	1.0
1982													1.2

Private final consumption expenditure (implicit price deflator)
Consommation finale privée (prix implicite)

	1971	1972	1973	1974	1975	1976	1977	1978	1979	1980	1981	1982	1983
1970	6.4	6.3	6.8	8.1	8.9	9.0	9.1	8.9	9.0	9.4	9.7	9.7	9.7
1971		6.2	7.0	8.7	9.5	9.5	9.5	9.3	9.4	9.8	10.0	10.0	9.9
1972			7.8	9.9	10.6	10.3	10.2	9.8	9.8	10.2	10.4	10.4	10.3
1973				12.1	12.0	11.2	10.8	10.2	10.2	10.6	10.8	10.7	10.5
1974					11.9	10.8	10.4	9.8	9.8	10.3	10.6	10.6	10.4
1975						9.6	9.6	9.1	9.2	10.0	10.3	10.4	10.2
1976							9.7	8.8	9.1	10.1	10.5	10.5	10.2
1977								7.9	8.9	10.2	10.7	10.7	10.3
1978									9.8	11.4	11.6	11.4	10.8
1979										13.0	12.6	11.9	11.1
1980											12.1	11.3	10.5
1981												10.6	9.7
1982													8.7

Government final consumption expenditure (volume)
Consommation des administrations publiques (volume)

	1971	1972	1973	1974	1975	1976	1977	1978	1979	1980	1981	1982	1983
1970	4.3	4.2	4.2	3.9	4.0	3.9	3.5	3.5	3.5	3.4	3.2	3.0	2.9
1971		4.1	4.1	3.8	3.9	3.8	3.4	3.4	3.4	3.2	3.1	2.9	2.8
1972			4.1	3.6	3.9	3.7	3.3	3.3	3.3	3.1	3.0	2.8	2.7
1973				3.1	3.8	3.6	3.0	3.2	3.1	3.0	2.9	2.7	2.6
1974					4.5	3.8	3.0	3.2	3.1	3.0	2.8	2.6	2.5
1975						3.2	2.3	2.8	2.8	2.7	2.5	2.3	2.3
1976							1.4	2.6	2.7	2.6	2.4	2.2	2.1
1977								3.7	3.3	3.0	2.7	2.4	2.2
1978									2.9	2.6	2.3	2.0	2.0
1979										2.3	2.1	1.7	1.7
1980											1.8	1.5	1.5
1981												1.1	1.4
1982													1.7

Government final consumption expenditure (implicit price deflator)
Consommation des administrations publiques (prix implicite)

	1971	1972	1973	1974	1975	1976	1977	1978	1979	1980	1981	1982	1983
1970	11.6	9.7	9.9	11.2	11.7	11.3	11.1	10.8	10.7	11.0	11.0	10.9	10.7
1971		7.8	9.1	11.1	11.7	11.3	11.0	10.6	10.6	10.9	11.0	10.9	10.6
1972			10.4	12.8	13.0	12.1	11.6	11.1	11.0	11.3	11.3	11.2	10.9
1973				15.2	14.4	12.7	11.9	11.2	11.1	11.4	11.5	11.3	11.0
1974					13.5	11.5	10.8	10.3	10.2	10.8	10.9	10.8	10.5
1975						9.5	9.5	9.2	9.4	10.3	10.5	10.4	10.1
1976							9.6	9.1	9.4	10.5	10.7	10.6	10.2
1977								8.6	9.3	10.8	11.0	10.8	10.3
1978									10.1	11.9	11.8	11.3	10.7
1979										13.7	12.7	11.8	10.8
1980											11.8	10.8	9.9
1981												9.8	8.9
1982													8.1

Gross fixed capital formation (volume)
Formation brute de capital fixe (volume)

	1971	1972	1973	1974	1975	1976	1977	1978	1979	1980	1981	1982	1983
1970	3.9	4.0	4.4	2.6	1.3	1.5	1.5	1.5	1.7	1.7	1.2	1.0	0.9
1971		4.0	4.6	2.2	0.6	1.1	1.1	1.1	1.4	1.5	1.0	0.7	0.7
1972			5.2	1.3	−0.5	0.3	0.5	0.7	1.0	1.1	0.6	0.4	0.4
1973				−2.5	−3.2	−1.3	−0.7	−0.2	0.4	0.6	0.1	−0.1	−0.1
1974					−3.8	−0.6	−0.0	0.4	0.9	1.1	0.4	0.2	0.2
1975						2.7	1.9	1.8	2.2	2.1	1.2	0.8	0.7
1976							1.2	1.3	2.0	2.0	0.9	0.4	0.4
1977								1.5	2.4	2.2	0.8	0.3	0.3
1978									3.3	2.6	0.6	−0.0	0.0
1979										1.9	−0.8	−1.1	−0.8
1980											−3.4	−2.6	−1.6
1981												−1.7	−0.7
1982													0.2

Gross fixed capital formation (implicit price deflator)
Formation brute de capital fixe (prix implicite)

	1971	1972	1973	1974	1975	1976	1977	1978	1979	1980	1981	1982	1983
1970	8.4	7.1	7.0	8.5	8.8	8.8	8.9	8.8	9.0	9.4	9.5	9.4	9.2
1971		5.8	6.4	8.5	8.9	8.9	8.9	8.9	9.0	9.5	9.6	9.5	9.3
1972			6.9	9.9	9.9	9.7	9.6	9.4	9.5	10.0	10.1	9.9	9.6
1973				12.9	11.5	10.6	10.3	9.9	10.0	10.4	10.5	10.2	9.9
1974					10.1	9.5	9.4	9.1	9.4	10.0	10.1	9.9	9.6
1975						8.8	9.1	8.8	9.2	10.0	10.1	9.9	9.5
1976							9.3	8.8	9.3	10.3	10.4	10.1	9.6
1977								8.4	9.4	10.6	10.7	10.2	9.7
1978									10.3	11.7	11.4	10.7	9.9
1979										13.1	12.0	10.8	9.8
1980											10.8	9.7	8.8
1981												8.6	7.7
1982													6.9

National disposable income (value)
Revenu national disponible (valeur)

	1971	1972	1973	1974	1975	1976	1977	1978	1979	1980	1981	1982	1983
1970	11.3	11.3	12.2	12.2	11.9	12.3	12.2	12.1	12.3	12.4	12.2	12.0	11.9
1971		11.3	12.6	12.5	12.0	12.4	12.3	12.3	12.4	12.5	12.3	12.1	11.9
1972			14.0	13.1	12.2	12.7	12.5	12.4	12.5	12.7	12.4	12.2	12.0
1973				12.1	11.3	12.3	12.1	12.1	12.3	12.5	12.2	12.0	11.8
1974					10.5	12.4	12.1	12.1	12.3	12.5	12.2	12.0	11.8
1975						14.3	13.0	12.6	12.8	12.9	12.4	12.2	11.9
1976							11.6	11.8	12.3	12.6	12.1	11.8	11.6
1977								12.0	12.7	12.9	12.2	11.9	11.6
1978									13.3	13.4	12.2	11.9	11.5
1979										13.5	11.7	11.4	11.0
1980											10.0	10.3	10.2
1981												10.7	10.3
1982													10.0

Compensation of employees (value)
Rémunération des salariés (valeur)

	1971	1972	1973	1974	1975	1976	1977	1978	1979	1980	1981	1982	1983
1970	13.2	12.6	13.5	14.1	14.2	14.0	13.6	13.4	13.2	13.3	13.0	12.7	12.3
1971		12.0	13.6	14.4	14.4	14.1	13.7	13.4	13.2	13.3	13.0	12.7	12.3
1972			15.2	15.6	15.2	14.7	14.1	13.6	13.4	13.5	13.1	12.7	12.3
1973				16.1	15.2	14.5	13.8	13.3	13.1	13.2	12.9	12.5	12.0
1974					14.4	13.7	13.0	12.6	12.5	12.7	12.4	12.0	11.6
1975						13.0	12.4	12.1	12.1	12.4	12.1	11.7	11.2
1976							11.7	11.6	11.8	12.3	11.9	11.5	11.0
1977								11.4	11.8	12.5	11.9	11.4	10.8
1978									12.2	13.0	12.1	11.4	10.7
1979										13.7	12.1	11.1	10.4
1980											10.4	9.9	9.3
1981												9.3	8.7
1982													8.1

EEC

Average per cent changes at annual rate

CEE

Variations moyennes en pourcentage aux taux annuels

	1971	1972	1973	1974	1975	1976	1977	1978	1979	1980	1981	1982	1983
1970	2.6	3.0	3.8	3.1	2.2	2.7	2.6	2.6	2.7	2.5	2.2	2.1	2.0
1971		3.5	4.4	3.3	2.1	2.7	2.6	2.7	2.7	2.5	2.2	2.0	1.9
1972			5.3	3.2	1.7	2.5	2.4	2.5	2.6	2.4	2.1	1.9	1.8
1973				1.2	–0.1	1.5	1.7	2.0	2.2	2.0	1.7	1.5	1.4
1974					–1.4	1.7	1.9	2.2	2.4	2.1	1.7	1.5	1.5
1975						4.9	3.6	3.4	3.3	2.8	2.2	2.0	1.8
1976							2.2	2.6	2.8	2.3	1.7	1.5	1.4
1977								3.0	3.1	2.3	1.6	1.3	1.3
1978									3.2	2.0	1.1	0.9	0.9
1979										0.8	0.1	0.2	0.4
1980											–0.5	–0.1	0.2
1981												0.3	0.6
1982													0.9

Per capita G.D.P.
(volume)
P.I.B. par habitant
(volume)

	1971	1972	1973	1974	1975	1976	1977	1978	1979	1980	1981	1982	1983
1970	3.6	4.0	4.0	3.2	2.8	3.0	2.9	3.0	3.0	2.8	2.6	2.4	2.3
1971		4.3	4.2	3.0	2.7	2.8	2.7	2.9	3.0	2.7	2.5	2.3	2.2
1972			4.1	2.4	2.1	2.5	2.4	2.6	2.8	2.5	2.3	2.1	2.0
1973				0.7	1.1	1.9	2.0	2.3	2.5	2.3	2.0	1.8	1.8
1974					1.5	2.5	2.4	2.8	2.9	2.6	2.2	2.0	1.9
1975						3.6	2.9	3.2	3.3	2.8	2.3	2.1	1.9
1976							2.3	3.0	3.1	2.6	2.1	1.8	1.7
1977								3.7	3.6	2.7	2.0	1.7	1.6
1978									3.5	2.2	1.5	1.2	1.2
1979										1.0	0.5	0.5	0.6
1980											–0.0	0.2	0.5
1981												0.4	0.7
1982													1.0

Per capita private final consumption expenditure
(volume)
Consommation finale privée par habitant
(volume)

	1971	1972	1973	1974	1975	1976	1977	1978	1979	1980	1981	1982	1983
1970	3.4	3.8	4.5	3.7	2.7	3.1	3.0	3.1	3.1	2.9	2.6	2.4	2.3
1971		4.1	5.0	3.9	2.6	3.1	3.0	3.0	3.1	2.8	2.5	2.3	2.2
1972			5.9	3.7	2.1	2.8	2.7	2.8	2.9	2.7	2.4	2.2	2.1
1973				1.6	0.2	1.8	1.9	2.2	2.4	2.2	1.9	1.8	1.7
1974					–1.2	1.9	2.1	2.4	2.6	2.3	2.0	1.8	1.7
1975						5.1	3.7	3.6	3.5	3.1	2.5	2.2	2.1
1976							2.3	2.8	3.0	2.5	2.0	1.7	1.6
1977								3.3	3.4	2.6	1.9	1.6	1.5
1978									3.4	2.3	1.4	1.2	1.2
1979										1.1	0.4	0.5	0.6
1980											–0.2	0.1	0.4
1981												0.5	0.8
1982													1.1

Gross domestic product
(volume)
Produit intérieur brut
(volume)

	1971	1972	1973	1974	1975	1976	1977	1978	1979	1980	1981	1982	1983
1970	7.5	7.1	7.1	8.0	8.9	8.9	8.9	8.8	8.8	9.1	9.2	9.2	9.1
1971		6.6	7.0	8.1	9.2	9.2	9.1	9.0	9.0	9.3	9.3	9.4	9.2
1972			7.3	8.9	10.1	9.9	9.7	9.4	9.3	9.6	9.6	9.7	9.5
1973				10.5	11.6	10.7	10.2	9.8	9.7	9.9	9.9	9.9	9.7
1974					12.6	10.8	10.1	9.6	9.5	9.8	9.9	9.8	9.6
1975						9.0	8.9	8.6	8.7	9.3	9.4	9.5	9.2
1976							8.8	8.4	8.6	9.3	9.5	9.5	9.2
1977								8.0	8.5	9.5	9.6	9.7	9.3
1978									9.1	10.3	10.2	10.1	9.6
1979										11.5	10.7	10.4	9.7
1980											10.0	9.9	9.1
1981												9.8	8.6
1982													7.5

Gross domestic product
(implicit price deflator)
Produit intérieur brut
(prix implicite)

	1971	1972	1973	1974	1975	1976	1977	1978	1979	1980	1981	1982	1983
1970	4.4	4.7	4.7	3.8	3.4	3.4	3.3	3.4	3.4	3.2	2.9	2.7	2.6
1971		5.0	4.9	3.6	3.1	3.3	3.1	3.2	3.3	3.1	2.8	2.6	2.5
1972			4.7	2.9	2.5	2.8	2.7	2.9	3.1	2.8	2.6	2.4	2.2
1973				1.1	1.4	2.2	2.2	2.6	2.8	2.6	2.3	2.1	2.0
1974					1.7	2.7	2.6	3.0	3.1	2.8	2.5	2.2	2.1
1975						3.8	3.1	3.4	3.5	3.1	2.6	2.3	2.2
1976							2.4	3.2	3.4	2.9	2.3	2.1	1.9
1977								4.0	3.9	3.0	2.3	2.0	1.8
1978									3.7	2.5	1.8	1.5	1.4
1979										1.4	0.8	0.7	0.8
1980											0.2	0.4	0.7
1981												0.6	0.9
1982													1.2

Private final consumption expenditure
(volume)
Consommation finale privée
(volume)

	1971	1972	1973	1974	1975	1976	1977	1978	1979	1980	1981	1982	1983
1970	6.4	6.3	6.7	8.0	8.9	9.0	9.0	8.8	8.8	9.1	9.3	9.3	9.2
1971		6.1	6.8	8.6	9.5	9.5	9.5	9.1	9.1	9.4	9.6	9.6	9.4
1972			7.5	9.9	10.7	10.4	10.2	9.6	9.5	9.8	10.0	9.9	9.7
1973				12.2	12.3	11.4	10.8	10.0	9.8	10.1	10.3	10.2	9.9
1974					12.3	11.0	10.4	9.5	9.4	9.8	10.0	10.0	9.7
1975						9.7	9.4	8.5	8.7	9.3	9.6	9.6	9.4
1976							9.1	8.0	8.3	9.2	9.6	9.6	9.3
1977								6.9	7.9	9.2	9.7	9.7	9.4
1978									9.0	10.4	10.7	10.5	9.9
1979										11.9	11.5	10.9	10.1
1980											11.2	10.5	9.5
1981												9.8	8.7
1982													7.6

Private final consumption expenditure
(implicit price deflator)
Consommation finale privée
(prix implicite)

	1971	1972	1973	1974	1975	1976	1977	1978	1979	1980	1981	1982	1983
1970	4.3	4.2	4.1	3.8	3.9	3.7	3.3	3.4	3.3	3.2	3.0	2.8	2.7
1971		4.1	4.0	3.6	3.8	3.6	3.2	3.2	3.2	3.0	2.9	2.7	2.6
1972			4.0	3.4	3.7	3.5	3.0	3.1	3.0	2.9	2.8	2.6	2.5
1973				2.7	3.6	3.3	2.7	2.9	2.9	2.7	2.6	2.4	2.3
1974					4.4	3.6	2.7	2.9	2.9	2.7	2.6	2.4	2.3
1975						2.8	1.9	2.5	2.5	2.4	2.3	2.1	2.0
1976							1.0	2.3	2.4	2.3	2.2	1.9	1.9
1977								3.6	3.1	2.8	2.5	2.1	2.0
1978									2.7	2.4	2.1	1.8	1.7
1979										2.0	1.9	1.5	1.5
1980											1.7	1.2	1.3
1981												0.7	1.1
1982													1.4

Government final consumption expenditure
(volume)
Consommation des administrations publiques
(volume)

	1971	1972	1973	1974	1975	1976	1977	1978	1979	1980	1981	1982	1983
1970	11.8	9.8	10.0	11.4	11.8	11.4	11.1	10.7	10.6	10.9	11.0	10.9	10.6
1971		7.7	9.0	11.3	11.9	11.3	10.9	10.6	10.5	10.8	10.9	10.8	10.5
1972			10.3	13.1	13.3	12.2	11.6	11.0	10.9	11.2	11.3	11.1	10.8
1973				15.8	14.7	12.8	11.9	11.2	11.0	11.4	11.4	11.2	10.8
1974					13.7	11.4	10.6	10.0	10.0	10.6	10.8	10.6	10.3
1975						9.1	9.1	8.8	9.1	10.0	10.3	10.2	9.9
1976							9.1	8.7	9.2	10.3	10.6	10.4	10.0
1977								8.3	9.2	10.6	11.0	10.7	10.1
1978									10.1	11.8	11.9	11.3	10.5
1979										13.6	12.8	11.7	10.6
1980											11.9	10.7	9.6
1981												9.5	8.5
1982													7.5

Government final consumption expenditure
(implicit price deflator)
Consommation des administrations publiques
(prix implicite)

	1971	1972	1973	1974	1975	1976	1977	1978	1979	1980	1981	1982	1983
1970	3.8	3.4	3.8	1.8	0.5	1.0	1.0	1.3	1.6	1.6	1.0	0.8	0.7
1971		2.9	3.7	1.2	–0.3	0.4	0.5	0.9	1.3	1.3	0.7	0.5	0.5
1972			4.5	0.3	–1.4	–0.2	0.1	0.6	1.1	1.1	0.5	0.3	0.3
1973				–3.8	–4.2	–1.7	–1.0	–0.2	0.5	0.7	–0.0	–0.2	–0.1
1974					–4.6	–0.7	–0.1	0.7	1.4	1.4	0.5	0.3	0.3
1975						3.4	2.3	2.5	3.0	2.7	1.4	1.0	0.9
1976							1.2	2.1	2.8	2.5	1.0	0.6	0.5
1977								3.0	3.6	3.0	1.0	0.5	0.4
1978									4.2	2.9	0.3	–0.2	–0.1
1979										1.6	–1.6	–1.6	–1.1
1980											–4.8	–3.2	–2.0
1981												–1.5	–0.6
1982													0.3

Gross fixed capital formation
(volume)
Formation brute de capital fixe
(volume)

	1971	1972	1973	1974	1975	1976	1977	1978	1979	1980	1981	1982	1983
1970	8.1	6.8	6.9	8.4	8.9	9.0	8.9	8.8	8.9	9.2	9.3	9.1	8.9
1971		5.5	6.3	8.5	9.1	9.2	9.1	8.8	9.0	9.4	9.4	9.2	8.9
1972			7.1	10.1	10.4	10.1	9.8	9.4	9.5	9.9	9.9	9.6	9.3
1973				13.1	12.1	11.1	10.5	9.9	9.9	10.3	10.2	9.9	9.5
1974					11.0	10.2	9.6	9.1	9.3	9.8	9.8	9.5	9.1
1975						9.4	8.9	8.5	8.9	9.6	9.6	9.3	8.8
1976							8.5	8.1	8.8	9.6	9.7	9.3	8.8
1977								7.6	8.9	10.0	10.0	9.5	8.8
1978									10.2	11.2	10.8	9.9	9.1
1979										12.2	11.1	9.8	8.8
1980											9.9	8.7	7.7
1981												7.4	6.5
1982													5.6

Gross fixed capital formation
(implicit price deflator)
Formation brute de capital fixe
(prix implicite)

	1971	1972	1973	1974	1975	1976	1977	1978	1979	1980	1981	1982	1983
1970	11.2	11.0	11.9	11.8	11.5	12.1	12.0	11.9	12.0	12.1	11.8	11.6	11.4
1971		10.8	12.3	12.0	11.6	12.2	12.1	12.0	12.1	12.2	11.8	11.7	11.4
1972			13.7	12.6	11.9	12.6	12.3	12.2	12.3	12.3	11.9	11.7	11.5
1973				11.4	11.0	12.2	12.0	11.9	12.1	12.1	11.7	11.5	11.2
1974					10.5	12.7	12.2	12.0	12.2	12.2	11.8	11.5	11.2
1975						14.8	13.0	12.6	12.6	12.6	12.0	11.7	11.3
1976							11.2	11.4	11.9	12.0	11.4	11.2	10.8
1977								11.7	12.3	12.3	11.5	11.1	10.8
1978									12.9	12.6	11.4	11.0	10.6
1979										12.4	10.6	10.4	10.0
1980											8.9	9.4	9.2
1981												9.9	9.4
1982													8.9

National disposable income
(value)
Revenu national disponible
(valeur)

	1971	1972	1973	1974	1975	1976	1977	1978	1979	1980	1981	1982	1983
1970	13.0	12.2	13.2	13.9	13.9	13.7	13.4	13.1	13.0	13.1	12.8	12.5	12.1
1971		11.5	13.3	14.1	14.2	13.9	13.4	13.1	13.0	13.1	12.8	12.4	12.0
1972			15.2	15.5	15.1	14.5	13.8	13.4	13.2	13.3	12.9	12.5	12.1
1973				15.8	15.0	14.3	13.5	13.0	12.9	13.0	12.6	12.2	11.8
1974					14.2	13.5	12.7	12.3	12.3	12.6	12.2	11.8	11.3
1975						12.8	12.0	11.7	11.9	12.3	11.9	11.5	11.0
1976							11.3	11.2	11.6	12.1	11.7	11.2	10.7
1977								11.1	11.7	12.4	11.8	11.2	10.6
1978									12.4	13.1	12.0	11.3	10.5
1979										13.8	11.9	10.9	10.1
1980											10.0	9.5	8.9
1981												9.0	8.3
1982													7.7

Compensation of employees
(value)
Rémunération des salariés
(valeur)

CANADA

Average per cent changes at annual rate

CANADA

Variations moyennes en pourcentage aux taux annuels

	1971	1972	1973	1974	1975	1976	1977	1978	1979	1980	1981	1982	1983
1970	5.6	5.2	5.6	4.7	3.6	3.8	3.4	3.4	3.2	2.9	2.9	2.2	2.1
1971		4.7	5.5	4.3	3.2	3.5	3.1	3.0	3.0	2.6	2.6	1.8	1.8
1972			6.3	4.2	2.6	3.2	2.7	2.8	2.7	2.3	2.4	1.6	1.6
1973				2.0	0.8	2.1	1.9	2.1	2.1	1.8	1.9	1.0	1.1
1974					–0.4	2.2	1.8	2.1	2.1	1.7	1.9	0.9	1.0
1975						4.8	2.9	2.9	2.8	2.1	2.2	1.1	1.2
1976							1.1	1.9	2.1	1.5	1.7	0.5	0.7
1977								2.8	2.6	1.7	1.9	0.4	0.6
1978									2.4	1.1	1.6	–0.2	0.2
1979										–0.2	1.2	–1.1	–0.4
1980											2.7	–1.5	–0.4
1981												–5.5	–1.9
1982													1.8

Per capita G.D.P. (volume)
P.I.B. par habitant (volume)

	1971	1972	1973	1974	1975	1976	1977	1978	1979	1980	1981	1982	1983
1970	6.7	6.5	6.2	5.6	5.2	5.2	4.6	4.2	3.9	3.5	3.2	2.6	2.6
1971		6.3	6.0	5.3	4.8	4.9	4.2	3.9	3.5	3.1	2.8	2.3	2.3
1972			5.7	4.8	4.4	4.5	3.8	3.5	3.1	2.7	2.5	1.9	1.9
1973				3.9	3.7	4.1	3.4	3.0	2.7	2.3	2.1	1.5	1.5
1974					3.5	4.2	3.2	2.8	2.5	2.0	1.8	1.2	1.3
1975						5.0	3.1	2.6	2.2	1.7	1.5	0.8	1.0
1976							1.2	1.4	1.3	0.9	0.9	0.2	0.4
1977								1.6	1.3	0.8	0.8	–0.0	0.3
1978									1.1	0.5	0.5	–0.4	0.0
1979										–0.1	0.2	–0.9	–0.2
1980											0.6	–1.3	–0.3
1981												–3.2	–0.6
1982													1.9

Per capita private final consumption expenditure (volume)
Consommation finale privée par habitant (volume)

	1971	1972	1973	1974	1975	1976	1977	1978	1979	1980	1981	1982	1983
1970	7.0	6.4	6.8	6.0	5.0	5.2	4.7	4.6	4.5	4.1	4.1	3.4	3.4
1971		5.8	6.7	5.6	4.5	4.8	4.4	4.3	4.2	3.8	3.9	3.1	3.1
1972			7.5	5.5	4.0	4.6	4.1	4.1	4.0	3.6	3.6	2.8	2.8
1973				3.5	2.3	3.6	3.2	3.4	3.4	3.0	3.2	2.3	2.3
1974					1.1	3.6	3.1	3.3	3.3	3.0	3.1	2.1	2.2
1975						6.1	4.2	4.1	3.9	3.3	3.4	2.3	2.4
1976							2.2	3.1	3.2	2.6	2.9	1.7	1.8
1977								3.9	3.7	2.8	3.1	1.5	1.8
1978									3.4	2.2	2.8	1.0	1.3
1979										1.0	2.5	0.2	0.8
1980											4.0	–0.3	0.7
1981												–4.3	–0.8
1982													2.8

Gross domestic product (volume)
Produit intérieur brut (volume)

	1971	1972	1973	1974	1975	1976	1977	1978	1979	1980	1981	1982	1983
1970	3.1	4.1	5.8	8.1	8.6	8.8	8.6	8.4	8.6	8.9	9.0	9.1	8.8
1971		5.0	7.1	9.8	10.1	10.0	9.6	9.2	9.3	9.5	9.6	9.7	9.3
1972			9.2	12.3	11.8	11.3	10.5	9.9	9.9	10.1	10.2	10.2	9.7
1973				15.5	13.1	11.9	10.8	10.0	10.1	10.2	10.3	10.3	9.8
1974					10.8	10.2	9.3	8.7	9.0	9.4	9.6	9.7	9.2
1975						9.7	8.6	8.0	8.6	9.1	9.4	9.5	9.0
1976							7.5	7.1	8.2	9.0	9.3	9.5	8.9
1977								6.7	8.5	9.5	9.8	9.9	9.1
1978									10.4	10.9	10.8	10.7	9.6
1979										11.4	11.0	10.8	9.4
1980											10.6	10.5	8.7
1981												10.4	7.8
1982													5.3

Gross domestic product (implicit price deflator)
Produit intérieur brut (prix implicite)

	1971	1972	1973	1974	1975	1976	1977	1978	1979	1980	1981	1982	1983
1970	8.0	7.7	7.5	6.9	6.5	6.5	5.9	5.5	5.1	4.7	4.4	3.9	3.8
1971		7.4	7.2	6.6	6.2	6.2	5.6	5.2	4.8	4.4	4.1	3.5	3.5
1972			7.0	6.2	5.8	5.9	5.2	4.8	4.4	4.0	3.7	3.1	3.1
1973				5.4	5.2	5.6	4.8	4.3	4.0	3.6	3.3	2.7	2.8
1974					5.0	5.7	4.6	4.1	3.7	3.3	3.0	2.4	2.5
1975						6.4	4.4	3.8	3.4	2.9	2.7	2.0	2.1
1976							2.4	2.5	2.4	2.1	2.0	1.3	1.6
1977								2.6	2.4	2.0	1.9	1.1	1.4
1978									2.1	1.6	1.7	0.7	1.2
1979										1.1	1.5	0.3	1.0
1980											1.8	–0.1	0.9
1981												–2.0	0.4
1982													3.0

Private final consumption expenditure (volume)
Consommation finale privée (volume)

	1971	1972	1973	1974	1975	1976	1977	1978	1979	1980	1981	1982	1983
1970	2.3	3.2	4.5	6.1	7.0	7.2	7.3	7.4	7.6	7.9	8.2	8.4	8.2
1971		4.1	5.6	7.4	8.2	8.2	8.2	8.1	8.3	8.5	8.8	9.0	8.7
1972			7.2	9.1	9.6	9.3	9.0	8.8	8.9	9.1	9.4	9.5	9.2
1973				11.1	10.9	10.0	9.5	9.1	9.2	9.4	9.7	9.8	9.4
1974					10.6	9.4	9.0	8.6	8.8	9.1	9.4	9.6	9.2
1975						8.2	8.2	8.0	8.3	8.8	9.3	9.5	9.0
1976							8.1	7.9	8.3	8.9	9.5	9.7	9.1
1977								7.6	8.5	9.2	9.8	10.0	9.3
1978									9.3	10.0	10.5	10.6	9.6
1979										10.7	11.2	11.0	9.7
1980											11.6	11.2	9.3
1981												10.8	8.2
1982													5.6

Private final consumption expenditure (implicit price deflator)
Consommation finale privée (prix implicite)

	1971	1972	1973	1974	1975	1976	1977	1978	1979	1980	1981	1982	1983
1970	4.1	3.6	3.9	3.9	3.9	3.4	3.4	3.2	2.9	2.6	2.6	2.5	2.3
1971		3.0	3.8	3.8	3.9	3.3	3.3	3.0	2.7	2.5	2.5	2.3	2.1
1972			4.5	4.3	4.2	3.4	3.3	3.0	2.7	2.4	2.4	2.2	2.1
1973				4.0	4.0	3.0	3.0	2.7	2.4	2.1	2.1	2.0	1.8
1974					4.0	2.5	2.7	2.4	2.0	1.8	1.9	1.7	1.6
1975						1.0	2.1	1.9	1.6	1.3	1.5	1.4	1.3
1976							3.2	2.4	1.8	1.4	1.7	1.5	1.3
1977								1.6	1.0	0.8	1.3	1.2	1.0
1978									0.5	0.5	1.2	1.1	0.9
1979										0.5	1.5	1.3	1.0
1980											2.5	1.6	1.2
1981												0.8	0.5
1982													0.3

Government final consumption expenditure (volume)
Consommation des administrations publiques (volume)

	1971	1972	1973	1974	1975	1976	1977	1978	1979	1980	1981	1982	1983
1970	6.1	6.7	7.3	9.4	10.6	11.1	10.9	10.6	10.4	10.7	11.0	11.0	10.8
1971		7.2	7.9	10.5	11.8	12.2	11.7	11.2	11.0	11.2	11.4	11.5	11.1
1972			8.6	12.2	13.3	13.4	12.7	11.9	11.5	11.7	11.9	11.9	11.5
1973				16.1	15.8	15.1	13.7	12.6	12.0	12.2	12.4	12.3	11.8
1974					15.5	14.6	12.9	11.8	11.2	11.5	11.8	11.8	11.3
1975						13.8	11.7	10.6	10.2	10.8	11.2	11.3	10.8
1976							9.6	9.0	9.0	10.0	10.7	10.9	10.4
1977								8.3	8.7	10.2	11.0	11.1	10.6
1978									9.1	11.1	11.9	11.8	11.0
1979										13.1	13.4	12.8	11.5
1980											13.7	12.6	11.0
1981												11.5	9.6
1982													7.8

Government final consumption expenditure (implicit price deflator)
Consommation des administrations publiques (prix implicite)

	1971	1972	1973	1974	1975	1976	1977	1978	1979	1980	1981	1982	1983
1970	10.0	7.8	8.9	8.0	7.1	6.6	5.6	4.8	5.0	4.9	5.0	3.7	3.0
1971		5.6	8.3	7.3	6.4	5.9	4.8	4.1	4.4	4.3	4.5	3.2	2.5
1972			11.1	8.2	6.7	6.0	4.7	3.9	4.3	4.2	4.4	2.9	2.2
1973				5.4	4.6	4.4	3.2	2.5	3.2	3.2	3.6	2.0	1.3
1974					3.8	3.9	2.4	1.8	2.8	2.9	3.4	1.6	0.9
1975						4.0	1.8	1.1	2.5	2.7	3.3	1.3	0.5
1976							–0.5	–0.3	2.0	2.4	3.2	0.9	0.1
1977								–0.1	3.3	3.3	4.1	1.2	0.1
1978									6.8	5.1	5.5	1.5	0.2
1979										3.4	4.9	–0.2	–1.4
1980											6.4	–2.0	–2.9
1981												–9.7	–7.3
1982													–4.9

Gross fixed capital formation (volume)
Formation brute de capital fixe (volume)

	1971	1972	1973	1974	1975	1976	1977	1978	1979	1980	1981	1982	1983
1970	4.9	5.0	6.2	8.8	9.5	9.2	9.1	9.0	9.0	9.1	9.3	9.1	8.6
1971		5.0	6.9	10.1	10.7	10.1	9.8	9.6	9.5	9.5	9.7	9.5	8.9
1972			8.8	12.7	12.7	11.5	10.8	10.4	10.2	10.1	10.3	9.9	9.3
1973				16.8	14.7	12.4	11.3	10.7	10.4	10.3	10.5	10.1	9.3
1974					12.6	10.2	9.5	9.3	9.2	9.3	9.6	9.3	8.5
1975						7.9	8.0	8.2	8.3	8.6	9.1	8.8	8.0
1976							8.2	8.4	8.5	8.8	9.3	9.0	8.1
1977								8.6	8.7	9.0	9.6	9.1	8.1
1978									8.7	9.3	10.0	9.3	7.9
1979										9.8	10.6	9.4	7.8
1980											11.5	9.2	7.1
1981												7.0	4.9
1982													2.9

Gross fixed capital formation (implicit price deflator)
Formation brute de capital fixe (prix implicite)

	1971	1972	1973	1974	1975	1976	1977	1978	1979	1980	1981	1982	1983
1970	10.1	11.3	13.5	15.0	14.3	14.5	13.6	13.3	13.4	13.3	13.4	12.6	12.3
1971		12.6	15.2	16.7	15.4	15.4	14.3	13.8	13.8	13.7	13.7	12.8	12.5
1972			17.9	18.9	16.3	16.1	14.6	14.0	14.0	13.8	13.8	12.8	12.5
1973				19.9	15.5	15.5	13.8	13.2	13.4	13.3	13.4	12.3	12.0
1974					11.3	13.3	11.8	11.6	12.1	12.2	12.4	11.4	11.1
1975						15.4	12.0	11.7	12.3	12.4	12.6	11.4	11.1
1976							8.8	9.9	11.3	11.6	12.1	10.7	10.5
1977								10.9	12.6	12.6	12.9	11.1	10.8
1978									14.3	13.4	13.6	11.2	10.8
1979										12.6	13.3	10.2	9.9
1980											14.0	9.0	9.1
1981												4.2	6.7
1982													9.2

National disposable income (value)
Revenu national disponible (valeur)

	1971	1972	1973	1974	1975	1976	1977	1978	1979	1980	1981	1982	1983
1970	10.1	10.9	12.5	14.3	14.7	15.1	14.4	13.7	13.6	13.5	13.7	13.2	12.5
1971		11.7	13.8	15.7	15.9	16.1	15.1	14.3	14.0	13.9	14.1	13.4	12.8
1972			15.9	17.8	17.4	17.2	15.8	14.7	14.4	14.2	14.4	13.6	12.9
1973				19.8	18.1	17.7	15.8	14.5	14.1	14.0	14.2	13.4	12.6
1974					16.4	16.6	14.5	13.1	13.0	13.0	13.4	12.6	11.8
1975						16.8	13.6	12.1	12.2	12.4	12.9	12.0	11.2
1976							10.4	9.8	10.7	11.3	12.1	11.3	10.4
1977								9.2	10.8	11.6	12.6	11.4	10.4
1978									12.4	12.8	13.7	12.0	10.7
1979										13.2	14.4	11.9	10.3
1980											15.5	11.2	9.3
1981												7.0	6.3
1982													5.5

Compensation of employees (value)
Rémunération des salariés (valeur)

UNITED STATES

Average per cent changes at annual rate

Per capita G.D.P. (volume)
P.I.B. par habitant (volume)

	1971	1972	1973	1974	1975	1976	1977	1978	1979	1980	1981	1982	1983
1970	1.8	3.0	3.6	2.2	1.4	1.8	2.2	2.3	2.2	1.9	1.9	1.4	1.4
1971		4.2	4.4	2.3	1.3	1.8	2.2	2.4	2.3	1.9	1.9	1.4	1.4
1972			4.7	1.4	0.3	1.2	1.8	2.1	2.0	1.6	1.7	1.1	1.2
1973				−1.8	−1.8	0.0	1.1	1.6	1.6	1.1	1.3	0.7	0.8
1974					−1.7	1.0	2.1	2.5	2.3	1.6	1.7	1.0	1.1
1975						3.7	4.1	3.9	3.3	2.3	2.3	1.4	1.5
1976							4.4	4.0	3.2	2.0	2.0	1.0	1.2
1977								3.6	2.5	1.1	1.4	0.3	0.6
1978									1.5	−0.1	0.7	−0.5	0.0
1979										−1.6	0.4	−1.1	−0.3
1980											2.4	−0.8	0.1
1981												−3.9	−1.0
1982													2.0

Gross domestic product (volume)
Produit intérieur brut (volume)

	1971	1972	1973	1974	1975	1976	1977	1978	1979	1980	1981	1982	1983
1970	3.1	4.2	4.7	3.3	2.5	2.8	3.2	3.4	3.3	2.9	3.0	2.5	2.5
1971		5.4	5.5	3.3	2.3	2.8	3.2	3.4	3.3	2.9	3.0	2.4	2.4
1972			5.7	2.3	1.3	2.1	2.8	3.1	3.0	2.6	2.7	2.1	2.2
1973				−0.9	−0.8	1.0	2.1	2.6	2.6	2.2	2.3	1.7	1.8
1974					−0.8	1.9	3.1	3.5	3.3	2.7	2.8	2.1	2.2
1975						4.7	5.1	5.0	4.4	3.4	3.4	2.5	2.5
1976							5.5	5.1	4.3	3.1	3.1	2.1	2.2
1977								4.7	3.7	2.3	2.6	1.4	1.7
1978									2.6	1.1	1.8	0.6	1.1
1979										−0.4	1.5	−0.0	0.7
1980											3.4	0.2	1.1
1981												−3.0	−0.1
1982													2.9

Private final consumption expenditure (volume)
Consommation finale privée (volume)

	1971	1972	1973	1974	1975	1976	1977	1978	1979	1980	1981	1982	1983
1970	3.7	4.7	4.5	3.2	2.9	3.4	3.6	3.7	3.6	3.2	3.1	3.0	3.1
1971		5.7	4.9	3.0	2.8	3.3	3.6	3.7	3.5	3.2	3.1	2.9	3.0
1972			4.0	1.6	1.8	2.7	3.1	3.3	3.2	2.9	2.8	2.6	2.8
1973				−0.7	0.7	2.3	2.9	3.2	3.1	2.7	2.6	2.5	2.7
1974					2.1	3.8	4.2	4.2	3.9	3.3	3.1	2.9	3.1
1975						5.6	5.2	4.9	4.3	3.6	3.3	3.0	3.2
1976							4.8	4.5	3.9	3.0	2.8	2.6	2.8
1977								4.2	3.4	2.5	2.4	2.1	2.5
1978									2.7	1.6	1.7	1.6	2.2
1979										0.6	1.3	1.3	2.1
1980											2.0	1.6	2.6
1981												1.2	2.8
1982													4.5

Government final consumption expenditure (volume)
Consommation des administrations publiques (volume)

	1971	1972	1973	1974	1975	1976	1977	1978	1979	1980	1981	1982	1983
1970	−2.1	0.2	0.3	1.1	1.3	1.4	1.5	1.5	1.6	1.7	1.8	1.9	1.8
1971		2.5	1.5	2.1	2.1	2.1	2.1	2.1	2.1	2.2	2.2	2.2	2.1
1972			0.6	1.9	2.0	2.0	2.0	2.0	2.1	2.1	2.2	2.2	2.1
1973				3.3	2.7	2.5	2.3	2.3	2.3	2.4	2.4	2.4	2.2
1974					2.2	2.1	2.0	2.0	2.1	2.2	2.2	2.3	2.1
1975						1.9	1.9	2.0	2.1	2.2	2.2	2.3	2.1
1976							1.9	2.0	2.2	2.3	2.3	2.4	2.1
1977								2.1	2.3	2.4	2.4	2.5	2.2
1978									2.5	2.5	2.5	2.6	2.2
1979										2.6	2.5	2.6	2.1
1980											2.4	2.6	1.9
1981												2.8	1.7
1982													0.6

Gross fixed capital formation (volume)
Formation brute de capital fixe (volume)

	1971	1972	1973	1974	1975	1976	1977	1978	1979	1980	1981	1982	1983
1970	5.4	6.9	7.1	3.4	0.3	1.3	2.6	3.4	3.4	2.4	2.3	1.5	2.0
1971		8.5	7.9	2.8	−0.9	0.5	2.1	3.1	3.1	2.0	1.9	1.1	1.7
1972			7.3	−0.0	−3.9	−1.4	0.8	2.2	2.4	1.3	1.2	0.4	1.1
1973				−6.8	−9.0	−4.2	−0.7	1.3	1.6	0.4	0.5	−0.3	0.5
1974					−11.2	−2.8	1.4	3.4	3.3	1.7	1.6	0.5	1.4
1975						6.3	8.4	8.8	7.3	4.5	3.9	2.3	3.0
1976							10.5	10.0	7.7	4.0	3.4	1.7	2.6
1977								9.5	6.2	2.0	1.7	0.0	1.3
1978									3.1	−1.6	−0.7	−2.2	−0.2
1979										−6.1	−2.6	−3.9	−1.1
1980											1.1	−2.8	0.7
1981												−6.6	0.5
1982													8.1

National disposable income (value)
Revenu national disponible (valeur)

	1971	1972	1973	1974	1975	1976	1977	1978	1979	1980	1981	1982	1983
1970	8.5	9.2	10.3	9.5	9.0	9.4	9.7	10.1	10.2	10.0	10.2	9.6	9.5
1971		10.0	11.2	9.9	9.1	9.6	9.9	10.3	10.4	10.2	10.4	9.7	9.6
1972			12.4	9.8	8.9	9.5	9.9	10.3	10.5	10.2	10.5	9.7	9.5
1973				7.3	7.1	8.5	9.3	9.9	10.2	9.9	10.2	9.4	9.3
1974					7.0	9.2	10.0	10.6	10.8	10.3	10.7	9.7	9.5
1975						11.4	11.6	11.9	11.7	11.0	11.3	10.1	9.8
1976							11.7	12.1	11.8	10.9	11.3	9.8	9.6
1977								12.5	11.9	10.7	11.2	9.5	9.2
1978									11.3	9.8	10.7	8.7	8.6
1979										8.3	10.5	7.9	7.9
1980											12.7	7.7	7.8
1981												3.0	5.4
1982													7.9

ÉTATS-UNIS

Variations moyennes en pourcentage aux taux annuels

Per capita private final consumption expenditure (volume)
Consommation finale privée par habitant (volume)

	1971	1972	1973	1974	1975	1976	1977	1978	1979	1980	1981	1982	1983
1970	2.4	3.5	3.3	2.1	1.9	2.3	2.5	2.6	2.5	2.2	2.1	1.9	2.0
1971		4.6	3.8	2.0	1.7	2.3	2.6	2.6	2.5	2.1	2.0	1.9	2.0
1972			3.0	0.7	0.8	1.7	2.1	2.3	2.2	1.8	1.7	1.6	1.8
1973				−1.6	−0.3	1.3	1.9	2.2	2.1	1.7	1.6	1.4	1.6
1974					1.1	2.8	3.1	3.1	2.8	2.2	2.1	1.8	2.0
1975						4.6	4.2	3.8	3.2	2.5	2.2	1.9	2.1
1976							3.8	3.4	2.8	1.9	1.7	1.5	1.8
1977								3.1	2.3	1.3	1.3	1.0	1.5
1978									1.5	0.4	0.6	0.5	1.1
1979										−0.6	0.2	0.2	1.0
1980											1.0	0.6	1.6
1981												0.2	1.9
1982													3.5

Gross domestic product (implicit price deflator)
Produit intérieur brut (prix implicite)

	1971	1972	1973	1974	1975	1976	1977	1978	1979	1980	1981	1982	1983
1970	5.3	4.8	5.1	6.0	6.7	6.5	6.4	6.5	6.8	7.0	7.2	7.2	7.0
1971		4.4	5.0	6.3	7.0	6.8	6.6	6.7	6.9	7.2	7.4	7.4	7.1
1972			5.5	7.3	7.9	7.4	7.1	7.1	7.3	7.6	7.7	7.7	7.4
1973				9.0	9.1	8.0	7.4	7.4	7.6	7.9	8.0	7.9	7.6
1974					9.2	7.5	6.9	7.0	7.3	7.7	7.9	7.8	7.4
1975						5.9	5.8	6.3	6.9	7.4	7.7	7.6	7.2
1976							5.7	6.6	7.2	7.8	8.0	7.8	7.4
1977								7.4	8.0	8.5	8.6	8.3	7.6
1978									8.5	9.1	9.0	8.5	7.7
1979										9.6	9.2	8.5	7.5
1980											8.9	7.9	6.8
1981												6.9	5.7
1982													4.5

Private final consumption expenditure (implicit price deflator)
Consommation finale privée (prix implicite)

	1971	1972	1973	1974	1975	1976	1977	1978	1979	1980	1981	1982	1983
1970	4.6	4.2	4.8	6.1	6.4	6.2	6.2	6.3	6.6	6.9	7.1	7.0	6.8
1971		3.8	4.8	6.6	6.9	6.6	6.5	6.5	6.8	7.2	7.4	7.3	7.0
1972			5.9	8.0	7.9	7.3	7.0	7.0	7.3	7.7	7.8	7.6	7.3
1973				10.1	8.9	7.7	7.3	7.2	7.5	7.9	8.0	7.8	7.4
1974					7.7	6.5	6.3	6.5	7.0	7.5	7.7	7.5	7.1
1975						5.4	5.7	6.1	6.8	7.5	7.8	7.5	7.0
1976							5.9	6.4	7.3	8.0	8.2	7.9	7.3
1977								6.9	8.0	8.7	8.8	8.2	7.5
1978									9.0	9.7	9.5	8.6	7.6
1979										10.3	9.7	8.4	7.2
1980											9.0	7.5	6.2
1981												5.9	4.8
1982													3.8

Government final consumption expenditure (implicit price deflator)
Consommation des administrations publiques (prix implicite)

	1971	1972	1973	1974	1975	1976	1977	1978	1979	1980	1981	1982	1983
1970	6.8	6.8	6.8	7.3	7.8	7.6	7.4	7.4	7.5	7.8	7.9	7.8	7.6
1971		6.9	6.9	7.5	8.0	7.7	7.5	7.5	7.5	7.9	8.0	7.9	7.7
1972			6.8	7.8	8.4	8.0	7.7	7.6	7.6	8.0	8.2	8.0	7.7
1973				8.8	9.2	8.3	7.9	7.7	7.8	8.2	8.3	8.1	7.8
1974					9.5	8.1	7.6	7.5	7.6	8.1	8.3	8.0	7.7
1975						6.7	6.6	6.8	7.1	7.8	8.0	7.8	7.5
1976							6.5	6.9	7.2	8.1	8.3	8.0	7.6
1977								7.2	7.6	8.6	8.8	8.3	7.8
1978									8.0	9.3	9.3	8.6	7.9
1979										10.7	10.0	8.8	7.9
1980											9.3	7.8	7.0
1981												6.3	5.8
1982													5.3

Gross fixed capital formation (implicit price deflator)
Formation brute de capital fixe (prix implicite)

	1971	1972	1973	1974	1975	1976	1977	1978	1979	1980	1981	1982	1983
1970	6.0	5.4	5.6	7.1	8.2	7.7	7.7	7.9	8.1	8.1	8.1	7.7	7.1
1971		4.8	5.4	7.5	8.7	8.0	8.0	8.2	8.4	8.4	8.3	7.8	7.2
1972			6.0	8.8	10.1	8.8	8.6	8.8	8.9	8.8	8.7	8.1	7.4
1973				11.8	12.2	9.8	9.3	9.3	9.4	9.3	9.0	8.4	7.6
1974					12.5	8.8	8.5	8.7	8.9	8.8	8.7	7.9	7.1
1975						5.2	6.6	7.5	8.0	8.1	8.0	7.3	6.5
1976							7.9	8.6	8.9	8.9	8.6	7.6	6.7
1977								9.4	9.5	9.2	8.8	7.6	6.4
1978									9.5	9.1	8.6	7.1	5.9
1979										8.6	8.1	6.4	5.0
1980											7.5	5.3	3.8
1981												3.0	2.0
1982													0.9

Compensation of employees (value)
Rémunération des salariés (valeur)

	1971	1972	1973	1974	1975	1976	1977	1978	1979	1980	1981	1982	1983
1970	6.6	8.4	9.5	9.5	8.9	9.3	9.5	10.0	10.2	10.2	10.2	9.8	9.5
1971		10.1	10.9	10.5	9.4	9.8	10.0	10.4	10.6	10.6	10.5	10.1	9.8
1972			11.7	10.6	9.2	9.7	10.0	10.5	10.7	10.6	10.6	10.1	9.7
1973				9.6	8.0	9.1	9.6	10.3	10.6	10.5	10.5	9.9	9.6
1974					6.3	8.8	9.6	10.4	10.7	10.6	10.6	9.9	9.6
1975						11.3	11.2	11.8	11.9	11.5	11.3	10.5	10.0
1976							11.2	12.1	12.1	11.5	11.3	10.3	9.8
1977								12.9	12.5	11.6	11.3	10.2	9.5
1978									12.1	11.0	10.8	9.5	8.9
1979										9.8	10.1	8.6	8.1
1980											10.4	8.0	7.5
1981												5.7	6.1
1982													6.5

JAPAN

JAPON

Average per cent changes at annual rate

Variations moyennes en pourcentage aux taux annuels

	1971	1972	1973	1974	1975	1976	1977	1978	1979	1980	1981	1982	1983
1970	2.7	5.0	5.7	3.6	3.1	3.3	3.4	3.5	3.6	3.6	3.6	3.5	3.4
1971		7.3	7.3	4.0	3.2	3.4	3.6	3.6	3.7	3.8	3.7	3.6	3.5
1972			7.3	2.4	1.9	2.5	2.8	3.0	3.2	3.3	3.3	3.2	3.2
1973				–2.4	–0.7	0.9	1.7	2.2	2.5	2.8	2.9	2.8	2.7
1974					1.1	2.6	3.1	3.4	3.6	3.6	3.6	3.5	3.3
1975						4.1	4.2	4.1	4.2	4.2	4.0	3.8	3.6
1976							4.2	4.2	4.2	4.2	4.0	3.7	3.5
1977								4.1	4.2	4.2	4.0	3.7	3.4
1978									4.3	4.2	4.0	3.5	3.3
1979										4.1	3.8	3.3	3.1
1980											3.5	2.9	2.7
1981												2.3	2.3
1982													2.3

Per capita G.D.P. (volume)
P.I.B. par habitant (volume)

	1971	1972	1973	1974	1975	1976	1977	1978	1979	1980	1981	1982	1983
1970	3.9	5.9	6.6	4.3	4.0	3.7	3.6	3.6	3.8	3.4	3.1	3.2	3.1
1971		8.0	7.9	4.5	4.1	3.7	3.5	3.6	3.8	3.4	3.0	3.1	3.0
1972			7.9	2.8	2.8	2.6	2.7	2.8	3.2	2.8	2.5	2.6	2.6
1973				–2.0	0.3	1.0	1.4	1.9	2.4	2.1	1.9	2.0	2.1
1974					2.8	2.5	2.6	2.9	3.3	2.8	2.4	2.6	2.6
1975						2.2	2.5	2.9	3.4	2.8	2.4	2.5	2.5
1976							2.8	3.3	3.9	3.0	2.4	2.6	2.6
1977								3.8	4.4	3.1	2.3	2.5	2.6
1978									5.1	2.7	1.8	2.2	2.3
1979										0.5	0.2	1.3	1.6
1980											0.0	1.7	2.0
1981												3.5	3.1
1982													2.6

Per capita private final consumption expenditure (volume)
Consommation finale privée par habitant (volume)

	1971	1972	1973	1974	1975	1976	1977	1978	1979	1980	1981	1982	1983
1970	4.6	6.7	7.4	5.2	4.6	4.7	4.8	4.8	4.9	4.9	4.8	4.7	4.5
1971		8.8	8.8	5.4	4.6	4.8	4.9	4.9	4.9	4.9	4.8	4.7	4.5
1972			8.8	3.8	3.3	3.8	4.1	4.2	4.4	4.4	4.4	4.3	4.2
1973				–1.0	0.6	2.2	2.9	3.3	3.6	3.8	3.9	3.8	3.7
1974					2.3	3.8	4.3	4.5	4.6	4.7	4.6	4.4	4.3
1975						5.3	5.3	5.2	5.2	5.1	5.0	4.7	4.5
1976							5.3	5.1	5.1	5.1	4.9	4.6	4.4
1977								5.0	5.1	5.0	4.8	4.5	4.2
1978									5.1	5.0	4.8	4.3	4.1
1979										4.9	4.6	4.1	3.8
1980											4.2	3.6	3.4
1981												3.0	3.0
1982													3.0

Gross domestic product (volume)
Produit intérieur brut (volume)

	1971	1972	1973	1974	1975	1976	1977	1978	1979	1980	1981	1982	1983
1970	5.2	5.2	7.4	10.6	10.0	9.4	8.8	8.3	7.7	7.2	6.8	6.3	5.9
1971		5.2	8.5	12.4	11.2	10.3	9.5	8.8	8.0	7.4	6.9	6.4	5.9
1972			11.9	16.2	13.3	11.6	10.3	9.4	8.4	7.7	7.1	6.6	6.0
1973				20.6	14.0	11.4	10.0	8.9	7.8	7.1	6.5	6.0	5.4
1974					7.8	7.1	6.6	6.1	5.4	5.0	4.6	4.3	3.9
1975						6.4	6.0	5.5	4.8	4.4	4.1	3.8	3.4
1976							5.7	5.1	4.3	3.9	3.7	3.4	3.0
1977								4.6	3.6	3.3	3.2	2.9	2.5
1978									2.6	2.7	2.7	2.5	2.1
1979										2.8	2.8	2.4	2.0
1980											2.7	2.2	1.7
1981												1.7	1.2
1982													0.7

Gross domestic product (implicit price deflator)
Produit intérieur brut (prix implicite)

	1971	1972	1973	1974	1975	1976	1977	1978	1979	1980	1981	1982	1983
1970	5.9	7.7	8.2	5.9	5.6	5.2	5.0	4.9	5.1	4.7	4.3	4.3	4.2
1971		9.5	9.4	6.0	5.5	5.0	4.8	4.8	5.0	4.5	4.2	4.2	4.1
1972			9.3	4.2	4.2	4.0	3.9	4.1	4.3	3.9	3.6	3.6	3.6
1973				–0.7	1.7	2.2	2.6	3.0	3.5	3.2	2.9	3.0	3.1
1974					4.1	3.7	3.7	4.0	4.4	3.8	3.4	3.5	3.5
1975						3.4	3.6	4.0	4.4	3.8	3.3	3.4	3.4
1976							3.8	4.2	4.8	3.9	3.3	3.4	3.4
1977								4.7	5.3	4.0	3.1	3.4	3.3
1978									5.9	3.6	2.6	3.0	3.1
1979										1.3	1.0	2.1	2.4
1980											0.8	2.5	2.8
1981												4.2	3.8
1982													3.3

Private final consumption expenditure (volume)
Consommation finale privée (volume)

	1971	1972	1973	1974	1975	1976	1977	1978	1979	1980	1981	1982	1983
1970	6.5	5.9	7.5	10.9	11.0	10.7	10.1	9.4	8.8	8.6	8.2	7.8	7.3
1971		5.4	7.9	12.4	12.2	11.5	10.8	9.9	9.0	8.8	8.4	7.9	7.3
1972			10.6	16.0	14.5	13.1	11.9	10.6	9.6	9.2	8.7	8.1	7.5
1973				21.8	16.6	13.9	12.2	10.6	9.4	9.0	8.5	7.8	7.2
1974					11.6	10.2	9.2	8.0	7.1	7.1	6.7	6.2	5.7
1975						8.9	8.0	6.9	6.0	6.2	5.9	5.5	5.0
1976							7.1	5.9	5.1	5.5	5.4	4.9	4.4
1977								4.6	4.1	5.0	4.9	4.5	4.0
1978									3.5	5.1	5.0	4.5	3.9
1979										6.8	5.8	4.8	4.0
1980											4.8	3.8	3.0
1981												2.7	2.1
1982													1.5

Private final consumption expenditure (implicit price deflator)
Consommation finale privée (prix implicite)

	1971	1972	1973	1974	1975	1976	1977	1978	1979	1980	1981	1982	1983
1970	5.4	5.3	5.2	4.8	5.2	5.0	4.8	4.9	4.8	4.6	4.6	4.5	4.3
1971		5.2	5.1	4.6	5.1	4.9	4.7	4.8	4.7	4.5	4.6	4.4	4.2
1972			5.0	4.2	5.1	4.8	4.6	4.7	4.6	4.4	4.5	4.3	4.1
1973				3.5	5.1	4.8	4.5	4.6	4.6	4.3	4.4	4.2	4.0
1974					6.8	5.4	4.9	4.9	4.8	4.5	4.6	4.3	4.1
1975						4.1	4.0	4.3	4.3	4.0	4.2	4.0	3.8
1976							3.9	4.5	4.4	4.0	4.3	3.9	3.7
1977								5.1	4.7	4.1	4.3	3.9	3.7
1978									4.3	3.6	4.1	3.7	3.4
1979										2.9	4.0	3.5	3.2
1980											5.2	3.7	3.3
1981												2.3	2.4
1982													2.4

Government final consumption expenditure (volume)
Consommation des administrations publiques (volume)

	1971	1972	1973	1974	1975	1976	1977	1978	1979	1980	1981	1982	1983
1970	11.7	11.6	13.7	16.8	16.2	14.5	13.4	12.0	11.1	10.7	10.0	9.3	8.7
1971		11.5	14.7	18.6	17.4	15.0	13.6	12.1	11.1	10.6	9.8	9.1	8.5
1972			18.0	22.3	19.4	15.9	14.1	12.1	11.0	10.4	9.6	8.9	8.2
1973				26.7	20.2	15.2	13.1	11.0	9.9	9.4	8.6	7.9	7.3
1974					14.0	9.9	8.9	7.4	6.8	6.8	6.3	5.8	5.3
1975						5.9	6.4	5.3	5.1	5.4	5.0	4.7	4.3
1976							7.0	5.0	4.8	5.3	4.9	4.5	4.1
1977								3.1	3.7	4.7	4.3	4.0	3.6
1978									4.3	5.5	4.8	4.2	3.7
1979										6.7	5.0	4.2	3.5
1980											3.3	2.9	2.5
1981												2.6	2.1
1982													1.7

Government final consumption expenditure (implicit price deflator)
Consommation des administrations publiques (prix implicite)

	1971	1972	1973	1974	1975	1976	1977	1978	1979	1980	1981	1982	1983
1970	4.3	7.3	9.4	4.4	3.3	3.2	3.5	4.2	4.4	4.1	4.0	3.9	3.6
1971		10.4	12.0	4.5	3.1	3.0	3.3	4.2	4.5	4.1	4.0	3.8	3.5
1972			13.7	1.7	0.7	1.3	2.0	3.2	3.6	3.3	3.3	3.2	2.9
1973				–9.1	–5.2	–2.5	–0.7	1.2	2.0	1.9	2.1	2.1	1.9
1974					–1.1	0.9	2.2	4.0	4.4	3.9	3.8	3.6	3.2
1975						3.0	3.9	5.7	5.9	4.9	4.7	4.2	3.7
1976							4.8	7.1	6.8	5.4	5.0	4.5	3.8
1977								9.4	7.9	5.5	5.1	4.4	3.7
1978									6.3	3.7	3.6	3.2	2.6
1979										1.1	2.3	2.1	1.7
1980											3.6	2.7	1.9
1981												1.8	1.0
1982													0.2

Gross fixed capital formation (volume)
Formation brute de capital fixe (volume)

	1971	1972	1973	1974	1975	1976	1977	1978	1979	1980	1981	1982	1983
1970	1.8	2.6	6.3	10.8	9.4	8.6	7.9	7.0	6.9	6.8	6.2	5.6	5.1
1971		3.3	8.6	14.0	11.4	10.1	8.9	7.8	7.6	7.4	6.7	6.0	5.3
1972			14.2	19.7	14.2	11.8	10.1	8.6	8.2	7.9	7.1	6.3	5.5
1973				25.5	14.2	11.0	9.0	7.5	7.2	7.1	6.2	5.4	4.7
1974					4.0	4.5	4.1	3.4	3.9	4.3	3.7	3.1	2.6
1975						4.9	4.1	3.2	3.9	4.4	3.7	3.0	2.4
1976							3.3	2.4	3.5	4.2	3.4	2.7	2.1
1977								1.5	3.7	4.5	3.5	2.6	1.9
1978									5.9	6.1	4.1	2.9	1.9
1979										6.2	3.2	1.9	1.0
1980											0.4	–0.2	–0.7
1981												–0.8	–1.2
1982													–1.7

Gross fixed capital formation (implicit price deflator)
Formation brute de capital fixe (prix implicite)

	1971	1972	1973	1974	1975	1976	1977	1978	1979	1980	1981	1982	1983
1970	9.2	12.2	15.8	16.3	15.1	14.7	14.0	13.5	12.9	12.4	11.8	11.2	10.6
1971		15.3	19.2	18.7	16.6	15.9	14.9	14.1	13.4	12.8	12.1	11.4	10.7
1972			23.2	20.5	17.0	16.0	14.8	14.0	13.1	12.5	11.7	11.0	10.3
1973				17.9	14.1	13.7	12.8	12.2	11.5	11.1	10.4	9.7	9.1
1974					10.4	11.7	11.1	10.8	10.3	9.9	9.3	8.7	8.1
1975						13.0	11.5	11.0	10.2	9.9	9.1	8.5	7.9
1976							10.0	10.0	9.3	9.1	8.4	7.8	7.1
1977								9.9	9.0	8.8	8.0	7.3	6.7
1978									8.1	8.2	7.4	6.7	6.0
1979										8.4	7.0	6.2	5.5
1980											5.6	5.2	4.6
1981												4.7	4.1
1982													3.5

National disposable income (value)
Revenu national disponible (valeur)

	1971	1972	1973	1974	1975	1976	1977	1978	1979	1980	1981	1982	1983
1970	18.8	17.4	20.1	21.7	20.6	19.4	18.2	16.9	15.9	15.2	14.5	13.8	13.1
1971		16.0	20.7	22.6	21.0	19.5	18.1	16.6	15.5	14.8	14.1	13.3	12.7
1972			25.7	26.1	22.8	20.4	18.6	16.7	15.5	14.6	13.9	13.1	12.4
1973				26.5	21.4	18.6	16.9	15.0	13.8	13.1	12.5	11.8	11.1
1974					16.4	14.9	13.8	12.3	11.5	11.0	10.6	10.0	9.5
1975						13.4	12.5	11.0	10.3	10.0	9.7	9.2	8.7
1976							11.7	9.8	9.2	9.2	9.0	8.5	8.1
1977								7.9	8.0	8.3	8.3	7.8	7.5
1978									8.1	8.6	8.4	7.8	7.4
1979										9.0	8.6	7.7	7.2
1980											8.2	7.1	6.6
1981												6.0	5.8
1982													5.7

Compensation of employees (value)
Rémunération des salariés (valeur)

AUSTRALIA

AUSTRALIE

Average per cent changes at annual rate[1]

Variations moyennes en pourcentage aux taux annuels[1]

Per capita G.D.P. (volume) — **P.I.B. par habitant** (volume)

	1971	1972	1973	1974	1975	1976	1977	1978	1979	1980	1981	1982	1983
1970	3.8	2.8	3.2	2.4	2.2	2.2	1.9	1.8	2.0	1.8	1.9	1.6	1.4
1971		1.9	2.9	2.0	1.8	1.9	1.5	1.5	1.8	1.6	1.7	1.4	1.3
1972			3.9	2.1	1.8	1.9	1.5	1.5	1.8	1.6	1.7	1.3	1.2
1973				0.2	0.7	1.2	0.9	1.0	1.4	1.3	1.4	1.1	0.9
1974					1.2	1.7	1.1	1.2	1.6	1.4	1.6	1.2	1.0
1975						2.1	1.0	1.2	1.8	1.5	1.6	1.2	1.0
1976							-0.1	0.8	1.6	1.3	1.6	1.0	0.8
1977								1.6	2.5	1.8	2.0	1.2	1.0
1978									3.4	1.9	2.1	1.1	0.9
1979										0.5	1.4	0.4	0.2
1980											2.4	0.4	0.1
1981												-1.7	-1.0
1982													-0.3

Per capita private final consumption expenditure (volume) — **Consommation finale privée par habitant** (volume)

	1971	1972	1973	1974	1975	1976	1977	1978	1979	1980	1981	1982	1983
1970	1.7	2.0	2.9	2.6	2.6	2.5	2.1	2.1	2.0	2.0	2.0	1.9	1.8
1971		2.3	3.5	3.0	2.9	2.6	2.2	2.1	2.0	2.0	2.0	1.9	1.8
1972			4.8	3.3	3.1	2.7	2.1	2.1	2.0	2.0	2.0	1.9	1.7
1973				1.8	2.2	2.1	1.5	1.5	1.5	1.6	1.6	1.6	1.4
1974					2.7	2.2	1.4	1.5	1.5	1.5	1.6	1.6	1.4
1975						1.7	0.7	1.1	1.2	1.3	1.4	1.4	1.2
1976							-0.2	0.8	1.0	1.2	1.4	1.3	1.2
1977								1.8	1.6	1.7	1.8	1.7	1.4
1978									1.4	1.7	1.7	1.6	1.3
1979										2.0	1.9	1.7	1.3
1980											1.9	1.6	1.1
1981												1.3	0.7
1982													0.1

Gross domestic product (volume) — **Produit intérieur brut** (volume)

	1971	1972	1973	1974	1975	1976	1977	1978	1979	1980	1981	1982	1983
1970	5.8	4.8	5.0	4.2	3.9	3.7	3.3	3.3	3.4	3.2	3.3	3.0	2.9
1971		3.7	4.6	3.7	3.4	3.3	2.9	2.9	3.1	3.0	3.1	2.8	2.6
1972			5.5	3.7	3.3	3.2	2.8	2.8	3.0	2.9	3.0	2.7	2.5
1973				1.9	2.1	2.5	2.1	2.3	2.6	2.5	2.7	2.4	2.2
1974					2.4	2.8	2.2	2.4	2.8	2.6	2.8	2.5	2.3
1975						3.2	2.1	2.3	2.9	2.6	2.9	2.5	2.3
1976							1.0	1.9	2.8	2.5	2.8	2.3	2.1
1977								2.8	3.7	3.0	3.3	2.6	2.3
1978									4.5	3.1	3.4	2.6	2.2
1979										1.7	2.9	1.9	1.7
1980											4.0	2.0	1.7
1981												0.0	0.5
1982													1.0

Gross domestic product (implicit price deflator) — **Produit intérieur brut** (prix implicite)

	1971	1972	1973	1974	1975	1976	1977	1978	1979	1980	1981	1982	1983
1970	6.2	6.9	8.5	10.8	11.8	12.0	11.6	11.1	10.9	11.0	10.8	10.8	10.7
1971		7.6	9.7	12.3	13.2	13.3	12.5	11.8	11.5	11.5	11.2	11.3	11.0
1972			11.8	14.7	15.1	14.7	13.5	12.5	12.1	12.0	11.7	11.6	11.4
1973				17.8	16.8	15.7	14.0	12.7	12.1	12.0	11.6	11.6	11.3
1974					15.9	14.7	12.7	11.4	11.0	11.1	10.8	10.9	10.6
1975						13.5	11.2	10.0	9.9	10.2	10.0	10.2	10.0
1976							9.0	8.2	8.7	9.3	9.3	9.6	9.5
1977								7.5	8.5	9.5	9.3	9.8	9.6
1978									9.6	10.5	10.0	10.4	10.0
1979										11.4	10.2	10.6	10.1
1980											9.0	10.2	9.7
1981												11.5	10.1
1982													8.6

Private final consumption expenditure (volume) — **Consommation finale privée** (volume)

	1971	1972	1973	1974	1975	1976	1977	1978	1979	1980	1981	1982	1983
1970	3.7	3.9	4.7	4.4	4.3	4.0	3.6	3.5	3.4	3.4	3.4	3.4	3.2
1971		4.2	5.3	4.6	4.5	4.1	3.6	3.5	3.4	3.3	3.4	3.3	3.2
1972			6.4	4.9	4.6	4.1	3.5	3.4	3.3	3.2	3.3	3.2	3.1
1973				3.4	3.7	3.4	2.7	2.8	2.7	2.8	2.9	2.9	2.7
1974					3.9	3.3	2.5	2.6	2.6	2.7	2.8	2.8	2.7
1975						2.7	1.8	2.2	2.3	2.5	2.6	2.7	2.5
1976							0.9	1.9	2.1	2.4	2.6	2.7	2.5
1977								3.0	2.7	2.9	3.0	3.0	2.7
1978									2.5	2.8	3.1	3.0	2.7
1979										3.2	3.3	3.2	2.8
1980											3.5	3.2	2.6
1981												3.0	2.2
1982													1.3

Private final consumption expenditure (implicit price deflator) — **Consommation finale privée** (prix implicite)

	1971	1972	1973	1974	1975	1976	1977	1978	1979	1980	1981	1982	1983
1970	7.1	6.6	7.3	9.4	10.8	11.3	11.2	10.9	10.8	10.7	10.5	10.6	10.5
1971		6.1	7.4	10.1	11.7	12.2	11.9	11.4	11.2	11.1	10.9	10.9	10.8
1972			8.7	12.2	13.7	13.8	13.1	12.3	12.0	11.7	11.4	11.4	11.2
1973				15.8	16.2	15.5	14.3	13.1	12.5	12.2	11.8	11.7	11.5
1974					16.7	15.4	13.8	12.4	11.9	11.6	11.2	11.2	11.0
1975						14.2	12.3	11.1	10.7	10.6	10.4	10.4	10.3
1976							10.5	9.5	9.6	9.7	9.6	9.8	9.8
1977								8.5	9.1	9.5	9.4	9.6	9.7
1978									9.8	9.9	9.6	9.9	9.9
1979										10.1	9.6	10.0	9.9
1980											9.1	9.9	9.8
1981												10.8	10.2
1982													9.7

Government final consumption expenditure (volume) — **Consommation des administrations publiques** (volume)

	1971	1972	1973	1974	1975	1976	1977	1978	1979	1980	1981	1982	1983
1970	3.4	3.7	5.3	5.6	6.5	6.5	6.0	6.0	5.4	5.4	5.2	4.8	4.9
1971		4.0	6.3	6.4	7.3	7.2	6.4	6.4	5.7	5.6	5.4	5.0	5.1
1972			8.7	7.6	8.4	8.0	6.9	6.8	5.9	5.8	5.6	5.1	5.2
1973				6.5	8.3	7.7	6.5	6.4	5.5	5.4	5.2	4.7	4.8
1974					10.1	8.4	6.4	6.4	5.2	5.2	5.0	4.4	4.6
1975						6.7	4.7	5.1	4.1	4.2	4.2	3.7	4.0
1976							2.7	4.4	3.2	3.6	3.7	3.2	3.6
1977								6.1	3.5	4.0	4.0	3.3	3.7
1978									0.9	2.9	3.3	2.6	3.3
1979										5.0	4.5	3.1	3.9
1980											4.0	2.2	3.5
1981												0.5	3.2
1982													6.1

Government final consumption expenditure (implicit price deflator) — **Consommation des administrations publiques** (prix implicite)

	1971	1972	1973	1974	1975	1976	1977	1978	1979	1980	1981	1982	1983
1970	11.6	9.7	10.5	12.9	14.2	14.1	13.5	12.6	12.1	12.0	12.0	12.1	11.6
1971		7.8	9.9	13.3	14.9	14.6	13.8	12.8	12.1	12.1	12.0	12.2	11.6
1972			12.1	16.1	17.3	16.4	15.0	13.6	12.7	12.6	12.5	12.6	12.0
1973				20.3	20.0	17.8	15.8	13.9	12.9	12.7	12.5	12.7	12.0
1974					19.7	16.6	14.3	12.4	11.4	11.5	11.4	11.8	11.1
1975						13.6	11.6	10.0	9.4	9.9	10.1	10.7	10.0
1976							9.7	8.3	8.1	9.0	9.4	10.2	9.5
1977								6.8	7.3	8.8	9.4	10.3	9.5
1978									7.8	9.7	10.2	11.2	10.1
1979										11.8	11.5	12.3	10.6
1980											11.2	12.6	10.3
1981												14.0	9.8
1982													5.7

Gross fixed capital formation (volume) — **Formation brute de capital fixe** (volume)

	1971	1972	1973	1974	1975	1976	1977	1978	1979	1980	1981	1982	1983
1970	6.1	1.6	1.9	1.2	0.9	1.3	0.9	1.1	1.1	1.5	2.3	1.9	0.9
1971		-2.7	-0.2	-0.4	-0.3	0.4	0.1	0.4	0.5	1.0	2.0	1.5	0.5
1972			2.5	0.8	0.5	1.1	0.6	1.0	1.0	1.4	2.5	2.0	0.8
1973				-0.8	-0.4	0.7	0.2	0.7	0.7	1.3	2.5	1.9	0.7
1974					-0.1	1.4	0.5	1.0	1.0	1.6	3.0	2.2	0.8
1975						3.0	0.9	1.4	1.3	2.0	3.5	2.6	0.9
1976							-1.3	0.6	0.8	1.8	3.6	2.5	0.6
1977								2.5	1.8	2.8	4.9	3.3	1.0
1978									1.1	2.9	5.7	3.5	0.7
1979										4.8	8.1	4.3	0.6
1980											11.4	4.0	-0.8
1981												-2.9	-6.4
1982													-9.9

Gross fixed capital formation (implicit price deflator) — **Formation brute de capital fixe** (prix implicite)

	1971	1972	1973	1974	1975	1976	1977	1978	1979	1980	1981	1982	1983
1970	7.1	6.9	7.5	10.5	12.5	12.6	12.4	11.8	11.4	11.4	11.3	11.4	11.2
1971		6.6	7.6	11.6	13.8	13.8	13.3	12.4	11.9	11.9	11.7	11.8	11.5
1972			8.6	14.2	16.4	15.6	14.6	13.4	12.7	12.6	12.3	12.3	12.0
1973				20.1	20.4	18.1	16.2	14.4	13.4	13.2	12.8	12.7	12.3
1974					20.8	17.1	14.9	13.0	12.1	12.1	11.8	11.9	11.5
1975						13.5	12.1	10.6	10.1	10.4	10.3	10.6	10.4
1976							10.7	9.1	9.0	9.7	9.7	10.2	10.0
1977								7.6	8.1	9.3	9.4	10.1	9.8
1978									8.6	10.2	10.1	10.7	10.3
1979										11.8	10.8	11.4	10.7
1980											9.7	11.2	10.3
1981												12.6	10.6
1982													8.7

National disposable income (value) — **Revenu national disponible** (valeur)

	1971	1972	1973	1974	1975	1976	1977	1978	1979	1980	1981	1982	1983
1970	12.9	12.5	14.6	16.1	16.6	16.7	15.7	15.0	14.9	14.8	14.6	14.3	13.9
1971		12.1	15.4	17.2	17.6	17.4	16.1	15.3	15.2	15.0	14.8	14.4	14.0
1972			18.8	19.8	19.5	18.8	16.9	15.8	15.6	15.4	15.1	14.7	14.1
1973				20.9	19.8	18.8	16.5	15.3	15.1	14.9	14.6	14.2	13.7
1974					18.7	17.7	15.1	13.9	14.0	13.9	13.8	13.4	12.9
1975						16.8	13.3	12.3	12.8	13.0	13.0	12.7	12.2
1976							9.9	10.2	11.5	12.0	12.2	12.0	11.6
1977								10.5	12.4	12.8	12.8	12.4	11.9
1978									14.3	13.9	13.6	12.9	12.1
1979										13.5	13.2	12.4	11.6
1980											12.9	11.9	11.0
1981												10.9	10.0
1982													9.1

Compensation of employees (value) — **Rémunération des salariés** (valeur)

	1971	1972	1973	1974	1975	1976	1977	1978	1979	1980	1981	1982	1983
1970	15.1	12.5	13.9	17.4	17.8	17.3	16.3	15.3	14.6	14.6	14.6	14.8	13.9
1971		9.9	13.3	18.2	18.5	17.8	16.5	15.3	14.6	14.6	14.6	14.7	13.8
1972			16.9	22.6	21.5	19.9	17.9	16.2	15.3	15.2	15.1	15.2	14.2
1973				28.7	23.9	20.9	18.1	16.1	15.0	14.9	15.0	15.0	13.9
1974					19.3	17.2	14.8	13.1	12.4	12.8	13.1	13.4	12.4
1975						15.1	12.7	11.2	10.8	11.5	12.1	12.6	11.5
1976							10.3	9.3	9.4	10.6	11.5	12.2	11.0
1977								8.3	9.0	10.8	11.8	12.6	11.2
1978									9.6	12.0	13.0	13.8	11.7
1979										14.4	14.7	15.2	12.3
1980											15.0	15.5	11.6
1981												16.0	9.9
1982													4.0

1. These growth triangles are derived from data referring to calendar year.

1. Ces triangles de croissance sont calculés à partir de données se référant aux années calendaires.

NEW ZEALAND

NOUVELLE-ZÉLANDE

Average per cent changes at annual rate

Variations moyennes en pourcentage aux taux annuels

Per capita G.D.P. (volume)
P.I.B. par habitant (volume)

	1971	1972	1973	1974	1975	1976	1977	1978	1979	1980	1981	1982	1983
1970	2.3	2.3	3.4	3.8	2.4	2.3	1.2	1.0	1.0	1.1	1.3	1.0	1.1
1971		2.2	4.0	4.3	2.4	2.4	1.0	0.8	0.8	0.9	1.2	0.9	1.0
1972			5.9	5.3	2.5	2.4	0.8	0.6	0.6	0.8	1.1	0.8	0.9
1973				4.8	0.8	1.2	-0.4	-0.5	-0.2	0.1	0.5	0.2	0.4
1974					-3.0	-0.5	-2.1	-1.8	-1.2	-0.7	-0.1	-0.3	-0.0
1975						2.1	-1.7	-1.3	-0.7	-0.2	0.4	0.0	0.3
1976							-5.3	-3.0	-1.6	-0.8	0.0	-0.3	0.1
1977								-0.6	0.2	0.8	1.4	0.7	1.0
1978									1.1	1.5	2.1	1.1	1.3
1979										1.8	2.5	1.1	1.4
1980											3.2	0.7	1.2
1981												-1.8	0.3
1982													2.4

Per capita private final consumption expenditure (volume)
Consommation finale privée par habitant (volume)

	1971	1972	1973	1974	1975	1976	1977	1978	1979	1980	1981	1982	1983
1970	-1.1	2.2	3.6	3.3	2.2	1.1	0.5	0.6	0.5	0.5	0.6	0.4	0.5
1971		5.5	6.1	4.9	3.0	1.6	0.8	0.8	0.7	0.7	0.8	0.5	0.6
1972			6.6	4.5	2.2	0.6	-0.2	0.1	0.1	0.1	0.3	0.0	0.2
1973				2.5	0.0	-1.3	-1.8	-1.2	-1.0	-0.8	-0.5	-0.7	-0.4
1974					-2.4	-3.1	-3.2	-2.1	-1.7	-1.3	-0.9	-1.0	-0.8
1975						-3.9	-3.6	-2.0	-1.5	-1.1	-0.6	-0.8	-0.6
1976							-3.3	-1.0	-0.6	-0.4	0.1	-0.3	-0.1
1977								1.3	0.7	0.6	0.9	0.3	0.5
1978									0.1	0.3	0.8	0.0	0.3
1979										0.5	1.1	-0.0	0.4
1980											1.7	-0.3	0.3
1981												-2.3	-0.4
1982													1.5

Gross domestic product (volume)
Produit intérieur brut (volume)

	1971	1972	1973	1974	1975	1976	1977	1978	1979	1980	1981	1982	1983
1970	3.9	3.9	5.3	5.6	4.2	4.0	2.7	2.3	2.1	2.1	2.2	2.0	2.1
1971		4.0	6.0	6.2	4.3	4.1	2.5	2.0	1.9	1.9	2.1	1.8	2.0
1972			8.0	7.3	4.4	4.1	2.2	1.7	1.6	1.6	1.9	1.6	1.8
1973				6.7	2.7	2.8	0.8	0.5	0.6	0.8	1.1	0.9	1.2
1974					-1.1	0.9	-1.1	-1.0	-0.6	-0.2	0.3	0.2	0.6
1975						3.0	-1.1	-0.9	-0.5	-0.0	0.6	0.4	0.8
1976							-5.0	-2.8	-1.7	-0.8	0.1	-0.0	0.5
1977								-0.6	0.1	0.7	1.4	1.0	1.4
1978									0.7	1.4	2.1	1.4	1.9
1979										2.0	2.8	1.6	2.1
1980											3.6	1.4	2.2
1981												-0.8	1.5
1982													3.8

Gross domestic product (implicit price deflator)
Produit intérieur brut (prix implicite)

	1971	1972	1973	1974	1975	1976	1977	1978	1979	1980	1981	1982	1983
1970	13.5	12.0	10.6	8.7	10.2	11.4	11.9	12.2	13.0	13.1	13.3	13.1	12.3
1971		10.5	9.2	7.1	9.4	11.0	11.6	12.0	12.9	13.0	13.3	13.1	12.2
1972			7.8	5.4	9.0	11.1	11.9	12.2	13.3	13.3	13.6	13.3	12.3
1973				3.1	9.6	12.2	12.9	13.2	14.2	14.1	14.3	13.9	12.8
1974					16.6	17.0	16.4	15.8	16.6	16.1	16.0	15.4	13.9
1975						17.4	16.2	15.6	16.6	16.0	15.9	15.2	13.6
1976							15.1	14.7	16.3	15.6	15.6	14.8	13.0
1977								14.2	16.9	15.8	15.8	14.8	12.7
1978									19.6	16.6	16.3	14.9	12.4
1979										13.7	14.6	13.4	10.7
1980											15.6	13.2	9.7
1981												10.9	6.8
1982													2.9

Private final consumption expenditure (volume)
Consommation finale privée (volume)

	1971	1972	1973	1974	1975	1976	1977	1978	1979	1980	1981	1982	1983
1970	0.5	3.8	5.4	5.2	4.0	2.8	2.0	1.9	1.6	1.5	1.6	1.3	1.5
1971		7.3	8.0	6.8	4.9	3.3	2.2	2.1	1.8	1.7	1.7	1.4	1.6
1972			8.7	6.5	4.1	2.3	1.2	1.2	1.0	1.0	1.1	0.9	1.0
1973				4.3	1.9	0.2	-0.6	-0.2	-0.2	-0.1	0.2	0.0	0.3
1974					-0.5	-1.8	-2.2	-1.3	-1.1	-0.8	-0.4	-0.5	-0.1
1975						-3.0	-3.0	-1.6	-1.3	-0.9	-0.4	-0.5	-0.1
1976							-3.0	-0.9	-0.7	-0.3	0.1	-0.1	0.3
1977								1.3	0.5	0.6	0.9	0.5	0.9
1978									-0.3	0.2	0.8	0.3	0.8
1979										0.7	1.4	0.5	1.1
1980											2.1	0.4	1.3
1981												-1.2	0.8
1982													2.9

Private final consumption expenditure (implicit price deflator)
Consommation finale privée (prix implicite)

	1971	1972	1973	1974	1975	1976	1977	1978	1979	1980	1981	1982	1983
1970	12.0	8.7	7.7	8.1	9.5	11.0	11.8	11.6	12.3	12.8	13.0	13.0	12.3
1971		5.4	5.7	6.9	8.9	10.8	11.7	11.6	12.3	12.9	13.1	13.1	12.3
1972			6.0	7.6	10.1	12.2	13.0	12.6	13.3	13.9	13.9	13.9	13.0
1973				9.3	12.2	14.4	14.9	14.0	14.6	15.1	15.0	14.8	13.7
1974					15.2	17.0	16.8	15.3	15.7	16.1	15.8	15.5	14.2
1975						18.9	17.6	15.3	15.8	16.2	15.9	15.6	14.1
1976							16.3	13.5	14.8	15.6	15.3	15.0	13.4
1977								10.8	14.1	15.4	15.1	14.8	12.9
1978									17.5	17.7	16.6	15.8	13.4
1979										18.0	16.2	15.2	12.3
1980											14.4	13.9	10.5
1981												13.4	8.7
1982													4.1

Government final consumption expenditure (volume)
Consommation des administrations publiques (volume)

	1971	1972	1973	1974	1975	1976	1977	1978	1979	1980	1981	1982	1983
1970	2.4	4.2	4.2	5.1	5.1	4.1	4.2	4.3	3.5	3.2	2.8	2.7	2.6
1971		6.1	5.1	6.1	5.7	4.4	4.5	4.5	3.7	3.2	2.8	2.7	2.6
1972			4.1	6.0	5.6	4.0	4.2	4.3	3.3	2.9	2.4	2.3	2.3
1973				8.0	6.4	4.0	4.2	4.3	3.2	2.7	2.2	2.2	2.1
1974					4.8	2.0	3.0	3.4	2.3	1.9	1.4	1.4	1.5
1975						-0.6	2.1	3.0	1.7	1.3	0.9	1.0	1.1
1976							4.8	4.8	2.4	1.8	1.2	1.2	1.3
1977								4.9	1.3	0.8	0.3	0.6	0.7
1978									-2.2	-1.2	-1.1	-0.5	-0.1
1979										-0.3	-0.6	0.1	0.5
1980											-1.0	0.2	0.7
1981												1.5	1.5
1982													1.6

Government final consumption expenditure (implicit price deflator)
Consommation des administrations publiques (prix implicite)

	1971	1972	1973	1974	1975	1976	1977	1978	1979	1980	1981	1982	1983
1970	12.3	10.6	10.5	11.3	11.9	12.1	12.7	13.1	13.6	14.7	15.4	15.0	13.9
1971		8.8	9.6	10.9	11.8	12.0	12.8	13.2	13.8	15.0	15.7	15.2	14.1
1972			10.4	12.0	12.8	12.9	13.6	14.0	14.5	15.8	16.5	15.9	14.5
1973				13.6	14.1	13.7	14.4	14.7	15.2	16.6	17.3	16.5	15.0
1974					14.6	13.7	14.7	14.9	15.5	17.1	17.8	16.9	15.1
1975						12.9	14.7	15.1	15.7	17.6	18.3	17.2	15.2
1976							16.6	16.2	16.7	18.8	19.5	17.9	15.5
1977								15.7	16.8	19.6	20.2	18.2	15.3
1978									17.8	21.5	21.7	18.8	15.3
1979										25.3	23.7	19.2	14.6
1980											22.1	16.2	11.3
1981												10.5	6.2
1982													2.0

Gross fixed capital formation (volume)
Formation brute de capital fixe (volume)

	1971	1972	1973	1974	1975	1976	1977	1978	1979	1980	1981	1982	1983
1970	5.2	11.7	12.1	11.3	7.8	5.3	2.6	1.2	0.6	0.3	2.0	2.3	2.2
1971		18.6	15.7	13.5	8.5	5.3	2.2	0.6	0.0	-0.2	1.7	2.1	2.0
1972			12.8	11.0	5.3	2.2	-0.8	-2.1	-2.4	-2.4	0.0	0.5	0.6
1973				9.2	1.7	-1.1	-4.0	-4.9	-4.7	-4.4	-1.5	-0.7	-0.6
1974					-5.3	-5.9	-8.0	-8.1	-7.2	-6.5	-2.9	-1.9	-1.6
1975						-6.4	-9.3	-9.0	-7.7	-6.7	-2.5	-1.4	-1.1
1976							-12.1	-10.3	-8.1	-6.7	-1.7	-0.6	-0.3
1977								-8.4	-6.1	-4.9	1.0	1.9	1.8
1978									-3.7	-3.1	4.4	4.7	4.0
1979										-2.4	8.7	7.6	6.0
1980											21.1	13.0	8.9
1981												5.5	3.3
1982													1.2

Gross fixed capital formation (implicit price deflator)
Formation brute de capital fixe (prix implicite)

	1971	1972	1973	1974	1975	1976	1977	1978	1979	1980	1981	1982	1983
1970	11.2	8.3	6.9	8.8	12.2	13.3	13.2	13.4	12.9	13.5	13.7	13.7	13.0
1971		5.6	4.9	8.1	12.5	13.8	13.5	13.7	13.2	13.8	13.9	13.9	13.2
1972			4.2	9.3	14.9	15.9	15.2	15.2	14.3	14.9	14.9	14.8	13.9
1973				14.7	20.7	20.1	18.1	17.5	16.1	16.5	16.3	16.0	14.9
1974					27.0	22.9	19.3	18.2	16.3	16.8	16.6	16.2	15.0
1975						18.9	15.6	15.4	13.8	14.8	14.9	14.7	13.5
1976							12.3	13.7	12.2	13.8	14.1	14.0	12.8
1977								15.1	12.1	14.3	14.6	14.3	12.9
1978									9.2	13.9	14.4	14.1	12.4
1979										18.9	17.1	15.8	13.2
1980											15.4	14.3	11.4
1981												13.3	9.5
1982													5.8

National disposable income (value)
Revenu national disponible (valeur)

	1971	1972	1973	1974	1975	1976	1977	1978	1979	1980	1981	1982	1983
1970	19.9	17.6	17.4	15.2	15.0	15.9	14.9	14.7	15.5	15.6	16.0	15.4	14.6
1971		15.4	16.2	13.6	13.8	15.1	14.1	14.0	14.9	15.1	15.6	15.0	14.2
1972			17.0	12.7	13.3	15.1	13.8	13.7	14.8	15.0	15.6	15.0	14.1
1973				8.6	11.5	14.4	13.1	13.1	14.5	14.8	15.4	14.7	13.8
1974					14.4	17.5	14.6	14.2	15.7	15.8	16.4	15.5	14.4
1975						20.6	14.7	14.2	16.0	16.1	16.8	15.7	14.4
1976							9.0	11.1	14.5	15.0	16.0	14.9	13.5
1977								13.2	17.4	17.1	17.8	16.1	14.3
1978									21.7	19.0	19.4	16.8	14.5
1979										16.4	18.3	15.2	12.8
1980											20.2	14.7	11.6
1981												9.3	7.5
1982													5.7

Compensation of employees (value)
Rémunération des salariés (valeur)

	1971	1972	1973	1974	1975	1976	1977	1978	1979	1980	1981	1982	1983
1970	15.7	14.1	15.4	16.6	16.3	15.7	15.5	15.6	15.8	16.1	16.5	15.9	14.7
1971		12.5	15.2	16.9	16.5	15.7	15.5	15.6	15.8	16.1	16.6	15.9	14.6
1972			17.9	19.2	17.8	16.5	16.1	16.2	16.3	16.6	17.0	16.2	14.8
1973				20.4	17.8	16.0	15.7	15.8	16.0	16.4	16.9	16.1	14.5
1974					15.2	13.9	14.1	14.7	15.1	15.8	16.4	15.5	13.9
1975						12.6	13.6	14.5	15.1	15.9	16.6	15.6	13.7
1976							14.6	15.5	15.9	16.7	17.4	16.1	13.9
1977								16.4	16.6	17.4	18.2	16.4	13.8
1978									16.8	17.9	18.8	16.4	13.3
1979										19.0	19.7	16.2	12.4
1980											20.4	14.8	10.3
1981												9.5	5.5
1982													1.6

AUSTRIA

AUTRICHE

Average per cent changes at annual rate

Variations moyennes en pourcentage aux taux annuels

Per capita G.D.P. (volume) / **P.I.B. par habitant** (volume)

	1971	1972	1973	1974	1975	1976	1977	1978	1979	1980	1981	1982	1983
1970	4.6	5.2	4.9	4.7	3.7	3.8	3.9	3.5	3.6	3.6	3.2	3.0	2.9
1971		5.7	5.1	4.7	3.4	3.7	3.8	3.3	3.5	3.4	3.1	2.8	2.8
1972			4.5	4.1	2.7	3.2	3.4	2.9	3.2	3.2	2.8	2.5	2.5
1973				3.8	1.8	2.7	3.1	2.6	3.0	3.0	2.6	2.3	2.3
1974					–0.2	2.2	2.9	2.3	2.8	2.8	2.4	2.1	2.2
1975						4.7	4.5	3.2	3.6	3.5	2.8	2.5	2.5
1976							4.3	2.5	3.2	3.2	2.5	2.1	2.1
1977								0.7	2.7	2.8	2.0	1.7	1.8
1978									4.8	3.9	2.5	1.9	2.0
1979										3.0	1.4	1.0	1.3
1980											–0.2	–0.0	0.8
1981												0.2	1.3
1982													2.4

Per capita private final consumption expenditure (volume) / **Consommation finale privée par habitant** (volume)

	1971	1972	1973	1974	1975	1976	1977	1978	1979	1980	1981	1982	1983
1970	6.2	5.9	5.6	4.9	4.6	4.6	4.8	4.0	4.0	3.8	3.4	3.2	3.4
1971		5.6	5.3	4.5	4.2	4.3	4.5	3.6	3.8	3.5	3.2	2.9	3.1
1972			5.0	3.9	3.7	4.0	4.3	3.3	3.5	3.2	2.9	2.7	2.9
1973				2.9	3.2	3.6	4.1	3.0	3.3	3.0	2.7	2.4	2.7
1974					3.4	4.0	4.6	3.0	3.3	3.0	2.6	2.4	2.7
1975						4.6	5.1	2.9	3.3	2.9	2.5	2.2	2.6
1976							5.6	2.0	2.9	2.5	2.1	1.8	2.3
1977								–1.5	1.5	1.5	1.2	1.1	1.8
1978									4.6	3.0	2.1	1.7	2.4
1979										1.5	0.9	0.8	1.9
1980											0.3	0.4	2.0
1981												0.6	2.9
1982													5.3

Gross domestic product (volume) / **Produit intérieur brut** (volume)

	1971	1972	1973	1974	1975	1976	1977	1978	1979	1980	1981	1982	1983
1970	5.1	5.7	5.4	5.0	3.9	4.0	4.1	3.6	3.8	3.7	3.3	3.1	3.1
1971		6.2	5.5	5.0	3.6	3.8	3.9	3.4	3.6	3.5	3.1	3.0	2.9
1972			4.9	4.4	2.8	3.2	3.5	3.0	3.2	3.2	2.8	2.6	2.6
1973				3.9	1.8	2.7	3.1	2.6	2.9	2.9	2.6	2.4	2.4
1974					–0.4	2.1	2.8	2.2	2.7	2.8	2.4	2.2	2.2
1975						4.6	4.5	3.1	3.5	3.4	2.8	2.6	2.5
1976							4.4	2.4	3.2	3.1	2.5	2.2	2.2
1977								0.5	2.6	2.7	2.0	1.8	1.9
1978									4.7	3.9	2.5	2.1	2.1
1979										3.0	1.4	1.3	1.5
1980											–0.1	0.4	1.0
1981												1.0	1.6
1982													2.1

Gross domestic product (implicit price deflator) / **Produit intérieur brut** (prix implicite)

	1971	1972	1973	1974	1975	1976	1977	1978	1979	1980	1981	1982	1983
1970	6.2	6.9	7.3	7.8	7.6	7.2	6.9	6.7	6.4	6.3	6.3	6.3	6.1
1971		7.6	7.8	8.4	7.9	7.4	7.1	6.8	6.5	6.3	6.3	6.4	6.1
1972			8.0	8.8	8.0	7.4	7.0	6.7	6.3	6.2	6.2	6.2	6.0
1973				9.5	8.0	7.2	6.7	6.4	6.0	5.9	6.0	6.0	5.8
1974					6.5	6.0	5.8	5.6	5.3	5.3	5.5	5.6	5.4
1975						5.6	5.4	5.4	5.1	5.1	5.3	5.5	5.3
1976							5.3	5.3	4.9	4.9	5.2	5.5	5.2
1977								5.3	4.7	4.8	5.2	5.5	5.2
1978									4.1	4.6	5.2	5.6	5.2
1979										5.1	5.7	6.0	5.5
1980											6.3	6.5	5.6
1981												6.7	5.2
1982													3.8

Private final consumption expenditure (volume) / **Consommation finale privée** (volume)

	1971	1972	1973	1974	1975	1976	1977	1978	1979	1980	1981	1982	1983
1970	6.7	6.4	6.1	5.3	4.9	4.8	4.9	4.1	4.1	3.9	3.5	3.4	3.5
1971		6.1	5.7	4.8	4.4	4.4	4.6	3.7	3.8	3.6	3.2	3.1	3.2
1972			5.4	4.2	3.9	4.0	4.4	3.3	3.5	3.3	2.9	2.8	3.0
1973				3.0	3.1	3.6	4.1	2.9	3.2	3.0	2.6	2.5	2.7
1974					3.2	3.9	4.5	2.9	3.3	3.0	2.6	2.4	2.7
1975						4.5	5.1	2.8	3.3	2.9	2.5	2.3	2.6
1976							5.7	2.0	2.8	2.5	2.0	1.9	2.4
1977								–1.6	1.4	1.4	1.2	1.2	1.8
1978									4.6	3.0	2.1	1.9	2.5
1979										1.5	0.9	1.1	2.0
1980											0.3	0.9	2.2
1981												1.5	3.2
1982													5.0

Private final consumption expenditure (implicit price deflator) / **Consommation finale privée** (prix implicite)

	1971	1972	1973	1974	1975	1976	1977	1978	1979	1980	1981	1982	1983
1970	5.0	5.7	6.0	7.0	7.2	7.1	6.8	6.5	6.3	6.3	6.4	6.4	6.1
1971		6.5	6.5	7.7	7.7	7.5	7.1	6.7	6.4	6.4	6.5	6.5	6.2
1972			6.6	8.3	8.2	7.7	7.3	6.8	6.4	6.4	6.5	6.5	6.2
1973				10.0	8.9	8.1	7.4	6.8	6.4	6.4	6.5	6.5	6.2
1974					7.9	7.2	6.6	6.0	5.7	5.8	6.0	6.1	5.8
1975						6.5	6.0	5.4	5.1	5.4	5.7	5.8	5.5
1976							5.4	4.8	4.7	5.1	5.6	5.7	5.3
1977								4.3	4.4	5.0	5.6	5.8	5.3
1978									4.4	5.4	6.1	6.2	5.5
1979										6.4	6.9	6.8	5.8
1980											7.5	6.9	5.7
1981												6.4	4.8
1982													3.2

Government final consumption expenditure (volume) / **Consommation des administrations publiques** (volume)

	1971	1972	1973	1974	1975	1976	1977	1978	1979	1980	1981	1982	1983
1970	3.3	3.7	3.5	4.0	4.0	4.0	4.0	4.0	3.9	3.7	3.6	3.5	3.4
1971		4.1	3.5	4.3	4.2	4.2	4.1	4.1	4.0	3.8	3.6	3.5	3.4
1972			3.0	4.3	4.2	4.2	4.1	4.1	3.9	3.8	3.6	3.4	3.3
1973				5.7	4.8	4.6	4.4	4.3	4.1	3.9	3.6	3.5	3.3
1974					4.0	4.1	3.9	3.9	3.8	3.6	3.3	3.2	3.1
1975						4.3	3.9	3.9	3.7	3.5	3.2	3.1	3.0
1976							3.6	3.7	3.6	3.3	3.0	2.9	2.8
1977								3.8	3.5	3.2	2.9	2.8	2.6
1978									3.2	2.9	2.6	2.5	2.4
1979										2.5	2.2	2.2	2.2
1980											1.9	2.1	2.1
1981												2.3	2.1
1982													2.0

Government final consumption expenditure (implicit price deflator) / **Consommation des administrations publiques** (prix implicite)

	1971	1972	1973	1974	1975	1976	1977	1978	1979	1980	1981	1982	1983
1970	8.7	8.7	10.2	10.8	11.0	10.5	9.7	9.4	8.8	8.4	8.3	8.2	7.8
1971		8.6	11.0	11.5	11.5	10.9	9.9	9.5	8.8	8.4	8.2	8.2	7.8
1972			13.5	13.0	12.5	11.5	10.1	9.6	8.8	8.3	8.2	8.1	7.7
1973				12.5	12.1	10.8	9.3	8.8	8.1	7.6	7.6	7.5	7.1
1974					11.6	10.0	8.2	7.9	7.2	6.8	6.9	6.9	6.5
1975						8.4	6.6	6.7	6.1	5.9	6.1	6.3	5.9
1976							4.8	5.9	5.4	5.3	5.7	5.9	5.6
1977								7.0	5.6	5.4	5.9	6.2	5.7
1978									4.3	4.7	5.5	5.9	5.4
1979										5.1	6.1	6.5	5.7
1980											7.1	7.2	5.9
1981												7.3	5.4
1982													3.4

Gross fixed capital formation (volume) / **Formation brute de capital fixe** (volume)

	1971	1972	1973	1974	1975	1976	1977	1978	1979	1980	1981	1982	1983
1970	13.8	13.0	8.6	7.4	4.8	4.7	4.7	3.6	3.6	3.6	3.1	2.2	1.9
1971		12.1	6.1	5.4	2.7	2.9	3.3	2.3	2.4	2.5	2.1	1.2	1.0
1972			0.3	2.1	–0.3	0.7	1.6	0.7	1.1	1.4	1.0	0.2	0.0
1973				4.0	–0.6	0.9	1.9	0.8	1.2	1.6	1.1	0.2	–0.0
1974					–5.0	–0.7	1.2	–0.0	0.7	1.2	0.7	–0.3	–0.4
1975						3.8	4.5	1.7	2.1	2.4	1.7	0.4	0.1
1976							5.2	0.6	1.6	2.1	1.3	–0.1	–0.4
1977								–3.8	–0.1	1.1	0.3	–1.2	–1.3
1978									3.6	3.6	1.7	–0.5	–0.8
1979										3.6	0.7	–1.8	–1.8
1980											–2.0	–4.4	–3.6
1981												–6.8	–4.4
1982													–1.9

Gross fixed capital formation (implicit price deflator) / **Formation brute de capital fixe** (prix implicite)

	1971	1972	1973	1974	1975	1976	1977	1978	1979	1980	1981	1982	1983
1970	5.7	8.1	7.6	8.0	7.3	6.7	6.8	6.6	6.2	6.2	6.3	6.3	6.1
1971		10.5	8.5	8.7	7.7	6.9	7.0	6.7	6.3	6.3	6.4	6.3	6.1
1972			6.6	7.8	6.8	6.1	6.3	6.1	5.7	5.8	5.9	5.9	5.7
1973				9.1	6.9	5.9	6.2	6.0	5.6	5.7	5.8	5.8	5.6
1974					4.7	4.3	5.3	5.2	4.9	5.1	5.4	5.4	5.2
1975						3.9	5.5	5.4	4.9	5.2	5.5	5.5	5.3
1976							7.2	6.2	5.3	5.5	5.8	5.8	5.5
1977								5.1	4.3	5.0	5.5	5.5	5.2
1978									3.5	4.9	5.6	5.6	5.2
1979										6.2	6.7	6.4	5.7
1980											7.1	6.4	5.5
1981												5.8	4.7
1982													3.6

National disposable income (value) / **Revenu national disponible** (valeur)

	1971	1972	1973	1974	1975	1976	1977	1978	1979	1980	1981	1982	1983
1970	11.6	12.9	13.0	13.2	11.7	11.5	11.3	10.6	10.5	10.2	9.8	9.6	9.3
1971		14.1	13.7	13.8	11.7	11.5	11.2	10.4	10.3	10.0	9.6	9.4	9.1
1972			13.3	13.6	10.9	10.9	10.6	9.8	9.8	9.5	9.1	8.9	8.6
1973				13.8	9.7	10.1	10.0	9.1	9.2	9.0	8.5	8.4	8.2
1974					5.7	8.3	8.7	8.0	8.3	8.2	7.8	7.8	7.6
1975						11.0	10.3	8.7	9.0	8.7	8.2	8.1	7.8
1976							9.6	7.6	8.3	8.2	7.6	7.6	7.4
1977								5.7	7.7	7.7	7.2	7.3	7.0
1978									9.6	8.7	7.6	7.6	7.2
1979										7.7	6.6	7.0	6.7
1980											5.6	6.6	6.3
1981												7.7	6.7
1982													5.7

Compensation of employees (value) / **Rémunération des salariés** (valeur)

	1971	1972	1973	1974	1975	1976	1977	1978	1979	1980	1981	1982	1983
1970	15.6	14.6	15.4	15.7	15.0	14.2	13.7	13.2	12.4	12.0	11.6	11.0	10.5
1971		13.6	15.4	15.7	14.9	13.9	13.4	12.8	12.0	11.6	11.2	10.6	10.1
1972			17.1	16.8	15.3	14.0	13.3	12.7	11.8	11.3	11.0	10.3	9.8
1973				16.5	14.4	12.9	12.4	11.8	11.0	10.6	10.2	9.6	9.1
1974					12.2	11.2	11.1	10.7	9.9	9.6	9.4	8.8	8.3
1975						10.1	10.5	10.1	9.3	9.1	8.9	8.3	7.8
1976							10.8	10.1	9.0	8.8	8.6	8.0	7.4
1977								9.5	8.1	8.1	8.1	7.4	6.9
1978									6.8	7.5	7.7	6.9	6.4
1979										8.1	8.1	7.0	6.3
1980											8.0	6.4	5.7
1981												4.8	4.5
1982													4.3

BELGIUM

Average per cent changes at annual rate

BELGIQUE

Variations moyennes en pourcentage aux taux annuels

Per capita G.D.P. (volume)
P.I.B. par habitant (volume)

	1971	1972	1973	1974	1975	1976	1977	1978	1979	1980	1981	1982	1983
1970	3.4	4.2	4.6	4.4	3.2	3.5	3.0	3.0	2.9	2.9	2.5	2.4	2.3
1971		4.9	5.2	4.8	3.1	3.5	2.9	2.9	2.8	2.9	2.4	2.3	2.2
1972			5.6	4.7	2.5	3.1	2.6	2.6	2.5	2.6	2.2	2.1	1.9
1973				3.8	1.0	2.3	1.8	2.0	2.0	2.2	1.8	1.7	1.6
1974					−1.8	1.6	1.2	1.6	1.7	2.0	1.5	1.4	1.3
1975						5.1	2.6	2.7	2.5	2.7	2.0	1.9	1.7
1976							0.3	1.6	1.7	2.1	1.4	1.4	1.2
1977								2.9	2.4	2.7	1.7	1.6	1.4
1978									2.0	2.7	1.3	1.3	1.1
1979										3.4	1.0	1.0	0.9
1980											−1.3	−0.1	0.1
1981												1.1	0.7
1982													0.4

Per capita private final consumption expenditure (volume)
Consommation finale privée par habitant (volume)

	1971	1972	1973	1974	1975	1976	1977	1978	1979	1980	1981	1982	1983
1970	4.5	5.0	5.8	4.9	4.0	4.1	3.8	3.6	3.7	3.6	3.1	2.9	2.6
1971		5.6	6.5	5.1	3.9	4.0	3.7	3.5	3.6	3.5	3.0	2.8	2.4
1972			7.4	4.8	3.3	3.6	3.3	3.2	3.3	3.2	2.7	2.5	2.2
1973				2.3	1.3	2.3	2.3	2.4	2.7	2.6	2.1	1.9	1.7
1974					0.4	2.4	2.3	2.4	2.8	2.7	2.1	1.9	1.6
1975						4.4	3.3	3.0	3.4	3.1	2.4	2.1	1.7
1976							2.2	2.4	3.0	2.8	2.0	1.7	1.4
1977								2.5	3.4	3.0	1.9	1.7	1.2
1978									4.3	3.3	1.7	1.4	1.0
1979										2.2	0.4	0.5	0.1
1980											−1.3	−0.3	−0.5
1981												0.6	−0.2
1982													−0.9

Gross domestic product (volume)
Produit intérieur brut (volume)

	1971	1972	1973	1974	1975	1976	1977	1978	1979	1980	1981	1982	1983
1970	3.7	4.5	4.9	4.7	3.5	3.8	3.3	3.2	3.1	3.1	2.7	2.6	2.4
1971		5.3	5.6	5.1	3.4	3.8	3.2	3.2	3.0	3.1	2.6	2.5	2.3
1972			5.9	5.0	2.8	3.4	2.8	2.8	2.7	2.8	2.3	2.2	2.1
1973				4.1	1.3	2.6	2.0	2.2	2.2	2.4	1.9	1.8	1.7
1974					−1.5	1.8	1.3	1.8	1.8	2.1	1.6	1.5	1.4
1975						5.2	2.8	2.9	2.7	2.8	2.1	2.0	1.8
1976							0.4	1.7	1.8	2.2	1.5	1.5	1.3
1977								3.0	2.5	2.8	1.8	1.7	1.5
1978									2.0	2.8	1.4	1.3	1.1
1979										3.5	1.1	1.1	0.9
1980											−1.3	−0.1	0.1
1981												1.1	0.8
1982													0.4

Gross domestic product (implicit price deflator)
Produit intérieur brut (prix implicite)

	1971	1972	1973	1974	1975	1976	1977	1978	1979	1980	1981	1982	1983
1970	5.6	5.9	6.4	7.9	8.7	8.5	8.4	7.8	7.5	7.1	6.9	7.0	6.9
1971		6.2	6.7	8.6	9.5	9.8	8.8	8.2	7.7	7.3	7.1	7.1	7.0
1972			7.2	9.9	10.6	9.8	9.4	8.5	7.9	7.4	7.2	7.2	7.1
1973				12.6	12.3	10.7	9.9	8.7	8.0	7.4	7.2	7.2	7.0
1974					12.1	9.8	9.0	7.8	7.2	6.6	6.4	6.5	6.4
1975						7.6	7.5	6.4	6.0	5.6	5.5	5.7	5.8
1976							7.4	5.8	5.4	5.1	5.1	5.4	5.5
1977								4.3	4.4	4.3	4.5	5.0	5.2
1978									4.6	4.3	4.6	5.2	5.4
1979										3.9	4.6	5.4	5.6
1980											5.3	6.2	6.1
1981												7.1	6.5
1982													5.9

Private final consumption expenditure (volume)
Consommation finale privée (volume)

	1971	1972	1973	1974	1975	1976	1977	1978	1979	1980	1981	1982	1983
1970	4.8	5.4	6.1	5.3	4.3	4.4	4.1	3.9	3.9	3.8	3.3	3.1	2.8
1971		6.0	6.8	5.4	4.2	4.3	3.9	3.8	3.8	3.7	3.2	2.9	2.6
1972			7.7	5.2	3.6	3.9	3.5	3.4	3.5	3.4	2.9	2.6	2.3
1973				2.6	1.6	2.6	2.5	2.5	2.9	2.8	2.3	2.1	1.8
1974					0.6	2.6	2.5	2.5	2.9	2.8	2.2	2.0	1.7
1975						4.6	3.4	3.2	3.5	3.2	2.5	2.2	1.8
1976							2.3	2.5	3.1	2.9	2.1	1.8	1.4
1977								2.6	3.5	3.1	2.0	1.7	1.3
1978									4.4	3.4	1.8	1.5	1.0
1979										2.3	0.5	0.6	0.2
1980											−1.2	−0.3	−0.5
1981												0.7	−0.2
1982													−0.9

Private final consumption expenditure (implicit price deflator)
Consommation finale privée (prix implicite)

	1971	1972	1973	1974	1975	1976	1977	1978	1979	1980	1981	1982	1983
1970	5.3	5.3	5.6	7.3	8.3	8.2	8.1	7.6	7.2	7.1	7.2	7.3	7.2
1971		5.4	5.7	8.0	9.1	8.8	8.5	7.9	7.4	7.3	7.4	7.4	7.4
1972			6.1	9.4	10.3	9.7	9.2	8.3	7.7	7.5	7.7	7.6	7.6
1973				12.7	12.5	10.9	10.0	8.8	7.9	7.8	7.8	7.8	7.7
1974					12.3	10.0	9.0	7.8	7.0	6.9	7.2	7.2	7.2
1975						7.8	7.4	6.3	5.7	5.9	6.3	6.5	6.6
1976							7.1	5.6	5.0	5.4	6.0	6.3	6.4
1977								4.1	4.0	4.9	5.8	6.1	6.3
1978									4.0	5.3	6.4	6.6	6.7
1979										6.6	7.6	7.5	7.4
1980											8.5	8.0	7.7
1981												7.5	7.3
1982													7.0

Government final consumption expenditure (volume)
Consommation des administrations publiques (volume)

	1971	1972	1973	1974	1975	1976	1977	1978	1979	1980	1981	1982	1983
1970	5.5	5.7	5.6	5.0	4.9	4.7	4.4	4.6	4.3	4.1	3.8	3.4	3.1
1971		5.9	5.6	4.9	4.8	4.6	4.2	4.4	4.2	3.9	3.6	3.2	2.9
1972			5.3	4.4	4.4	4.2	3.8	4.2	4.0	3.6	3.4	2.9	2.7
1973				3.4	4.0	3.9	3.5	4.0	3.7	3.4	3.1	2.6	2.4
1974					4.5	4.1	3.5	4.1	3.8	3.4	3.1	2.5	2.3
1975						3.7	3.0	4.0	3.6	3.2	2.9	2.3	2.0
1976							2.3	4.1	3.6	3.1	2.7	2.0	1.8
1977								6.0	4.2	3.3	2.8	2.0	1.7
1978									2.5	2.0	1.7	1.0	0.9
1979										1.5	1.4	0.5	0.5
1980											1.2	−0.0	0.1
1981												−1.2	−0.4
1982													0.3

Government final consumption expenditure (implicit price deflator)
Consommation des administrations publiques (prix implicite)

	1971	1972	1973	1974	1975	1976	1977	1978	1979	1980	1981	1982	1983
1970	8.9	8.8	8.6	10.0	11.6	11.2	10.8	10.0	9.5	9.3	9.2	9.0	8.4
1971		8.8	8.4	10.4	12.3	11.7	11.1	10.2	9.6	9.4	9.2	9.0	8.4
1972			8.0	11.2	13.5	12.5	11.5	10.4	9.7	9.4	9.2	9.0	8.4
1973				14.5	16.4	14.0	12.4	10.9	9.9	9.6	9.4	9.1	8.4
1974					18.2	13.7	11.7	10.0	9.0	8.8	8.7	8.5	7.7
1975						9.3	8.6	7.4	6.8	7.0	7.2	7.1	6.5
1976							7.9	6.4	6.0	6.5	6.7	6.8	6.1
1977								5.0	5.1	6.0	6.4	6.6	5.8
1978									5.3	6.5	6.9	7.0	6.0
1979										7.8	7.8	7.5	6.2
1980											7.8	7.4	5.6
1981												7.0	4.5
1982													2.1

Gross fixed capital formation (volume)
Formation brute de capital fixe (volume)

	1971	1972	1973	1974	1975	1976	1977	1978	1979	1980	1981	1982	1983
1970	−1.9	0.7	2.8	3.8	2.6	2.9	2.5	2.5	1.9	2.2	0.3	0.2	−0.3
1971		3.4	5.2	5.8	3.8	3.8	3.2	3.1	2.4	2.6	0.6	0.4	−0.2
1972			7.0	7.0	3.9	4.0	3.2	3.1	2.2	2.5	0.2	0.1	−0.5
1973				6.9	2.4	3.0	2.2	2.3	1.5	1.9	−0.6	−0.6	−1.2
1974					−1.9	1.0	0.7	1.2	0.4	1.1	−1.6	−1.5	−2.1
1975						4.0	2.0	2.3	1.0	1.7	−1.6	−1.5	−2.1
1976							0.0	1.4	0.0	1.1	−2.6	−2.3	−2.9
1977								2.8	−0.0	1.5	−3.3	−2.8	−3.4
1978									−2.7	0.9	−5.2	−4.2	−4.6
1979										4.6	−6.5	−4.6	−5.1
1980											−16.3	−9.0	−8.1
1981												−0.9	−3.7
1982													−6.4

Gross fixed capital formation (implicit price deflator)
Formation brute de capital fixe (prix implicite)

	1971	1972	1973	1974	1975	1976	1977	1978	1979	1980	1981	1982	1983
1970	8.6	6.6	6.5	8.9	9.4	9.0	8.6	8.1	7.7	7.5	7.3	7.2	7.0
1971		4.6	5.5	9.0	9.6	9.1	8.6	8.0	7.6	7.3	7.1	7.0	6.8
1972			6.4	11.3	11.3	10.2	9.4	8.5	8.0	7.7	7.4	7.3	7.0
1973				16.4	13.9	11.5	10.1	9.0	8.3	7.9	7.6	7.4	7.1
1974					11.4	9.2	8.1	7.2	6.7	6.5	6.4	6.3	6.1
1975						7.0	6.5	5.8	5.6	5.5	5.5	5.6	5.5
1976							6.0	5.2	5.1	5.2	5.2	5.4	5.2
1977								4.5	4.7	4.9	5.1	5.3	5.1
1978									5.0	5.1	5.2	5.4	5.2
1979										5.3	5.4	5.6	5.3
1980											5.4	5.8	5.3
1981												6.1	5.2
1982													4.4

National disposable income (value)
Revenu national disponible (valeur)

	1971	1972	1973	1974	1975	1976	1977	1978	1979	1980	1981	1982	1983
1970	9.2	10.7	11.7	13.0	12.4	12.7	11.8	11.3	10.7	10.3	9.7	9.5	9.3
1971		12.2	12.9	14.2	13.2	13.4	12.3	11.6	10.9	10.4	9.7	9.5	9.3
1972			13.6	15.3	13.5	13.7	12.3	11.5	10.7	10.2	9.4	9.3	9.0
1973				17.0	13.5	13.7	12.0	11.0	10.2	9.7	8.9	8.8	8.5
1974					10.1	12.1	10.4	9.6	8.9	8.6	7.8	7.8	7.6
1975						14.2	10.5	9.5	8.6	8.3	7.4	7.5	7.3
1976							6.9	7.2	6.8	6.9	6.2	6.4	6.4
1977								7.4	6.7	6.8	6.0	6.3	6.3
1978									6.0	6.5	5.5	6.0	6.1
1979										7.1	5.2	6.0	6.1
1980											3.4	5.5	5.8
1981												7.6	7.0
1982													6.4

Compensation of employees (value)
Rémunération des salariés (valeur)

	1971	1972	1973	1974	1975	1976	1977	1978	1979	1980	1981	1982	1983
1970	14.0	14.3	14.6	16.1	15.8	15.7	14.7	13.8	13.0	12.6	11.9	11.4	10.9
1971		14.5	14.9	16.8	16.3	16.1	14.8	13.7	12.9	12.4	11.7	11.1	10.6
1972			15.2	17.9	16.8	16.5	14.9	13.6	12.6	12.1	11.3	10.8	10.3
1973				20.6	17.7	16.9	14.8	13.3	12.2	11.7	10.9	10.3	9.8
1974					14.8	15.1	12.9	11.5	10.6	10.3	9.5	9.1	8.7
1975						15.4	11.9	10.5	9.6	9.4	8.7	8.3	7.9
1976							8.6	8.1	7.7	8.0	7.4	7.2	6.9
1977								7.6	7.3	7.8	7.1	6.9	6.6
1978									6.9	7.9	6.9	6.7	6.4
1979										8.8	6.9	6.7	6.3
1980											5.1	5.6	5.5
1981												6.2	5.7
1982													5.2

DENMARK

DANEMARK

Average per cent changes at annual rate

Variations moyennes en pourcentage aux taux annuels

Per capita G.D.P. (volume)
P.I.B. par habitant (volume)

	1971	1972	1973	1974	1975	1976	1977	1978	1979	1980	1981	1982	1983
1970	1.7	3.3	3.3	2.1	1.4	2.2	2.2	2.1	2.2	1.9	1.7	1.8	1.8
1971		4.8	4.0	2.3	1.4	2.3	2.3	2.2	2.3	2.0	1.7	1.8	1.8
1972			3.2	1.0	0.2	1.7	1.8	1.7	1.9	1.6	1.3	1.5	1.6
1973				−1.2	−1.2	1.2	1.4	1.4	1.7	1.4	1.1	1.3	1.4
1974					−1.3	2.4	2.3	2.1	2.3	1.8	1.4	1.6	1.7
1975						6.3	4.1	3.2	3.2	2.5	1.9	2.1	2.1
1976							2.0	1.7	2.2	1.5	1.0	1.4	1.5
1977								1.4	2.4	1.4	0.8	1.3	1.4
1978									3.3	1.3	0.6	1.2	1.4
1979										−0.6	−0.7	0.5	0.9
1980											−0.8	1.1	1.4
1981												3.0	2.6
1982													2.1

Per capita private final consumption expenditure (volume)
Consommation finale privée par habitant (volume)

	1971	1972	1973	1974	1975	1976	1977	1978	1979	1980	1981	1982	1983
1970	−1.3	−0.2	1.6	0.4	1.0	2.1	2.0	1.8	1.8	1.2	0.9	0.9	1.0
1971		1.0	3.0	1.0	1.6	2.8	2.6	2.3	2.2	1.5	1.1	1.1	1.2
1972			5.1	1.0	1.8	3.2	2.9	2.5	2.3	1.5	1.1	1.2	1.2
1973				−2.9	0.1	2.6	2.4	2.0	1.9	1.0	0.6	0.7	0.8
1974					3.3	5.4	4.2	3.3	2.9	1.7	1.1	1.2	1.3
1975						7.6	4.7	3.3	2.8	1.4	0.8	0.9	1.0
1976							1.7	1.2	1.2	−0.1	−0.5	−0.2	0.1
1977								0.7	0.9	−0.7	−1.1	−0.6	−0.2
1978									1.1	−1.4	−1.7	−0.9	−0.3
1979										−3.8	−3.0	−1.5	−0.7
1980											−2.3	−0.4	0.4
1981												1.6	1.7
1982													1.8

Gross domestic product (volume)
Produit intérieur brut (volume)

	1971	1972	1973	1974	1975	1976	1977	1978	1979	1980	1981	1982	1983
1970	2.4	3.9	3.9	2.7	2.0	2.7	2.7	2.5	2.7	2.3	2.0	2.1	2.1
1971		5.4	4.6	2.8	1.8	2.8	2.7	2.6	2.7	2.3	2.0	2.1	2.1
1972			3.8	1.5	0.7	2.1	2.2	2.1	2.3	1.9	1.6	1.8	1.8
1973				−0.7	−0.9	1.5	1.7	1.7	2.0	1.7	1.4	1.5	1.6
1974					−1.0	2.7	2.6	2.4	2.6	2.1	1.7	1.8	1.8
1975						6.5	4.4	3.5	3.5	2.7	2.1	2.2	2.2
1976							2.3	2.0	2.5	1.8	1.2	1.5	1.6
1977								1.8	2.7	1.6	1.0	1.4	1.5
1978									3.5	1.5	0.7	1.3	1.4
1979										−0.4	−0.7	0.5	0.9
1980											−0.9	1.0	1.3
1981												3.0	2.5
1982													2.0

Gross domestic product (implicit price deflator)
Produit intérieur brut (prix implicite)

	1971	1972	1973	1974	1975	1976	1977	1978	1979	1980	1981	1982	1983
1970	7.9	8.5	9.1	10.0	10.6	10.3	10.1	10.0	9.7	9.6	9.6	9.8	9.6
1971		9.0	9.7	10.8	11.3	10.8	10.5	10.3	10.0	9.8	9.8	9.9	9.8
1972			10.5	11.6	12.0	11.3	10.7	10.5	10.1	9.9	9.9	10.0	9.9
1973				12.8	12.8	11.5	10.8	10.6	10.1	9.8	9.8	10.0	9.8
1974					12.8	10.9	10.2	10.0	9.5	9.3	9.4	9.6	9.5
1975						9.0	8.9	9.1	8.7	8.6	8.9	9.2	9.1
1976							8.7	9.1	8.6	8.5	8.8	9.2	9.1
1977								9.5	8.6	8.5	8.9	9.3	9.1
1978									7.6	7.9	8.6	9.3	9.1
1979										8.2	9.2	9.9	9.4
1980											10.1	10.7	9.8
1981												11.3	9.7
1982													8.1

Private final consumption expenditure (volume)
Consommation finale privée (volume)

	1971	1972	1973	1974	1975	1976	1977	1978	1979	1980	1981	1982	1983
1970	−0.6	0.5	2.2	1.0	1.5	2.6	2.5	2.3	2.2	1.6	1.2	1.2	1.3
1971		1.6	3.6	1.6	2.1	3.2	3.0	2.7	2.6	1.8	1.4	1.4	1.4
1972			5.7	1.5	2.2	3.6	3.3	2.9	2.7	1.9	1.4	1.4	1.4
1973				−2.5	0.5	2.9	2.7	2.4	2.2	1.3	0.9	0.9	1.0
1974					3.6	5.7	4.5	3.6	3.2	2.0	1.4	1.4	1.4
1975						7.9	4.9	3.6	3.0	1.7	1.0	1.1	1.1
1976							2.0	1.5	1.5	0.2	−0.3	−0.0	0.2
1977								1.0	1.2	−0.5	−0.9	−0.5	−0.1
1978									1.4	−1.2	−1.6	−0.8	−0.3
1979										−3.7	−3.0	−1.5	−0.7
1980											−2.3	−0.4	0.3
1981												1.5	1.6
1982													1.7

Private final consumption expenditure (implicit price deflator)
Consommation finale privée (prix implicite)

	1971	1972	1973	1974	1975	1976	1977	1978	1979	1980	1981	1982	1983
1970	8.2	8.2	9.0	10.4	10.3	10.2	10.1	10.0	10.0	10.1	10.3	10.3	10.1
1971		8.2	9.5	11.1	10.9	10.7	10.5	10.3	10.3	10.3	10.5	10.5	10.3
1972			10.8	12.6	11.8	11.3	10.9	10.6	10.6	10.6	10.8	10.8	10.4
1973				14.5	12.3	11.4	11.0	10.6	10.5	10.6	10.8	10.8	10.4
1974					10.0	9.9	9.8	9.6	9.8	9.9	10.2	10.3	10.0
1975						9.8	9.7	9.5	9.7	9.9	10.3	10.4	10.0
1976							9.6	9.3	9.7	9.9	10.3	10.5	10.0
1977								9.0	9.7	10.1	10.5	10.6	10.1
1978									10.4	10.6	11.1	11.0	10.3
1979										10.7	11.4	11.2	10.2
1980											12.0	11.5	10.1
1981												11.0	9.1
1982													7.2

Government final consumption expenditure (volume)
Consommation des administrations publiques (volume)

	1971	1972	1973	1974	1975	1976	1977	1978	1979	1980	1981	1982	1983
1970	5.5	5.6	5.1	4.7	4.1	4.2	3.9	4.2	4.4	4.4	4.2	4.1	3.8
1971		5.7	4.9	4.4	3.8	3.9	3.7	4.0	4.3	4.3	4.1	4.0	3.6
1972			4.0	3.8	3.2	3.5	3.3	3.8	4.1	4.1	3.9	3.8	3.5
1973				3.5	2.8	3.3	3.1	3.7	4.1	4.1	3.9	3.8	3.4
1974					2.0	3.2	3.0	3.8	4.2	4.2	4.0	3.8	3.4
1975						4.5	3.4	4.3	4.7	4.6	4.3	4.1	3.6
1976							2.4	4.3	4.8	4.7	4.3	4.0	3.4
1977								6.2	6.0	5.4	4.7	4.3	3.6
1978									5.9	5.1	4.2	3.9	3.1
1979										4.3	3.5	3.2	2.4
1980											2.6	2.7	1.8
1981												2.8	1.4
1982													−0.0

Government final consumption expenditure (implicit price deflator)
Consommation des administrations publiques (prix implicite)

	1971	1972	1973	1974	1975	1976	1977	1978	1979	1980	1981	1982	1983
1970	11.6	10.2	10.3	12.3	12.9	12.2	11.6	11.1	10.7	10.6	10.6	10.8	10.5
1971		8.9	9.6	12.6	13.2	12.4	11.6	11.0	10.6	10.5	10.5	10.7	10.4
1972			10.4	14.5	14.7	13.2	12.1	11.3	10.8	10.7	10.7	10.9	10.5
1973				18.8	17.0	14.2	12.6	11.5	10.9	10.8	10.7	10.9	10.6
1974					15.2	12.0	10.6	9.8	9.4	9.5	9.6	10.0	9.7
1975						8.9	8.3	8.1	7.9	8.4	8.7	9.3	9.0
1976							7.7	7.6	7.6	8.2	8.7	9.3	9.0
1977								7.5	7.6	8.4	9.0	9.7	9.2
1978									7.6	8.9	9.4	10.2	9.6
1979										10.1	10.4	11.1	10.1
1980											10.6	11.5	10.0
1981												12.5	9.8
1982													7.1

Gross fixed capital formation (volume)
Formation brute de capital fixe (volume)

	1971	1972	1973	1974	1975	1976	1977	1978	1979	1980	1981	1982	1983
1970	1.7	5.1	4.8	1.2	−1.6	1.3	0.8	0.9	0.7	−0.7	−2.5	−1.9	−1.5
1971		8.6	6.4	1.0	−2.4	1.2	0.7	0.8	0.6	−1.0	−3.0	−2.2	−1.8
1972			4.3	−2.5	−5.9	−0.5	−0.9	−0.5	−0.5	−2.1	−4.2	−3.2	−2.7
1973				−9.0	−10.6	−2.1	−2.1	−1.4	−1.3	−3.0	−5.2	−4.0	−3.3
1974					−12.2	1.5	0.3	0.5	0.4	−1.9	−4.6	−3.4	−2.7
1975						17.4	7.1	5.2	3.7	0.2	−3.3	−2.1	−1.4
1976							−2.3	−0.4	−0.4	−3.6	−7.0	−5.0	−3.9
1977								1.4	0.5	−4.1	−8.1	−5.6	−4.1
1978									−0.4	−6.7	−11.1	−7.2	−5.2
1979										−12.6	−16.0	−9.4	−6.4
1980											−19.2	−7.7	−4.2
1981												5.4	4.3
1982													3.2

Gross fixed capital formation (implicit price deflator)
Formation brute de capital fixe (prix implicite)

	1971	1972	1973	1974	1975	1976	1977	1978	1979	1980	1981	1982	1983
1970	6.6	7.0	8.3	10.9	11.1	10.5	10.3	10.0	9.8	9.9	10.1	10.3	10.1
1971		7.3	9.1	12.4	12.2	11.3	11.0	10.5	10.2	10.3	10.5	10.6	10.4
1972			10.9	15.0	13.9	12.3	11.7	11.1	10.6	10.7	10.8	11.0	10.7
1973				19.2	15.4	12.8	11.9	11.1	10.6	10.6	10.8	11.0	10.7
1974					11.7	9.7	9.6	9.2	8.9	9.3	9.7	10.0	9.8
1975						7.8	8.6	8.4	8.2	8.8	9.4	9.7	9.5
1976							9.4	8.6	8.4	9.0	9.7	10.1	9.8
1977								7.9	7.9	8.9	9.8	10.2	9.9
1978									7.8	9.4	10.4	10.8	10.3
1979										11.0	11.7	11.8	10.9
1980											12.4	12.1	10.8
1981												11.9	10.1
1982													8.2

National disposable income (value)
Revenu national disponible (valeur)

	1971	1972	1973	1974	1975	1976	1977	1978	1979	1980	1981	1982	1983
1970	10.7	12.6	13.7	12.9	12.5	13.2	12.9	12.6	12.3	11.7	11.3	11.5	11.4
1971		14.5	15.3	13.6	12.9	13.7	13.2	12.9	12.5	11.8	11.3	11.6	11.5
1972			16.0	13.2	12.4	13.5	13.0	12.6	12.2	11.4	11.0	11.3	11.2
1973				10.5	10.6	12.7	12.2	12.0	11.6	10.8	10.4	10.7	10.8
1974					10.8	13.8	12.8	12.4	11.8	10.9	10.4	10.8	10.8
1975						16.8	13.8	12.9	12.1	10.9	10.3	10.8	10.8
1976							10.8	10.9	10.5	9.4	9.0	9.8	10.0
1977								11.0	10.4	9.0	8.6	9.6	9.8
1978									9.7	8.0	7.7	9.2	9.6
1979										6.2	6.8	9.1	9.5
1980											7.3	10.5	10.7
1981												13.8	12.4
1982													11.0

Compensation of employees (value)
Rémunération des salariés (valeur)

	1971	1972	1973	1974	1975	1976	1977	1978	1979	1980	1981	1982	1983
1970	12.9	12.1	13.1	14.3	14.0	14.0	13.6	13.3	13.1	12.8	12.4	12.4	12.0
1971		11.2	13.1	14.8	14.2	14.3	13.7	13.3	13.1	12.8	12.3	12.3	11.9
1972			15.1	16.6	15.2	15.0	14.2	13.6	13.4	13.0	12.4	12.4	11.9
1973				18.2	15.3	15.0	14.0	13.4	13.1	12.7	12.1	12.1	11.6
1974					12.5	13.5	12.6	12.2	12.1	11.8	11.2	11.4	10.9
1975						14.4	12.7	12.1	12.0	11.6	11.0	11.2	10.7
1976							10.9	10.9	11.2	10.9	10.4	10.7	10.2
1977								10.9	11.3	10.9	10.2	10.7	10.1
1978									11.8	11.0	10.0	10.6	9.9
1979										10.1	9.1	10.2	9.5
1980											8.1	10.3	9.3
1981												12.5	9.8
1982													7.3

FINLAND

Average per cent changes at annual rate

FINLANDE

Variations moyennes en pourcentage aux taux annuels

Per capita G.D.P. (volume)
P.I.B. par habitant (volume)

	1971	1972	1973	1974	1975	1976	1977	1978	1979	1980	1981	1982	1983
1970	2.0	4.4	5.0	4.4	3.6	3.0	2.6	2.5	3.0	3.2	3.1	3.0	2.9
1971		7.0	6.5	5.2	4.0	3.2	2.7	2.6	3.2	3.4	3.2	3.1	3.0
1972			6.1	4.3	3.1	2.3	1.8	1.9	2.6	2.9	2.8	2.7	2.7
1973				2.5	1.6	1.0	0.8	1.1	2.0	2.5	2.4	2.4	2.3
1974					0.7	0.3	0.2	0.7	2.0	2.5	2.4	2.3	2.3
1975						−0.0	−0.1	0.7	2.3	2.9	2.6	2.6	2.5
1976							−0.1	1.1	3.1	3.6	3.2	3.0	2.9
1977								2.3	4.7	4.9	4.0	3.7	3.4
1978									7.1	6.2	4.6	4.0	3.6
1979										5.3	3.3	3.0	2.8
1980											1.4	1.9	1.9
1981												2.3	2.2
1982													2.1

Per capita private final consumption expenditure (volume)
Consommation finale privée par habitant (volume)

	1971	1972	1973	1974	1975	1976	1977	1978	1979	1980	1981	1982	1983
1970	1.5	4.6	4.8	3.9	3.7	3.2	2.5	2.5	2.8	2.7	2.5	2.6	2.5
1971		7.7	6.5	4.7	4.2	3.5	2.7	2.6	3.0	2.8	2.6	2.7	2.6
1972			5.4	3.3	3.1	2.5	1.7	1.8	2.3	2.2	2.1	2.2	2.1
1973				1.2	2.0	1.5	0.8	1.1	1.8	1.8	1.7	1.9	1.8
1974					2.7	1.6	0.6	1.1	1.9	1.9	1.7	2.0	1.9
1975						0.6	−0.4	0.5	1.7	1.7	1.6	1.9	1.8
1976							−1.4	0.5	2.1	2.0	1.8	2.1	1.9
1977								2.5	3.9	3.1	2.6	2.8	2.5
1978									5.4	3.5	2.6	2.9	2.5
1979										1.6	1.3	2.0	1.8
1980											1.0	2.3	1.9
1981												3.5	2.4
1982													1.2

Gross domestic product (volume)
Produit intérieur brut (volume)

	1971	1972	1973	1974	1975	1976	1977	1978	1979	1980	1981	1982	1983
1970	2.1	4.8	5.4	4.8	4.1	3.4	3.0	2.9	3.4	3.6	3.5	3.4	3.4
1971		7.6	7.2	5.8	4.6	3.7	3.1	3.0	3.6	3.8	3.6	3.5	3.5
1972			6.7	4.9	3.6	2.8	2.2	2.3	3.0	3.3	3.2	3.1	3.1
1973				3.0	2.1	1.5	1.2	1.4	2.4	2.9	2.7	2.7	2.8
1974					1.2	0.7	0.5	1.0	2.3	2.8	2.7	2.7	2.7
1975						0.3	0.2	1.0	2.6	3.2	2.9	2.9	2.9
1976							0.2	1.4	3.3	3.9	3.5	3.4	3.3
1977								2.6	5.0	5.2	4.3	4.0	3.8
1978									7.4	6.5	4.9	4.4	4.1
1979										5.6	3.7	3.4	3.3
1980											1.9	2.3	2.5
1981												2.8	2.9
1982													2.9

Gross domestic product (implicit price deflator)
Produit intérieur brut (prix implicite)

	1971	1972	1973	1974	1975	1976	1977	1978	1979	1980	1981	1982	1983
1970	7.6	8.0	10.0	13.0	13.3	13.2	12.7	12.1	11.7	11.4	11.4	11.2	11.1
1971		8.4	11.2	14.8	14.7	14.3	13.6	12.8	12.2	11.8	11.8	11.6	11.3
1972			14.1	18.2	17.0	15.9	14.7	13.5	12.7	12.3	12.2	11.9	11.6
1973				22.5	18.4	16.5	14.9	13.4	12.5	12.0	12.0	11.6	11.4
1974					14.5	13.6	12.4	11.2	10.6	10.4	10.5	10.3	10.2
1975						12.6	11.4	10.2	9.7	9.6	9.9	9.8	9.7
1976							10.2	8.9	8.7	8.8	9.3	9.3	9.3
1977								7.7	8.0	8.4	9.1	9.1	9.1
1978									8.2	8.7	9.6	9.5	9.4
1979										9.2	10.3	9.9	9.7
1980											11.4	10.3	9.9
1981												9.1	9.1
1982													9.1

Private final consumption expenditure (volume)
Consommation finale privée (volume)

	1971	1972	1973	1974	1975	1976	1977	1978	1979	1980	1981	1982	1983
1970	1.7	5.0	5.3	4.4	4.2	3.6	2.9	2.9	3.2	3.1	2.9	3.0	2.9
1971		8.4	7.2	5.3	4.8	4.0	3.1	3.1	3.4	3.2	3.0	3.1	3.0
1972			5.9	3.8	3.6	2.9	2.1	2.2	2.7	2.6	2.5	2.6	2.6
1973				1.8	2.5	1.9	1.2	1.5	2.2	2.1	2.0	2.3	2.2
1974					3.1	2.0	1.0	1.4	2.2	2.2	2.1	2.3	2.3
1975						0.9	−0.1	0.8	2.0	2.0	1.9	2.2	2.2
1976							−1.2	0.8	2.4	2.3	2.1	2.4	2.4
1977								2.8	4.2	3.4	2.9	3.2	3.0
1978									5.6	3.8	3.0	3.2	3.0
1979										1.9	1.7	2.5	2.3
1980											1.4	2.7	2.5
1981												4.1	3.0
1982													2.0

Private final consumption expenditure (implicit price deflator)
Consommation finale privée (prix implicite)

	1971	1972	1973	1974	1975	1976	1977	1978	1979	1980	1981	1982	1983
1970	6.8	7.6	9.1	11.6	12.5	12.7	12.6	11.9	11.5	11.5	11.5	11.3	11.2
1971		8.4	10.3	13.3	14.0	13.9	13.6	12.7	12.1	12.0	12.0	11.8	11.5
1972			12.2	15.8	15.9	15.3	14.6	13.4	12.6	12.5	12.4	12.1	11.8
1973				19.6	17.8	16.4	15.2	13.7	12.7	12.5	12.5	12.1	11.8
1974					16.1	14.8	13.8	12.2	11.4	11.4	11.5	11.2	10.9
1975						13.6	12.7	11.0	10.2	10.5	10.7	10.5	10.3
1976							11.8	9.7	9.1	9.7	10.2	10.0	9.9
1977								7.7	7.8	9.1	9.8	9.6	9.5
1978									8.0	9.8	10.5	10.1	9.9
1979										11.6	11.7	10.9	10.4
1980											11.9	10.5	10.0
1981												9.2	9.1
1982													9.0

Government final consumption expenditure (volume)
Consommation des administrations publiques (volume)

	1971	1972	1973	1974	1975	1976	1977	1978	1979	1980	1981	1982	1983
1970	5.8	6.8	6.4	5.9	6.1	6.0	5.8	5.6	5.4	5.3	5.1	5.0	4.9
1971		7.8	6.7	5.9	6.2	6.1	5.8	5.5	5.3	5.2	5.1	4.9	4.9
1972			5.6	5.0	5.7	5.7	5.4	5.2	5.0	4.9	4.8	4.7	4.6
1973				4.5	5.7	5.7	5.3	5.1	4.8	4.8	4.7	4.6	4.5
1974					6.9	6.3	5.6	5.2	4.9	4.8	4.7	4.6	4.5
1975						5.7	5.0	4.7	4.4	4.4	4.3	4.2	4.2
1976							4.3	4.2	4.0	4.1	4.1	4.0	4.0
1977								4.1	3.9	4.0	4.0	3.9	3.9
1978									3.7	4.0	4.0	3.9	3.9
1979										4.4	4.2	4.0	4.0
1980											4.0	3.8	3.8
1981												3.6	3.7
1982													3.9

Government final consumption expenditure (implicit price deflator)
Consommation des administrations publiques (prix implicite)

	1971	1972	1973	1974	1975	1976	1977	1978	1979	1980	1981	1982	1983
1970	8.9	9.0	10.4	13.3	14.9	14.6	13.7	12.6	12.2	12.2	12.2	12.1	11.9
1971		9.1	11.1	14.7	16.4	15.8	14.5	13.1	12.7	12.6	12.6	12.4	12.1
1972			13.0	17.7	19.0	17.5	15.6	13.8	13.2	13.0	13.0	12.7	12.4
1973				22.5	22.1	19.1	16.2	14.0	13.2	13.0	12.9	12.7	12.4
1974					21.7	17.4	14.2	11.9	11.4	11.5	11.6	11.5	11.3
1975						13.3	10.6	8.9	9.0	9.6	10.1	10.1	10.1
1976							8.1	6.8	7.6	8.7	9.4	9.6	9.6
1977								5.5	7.4	8.9	9.8	9.9	9.9
1978									9.4	10.6	11.3	11.0	10.8
1979										11.9	12.2	11.6	11.1
1980											12.5	11.4	10.9
1981												10.3	10.1
1982													9.8

Gross fixed capital formation (volume)
Formation brute de capital fixe (volume)

	1971	1972	1973	1974	1975	1976	1977	1978	1979	1980	1981	1982	1983
1970	3.8	5.1	6.3	5.6	5.6	3.1	1.9	0.7	0.9	1.8	1.9	2.1	2.1
1971		6.5	7.5	6.2	6.1	2.9	1.5	0.2	0.6	1.6	1.8	1.9	2.0
1972			8.5	6.0	6.0	2.1	0.6	−0.8	−0.2	1.0	1.2	1.5	1.6
1973				3.5	4.7	−0.0	−1.3	−2.5	−1.6	−0.0	0.4	0.7	0.9
1974					5.9	−1.7	−2.9	−4.0	−2.6	−0.6	−0.1	0.4	0.6
1975						−8.8	−7.0	−7.1	−4.6	−1.9	−1.0	−0.4	−0.1
1976							−5.1	−6.2	−3.2	−0.1	0.6	1.1	1.3
1977								−7.2	−2.2	1.7	2.1	2.4	2.4
1978									3.1	6.5	5.4	4.9	4.4
1979										9.9	6.5	5.5	4.7
1980											3.2	3.4	3.1
1981												3.5	3.0
1982													2.5

Gross fixed capital formation (implicit price deflator)
Formation brute de capital fixe (prix implicite)

	1971	1972	1973	1974	1975	1976	1977	1978	1979	1980	1981	1982	1983
1970	10.9	11.0	12.6	15.9	15.6	14.8	14.4	13.3	12.8	13.0	12.6	12.2	11.9
1971		11.1	13.5	17.6	16.9	15.6	15.0	13.6	13.1	13.2	12.8	12.3	12.0
1972			15.9	20.9	18.8	16.7	15.8	14.1	13.3	13.5	13.0	12.4	12.0
1973				26.2	20.4	17.0	15.8	13.7	12.9	13.1	12.6	12.0	11.7
1974					14.8	12.6	12.4	10.8	10.4	11.1	10.8	10.4	10.2
1975						10.5	11.5	9.5	9.4	10.4	10.1	9.8	9.6
1976							12.5	9.0	9.0	10.3	10.0	9.7	9.5
1977								5.6	7.3	9.6	9.5	9.1	9.0
1978									9.0	11.7	10.8	10.0	9.7
1979										14.4	11.7	10.3	9.8
1980											8.9	8.3	8.3
1981												7.7	8.0
1982													8.3

National disposable income (value)
Revenu national disponible (valeur)

	1971	1972	1973	1974	1975	1976	1977	1978	1979	1980	1981	1982	1983
1970	8.8	12.5	15.4	17.8	17.1	16.3	15.2	14.6	14.9	14.9	14.8	14.5	14.4
1971		16.3	18.8	21.0	19.3	17.8	16.3	15.5	15.7	15.6	15.4	15.1	14.9
1972			21.4	23.3	20.3	18.2	16.3	15.3	15.6	15.5	15.3	14.9	14.7
1973				25.3	19.7	17.2	15.0	14.1	14.7	14.7	14.5	14.3	14.1
1974					14.4	13.3	11.8	11.5	12.7	13.0	13.1	12.9	12.9
1975						12.2	10.5	10.6	12.2	12.8	12.8	12.7	12.7
1976							8.8	9.8	12.3	12.9	13.0	12.8	12.8
1977								10.7	14.1	14.3	14.0	13.6	13.5
1978									17.5	16.2	15.2	14.4	14.0
1979										14.9	14.0	13.4	13.2
1980											13.2	12.7	12.6
1981												12.1	12.3
1982													12.5

Compensation of employees (value)
Rémunération des salariés (valeur)

	1971	1972	1973	1974	1975	1976	1977	1978	1979	1980	1981	1982	1983
1970	15.3	16.1	18.1	20.1	21.1	20.1	18.3	16.6	16.4	16.4	16.4	15.9	15.5
1971		17.0	19.5	21.8	22.5	21.1	18.8	16.8	16.5	16.6	16.5	16.0	15.5
1972			22.1	24.2	24.5	22.2	19.2	16.8	16.4	16.5	16.4	15.9	15.4
1973				26.3	25.6	22.2	18.5	15.7	15.5	15.7	15.7	15.2	14.7
1974					24.9	20.2	16.0	13.2	13.5	14.1	14.3	13.9	13.5
1975						15.6	11.8	9.6	10.8	12.0	12.6	12.4	12.2
1976							8.0	6.6	9.2	11.1	12.0	11.8	11.7
1977								5.3	9.8	12.2	13.1	12.6	12.3
1978									14.4	15.8	15.8	14.5	13.7
1979										17.1	16.4	14.5	13.6
1980											15.8	13.3	12.4
1981												10.8	10.8
1982													10.7

FRANCE

Average per cent changes at annual rate

FRANCE

Variations moyennes en pourcentage aux taux annuels

Per capita G.D.P. (volume) / **P.I.B. par habitant** (volume)

	1971	1972	1973	1974	1975	1976	1977	1978	1979	1980	1981	1982	1983
1970	4.4	4.7	4.6	4.1	3.2	3.5	3.4	3.4	3.3	3.0	2.7	2.6	2.5
1971		5.0	4.8	4.0	2.9	3.3	3.2	3.2	3.2	2.9	2.6	2.5	2.3
1972			4.5	3.5	2.2	2.9	2.8	2.9	2.9	2.6	2.3	2.2	2.1
1973				2.6	1.1	2.3	2.4	2.6	2.7	2.4	2.0	2.0	1.8
1974					−0.3	2.2	2.4	2.6	2.7	2.3	2.0	1.9	1.8
1975						4.8	3.7	3.6	3.4	2.9	2.3	2.2	2.0
1976							2.7	3.0	3.0	2.4	1.9	1.8	1.6
1977								3.4	3.2	2.3	1.7	1.6	1.5
1978									2.9	1.8	1.1	1.2	1.1
1979										0.6	0.2	0.6	0.6
1980											−0.2	0.6	0.6
1981												1.5	1.0
1982													0.6

Per capita private final consumption expenditure (volume) / **Consommation finale privée par habitant** (volume)

	1971	1972	1973	1974	1975	1976	1977	1978	1979	1980	1981	1982	1983
1970	5.6	5.4	5.2	4.5	4.2	4.3	4.1	4.1	4.0	3.7	3.5	3.4	3.2
1971		5.2	5.0	4.1	3.8	4.1	3.9	3.9	3.8	3.5	3.3	3.2	3.0
1972			4.9	3.6	3.3	3.8	3.6	3.6	3.6	3.2	3.1	3.0	2.8
1973				2.2	2.6	3.5	3.3	3.4	3.4	3.0	2.8	2.8	2.6
1974					2.9	4.1	3.6	3.7	3.6	3.1	2.9	2.9	2.6
1975						5.2	4.0	3.9	3.7	3.2	2.9	2.9	2.6
1976							2.8	3.3	3.3	2.7	2.5	2.5	2.2
1977								3.8	3.5	2.7	2.4	2.5	2.1
1978									3.1	2.1	1.9	2.1	1.8
1979										1.0	1.3	1.8	1.4
1980											1.6	2.2	1.6
1981												2.7	1.5
1982													0.3

Gross domestic product (volume) / **Produit intérieur brut** (volume)

	1971	1972	1973	1974	1975	1976	1977	1978	1979	1980	1981	1982	1983
1970	5.4	5.7	5.6	5.0	4.0	4.2	4.0	4.0	3.9	3.6	3.3	3.2	3.0
1971		5.9	5.6	4.8	3.6	3.9	3.8	3.8	3.7	3.4	3.1	3.0	2.8
1972			5.4	4.3	2.9	3.5	3.4	3.5	3.4	3.1	2.8	2.7	2.6
1973				3.2	1.7	2.8	2.9	3.1	3.1	2.8	2.5	2.4	2.3
1974					0.2	2.6	2.8	3.0	3.1	2.7	2.4	2.3	2.2
1975						5.2	4.1	4.0	3.8	3.3	2.8	2.6	2.4
1976							3.1	3.4	3.4	2.8	2.3	2.2	2.0
1977								3.8	3.5	2.7	2.1	2.1	1.9
1978									3.3	2.2	1.5	1.6	1.5
1979										1.1	0.6	1.1	1.1
1980											0.2	1.1	1.1
1981												2.0	1.5
1982													1.0

Gross domestic product (implicit price deflator) / **Produit intérieur brut** (prix implicite)

	1971	1972	1973	1974	1975	1976	1977	1978	1979	1980	1981	1982	1983
1970	5.8	6.0	6.6	7.7	8.8	9.0	9.0	9.0	9.2	9.5	9.7	10.0	9.9
1971		6.2	7.0	8.4	9.6	9.6	9.5	9.5	9.6	9.9	10.1	10.3	10.3
1972			7.8	9.4	10.7	10.5	10.2	10.1	10.1	10.4	10.6	10.8	10.7
1973				11.1	12.3	11.5	10.8	10.6	10.5	10.8	10.9	11.1	11.0
1974					13.4	11.6	10.7	10.4	10.4	10.7	10.9	11.1	11.0
1975						9.9	9.4	9.4	9.7	10.2	10.5	10.8	10.7
1976							9.0	9.2	9.6	10.3	10.6	10.9	10.8
1977								9.5	9.9	10.7	11.0	11.3	11.1
1978									10.4	11.3	11.6	11.8	11.4
1979										12.2	12.2	12.3	11.6
1980											12.1	12.3	11.4
1981												12.5	11.1
1982													9.8

Private final consumption expenditure (volume) / **Consommation finale privée** (volume)

	1971	1972	1973	1974	1975	1976	1977	1978	1979	1980	1981	1982	1983
1970	6.6	6.3	6.1	5.3	4.9	5.0	4.8	4.7	4.6	4.3	4.1	4.0	3.7
1971		6.1	5.9	4.9	4.5	4.7	4.5	4.4	4.3	4.0	3.8	3.8	3.5
1972			5.8	4.3	4.0	4.4	4.2	4.2	4.1	3.7	3.6	3.5	3.3
1973				2.9	3.2	4.0	3.8	3.9	3.8	3.5	3.3	3.3	3.0
1974					3.4	4.5	4.0	4.1	4.0	3.6	3.3	3.3	3.0
1975						5.6	4.4	4.3	4.1	3.6	3.3	3.3	3.0
1976							3.1	3.7	3.6	3.1	2.9	2.9	2.6
1977								4.2	3.9	3.1	2.8	2.9	2.5
1978									3.5	2.5	2.4	2.6	2.2
1979										1.5	1.8	2.3	1.9
1980											2.1	2.7	2.0
1981												3.2	2.0
1982													0.7

Private final consumption expenditure (implicit price deflator) / **Consommation finale privée** (prix implicite)

	1971	1972	1973	1974	1975	1976	1977	1978	1979	1980	1981	1982	1983
1970	5.5	5.6	6.0	7.8	8.5	8.7	8.8	8.8	8.9	9.4	9.7	9.8	9.8
1971		5.8	6.3	8.6	9.3	9.4	9.3	9.2	9.4	9.8	10.1	10.2	10.1
1972			6.8	10.1	10.5	10.3	10.0	9.8	9.9	10.3	10.6	10.7	10.5
1973				13.5	12.4	11.5	10.9	10.4	10.4	10.8	11.1	11.1	10.9
1974					11.3	10.5	10.0	9.7	9.8	10.4	10.7	10.8	10.6
1975						9.8	9.4	9.2	9.5	10.2	10.7	10.7	10.6
1976							9.0	8.9	9.4	10.3	10.8	10.9	10.7
1977								8.7	9.6	10.8	11.3	11.3	11.0
1978									10.4	11.8	12.1	11.9	11.4
1979										13.2	13.0	12.4	11.7
1980											12.8	12.0	11.1
1981												11.2	10.3
1982													9.4

Government final consumption expenditure (volume) / **Consommation des administrations publiques** (volume)

	1971	1972	1973	1974	1975	1976	1977	1978	1979	1980	1981	1982	1983
1970	3.5	3.1	3.1	2.6	3.0	3.6	3.2	3.4	3.2	3.1	3.0	3.0	2.9
1971		2.7	2.9	2.3	2.9	3.6	3.2	3.4	3.2	3.0	2.9	2.9	2.8
1972			3.2	2.2	3.0	3.8	3.3	3.5	3.2	3.1	3.0	2.9	2.8
1973				1.2	2.9	4.0	3.4	3.5	3.3	3.0	3.0	2.9	2.8
1974					4.7	5.5	4.1	4.2	3.7	3.4	3.2	3.1	3.0
1975						6.2	3.8	4.0	3.4	3.1	3.0	2.9	2.8
1976							1.4	2.9	2.5	2.3	2.3	2.4	2.3
1977								4.3	3.1	2.6	2.5	2.5	2.4
1978									1.8	1.8	2.0	2.1	2.1
1979										1.8	2.0	2.2	2.1
1980											2.3	2.4	2.2
1981												2.5	2.2
1982													1.9

Government final consumption expenditure (implicit price deflator) / **Consommation des administrations publiques** (prix implicite)

	1971	1972	1973	1974	1975	1976	1977	1978	1979	1980	1981	1982	1983
1970	7.9	7.5	8.4	10.5	11.4	11.2	11.3	11.2	11.2	11.5	11.7	11.9	11.7
1971		7.2	8.6	11.4	12.3	11.9	11.9	11.7	11.6	11.9	12.1	12.3	12.1
1972			10.1	13.6	14.0	13.1	12.8	12.4	12.3	12.5	12.7	12.8	12.5
1973				17.2	16.0	14.1	13.5	12.9	12.7	12.8	13.0	13.1	12.8
1974					14.8	12.5	12.3	11.9	11.8	12.1	12.4	12.7	12.3
1975						10.3	11.0	10.9	11.0	11.6	12.0	12.3	12.0
1976							11.8	11.2	11.3	11.9	12.3	12.7	12.2
1977								10.6	11.0	11.9	12.5	12.9	12.3
1978									11.5	12.6	13.1	13.5	12.6
1979										13.8	14.0	14.1	12.9
1980											14.2	14.3	12.7
1981												14.4	11.9
1982													9.4

Gross fixed capital formation (volume) / **Formation brute de capital fixe** (volume)

	1971	1972	1973	1974	1975	1976	1977	1978	1979	1980	1981	1982	1983
1970	7.1	7.2	6.8	5.3	3.6	3.6	2.9	2.8	2.9	2.9	2.5	2.2	1.9
1971		7.2	6.7	4.7	2.7	2.9	2.3	2.2	2.4	2.4	2.0	1.8	1.5
1972			6.1	3.5	1.2	1.8	1.3	1.3	1.7	1.9	1.5	1.3	1.0
1973				0.9	−1.2	0.4	0.1	0.4	1.0	1.3	0.9	0.7	0.5
1974					−3.2	0.2	−0.1	0.3	1.0	1.3	0.9	0.7	0.5
1975						3.7	1.4	1.5	2.0	2.3	1.6	1.3	1.0
1976							−0.8	0.3	1.5	1.9	1.2	0.9	0.6
1977								1.5	2.6	2.8	1.7	1.2	0.8
1978									3.7	3.5	1.7	1.2	0.7
1979										3.2	0.8	0.3	−0.1
1980											−1.6	−1.1	−1.2
1981												−0.6	−1.0
1982													−1.4

Gross fixed capital formation (implicit price deflator) / **Formation brute de capital fixe** (prix implicite)

	1971	1972	1973	1974	1975	1976	1977	1978	1979	1980	1981	1982	1983
1970	5.0	5.1	5.9	8.4	9.2	9.5	9.4	9.2	9.3	9.5	9.7	9.8	9.6
1971		5.1	6.3	9.5	10.2	10.5	10.1	9.8	9.8	10.1	10.2	10.3	10.0
1972			7.6	11.8	12.0	11.9	11.1	10.6	10.5	10.7	10.8	10.8	10.5
1973				16.2	14.2	13.3	12.0	11.2	11.0	11.1	11.2	11.1	10.8
1974					12.3	11.9	10.7	9.9	10.0	10.3	10.5	10.5	10.2
1975						11.5	9.9	9.2	9.4	9.9	10.2	10.3	9.9
1976							8.3	8.0	8.7	9.5	9.9	10.1	9.7
1977								7.7	8.9	9.9	10.3	10.4	9.9
1978									10.2	11.1	11.2	11.1	10.4
1979										12.0	11.8	11.4	10.4
1980											11.6	11.1	9.9
1981												10.7	9.0
1982													7.4

National disposable income (value) / **Revenu national disponible** (valeur)

	1971	1972	1973	1974	1975	1976	1977	1978	1979	1980	1981	1982	1983
1970	12.5	12.4	12.7	12.9	12.9	13.3	13.2	13.3	13.4	13.4	13.2	13.3	13.1
1971		12.4	12.8	13.1	13.1	13.4	13.3	13.4	13.5	13.5	13.3	13.3	13.1
1972			13.2	13.4	13.3	13.7	13.5	13.6	13.7	13.7	13.4	13.4	13.2
1973				13.6	13.4	13.8	13.6	13.6	13.8	13.7	13.5	13.5	13.2
1974					13.1	13.9	13.6	13.6	13.8	13.8	13.4	13.5	13.1
1975						14.8	13.9	13.8	14.0	13.9	13.5	13.5	13.1
1976							12.9	13.3	13.7	13.7	13.2	13.3	12.9
1977								13.7	14.0	13.9	13.3	13.4	12.9
1978									14.4	14.0	13.2	13.3	12.7
1979										13.6	12.6	12.9	12.3
1980											11.5	12.6	11.9
1981												13.6	12.0
1982													10.5

Compensation of employees (value) / **Rémunération des salariés** (valeur)

	1971	1972	1973	1974	1975	1976	1977	1978	1979	1980	1981	1982	1983
1970	13.0	12.5	13.4	14.9	15.4	15.5	15.3	15.1	14.9	14.9	14.7	14.7	14.4
1971		12.0	13.6	15.5	16.0	16.1	15.7	15.3	15.1	15.1	14.9	14.9	14.5
1972			15.4	17.3	17.4	17.1	16.5	15.9	15.5	15.5	15.2	15.2	14.7
1973				19.3	18.5	17.7	16.7	16.0	15.6	15.5	15.2	15.1	14.7
1974					17.7	16.9	15.9	15.2	14.8	14.9	14.7	14.6	14.2
1975						16.1	15.0	14.4	14.1	14.3	14.2	14.2	13.7
1976							13.9	13.6	13.5	13.9	13.8	13.9	13.4
1977								13.2	13.3	13.9	13.8	13.9	13.3
1978									13.3	14.2	13.9	14.0	13.3
1979										15.0	14.2	14.3	13.3
1980											13.4	13.9	12.8
1981												14.4	12.4
1982													10.5

GERMANY

ALLEMAGNE

Average per cent changes at annual rate

Variations moyennes en pourcentage aux taux annuels

Per capita G.D.P. (volume) / P.I.B. par habitant (volume)

	1971	1972	1973	1974	1975	1976	1977	1978	1979	1980	1981	1982	1983
1970	2.0	2.8	3.2	2.5	1.7	2.4	2.5	2.6	2.8	2.7	2.4	2.1	2.1
1971		3.5	3.8	2.6	1.6	2.5	2.6	2.7	2.9	2.7	2.4	2.1	2.1
1972			4.0	2.2	1.0	2.2	2.4	2.6	2.8	2.6	2.3	2.0	1.9
1973				0.4	-0.5	1.6	2.1	2.3	2.6	2.4	2.1	1.8	1.7
1974					-1.3	2.3	2.6	2.8	3.0	2.8	2.3	1.9	1.9
1975						6.0	4.6	4.2	4.1	3.6	3.0	2.4	2.3
1976							3.3	3.2	3.5	3.0	2.4	1.8	1.8
1977								3.2	3.7	2.9	2.2	1.5	1.5
1978									4.1	2.8	1.8	1.1	1.2
1979										1.5	0.7	0.1	0.4
1980											-0.2	-0.5	0.1
1981												-0.9	0.2
1982													1.3

Per capita private final consumption expenditure (volume) / Consommation finale privée par habitant (volume)

	1971	1972	1973	1974	1975	1976	1977	1978	1979	1980	1981	1982	1983
1970	4.1	4.0	3.3	2.6	2.8	3.1	3.2	3.3	3.2	3.0	2.7	2.3	2.3
1971		3.9	2.9	2.0	2.5	2.9	3.0	3.1	3.1	2.9	2.5	2.2	2.1
1972			1.9	1.1	2.0	2.6	2.9	3.0	3.0	2.8	2.4	2.0	1.9
1973				0.3	2.1	2.8	3.1	3.2	3.2	2.9	2.4	2.0	2.0
1974					3.8	4.1	4.0	4.0	3.8	3.3	2.7	2.2	2.1
1975						4.3	4.1	4.0	3.8	3.2	2.6	2.0	1.9
1976							4.0	3.9	3.6	3.0	2.2	1.6	1.6
1977								3.7	3.4	2.6	1.8	1.1	1.2
1978									3.1	2.1	1.1	0.5	0.7
1979										1.1	0.1	-0.3	0.1
1980											-0.8	-1.1	-0.2
1981												-1.3	0.1
1982													1.5

Gross domestic product (volume) / Produit intérieur brut (volume)

	1971	1972	1973	1974	1975	1976	1977	1978	1979	1980	1981	1982	1983
1970	3.1	3.6	3.9	3.1	2.1	2.7	2.7	2.8	2.9	2.8	2.6	2.3	2.2
1971		4.2	4.4	3.1	1.9	2.6	2.7	2.7	2.9	2.8	2.5	2.2	2.1
1972			4.6	2.5	1.1	2.2	2.4	2.5	2.7	2.6	2.3	2.0	1.9
1973				0.5	-0.6	1.4	1.8	2.1	2.4	2.3	2.0	1.7	1.6
1974					-1.7	1.8	2.2	2.5	2.8	2.6	2.3	1.8	1.8
1975						5.5	4.3	3.9	3.9	3.5	2.9	2.4	2.2
1976							3.1	3.1	3.4	3.0	2.4	1.9	1.7
1977								3.1	3.6	3.0	2.3	1.6	1.5
1978									4.2	3.0	2.0	1.2	1.2
1979										1.8	0.9	0.3	0.5
1980											0.0	-0.5	0.0
1981												-1.0	-0.0
1982													1.0

Gross domestic product (implicit price deflator) / Produit intérieur brut (prix implicite)

	1971	1972	1973	1974	1975	1976	1977	1978	1979	1980	1981	1982	1983
1970	7.8	6.6	6.6	6.6	6.5	6.0	5.6	5.5	5.3	5.2	5.1	5.1	4.9
1971		5.4	5.9	6.2	6.2	5.6	5.3	5.1	5.0	4.9	4.9	4.8	4.7
1972			6.5	6.6	6.4	5.7	5.3	5.1	4.9	4.9	4.8	4.8	4.6
1973				6.8	6.4	5.4	5.0	4.8	4.7	4.6	4.6	4.6	4.5
1974					6.1	4.7	4.4	4.3	4.3	4.3	4.3	4.3	4.2
1975						3.4	3.5	3.8	3.8	4.0	4.0	4.1	4.0
1976							3.7	3.9	4.0	4.1	4.1	4.2	4.1
1977								4.2	4.1	4.2	4.2	4.3	4.1
1978									4.0	4.2	4.2	4.3	4.1
1979										4.5	4.3	4.4	4.1
1980											4.2	4.4	4.0
1981												4.7	3.9
1982													3.2

Private final consumption expenditure (volume) / Consommation finale privée (volume)

	1971	1972	1973	1974	1975	1976	1977	1978	1979	1980	1981	1982	1983
1970	5.2	4.9	4.1	3.1	3.2	3.3	3.4	3.4	3.4	3.2	2.8	2.5	2.4
1971		4.6	3.5	2.5	2.7	2.9	3.1	3.1	3.1	3.0	2.6	2.2	2.1
1972			2.4	1.4	2.1	2.5	2.8	2.9	2.9	2.8	2.4	2.0	1.9
1973				0.4	1.9	2.6	2.9	3.0	3.0	2.8	2.4	1.9	1.9
1974					3.5	3.6	3.7	3.7	3.6	3.2	2.6	2.1	2.0
1975						3.8	3.8	3.7	3.6	3.1	2.5	1.9	1.8
1976							3.7	3.7	3.5	3.0	2.3	1.6	1.6
1977								3.6	3.4	2.7	1.9	1.2	1.2
1978									3.1	2.3	1.3	0.6	0.7
1979										1.4	0.4	-0.2	0.1
1980											-0.6	-1.0	-0.3
1981												-1.4	-0.1
1982													1.1

Private final consumption expenditure (implicit price deflator) / Consommation finale privée (prix implicite)

	1971	1972	1973	1974	1975	1976	1977	1978	1979	1980	1981	1982	1983
1970	5.5	5.5	6.0	6.3	6.3	5.9	5.6	5.2	5.1	5.2	5.2	5.2	5.0
1971		5.6	6.3	6.6	6.5	6.0	5.6	5.2	5.1	5.1	5.2	5.2	5.0
1972			7.0	7.1	6.8	6.1	5.6	5.1	5.0	5.1	5.2	5.2	4.9
1973				7.3	6.6	5.8	5.3	4.8	4.7	4.8	4.9	5.0	4.7
1974					6.0	5.1	4.6	4.2	4.2	4.4	4.6	4.7	4.5
1975						4.2	3.9	3.5	3.7	4.1	4.4	4.5	4.3
1976							3.6	3.2	3.5	4.0	4.4	4.5	4.3
1977								2.8	3.5	4.2	4.6	4.7	4.4
1978									4.2	4.8	5.2	5.2	4.7
1979										5.5	5.8	5.5	4.9
1980											6.1	5.5	4.6
1981												5.0	3.9
1982													2.9

Government final consumption expenditure (volume) / Consommation des administrations publiques (volume)

	1971	1972	1973	1974	1975	1976	1977	1978	1979	1980	1981	1982	1983
1970	5.2	4.7	4.8	4.6	4.5	4.0	3.5	3.6	3.6	3.5	3.3	2.9	2.7
1971		4.2	4.6	4.4	4.3	3.8	3.3	3.4	3.4	3.3	3.1	2.7	2.5
1972			5.0	4.5	4.3	3.6	3.1	3.2	3.3	3.2	3.0	2.6	2.3
1973				4.1	4.0	3.2	2.6	2.9	3.0	2.9	2.7	2.3	2.1
1974					3.9	2.7	2.1	2.6	2.8	2.7	2.6	2.1	1.9
1975						1.6	1.3	2.1	2.5	2.5	2.3	1.8	1.6
1976							0.9	2.4	2.8	2.7	2.5	1.9	1.6
1977								3.9	3.7	3.3	2.9	2.1	1.7
1978									3.5	3.0	2.5	1.6	1.3
1979										2.6	2.0	1.0	0.7
1980											1.5	0.2	0.1
1981												-1.0	-0.5
1982													-0.0

Government final consumption expenditure (implicit price deflator) / Consommation des administrations publiques (prix implicite)

	1971	1972	1973	1974	1975	1976	1977	1978	1979	1980	1981	1982	1983
1970	13.3	10.0	10.0	10.5	9.7	8.7	8.1	7.5	7.2	7.1	6.9	6.6	6.3
1971		6.8	8.4	9.6	8.8	7.8	7.3	6.7	6.5	6.4	6.3	6.0	5.8
1972			10.1	11.1	9.5	8.1	7.4	6.7	6.4	6.4	6.3	6.0	5.7
1973				12.0	9.2	7.4	6.7	6.1	5.8	5.9	5.8	5.5	5.2
1974					6.5	5.2	5.0	4.6	4.6	4.9	4.9	4.7	4.5
1975						3.9	4.3	4.0	4.2	4.6	4.7	4.5	4.3
1976							4.6	4.1	4.3	4.7	4.8	4.6	4.3
1977								3.5	4.1	4.8	4.9	4.6	4.3
1978									4.6	5.4	5.3	4.8	4.4
1979										6.2	5.7	4.9	4.4
1980											5.1	4.3	3.8
1981												3.4	3.1
1982													2.7

Gross fixed capital formation (volume) / Formation brute de capital fixe (volume)

	1971	1972	1973	1974	1975	1976	1977	1978	1979	1980	1981	1982	1983
1970	6.2	4.3	2.8	-0.4	-1.3	-0.4	0.2	0.8	1.5	1.7	1.1	0.6	0.8
1971		2.5	1.1	-2.6	-3.1	-1.6	-0.7	0.0	0.9	1.2	0.6	0.1	0.4
1972			-0.2	-5.0	-5.0	-2.7	-1.4	-0.4	0.7	1.0	0.4	-0.1	0.2
1973				-9.6	-7.3	-3.5	-1.7	-0.4	0.8	1.2	0.5	-0.1	0.2
1974					-4.9	-0.3	1.1	2.0	3.1	3.1	2.0	1.1	1.4
1975						4.6	4.2	4.4	5.1	4.7	3.2	2.0	2.2
1976							3.8	4.4	5.3	4.8	2.9	1.6	1.8
1977								4.9	6.1	5.1	2.7	1.2	1.5
1978									7.3	5.2	2.0	0.3	0.8
1979										3.2	-0.6	-2.0	-0.7
1980											-4.2	-4.4	-2.0
1981												-4.7	-0.9
1982													3.1

Gross fixed capital formation (implicit price deflator) / Formation brute de capital fixe (prix implicite)

	1971	1972	1973	1974	1975	1976	1977	1978	1979	1980	1981	1982	1983
1970	7.4	5.7	5.5	5.9	5.4	5.1	4.8	4.8	5.0	5.2	5.2	5.0	4.7
1971		4.0	4.5	5.4	5.0	4.6	4.4	4.5	4.7	5.0	5.0	4.7	4.5
1972			5.0	6.2	5.3	4.7	4.5	4.5	4.8	5.1	5.1	4.8	4.5
1973				7.3	5.4	4.6	4.4	4.4	4.8	5.2	5.1	4.8	4.5
1974					3.5	3.3	3.4	3.7	4.3	4.8	4.7	4.5	4.2
1975						3.2	3.4	3.8	4.5	5.1	5.0	4.6	4.2
1976							3.5	4.1	4.9	5.5	5.3	4.9	4.4
1977								4.7	5.6	6.2	5.8	5.1	4.5
1978									6.5	7.0	6.1	5.2	4.5
1979										7.5	5.9	4.8	4.0
1980											4.4	3.5	2.9
1981												2.6	2.1
1982													1.7

National disposable income (value) / Revenu national disponible (valeur)

	1971	1972	1973	1974	1975	1976	1977	1978	1979	1980	1981	1982	1983
1970	10.8	10.2	10.6	9.6	8.4	8.6	8.3	8.3	8.2	8.0	7.5	7.2	7.0
1971		9.5	10.4	9.2	7.8	8.2	7.9	7.9	7.9	7.7	7.2	6.8	6.7
1972			11.4	9.0	7.2	7.8	7.6	7.6	7.7	7.5	7.0	6.6	6.4
1973				6.7	5.2	6.7	6.6	6.9	7.1	6.9	6.4	6.0	5.9
1974					3.7	6.6	6.6	7.0	7.1	6.9	6.4	6.0	5.8
1975						9.7	8.1	8.1	8.0	7.6	6.8	6.3	6.1
1976							6.6	7.3	7.5	7.1	6.3	5.7	5.6
1977								8.0	7.9	7.2	6.2	5.6	5.4
1978									7.9	6.9	5.6	5.0	4.9
1979										5.9	4.5	4.0	4.2
1980											3.2	3.1	3.6
1981												3.0	3.9
1982													4.7

Compensation of employees (value) / Rémunération des salariés (valeur)

	1971	1972	1973	1974	1975	1976	1977	1978	1979	1980	1981	1982	1983
1970	13.5	11.8	12.4	11.8	10.3	9.8	9.4	9.1	8.9	8.9	8.5	7.9	7.4
1971		10.1	11.8	11.3	9.5	9.1	8.7	8.5	8.4	8.4	8.0	7.4	7.0
1972			13.5	11.9	9.3	8.8	8.5	8.2	8.1	8.2	7.8	7.2	6.7
1973				10.2	7.2	7.3	7.2	7.1	7.2	7.4	7.0	6.5	6.0
1974					4.2	5.9	6.3	6.4	6.7	6.9	6.6	6.0	5.5
1975						7.5	7.3	7.1	7.3	7.5	7.0	6.3	5.7
1976							7.0	6.9	7.2	7.5	6.9	6.1	5.4
1977								6.7	7.2	7.6	6.9	5.9	5.2
1978									7.8	8.1	6.9	5.7	4.9
1979										8.4	6.5	5.0	4.2
1980											4.6	3.4	2.8
1981												2.2	1.9
1982													1.7

GREECE

GRÈCE

Average per cent changes at annual rate

Variations moyennes en pourcentage aux taux annuels

Per capita G.D.P. (volume)
P.I.B. par habitant (volume)

	1971	1972	1973	1974	1975	1976	1977	1978	1979	1980	1981	1982	1983
1970	6.7	7.4	7.2	4.3	4.5	4.5	4.1	4.3	4.1	3.7	3.3	2.9	2.7
1971		8.2	7.5	3.5	3.9	4.1	3.7	4.0	3.8	3.4	3.0	2.6	2.4
1972			6.8	1.3	2.5	3.1	2.9	3.3	3.2	2.9	2.4	2.1	1.9
1973				–4.0	0.4	1.9	1.9	2.6	2.6	2.3	1.8	1.6	1.4
1974					5.1	5.0	3.9	4.3	3.9	3.4	2.7	2.3	2.0
1975						5.0	3.4	4.0	3.6	3.0	2.3	1.9	1.6
1976							1.9	3.6	3.2	2.6	1.8	1.4	1.1
1977								5.3	3.9	2.8	1.8	1.3	1.0
1978									2.4	1.6	0.6	0.3	0.2
1979										0.8	–0.2	–0.4	–0.4
1980											–1.2	–1.0	–0.8
1981												–0.8	–0.5
1982													–0.3

Per capita private final consumption expenditure (volume)
Consommation finale privée par habitant (volume)

	1971	1972	1973	1974	1975	1976	1977	1978	1979	1980	1981	1982	1983
1970	5.1	5.7	6.2	4.7	4.6	4.5	4.3	4.3	4.0	3.4	3.1	3.0	2.8
1971		6.3	6.7	4.5	4.5	4.4	4.2	4.2	3.8	3.3	2.9	2.8	2.6
1972			7.1	3.7	3.9	3.9	3.7	3.8	3.5	2.9	2.6	2.5	2.2
1973				0.3	2.4	2.9	2.9	3.2	2.9	2.3	2.0	2.0	1.8
1974					4.5	4.2	3.8	3.9	3.4	2.6	2.3	2.2	1.9
1975						3.9	3.5	3.7	3.2	2.3	1.9	1.8	1.6
1976							3.0	3.7	2.9	1.9	1.5	1.5	1.3
1977								4.3	2.9	1.5	1.1	1.2	1.0
1978									1.4	0.1	0.1	0.4	0.4
1979										–1.2	–0.5	0.1	0.1
1980											0.1	0.8	0.5
1981												1.5	0.8
1982													0.0

Gross domestic product (volume)
Produit intérieur brut (volume)

	1971	1972	1973	1974	1975	1976	1977	1978	1979	1980	1981	1982	1983
1970	7.1	8.0	7.8	4.8	5.0	5.3	5.0	5.2	5.0	4.7	4.2	3.9	3.6
1971		8.9	8.1	4.0	4.5	4.9	4.7	4.9	4.8	4.4	4.0	3.6	3.3
1972			7.3	1.7	3.1	3.9	3.8	4.3	4.2	3.9	3.4	3.1	2.8
1973				–3.6	1.1	2.8	3.0	3.7	3.7	3.4	2.9	2.6	2.4
1974					6.1	6.2	5.3	5.6	5.2	4.6	3.9	3.4	3.1
1975						6.4	4.9	5.5	5.0	4.4	3.6	3.0	2.7
1976							3.4	5.1	4.6	3.9	3.0	2.5	2.2
1977								6.7	5.2	4.0	2.9	2.3	2.0
1978									3.7	2.7	1.7	1.2	1.0
1979										1.8	0.7	0.4	0.4
1980											–0.3	–0.2	–0.1
1981												–0.1	0.1
1982													0.3

Gross domestic product (implicit price deflator)
Produit intérieur brut (prix implicite)

	1971	1972	1973	1974	1975	1976	1977	1978	1979	1980	1981	1982	1983
1970	3.2	4.1	9.0	11.8	11.9	12.5	12.6	12.6	13.3	13.7	14.2	15.0	15.4
1971		5.0	12.0	14.9	14.3	14.5	14.2	14.0	14.6	14.9	15.4	16.2	16.5
1972			19.4	20.2	17.5	17.0	16.2	15.6	16.0	16.2	16.6	17.4	17.6
1973				20.9	16.6	16.2	15.4	14.9	15.5	15.8	16.2	17.1	17.4
1974					12.3	13.9	13.6	13.4	14.4	15.0	15.6	16.7	17.0
1975						15.4	14.2	13.8	15.0	15.5	16.1	17.3	17.6
1976							13.0	12.9	14.8	15.5	16.3	17.6	17.9
1977								12.9	15.8	16.4	17.1	18.6	18.8
1978									18.6	18.2	18.5	20.0	20.0
1979										17.7	18.5	20.5	20.3
1980											19.3	21.9	21.2
1981												24.6	22.1
1982													19.8

Private final consumption expenditure (volume)
Consommation finale privée (volume)

	1971	1972	1973	1974	1975	1976	1977	1978	1979	1980	1981	1982	1983
1970	5.6	6.3	6.7	5.2	5.2	5.2	5.1	5.2	4.9	4.4	4.1	3.9	3.7
1971		7.0	7.3	5.0	5.2	5.2	5.1	5.2	4.9	4.3	3.9	3.8	3.5
1972			7.6	4.1	4.5	4.7	4.7	4.9	4.6	3.9	3.6	3.5	3.2
1973				0.7	3.0	3.8	4.0	4.3	4.0	3.4	3.1	3.0	2.8
1974					5.5	5.4	5.1	5.3	4.7	3.9	3.5	3.3	3.0
1975						5.3	4.9	5.2	4.6	3.6	3.1	3.0	2.7
1976							4.6	5.1	4.3	3.2	2.7	2.6	2.3
1977								5.7	4.2	2.7	2.3	2.2	2.0
1978									2.7	1.2	1.1	1.4	1.2
1979										–0.2	0.4	1.0	0.9
1980											1.0	1.6	1.2
1981												2.1	1.4
1982													0.6

Private final consumption expenditure (implicit price deflator)
Consommation finale privée (prix implicite)

	1971	1972	1973	1974	1975	1976	1977	1978	1979	1980	1981	1982	1983
1970	2.9	3.1	6.9	10.8	11.2	11.6	11.6	11.8	12.3	13.2	14.0	14.6	15.0
1971		3.3	9.0	13.6	13.4	13.4	13.2	13.1	13.5	14.4	15.2	15.7	16.0
1972			15.0	19.2	17.0	16.1	15.2	14.8	15.1	15.8	16.6	17.1	17.3
1973				23.5	18.0	16.5	15.3	14.8	15.1	15.9	16.8	17.3	17.5
1974					12.7	13.1	12.7	12.7	13.4	14.7	15.9	16.5	16.9
1975						13.4	12.7	12.7	13.6	15.1	16.5	17.1	17.4
1976							11.9	12.4	13.7	15.6	17.1	17.7	18.0
1977								12.8	14.6	16.8	18.4	18.9	19.0
1978									16.4	18.8	20.3	20.5	20.3
1979										21.4	22.3	21.9	21.3
1980											23.3	22.1	21.2
1981												20.9	20.2
1982													19.5

Government final consumption expenditure (volume)
Consommation des administrations publiques (volume)

	1971	1972	1973	1974	1975	1976	1977	1978	1979	1980	1981	1982	1983
1970	4.9	5.3	5.8	7.3	8.2	7.7	7.5	7.0	6.9	6.2	6.3	5.9	5.6
1971		5.7	6.2	8.1	9.1	8.3	8.0	7.3	7.1	6.4	6.4	6.0	5.7
1972			6.8	9.4	10.2	8.9	8.5	7.6	7.4	6.4	6.5	6.0	5.7
1973				12.1	12.0	9.7	8.9	7.8	7.5	6.4	6.4	5.9	5.6
1974					11.9	8.5	7.8	6.7	6.6	5.5	5.7	5.2	4.9
1975						5.1	5.8	5.0	5.2	4.2	4.6	4.2	4.0
1976							6.5	5.0	5.3	4.0	4.5	4.1	3.9
1977								3.5	4.7	3.2	4.1	3.6	3.4
1978									5.8	3.0	4.2	3.6	3.4
1979										0.2	3.5	2.9	2.8
1980											6.8	4.3	3.7
1981												1.9	2.1
1982													2.4

Government final consumption expenditure (implicit price deflator)
Consommation des administrations publiques (prix implicite)

	1971	1972	1973	1974	1975	1976	1977	1978	1979	1980	1981	1982	1983
1970	4.4	4.8	7.4	11.7	12.7	13.2	13.7	14.0	14.5	15.0	15.8	16.5	16.7
1971		5.1	9.0	14.3	14.9	15.1	15.3	15.4	15.9	16.3	17.0	17.7	17.8
1972			13.0	19.1	18.3	17.7	17.4	17.2	17.5	17.8	18.4	19.0	19.0
1973				25.6	21.1	19.4	18.5	18.1	18.3	18.5	19.1	19.7	19.6
1974					16.7	16.3	16.3	16.3	16.8	17.3	18.1	19.0	19.0
1975						15.9	16.0	16.1	16.9	17.4	18.4	19.3	19.2
1976							16.2	16.2	17.2	17.8	18.9	19.9	19.7
1977								16.3	17.7	18.4	19.6	20.7	20.3
1978									19.2	19.4	20.7	21.8	21.1
1979										19.7	21.5	22.7	21.6
1980											23.3	24.2	22.3
1981												25.1	21.8
1982													18.6

Gross fixed capital formation (volume)
Formation brute de capital fixe (volume)

	1971	1972	1973	1974	1975	1976	1977	1978	1979	1980	1981	1982	1983
1970	14.0	14.7	12.3	1.3	1.1	2.0	2.8	3.2	3.8	2.8	1.7	1.5	1.2
1971		15.4	11.5	–2.6	–1.9	–0.2	1.1	1.8	2.6	1.6	0.6	0.4	0.2
1972			7.7	–10.5	–7.1	–3.8	–1.6	–0.3	0.9	–0.0	–0.9	–1.0	–1.0
1973				–25.6	–13.6	–7.3	–3.7	–1.9	–0.2	–1.1	–2.0	–1.9	–1.9
1974					0.2	3.5	4.9	5.2	5.9	3.7	2.0	1.5	1.2
1975						6.8	7.3	6.9	7.3	4.4	2.3	1.7	1.3
1976							7.8	6.9	7.5	3.8	1.4	0.9	0.6
1977								6.0	7.4	2.6	–0.1	–0.4	–0.6
1978									8.8	0.9	–2.1	–2.0	–1.8
1979										–6.5	–7.2	–5.3	–4.3
1980											–7.8	–4.7	–3.6
1981												–1.5	–1.4
1982													–1.4

Gross fixed capital formation (implicit price deflator)
Formation brute de capital fixe (prix implicite)

	1971	1972	1973	1974	1975	1976	1977	1978	1979	1980	1981	1982	1983
1970	3.4	6.2	10.7	13.9	13.4	14.0	14.5	15.0	15.7	16.1	16.4	16.2	16.8
1971		9.0	14.5	17.7	16.0	16.2	16.4	16.7	17.4	17.6	17.8	17.5	18.0
1972			20.2	22.2	18.5	18.1	18.0	18.1	18.6	18.8	18.8	18.4	18.8
1973				24.3	17.6	17.4	17.4	17.6	18.3	18.6	18.6	18.2	18.7
1974					11.3	14.1	15.2	16.0	17.2	17.6	17.8	17.4	18.1
1975						17.1	17.2	17.6	18.7	18.9	19.0	18.3	18.9
1976							17.4	17.9	19.3	19.4	19.4	18.5	19.2
1977								18.5	20.2	20.1	19.9	18.7	19.5
1978									22.1	20.9	20.3	18.8	19.7
1979										19.8	19.5	17.8	19.2
1980											19.2	16.7	18.9
1981												14.4	18.8
1982													23.4

National disposable income (value)
Revenu national disponible (valeur)

	1971	1972	1973	1974	1975	1976	1977	1978	1979	1980	1981	1982	1983
1970	11.7	13.1	17.9	17.3	17.5	18.3	18.1	18.2	18.8	18.8	18.8	19.3	19.2
1971		14.5	21.2	19.2	19.0	19.7	19.2	19.2	19.7	19.6	19.5	20.0	19.9
1972			28.3	21.6	20.6	21.1	20.2	20.0	20.5	20.3	20.1	20.6	20.4
1973				15.3	16.9	18.8	18.2	18.4	19.2	19.2	19.1	19.7	19.6
1974					18.5	20.5	19.2	19.2	20.0	19.9	19.7	20.3	20.1
1975						22.6	19.6	19.5	20.4	20.1	19.9	20.6	20.3
1976							16.6	17.9	19.6	19.5	19.3	20.2	20.0
1977								19.3	21.2	20.5	20.0	21.0	20.6
1978									23.1	21.1	20.3	21.4	20.8
1979										19.2	18.9	20.8	20.3
1980											18.6	21.6	20.6
1981												24.8	21.7
1982													18.6

Compensation of employees (value)
Rémunération des salariés (valeur)

	1971	1972	1973	1974	1975	1976	1977	1978	1979	1980	1981	1982	1983
1970	11.2	13.3	15.7	17.2	18.3	19.7	20.5	21.0	21.4	21.3	21.5	22.0	21.9
1971		15.5	18.1	19.3	20.2	21.5	22.1	22.5	22.8	22.5	22.6	23.0	22.8
1972			20.7	21.3	21.8	23.1	23.5	23.7	23.9	23.4	23.4	23.8	23.5
1973				21.9	22.3	23.9	24.2	24.3	24.4	23.8	23.7	24.2	23.8
1974					22.8	24.9	25.0	25.0	24.9	24.1	24.0	24.5	24.0
1975						27.0	26.1	25.7	25.4	24.4	24.2	24.7	24.1
1976							25.3	25.0	24.9	23.7	23.7	24.3	23.7
1977								24.8	24.8	23.2	23.3	24.1	23.5
1978									24.7	22.4	22.7	24.0	23.2
1979										20.1	21.8	23.7	22.8
1980											23.5	25.6	23.7
1981												27.8	23.9
1982													20.1

ICELAND — ISLANDE

Average per cent changes at annual rate — Variations moyennes en pourcentage aux taux annuels

Per capita G.D.P. (volume) — **P.I.B. par habitant** (volume)

	1971	1972	1973	1974	1975	1976	1977	1978	1979	1980	1981	1982	1983
1970	12.2	8.5	7.8	6.5	4.7	4.4	4.5	4.3	4.2	4.1	3.8	3.3	2.5
1971		5.0	5.7	4.6	3.0	2.9	3.2	3.3	3.2	3.2	3.0	2.5	1.8
1972			6.4	4.5	2.3	2.4	2.9	3.0	2.9	3.0	2.7	2.2	1.5
1973				2.6	0.3	1.1	2.0	2.3	2.4	2.5	2.3	1.8	1.0
1974					−1.9	0.3	1.8	2.2	2.3	2.5	2.2	1.7	0.8
1975						2.6	3.7	3.6	3.4	3.4	2.9	2.2	1.2
1976							4.9	4.2	3.7	3.6	3.0	2.1	0.9
1977								3.5	3.1	3.1	2.6	1.6	0.3
1978									2.8	3.0	2.3	1.1	−0.3
1979										3.2	2.0	0.6	−1.1
1980											0.8	−0.7	−2.4
1981												−2.1	−4.1
1982													−5.9

Per capita private final consumption expenditure (volume) — **Consommation finale privée par habitant** (volume)

	1971	1972	1973	1974	1975	1976	1977	1978	1979	1980	1981	1982	1983
1970	15.8	11.9	10.3	9.1	4.7	3.9	4.3	4.5	4.0	3.6	3.6	3.4	2.5
1971		8.0	7.6	6.9	2.0	1.6	2.5	2.9	2.7	2.4	2.5	2.3	1.5
1972			7.2	6.3	0.1	0.1	1.5	2.1	1.9	1.7	1.9	1.8	0.9
1973				5.5	−3.2	−2.1	0.1	1.1	1.1	0.9	1.3	1.2	0.3
1974					−11.2	−5.7	−1.7	0.1	0.2	0.2	0.7	0.7	−0.2
1975						0.1	3.5	4.2	3.3	2.6	2.8	2.5	1.2
1976							7.0	6.3	4.4	3.3	3.4	2.9	1.4
1977								5.5	3.1	2.1	2.5	2.1	0.5
1978									0.6	0.4	1.4	1.2	−0.5
1979										0.1	1.8	1.4	−0.8
1980											3.6	2.1	−1.1
1981												0.7	−3.3
1982													−7.2

Gross domestic product (volume) — **Produit intérieur brut** (volume)

	1971	1972	1973	1974	1975	1976	1977	1978	1979	1980	1981	1982	1983
1970	12.7	9.6	9.0	7.7	6.0	5.6	5.6	5.4	5.3	5.2	4.9	4.4	3.7
1971		6.5	7.2	6.1	4.4	4.3	4.5	4.4	4.4	4.4	4.1	3.7	2.9
1972			7.9	6.0	3.8	3.7	4.1	4.1	4.1	4.1	3.9	3.4	2.6
1973				4.0	1.7	2.3	3.2	3.4	3.5	3.6	3.4	2.9	2.1
1974					−0.5	1.5	2.9	3.2	3.4	3.5	3.3	2.8	1.9
1975						3.5	4.7	4.4	4.4	4.3	3.9	3.2	2.2
1976							5.8	4.9	4.6	4.5	4.0	3.2	2.0
1977								3.9	4.0	4.1	3.6	2.7	1.4
1978									4.1	4.1	3.5	2.4	0.9
1979										4.1	3.1	1.8	0.1
1980											2.2	0.6	−1.2
1981												−0.9	−2.8
1982													−4.7

Gross domestic product (implicit price deflator) — **Produit intérieur brut** (prix implicite)

	1971	1972	1973	1974	1975	1976	1977	1978	1979	1980	1981	1982	1983
1970	12.7	15.0	20.0	24.9	27.6	28.5	29.4	31.4	32.4	34.3	35.8	37.2	40.1
1971		17.3	23.9	29.2	31.6	31.9	32.4	34.3	35.1	37.0	38.3	39.7	42.7
1972			30.8	35.6	36.7	35.9	35.7	37.4	37.9	39.7	40.9	42.2	45.3
1973				40.5	39.7	37.6	37.0	38.8	39.1	41.0	42.2	43.5	46.8
1974					38.9	36.2	35.8	38.3	38.8	41.1	42.4	43.9	47.5
1975						33.5	34.2	38.2	38.8	41.5	43.0	44.6	48.6
1976							35.0	40.5	40.6	43.6	45.0	46.5	50.9
1977								46.3	43.5	46.5	47.6	49.0	53.8
1978									40.8	46.6	48.0	49.6	55.3
1979										52.8	51.8	52.7	59.1
1980											50.8	52.7	61.3
1981												54.6	66.8
1982													80.0

Private final consumption expenditure (volume) — **Consommation finale privée** (volume)

	1971	1972	1973	1974	1975	1976	1977	1978	1979	1980	1981	1982	1983
1970	16.4	13.0	11.5	10.4	6.0	5.1	5.5	5.6	5.2	4.7	4.8	4.5	3.7
1971		9.6	9.2	8.4	3.5	3.0	3.8	4.1	3.9	3.5	3.7	3.5	2.7
1972			8.7	7.8	1.5	1.4	2.7	3.2	3.1	2.8	3.0	2.9	2.1
1973				7.0	−1.9	−0.9	1.2	2.2	2.1	2.0	2.4	2.3	1.4
1974					−10.0	−4.7	−0.6	1.0	1.2	1.2	1.7	1.7	0.8
1975						1.0	4.4	5.0	4.2	3.6	3.8	3.5	2.3
1976							8.0	7.0	5.3	4.2	4.4	4.0	2.5
1977								6.0	4.0	3.0	3.5	3.2	1.6
1978									2.0	1.5	2.6	2.5	0.7
1979										1.0	3.0	2.6	0.4
1980											5.0	3.5	0.2
1981												2.0	−2.1
1982													−6.0

Private final consumption expenditure (implicit price deflator) — **Consommation finale privée** (prix implicite)

	1971	1972	1973	1974	1975	1976	1977	1978	1979	1980	1981	1982	1983
1970	8.7	11.5	15.9	22.2	27.1	27.6	28.1	30.0	31.8	34.0	35.4	36.9	39.9
1971		14.3	19.7	27.0	32.2	31.8	31.6	33.3	35.0	37.2	38.4	39.8	42.9
1972			25.4	33.9	38.8	36.5	35.4	36.8	38.2	40.3	41.4	42.6	45.8
1973				43.0	46.0	40.4	38.0	39.2	40.5	42.6	43.6	44.7	48.0
1974					49.0	39.2	36.4	38.3	40.0	42.5	43.6	44.9	48.6
1975						30.0	30.6	34.9	37.8	41.3	42.8	44.3	48.5
1976							31.1	37.4	40.5	44.3	45.5	46.9	51.4
1977								43.9	45.5	48.9	49.3	50.2	55.0
1978									47.0	51.5	51.1	51.9	57.4
1979										56.1	53.3	53.5	60.1
1980											50.5	52.2	61.4
1981												54.0	67.2
1982													81.5

Government final consumption expenditure (volume) — **Consommation des administrations publiques** (volume)

	1971	1972	1973	1974	1975	1976	1977	1978	1979	1980	1981	1982	1983
1970	6.8	7.2	7.9	7.5	6.9	6.9	6.0	5.8	5.5	5.4	5.3	5.2	5.0
1971		7.6	8.5	7.7	7.0	7.0	5.9	5.6	5.3	5.2	5.2	5.1	4.9
1972			9.4	7.8	6.8	6.8	5.6	5.3	5.0	4.9	4.9	4.8	4.6
1973				6.1	5.5	6.0	4.7	4.5	4.3	4.3	4.4	4.3	4.2
1974					4.8	5.9	4.2	4.1	4.0	4.0	4.1	4.1	4.0
1975						7.0	3.8	3.8	3.7	3.8	4.0	4.0	3.9
1976							0.8	2.3	2.7	3.0	3.4	3.5	3.4
1977								3.8	3.7	3.8	4.1	4.0	3.9
1978									3.5	3.8	4.2	4.1	3.9
1979										4.0	4.5	4.3	4.0
1980											5.0	4.4	3.9
1981												3.8	3.4
1982													3.0

Government final consumption expenditure (implicit price deflator) — **Consommation des administrations publiques** (prix implicite)

	1971	1972	1973	1974	1975	1976	1977	1978	1979	1980	1981	1982	1983
1970	22.2	22.0	23.1	29.1	30.0	29.6	31.3	33.9	35.0	36.7	37.7	39.0	40.9
1971		21.7	23.6	31.5	32.0	31.1	32.9	35.7	36.7	38.4	39.3	40.7	42.6
1972			25.5	36.7	35.7	33.6	35.3	38.1	39.0	40.6	41.4	42.7	44.6
1973				48.8	41.1	36.4	37.8	40.8	41.4	42.9	43.6	44.8	46.7
1974					33.8	30.5	34.4	38.9	40.0	42.0	42.8	44.3	46.5
1975						27.4	34.7	40.6	41.6	43.7	44.4	45.9	48.1
1976							42.4	47.7	46.6	48.1	48.1	49.2	51.4
1977								53.2	48.8	50.0	49.5	50.6	52.9
1978									44.4	48.4	48.3	49.9	52.8
1979										52.5	50.2	51.8	55.0
1980											48.0	51.4	55.8
1981												55.0	59.9
1982													65.0

Gross fixed capital formation (volume) — **Formation brute de capital fixe** (volume)

	1971	1972	1973	1974	1975	1976	1977	1978	1979	1980	1981	1982	1983
1970	44.7	19.7	19.6	17.3	11.6	9.1	9.5	7.4	6.3	6.9	6.3	5.7	4.0
1971		−1.0	8.8	9.3	4.6	3.1	4.5	3.0	2.3	3.3	3.1	2.7	1.2
1972			19.5	14.9	6.5	4.2	5.6	3.6	2.8	3.9	3.6	3.1	1.4
1973				10.4	0.5	−0.5	2.4	0.7	0.2	1.8	1.7	1.4	−0.2
1974					−8.5	−5.5	−0.1	−1.6	−1.7	0.5	0.6	0.3	−1.3
1975						−2.5	4.4	0.9	0.1	2.4	2.2	1.6	−0.4
1976							11.8	2.6	0.9	3.6	3.1	2.3	−0.1
1977								−5.9	−4.1	1.0	1.0	0.5	−2.0
1978									−2.3	4.7	3.5	2.2	−1.2
1979										12.1	6.4	3.8	−0.9
1980											1.1	−0.2	−4.9
1981												−1.4	−7.7
1982													−13.6

Gross fixed capital formation (implicit price deflator) — **Formation brute de capital fixe** (prix implicite)

	1971	1972	1973	1974	1975	1976	1977	1978	1979	1980	1981	1982	1983
1970	7.7	13.7	17.3	23.1	28.7	28.2	27.8	30.0	31.6	33.6	34.9	36.6	39.3
1971		20.2	22.4	28.7	34.6	32.8	31.5	33.5	34.9	36.8	38.0	39.6	42.3
1972			24.6	33.2	39.7	36.2	33.9	35.9	37.2	39.1	40.2	41.8	44.5
1973				42.4	47.9	40.2	36.3	38.3	39.4	41.2	42.2	43.8	46.7
1974					53.7	39.2	34.3	37.3	38.8	41.1	42.2	44.0	47.2
1975						26.0	25.5	32.2	35.3	38.7	40.4	42.6	46.4
1976							25.1	35.4	38.6	42.0	43.5	45.6	49.6
1977								46.6	45.8	48.1	48.5	50.1	54.1
1978									45.1	48.9	49.1	51.0	55.6
1979										52.9	51.1	53.0	58.4
1980											49.4	53.1	60.2
1981												56.8	65.9
1982													75.5

National disposable income (value) — **Revenu national disponible** (valeur)

	1971	1972	1973	1974	1975	1976	1977	1978	1979	1980	1981	1982	1983
1970	30.0	27.1	32.0	35.2	34.7	35.4	36.8	38.5	39.3	41.1	42.1	42.8	44.5
1971		24.2	32.9	36.9	35.9	36.5	38.0	39.8	40.5	42.4	43.4	44.0	45.8
1972			42.3	43.8	40.0	39.8	40.9	42.5	43.0	44.9	45.7	46.1	47.9
1973				45.3	38.9	39.0	40.5	42.6	43.1	45.3	46.1	46.5	48.5
1974					32.7	35.9	39.0	41.9	42.7	45.2	46.2	46.7	48.9
1975						39.2	42.2	45.1	45.3	47.9	48.6	48.8	51.0
1976							45.4	48.2	47.4	50.2	50.5	50.5	52.8
1977								51.1	48.4	51.8	51.9	51.5	54.1
1978									45.7	52.2	52.1	51.7	54.7
1979										58.9	55.4	53.7	57.0
1980											52.1	51.2	56.4
1981												50.3	58.6
1982													67.3

Compensation of employees (value) — **Rémunération des salariés** (valeur)

	1971	1972	1973	1974	1975	1976	1977	1978	1979	1980	1981	1982	1983
1970	30.3	28.2	32.6	36.1	35.6	36.3	37.3	39.2	40.0	41.6	42.3	42.9	45.0
1971		26.1	33.7	38.1	36.9	37.5	38.5	40.5	41.3	42.9	43.5	44.1	46.3
1972			41.8	44.5	40.8	40.5	41.1	43.0	43.6	45.1	45.6	46.0	48.3
1973				47.2	40.2	40.1	41.0	43.3	43.9	45.6	46.1	46.5	48.9
1974					33.6	36.6	38.9	42.3	43.2	45.3	45.9	46.4	49.1
1975						39.7	41.7	45.3	45.8	47.8	48.1	48.3	51.2
1976							43.7	48.2	47.9	49.9	49.9	49.8	52.9
1977								52.8	50.0	52.0	51.4	51.0	54.5
1978									47.2	51.7	51.0	50.6	54.8
1979										56.3	52.9	51.7	56.8
1980											49.6	49.5	57.0
1981												49.4	60.8
1982													73.2

IRELAND

Average per cent changes at annual rate

IRLANDE

Variations moyennes en pourcentage aux taux annuels

	1971	1972	1973	1974	1975	1976	1977	1978	1979	1980	1981	1982	1983
1970	2.5	3.6	3.4	3.2	3.0	2.4	3.0	3.4	3.1	3.0	2.9	2.7	2.5
1971		4.8	3.9	3.5	3.1	2.4	3.1	3.5	3.2	3.1	3.0	2.8	2.5
1972			3.1	2.8	2.5	1.8	2.8	3.3	3.0	2.9	2.8	2.6	2.3
1973				2.6	2.3	1.4	2.7	3.3	3.0	2.9	2.7	2.5	2.2
1974					2.0	0.9	2.8	3.5	3.1	2.9	2.7	2.5	2.2
1975						-0.2	3.2	4.1	3.3	3.1	2.9	2.6	2.2
1976							6.7	6.3	4.6	4.0	3.5	3.0	2.6
1977								5.8	3.5	3.1	2.7	2.3	1.9
1978									1.2	1.7	1.7	1.5	1.1
1979										2.3	1.9	1.5	1.1
1980											1.6	1.2	0.8
1981												0.8	0.3
1982													-0.1

Per capita G.D.P. (volume)
P.I.B. par habitant (volume)

	1971	1972	1973	1974	1975	1976	1977	1978	1979	1980	1981	1982	1983
1970	2.3	2.9	3.8	2.8	1.3	1.3	1.9	2.6	2.6	2.4	2.2	1.5	1.1
1971		3.5	4.5	3.0	1.1	1.1	1.8	2.6	2.6	2.4	2.2	1.4	1.0
1972			5.5	2.7	0.3	0.5	1.5	2.5	2.5	2.2	2.1	1.2	0.7
1973				-0.0	-2.2	-1.1	0.5	1.9	2.0	1.8	1.7	0.8	0.3
1974					-4.4	-1.6	0.6	2.4	2.4	2.1	1.9	0.9	0.3
1975						1.2	3.2	4.7	4.2	3.4	3.0	1.7	0.9
1976							5.3	6.5	5.2	4.0	3.3	1.7	0.9
1977								7.6	5.1	3.5	2.9	1.0	0.1
1978									2.6	1.5	1.3	-0.6	-1.3
1979										0.5	0.7	-1.6	-2.3
1980											0.8	-2.6	-3.2
1981												-6.0	-5.1
1982													-4.2

Per capita private final consumption expenditure (volume)
Consommation finale privée par habitant (volume)

	1971	1972	1973	1974	1975	1976	1977	1978	1979	1980	1981	1982	1983
1970	3.4	4.9	4.8	4.7	4.5	4.0	4.6	4.9	4.7	4.5	4.4	4.2	3.9
1971		6.4	5.5	5.1	4.8	4.1	4.7	5.1	4.8	4.6	4.5	4.2	3.9
1972			4.7	4.5	4.2	3.5	4.4	4.9	4.6	4.4	4.2	4.0	3.7
1973				4.3	4.0	3.1	4.3	4.9	4.6	4.4	4.2	3.9	3.6
1974					3.7	2.5	4.4	5.1	4.6	4.4	4.2	3.9	3.5
1975						1.4	4.7	5.5	4.9	4.5	4.3	3.9	3.5
1976							8.2	7.7	6.0	5.3	4.8	4.4	3.8
1977								7.2	5.0	4.4	4.0	3.6	3.1
1978									2.8	3.1	3.0	2.7	2.3
1979										3.3	3.1	2.7	2.2
1980											2.9	2.4	1.8
1981												1.9	1.3
1982													0.6

Gross domestic product (volume)
Produit intérieur brut (volume)

	1971	1972	1973	1974	1975	1976	1977	1978	1979	1980	1981	1982	1983
1970	10.6	12.0	13.1	11.3	13.4	14.5	14.3	13.8	13.8	13.8	14.1	14.2	13.9
1971		13.5	14.4	11.5	14.1	15.4	14.9	14.3	14.2	14.2	14.5	14.5	14.2
1972			15.3	10.6	14.4	15.8	15.2	14.4	14.3	14.2	14.6	14.6	14.3
1973				6.1	13.9	16.0	15.2	14.3	14.1	14.1	14.5	14.6	14.2
1974					22.3	21.3	18.4	16.4	15.8	15.5	15.7	15.7	15.1
1975						20.3	16.5	14.5	14.2	14.2	14.7	14.7	14.2
1976							12.9	11.7	12.2	12.7	13.6	13.8	13.4
1977								10.5	11.9	12.6	13.7	14.0	13.5
1978									13.2	13.7	14.8	14.9	14.1
1979										14.2	15.7	15.5	14.3
1980											17.1	16.2	14.3
1981												15.2	12.9
1982													10.6

Gross domestic product (implicit price deflator)
Produit intérieur brut (prix implicite)

	1971	1972	1973	1974	1975	1976	1977	1978	1979	1980	1981	1982	1983
1970	3.2	4.2	5.2	4.3	2.8	2.8	3.4	4.1	4.1	3.8	3.7	2.9	2.4
1971		5.1	6.2	4.6	2.7	2.8	3.4	4.2	4.2	3.9	3.7	2.9	2.4
1972			7.2	4.4	1.9	2.2	3.1	4.0	4.1	3.7	3.6	2.7	2.1
1973				1.6	-0.6	0.5	2.1	3.4	3.6	3.3	3.1	2.2	1.6
1974					-2.7	0.0	2.2	3.9	4.0	3.5	3.3	2.3	1.6
1975						2.8	4.8	6.2	5.7	4.8	4.4	3.0	2.2
1976							6.8	7.9	6.7	5.3	4.7	3.0	2.1
1977								9.0	6.6	4.9	4.2	2.3	1.3
1978									4.3	2.9	2.6	0.7	-0.2
1979										1.5	1.8	-0.5	-1.3
1980											2.1	-1.5	-2.2
1981												-4.9	-4.2
1982													-3.5

Private final consumption expenditure (volume)
Consommation finale privée (volume)

	1971	1972	1973	1974	1975	1976	1977	1978	1979	1980	1981	1982	1983
1970	9.4	9.5	10.2	11.6	13.6	14.5	14.3	13.5	13.6	13.9	14.4	14.6	14.2
1971		9.7	10.6	12.3	14.7	15.5	15.2	14.1	14.1	14.4	14.9	15.0	14.6
1972			11.6	13.6	16.5	17.0	16.3	14.8	14.8	15.0	15.5	15.6	15.0
1973				15.7	19.0	18.9	17.5	15.5	15.3	15.6	16.0	16.0	15.4
1974					22.3	20.6	18.1	15.4	15.2	15.5	16.1	16.1	15.4
1975						18.8	16.1	13.2	13.5	14.2	15.1	15.2	14.5
1976							13.3	10.5	11.8	13.1	14.3	14.6	13.9
1977								7.8	11.0	13.0	14.6	14.9	14.0
1978									14.4	15.7	17.0	16.7	15.3
1979										17.0	18.3	17.5	15.5
1980											19.5	17.8	15.0
1981												16.0	12.8
1982													9.7

Private final consumption expenditure (implicit price deflator)
Consommation finale privée (prix implicite)

	1971	1972	1973	1974	1975	1976	1977	1978	1979	1980	1981	1982	1983
1970	8.7	8.1	7.6	7.6	7.4	6.6	5.9	6.2	6.3	6.4	5.9	5.8	5.3
1971		7.5	7.1	7.3	7.1	6.2	5.5	5.9	6.0	6.1	5.7	5.5	5.1
1972			6.7	7.2	7.0	5.8	5.1	5.6	5.8	5.9	5.5	5.3	4.8
1973				7.6	7.1	5.6	4.7	5.4	5.6	5.8	5.3	5.2	4.7
1974					6.5	4.6	3.7	4.8	5.2	5.5	5.0	4.9	4.3
1975						2.6	2.3	4.3	4.9	5.3	4.7	4.6	4.1
1976							2.1	5.1	5.7	6.0	5.2	5.0	4.3
1977								8.2	7.5	7.3	6.0	5.6	4.6
1978									6.8	6.9	5.2	4.9	3.9
1979										7.0	4.5	4.3	3.2
1980											2.0	3.0	2.0
1981												4.0	2.0
1982													0.1

Government final consumption expenditure (volume)
Consommation des administrations publiques (volume)

	1971	1972	1973	1974	1975	1976	1977	1978	1979	1980	1981	1982	1983
1970	9.6	11.2	12.6	12.7	15.8	15.8	15.5	14.8	14.9	15.6	15.9	15.6	15.2
1971		12.9	14.2	13.7	17.4	17.1	16.5	15.6	15.6	16.2	16.5	16.1	15.6
1972			15.5	14.1	18.9	18.2	17.2	16.0	16.0	16.7	16.9	16.4	15.9
1973				12.8	20.6	19.1	17.7	16.1	16.1	16.8	17.1	16.5	15.9
1974					29.0	22.3	19.3	16.9	16.7	17.5	17.7	17.0	16.3
1975						16.0	14.8	13.2	13.8	15.4	15.9	15.4	14.8
1976							13.6	11.8	13.1	15.2	15.9	15.3	14.6
1977								10.1	12.9	15.7	16.5	15.7	14.8
1978									15.8	18.7	18.8	17.1	15.7
1979										21.6	20.3	17.5	15.7
1980											18.9	15.5	13.8
1981												12.2	11.3
1982													10.5

Government final consumption expenditure (implicit price deflator)
Consommation des administrations publiques (prix implicite)

	1971	1972	1973	1974	1975	1976	1977	1978	1979	1980	1981	1982	1983
1970	8.8	8.1	10.7	4.6	3.2	4.8	4.7	6.4	7.1	5.7	5.9	4.8	3.8
1971		7.4	11.7	3.3	1.8	4.0	4.0	6.0	6.9	5.3	5.6	4.4	3.3
1972			16.2	1.3	-0.0	3.2	3.4	5.8	6.9	5.1	5.4	4.1	3.0
1973				-11.6	-7.2	-0.8	0.4	3.9	5.4	3.6	4.1	2.9	1.8
1974					-2.6	5.2	4.8	8.1	9.2	6.3	6.6	4.9	3.4
1975						13.6	8.7	12.0	12.3	8.2	8.2	6.0	4.1
1976							4.1	11.2	11.9	6.9	7.1	4.8	2.9
1977								18.9	16.1	7.9	7.9	4.9	2.7
1978									13.4	2.8	4.5	1.7	-0.3
1979										-6.9	0.3	-2.0	-3.5
1980											8.0	0.6	-2.3
1981												-6.2	-7.1
1982													-7.9

Gross fixed capital formation (volume)
Formation brute de capital fixe (volume)

	1971	1972	1973	1974	1975	1976	1977	1978	1979	1980	1981	1982	1983
1970	9.3	10.9	10.9	13.6	14.8	15.6	15.7	15.2	15.0	15.2	15.2	14.7	14.0
1971		12.6	11.7	15.1	16.2	16.8	16.8	16.0	15.8	15.9	15.8	15.2	14.4
1972			10.9	16.3	17.4	17.9	17.7	16.6	16.2	16.4	16.2	15.5	14.6
1973				22.0	20.9	20.4	19.4	17.8	17.1	17.2	16.8	16.0	15.0
1974					19.7	19.6	18.6	16.7	16.2	16.4	16.1	15.3	14.2
1975						19.4	18.0	15.8	15.3	15.7	15.5	14.6	13.5
1976							16.7	14.0	14.0	14.8	14.7	13.8	12.7
1977								11.3	12.7	14.2	14.3	13.3	12.1
1978									14.0	15.6	15.3	13.8	12.2
1979										17.3	15.9	13.7	11.8
1980											14.6	12.0	10.0
1981												9.4	7.8
1982													6.1

Gross fixed capital formation (implicit price deflator)
Formation brute de capital fixe (prix implicite)

	1971	1972	1973	1974	1975	1976	1977	1978	1979	1980	1981	1982	1983
1970	13.7	17.1	18.5	16.7	18.7	18.9	19.5	19.1	18.7	18.4	18.4	18.1	17.4
1971		20.6	21.0	17.7	20.0	19.9	20.4	19.9	19.4	19.0	18.9	18.5	17.8
1972			21.3	16.3	19.9	19.8	20.4	19.8	19.2	18.8	18.7	18.3	17.5
1973				11.4	19.1	19.2	20.2	19.4	18.8	18.4	18.4	17.9	17.1
1974					27.4	23.4	23.3	21.5	20.4	19.6	19.4	18.8	17.8
1975						19.4	21.2	19.6	18.7	18.1	18.2	17.6	16.6
1976							23.1	19.7	18.4	17.8	17.9	17.3	16.2
1977								16.5	16.1	16.1	16.6	16.2	15.1
1978									15.8	15.9	16.1	16.1	14.9
1979										16.0	17.1	16.2	14.7
1980											18.3	16.3	14.2
1981												14.3	12.2
1982													10.1

National disposable income (value)
Revenu national disponible (valeur)

	1971	1972	1973	1974	1975	1976	1977	1978	1979	1980	1981	1982	1983
1970	15.9	16.4	18.1	18.9	20.6	20.3	19.9	19.8	20.3	20.6	20.4	19.9	18.9
1971		16.9	19.3	19.9	21.8	21.2	20.6	20.4	20.8	21.1	20.9	20.2	19.1
1972			21.7	21.4	23.5	22.3	21.3	20.9	21.4	21.7	21.4	20.6	19.3
1973				21.1	24.4	22.5	21.2	20.8	21.3	21.7	21.3	20.4	19.1
1974					27.8	23.2	21.3	20.7	21.4	21.8	21.3	20.4	18.9
1975						18.9	18.1	18.4	19.8	20.6	20.3	19.3	17.8
1976							17.4	18.2	20.1	21.0	20.6	19.4	17.7
1977								19.1	21.6	22.2	21.4	19.8	17.7
1978									24.0	23.8	22.2	20.0	17.4
1979										23.6	21.2	18.7	15.8
1980											18.9	16.3	13.4
1981												13.7	10.7
1982													7.7

Compensation of employees (value)
Rémunération des salariés (valeur)

ITALY

ITALIE

Average per cent changes at annual rate

Variations moyennes en pourcentage aux taux annuels

Per capita G.D.P. (volume)
P.I.B. par habitant (volume)

	1971	1972	1973	1974	1975	1976	1977	1978	1979	1980	1981	1982	1983
1970	1.0	1.7	3.2	3.3	1.7	2.3	2.3	2.2	2.5	2.6	2.4	2.1	1.8
1971		2.5	4.4	4.1	1.9	2.6	2.5	2.4	2.7	2.8	2.5	2.2	1.9
1972			6.3	4.9	1.8	2.7	2.5	2.4	2.7	2.8	2.5	2.2	1.9
1973				3.5	-0.4	1.5	1.6	1.6	2.1	2.4	2.1	1.8	1.4
1974					-4.2	0.5	0.9	1.2	1.9	2.2	1.9	1.5	1.2
1975						5.4	3.6	3.0	3.4	3.5	2.9	2.4	1.9
1976							1.8	1.9	2.8	3.0	2.4	1.9	1.4
1977								2.0	3.3	3.4	2.6	1.9	1.3
1978									4.6	4.1	2.7	1.9	1.2
1979										3.7	1.8	1.0	0.4
1980											0.0	-0.3	-0.7
1981												-0.7	-1.1
1982													-1.5

Per capita private final consumption expenditure (volume)
Consommation finale privée par habitant (volume)

	1971	1972	1973	1974	1975	1976	1977	1978	1979	1980	1981	1982	1983
1970	2.3	2.5	3.3	3.0	2.0	2.1	2.0	2.0	2.3	2.5	2.4	2.2	1.9
1971		2.7	3.9	3.3	1.9	2.1	2.0	2.0	2.3	2.6	2.4	2.1	1.9
1972			5.1	3.6	1.6	2.0	1.8	1.9	2.3	2.5	2.3	2.1	1.8
1973				2.0	-0.1	0.9	1.0	1.2	1.8	2.2	2.0	1.8	1.5
1974					-2.1	0.4	0.7	1.0	1.7	2.2	2.0	1.7	1.4
1975						3.0	2.2	2.1	2.7	3.1	2.7	2.3	1.9
1976							1.4	1.7	2.6	3.1	2.6	2.2	1.7
1977								2.0	3.3	3.7	3.0	2.4	1.8
1978									4.6	4.6	3.3	2.4	1.8
1979										4.6	2.6	1.7	1.0
1980											0.7	0.3	-0.1
1981												-0.0	-0.5
1982													-0.9

Gross domestic product (volume)
Produit intérieur brut (volume)

	1971	1972	1973	1974	1975	1976	1977	1978	1979	1980	1981	1982	1983
1970	1.6	2.4	3.9	4.0	2.4	3.0	2.8	2.8	3.0	3.1	2.9	2.6	2.3
1971		3.2	5.1	4.8	2.6	3.3	3.0	3.0	3.2	3.3	3.0	2.7	2.3
1972			7.0	5.6	2.4	3.3	3.0	2.9	3.2	3.3	3.0	2.6	2.3
1973				4.1	0.2	2.0	2.0	2.1	2.6	2.8	2.5	2.1	1.8
1974					-3.6	1.0	1.3	1.6	2.3	2.6	2.2	1.9	1.5
1975						5.9	3.9	3.5	3.8	3.8	3.2	2.7	2.2
1976							1.9	2.3	3.2	3.3	2.7	2.2	1.7
1977								2.7	3.8	3.8	2.9	2.2	1.7
1978									4.9	4.4	3.0	2.1	1.4
1979										3.9	2.0	1.2	0.6
1980											0.2	-0.1	-0.5
1981												-0.4	-0.8
1982													-1.2

Gross domestic product (implicit price deflator)
Produit intérieur brut (prix implicite)

	1971	1972	1973	1974	1975	1976	1977	1978	1979	1980	1981	1982	1983
1970	7.2	6.7	8.3	10.8	12.1	13.1	13.9	13.9	14.1	14.8	15.1	15.3	15.3
1971		6.3	8.9	12.0	13.4	14.3	15.1	14.9	15.0	15.6	15.9	16.1	16.0
1972			11.6	15.0	15.8	16.4	16.9	16.4	16.3	16.9	17.0	17.1	16.9
1973				18.5	18.0	18.0	18.3	17.4	17.1	17.6	17.7	17.7	17.5
1974					17.5	17.8	18.2	17.1	16.9	17.5	17.6	17.6	17.3
1975						18.0	18.5	17.0	16.7	17.5	17.6	17.7	17.3
1976							19.1	16.4	16.3	17.3	17.5	17.6	17.2
1977								13.9	14.9	16.8	17.2	17.3	16.9
1978									15.9	18.2	18.3	18.2	17.5
1979										20.6	19.5	19.0	18.0
1980											18.3	18.1	17.1
1981												17.9	16.5
1982													15.0

Private final consumption expenditure (volume)
Consommation finale privée (volume)

	1971	1972	1973	1974	1975	1976	1977	1978	1979	1980	1981	1982	1983
1970	2.9	3.2	4.1	3.7	2.6	2.8	2.6	2.6	2.8	3.0	2.8	2.6	2.4
1971		3.4	4.6	4.0	2.6	2.7	2.5	2.5	2.8	3.1	2.8	2.6	2.3
1972			5.9	4.2	2.3	2.6	2.3	2.4	2.8	3.0	2.8	2.5	2.2
1973				2.6	0.5	1.5	1.5	1.7	2.2	2.6	2.4	2.1	1.9
1974					-1.6	0.9	1.1	1.5	2.2	2.6	2.3	2.1	1.8
1975						3.4	2.4	2.5	3.1	3.5	3.0	2.6	2.2
1976							1.4	2.1	3.0	3.5	2.9	2.5	2.0
1977								2.7	3.8	4.1	3.3	2.7	2.1
1978									4.9	4.9	3.5	2.7	2.0
1979										4.8	2.8	1.9	1.3
1980											0.8	0.5	0.1
1981												0.2	-0.2
1982													-0.6

Private final consumption expenditure (implicit price deflator)
Consommation finale privée (prix implicite)

	1971	1972	1973	1974	1975	1976	1977	1978	1979	1980	1981	1982	1983
1970	5.5	6.0	8.1	11.2	12.4	13.4	14.0	13.9	14.0	14.6	15.0	15.2	15.2
1971		6.4	9.4	13.1	14.2	15.0	15.5	15.1	15.1	15.7	16.0	16.1	16.0
1972			12.5	16.6	17.0	17.3	17.4	16.7	16.4	16.9	17.2	17.2	16.9
1973				20.9	19.3	18.9	18.7	17.5	17.1	17.6	17.8	17.7	17.4
1974					17.7	17.9	18.0	16.7	16.4	17.0	17.3	17.3	17.0
1975						18.1	18.2	16.4	16.1	16.9	17.3	17.2	16.9
1976							18.2	15.5	15.4	16.6	17.1	17.1	16.8
1977								12.9	14.0	16.0	16.8	16.9	16.5
1978									15.1	17.6	18.2	17.9	17.3
1979										20.2	19.7	18.8	17.8
1980											19.2	18.1	17.0
1981												17.0	16.0
1982													14.9

Government final consumption expenditure (volume)
Consommation des administrations publiques (volume)

	1971	1972	1973	1974	1975	1976	1977	1978	1979	1980	1981	1982	1983
1970	5.7	5.5	4.5	4.0	3.9	3.6	3.5	3.3	3.1	3.0	3.1	3.0	3.0
1971		5.3	3.9	3.5	3.4	3.2	3.1	3.0	2.8	2.7	2.8	2.8	2.8
1972			2.4	2.6	2.8	2.7	2.7	2.6	2.5	2.4	2.5	2.5	2.5
1973				2.8	3.0	2.7	2.8	2.7	2.5	2.4	2.5	2.5	2.5
1974					3.2	2.7	2.7	2.6	2.4	2.4	2.5	2.5	2.5
1975						2.2	2.5	2.4	2.2	2.2	2.4	2.4	2.4
1976							2.8	2.5	2.2	2.2	2.4	2.4	2.4
1977								2.3	2.0	2.0	2.3	2.3	2.4
1978									1.6	1.9	2.4	2.3	2.4
1979										2.1	2.7	2.6	2.6
1980											3.3	2.8	2.8
1981												2.3	2.5
1982													2.7

Government final consumption expenditure (implicit price deflator)
Consommation des administrations publiques (prix implicite)

	1971	1972	1973	1974	1975	1976	1977	1978	1979	1980	1981	1982	1983
1970	15.9	11.9	12.1	13.3	13.1	13.7	14.8	15.3	16.1	16.9	17.8	17.7	17.6
1971		8.1	10.2	12.4	12.4	13.3	14.7	15.3	16.1	17.0	18.0	17.9	17.7
1972			12.4	14.6	13.8	14.6	16.0	16.5	17.3	18.2	19.2	18.9	18.7
1973				16.9	14.5	15.3	16.9	17.3	18.2	19.0	20.0	19.7	19.3
1974					12.2	14.5	16.9	17.4	18.4	19.4	20.5	20.0	19.6
1975						16.9	19.4	19.2	20.0	20.8	21.9	21.2	20.5
1976							21.9	20.4	21.1	21.8	23.0	21.9	21.1
1977								18.9	20.7	21.8	23.2	21.9	20.9
1978									22.5	23.3	24.7	22.7	21.3
1979										24.1	25.8	22.8	21.0
1980											27.5	22.1	20.0
1981												17.0	16.4
1982													15.9

Gross fixed capital formation (volume)
Formation brute de capital fixe (volume)

	1971	1972	1973	1974	1975	1976	1977	1978	1979	1980	1981	1982	1983
1970	-3.2	-1.2	1.7	2.1	-1.0	-0.5	-0.5	-0.4	0.3	1.1	1.1	0.5	0.1
1971		0.9	4.3	4.0	-0.5	0.1	-0.0	-0.0	0.7	1.6	1.5	0.9	0.4
1972			7.7	5.5	-1.0	-0.1	-0.2	-0.2	0.7	1.7	1.6	0.9	0.3
1973				3.3	-5.0	-2.6	-2.1	-1.7	-0.5	0.9	0.9	0.2	-0.4
1974					-12.7	-5.5	-3.8	-2.9	-1.2	0.5	0.5	-0.2	-0.8
1975						2.3	1.0	0.6	1.9	3.4	2.9	1.7	0.8
1976							-0.4	-0.2	1.8	3.6	3.0	1.6	0.6
1977								-0.1	2.8	5.0	3.9	2.0	0.7
1978									5.8	7.6	5.2	2.5	0.9
1979										9.4	4.9	1.4	-0.3
1980											0.6	-2.3	-3.3
1981												-5.2	-5.2
1982													-5.3

Gross fixed capital formation (implicit price deflator)
Formation brute de capital fixe (prix implicite)

	1971	1972	1973	1974	1975	1976	1977	1978	1979	1980	1981	1982	1983
1970	7.3	6.4	9.7	14.1	15.1	15.8	16.2	15.6	15.7	16.1	16.5	16.5	16.3
1971		5.5	10.9	16.5	17.2	17.5	17.8	16.9	16.8	17.1	17.5	17.4	17.0
1972			16.6	22.4	21.4	20.8	20.4	18.9	18.5	18.7	18.9	18.6	18.2
1973				28.5	23.8	22.2	21.4	19.3	18.8	19.0	19.2	18.9	18.3
1974					19.2	19.1	19.1	17.2	16.9	17.5	17.9	17.7	17.2
1975						19.0	19.0	16.5	16.3	17.1	17.7	17.5	17.0
1976							18.9	15.2	15.5	16.7	17.4	17.2	16.7
1977								11.6	13.8	15.9	17.0	16.9	16.3
1978									16.0	18.1	18.8	18.2	17.3
1979										20.3	20.3	19.0	17.6
1980											20.3	18.4	16.7
1981												16.4	14.9
1982													13.5

National disposable income (value)
Revenu national disponible (valeur)

	1971	1972	1973	1974	1975	1976	1977	1978	1979	1980	1981	1982	1983
1970	9.1	9.4	12.4	14.6	14.0	15.8	16.6	16.7	17.3	18.1	18.0	17.9	17.6
1971		9.7	14.1	16.6	15.3	17.2	17.9	17.8	18.4	19.2	18.9	18.7	18.3
1972			18.7	20.2	17.3	19.2	19.6	19.2	19.7	20.4	20.0	19.7	19.1
1973				21.6	16.6	19.4	19.9	19.3	19.9	20.7	20.2	19.8	19.2
1974					11.7	18.3	19.3	18.7	19.5	20.5	20.0	19.6	18.9
1975						25.2	23.3	21.2	21.5	22.4	21.4	20.7	19.8
1976							21.3	19.2	20.3	21.6	20.7	20.0	19.1
1977								17.0	19.9	21.8	20.5	19.7	18.7
1978									22.7	24.2	21.7	20.4	19.0
1979										25.7	21.1	19.7	18.1
1980											16.8	16.8	15.7
1981												16.8	15.2
1982													13.6

Compensation of employees (value)
Rémunération des salariés (valeur)

	1971	1972	1973	1974	1975	1976	1977	1978	1979	1980	1981	1982	1983
1970	14.4	13.0	15.8	17.9	18.6	19.2	19.6	19.3	19.3	19.8	20.0	19.8	19.4
1971		11.6	16.4	19.1	19.7	20.1	20.5	20.0	20.0	20.4	20.6	20.2	19.8
1972			21.5	23.0	22.5	22.4	22.4	21.4	21.2	21.5	21.6	21.1	20.6
1973				24.5	23.0	22.7	22.6	21.4	21.2	21.5	21.6	21.1	20.5
1974					21.5	21.8	22.0	20.7	20.5	21.0	21.2	20.7	20.1
1975						22.1	22.3	20.4	20.3	20.9	21.2	20.6	19.9
1976							22.5	19.6	19.6	20.6	21.0	20.3	19.6
1977								16.7	18.2	20.0	20.6	19.9	19.1
1978									19.8	21.7	22.0	20.7	19.6
1979										23.7	23.1	21.0	19.5
1980											22.5	19.7	18.2
1981												17.0	16.1
1982													15.1

LUXEMBOURG

Average per cent changes at annual rate

LUXEMBOURG

Variations moyennes en pourcentage aux taux annuels

	1971	1972	1973	1974	1975	1976	1977	1978	1979	1980	1981	1982	1983
1970	3.7	4.2	5.9	5.1	2.5	2.3	2.1	2.3	2.5	2.4	2.0	1.7	1.4
1971		4.7	7.1	5.5	2.2	2.0	1.8	2.1	2.3	2.2	1.8	1.5	1.2
1972			9.5	5.9	1.4	1.4	1.2	1.7	2.0	1.9	1.5	1.2	0.9
1973				2.5	-2.4	-1.2	-0.7	0.2	0.8	0.9	0.5	0.3	0.0
1974					-7.1	-3.0	-1.8	-0.3	0.5	0.6	0.2	0.0	-0.2
1975						1.4	1.0	2.1	2.5	2.2	1.5	1.1	0.7
1976							0.6	2.4	2.8	2.5	1.5	1.1	0.6
1977								4.2	4.0	3.1	1.8	1.1	0.5
1978									3.7	2.5	1.0	0.4	-0.2
1979										1.4	-0.4	-0.7	-1.1
1980											-2.1	-1.7	-1.9
1981												-1.4	-1.9
1982													-2.4

Per capita G.D.P.
(volume)
P.I.B. par habitant
(volume)

	1971	1972	1973	1974	1975	1976	1977	1978	1979	1980	1981	1982	1983
1970	5.1	4.0	4.1	4.0	4.0	3.7	3.5	3.4	3.4	3.4	3.2	2.7	2.4
1971		2.8	3.5	3.6	3.7	3.4	3.3	3.2	3.2	3.2	3.0	2.5	2.2
1972			4.2	4.0	4.0	3.6	3.3	3.2	3.2	3.2	3.0	2.5	2.2
1973				3.8	3.8	3.4	3.1	3.0	3.1	3.1	2.9	2.3	2.0
1974					3.9	3.2	2.9	2.8	2.9	2.9	2.7	2.1	1.7
1975						2.5	2.4	2.5	2.7	2.8	2.5	1.9	1.5
1976							2.4	2.5	2.8	2.8	2.5	1.8	1.3
1977								2.7	3.0	3.0	2.6	1.7	1.2
1978									3.3	3.1	2.6	1.4	0.9
1979										2.9	2.2	0.8	0.3
1980											1.4	-0.3	-0.6
1981												-2.0	-1.6
1982													-1.2

Per capita private final consumption expenditure
(volume)
Consommation finale privée par habitant
(volume)

	1971	1972	1973	1974	1975	1976	1977	1978	1979	1980	1981	1982	1983
1970	4.3	5.3	7.1	6.2	3.6	3.3	2.9	3.1	3.2	3.1	2.6	2.3	1.9
1971		6.2	8.5	6.8	3.5	3.1	2.7	3.0	3.1	2.9	2.5	2.1	1.7
1972			10.8	7.2	2.6	2.4	2.0	2.5	2.7	2.5	2.0	1.7	1.3
1973				3.6	-1.3	-0.3	-0.0	0.9	1.4	1.4	1.0	0.8	0.4
1974					-6.1	-2.2	-1.2	0.2	0.9	1.0	0.6	0.4	0.1
1975						1.9	1.3	2.3	2.8	2.5	1.8	1.4	0.9
1976							0.6	2.6	3.0	2.7	1.8	1.3	0.8
1977								4.5	4.3	3.4	2.1	1.4	0.8
1978									4.0	2.8	1.2	0.7	0.0
1979										1.7	-0.1	-0.4	-0.9
1980											-1.8	-1.5	-1.8
1981												-1.1	-1.8
1982													-2.4

Gross domestic product
(volume)
Produit intérieur brut
(volume)

	1971	1972	1973	1974	1975	1976	1977	1978	1979	1980	1981	1982	1983
1970	-0.7	2.1	4.8	7.9	6.1	7.1	6.3	6.2	6.2	6.3	6.5	6.6	6.8
1971		5.0	7.7	11.0	7.8	8.8	7.6	7.2	7.1	7.1	7.2	7.3	7.5
1972			10.5	14.1	8.8	9.7	8.1	7.6	7.4	7.4	7.5	7.6	7.7
1973				17.8	7.9	9.5	7.5	7.0	6.8	7.0	7.1	7.3	7.4
1974					-1.1	5.6	4.3	4.5	4.8	5.3	5.7	6.0	6.3
1975						12.7	7.1	6.5	6.3	6.6	6.8	7.1	7.3
1976							1.7	3.5	4.3	5.1	5.7	6.2	6.5
1977								5.3	5.5	6.3	6.7	7.1	7.3
1978									5.8	6.8	7.2	7.5	7.8
1979										7.8	7.9	8.1	8.3
1980											7.9	8.2	8.4
1981												8.5	8.7
1982													8.8

Gross domestic product
(implicit price deflator)
Produit intérieur brut
(prix implicite)

	1971	1972	1973	1974	1975	1976	1977	1978	1979	1980	1981	1982	1983
1970	5.8	5.1	5.2	5.1	5.1	4.8	4.4	4.2	4.2	4.1	3.9	3.4	3.0
1971		4.3	4.9	4.9	4.9	4.6	4.2	4.0	4.0	3.9	3.7	3.2	2.8
1972			5.4	5.2	5.2	4.6	4.2	4.0	3.9	3.8	3.6	3.0	2.7
1973				5.0	5.0	4.3	3.9	3.7	3.7	3.6	3.4	2.8	2.4
1974					5.1	4.0	3.5	3.4	3.4	3.4	3.1	2.5	2.1
1975						3.0	2.7	2.8	3.0	3.0	2.8	2.2	1.7
1976							2.4	2.7	3.0	3.0	2.8	2.0	1.5
1977								3.0	3.3	3.3	2.9	1.9	1.4
1978									3.6	3.4	2.8	1.7	1.1
1979										3.2	2.5	1.1	0.5
1980											1.7	-0.0	-0.4
1981												-1.7	-1.5
1982													-1.2

Private final consumption expenditure
(volume)
Consommation finale privée
(volume)

	1971	1972	1973	1974	1975	1976	1977	1978	1979	1980	1981	1982	1983
1970	4.7	5.0	5.0	6.2	7.0	7.4	7.2	6.7	6.6	6.7	6.8	7.1	7.2
1971		5.2	5.1	6.7	7.6	7.9	7.6	7.0	6.8	6.9	7.0	7.3	7.4
1972			5.0	7.4	8.3	8.6	8.1	7.3	7.1	7.1	7.2	7.5	7.6
1973				9.9	10.1	9.9	8.8	7.7	7.4	7.5	7.5	7.8	7.8
1974					10.2	9.8	8.5	7.2	6.9	7.1	7.2	7.5	7.6
1975						9.5	7.6	6.2	6.1	6.4	6.7	7.1	7.3
1976							5.8	4.6	5.0	5.7	6.1	6.7	6.9
1977								3.5	4.7	5.7	6.2	6.9	7.1
1978									5.8	6.7	7.1	7.8	7.9
1979										7.7	7.7	8.5	8.4
1980											7.7	8.9	8.6
1981												10.0	9.1
1982													8.2

Private final consumption expenditure
(implicit price deflator)
Consommation finale privée
(prix implicite)

	1971	1972	1973	1974	1975	1976	1977	1978	1979	1980	1981	1982	1983
1970	3.8	3.9	3.7	4.0	4.5	4.0	3.9	3.6	3.8	3.8	3.7	3.4	3.1
1971		4.0	3.6	4.0	4.6	4.1	3.9	3.6	3.8	3.9	3.7	3.4	3.1
1972			3.3	4.0	4.9	4.1	3.9	3.6	3.7	3.8	3.6	3.3	3.0
1973				4.8	5.7	4.4	4.0	3.6	3.8	3.9	3.7	3.3	3.0
1974					6.6	4.2	3.8	3.3	3.6	3.8	3.5	3.1	2.8
1975						1.9	2.4	2.3	2.9	3.2	3.0	2.6	2.3
1976							3.0	2.5	3.2	3.6	3.3	2.8	2.4
1977								2.0	3.3	3.8	3.3	2.7	2.3
1978									4.7	4.7	3.8	2.9	2.3
1979										4.6	3.4	2.3	1.7
1980											2.1	1.2	0.8
1981												0.3	0.1
1982													0.0

Government final consumption expenditure
(volume)
Consommation des administrations publiques
(volume)

	1971	1972	1973	1974	1975	1976	1977	1978	1979	1980	1981	1982	1983
1970	9.4	9.1	10.4	12.3	12.5	12.3	11.6	10.9	10.3	10.4	10.2	9.8	9.6
1971		8.8	10.8	13.3	13.3	12.9	12.0	11.1	10.5	10.5	10.3	9.8	9.6
1972			12.9	15.6	14.8	13.9	12.6	11.4	10.7	10.7	10.5	9.9	9.6
1973				18.3	15.7	14.3	12.6	11.2	10.3	10.4	10.2	9.6	9.3
1974					13.3	12.3	10.7	9.4	8.8	9.1	9.0	8.5	8.4
1975						11.4	9.5	8.2	7.7	8.3	8.4	7.9	7.8
1976							7.6	6.6	6.5	7.5	7.8	7.3	7.3
1977								5.7	6.0	7.5	7.8	7.2	7.2
1978									6.3	8.5	8.5	7.6	7.5
1979										10.7	9.6	8.1	7.8
1980											8.6	6.8	6.9
1981												5.1	6.1
1982													7.1

Government final consumption expenditure
(implicit price deflator)
Consommation des administrations publiques
(prix implicite)

	1971	1972	1973	1974	1975	1976	1977	1978	1979	1980	1981	1982	1983
1970	15.1	10.5	10.8	6.6	3.7	2.2	2.1	1.9	2.4	2.8	1.2	0.9	0.4
1971		6.0	8.7	3.9	1.0	-0.3	0.1	0.1	0.9	1.5	-0.1	-0.3	-0.7
1972			11.4	2.8	-0.6	-1.8	-1.1	-0.8	0.2	0.9	-0.8	-0.9	-1.3
1973				-5.2	-6.1	-5.8	-4.0	-3.1	-1.5	-0.5	-2.2	-2.2	-2.5
1974					-7.1	-6.1	-3.6	-2.6	-0.8	0.3	-1.8	-1.8	-2.2
1975						-5.2	-1.8	-1.1	0.9	1.9	-0.8	-1.0	-1.6
1976							1.8	1.0	3.0	3.7	0.0	-0.3	-1.1
1977								0.3	3.6	4.4	-0.4	-0.7	-1.5
1978									7.0	6.5	-0.6	-1.0	-1.9
1979										5.9	-4.2	-3.5	-4.0
1980											-13.4	-7.9	-7.1
1981												-2.1	-3.8
1982													-5.4

Gross fixed capital formation
(volume)
Formation brute de capital fixe
(volume)

	1971	1972	1973	1974	1975	1976	1977	1978	1979	1980	1981	1982	1983
1970	8.7	6.4	6.6	8.9	9.6	9.1	8.3	7.7	7.5	7.8	7.9	8.4	8.3
1971		4.2	5.6	8.9	9.8	9.2	8.3	7.6	7.4	7.7	7.8	8.3	8.3
1972			7.0	11.3	11.7	10.5	9.1	8.2	7.8	8.1	8.2	8.7	8.6
1973				15.8	14.2	11.6	9.6	8.4	8.0	8.3	8.3	8.9	8.8
1974					12.6	9.6	7.6	6.6	6.5	7.1	7.3	8.1	8.1
1975						6.7	5.2	4.7	5.0	6.0	6.4	7.5	7.5
1976							3.8	3.7	4.5	5.9	6.4	7.6	7.6
1977								3.7	4.8	6.6	7.1	8.4	8.3
1978									5.9	8.0	8.2	9.6	9.2
1979										10.2	9.4	10.9	10.0
1980											8.6	11.2	10.0
1981												13.9	10.7
1982													7.6

Gross fixed capital formation
(implicit price deflator)
Formation brute de capital fixe
(prix implicite)

	1971	1972	1973	1974	1975	1976	1977	1978	1979	1980	1981	1982	1983
1970	6.9	11.6	16.5	18.7	14.7	14.9	13.4	13.2	13.1	12.7	12.1	12.8	12.8
1971		16.4	21.7	22.9	16.7	16.6	14.5	14.1	14.0	13.3	12.6	13.4	13.3
1972			27.2	26.2	16.8	16.6	14.1	13.7	13.6	12.9	12.2	13.1	13.0
1973				25.2	11.9	13.2	11.1	11.2	11.5	11.0	10.4	11.6	11.7
1974					-0.0	7.7	6.7	7.9	8.9	8.8	8.5	10.0	10.3
1975						16.0	10.3	10.7	11.3	10.7	9.9	11.5	11.7
1976							4.8	8.1	9.8	9.4	8.8	10.8	11.1
1977								11.5	12.3	11.0	9.8	12.0	12.1
1978									13.1	10.8	9.2	12.1	12.3
1979										8.5	7.3	11.8	12.1
1980											6.2	13.5	13.3
1981												21.3	17.0
1982													12.9

National disposable income
(value)
Revenu national disponible
(valeur)

	1971	1972	1973	1974	1975	1976	1977	1978	1979	1980	1981	1982	1983
1970	13.7	13.3	14.2	17.0	16.4	15.8	15.0	13.8	13.1	12.7	12.3	11.9	11.5
1971		12.9	14.4	18.2	17.1	16.2	15.2	13.8	13.0	12.6	12.2	11.7	11.3
1972			16.0	20.9	18.5	17.1	15.7	14.0	13.0	12.6	12.1	11.6	11.1
1973				26.0	19.8	17.5	15.6	13.6	12.5	12.1	11.6	11.1	10.7
1974					13.9	13.4	12.3	10.7	10.0	9.9	9.7	9.4	9.1
1975						13.0	11.5	9.6	9.1	9.2	9.0	8.8	8.5
1976							10.1	8.0	7.8	8.2	8.2	8.1	7.9
1977								5.8	6.7	7.6	7.7	7.7	7.5
1978									7.5	8.5	8.4	8.2	7.8
1979										9.5	8.9	8.4	7.9
1980											8.2	7.9	7.4
1981												7.5	7.0
1982													6.6

Compensation of employees
(value)
Rémunération des salariés
(valeur)

NETHERLANDS PAYS-BAS

Average per cent changes at annual rate

Variations moyennes en pourcentage aux taux annuels

Per capita G.D.P. (volume)
P.I.B. par habitant (volume)

	1971	1972	1973	1974	1975	1976	1977	1978	1979	1980	1981	1982	1983
1970	3.0	2.7	3.4	3.2	2.2	2.6	2.5	2.4	2.3	2.1	1.8	1.4	1.3
1971		2.4	3.6	3.3	2.0	2.5	2.4	2.3	2.2	2.0	1.6	1.3	1.2
1972			4.8	3.8	1.8	2.5	2.4	2.3	2.2	1.9	1.5	1.2	1.1
1973				2.7	0.4	1.7	1.7	1.8	1.7	1.5	1.1	0.8	0.7
1974					−1.9	1.2	1.4	1.5	1.5	1.3	0.9	0.5	0.5
1975						4.5	3.1	2.7	2.4	2.0	1.4	0.9	0.8
1976							1.8	1.8	1.8	1.3	0.8	0.3	0.3
1977								1.8	1.7	1.2	0.5	−0.0	0.0
1978									1.7	0.9	0.1	−0.5	−0.3
1979										0.1	−0.6	−1.2	−0.8
1980											−1.4	−1.8	−1.1
1981												−2.2	−1.0
1982													0.2

Per capita private final consumption expenditure (volume)
Consommation finale privée par habitant (volume)

	1971	1972	1973	1974	1975	1976	1977	1978	1979	1980	1981	1982	1983
1970	1.8	2.0	2.3	2.2	2.3	2.7	2.9	3.0	2.9	2.5	2.0	1.7	1.5
1971		2.2	2.6	2.4	2.4	2.9	3.0	3.1	3.0	2.6	2.0	1.7	1.5
1972			3.0	2.4	2.5	3.1	3.2	3.3	3.1	2.6	2.0	1.6	1.4
1973				1.9	2.2	3.1	3.3	3.3	3.2	2.6	1.9	1.4	1.2
1974					2.5	3.7	3.7	3.7	3.4	2.7	1.8	1.4	1.2
1975						4.9	4.4	4.1	3.7	2.8	1.7	1.2	1.0
1976							3.8	3.8	3.3	2.2	1.1	0.6	0.5
1977								3.7	3.0	1.7	0.5	0.0	−0.1
1978									2.3	0.7	−0.6	−0.9	−0.8
1979										−0.8	−2.0	−1.9	−1.6
1980											−3.2	−2.5	−1.8
1981												−1.8	−1.2
1982													−0.6

Gross domestic product (volume)
Produit intérieur brut (volume)

	1971	1972	1973	1974	1975	1976	1977	1978	1979	1980	1981	1982	1983
1970	4.3	3.8	4.5	4.2	3.2	3.5	3.3	3.2	3.1	2.9	2.6	2.2	2.1
1971		3.4	4.6	4.2	2.9	3.4	3.2	3.1	3.0	2.8	2.4	2.0	1.9
1972			5.7	4.6	2.7	3.3	3.2	3.0	2.9	2.7	2.3	1.9	1.8
1973				3.5	1.2	2.6	2.5	2.5	2.5	2.3	1.9	1.5	1.4
1974					−1.0	2.1	2.2	2.3	2.3	2.0	1.6	1.2	1.1
1975						5.3	3.8	3.4	3.1	2.7	2.1	1.5	1.4
1976							2.4	2.4	2.4	2.0	1.5	0.9	0.9
1977								2.5	2.4	1.9	1.2	0.6	0.6
1978									2.4	1.6	0.8	0.2	0.3
1979										0.9	0.1	−0.5	−0.3
1980											−0.7	−1.2	−0.6
1981												−1.7	−0.6
1982													0.6

Gross domestic product (implicit price deflator)
Produit intérieur brut (prix implicite)

	1971	1972	1973	1974	1975	1976	1977	1978	1979	1980	1981	1982	1983
1970	8.5	9.0	8.8	8.9	9.4	9.3	8.9	8.4	7.9	7.7	7.5	7.4	6.9
1971		9.4	8.9	9.0	9.6	9.4	8.9	8.4	7.8	7.6	7.4	7.3	6.8
1972			8.4	8.9	9.6	9.4	8.8	8.2	7.6	7.4	7.2	7.0	6.6
1973				9.3	10.3	9.8	8.9	8.2	7.5	7.2	7.0	6.9	6.4
1974					11.2	10.0	8.8	7.9	7.1	6.9	6.7	6.6	6.1
1975						8.9	7.6	6.9	6.1	6.0	5.9	6.0	5.4
1976							6.3	5.9	5.2	5.3	5.4	5.5	5.0
1977								5.4	4.7	5.0	5.1	5.3	4.7
1978									3.9	4.8	5.0	5.3	4.6
1979										5.7	5.6	5.7	4.8
1980											5.5	5.8	4.5
1981												6.1	3.9
1982													1.9

Private final consumption expenditure (volume)
Consommation finale privée (volume)

	1971	1972	1973	1974	1975	1976	1977	1978	1979	1980	1981	1982	1983
1970	3.0	3.1	3.4	3.2	3.2	3.6	3.8	3.8	3.7	3.4	2.8	2.5	2.2
1971		3.2	3.5	3.3	3.3	3.8	3.9	3.9	3.8	3.4	2.8	2.4	2.2
1972			3.9	3.3	3.3	3.9	4.0	4.1	3.9	3.4	2.7	2.3	2.1
1973				2.7	3.0	3.9	4.1	4.1	3.9	3.4	2.6	2.2	1.9
1974					3.4	4.6	4.5	4.5	4.2	3.5	2.6	2.1	1.8
1975						5.7	5.1	4.8	4.4	3.5	2.5	1.9	1.6
1976							4.4	4.4	3.9	2.9	1.8	1.3	1.1
1977								4.3	3.7	2.4	1.2	0.7	0.5
1978									3.0	1.5	0.1	−0.2	−0.2
1979										0.0	−1.3	−1.3	−1.0
1980											−2.5	−1.9	−1.4
1981												−1.3	−0.8
1982													−0.2

Private final consumption expenditure (implicit price deflator)
Consommation finale privée (prix implicite)

	1971	1972	1973	1974	1975	1976	1977	1978	1979	1980	1981	1982	1983
1970	8.3	8.6	8.8	9.1	9.4	9.3	8.9	8.3	7.9	7.8	7.6	7.4	7.1
1971		8.8	9.0	9.4	9.7	9.5	8.9	8.3	7.8	7.7	7.6	7.4	7.0
1972			9.3	9.7	10.0	9.7	9.0	8.2	7.6	7.6	7.4	7.2	6.8
1973				10.1	10.4	9.9	8.9	8.0	7.4	7.3	7.2	7.0	6.6
1974					10.7	9.8	8.5	7.5	6.9	6.9	6.8	6.6	6.2
1975						8.8	7.4	6.4	5.9	6.1	6.1	6.0	5.6
1976							6.0	5.3	4.9	5.4	5.6	5.6	5.2
1977								4.5	4.4	5.2	5.5	5.5	5.1
1978									4.3	5.6	5.8	5.7	5.2
1979										6.9	6.6	6.2	5.4
1980											6.3	5.9	4.9
1981												5.4	4.2
1982													2.9

Government final consumption expenditure (volume)
Consommation des administrations publiques (volume)

	1971	1972	1973	1974	1975	1976	1977	1978	1979	1980	1981	1982	1983
1970	3.3	2.6	1.9	2.0	2.3	2.6	2.7	2.9	2.9	2.6	2.6	2.4	2.3
1971		1.8	1.3	1.5	2.1	2.5	2.6	2.8	2.8	2.5	2.5	2.3	2.2
1972			0.7	1.3	2.2	2.6	2.8	2.9	2.9	2.6	2.6	2.3	2.2
1973				2.0	3.0	3.3	3.3	3.4	3.3	2.9	2.8	2.5	2.4
1974					3.9	4.0	3.7	3.8	3.6	3.1	2.9	2.6	2.4
1975						4.0	3.6	3.7	3.5	2.9	2.7	2.4	2.2
1976							3.2	3.5	3.3	2.6	2.5	2.1	2.0
1977								3.9	3.4	2.4	2.3	1.9	1.7
1978									2.8	1.7	1.8	1.4	1.3
1979										0.6	1.3	0.9	1.0
1980											2.0	1.1	1.1
1981												0.2	0.6
1982													1.0

Government final consumption expenditure (implicit price deflator)
Consommation des administrations publiques (prix implicite)

	1971	1972	1973	1974	1975	1976	1977	1978	1979	1980	1981	1982	1983
1970	12.1	11.5	11.5	12.6	12.7	12.1	11.3	10.6	10.0	9.5	8.8	8.3	7.8
1971		10.9	11.1	12.7	12.8	12.1	11.1	10.4	9.8	9.2	8.5	8.0	7.4
1972			11.4	13.6	13.5	12.4	11.2	10.3	9.6	9.0	8.2	7.7	7.1
1973				15.9	14.6	12.7	11.1	10.0	9.3	8.6	7.8	7.3	6.7
1974					13.3	11.2	9.6	8.6	8.0	7.5	6.7	6.3	5.7
1975						9.1	7.8	7.1	6.8	6.4	5.6	5.3	4.8
1976							6.5	6.2	6.0	5.7	5.0	4.7	4.2
1977								5.8	5.7	5.4	4.6	4.4	3.9
1978									5.7	5.2	4.2	4.0	3.5
1979										4.8	3.4	3.5	3.0
1980											2.1	2.8	2.4
1981												3.5	2.5
1982													1.5

Gross fixed capital formation (volume)
Formation brute de capital fixe (volume)

	1971	1972	1973	1974	1975	1976	1977	1978	1979	1980	1981	1982	1983
1970	3.4	0.3	1.7	0.3	−0.8	−1.1	0.6	0.9	0.6	0.4	−0.6	−0.9	−0.8
1971		−2.8	0.8	−0.7	−1.8	−2.0	0.2	0.5	0.2	0.1	−1.0	−1.3	−1.2
1972			4.5	0.3	−1.5	−1.8	0.8	1.1	0.7	0.5	−0.8	−1.2	−1.0
1973				−3.8	−4.3	−3.8	−0.2	0.4	0.0	−0.1	−1.5	−1.8	−1.6
1974					−4.9	−3.8	1.1	1.4	0.8	0.5	−1.1	−1.5	−1.3
1975						−2.8	4.2	3.6	2.3	1.6	−0.5	−1.0	−0.9
1976							11.7	7.0	4.0	2.8	−0.0	−0.7	−0.6
1977								2.5	0.4	−0.1	−2.8	−3.1	−2.5
1978									−1.7	−1.3	−4.5	−4.4	−3.5
1979										−0.9	−5.8	−5.3	−3.9
1980											−10.5	−7.4	−4.9
1981												−4.2	−1.9
1982													0.4

Gross fixed capital formation (implicit price deflator)
Formation brute de capital fixe (prix implicite)

	1971	1972	1973	1974	1975	1976	1977	1978	1979	1980	1981	1982	1983
1970	9.7	8.3	7.8	8.6	9.0	9.0	8.6	8.4	8.2	8.1	8.0	7.6	7.2
1971		6.9	6.8	8.3	8.8	8.9	8.4	8.2	8.0	8.0	7.8	7.4	6.9
1972			6.7	8.9	9.5	9.4	8.7	8.4	8.2	8.1	7.9	7.5	6.9
1973				11.2	10.9	10.3	9.3	8.7	8.4	8.3	8.1	7.6	7.0
1974					10.6	9.8	8.6	8.1	7.9	7.8	7.7	7.1	6.5
1975						9.1	7.7	7.3	7.2	7.3	7.2	6.7	6.0
1976							6.3	6.5	6.6	6.8	6.8	6.3	5.6
1977								6.7	6.8	7.0	6.9	6.3	5.5
1978									6.9	7.2	7.0	6.2	5.2
1979										7.5	7.1	5.9	4.8
1980											6.7	5.2	4.0
1981												3.7	2.6
1982													1.6

National disposable income (value)
Revenu national disponible (valeur)

	1971	1972	1973	1974	1975	1976	1977	1978	1979	1980	1981	1982	1983
1970	12.4	12.8	13.7	13.3	12.2	12.8	12.2	11.6	11.0	10.4	9.8	9.3	8.8
1971		13.2	14.4	13.7	12.1	12.9	12.2	11.5	10.8	10.2	9.6	9.1	8.5
1972			15.5	13.9	11.8	12.8	12.0	11.2	10.5	9.9	9.2	8.6	8.1
1973				12.3	10.0	11.9	11.1	10.4	9.7	9.1	8.4	7.9	7.4
1974					7.7	11.7	10.7	9.9	9.2	8.6	7.9	7.4	6.8
1975						15.9	12.2	10.6	9.5	8.7	7.9	7.3	6.7
1976							8.7	8.1	7.5	7.0	6.4	6.0	5.5
1977								7.4	6.9	6.4	5.8	5.4	5.0
1978									6.3	6.0	5.3	4.9	4.5
1979										5.6	4.7	4.5	4.0
1980											3.8	3.9	3.5
1981												4.0	3.3
1982													2.6

Compensation of employees (value)
Rémunération des salariés (valeur)

	1971	1972	1973	1974	1975	1976	1977	1978	1979	1980	1981	1982	1983
1970	14.6	13.3	14.0	14.6	14.2	13.7	13.0	12.4	11.9	11.3	10.4	9.8	9.1
1971		12.0	13.8	14.6	14.1	13.5	12.8	12.1	11.5	11.0	10.0	9.4	8.6
1972			15.5	15.9	14.9	13.9	12.9	12.1	11.5	10.8	9.8	9.1	8.3
1973				16.2	14.5	13.4	12.3	11.5	10.8	10.2	9.1	8.4	7.6
1974					12.8	12.0	11.0	10.3	9.8	9.2	8.1	7.5	6.7
1975						11.1	10.0	9.5	9.0	8.5	7.4	6.7	6.0
1976							9.0	8.6	8.3	7.8	6.6	6.0	5.3
1977								8.3	8.0	7.4	6.0	5.4	4.7
1978									7.7	7.0	5.3	4.7	4.0
1979										6.3	4.1	3.7	3.0
1980											2.0	2.4	2.0
1981												2.9	2.0
1982													1.1

NORWAY

Average per cent changes at annual rate

	1971	1972	1973	1974	1975	1976	1977	1978	1979	1980	1981	1982	1983
1970	3.9	4.2	3.9	4.1	4.0	4.4	4.2	4.2	4.2	4.2	3.9	3.6	3.5
1971		4.4	3.9	4.1	4.0	4.4	4.2	4.2	4.3	4.2	3.8	3.6	3.5
1972			3.4	4.0	3.8	4.5	4.2	4.2	4.3	4.2	3.8	3.5	3.4
1973				4.6	4.1	4.8	4.4	4.3	4.4	4.3	3.8	3.5	3.4
1974					3.6	4.9	4.3	4.3	4.4	4.3	3.7	3.3	3.3
1975						6.3	4.7	4.5	4.6	4.4	3.8	3.3	3.2
1976							3.1	3.6	4.0	4.0	3.3	2.8	2.8
1977								4.1	4.4	4.2	3.3	2.8	2.8
1978									4.7	4.3	3.0	2.4	2.5
1979										3.8	2.2	1.7	1.9
1980											0.6	0.6	1.3
1981												0.6	1.7
1982													2.8

Per capita G.D.P. (volume)
P.I.B. par habitant (volume)

	1971	1972	1973	1974	1975	1976	1977	1978	1979	1980	1981	1982	1983
1970	4.6	4.9	4.6	4.8	4.6	5.0	4.8	4.8	4.8	4.7	4.4	4.1	4.0
1971		5.2	4.6	4.8	4.7	5.1	4.8	4.8	4.8	4.8	4.4	4.1	4.0
1972			4.1	4.7	4.5	5.1	4.8	4.7	4.8	4.7	4.3	3.9	3.9
1973				5.2	4.7	5.4	4.9	4.9	4.9	4.8	4.3	3.9	3.8
1974					4.2	5.5	4.8	4.8	4.8	4.7	4.2	3.8	3.7
1975						6.8	5.2	5.0	5.0	4.8	4.2	3.7	3.6
1976							3.6	4.1	4.4	4.3	3.6	3.2	3.2
1977								4.5	4.8	4.6	3.7	3.1	3.1
1978									5.1	4.6	3.4	2.8	2.8
1979										4.2	2.5	2.0	2.3
1980											0.9	0.9	1.7
1981												1.0	2.1
1982													3.2

Gross domestic product (volume)
Produit intérieur brut (volume)

	1971	1972	1973	1974	1975	1976	1977	1978	1979	1980	1981	1982	1983
1970	4.6	3.8	3.5	3.6	3.9	4.2	4.6	3.8	3.8	3.6	3.4	3.2	3.0
1971		3.0	2.9	3.2	3.7	4.2	4.6	3.7	3.6	3.5	3.3	3.1	2.9
1972			2.9	3.4	4.0	4.5	5.0	3.8	3.7	3.6	3.3	3.1	2.9
1973				3.9	4.5	5.0	5.5	4.0	3.9	3.7	3.3	3.1	2.9
1974					5.1	5.6	6.0	4.1	3.9	3.6	3.3	3.0	2.8
1975						6.1	6.5	3.7	3.6	3.3	3.0	2.7	2.5
1976							6.9	2.6	2.8	2.7	2.4	2.2	2.0
1977								-1.6	0.8	1.3	1.3	1.3	1.2
1978									3.2	2.8	2.2	2.0	1.8
1979										2.3	1.7	1.6	1.5
1980											1.1	1.3	1.2
1981												1.4	1.2
1982													1.0

Private final consumption expenditure (volume)
Consommation finale privée (volume)

	1971	1972	1973	1974	1975	1976	1977	1978	1979	1980	1981	1982	1983
1970	6.0	5.3	5.3	5.0	5.3	5.6	5.5	5.5	5.3	5.3	5.4	5.2	5.1
1971		4.5	5.0	4.7	5.1	5.6	5.4	5.4	5.2	5.2	5.3	5.2	5.0
1972			5.5	4.7	5.3	5.8	5.6	5.6	5.3	5.3	5.4	5.2	5.1
1973				4.0	5.2	5.9	5.7	5.6	5.3	5.3	5.4	5.2	5.1
1974					6.4	6.9	6.2	6.0	5.5	5.5	5.6	5.4	5.2
1975						7.4	6.1	5.9	5.3	5.3	5.5	5.2	5.0
1976							4.9	5.1	4.6	4.8	5.1	4.8	4.7
1977								5.3	4.4	4.8	5.1	4.8	4.6
1978									3.5	4.5	5.0	4.7	4.5
1979										5.4	5.8	5.1	4.7
1980											6.1	4.9	4.5
1981												3.7	3.7
1982													3.7

Government final consumption expenditure (volume)
Consommation des administrations publiques (volume)

	1971	1972	1973	1974	1975	1976	1977	1978	1979	1980	1981	1982	1983
1970	18.7	6.7	9.0	8.0	8.8	9.0	8.2	5.6	4.3	3.7	5.0	3.7	3.6
1971		-4.1	4.4	4.6	6.4	7.1	6.5	3.8	2.7	2.2	3.7	2.4	2.4
1972			13.6	9.3	10.2	10.1	8.8	5.2	3.7	3.0	4.6	3.0	3.0
1973				5.1	8.5	9.0	7.6	3.6	2.1	1.6	3.5	1.9	2.0
1974					11.9	11.0	8.5	3.2	1.5	1.0	3.3	1.5	1.7
1975						10.1	6.8	0.4	-0.9	-1.0	1.9	0.1	0.5
1976							3.6	-4.1	-4.4	-3.7	0.3	-1.4	-0.9
1977								-11.2	-8.1	-6.0	-0.5	-2.4	-1.6
1978									-5.0	-3.2	3.3	-0.1	0.5
1979										-1.5	7.8	1.6	1.9
1980											17.9	3.2	3.0
1981												-9.7	-3.7
1982													2.7

Gross fixed capital formation (volume)
Formation brute de capital fixe (volume)

	1971	1972	1973	1974	1975	1976	1977	1978	1979	1980	1981	1982	1983
1970	11.5	10.9	11.8	12.4	12.9	12.8	12.4	12.1	12.1	13.0	13.2	12.9	12.8
1971		10.3	11.9	12.7	13.2	13.1	12.5	12.1	12.2	13.2	13.4	13.1	12.9
1972			13.6	13.9	14.2	13.8	13.0	12.5	12.4	13.6	13.7	13.4	13.2
1973				14.1	14.5	13.8	12.8	12.2	12.2	13.6	13.7	13.3	13.1
1974					15.0	13.6	12.4	11.7	11.9	13.5	13.7	13.2	13.0
1975						12.4	11.1	10.7	11.1	13.2	13.5	13.0	12.8
1976							9.9	9.9	10.7	13.4	13.7	13.1	12.8
1977								9.9	11.1	14.5	14.6	13.8	13.3
1978									12.3	17.0	16.3	14.8	14.0
1979										21.8	18.3	15.6	14.5
1980											14.9	12.6	12.1
1981												10.3	10.8
1982													11.2

National disposable income (value)
Revenu national disponible (valeur)

NORVÈGE

Variations moyennes en pourcentage aux taux annuels

	1971	1972	1973	1974	1975	1976	1977	1978	1979	1980	1981	1982	1983
1970	3.9	3.1	2.8	2.9	3.2	3.6	4.0	3.2	3.2	3.1	2.9	2.7	2.6
1971		2.2	2.2	2.5	3.0	3.5	4.0	3.1	3.1	3.0	2.8	2.6	2.4
1972			2.2	2.7	3.3	3.9	4.4	3.3	3.2	3.1	2.8	2.6	2.5
1973				3.2	3.9	4.4	5.0	3.5	3.4	3.2	2.9	2.7	2.5
1974					4.5	5.1	5.5	3.6	3.4	3.2	2.9	2.6	2.4
1975						5.6	6.0	3.3	3.2	2.9	2.6	2.4	2.1
1976							6.5	2.1	2.4	2.3	2.0	1.8	1.7
1977								-2.0	0.4	0.9	0.9	0.9	0.9
1978									2.9	2.4	1.9	1.7	1.5
1979										2.0	1.4	1.3	1.1
1980											0.8	0.9	0.8
1981												1.0	0.8
1982													0.7

Per capita private final consumption expenditure (volume)
Consommation finale privée par habitant (volume)

	1971	1972	1973	1974	1975	1976	1977	1978	1979	1980	1981	1982	1983
1970	6.7	5.8	6.9	7.8	8.2	8.1	8.1	7.9	7.8	8.4	8.9	9.0	8.9
1971		5.0	7.1	8.1	8.6	8.4	8.4	8.1	7.9	8.6	9.1	9.2	9.0
1972			9.2	9.7	9.8	9.2	9.0	8.6	8.3	9.1	9.6	9.6	9.4
1973				10.3	10.1	9.2	9.0	8.5	8.2	9.1	9.7	9.7	9.4
1974					10.0	8.8	8.6	8.1	7.8	8.9	9.6	9.6	9.3
1975						7.5	7.9	7.4	7.2	8.6	9.5	9.6	9.3
1976							8.3	7.4	7.1	8.9	9.9	9.9	9.5
1977								6.4	6.5	9.1	10.3	10.2	9.7
1978									6.6	10.5	11.7	11.2	10.4
1979										14.6	14.3	12.8	11.3
1980											14.0	11.9	10.3
1981												9.9	8.5
1982													7.1

Gross domestic product (implicit price deflator)
Produit intérieur brut (prix implicite)

	1971	1972	1973	1974	1975	1976	1977	1978	1979	1980	1981	1982	1983
1970	6.4	6.5	6.9	7.5	8.3	8.4	8.4	8.4	8.0	8.2	8.7	8.9	8.9
1971		6.6	7.2	7.8	8.8	8.8	8.7	8.7	8.2	8.4	8.9	9.1	9.1
1972			7.8	8.5	9.5	9.3	9.2	9.0	8.5	8.7	9.2	9.4	9.3
1973				9.2	10.4	9.9	9.5	9.3	8.6	8.8	9.4	9.6	9.5
1974					11.7	10.2	9.6	9.3	8.5	8.7	9.4	9.6	9.5
1975						8.7	8.6	8.5	7.7	8.1	9.0	9.3	9.3
1976							8.6	8.4	7.3	8.0	9.1	9.5	9.3
1977								8.3	6.7	7.8	9.2	9.6	9.5
1978									5.1	7.6	9.5	10.0	9.7
1979										10.0	11.7	11.6	10.9
1980											13.5	12.5	11.2
1981												11.5	10.0
1982													8.6

Private final consumption expenditure (implicit price deflator)
Consommation finale privée (prix implicite)

	1971	1972	1973	1974	1975	1976	1977	1978	1979	1980	1981	1982	1983
1970	11.4	9.1	8.8	9.6	10.4	10.4	10.1	9.7	9.0	9.0	9.1	9.0	8.9
1971		6.9	7.6	9.0	10.1	10.2	9.9	9.4	8.7	8.7	8.8	8.8	8.7
1972			8.3	10.1	11.2	11.1	10.5	9.9	8.9	8.9	9.1	9.0	8.8
1973				12.0	12.8	12.0	11.0	10.2	9.0	9.0	9.2	9.1	8.9
1974					13.5	12.1	10.7	9.8	8.4	8.5	8.8	8.7	8.5
1975						10.6	9.3	8.5	7.2	7.5	8.0	8.0	7.9
1976							8.0	7.5	6.1	6.8	7.5	7.6	7.6
1977								7.0	5.1	6.4	7.4	7.6	7.5
1978									3.3	6.1	7.5	7.7	7.6
1979										8.9	9.6	9.2	8.7
1980											10.3	9.3	8.6
1981												8.4	7.8
1982													7.2

Government final consumption expenditure (implicit price deflator)
Consommation des administrations publiques (prix implicite)

	1971	1972	1973	1974	1975	1976	1977	1978	1979	1980	1981	1982	1983
1970	5.1	6.4	6.1	8.3	9.5	9.7	9.8	9.5	8.8	8.7	8.9	9.0	8.8
1971		7.6	6.6	9.3	10.6	10.7	10.7	10.2	9.2	9.2	9.2	9.4	9.2
1972			5.6	10.2	11.6	11.4	11.3	10.6	9.5	9.4	9.4	9.5	9.3
1973				15.1	14.8	13.5	12.8	11.6	10.1	9.9	9.9	10.0	9.7
1974					14.6	12.7	12.0	10.8	9.2	9.1	9.2	9.4	9.1
1975						10.9	10.7	9.6	7.9	8.0	8.3	8.6	8.4
1976							10.6	8.9	6.9	7.3	7.8	8.3	8.1
1977								7.3	5.1	6.2	7.1	7.8	7.7
1978									2.9	5.7	7.1	8.0	7.8
1979										8.6	9.3	9.7	9.0
1980											10.0	10.3	9.2
1981												10.6	8.8
1982													7.0

Gross fixed capital formation (implicit price deflator)
Formation brute de capital fixe (prix implicite)

	1971	1972	1973	1974	1975	1976	1977	1978	1979	1980	1981	1982	1983
1970	16.7	14.6	14.1	14.7	15.5	15.6	15.2	14.5	13.4	13.3	13.2	13.1	12.7
1971		12.6	12.9	14.0	15.2	15.4	15.0	14.2	12.9	12.9	12.9	12.8	12.4
1972			13.1	14.7	16.1	16.1	15.5	14.5	13.0	12.9	12.9	12.8	12.4
1973				16.3	17.6	17.1	16.1	14.8	13.0	12.9	12.9	12.7	12.3
1974					19.0	17.5	16.0	14.4	12.3	12.3	12.4	12.3	11.8
1975						16.0	14.5	12.9	10.7	11.0	11.3	11.4	11.0
1976							13.0	11.3	9.0	9.8	10.4	10.6	10.3
1977								9.7	7.0	8.8	9.8	10.1	9.8
1978									4.4	8.3	9.8	10.2	9.9
1979										12.4	12.6	12.2	11.3
1980											12.9	12.2	10.9
1981												11.5	9.9
1982													8.4

Compensation of employees (value)
Rémunération des salariés (valeur)

PORTUGAL

PORTUGAL

Average per cent changes at annual rate

Variations moyennes en pourcentage aux taux annuels

	1971	1972	1973	1974	1975	1976	1977	1978	1979	1980	1981	1982	1983
1970	7.3	7.8	8.9	6.5	3.5	3.6	3.8	3.7	3.9	3.9	3.5	3.5	3.1
1971		8.3	9.7	6.3	2.6	2.9	3.2	3.2	3.5	3.5	3.2	3.1	2.8
1972			11.1	5.3	0.8	1.6	2.3	2.3	2.8	2.9	2.6	2.6	2.3
1973				-0.2	-4.0	-1.3	0.2	0.7	1.5	1.8	1.6	1.7	1.5
1974					-7.7	-1.9	0.3	0.9	1.8	2.1	1.8	2.0	1.7
1975						4.2	4.5	3.9	4.3	4.2	3.5	3.4	2.9
1976							4.8	3.8	4.4	4.2	3.4	3.3	2.7
1977								2.7	4.1	3.9	3.0	3.0	2.4
1978									5.6	4.6	3.1	3.0	2.3
1979										3.6	1.9	2.2	1.5
1980											0.3	1.5	0.8
1981												2.8	1.0
1982													-0.7

Per capita G.D.P. (volume)
P.I.B. par habitant (volume)

	1971	1972	1973	1974	1975	1976	1977	1978	1979	1980	1981	1982	1983
1970	13.4	8.7	9.8	9.4	6.5	5.6	4.7	3.8	3.4	3.3	3.2	3.0	2.7
1971		4.3	8.0	8.1	4.9	4.1	3.4	2.5	2.2	2.2	2.2	2.2	1.8
1972			11.9	10.1	5.1	4.0	3.2	2.2	2.0	2.0	2.0	2.0	1.6
1973				8.3	1.8	1.5	1.1	0.4	0.4	0.7	0.8	0.9	0.6
1974					-4.3	-1.7	-1.2	-1.5	-1.1	-0.6	-0.2	0.0	-0.2
1975						0.9	0.4	-0.5	-0.3	0.2	0.5	0.6	0.4
1976							-0.1	-1.3	-0.7	0.0	0.4	0.6	0.3
1977								-2.4	-1.0	0.1	0.5	0.7	0.4
1978									0.4	1.3	1.5	1.5	0.9
1979										2.3	2.1	1.9	1.0
1980											1.9	1.8	0.6
1981												1.6	-0.0
1982													-1.6

Per capita private final consumption expenditure (volume)
Consommation finale privée par habitant (volume)

	1971	1972	1973	1974	1975	1976	1977	1978	1979	1980	1981	1982	1983
1970	6.6	7.3	8.6	6.7	4.4	4.8	4.9	4.7	4.9	4.8	4.4	4.3	4.0
1971		8.0	9.6	6.7	3.8	4.4	4.6	4.4	4.7	4.6	4.2	4.1	3.8
1972			11.2	6.1	2.5	3.6	4.0	3.9	4.2	4.2	3.8	3.7	3.4
1973				1.1	-1.6	1.1	2.2	2.5	3.1	3.2	2.9	2.9	2.6
1974					-4.3	1.1	2.6	2.8	3.5	3.6	3.2	3.2	2.8
1975						6.9	6.2	5.3	5.5	5.2	4.5	4.3	3.7
1976							5.6	4.5	5.1	4.8	4.0	3.9	3.3
1977								3.4	4.8	4.6	3.6	3.5	2.9
1978									6.2	5.1	3.7	3.6	2.8
1979										4.1	2.4	2.7	2.0
1980											0.8	2.0	1.3
1981												3.2	1.5
1982													-0.1

Gross domestic product (volume)
Produit intérieur brut (volume)

	1971	1972	1973	1974	1975	1976	1977	1978	1979	1980	1981	1982	1983
1970	5.0	6.4	7.4	10.2	11.4	12.2	14.1	15.0	15.4	15.8	16.0	16.5	17.1
1971		7.8	8.6	11.9	13.0	13.6	15.7	16.5	16.8	17.1	17.2	17.7	18.1
1972			9.5	14.1	14.8	15.2	17.3	18.0	18.1	18.3	18.3	18.7	19.1
1973				18.9	17.5	17.1	19.4	19.8	19.7	19.6	19.5	19.8	20.1
1974					16.2	16.3	19.5	20.1	19.8	19.8	19.5	19.9	20.3
1975						16.3	21.2	21.4	20.7	20.5	20.1	20.4	20.8
1976							26.4	24.0	22.3	21.5	20.9	21.1	21.4
1977								21.7	20.2	20.0	19.5	20.1	20.6
1978									18.8	19.1	18.8	19.7	20.4
1979										19.4	18.9	20.0	20.8
1980											18.3	20.2	21.3
1981												22.2	22.8
1982													23.4

Gross domestic product (implicit price deflator)
Produit intérieur brut (prix implicite)

	1971	1972	1973	1974	1975	1976	1977	1978	1979	1980	1981	1982	1983
1970	12.7	8.3	9.5	9.6	7.4	6.7	5.8	4.9	4.4	4.3	4.1	3.9	3.5
1971		4.0	8.0	8.5	6.1	5.6	4.7	3.8	3.4	3.4	3.3	3.1	2.8
1972			12.0	10.9	6.8	6.0	4.9	3.7	3.3	3.3	3.2	3.1	2.7
1973				9.7	4.3	4.0	3.2	2.2	2.0	2.1	2.1	2.1	1.8
1974					-0.9	1.3	1.1	0.3	0.5	0.9	1.1	1.2	0.9
1975						3.5	2.0	0.8	0.8	1.2	1.4	1.5	1.2
1976							0.6	-0.6	-0.1	0.7	1.0	1.2	0.9
1977								-1.7	-0.4	0.7	1.1	1.3	0.9
1978									0.9	1.9	2.1	2.1	1.4
1979										2.9	2.6	2.4	1.6
1980											2.4	2.2	1.1
1981												2.0	0.5
1982													-1.0

Private final consumption expenditure (volume)
Consommation finale privée (volume)

	1971	1972	1973	1974	1975	1976	1977	1978	1979	1980	1981	1982	1983
1970	2.9	4.1	5.9	9.9	11.7	12.5	14.5	15.3	16.3	16.6	17.0	17.4	18.0
1971		5.2	7.5	12.4	14.0	14.6	16.6	17.2	18.0	18.2	18.5	18.8	19.4
1972			9.8	16.1	17.1	17.0	19.0	19.3	20.0	19.9	20.0	20.3	20.8
1973				22.8	20.9	19.5	21.4	21.3	21.8	21.4	21.4	21.5	21.9
1974					19.1	17.9	21.0	21.0	21.6	21.2	21.2	21.4	21.8
1975						16.8	21.9	21.6	22.2	21.6	21.5	21.7	22.2
1976							27.3	24.1	24.1	22.9	22.5	22.5	23.0
1977								21.0	22.5	21.4	21.3	21.6	22.2
1978									24.0	21.7	21.5	21.8	22.5
1979										19.4	20.2	21.0	22.1
1980											21.0	21.8	23.0
1981												22.6	24.1
1982													25.5

Private final consumption expenditure (implicit price deflator)
Consommation finale privée (prix implicite)

	1971	1972	1973	1974	1975	1976	1977	1978	1979	1980	1981	1982	1983
1970	6.4	7.5	7.6	10.0	9.3	8.9	9.3	8.7	8.7	8.2	7.7	7.3	7.1
1971		8.6	8.2	11.2	10.0	9.4	9.8	9.0	9.0	8.4	7.8	7.4	7.1
1972			7.8	12.5	10.5	9.6	10.0	9.0	9.0	8.3	7.7	7.3	7.0
1973				17.3	11.8	10.2	10.6	9.3	9.2	8.4	7.7	7.3	6.9
1974					6.6	6.8	8.4	7.4	7.7	7.0	6.4	6.1	5.8
1975						7.0	9.4	7.6	7.9	7.1	6.4	6.0	5.7
1976							11.8	8.0	8.3	7.1	6.3	5.8	5.5
1977								4.3	6.5	5.6	4.9	4.6	4.5
1978									8.9	6.3	5.2	4.7	4.6
1979										3.7	3.3	3.4	3.5
1980											3.0	3.2	3.5
1981												3.5	3.8
1982													4.0

Government final consumption expenditure (volume)
Consommation des administrations publiques (volume)

	1971	1972	1973	1974	1975	1976	1977	1978	1979	1980	1981	1982	1983
1970	2.9	4.5	5.7	7.4	8.1	7.8	9.7	10.9	11.4	12.6	13.3	13.6	14.1
1971		6.0	7.1	9.0	9.4	8.8	10.9	12.1	12.5	13.8	14.4	14.7	15.1
1972			8.1	10.5	10.5	9.5	11.9	13.2	13.5	14.8	15.3	15.6	16.0
1973				12.9	11.8	10.0	12.9	14.2	14.4	15.8	16.3	16.4	16.8
1974					10.7	8.6	12.9	14.6	14.7	16.2	16.7	16.9	17.2
1975						6.6	14.0	15.9	15.7	17.4	17.8	17.8	18.1
1976							22.0	20.9	19.0	20.3	20.2	19.8	19.8
1977								19.8	17.5	19.7	19.7	19.3	19.5
1978									15.2	19.7	19.7	19.2	19.4
1979										24.3	22.0	20.6	20.5
1980											19.8	18.8	19.3
1981												17.8	19.0
1982													20.3

Government final consumption expenditure (implicit price deflator)
Consommation des administrations publiques (prix implicite)

	1971	1972	1973	1974	1975	1976	1977	1978	1979	1980	1981	1982	1983
1970	9.8	11.7	10.9	6.2	2.4	2.1	3.5	3.9	3.4	4.1	4.2	4.1	3.1
1971		13.5	11.5	5.0	0.6	0.7	2.5	3.1	2.6	3.4	3.6	3.5	2.6
1972			9.5	1.0	-3.3	-2.3	0.4	1.5	1.1	2.2	2.6	2.6	1.6
1973				-7.0	-9.2	-5.9	-1.7	-0.0	-0.2	1.2	1.7	1.9	0.9
1974					-11.3	-5.4	0.1	1.8	1.2	2.7	3.0	3.0	1.8
1975						0.8	6.3	6.6	4.6	5.7	5.6	5.2	3.6
1976							12.0	9.5	5.9	7.0	6.6	6.0	3.9
1977								7.1	3.0	5.4	5.3	4.8	2.7
1978									-0.9	4.5	4.7	4.3	1.8
1979										10.3	7.7	6.1	2.5
1980											5.1	4.0	0.0
1981												2.9	-2.4
1982													-7.5

Gross fixed capital formation (volume)
Formation brute de capital fixe (volume)

	1971	1972	1973	1974	1975	1976	1977	1978	1979	1980	1981	1982	1983
1970	8.5	10.4	10.3	13.9	16.0	16.5	17.8	18.6	18.9	19.2	19.3	19.7	20.0
1971		12.4	11.2	15.7	18.0	18.2	19.5	20.1	20.2	20.4	20.5	20.7	21.1
1972			10.0	17.4	19.9	19.7	20.9	21.4	21.4	21.5	21.4	21.6	21.9
1973				25.3	25.1	23.1	23.8	23.8	23.4	23.2	22.9	23.0	23.1
1974					25.0	22.1	23.4	23.4	23.0	22.8	22.6	22.7	22.9
1975						19.2	22.6	22.9	22.5	22.4	22.2	22.3	22.6
1976							26.0	24.9	23.6	23.2	22.8	22.9	23.1
1977								23.7	22.5	22.3	22.0	22.3	22.7
1978									21.3	21.6	21.4	21.9	22.5
1979										22.0	21.5	22.1	22.8
1980											20.9	22.1	23.0
1981												23.3	24.1
1982													24.8

Gross fixed capital formation (implicit price deflator)
Formation brute de capital fixe (prix implicite)

	1971	1972	1973	1974	1975	1976	1977	1978	1979	1980	1981	1982	1983
1970	12.7	15.9	17.9	17.3	14.8	16.3	18.9	19.8	20.9	21.1	20.8	21.0	21.2
1971		19.2	20.6	18.8	15.3	17.1	20.0	20.9	21.9	22.1	21.6	21.8	22.0
1972			22.0	18.6	14.1	16.5	20.1	21.2	22.3	22.5	21.9	22.1	22.2
1973				15.4	10.3	14.8	19.7	21.0	22.4	22.5	21.9	22.1	22.2
1974					5.5	14.5	21.1	22.5	23.8	23.8	22.9	23.0	23.0
1975						24.1	29.8	28.7	28.9	27.8	26.0	25.7	25.4
1976							35.7	31.0	30.5	28.7	26.4	25.9	25.6
1977								26.6	28.0	26.5	24.2	24.1	24.0
1978									29.4	26.4	23.4	23.4	23.5
1979										23.6	20.5	21.5	22.0
1980											17.6	20.5	21.5
1981												23.6	23.6
1982													23.6

National disposable income (value)
Revenu national disponible (valeur)

	1971	1972	1973	1974	1975	1976	1977	1978	1979	1980	1981	1982	1983
1970	15.6	15.7	16.4	20.8	23.1	23.0	22.9	22.4	22.4	23.0	22.9	22.7	22.4
1971		15.9	16.9	22.6	25.1	24.5	24.1	23.4	23.3	23.8	23.7	23.4	23.0
1972			17.9	26.1	28.3	26.8	25.9	24.7	24.4	24.9	24.5	24.2	23.6
1973				34.8	33.8	29.9	28.0	26.1	25.5	25.9	25.4	24.9	24.2
1974					32.8	27.5	25.8	24.0	23.7	24.5	24.1	23.7	23.1
1975						22.5	22.4	21.2	21.5	22.9	22.7	22.4	21.9
1976							22.3	20.6	21.2	23.0	22.8	22.4	21.9
1977								18.9	20.7	23.2	22.9	22.5	21.8
1978									22.5	25.4	24.3	23.4	22.4
1979										28.4	25.2	23.7	22.4
1980											22.0	21.4	20.4
1981												20.8	19.6
1982													18.5

Compensation of employees (value)
Rémunération des salariés (valeur)

SPAIN

Average per cent changes at annual rate

ESPAGNE

Variations moyennes en pourcentage aux taux annuels

	1971	1972	1973	1974	1975	1976	1977	1978	1979	1980	1981	1982	1983
1970	4.0	5.6	6.0	5.7	4.5	4.1	3.8	3.4	2.9	2.7	2.4	2.2	2.2
1971		7.2	7.0	6.3	4.7	4.1	3.7	3.3	2.8	2.6	2.3	2.1	2.0
1972			6.9	5.8	3.8	3.3	3.1	2.7	2.2	2.0	1.8	1.6	1.6
1973				4.7	2.4	2.2	2.1	1.8	1.4	1.3	1.1	1.0	1.0
1974					0.0	0.9	1.3	1.1	0.8	0.8	0.6	0.6	0.6
1975						1.8	1.9	1.5	1.0	0.9	0.7	0.6	0.7
1976							2.1	1.4	0.7	0.7	0.5	0.4	0.6
1977								0.7	−0.0	0.2	0.1	0.1	0.3
1978									−0.7	0.0	−0.1	−0.0	0.3
1979										0.8	0.3	0.2	0.5
1980											−0.3	−0.1	0.4
1981												0.1	0.7
1982													1.3

Per capita G.D.P. (volume)
P.I.B. par habitant (volume)

	1971	1972	1973	1974	1975	1976	1977	1978	1979	1980	1981	1982	1983
1970	5.0	6.5	7.0	6.7	5.5	5.1	4.8	4.5	4.0	3.7	3.4	3.2	3.1
1971		8.1	8.0	7.2	5.7	5.1	4.8	4.4	3.9	3.6	3.3	3.1	3.0
1972			7.9	6.8	4.9	4.4	4.2	3.8	3.3	3.0	2.7	2.6	2.5
1973				5.7	3.4	3.3	3.3	3.0	2.5	2.4	2.1	2.0	2.0
1974					1.1	2.0	2.5	2.3	1.9	1.8	1.6	1.5	1.6
1975						3.0	3.2	2.7	2.1	2.0	1.7	1.6	1.7
1976							3.3	2.5	1.8	1.7	1.4	1.4	1.5
1977								1.8	1.0	1.2	1.0	1.0	1.2
1978									0.2	0.9	0.7	0.8	1.0
1979										1.5	1.0	1.0	1.2
1980											0.4	0.7	1.1
1981												0.9	1.5
1982													2.1

Gross domestic product (volume)
Produit intérieur brut (volume)

	1971	1972	1973	1974	1975	1976	1977	1978	1979	1980	1981	1982	1983
1970	4.9	6.6	7.1	6.6	5.8	5.6	5.1	4.6	4.3	4.0	3.5	3.3	3.1
1971		8.3	8.2	7.2	6.0	5.7	5.2	4.6	4.2	3.8	3.4	3.1	2.9
1972			8.0	6.6	5.2	5.0	4.5	4.0	3.6	3.3	2.8	2.6	2.4
1973				5.2	3.8	4.1	3.7	3.2	2.9	2.6	2.2	2.0	1.9
1974					2.4	3.5	3.2	2.7	2.4	2.2	1.8	1.6	1.5
1975						4.7	3.6	2.8	2.4	2.2	1.7	1.5	1.4
1976							2.5	1.9	1.7	1.6	1.1	1.0	1.0
1977								1.3	1.3	1.3	0.7	0.7	0.7
1978									1.2	1.2	0.5	0.6	0.6
1979										1.3	0.2	0.4	0.4
1980											−0.9	−0.1	0.2
1981												0.7	0.7
1982													0.7

Private final consumption expenditure (volume)
Consommation finale privée (volume)

	1971	1972	1973	1974	1975	1976	1977	1978	1979	1980	1981	1982	1983
1970	4.7	5.1	5.6	6.3	6.1	5.9	5.7	5.7	5.5	5.4	5.0	5.2	5.1
1971		5.5	6.1	6.8	6.4	6.2	5.8	5.8	5.6	5.5	5.1	5.2	5.1
1972			6.7	7.5	6.7	6.4	5.9	5.9	5.6	5.5	5.0	5.2	5.1
1973				8.2	6.7	6.3	5.7	5.7	5.4	5.3	4.8	5.0	5.0
1974					5.3	5.3	4.9	5.1	4.9	4.8	4.3	4.6	4.6
1975						5.3	4.7	5.0	4.8	4.7	4.2	4.5	4.5
1976							4.1	4.8	4.6	4.6	3.9	4.4	4.4
1977								5.5	4.9	4.7	3.9	4.4	4.4
1978									4.2	4.3	3.3	4.1	4.2
1979										4.4	2.9	4.1	4.2
1980											1.5	4.0	4.2
1981												6.5	5.6
1982													4.6

Government final consumption expenditure (volume)
Consommation des administrations publiques (volume)

	1971	1972	1973	1974	1975	1976	1977	1978	1979	1980	1981	1982	1983
1970	−2.9	6.1	8.7	8.2	5.7	4.4	3.7	2.9	2.1	2.0	1.9	1.5	1.1
1971		15.8	15.1	12.2	7.9	5.9	4.8	3.8	2.7	2.6	2.4	2.0	1.5
1972			14.3	10.4	5.4	3.5	2.8	1.9	1.0	1.0	1.0	0.7	0.3
1973				6.6	1.2	0.2	0.1	−0.4	−1.1	−0.8	−0.5	−0.7	−1.0
1974					−3.9	−2.9	−2.1	−2.1	−2.6	−2.0	−1.5	−1.6	−1.9
1975						−2.0	−1.1	−1.5	−2.3	−1.6	−1.1	−1.3	−1.6
1976							−0.2	−1.3	−2.4	−1.5	−0.9	−1.2	−1.5
1977								−2.3	−3.4	−1.9	−1.1	−1.4	−1.8
1978									−4.5	−1.6	−0.7	−1.1	−1.6
1979										1.3	1.3	0.0	−0.9
1980											1.2	−0.7	−1.7
1981												−2.4	−3.0
1982													−3.6

Gross fixed capital formation (volume)
Formation brute de capital fixe (volume)

	1971	1972	1973	1974	1975	1976	1977	1978	1979	1980	1981	1982	1983
1970	13.7	15.9	17.7	18.9	18.5	18.7	19.8	20.1	19.7	19.2	18.6	18.3	17.9
1971		18.1	19.7	20.6	19.7	19.7	20.8	21.1	20.5	19.9	19.1	18.7	18.3
1972			21.4	21.9	20.3	20.2	21.4	21.6	20.8	20.1	19.3	18.7	18.3
1973				22.5	19.7	19.7	21.4	21.6	20.7	19.9	19.0	18.4	18.0
1974					17.0	18.4	21.1	21.4	20.4	19.5	18.5	17.9	17.5
1975						19.8	23.1	22.9	21.2	20.0	18.8	18.1	17.5
1976							26.6	24.4	21.7	20.1	18.6	17.8	17.2
1977								22.3	19.3	18.0	16.6	16.1	15.7
1978									16.4	15.8	14.8	14.6	14.4
1979										15.3	14.0	14.0	14.0
1980											12.7	13.4	13.5
1981												14.1	13.9
1982													13.7

National disposable income (value)
Revenu national disponible (valeur)

	1971	1972	1973	1974	1975	1976	1977	1978	1979	1980	1981	1982	1983
1970	4.0	5.6	6.1	5.6	4.8	4.5	4.1	3.6	3.2	2.9	2.5	2.3	2.1
1971		7.3	7.2	6.2	5.0	4.6	4.1	3.5	3.1	2.8	2.4	2.1	2.0
1972			7.1	5.6	4.2	4.0	3.4	2.9	2.5	2.3	1.8	1.6	1.5
1973				4.2	2.7	3.0	2.6	2.1	1.8	1.6	1.2	1.1	0.9
1974					1.3	2.4	2.0	1.6	1.3	1.2	0.8	0.7	0.6
1975						3.4	2.4	1.6	1.3	1.1	0.7	0.6	0.5
1976							1.3	0.8	0.6	0.6	0.1	0.1	0.1
1977								0.2	0.3	0.3	−0.1	−0.1	−0.1
1978									0.3	0.4	−0.3	−0.2	−0.2
1979										0.5	−0.5	−0.4	−0.3
1980											−1.6	−0.8	−0.6
1981												−0.1	−0.1
1982													−0.0

Per capita private final consumption expenditure (volume)
Consommation finale privée par habitant (volume)

	1971	1972	1973	1974	1975	1976	1977	1978	1979	1980	1981	1982	1983
1970	8.0	8.3	9.5	11.2	12.3	13.0	14.4	15.1	15.3	15.1	15.0	14.9	14.6
1971		8.7	10.2	12.3	13.4	14.0	15.5	16.1	16.2	15.9	15.7	15.5	15.2
1972			11.8	14.2	15.0	15.4	16.9	17.4	17.3	16.9	16.5	16.2	15.8
1973				16.6	16.6	16.6	18.2	18.6	18.3	17.6	17.1	16.7	16.2
1974					16.7	16.7	18.7	19.1	18.6	17.8	17.2	16.7	16.2
1975						16.7	19.7	19.9	19.1	18.0	17.3	16.8	16.1
1976							22.8	21.5	19.9	18.4	17.4	16.8	16.0
1977								20.2	18.4	16.9	16.1	15.6	14.9
1978									16.7	15.3	14.7	14.5	13.9
1979										13.9	13.7	13.7	13.2
1980											13.6	13.6	13.0
1981												13.7	12.7
1982													11.8

Gross domestic product (implicit price deflator)
Produit intérieur brut (prix implicite)

	1971	1972	1973	1974	1975	1976	1977	1978	1979	1980	1981	1982	1983
1970	8.0	8.1	9.2	11.2	12.1	12.9	14.4	15.0	15.1	15.2	15.2	15.1	14.9
1971		8.2	9.8	12.3	13.1	13.9	15.5	16.0	16.0	16.0	15.9	15.7	15.4
1972			11.4	14.4	14.8	15.3	17.0	17.4	17.2	17.0	16.8	16.5	16.1
1973				17.5	16.6	16.6	18.4	18.6	18.2	17.8	17.5	17.1	16.6
1974					15.6	16.2	18.7	18.9	18.3	17.9	17.5	17.1	16.5
1975						16.8	20.3	20.0	19.0	18.3	17.8	17.3	16.6
1976							24.0	21.6	19.8	18.7	18.0	17.3	16.6
1977								19.2	17.7	17.0	16.5	16.1	15.4
1978									16.2	15.9	15.6	15.3	14.7
1979										15.6	15.3	15.0	14.3
1980											15.1	14.6	13.8
1981												14.2	13.2
1982													12.2

Private final consumption expenditure (implicit price deflator)
Consommation finale privée (prix implicite)

	1971	1972	1973	1974	1975	1976	1977	1978	1979	1980	1981	1982	1983
1970	10.0	10.1	11.1	12.5	13.6	14.8	16.2	16.7	16.7	16.8	16.5	16.1	15.7
1971		10.2	11.7	13.3	14.5	15.8	17.2	17.7	17.6	17.6	17.1	16.6	16.2
1972			13.2	14.9	15.9	17.3	18.7	18.9	18.7	18.5	17.9	17.3	16.8
1973				16.7	17.3	18.7	20.1	20.1	19.6	19.3	18.6	17.7	17.1
1974					17.9	19.7	21.2	21.0	20.2	19.8	18.8	17.9	17.2
1975						21.5	22.9	22.1	20.8	20.1	19.0	17.9	17.1
1976							24.3	22.3	20.5	19.8	18.5	17.3	16.5
1977								20.3	18.6	18.3	17.0	15.9	15.2
1978									17.0	17.3	16.0	14.8	14.2
1979										17.6	15.5	14.1	13.6
1980											13.4	12.4	12.3
1981												11.4	11.7
1982													12.0

Government final consumption expenditure (implicit price deflator)
Consommation des administrations publiques (prix implicite)

	1971	1972	1973	1974	1975	1976	1977	1978	1979	1980	1981	1982	1983
1970	6.7	6.6	8.4	11.4	12.2	12.7	14.0	14.6	14.8	15.0	15.3	15.2	15.0
1971		6.5	9.2	13.0	13.7	13.9	15.3	15.8	15.8	16.0	16.2	16.0	15.8
1972			12.0	16.4	16.2	15.9	17.1	17.4	17.2	17.2	17.3	17.0	16.6
1973				20.9	18.3	17.2	18.5	18.5	18.1	18.0	18.0	17.5	17.1
1974					15.8	15.4	17.7	18.0	17.6	17.5	17.6	17.1	16.7
1975						14.9	18.6	18.7	18.1	17.9	17.9	17.3	16.8
1976							22.4	20.6	19.1	18.6	18.4	17.7	17.1
1977								18.8	17.5	17.3	17.5	16.8	16.2
1978									16.2	16.6	17.0	16.3	15.7
1979										17.1	17.5	16.3	15.6
1980											17.9	16.0	15.1
1981												14.1	13.7
1982													13.4

Gross fixed capital formation (implicit price deflator)
Formation brute de capital fixe (prix implicite)

	1971	1972	1973	1974	1975	1976	1977	1978	1979	1980	1981	1982	1983
1970	15.8	18.6	19.7	20.8	21.0	21.3	22.1	22.2	21.5	20.7	20.0	19.4	18.8
1971		21.5	21.7	22.5	22.3	22.5	23.2	23.1	22.3	21.3	20.4	19.7	19.0
1972			21.9	23.0	22.6	22.7	23.5	23.4	22.4	21.2	20.3	19.5	18.8
1973				24.0	23.0	23.0	24.0	23.7	22.5	21.1	20.1	19.3	18.5
1974					21.9	22.4	23.9	23.6	22.2	20.6	19.6	18.7	17.9
1975						23.0	25.0	24.2	22.2	20.4	19.2	18.2	17.4
1976							27.0	24.8	22.0	19.8	18.4	17.5	16.6
1977								22.6	19.6	17.4	16.4	15.6	15.0
1978									16.6	14.9	14.4	14.0	13.5
1979										13.3	13.3	13.1	12.8
1980											13.3	13.0	12.6
1981												12.7	12.2
1982													11.8

Compensation of employees (value)
Rémunération des salariés (valeur)

SWEDEN

SUÈDE

Average per cent changes at annual rate

Variations moyennes en pourcentage aux taux annuels

Per capita G.D.P. (volume) / P.I.B. par habitant (volume)

	1971	1972	1973	1974	1975	1976	1977	1978	1979	1980	1981	1982	1983
1970	0.3	1.1	2.0	2.2	2.2	2.0	1.4	1.4	1.6	1.6	1.4	1.4	1.5
1971		2.0	2.9	2.9	2.7	2.3	1.6	1.6	1.8	1.8	1.5	1.5	1.6
1972			3.8	3.3	2.9	2.4	1.5	1.5	1.8	1.7	1.5	1.4	1.5
1973				2.9	2.5	1.9	0.9	1.0	1.5	1.5	1.2	1.2	1.3
1974					2.2	1.4	0.3	0.6	1.2	1.2	1.0	1.0	1.1
1975						0.7	−0.6	0.1	0.9	1.0	0.8	0.8	1.0
1976							−1.9	−0.3	1.0	1.1	0.8	0.8	1.0
1977								1.5	2.5	2.2	1.5	1.4	1.5
1978									3.6	2.5	1.5	1.3	1.6
1979										1.5	0.5	0.6	1.1
1980											−0.5	0.1	0.9
1981												0.8	1.6
1982													2.5

Per capita private final consumption expenditure (volume) / Consommation finale privée par habitant (volume)

	1971	1972	1973	1974	1975	1976	1977	1978	1979	1980	1981	1982	1983
1970	−0.6	1.3	1.6	2.0	2.1	2.4	1.8	1.5	1.5	1.3	1.1	1.1	0.9
1971		3.1	2.8	2.9	2.7	3.0	2.2	1.8	1.8	1.5	1.3	1.3	1.0
1972			2.4	2.7	2.6	2.9	2.0	1.5	1.6	1.3	1.1	1.1	0.8
1973				3.1	2.7	3.1	1.9	1.4	1.5	1.1	0.9	0.9	0.7
1974					2.4	3.1	1.6	0.9	1.2	0.8	0.6	0.7	0.4
1975						3.8	1.2	0.4	0.9	0.5	0.3	0.4	0.2
1976							−1.4	−1.2	−0.1	−0.3	−0.4	−0.1	−0.3
1977								−1.0	0.6	0.0	−0.1	0.2	−0.1
1978									2.2	0.6	0.2	0.4	0.0
1979										−1.0	−0.8	−0.1	−0.5
1980											−0.7	0.3	−0.3
1981												1.3	−0.2
1982													−1.6

Gross domestic product (volume) / Produit intérieur brut (volume)

	1971	1972	1973	1974	1975	1976	1977	1978	1979	1980	1981	1982	1983
1970	0.9	1.6	2.4	2.6	2.6	2.3	1.8	1.8	2.0	2.0	1.7	1.7	1.7
1971		2.3	3.1	3.1	3.0	2.6	1.9	1.9	2.1	2.1	1.8	1.7	1.8
1972			4.0	3.6	3.2	2.7	1.8	1.8	2.1	2.0	1.8	1.7	1.8
1973				3.2	2.9	2.3	1.3	1.4	1.8	1.8	1.5	1.4	1.5
1974					2.6	1.8	0.7	0.9	1.5	1.5	1.3	1.2	1.4
1975						1.1	−0.3	0.4	1.2	1.3	1.1	1.0	1.2
1976							−1.6	0.1	1.3	1.4	1.1	1.0	1.2
1977								1.8	2.8	2.4	1.7	1.5	1.7
1978									3.8	2.7	1.7	1.5	1.7
1979										1.7	0.7	0.7	1.2
1980											−0.3	0.3	1.0
1981												0.8	1.7
1982													2.5

Gross domestic product (implicit price deflator) / Produit intérieur brut (prix implicite)

	1971	1972	1973	1974	1975	1976	1977	1978	1979	1980	1981	1982	1983
1970	7.1	7.0	7.0	7.6	9.0	9.5	9.6	9.6	9.4	9.6	9.6	9.6	9.5
1971		7.0	7.0	7.8	9.5	9.9	10.0	10.0	9.7	9.9	9.9	9.8	9.7
1972			7.0	8.2	10.3	10.7	10.7	10.5	10.1	10.3	10.2	10.1	10.0
1973				9.5	12.0	11.9	11.6	11.2	10.6	10.8	10.6	10.4	10.3
1974					14.5	13.2	12.3	11.6	10.9	11.0	10.8	10.5	10.4
1975						11.9	11.2	10.7	10.0	10.3	10.2	10.0	9.9
1976							10.5	10.0	9.3	9.9	9.8	9.6	9.6
1977								9.5	8.7	9.7	9.7	9.5	9.5
1978									7.9	9.8	9.7	9.4	9.4
1979										11.7	10.6	9.9	9.8
1980											9.5	9.1	9.2
1981												8.7	9.1
1982													9.5

Private final consumption expenditure (volume) / Consommation finale privée (volume)

	1971	1972	1973	1974	1975	1976	1977	1978	1979	1980	1981	1982	1983
1970	0.1	1.7	2.0	2.4	2.4	2.7	2.2	1.8	1.9	1.6	1.4	1.4	1.2
1971		3.4	3.0	3.1	3.0	3.3	2.5	2.1	2.1	1.8	1.6	1.5	1.3
1972			2.6	3.0	2.9	3.2	2.4	1.8	1.9	1.6	1.3	1.3	1.1
1973				3.4	3.1	3.4	2.3	1.7	1.8	1.4	1.2	1.2	0.9
1974					2.8	3.5	1.9	1.3	1.5	1.1	0.9	0.9	0.7
1975						4.2	1.5	0.8	1.2	0.8	0.6	0.7	0.4
1976							−1.0	−0.9	0.2	−0.0	−0.1	0.1	−0.1
1977								−0.7	0.8	0.3	0.1	0.3	0.0
1978									2.4	0.8	0.4	0.6	0.2
1979										−0.8	−0.7	0.0	−0.4
1980											−0.5	0.4	−0.3
1981												1.4	−0.1
1982													−1.6

Private final consumption expenditure (implicit price deflator) / Consommation finale privée (prix implicite)

	1971	1972	1973	1974	1975	1976	1977	1978	1979	1980	1981	1982	1983
1970	7.6	7.0	7.2	8.0	8.6	9.0	9.2	9.5	9.3	9.6	9.8	9.8	9.9
1971		6.4	7.0	8.1	8.8	9.2	9.5	9.8	9.6	9.9	10.0	10.0	10.1
1972			7.6	8.9	9.6	9.9	10.1	10.4	10.0	10.3	10.4	10.4	10.4
1973				10.3	10.6	10.8	10.8	10.9	10.4	10.7	10.8	10.7	10.7
1974					10.9	11.0	10.9	11.1	10.5	10.8	10.9	10.8	10.7
1975						11.0	10.9	11.1	10.3	10.7	10.8	10.8	10.7
1976							10.8	11.2	10.1	10.7	10.8	10.7	10.7
1977								11.6	9.8	10.6	10.8	10.7	10.7
1978									7.9	10.2	10.5	10.5	10.5
1979										12.4	11.9	11.3	11.1
1980											11.3	10.8	10.7
1981												10.3	10.4
1982													10.5

Government final consumption expenditure (volume) / Consommation des administrations publiques (volume)

	1971	1972	1973	1974	1975	1976	1977	1978	1979	1980	1981	1982	1983
1970	2.2	2.3	2.4	2.6	3.0	3.1	3.1	3.1	3.3	3.2	3.1	2.9	2.7
1971		2.4	2.5	2.7	3.2	3.3	3.2	3.2	3.4	3.3	3.2	2.9	2.8
1972			2.6	2.8	3.4	3.5	3.4	3.4	3.5	3.4	3.2	3.0	2.8
1973				3.1	3.9	3.8	3.6	3.5	3.7	3.5	3.3	3.0	2.8
1974					4.7	4.1	3.7	3.6	3.8	3.6	3.3	3.0	2.8
1975						3.5	3.3	3.3	3.6	3.3	3.1	2.8	2.5
1976							3.0	3.1	3.7	3.3	3.0	2.7	2.4
1977								3.3	4.0	3.4	3.1	2.6	2.3
1978									4.7	3.5	3.0	2.4	2.1
1979										2.2	2.1	1.7	1.5
1980											2.0	1.4	1.2
1981												0.8	0.8
1982													0.9

Government final consumption expenditure (implicit price deflator) / Consommation des administrations publiques (prix implicite)

	1971	1972	1973	1974	1975	1976	1977	1978	1979	1980	1981	1982	1983
1970	10.9	9.4	9.0	9.8	10.8	11.4	12.1	11.8	11.4	11.6	11.3	11.1	10.9
1971		7.9	8.1	9.4	10.8	11.5	12.3	11.9	11.5	11.7	11.4	11.1	10.9
1972			8.3	10.2	11.8	12.4	13.2	12.6	12.0	12.2	11.8	11.4	11.2
1973				12.1	13.6	13.8	14.5	13.5	12.6	12.7	12.2	11.8	11.5
1974					15.1	14.6	15.3	13.9	12.7	12.8	12.2	11.7	11.4
1975						14.2	15.4	13.5	12.2	12.4	11.7	11.2	10.9
1976							16.7	13.1	11.5	12.0	11.3	10.8	10.5
1977								9.6	9.0	10.4	9.9	9.6	9.5
1978									8.4	10.8	10.0	9.6	9.4
1979										13.3	10.8	10.0	9.7
1980											8.4	8.3	8.5
1981												8.3	8.6
1982													8.9

Gross fixed capital formation (volume) / Formation brute de capital fixe (volume)

	1971	1972	1973	1974	1975	1976	1977	1978	1979	1980	1981	1982	1983
1970	−0.6	1.8	2.1	0.8	1.2	1.3	0.7	−0.3	0.2	0.6	0.0	−0.1	0.0
1971		4.2	3.4	1.2	1.7	1.7	0.9	−0.2	0.4	0.7	0.1	−0.0	0.1
1972			2.7	−0.2	0.9	1.1	0.3	−0.9	−0.2	0.3	−0.4	−0.4	−0.3
1973				−3.0	−0.0	0.6	−0.3	−1.6	−0.6	−0.1	−0.7	−0.8	−0.6
1974					3.1	2.5	0.6	−1.3	−0.2	0.4	−0.4	−0.5	−0.3
1975						1.9	−0.6	−2.7	−1.0	−0.1	−1.0	−1.0	−0.7
1976							−2.9	−4.9	−1.9	−0.6	−1.5	−1.5	−1.1
1977								−6.8	−1.4	0.2	−1.2	−1.2	−0.8
1978									4.5	4.0	0.8	0.3	0.5
1979										3.5	−1.0	−1.1	−0.5
1980											−5.3	−3.2	−1.8
1981												−1.1	0.0
1982													1.1

Gross fixed capital formation (implicit price deflator) / Formation brute de capital fixe (prix implicite)

	1971	1972	1973	1974	1975	1976	1977	1978	1979	1980	1981	1982	1983
1970	6.1	6.1	6.4	8.3	8.8	9.4	9.7	9.8	9.7	10.0	9.9	9.8	9.8
1971		6.2	6.5	9.1	9.5	10.1	10.4	10.3	10.2	10.4	10.3	10.2	10.2
1972			6.8	10.5	10.7	11.1	11.2	11.0	10.8	10.9	10.8	10.6	10.5
1973				14.3	12.6	12.6	12.3	11.9	11.5	11.5	11.3	11.0	10.9
1974					11.0	11.7	11.7	11.3	10.9	11.1	10.9	10.6	10.5
1975						12.4	12.0	11.4	10.9	11.1	10.8	10.5	10.5
1976							11.7	10.9	10.4	10.8	10.5	10.2	10.2
1977								10.2	9.8	10.5	10.2	10.0	10.0
1978									9.4	10.6	10.3	9.9	9.9
1979										11.9	10.7	10.1	10.0
1980											9.5	9.2	9.4
1981												8.8	9.4
1982													9.9

National disposable income (value) / Revenu national disponible (valeur)

	1971	1972	1973	1974	1975	1976	1977	1978	1979	1980	1981	1982	1983
1970	8.0	8.7	9.6	10.2	11.6	11.8	11.2	11.1	11.2	11.4	11.0	10.8	10.9
1971		9.3	10.4	10.9	12.5	12.6	11.7	11.6	11.6	11.8	11.4	11.1	11.2
1972			11.4	11.7	13.6	13.4	12.2	12.0	12.0	12.1	11.6	11.3	11.3
1973				12.1	14.8	14.1	12.4	12.1	12.1	12.2	11.6	11.3	11.3
1974					17.5	15.1	12.5	12.1	12.1	12.2	11.5	11.2	11.2
1975						12.7	10.0	10.4	10.7	11.1	10.6	10.3	10.5
1976							7.4	9.2	10.1	10.8	10.1	9.9	10.1
1977								11.0	11.5	11.9	10.8	10.4	10.6
1978									11.9	12.3	10.8	10.2	10.5
1979										12.8	10.2	9.7	10.2
1980											7.7	8.1	9.3
1981												8.5	10.1
1982													11.8

Compensation of employees (value) / Rémunération des salariés (valeur)

	1971	1972	1973	1974	1975	1976	1977	1978	1979	1980	1981	1982	1983
1970	9.4	9.4	8.8	10.5	12.3	13.3	13.2	13.0	12.6	12.6	12.3	11.7	11.4
1971		9.4	8.5	10.8	13.0	14.1	13.8	13.5	13.0	12.9	12.6	11.9	11.6
1972			7.6	11.5	14.2	15.3	14.7	14.2	13.5	13.4	12.9	12.2	11.8
1973				15.7	17.7	18.0	16.6	15.5	14.6	14.2	13.6	12.7	12.2
1974					19.8	19.2	16.9	15.5	14.3	14.0	13.3	12.4	11.9
1975						18.6	15.5	14.1	13.0	12.9	12.3	11.3	10.9
1976							12.4	11.9	11.2	11.5	11.1	10.2	9.9
1977								11.3	10.6	11.2	10.7	9.7	9.4
1978									9.9	11.1	10.5	9.3	9.1
1979										12.4	10.8	9.1	8.8
1980											9.3	7.5	7.7
1981												5.7	6.9
1982													8.1

SWITZERLAND

Average per cent changes at annual rate

Per capita G.D.P. (volume)
P.I.B. par habitant (volume)

	1971	1972	1973	1974	1975	1976	1977	1978	1979	1980	1981	1982	1983
1970	3.1	2.7	2.6	2.2	0.4	0.2	0.6	0.5	0.7	1.1	1.0	0.8	0.7
1971		2.2	2.3	1.9	−0.3	−0.3	0.2	0.2	0.4	0.8	0.8	0.6	0.6
1972			2.3	1.8	−1.1	−1.0	−0.2	−0.2	0.2	0.7	0.7	0.4	0.4
1973				1.3	−2.8	−2.0	−0.9	−0.6	−0.2	0.4	0.5	0.2	0.2
1974					−6.7	−3.7	−1.6	−1.1	−0.5	0.3	0.4	0.1	0.1
1975						−0.5	1.1	0.8	1.2	1.7	1.6	1.1	1.0
1976							2.7	1.5	1.7	2.3	2.0	1.4	1.2
1977								0.3	1.3	2.2	1.8	1.1	0.9
1978									2.3	3.2	2.3	1.3	1.1
1979										4.0	2.4	1.0	0.8
1980											0.8	−0.5	−0.3
1981												−1.7	−0.8
1982													0.1

Gross domestic product (volume)
Produit intérieur brut (volume)

	1971	1972	1973	1974	1975	1976	1977	1978	1979	1980	1981	1982	1983
1970	4.1	3.6	3.4	2.9	0.8	0.4	0.7	0.7	0.9	1.2	1.3	1.1	1.0
1971		3.2	3.1	2.6	0.0	−0.3	0.2	0.2	0.5	0.9	1.0	0.8	0.8
1972			3.0	2.2	−1.0	−1.1	−0.4	−0.3	0.1	0.7	0.7	0.6	0.6
1973				1.5	−3.0	−2.5	−1.3	−0.9	−0.4	0.3	0.5	0.3	0.3
1974					−7.3	−4.4	−2.2	−1.5	−0.7	0.1	0.3	0.1	0.2
1975						−1.4	0.5	0.5	1.0	1.7	1.6	1.2	1.2
1976							2.4	1.4	1.8	2.5	2.3	1.7	1.6
1977								0.4	1.4	2.5	2.2	1.5	1.4
1978									2.5	3.5	2.8	1.8	1.6
1979										4.6	3.0	1.6	1.4
1980											1.5	0.2	0.3
1981												−1.1	−0.2
1982													0.7

Private final consumption expenditure (volume)
Consommation finale privée (volume)

	1971	1972	1973	1974	1975	1976	1977	1978	1979	1980	1981	1982	1983
1970	4.8	5.1	4.3	3.1	1.9	1.7	1.9	2.0	1.9	2.0	1.8	1.7	1.7
1971		5.4	4.1	2.5	1.1	1.1	1.4	1.6	1.5	1.6	1.5	1.4	1.4
1972			2.8	1.1	−0.2	0.1	0.7	0.9	1.0	1.2	1.1	1.0	1.0
1973				−0.5	−1.7	−0.8	0.1	0.6	0.7	1.0	0.9	0.8	0.9
1974					−2.9	−0.9	0.4	0.8	0.9	1.2	1.1	1.0	1.0
1975						1.1	2.0	2.1	1.9	2.0	1.8	1.5	1.5
1976							3.0	2.6	2.2	2.3	1.9	1.6	1.6
1977								2.2	1.7	2.0	1.6	1.3	1.3
1978									1.3	1.9	1.4	1.1	1.2
1979										2.6	1.5	1.0	1.2
1980											0.5	0.2	0.7
1981												0.0	0.8
1982													1.5

Government final consumption expenditure (volume)
Consommation des administrations publiques (volume)

	1971	1972	1973	1974	1975	1976	1977	1978	1979	1980	1981	1982	1983
1970	5.8	4.4	3.7	3.2	2.7	2.7	2.4	2.3	2.2	2.1	2.1	2.0	2.2
1971		2.9	2.6	2.3	1.9	2.1	1.8	1.8	1.7	1.6	1.7	1.6	1.9
1972			2.4	2.1	1.6	1.9	1.6	1.7	1.6	1.5	1.6	1.5	1.8
1973				1.7	1.2	1.7	1.4	1.5	1.4	1.4	1.5	1.4	1.7
1974					0.6	1.7	1.3	1.5	1.4	1.3	1.5	1.4	1.7
1975						2.8	1.6	1.7	1.6	1.4	1.6	1.5	1.9
1976							0.4	1.2	1.2	1.1	1.4	1.3	1.7
1977								2.0	1.5	1.3	1.6	1.5	1.9
1978									1.1	1.0	1.5	1.3	1.9
1979										1.0	1.7	1.4	2.2
1980											2.4	1.7	2.6
1981												0.9	2.6
1982													4.4

Gross fixed capital formation (volume)
Formation brute de capital fixe (volume)

	1971	1972	1973	1974	1975	1976	1977	1978	1979	1980	1981	1982	1983
1970	9.9	7.4	5.9	3.2	−0.4	−2.1	−1.6	−0.7	−0.0	0.9	1.0	0.7	1.0
1971		5.0	3.9	1.1	−2.8	−4.4	−3.4	−2.1	−1.2	−0.0	0.2	−0.1	0.3
1972			2.9	−0.7	−5.2	−6.6	−5.0	−3.2	−2.1	−0.7	−0.3	−0.6	−0.1
1973				−4.3	−9.0	−9.5	−6.9	−4.4	−2.9	−1.1	−0.7	−0.9	−0.4
1974					−13.6	−12.1	−7.7	−4.4	−2.6	−0.6	−0.2	−0.5	0.0
1975						−10.5	−4.6	−1.2	0.4	2.2	2.2	1.5	1.9
1976							1.6	3.8	4.3	5.6	5.0	3.7	3.8
1977								6.1	5.6	7.0	5.8	4.1	4.1
1978									5.1	7.5	5.8	3.6	3.7
1979										9.9	6.1	3.1	3.4
1980											2.4	−0.2	1.3
1981												−2.7	0.7
1982													4.3

National disposable income (value)
Revenu national disponible (valeur)

	1971	1972	1973	1974	1975	1976	1977	1978	1979	1980	1981	1982	1983
1970	13.4	13.1	12.8	11.9	9.3	8.2	7.4	6.9	6.7	6.8	7.0	6.9	6.7
1971		12.8	12.5	11.4	8.3	7.1	6.4	6.0	5.9	6.1	6.4	6.4	6.2
1972			12.1	10.7	6.9	5.8	5.2	4.9	5.0	5.3	5.7	5.7	5.6
1973				9.4	4.4	3.7	3.5	3.5	3.8	4.3	4.9	5.0	5.0
1974					−0.4	1.0	1.6	2.1	2.8	3.5	4.3	4.5	4.5
1975						2.5	2.6	3.0	3.6	4.3	5.1	5.2	5.2
1976							2.7	3.2	3.9	4.7	5.7	5.7	5.5
1977								3.8	4.5	5.4	6.4	6.3	6.0
1978									5.3	6.3	7.3	7.0	6.5
1979										7.2	8.3	7.5	6.8
1980											9.4	7.7	6.6
1981												5.9	5.2
1982													4.5

SUISSE

Variations moyennes en pourcentage aux taux annuels

Per capita private final consumption expenditure (volume)
Consommation finale privée par habitant (volume)

	1971	1972	1973	1974	1975	1976	1977	1978	1979	1980	1981	1982	1983
1970	3.8	4.1	3.4	2.4	1.4	1.5	1.8	1.8	1.7	1.8	1.6	1.4	1.4
1971		4.4	3.2	1.9	0.8	1.1	1.4	1.5	1.5	1.5	1.4	1.2	1.2
1972			2.0	0.7	−0.3	0.2	0.8	1.0	1.0	1.2	1.0	0.9	0.9
1973				−0.7	−1.5	−0.4	0.6	0.9	0.9	1.1	0.9	0.7	0.8
1974					−2.3	−0.2	1.0	1.2	1.2	1.3	1.1	0.9	0.9
1975						2.0	2.7	2.5	2.1	2.1	1.7	1.4	1.3
1976							3.3	2.7	2.1	2.1	1.7	1.3	1.2
1977								2.1	1.6	1.7	1.2	0.9	0.9
1978									1.1	1.6	1.0	0.6	0.6
1979										2.1	0.9	0.4	0.5
1980											−0.2	−0.4	0.0
1981												−0.6	0.2
1982													0.9

Gross domestic product (implicit price deflator)
Produit intérieur brut (prix implicite)

	1971	1972	1973	1974	1975	1976	1977	1978	1979	1980	1981	1982	1983
1970	9.2	9.5	9.0	8.5	8.2	7.3	6.3	5.9	5.5	5.2	5.4	5.5	5.3
1971		9.8	9.0	8.3	8.0	6.9	5.8	5.5	5.0	4.8	5.0	5.2	5.0
1972			8.1	7.5	7.4	6.2	5.0	4.8	4.4	4.2	4.5	4.7	4.6
1973				6.9	7.0	5.6	4.2	4.1	3.7	3.6	4.0	4.4	4.3
1974					7.1	4.9	3.3	3.4	3.1	3.1	3.6	4.0	4.0
1975						2.7	1.5	2.2	2.1	2.3	3.0	3.6	3.6
1976							0.3	1.9	1.9	2.1	3.1	3.8	3.7
1977								3.6	2.8	2.8	3.8	4.5	4.3
1978									2.0	2.3	3.8	4.7	4.4
1979										2.7	4.8	5.6	5.0
1980											6.9	7.1	5.8
1981												7.3	5.3
1982													3.3

Private final consumption expenditure (implicit price deflator)
Consommation finale privée (prix implicite)

	1971	1972	1973	1974	1975	1976	1977	1978	1979	1980	1981	1982	1983
1970	6.9	7.3	7.9	8.4	8.0	7.0	6.2	5.5	5.3	5.3	5.4	5.4	5.2
1971		7.6	8.3	8.9	8.3	7.1	6.1	5.3	5.2	5.1	5.2	5.3	5.0
1972			9.0	9.5	8.5	6.9	5.7	4.9	4.8	4.8	5.0	5.0	4.8
1973				10.0	8.3	6.2	4.9	4.1	4.1	4.2	4.5	4.6	4.4
1974					6.6	4.4	3.3	2.6	3.0	3.2	3.7	3.9	3.8
1975						2.2	1.7	1.3	2.1	2.6	3.2	3.6	3.5
1976							1.1	0.9	2.0	2.6	3.4	3.8	3.6
1977								0.6	2.5	3.2	4.0	4.3	4.0
1978									4.4	4.5	5.2	5.3	4.7
1979										4.5	5.6	5.5	4.8
1980											6.6	6.1	4.9
1981												5.5	4.1
1982													2.7

Government final consumption expenditure (implicit price deflator)
Consommation des administrations publiques (prix implicite)

	1971	1972	1973	1974	1975	1976	1977	1978	1979	1980	1981	1982	1983
1970	11.7	10.8	11.3	11.1	10.3	9.0	7.8	6.9	6.6	6.4	6.4	6.5	6.2
1971		9.9	11.1	10.9	9.9	8.5	7.1	6.3	6.0	5.8	5.8	6.0	5.8
1972			12.4	11.4	9.9	8.1	6.6	5.7	5.4	5.3	5.4	5.6	5.4
1973				10.4	8.7	6.7	5.2	4.4	4.3	4.4	4.6	4.9	4.7
1974					7.0	4.9	3.5	2.9	3.2	3.4	3.8	4.2	4.1
1975						2.8	1.8	1.6	2.2	2.7	3.2	3.8	3.7
1976							0.7	1.0	2.0	2.7	3.3	4.0	3.9
1977								1.2	2.6	3.3	4.0	4.7	4.4
1978									4.1	4.4	4.9	5.6	5.1
1979										4.7	5.3	6.1	5.3
1980											6.0	6.8	5.5
1981												7.6	5.3
1982													3.0

Gross fixed capital formation (implicit price deflator)
Formation brute de capital fixe (prix implicite)

	1971	1972	1973	1974	1975	1976	1977	1978	1979	1980	1981	1982	1983
1970	9.9	9.7	8.9	8.2	6.6	4.9	4.5	4.1	3.7	4.0	4.3	4.3	4.0
1971		9.5	8.4	7.7	5.7	3.9	3.6	3.2	3.0	3.4	3.8	3.8	3.6
1972			7.2	6.7	4.5	2.6	2.4	2.2	2.1	2.6	3.2	3.3	3.0
1973				6.3	3.2	1.1	1.3	1.3	1.3	2.0	2.7	2.9	2.6
1974					0.1	−1.4	−0.4	0.0	0.3	1.3	2.2	2.4	2.2
1975						−2.9	−0.6	0.0	0.3	1.5	2.5	2.8	2.5
1976							1.8	1.5	1.5	2.7	3.6	3.8	3.3
1977								1.3	1.3	3.0	4.1	4.2	3.6
1978									1.3	3.9	5.1	4.9	4.0
1979										6.5	7.0	6.1	4.7
1980											7.4	5.9	4.1
1981												4.4	2.5
1982													0.6

Compensation of employees (value)
Rémunération des salariés (valeur)

	1971	1972	1973	1974	1975	1976	1977	1978	1979	1980	1981	1982	1983
1970	16.3	15.0	14.6	13.8	11.4	9.5	8.5	8.1	7.7	7.8	7.9	7.8	7.6
1971		13.7	13.8	12.9	10.2	8.2	7.2	6.9	6.7	6.8	7.1	7.1	6.9
1972			14.0	12.6	9.1	6.9	6.0	5.8	5.8	6.0	6.4	6.5	6.3
1973				11.2	6.7	4.7	4.1	4.3	4.5	4.9	5.4	5.7	5.5
1974					2.5	1.5	1.8	2.6	3.2	3.9	4.6	5.0	4.9
1975						0.6	1.5	2.7	3.3	4.2	5.0	5.4	5.2
1976							2.3	3.7	4.3	5.1	5.9	6.2	5.9
1977								5.1	5.2	6.1	6.8	6.9	6.5
1978									5.3	6.5	7.4	7.4	6.8
1979										7.8	8.4	8.1	7.2
1980											9.0	8.3	7.0
1981												7.5	6.0
1982													4.4

TURKEY

TURQUIE

Average per cent changes at annual rate

Variations moyennes en pourcentage aux taux annuels

Per capita G.D.P. (volume)
P.I.B. par habitant (volume)

	1971	1972	1973	1974	1975	1976	1977	1978	1979	1980	1981	1982	1983
1970	6.2	5.0	3.2	4.8	5.3	6.0	5.5	4.9	3.9	3.2	3.1	3.2	3.0
1971		3.9	1.7	4.3	5.1	5.9	5.4	4.7	3.6	2.9	2.8	2.9	2.8
1972			−0.5	4.5	5.5	6.4	5.7	4.9	3.6	2.8	2.7	2.8	2.7
1973				9.8	8.7	8.9	7.3	6.0	4.3	3.3	3.1	3.2	3.0
1974					7.5	8.4	6.5	5.1	3.2	2.2	2.2	2.4	2.3
1975						9.2	6.0	4.3	2.2	1.2	1.4	1.6	1.6
1976							2.8	1.9	−0.1	−0.7	−0.1	0.4	0.6
1977								0.9	−1.5	−1.8	−0.9	−0.0	0.2
1978									−3.9	−3.2	−1.5	−0.3	0.1
1979										−2.6	−0.2	0.9	1.1
1980											2.2	2.7	2.4
1981												3.3	2.4
1982													1.6

Per capita private final consumption expenditure (volume)
Consommation finale privée par habitant (volume)

	1971	1972	1973	1974	1975	1976	1977	1978	1979	1980	1981	1982	1983
1970	10.6	7.1	4.2	4.5	4.8	5.4	5.1	4.0	2.9	1.9	1.6	1.6	1.7
1971		3.7	1.1	2.5	3.4	4.3	4.2	3.1	2.0	1.0	0.7	0.8	1.0
1972			−1.4	1.9	3.3	4.5	4.3	3.0	1.8	0.6	0.4	0.5	0.7
1973				5.4	5.7	6.6	5.8	4.0	2.3	0.9	0.6	0.7	0.9
1974					6.0	7.2	6.0	3.6	1.7	0.2	−0.1	0.2	0.5
1975						8.3	6.0	2.8	0.7	−0.9	−1.0	−0.6	−0.2
1976							3.7	0.2	−1.7	−3.1	−2.8	−2.1	−1.4
1977								−3.2	−4.3	−5.3	−4.4	−3.2	−2.2
1978									−5.4	−6.3	−4.8	−3.2	−2.0
1979										−7.2	−4.4	−2.4	−1.1
1980											−1.6	0.1	1.0
1981												1.8	2.3
1982													2.8

Gross domestic product (volume)
Produit intérieur brut (volume)

	1971	1972	1973	1974	1975	1976	1977	1978	1979	1980	1981	1982	1983
1970	9.1	7.8	5.8	7.5	8.0	8.5	8.0	7.4	6.3	5.6	5.5	5.5	5.4
1971		6.6	4.3	7.0	7.7	8.3	7.8	7.1	6.0	5.3	5.2	5.2	5.1
1972			2.0	7.1	8.1	8.8	8.0	7.2	5.9	5.1	5.0	5.1	5.0
1973				12.5	11.3	11.1	9.6	8.3	6.6	5.5	5.4	5.4	5.3
1974					10.1	10.5	8.6	7.2	5.4	4.4	4.4	4.6	4.5
1975						10.8	7.9	6.3	4.3	3.3	3.5	3.8	3.8
1976							5.1	4.1	2.2	1.5	2.1	2.7	2.8
1977								3.2	0.7	0.4	1.4	2.2	2.5
1978									−1.7	−1.0	0.8	2.0	2.3
1979										−0.3	2.0	3.2	3.3
1980											4.5	5.1	4.6
1981												5.7	4.7
1982													3.7

Gross domestic product (implicit price deflator)
Produit intérieur brut (prix implicite)

	1971	1972	1973	1974	1975	1976	1977	1978	1979	1980	1981	1982	1983
1970	17.9	17.1	19.5	20.5	19.4	18.7	19.4	22.2	26.9	32.9	33.7	33.1	32.5
1971		16.2	20.3	21.4	19.8	18.9	19.7	22.8	28.1	34.7	35.4	34.6	33.8
1972			24.6	24.1	21.0	19.6	20.4	24.0	29.9	37.2	37.7	36.6	35.6
1973				23.6	19.3	18.0	19.4	23.8	30.8	39.1	39.4	38.0	36.7
1974					15.1	15.2	18.0	23.9	32.3	41.9	41.9	39.9	38.2
1975						15.4	19.5	27.0	37.0	47.9	46.9	43.9	41.4
1976							23.7	33.2	45.0	57.4	54.2	49.3	45.6
1977								43.4	57.0	70.6	62.9	55.0	49.6
1978									71.8	86.1	69.9	58.0	50.9
1979										101.5	69.0	53.7	46.1
1980											41.8	34.2	31.3
1981												27.0	26.3
1982													25.6

Private final consumption expenditure (volume)
Consommation finale privée (volume)

	1971	1972	1973	1974	1975	1976	1977	1978	1979	1980	1981	1982	1983
1970	13.5	9.9	6.9	7.2	7.4	7.8	7.6	6.5	5.3	4.2	3.9	3.9	4.0
1971		6.4	3.7	5.1	6.0	6.7	6.6	5.5	4.3	3.3	3.0	3.1	3.2
1972			1.1	4.5	5.8	6.8	6.6	5.3	4.1	2.9	2.6	2.8	3.0
1973				8.0	8.3	8.8	8.1	6.2	4.6	3.1	2.8	3.0	3.1
1974					8.5	9.2	8.1	5.8	3.9	2.3	2.1	2.3	2.6
1975						9.9	7.9	4.8	2.8	1.1	1.0	1.5	1.9
1976							6.0	2.4	0.5	−0.9	−0.6	0.2	0.8
1977								−1.1	−2.2	−3.1	−2.2	−1.0	−0.0
1978									−3.2	−4.2	−2.6	−1.0	0.2
1979										−5.1	−2.3	−0.2	1.1
1980											0.6	2.4	3.2
1981												4.1	4.5
1982													4.9

Private final consumption expenditure (implicit price deflator)
Consommation finale privée (prix implicite)

	1971	1972	1973	1974	1975	1976	1977	1978	1979	1980	1981	1982	1983
1970	17.7	15.6	19.1	22.4	21.0	19.2	19.7	23.6	28.5	35.4	36.3	35.5	34.9
1971		13.5	19.8	24.0	21.9	19.5	20.1	24.4	29.9	37.5	38.3	37.3	36.4
1972			26.4	29.6	24.8	21.1	21.4	26.4	32.4	40.8	41.4	39.9	38.7
1973				33.0	24.0	19.4	20.2	26.3	33.4	43.0	43.4	41.5	40.0
1974					15.7	13.1	16.3	24.7	33.5	44.8	44.9	42.6	40.8
1975						10.6	16.6	27.9	38.4	51.4	50.5	46.9	44.3
1976							22.9	37.6	49.2	63.8	60.0	54.0	49.9
1977								54.0	64.4	80.2	70.9	61.1	54.9
1978									75.5	95.0	77.0	63.0	55.1
1979										116.7	77.7	59.0	50.4
1980											45.8	36.2	33.2
1981												27.2	27.3
1982													27.4

Government final consumption expenditure (volume)
Consommation des administrations publiques (volume)

	1971	1972	1973	1974	1975	1976	1977	1978	1979	1980	1981	1982	1983
1970	6.1	6.7	7.9	8.4	9.4	9.6	8.7	8.8	8.0	8.1	7.4	6.9	6.5
1971		7.3	8.8	9.2	10.2	10.3	9.1	9.2	8.3	8.3	7.5	7.0	6.6
1972			10.3	10.1	11.2	11.1	9.5	9.6	8.4	8.4	7.6	7.0	6.5
1973				9.9	11.7	11.4	9.3	9.4	8.1	8.2	7.2	6.6	6.1
1974					13.5	12.1	9.1	9.3	7.7	7.9	6.8	6.2	5.7
1975						10.8	6.9	7.9	6.3	6.8	5.8	5.2	4.8
1976							3.2	6.5	4.9	5.8	4.8	4.3	4.0
1977								9.9	5.7	6.7	5.2	4.6	4.1
1978									1.6	5.2	3.7	3.3	3.0
1979										8.8	4.7	3.8	3.3
1980											0.8	1.4	1.6
1981												2.1	1.9
1982													1.8

Government final consumption expenditure (implicit price deflator)
Consommation des administrations publiques (prix implicite)

	1971	1972	1973	1974	1975	1976	1977	1978	1979	1980	1981	1982	1983
1970	26.2	14.6	16.1	16.1	16.9	17.3	19.5	21.3	25.7	29.6	29.4	29.6	29.3
1971		4.1	11.4	13.0	14.6	15.6	18.4	20.6	25.7	30.0	29.7	29.9	29.6
1972			19.2	17.7	18.4	18.7	21.4	23.6	29.1	33.6	32.9	32.8	32.2
1973				16.2	18.0	18.5	22.0	24.5	30.8	35.8	34.8	34.4	33.5
1974					19.8	19.7	24.0	26.7	34.0	39.4	37.7	36.9	35.6
1975						19.5	26.2	29.1	37.8	43.7	40.9	39.5	37.8
1976							33.2	34.2	44.5	50.5	45.6	43.1	40.6
1977								35.1	50.4	56.7	48.9	45.2	41.8
1978									67.5	68.8	53.8	47.9	43.2
1979										70.1	47.3	41.8	37.7
1980											27.6	29.5	28.4
1981												31.5	28.8
1982													26.1

Gross fixed capital formation (volume)
Formation brute de capital fixe (volume)

	1971	1972	1973	1974	1975	1976	1977	1978	1979	1980	1981	1982	1983
1970	−4.9	4.4	7.2	7.4	10.6	12.1	11.0	8.2	6.8	5.0	4.7	4.6	4.4
1971		14.8	13.9	11.9	14.9	15.9	13.9	10.2	8.3	6.1	5.7	5.5	5.3
1972			13.0	10.5	14.9	16.2	13.8	9.4	7.5	5.1	4.7	4.6	4.4
1973				8.1	15.9	17.3	14.0	8.7	6.6	4.0	3.7	3.7	3.6
1974					24.2	22.1	16.0	8.9	6.3	3.4	3.1	3.2	3.1
1975						20.2	12.1	4.2	2.2	−0.4	−0.0	0.5	0.8
1976							4.6	−3.0	−3.2	−4.9	−3.6	−2.5	−1.7
1977								−10.0	−6.8	−7.9	−5.6	−3.9	−2.7
1978									−3.6	−6.9	−4.1	−2.3	−1.2
1979										−10.0	−4.3	−1.8	−0.6
1980											1.7	2.6	2.7
1981												3.5	3.2
1982													3.0

Gross fixed capital formation (implicit price deflator)
Formation brute de capital fixe (prix implicite)

	1971	1972	1973	1974	1975	1976	1977	1978	1979	1980	1981	1982	1983
1970	23.6	26.2	21.2	20.6	19.3	19.2	20.8	23.8	28.0	34.7	35.3	34.7	33.8
1971		28.8	20.0	19.6	18.2	18.3	20.3	23.9	28.6	36.0	36.5	35.8	34.7
1972			11.9	15.3	14.9	15.8	18.7	23.1	28.5	36.9	37.4	36.5	35.3
1973				18.7	16.4	17.1	20.5	25.4	31.5	41.0	41.0	39.5	37.8
1974					14.2	16.3	21.1	27.2	34.2	45.0	44.5	42.4	40.1
1975						18.5	24.7	31.8	39.8	52.1	50.3	46.9	43.8
1976							31.1	39.0	47.7	61.9	57.6	52.3	47.8
1977								47.3	56.7	73.7	65.0	56.9	50.8
1978									66.7	88.7	71.4	59.4	51.5
1979										113.5	73.8	57.0	47.9
1980											41.4	34.7	30.8
1981												28.2	25.9
1982													23.6

National disposable income (value)
Revenu national disponible (valeur)

	1971	1972	1973	1974	1975	1976	1977	1978	1979	1980	1981	1982	1983
1970	31.2	27.7	28.0	30.4	29.4	28.8	28.9	31.1	35.0	40.5	41.2	40.5	39.6
1971		24.2	26.4	30.1	29.0	28.4	28.5	31.1	35.5	41.6	42.2	41.4	40.4
1972			28.7	33.2	30.6	29.4	29.4	32.3	37.2	44.0	44.4	43.2	41.9
1973				37.9	31.5	29.7	29.6	33.1	38.7	46.3	46.5	44.9	43.3
1974					25.5	25.8	26.9	31.9	38.8	47.7	47.8	45.8	44.0
1975						26.0	27.7	34.1	42.4	52.7	51.8	49.0	46.4
1976							29.4	38.3	48.3	60.1	57.6	53.2	49.6
1977								47.9	58.8	72.0	65.6	58.5	53.3
1978									70.4	85.4	71.9	61.2	54.4
1979										101.7	72.6	58.3	50.6
1980											47.8	40.2	36.7
1981												33.1	31.4
1982													29.8

Compensation of employees (value)
Rémunération des salariés (valeur)

	1971	1972	1973	1974	1975	1976	1977	1978	1979	1980	1981	1982	1983
1970	27.4	23.9	25.9	27.9	28.9	30.3	30.9	32.9	34.7	37.1	36.4	35.6	34.1
1971		20.5	25.1	28.1	29.3	30.8	31.5	33.6	35.7	38.2	37.4	36.4	34.6
1972			29.9	32.1	32.3	33.5	33.8	36.0	38.0	40.6	39.4	38.1	36.0
1973				34.2	33.5	34.7	34.8	37.2	39.3	42.2	40.6	39.0	36.6
1974					32.8	35.0	35.0	38.0	40.4	43.5	41.5	39.6	36.9
1975						37.2	36.0	39.7	42.4	45.8	43.0	40.6	37.4
1976							34.9	41.0	44.1	48.0	44.2	41.2	37.4
1977								47.4	49.0	52.6	46.7	42.5	37.8
1978									50.6	55.4	46.4	41.2	36.0
1979										60.3	44.4	38.3	32.6
1980											30.1	28.4	24.5
1981												26.8	21.8
1982													17.0

UNITED KINGDOM

ROYAUME-UNI

Average per cent changes at annual rate

Variations moyennes en pourcentage aux taux annuels

Per capita G.D.P. (volume)
P.I.B. par habitant (volume)

	1971	1972	1973	1974	1975	1976	1977	1978	1979	1980	1981	1982	1983
1970	2.1	2.1	3.9	2.6	1.9	2.3	2.1	2.3	2.3	1.8	1.5	1.5	1.7
1971		2.0	4.8	2.8	1.9	2.3	2.1	2.3	2.3	1.7	1.4	1.5	1.6
1972			7.6	3.2	1.9	2.4	2.1	2.4	2.3	1.7	1.4	1.4	1.6
1973				-1.1	-0.9	0.7	0.8	1.3	1.4	0.9	0.6	0.8	1.0
1974					-0.7	1.6	1.4	1.9	2.0	1.2	0.9	1.0	1.3
1975						3.9	2.4	2.8	2.6	1.6	1.1	1.3	1.5
1976							1.0	2.3	2.2	1.1	0.6	0.8	1.2
1977								3.7	2.8	1.1	0.5	0.8	1.2
1978									2.0	-0.2	-0.5	0.1	0.7
1979										-2.3	-1.8	-0.6	0.4
1980											-1.3	0.3	1.3
1981												1.9	2.6
1982													3.2

Per capita private final consumption expenditure (volume)
Consommation finale privée par habitant (volume)

	1971	1972	1973	1974	1975	1976	1977	1978	1979	1980	1981	1982	1983
1970	2.6	4.2	4.4	2.9	2.2	1.9	1.5	2.0	2.3	2.0	1.8	1.7	1.9
1971		5.8	5.3	3.0	2.1	1.7	1.4	1.9	2.2	1.9	1.7	1.7	1.9
1972			4.9	1.7	0.9	0.7	0.5	1.3	1.7	1.5	1.3	1.3	1.5
1973				-1.5	-1.1	-0.6	-0.6	0.6	1.2	1.0	0.8	0.9	1.2
1974					-0.7	-0.2	-0.3	1.1	1.8	1.4	1.2	1.1	1.5
1975						0.3	-0.1	1.8	2.4	1.8	1.5	1.4	1.8
1976							-0.5	2.5	3.1	2.2	1.7	1.6	2.0
1977								5.5	4.9	3.1	2.3	2.0	2.4
1978									4.4	1.9	1.2	1.2	1.8
1979										-0.5	-0.4	0.1	1.1
1980											-0.2	0.4	1.7
1981												1.1	2.6
1982													4.2

Gross domestic product (volume)
Produit intérieur brut (volume)

	1971	1972	1973	1974	1975	1976	1977	1978	1979	1980	1981	1982	1983
1970	2.7	2.5	4.2	2.9	2.2	2.4	2.2	2.4	2.4	1.9	1.6	1.6	1.8
1971		2.3	5.1	3.0	2.0	2.4	2.2	2.4	2.3	1.8	1.5	1.6	1.7
1972			7.9	3.3	2.0	2.4	2.1	2.4	2.3	1.8	1.4	1.5	1.7
1973				-1.1	-0.9	0.7	0.7	1.3	1.4	0.9	0.7	0.8	1.0
1974					-0.7	1.5	1.3	1.9	2.0	1.3	0.9	1.0	1.3
1975						3.8	2.4	2.8	2.6	1.7	1.2	1.3	1.5
1976							1.0	2.3	2.2	1.1	0.7	0.9	1.2
1977								3.6	2.9	1.2	0.6	0.8	1.2
1978									2.1	-0.0	-0.4	0.2	0.8
1979										-2.2	-1.7	-0.5	0.4
1980											-1.1	0.4	1.3
1981												1.9	2.6
1982													3.3

Gross domestic product (implicit price deflator)
Produit intérieur brut (prix implicite)

	1971	1972	1973	1974	1975	1976	1977	1978	1979	1980	1981	1982	1983
1970	9.4	8.8	8.3	9.9	13.2	13.5	13.5	13.2	13.4	14.0	13.8	13.2	12.6
1971		8.3	7.7	10.1	14.1	14.3	14.2	13.8	13.9	14.5	14.2	13.5	12.8
1972			7.1	11.0	16.1	15.8	15.4	14.7	14.7	15.3	14.9	14.1	13.2
1973				14.9	20.9	18.9	17.6	16.3	16.0	16.5	15.9	14.9	13.9
1974					27.2	20.9	18.5	16.6	16.2	16.8	16.1	14.9	13.8
1975						14.9	14.4	13.3	13.6	14.8	14.3	13.2	12.2
1976							13.9	12.5	13.2	14.8	14.2	12.9	11.8
1977								11.1	12.8	15.1	14.2	12.8	11.4
1978									14.5	17.1	15.3	13.2	11.5
1979										19.8	15.7	12.7	10.8
1980											11.7	9.3	7.9
1981												7.1	6.1
1982													5.1

Private final consumption expenditure (volume)
Consommation finale privée (volume)

	1971	1972	1973	1974	1975	1976	1977	1978	1979	1980	1981	1982	1983
1970	3.1	4.6	4.8	3.2	2.4	2.0	1.7	2.1	2.4	2.1	1.9	1.8	2.0
1971		6.1	5.6	3.2	2.2	1.8	1.4	2.0	2.3	2.0	1.8	1.7	1.9
1972			5.1	1.8	0.9	0.8	0.5	1.3	1.8	1.5	1.3	1.3	1.6
1973				-1.4	-1.1	-0.6	-0.6	0.6	1.2	1.0	0.9	0.9	1.2
1974					-0.7	-0.2	-0.3	1.1	1.8	1.4	1.2	1.2	1.5
1975						0.3	-0.1	1.7	2.4	1.8	1.5	1.4	1.8
1976							-0.5	2.4	3.1	2.2	1.8	1.6	2.0
1977								5.5	5.0	3.2	2.3	2.1	2.4
1978									4.5	2.0	1.3	1.2	1.8
1979										-0.4	-0.2	0.2	1.2
1980											-0.0	0.5	1.7
1981												1.0	2.6
1982													4.2

Private final consumption expenditure (implicit price deflator)
Consommation finale privée (prix implicite)

	1971	1972	1973	1974	1975	1976	1977	1978	1979	1980	1981	1982	1983
1970	8.6	7.6	7.8	10.1	12.7	13.2	13.4	12.9	12.9	13.3	13.1	12.7	12.1
1971		6.6	7.5	10.6	13.7	14.1	14.2	13.5	13.5	13.8	13.6	13.1	12.4
1972			8.3	12.7	16.2	16.1	15.8	14.7	14.5	14.8	14.4	13.7	12.9
1973				17.1	20.4	18.8	17.8	16.0	15.6	15.7	15.1	14.4	13.4
1974					23.7	19.6	18.0	15.7	15.3	15.5	14.9	14.0	13.0
1975						15.7	15.3	13.2	13.3	13.9	13.4	12.7	11.7
1976							14.9	11.9	12.5	13.4	13.0	12.2	11.2
1977								9.0	11.3	13.0	12.5	11.7	10.5
1978									13.6	15.0	13.7	12.3	10.9
1979										16.4	13.8	11.9	10.2
1980											11.2	9.8	8.2
1981												8.3	6.7
1982													5.1

Government final consumption expenditure (volume)
Consommation des administrations publiques (volume)

	1971	1972	1973	1974	1975	1976	1977	1978	1979	1980	1981	1982	1983
1970	3.1	3.6	4.0	3.4	3.8	3.4	2.7	2.6	2.6	2.5	2.2	2.1	2.2
1971		4.2	4.5	3.5	4.0	3.5	2.6	2.6	2.5	2.4	2.1	2.0	2.1
1972			4.9	3.2	4.0	3.3	2.3	2.3	2.3	2.2	1.9	1.8	1.9
1973				1.5	3.5	2.8	1.6	1.8	1.8	1.8	1.6	1.5	1.6
1974					5.5	3.4	1.7	1.8	1.9	1.8	1.6	1.5	1.6
1975						1.3	-0.2	0.6	1.0	1.1	0.9	0.9	1.1
1976							-1.6	0.3	0.9	1.0	0.8	0.8	1.1
1977								2.3	2.2	2.0	1.5	1.4	1.6
1978									2.1	1.8	1.2	1.1	1.4
1979										1.5	0.8	0.8	1.3
1980											0.0	0.4	1.2
1981												0.9	1.7
1982													2.6

Government final consumption expenditure (implicit price deflator)
Consommation des administrations publiques (prix implicite)

	1971	1972	1973	1974	1975	1976	1977	1978	1979	1980	1981	1982	1983
1970	10.7	10.0	9.8	12.8	16.3	16.1	15.4	14.8	14.7	15.6	15.4	14.7	14.1
1971		9.4	9.4	13.6	17.7	17.3	16.1	15.4	15.2	16.1	15.9	15.1	14.4
1972			9.3	15.7	20.6	19.3	17.6	16.4	16.0	17.0	16.6	15.7	14.8
1973				22.5	26.7	22.8	19.7	17.9	17.2	18.1	17.5	16.4	15.4
1974					31.0	23.0	18.8	16.7	16.2	17.4	16.8	15.7	14.6
1975						15.5	13.1	12.3	12.7	14.9	14.6	13.7	12.7
1976							10.8	10.8	11.8	14.8	14.5	13.3	12.4
1977								10.8	12.3	16.1	15.4	13.9	12.6
1978									13.9	18.9	17.0	14.7	13.0
1979										24.0	18.6	14.9	12.8
1980											13.3	10.6	9.2
1981												7.9	7.2
1982													6.6

Gross fixed capital formation (volume)
Formation brute de capital fixe (volume)

	1971	1972	1973	1974	1975	1976	1977	1978	1979	1980	1981	1982	1983
1970	1.9	0.8	2.9	1.1	0.9	1.0	0.5	0.9	1.1	0.4	-0.4	0.1	0.5
1971		-0.3	3.4	0.8	0.7	0.8	0.3	0.8	1.0	0.3	-0.7	-0.0	0.3
1972			7.2	1.4	1.0	1.1	0.4	0.9	1.1	0.3	-0.7	0.0	0.4
1973				-4.1	-2.0	-0.9	-1.3	-0.3	0.1	-0.6	-1.7	-0.8	-0.3
1974					0.2	0.8	-0.3	0.7	1.0	-0.0	-1.3	-0.3	0.2
1975						1.5	-0.6	0.9	1.2	-0.1	-1.5	-0.4	0.2
1976							-2.6	0.6	1.2	-0.5	-2.1	-0.7	-0.0
1977								3.9	3.1	0.2	-2.0	-0.3	0.4
1978									2.3	-1.5	-3.9	-1.4	-0.3
1979										-5.2	-6.9	-2.6	-0.9
1980											-8.5	-1.2	0.6
1981												6.7	5.5
1982													4.2

Gross fixed capital formation (implicit price deflator)
Formation brute de capital fixe (prix implicite)

	1971	1972	1973	1974	1975	1976	1977	1978	1979	1980	1981	1982	1983
1970	9.7	9.9	11.8	14.2	15.9	15.6	15.1	14.6	14.7	15.2	14.7	13.6	12.8
1971		10.0	12.9	15.7	17.5	16.8	16.1	15.3	15.4	15.8	15.2	14.0	13.1
1972			15.8	18.7	20.1	18.6	17.3	16.2	16.2	16.5	15.7	14.4	13.4
1973				21.7	22.3	19.6	17.7	16.3	16.2	16.6	15.7	14.3	13.1
1974					22.9	18.5	16.4	15.0	15.2	15.8	14.9	13.4	12.2
1975						14.3	13.3	12.5	13.3	14.4	13.6	12.1	10.9
1976							12.3	11.6	13.0	14.5	13.5	11.7	10.5
1977								10.9	13.3	15.2	13.8	11.6	10.2
1978									15.8	17.4	14.8	11.8	10.0
1979										19.1	14.3	10.5	8.7
1980											9.8	6.4	5.4
1981												3.1	3.3
1982													3.4

National disposable income (value)
Revenu national disponible (valeur)

	1971	1972	1973	1974	1975	1976	1977	1978	1979	1980	1981	1982	1983
1970	12.0	11.1	12.6	12.5	14.9	15.6	15.4	15.3	15.5	15.6	15.1	14.6	14.2
1971		10.2	12.8	12.7	15.7	16.3	15.9	15.8	16.0	16.0	15.4	14.9	14.4
1972			15.6	14.0	17.6	17.9	17.1	16.7	16.8	16.7	16.0	15.3	14.8
1973				12.5	18.6	18.7	17.5	17.0	17.1	16.9	16.1	15.3	14.7
1974					25.0	21.9	19.2	18.1	18.0	17.7	16.6	15.7	14.9
1975						18.9	16.5	15.9	16.3	16.3	15.3	14.4	13.7
1976							14.1	14.4	15.5	15.6	14.5	13.7	13.0
1977								14.8	16.1	16.1	14.7	13.6	12.8
1978									17.5	16.8	14.6	13.3	12.5
1979										16.1	13.2	11.9	11.2
1980											10.4	9.9	9.7
1981												9.4	9.3
1982													9.2

Compensation of employees (value)
Rémunération des salariés (valeur)

	1971	1972	1973	1974	1975	1976	1977	1978	1979	1980	1981	1982	1983
1970	9.6	11.3	12.8	14.5	17.6	17.0	16.1	15.8	15.9	16.2	15.4	14.7	14.1
1971		13.1	14.5	16.1	19.6	18.5	17.2	16.8	16.8	16.9	16.0	15.1	14.5
1972			15.9	17.7	21.9	19.9	18.0	17.4	17.3	17.4	16.3	15.3	14.6
1973				19.5	25.0	21.2	18.6	17.7	17.5	17.6	16.4	15.3	14.5
1974					30.8	22.1	18.2	17.2	17.1	17.3	16.0	14.8	13.9
1975						14.0	12.4	13.0	13.9	14.8	13.7	12.7	12.0
1976							10.9	12.5	13.9	15.0	13.6	12.4	11.7
1977								14.2	15.5	16.4	14.3	12.7	11.9
1978									16.8	17.5	14.3	12.4	11.4
1979										18.3	13.1	11.0	10.1
1980											8.2	7.5	7.5
1981												6.8	7.2
1982													7.5

PART FOUR

QUATRIÈME PARTIE

Comparatives tables
Tableaux comparatifs

GEOGRAPHICAL COVERAGE
Yugoslavia, which is an associate Member of O.E.C.D., is excluded from the area totals shown in this part. New Zealand, which became a full Member during 1973, has been included in the area totals. Greece is included in E.E.C.

POPULATION
Population is defined as all nationals present in or temporarely absent from the country and aliens permanently settled in the country. For further details see *Labour force statistics*, O.E.C.D.

EXCHANGE RATES
The exchange rates have been calculated by the International Monetary Fund, and are published in *International Financial Statistics*. They are par or market rates averaged over the year.

CALCULATION PROCEDURES
The following points should be borne in mind in using the tables in Part IV of this volume.

a/ The various aggregates shown in Tables 1 to 18 have been calculated by three different methods: *at current prices and 1980 exchange rates* (Tables 1-6); *at 1980 prices and 1980 exchange rates* (Tables 7-12); and *at current prices and current exchange rates* (Tables 13-18). By using 1980 exchange rates throughout, the year to year movements in the data for a given country or group of countries shown in Tables 1-6 are determined entirely by movements in the national data at current prices. Year to year movements in the data in Tables 13 to 18, however, are liable to be strongly influenced by fluctuations in exchange rates as well as by movements in the national data at current prices. The data in Tables 13 to 18 are, therefore, only suitable for comparisons between countries within a single year, and not for comparisons between years for the same country, or group of countries.

b/ In the tables giving *volume and price indices* all series are shown with 1980 = 100. In practice many countries use a year before 1980 as their base year for calculating volume and price indices, and the indices shown for these countries (and for groups of countries) are therefore based on the relative prices or quantities of years prior to 1980. The base years used by Member countries are indicated in the country tables where they differ from 1980.

c/ In these tables the figures for *groups of countries* are arithmetic weighted averages of the component indices using as weights the 1980 current value of the aggregate concerned (GDP, private final consumption expenditure, etc.) expressed in US dollars at 1980 exchange rates. It should be noted that the product of these 2 fixed-weight volume and price indices for groups of countries does not correspond with the aggregates shown at current prices and exchange rates in the later tables.

COUVERTURE GÉOGRAPHIQUE
La Yougoslavie, pays associé de l'O.C.D.E., n'est pas comprise dans l'O.C.D.E.-Europe et l'O.C.D.E.-Total. La Nouvelle-Zélande, pays membre de l'O.C.D.E. depuis 1973, est comprise dans l'O.C.D.E.-Total. La Grèce est comprise dans la C.E.E.

POPULATION
La population est définie comme l'ensemble des nationaux présents ou temporairement absents du pays et des étrangers établis en permanence dans le pays. Pour plus de détails, se reporter aux *Statistiques de la population active,* O.C.D.E.

TAUX DE CHANGE
Les taux de change sont calculés par le Fonds Monétaire International et publiés dans *International Financial Statistics.* Ce taux est une moyenne sur l'année du taux du marché/parité ou taux central.

MÉTHODES DE CALCUL
Il est nécessaire de souligner les points suivants pour l'utilisation des tableaux de cette quatrième partie.

a/ Les différents agrégats montrés dans les tableaux 1 à 18 ont été calculés de trois façons différentes : *aux prix courants et taux de change de 1980* (tableaux 1-6), *aux prix de 1980 et taux de change de 1980* (tableaux 7-12) et *aux prix courants et taux de change courants* (tableaux 13-18). En utilisant les taux de change de 1980 sur toute la période, les variations d'une année sur l'autre, pour un pays ou groupe de pays, des séries montrées dans les tableaux 1-6 sont déterminées exclusivement par les mouvements des données nationales à prix courants. Par contre les variations calculées à partir des données des tableaux 13-18 sont susceptibles d'être aussi largement influencées par les fluctuations des taux de change que par les mouvements des données nationales à prix courants. Ainsi les données des tableaux 13-18 doivent être utilisées uniquement pour des comparaisons entre pays pour une année particulière, et non pour des comparaisons dans le temps pour le même pays ou groupe de pays.

b/ Les tableaux *d'indices de volume et de prix* sont montrés avec 1980 = 100. En réalité beaucoup de pays utilisent une année antérieure à 1980 comme année de base pour calculer leurs indices de volume et de prix ; et donc les indices montrés pour ces pays (et groupes de pays) sont basés sur des quantités et prix relatifs différents de 1980. Les années de base utilisées par les pays membres sont précisées dans les tableaux par pays quand elles diffèrent de 1980.

c/ Dans ces tableaux les données concernant les *groupes de pays* sont obtenues comme moyennes arithmétiques des indices par pays pondérés par la valeur courante de 1980 de l'agrégat concerné (PIB, Consommation finale privée, etc.), exprimées en dollars É.-U. aux taux de change de 1980. Il faut noter que le produit de ces deux indices pondérés de volume et de prix ne correspond pas aux agrégats montrés aux prix courants et taux de change courants dans les tableaux qui suivent.

COMPARATIVE TABLES
TABLEAUX COMPARATIFS

	Page	
Billions of US dollars, at current prices and 1980 exchange rates		**Milliards de dollars É.-U., aux prix courants et taux de change de 1980**
1 Gross domestic product	110	1 Produit intérieur brut
2 Private final consumption expenditure	110	2 Consommation finale privée
3 Government final consumption expenditure	110	3 Consommation finale des administrations publiques
4 Gross fixed capital formation	111	4 Formation brute de capital fixe
5 Exports of goods and services	111	5 Exportations de biens et services
6 Imports of goods and services	111	6 Importations de biens et services
Billions of constant US dollars, at the exchange rates and price levels of 1980		**Milliards de dollars É.-U. constants, aux taux de change et niveaux de prix de 1980**
7 Gross domestic product	112	7 Produit intérieur brut
8 Private final consumption expenditure	112	8 Consommation finale privée
9 Government final consumption expenditure	112	9 Consommation finale des administrations publiques
10 Gross fixed capital formation	113	10 Formation brute de capital fixe
11 Exports of goods and services	113	11 Exportations de biens et services
12 Imports of goods and services	113	12 Importations de biens et services
Billions of US dollars, at current prices and exchange rates		**Milliards de dollars É.-U., aux prix et taux de change courants**
13 Gross domestic product	114	13 Produit intérieur brut
14 Private final consumption expenditure	114	14 Consommation finale privée
15 Government final consumption expenditure	114	15 Consommation finale des administrations publiques
16 Gross fixed capital formation	115	16 Formation brute de capital fixe
17 Exports of goods and services	115	17 Exportations de biens et services
18 Imports of goods and services	115	18 Importations de biens et services
Gross domestic product per capita, in US dollars		**Produit intérieur brut par habitant, dollars É.-U.**
19 At current prices and 1980 exchange rates	116	19 Aux prix courants et taux de change de 1980
20 At the exchange rates and price levels of 1980	116	20 Aux taux de change et niveaux de prix de 1980
21 At current prices and exchange rates	116	21 Aux prix et taux de change courants
Private consumption expenditure, per capita, in US dollars		**Consommation finale privée par habitant, dollars É.-U.**
22 At current prices and 1980 exchange rates	117	22 Aux prix courants et taux de change de 1980
23 At the exchange rates and price levels of 1980	117	23 Aux taux de change et niveaux de prix de 1980
24 At current prices and exchange rates	117	24 Aux prix et taux de change courants
Volume indices 1980 = 100		**Indices de volume 1980 = 100**
25 Gross domestic product	118	25 Produit intérieur brut
26 Private final consumption expenditure	118	26 Consommation finale privée
27 Government final consumption expenditure	118	27 Consommation finale des administrations publiques
28 Gross fixed capital formation	119	28 Formation brute de capital fixe
29 Exports of goods and services	119	29 Exportations de biens et services
30 Imports of goods and services	119	30 Importations de biens et services
Prices indices 1980 = 100		**Indices de prix 1980 = 100**
31 Gross domestic product	120	31 Produit intérieur brut
32 Private final consumption expenditure	120	32 Consommation finale privée
33 Government final consumption expenditure	120	33 Consommation finale des administrations publiques
34 Gross fixed capital formation	121	34 Formation brute de capital fixe
35 Exports of goods and services	121	35 Exportations de biens et services
36 Imports of goods and services	121	36 Importations de biens et services
37 Population	122	37 Population
38 Exchange rates	122	38 Taux de change

1. Gross domestic product - at current prices and 1980 exchange rates, billions of dollars
Produit intérieur brut - aux prix courants et taux de change de 1980, milliards de dollars

	1965	1966	1967	1968	1969	1970	1971	1972	1973	1974	1975	1976	1977	1978	1979	1980	1981	1982	1983
Canada	47.93	53.53	57.52	62.71	68.84	73.94	81.56	90.66	106.48	127.34	142.61	166.01	182.49	202.34	230.96	259.93	298.92	315.54	341.49
United States	688.98	754.24	797.89	871.03	941.37	989.51	1 074.19	1 181.26	1 317.11	1 423.38	1 542.17	1 709.90	1 907.53	2 145.70	2 388.40	2 606.63	2 934.91	3 045.28	3 275.73
Japan	144.44	167.72	196.56	233.10	274.23	323.21	355.61	407.11	495.80	591.73	652.87	731.46	813.54	893.71	964.17	1 040.46	1 113.81	1 167.45	1 210.94
Australia	23.19	24.64	27.05	29.61	32.93	36.40	40.91	45.66	53.85	64.60	76.66	89.78	98.84	109.21	125.09	141.68	160.63	179.19	196.52
New Zealand	3.91	4.08	4.26	4.52	5.00	5.68	6.70	7.70	8.96	9.85	11.36	13.74	15.02	17.05	20.54	23.83	28.53	31.40	33.54
Austria	19.04	20.76	22.07	23.71	25.89	29.05	32.43	37.06	42.00	47.81	50.71	56.02	61.54	65.11	71.00	76.88	81.64	87.96	93.20
Belgium	28.38	30.51	32.67	34.96	38.78	43.16	47.26	52.85	60.02	70.34	77.67	87.94	94.87	101.88	108.75	116.94	121.55	131.64	140.04
Denmark	12.48	13.69	15.05	16.74	19.04	21.05	23.27	26.74	30.67	34.36	38.37	44.57	49.56	55.25	61.55	66.32	72.36	82.91	91.45
Finland	7.14	7.66	8.40	9.63	10.99	12.26	13.47	15.72	19.13	24.14	27.96	31.57	34.85	38.50	44.76	51.62	58.57	65.73	73.75
France	114.41	123.85	133.79	145.41	165.80	185.18	206.44	232.16	263.65	302.48	343.66	397.06	445.95	506.64	577.92	655.30	736.24	844.60	936.35
Germany	252.61	268.60	271.97	293.39	328.41	371.52	412.92	453.18	504.64	541.67	564.74	616.00	658.05	707.03	766.07	814.98	849.51	880.42	917.37
Greece	4.22	4.69	5.07	5.50	6.25	7.01	7.75	8.86	11.36	13.24	15.77	19.36	22.61	27.25	33.53	40.15	47.75	59.41	71.35
Iceland	0.04	0.05	0.05	0.06	0.07	0.09	0.12	0.14	0.20	0.30	0.41	0.57	0.81	1.24	1.81	2.88	4.45	6.81	11.69
Ireland	1.97	2.08	2.27	2.56	2.96	3.33	3.81	4.60	5.55	6.14	7.79	9.49	11.59	13.74	15.99	18.86	22.72	26.69	29.70
Italy	45.68	49.50	54.52	59.10	65.24	73.42	79.99	87.72	104.79	129.28	146.39	182.91	221.94	259.51	315.49	395.52	468.89	550.40	625.73
Luxembourg	1.20	1.26	1.29	1.41	1.63	1.85	1.91	2.13	2.61	3.19	2.96	3.40	3.48	3.83	4.22	4.62	4.90	5.26	5.58
Netherlands	35.87	39.06	42.85	47.51	53.81	60.61	68.58	77.62	88.93	100.66	110.78	127.05	138.29	149.39	158.92	169.38	177.48	184.97	189.49
Norway	10.24	11.05	12.09	12.91	14.05	16.17	18.04	19.92	22.65	26.27	30.11	34.56	38.78	43.14	48.32	57.71	66.34	73.64	81.34
Portugal	2.15	2.35	2.63	2.91	3.19	3.55	3.98	4.63	5.64	6.78	7.53	9.37	12.50	15.73	19.84	24.67	29.42	37.09	45.74
Spain	19.51	22.57	25.35	28.42	32.31	35.93	40.72	47.87	57.73	71.16	83.93	100.89	128.01	156.63	183.13	211.78	241.66	277.12	316.35
Sweden	26.51	28.83	31.30	33.21	36.07	40.72	44.03	48.17	53.61	60.56	71.11	80.43	87.48	97.52	109.30	124.15	135.48	148.40	166.56
Switzerland	36.32	39.00	41.98	44.83	48.57	54.11	61.46	69.65	77.62	84.20	83.64	84.72	87.00	90.51	94.61	101.65	110.26	116.95	121.66
Turkey	1.01	1.19	1.33	1.48	1.64	1.91	2.46	3.05	3.87	5.39	6.83	8.73	11.35	16.80	28.38	56.98	84.39	113.27	147.43
United Kingdom	83.20	88.65	93.79	101.77	108.71	119.25	133.96	148.33	171.46	194.99	246.25	293.88	337.98	389.25	455.31	533.49	589.02	642.39	697.73
Yugoslavia	3.70	4.54	4.81	5.28	6.20	7.38	9.55	11.49	14.35	19.19	23.43	27.71	33.90	41.10	52.52	69.96	97.82	128.20	..
OECD - Total	1 610.42	1 759.56	1 881.74	2 066.48	2 285.80	2 508.91	2 761.58	3 072.80	3 508.33	3 939.84	4 342.31	4 899.42	5 464.07	6 106.94	6 828.07	7 596.41	8 439.42	9 074.54	9 820.70
OECD - Europe	701.97	755.35	798.47	865.51	963.43	1 080.18	1 202.61	1 340.41	1 526.13	1 722.94	1 916.63	2 188.53	2 446.65	2 738.93	3 098.90	3 523.88	3 902.61	4 335.68	4 762.48
EEC	580.02	621.88	653.26	708.36	790.64	886.38	985.90	1 094.19	1 243.68	1 396.34	1 554.38	1 781.67	1 984.32	2 213.76	2 497.74	2 815.56	3 090.41	3 408.70	3 704.77

2. Private final consumption expenditure - at current prices and 1980 exchange rates, billions of dollars
Consommation finale privée - aux prix courants et taux de change de 1980, milliards de dollars

	1965	1966	1967	1968	1969	1970	1971	1972	1973	1974	1975	1976	1977	1978	1979	1980	1981	1982	1983
Canada	28.76	31.25	33.85	36.97	40.16	42.55	47.03	52.57	60.26	70.54	81.94	94.34	104.43	115.36	128.72	144.13	163.72	177.70	193.31
United States	428.80	463.45	489.00	536.64	581.43	621.74	674.34	739.90	815.24	891.43	979.83	1 090.48	1 210.91	1 349.84	1 510.05	1 675.38	1 864.03	1 998.86	2 167.43
Japan	84.34	97.03	111.33	127.24	146.65	168.79	190.35	219.69	265.63	321.24	372.97	419.64	466.57	511.20	560.40	606.24	640.04	685.19	718.93
Australia	14.55	15.52	16.91	18.34	20.12	22.15	24.59	27.18	31.42	37.63	45.64	53.52	59.68	66.74	75.06	85.31	96.29	109.86	122.10
New Zealand	2.55	2.73	2.83	2.98	3.26	3.64	4.10	4.64	5.35	6.09	6.99	8.06	9.09	10.20	11.95	14.19	16.57	18.56	19.89
Austria	11.27	12.03	12.94	13.79	14.66	15.87	17.78	20.08	22.55	25.55	28.46	31.70	35.31	36.24	39.55	42.71	46.04	49.69	53.83
Belgium	18.24	19.50	20.56	22.28	24.14	25.83	28.49	31.81	36.36	42.07	47.55	53.61	58.72	62.72	68.08	74.27	79.59	86.12	91.28
Denmark	7.34	8.16	9.02	9.84	10.94	12.08	12.98	14.27	16.71	18.67	21.28	25.22	28.19	31.03	34.74	37.05	40.56	45.68	49.82
Finland	4.43	4.71	5.13	5.61	6.35	6.94	7.54	8.86	10.53	12.82	15.34	17.59	19.43	21.51	24.53	27.89	31.64	35.97	39.99
France	69.90	75.59	81.84	89.32	101.40	111.06	124.91	140.14	158.30	184.89	212.67	246.54	277.20	314.20	359.17	412.52	475.27	545.54	601.27
Germany	141.73	151.33	155.49	165.45	182.05	202.92	225.26	248.73	272.52	293.64	322.14	348.52	374.62	399.05	428.71	458.85	483.70	500.81	521.13
Greece	3.07	3.39	3.67	3.95	4.32	4.85	5.27	5.82	7.21	8.96	10.65	12.73	14.90	17.76	21.22	25.71	32.01	39.54	47.54
Iceland	0.03	0.03	0.04	0.04	0.05	0.06	0.07	0.09	0.13	0.19	0.26	0.34	0.48	0.74	1.11	1.75	2.76	4.33	7.39
Ireland	1.41	1.49	1.59	1.82	2.06	2.29	2.59	2.99	3.57	4.20	5.00	6.11	7.39	8.69	10.36	12.30	15.01	16.57	17.53
Italy	28.45	31.38	34.76	37.09	40.68	45.97	49.94	54.95	65.46	81.23	94.08	114.92	137.75	159.75	192.92	243.13	292.16	342.74	391.36
Luxembourg	0.70	0.74	0.75	0.80	0.86	0.95	1.05	1.15	1.28	1.47	1.70	1.92	2.08	2.22	2.43	2.70	2.96	3.21	3.42
Netherlands	21.22	23.08	25.06	27.39	31.35	35.24	39.32	44.17	50.12	56.66	64.86	74.65	82.65	90.12	96.79	103.50	107.25	111.58	114.63
Norway	5.73	6.14	6.66	7.12	7.94	8.72	9.70	10.64	11.80	13.38	15.71	18.12	21.04	22.41	24.32	27.38	31.42	35.52	38.97
Portugal	1.46	1.60	1.72	1.99	2.21	2.34	2.71	2.97	3.66	4.92	5.81	7.02	9.00	10.69	13.39	16.44	20.38	25.49	31.67
Spain	13.89	15.94	17.87	19.91	22.01	24.43	27.70	32.47	39.08	48.32	57.20	69.91	88.90	107.42	126.27	147.91	168.67	193.95	219.30
Sweden	14.82	16.10	17.36	18.39	19.86	21.81	23.49	25.86	28.53	32.54	37.10	42.90	47.03	52.13	57.63	64.27	71.17	79.59	86.50
Switzerland	21.77	23.47	25.21	26.87	29.12	31.90	35.74	40.55	45.44	49.74	51.48	53.20	55.44	57.01	60.27	64.65	69.24	73.07	76.22
Turkey	0.75	0.86	0.95	1.05	1.17	1.34	1.79	2.16	2.76	3.97	4.98	6.05	7.88	12.01	20.38	41.92	61.49	81.48	108.87
United Kingdom	53.38	56.48	59.33	63.79	67.68	73.58	82.40	93.19	106.14	122.56	150.48	174.63	199.55	229.49	272.29	315.81	351.18	384.05	420.70
Yugoslavia	1.77	2.29	2.57	2.81	3.24	3.88	4.94	6.16	7.60	9.91	11.97	14.27	17.41	21.45	27.28	35.76	49.78	65.90	..
OECD - Total	978.59	1 061.99	1 133.87	1 238.68	1 360.47	1 487.05	1 639.14	1 824.89	2 060.05	2 332.72	2 634.14	2 971.73	3 318.25	3 688.52	4 140.36	4 646.01	5 163.15	5 645.08	6 143.07
OECD - Europe	419.59	452.01	479.95	516.51	568.84	628.18	698.74	780.90	882.16	1 005.79	1 146.76	1 305.69	1 467.57	1 635.18	1 854.17	2 120.77	2 382.50	2 654.91	2 921.41
EEC	345.45	371.13	392.07	421.74	465.48	514.77	572.21	637.22	717.68	814.36	930.41	1 058.86	1 183.06	1 315.02	1 486.72	1 685.85	1 879.69	2 075.82	2 258.67

3. Government final consumption expenditure - at current prices and 1980 exchange rates, billions of dollars
Consommation finale des administrations publiques - aux prix courants et taux de change de 1980, milliards de dollars

	1965	1966	1967	1968	1969	1970	1971	1972	1973	1974	1975	1976	1977	1978	1979	1980	1981	1982	1983
Canada	7.12	8.31	9.51	10.82	12.15	14.19	15.68	17.32	19.65	23.71	28.48	32.71	37.01	40.74	44.64	50.74	59.14	66.43	71.82
United States	117.75	136.65	154.51	167.48	177.94	190.18	198.87	217.88	234.19	263.18	294.61	320.32	347.78	380.48	420.98	478.13	534.89	584.88	619.68
Japan	11.86	13.47	15.04	17.35	20.10	24.06	28.32	33.24	41.17	53.98	65.67	72.40	80.46	87.12	94.76	104.05	113.00	118.59	123.48
Australia	2.56	2.85	3.32	3.71	3.98	4.44	5.12	5.74	7.00	8.97	11.82	14.32	16.13	18.29	19.88	23.33	26.97	30.91	34.65
New Zealand	0.49	0.56	0.54	0.58	0.63	0.75	0.86	1.00	1.15	1.41	1.69	1.89	2.31	2.81	3.24	4.04	4.89	5.49	5.69
Austria	2.55	2.84	3.21	3.50	3.90	4.27	4.79	5.42	6.33	7.53	8.74	9.88	10.72	11.91	12.83	13.81	15.09	16.56	17.47
Belgium	3.63	4.00	4.40	4.75	5.28	5.79	6.66	7.67	8.73	10.34	12.78	14.48	15.98	17.79	19.19	20.99	22.91	24.21	24.81
Denmark	2.03	2.34	2.68	3.12	3.59	4.20	4.94	5.69	6.53	8.03	9.44	10.74	11.85	13.53	15.41	17.70	20.09	23.23	24.88
Finland	0.98	1.10	1.25	1.47	1.59	1.77	2.04	2.40	2.87	3.67	4.77	5.71	6.44	7.06	8.01	9.36	10.95	12.51	14.27
France	15.02	16.09	17.34	19.66	22.13	24.88	27.76	30.55	34.72	41.15	49.49	57.98	65.71	75.79	86.00	99.60	116.37	136.53	152.22
Germany	38.32	41.51	44.04	45.51	51.23	58.57	69.77	77.64	89.76	104.64	115.82	122.28	129.10	138.94	150.47	163.89	174.86	178.98	183.83
Greece	0.49	0.55	0.66	0.71	0.79	0.89	0.97	1.08	1.30	1.83	2.39	2.92	3.61	4.34	5.48	6.57	8.65	11.03	13.39
Iceland	0.00	0.00	0.01	0.01	0.01	0.01	0.01	0.02	0.02	0.03	0.05	0.06	0.09	0.14	0.21	0.34	0.53	0.85	1.44
Ireland	0.27	0.28	0.30	0.34	0.40	0.49	0.58	0.70	0.87	1.05	1.45	1.72	2.00	2.38	2.95	3.83	4.65	5.43	6.00
Italy	6.91	7.36	7.85	8.56	9.28	10.12	12.39	14.10	16.24	19.52	22.61	27.01	33.85	41.17	51.25	64.96	85.58	102.39	121.87
Luxembourg	0.13	0.14	0.15	0.17	0.18	0.20	0.22	0.25	0.30	0.37	0.44	0.50	0.56	0.60	0.67	0.77	0.86	0.90	0.97
Netherlands	5.31	5.92	6.65	7.21	8.22	9.46	10.95	12.36	13.88	16.40	19.31	21.90	24.07	26.46	28.76	30.31	31.56	32.74	33.56
Norway	1.54	1.71	1.95	2.14	2.36	2.74	3.23	3.62	4.13	4.81	5.81	6.90	7.82	8.82	9.43	10.83	12.68	14.25	15.84
Portugal	0.26	0.28	0.34	0.38	0.41	0.49	0.54	0.62	0.72	0.96	1.13	1.29	1.75	2.19	2.75	3.54	4.37	5.33	6.66
Spain	1.45	1.74	2.13	2.33	2.67	3.06	3.52	4.09	4.95	6.25	7.75	9.92	12.84	16.31	19.88	24.41	28.08	33.33	39.05
Sweden	4.72	5.46	6.13	6.84	7.51	8.73	9.89	10.94	12.15	14.04	16.91	19.99	24.02	27.21	30.89	35.79	39.58	43.20	47.43
Switzerland	3.81	4.06	4.32	4.65	5.11	5.67	6.71	7.58	8.72	9.80	10.55	11.15	11.28	11.64	12.25	12.94	14.05	15.25	16.39
Turkey	0.12	0.14	0.16	0.19	0.20	0.25	0.33	0.37	0.48	0.62	0.84	1.11	1.53	2.27	3.87	7.16	9.21	12.35	15.86
United Kingdom	13.94	15.17	16.78	17.83	18.61	20.95	23.90	27.25	31.25	38.86	53.71	62.84	68.46	77.58	90.25	113.62	128.78	140.15	153.31
Yugoslavia	0.60	0.71	0.82	0.93	1.06	1.24	1.49	1.84	2.14	3.02	3.97	4.82	5.99	7.19	9.23	11.81	15.46	20.28	..
OECD - Total	241.26	272.56	303.29	329.30	358.27	396.14	438.07	487.53	547.10	641.15	746.25	830.04	915.38	1 015.57	1 134.03	1 300.70	1 467.73	1 615.52	1 744.57
OECD - Europe	101.48	110.71	120.36	129.36	143.48	162.53	189.22	212.36	243.94	289.89	343.98	388.39	431.69	486.13	550.52	640.41	728.84	809.22	889.26
EEC	86.06	93.37	100.87	107.86	119.71	135.54	158.15	177.31	203.57	242.19	287.43	322.37	355.19	398.58	450.41	522.24	594.31	655.60	714.84

4. Gross fixed capital formation - at current prices and 1980 exchange rates, billions of dollars
Formation brute de capital fixe - aux prix courants et taux de change de 1980, milliards de dollars

	1965	1966	1967	1968	1969	1970	1971	1972	1973	1974	1975	1976	1977	1978	1979	1980	1981	1982	1983
Canada	11.27	13.14	13.37	13.47	14.74	15.41	17.79	19.71	23.82	29.30	34.25	38.42	41.37	44.88	52.10	59.18	70.18	67.85	66.41
United States	129.12	139.85	142.43	157.57	171.63	174.02	194.37	221.04	251.31	261.69	261.58	292.61	349.12	418.07	472.12	481.46	523.15	503.64	549.15
Japan	43.14	50.99	63.01	77.48	94.56	114.86	121.89	139.03	180.55	205.94	211.77	228.80	247.76	275.13	309.82	332.63	345.77	349.18	343.99
Australia	6.35	6.66	7.09	7.89	8.64	9.38	10.66	11.06	12.31	14.67	17.70	20.69	22.62	24.94	27.38	32.08	39.23	42.92	42.03
New Zealand	0.86	0.89	0.87	0.84	0.98	1.18	1.38	1.73	2.04	2.55	3.07	3.41	3.37	3.55	3.73	4.33	6.05	7.23	7.75
Austria	5.21	5.78	5.88	6.10	6.49	7.51	9.04	11.20	11.98	13.58	13.52	14.59	16.45	16.64	17.85	19.64	20.60	20.31	20.65
Belgium	6.34	6.99	7.48	7.51	8.25	9.79	10.42	11.28	12.84	15.98	17.48	19.45	20.62	22.14	22.61	24.90	21.97	23.09	22.58
Denmark	3.01	3.30	3.64	3.92	4.68	5.20	5.63	6.57	7.60	8.24	8.09	10.23	10.94	11.98	12.86	12.48	11.32	13.36	14.93
Finland	1.88	2.03	2.11	2.22	2.62	3.22	3.70	4.39	5.51	7.20	8.76	8.82	9.41	9.23	10.37	13.04	14.66	16.35	18.15
France	26.66	29.35	31.88	33.95	38.87	43.31	48.73	54.91	62.70	73.57	79.95	92.44	99.36	108.58	124.12	143.48	157.48	173.35	183.65
Germany	65.96	68.31	62.82	65.68	76.42	94.65	107.89	115.08	120.63	117.02	115.21	124.36	133.69	146.78	167.70	185.94	186.07	181.90	190.65
Greece	0.91	1.02	1.03	1.28	1.54	1.66	1.95	2.46	3.18	2.94	3.28	4.11	5.20	6.52	8.66	9.71	10.66	12.01	14.62
Iceland	0.01	0.01	0.02	0.02	0.02	0.02	0.03	0.04	0.06	0.09	0.13	0.16	0.23	0.31	0.45	0.76	1.15	1.78	2.70
Ireland	0.42	0.41	0.45	0.54	0.69	0.76	0.90	1.09	1.40	1.51	1.76	2.39	2.90	3.84	4.97	5.42	6.71	6.88	6.72
Italy	8.80	9.30	10.63	12.00	13.72	15.69	16.28	17.33	21.78	28.93	30.10	36.66	43.44	48.45	59.46	78.25	94.75	104.57	112.40
Luxembourg	0.34	0.34	0.30	0.30	0.35	0.43	0.54	0.60	0.72	0.79	0.82	0.83	0.88	0.92	1.04	1.21	1.14	1.27	1.29
Netherlands	9.02	10.25	11.29	12.76	13.21	15.63	17.73	18.43	20.55	21.99	23.13	24.54	29.12	31.84	33.44	35.61	33.99	33.78	34.45
Norway	2.89	3.17	3.58	3.47	3.41	4.29	5.36	5.53	6.63	8.02	10.28	12.55	14.39	13.71	13.40	14.33	18.58	18.56	20.38
Portugal	0.49	0.59	0.70	0.64	0.72	0.82	0.98	1.25	1.51	1.76	1.95	2.35	3.31	4.39	5.27	7.10	9.02	11.45	13.22
Spain	4.24	4.96	5.65	6.48	7.51	8.32	8.62	10.63	13.61	17.55	19.53	22.00	26.88	31.19	34.60	41.05	48.96	54.48	59.55
Sweden	6.54	7.14	7.77	7.93	8.37	9.17	9.67	10.69	11.73	13.00	14.88	17.03	18.45	18.94	21.65	25.06	25.98	27.95	31.08
Switzerland	10.42	10.69	10.94	11.45	12.53	14.89	17.98	20.67	22.80	23.21	20.08	17.44	18.04	19.39	20.64	24.17	26.59	27.03	28.35
Turkey	0.15	0.19	0.22	0.26	0.29	0.36	0.42	0.62	0.78	1.00	1.42	2.02	2.77	3.68	5.91	11.36	16.33	21.66	27.57
United Kingdom	15.38	16.39	17.90	19.78	20.53	22.62	25.31	27.76	34.48	40.22	49.53	57.44	62.80	72.36	85.71	96.74	97.13	106.89	115.17
Yugoslavia	0.88	1.08	1.23	1.42	1.67	2.10	2.62	3.01	3.46	4.76	6.63	8.39	10.87	14.50	18.17	22.15	27.80	34.69	..
OECD - Total	359.42	391.74	411.03	453.54	510.76	573.19	637.28	713.11	830.51	910.77	948.27	1 053.36	1 183.11	1 337.45	1 515.86	1 659.93	1 787.47	1 827.49	1 927.44
OECD - Europe	168.68	180.20	184.27	196.29	220.21	258.34	291.19	320.53	360.49	396.62	419.91	469.42	518.88	570.87	650.70	750.25	803.09	856.68	918.12
EC	136.84	145.65	147.42	157.71	178.25	209.74	235.40	255.50	285.87	311.21	329.36	372.45	408.94	453.41	520.57	593.74	621.22	657.10	696.47

5. Exports of goods and services - at current prices and 1980 exchange rates, billions of dollars
Exportations de biens et services - aux prix courants et taux de change de 1980, milliards de dollars

	1965	1966	1967	1968	1969	1970	1971	1972	1973	1974	1975	1976	1977	1978	1979	1980	1981	1982	1983
Canada	9.19	10.77	12.17	13.82	15.33	17.26	18.19	20.21	25.28	32.20	33.21	37.81	43.74	52.25	64.22	74.91	82.90	82.61	88.21
United States	35.09	38.72	41.11	45.31	48.98	56.39	59.39	66.91	90.30	120.10	131.43	141.58	150.37	175.91	217.00	264.99	284.11	262.49	252.27
Japan	15.22	17.78	19.01	23.59	28.92	34.96	41.69	43.13	49.80	80.52	83.72	99.59	107.21	100.24	113.02	145.04	167.49	173.73	169.70
Australia	3.50	3.68	4.07	4.18	4.88	5.60	6.01	7.01	8.50	10.02	11.80	13.96	15.66	16.55	22.02	25.15	24.88	27.61	29.09
New Zealand	0.84	0.90	0.84	1.04	1.23	1.26	1.52	1.90	2.18	2.06	2.60	3.67	4.02	4.65	5.84	6.84	8.08	8.88	10.47
Austria	4.88	5.37	5.76	6.34	7.67	9.42	10.34	11.66	13.61	16.88	17.08	19.42	21.21	22.82	26.66	30.01	33.55	35.81	38.29
Belgium	12.10	13.52	14.16	15.92	19.20	22.38	23.89	26.98	33.37	43.09	41.72	50.16	53.02	55.00	64.70	73.58	83.21	97.04	104.23
Denmark	3.64	3.89	4.09	4.61	5.22	5.87	6.42	7.25	8.75	10.91	11.54	12.86	14.28	15.35	18.00	21.69	26.45	29.99	33.16
Finland	1.45	1.52	1.66	2.18	2.66	3.15	3.28	4.01	4.87	6.65	6.64	7.92	9.91	11.52	14.07	16.99	19.66	20.48	22.53
France	15.76	17.13	18.31	19.94	24.18	30.26	35.21	40.02	48.09	65.09	67.17	80.04	95.10	107.71	126.74	145.79	174.06	195.23	219.72
Germany	45.60	51.46	55.57	62.66	71.22	78.67	86.92	94.94	111.69	144.40	141.40	162.00	171.53	180.29	197.08	221.22	253.82	275.25	275.55
Greece	0.38	0.53	0.54	0.53	0.61	0.70	0.80	1.04	1.62	2.13	2.66	3.41	3.81	4.80	5.86	8.37	9.73	10.84	13.87
Iceland	0.02	0.02	0.02	0.02	0.03	0.04	0.05	0.05	0.08	0.10	0.15	0.22	0.30	0.52	0.79	1.20	1.82	2.65	5.64
Ireland	0.69	0.77	0.86	0.99	1.10	1.23	1.37	1.59	2.11	2.61	3.33	4.42	5.79	6.93	8.09	9.53	11.31	13.22	15.86
Italy	7.34	8.18	8.87	10.13	11.62	13.05	14.56	16.55	19.70	28.82	33.31	45.08	58.31	69.51	87.94	99.20	125.01	146.13	164.11
Luxembourg	0.94	0.95	0.97	1.09	1.32	1.61	1.61	1.70	2.24	3.17	2.62	2.87	2.87	3.03	3.60	3.77	3.89	4.50	4.67
Netherlands	15.49	16.41	17.50	19.62	23.05	27.21	31.12	34.91	41.95	54.09	55.07	64.62	65.76	67.07	77.99	88.93	102.92	106.39	110.83
Norway	4.16	4.51	5.06	5.57	5.95	6.76	7.25	8.11	9.87	12.15	12.59	14.21	15.44	17.66	21.34	27.29	31.64	33.43	37.49
Portugal	0.58	0.64	0.72	0.73	0.78	0.87	1.00	1.26	1.51	1.82	1.54	1.63	2.30	3.16	5.37	7.09	8.05	9.76	14.42
Spain	2.07	2.52	2.59	3.35	3.94	4.85	5.81	6.93	8.33	10.26	11.17	14.15	18.45	23.66	27.20	32.73	41.90	50.45	64.80
Sweden	5.82	6.20	6.64	7.19	8.28	9.82	10.71	11.65	14.69	19.50	20.02	22.24	23.96	27.52	33.23	37.01	40.79	47.60	58.93
Switzerland	10.44	11.46	12.23	13.83	15.89	17.73	19.13	21.35	24.00	27.39	26.28	28.47	31.89	31.76	33.43	37.35	41.24	41.51	42.63
Turkey	0.06	0.07	0.08	0.08	0.08	0.11	0.17	0.22	0.34	0.39	0.41	0.64	0.60	0.98	1.65	4.17	9.40	16.67	21.66
United Kingdom	16.18	17.32	18.02	21.87	24.44	27.89	31.25	32.83	41.19	55.04	64.48	83.88	102.80	112.40	129.88	148.51	159.42	171.28	186.74
Yugoslavia	0.77	0.86	0.90	0.94	1.11	1.29	1.74	2.40	3.10	4.10	4.51	5.26	5.54	6.22	8.38	15.57	17.78	24.42	..
OECD - Total	211.44	234.34	250.84	284.60	326.61	377.09	417.69	462.21	564.06	749.42	781.90	914.83	1 018.32	1 111.30	1 305.75	1 531.38	1 745.30	1 863.53	1 984.89
OECD - Europe	147.59	162.49	173.64	196.66	227.26	261.63	290.90	323.05	388.00	504.51	519.15	618.22	697.33	761.70	883.64	1 014.43	1 177.84	1 308.22	1 435.15
EC	118.11	130.17	138.88	157.36	181.98	208.87	233.16	257.81	310.71	409.36	423.29	509.33	573.27	622.09	719.89	820.59	949.81	1 049.87	1 128.75

6. Imports of goods and services - at current prices and 1980 exchange rates, billions of dollars
Importations de biens et services - aux prix courants et taux de change de 1980, milliards de dollars

	1965	1966	1967	1968	1969	1970	1971	1972	1973	1974	1975	1976	1977	1978	1979	1980	1981	1982	1983
Canada	9.31	10.82	11.57	13.00	15.18	15.26	16.69	19.46	23.92	31.91	35.32	38.63	43.73	51.23	62.57	69.95	79.40	70.44	76.96
United States	30.54	35.96	38.70	45.24	49.07	54.32	60.90	72.58	89.29	124.67	119.75	147.91	177.61	206.39	245.90	285.60	305.69	290.82	308.63
Japan	13.19	15.15	18.57	20.98	24.55	30.81	31.99	33.72	49.66	84.93	83.44	93.71	93.79	84.56	121.85	154.52	158.45	164.69	146.27
Australia	4.22	3.95	4.44	4.91	5.09	5.60	6.04	5.74	7.09	11.17	11.27	13.83	16.67	18.62	21.69	26.30	29.99	33.53	31.83
New Zealand	0.93	0.99	0.85	0.97	1.11	1.42	1.47	1.67	2.17	3.28	3.37	4.02	4.26	4.52	6.15	7.10	8.96	9.99	10.69
Austria	4.99	5.67	5.93	6.41	7.36	9.14	10.11	11.45	13.45	17.04	16.75	20.27	22.87	22.79	26.96	31.51	34.63	34.35	37.55
Belgium	12.16	13.79	14.09	15.82	18.85	21.33	22.85	25.14	32.05	42.68	41.41	49.90	53.76	55.94	66.59	76.77	86.09	98.29	102.32
Denmark	3.83	4.10	4.40	4.84	5.63	6.50	6.85	7.09	9.33	11.92	11.90	14.93	16.09	16.55	19.74	22.39	25.91	29.62	31.28
Finland	1.57	1.65	1.73	2.03	2.55	3.30	3.52	3.97	4.99	7.53	8.29	8.53	9.31	10.02	13.39	17.43	18.83	19.94	22.20
France	14.74	16.81	17.96	20.05	25.14	29.32	33.19	37.81	46.51	69.44	64.76	84.62	96.36	102.75	125.93	157.33	185.67	215.24	225.28
Germany	44.88	46.92	45.67	52.03	62.02	71.12	79.39	85.84	96.84	120.79	126.25	147.88	155.80	162.37	192.52	225.32	246.25	253.60	256.48
Greece	0.86	0.88	0.91	1.01	1.17	1.29	1.43	1.78	2.86	3.40	4.24	5.00	5.71	6.71	8.47	10.60	12.63	16.74	20.89
Iceland	0.02	0.02	0.02	0.02	0.03	0.04	0.05	0.06	0.08	0.13	0.18	0.21	0.30	0.47	0.76	1.18	1.86	2.99	5.27
Ireland	0.86	0.90	0.93	1.16	1.37	1.50	1.65	1.84	2.49	3.51	3.80	5.18	6.86	8.31	10.76	12.12	14.63	15.24	16.59
Italy	6.14	7.14	8.16	8.70	10.52	12.66	13.68	15.76	21.91	34.65	29.33	47.38	55.47	62.80	83.73	110.63	133.91	151.66	160.23
Luxembourg	0.93	0.92	0.86	0.94	1.08	1.38	1.56	1.60	1.94	2.54	2.53	2.72	2.80	3.06	3.52	3.90	4.14	4.72	4.88
Netherlands	15.73	16.96	17.88	19.63	23.16	28.25	31.33	32.77	39.11	51.34	51.36	60.32	64.08	67.01	78.81	89.84	96.69	98.63	103.69
Norway	4.26	4.67	5.29	5.31	5.64	6.97	7.84	7.95	9.98	12.91	14.61	17.50	19.59	18.04	20.07	23.76	26.41	29.30	30.89
Portugal	0.68	0.73	0.78	0.87	0.91	1.10	1.28	1.48	1.90	2.86	2.47	2.89	4.18	5.12	7.52	10.81	13.99	17.23	20.27
Spain	2.73	3.25	3.24	3.87	4.61	5.19	5.48	6.94	8.93	13.66	14.47	18.21	21.16	22.54	26.96	38.20	46.84	55.43	66.88
Sweden	6.05	6.40	6.65	7.26	8.41	10.04	10.21	10.93	13.21	19.97	20.16	23.59	25.42	26.52	34.33	39.37	40.72	48.51	55.11
Switzerland	10.74	11.43	12.01	13.11	15.28	18.65	20.08	21.97	24.86	29.03	23.89	25.67	29.65	29.55	33.91	40.93	42.32	40.97	42.89
Turkey	0.08	0.10	0.09	0.11	0.11	0.16	0.27	0.34	0.45	0.75	0.98	1.26	1.52	1.61	2.81	8.73	14.23	20.57	28.83
United Kingdom	16.76	17.38	18.90	22.55	23.79	26.68	29.17	32.76	45.16	64.69	68.39	86.75	99.82	106.52	127.76	134.45	140.17	156.66	178.82
Yugoslavia	0.74	0.89	0.97	1.02	1.21	1.64	2.28	2.64	3.57	5.76	6.09	6.04	7.74	8.98	13.20	21.40	23.18	30.69	..
OECD - Total	206.18	226.59	239.63	270.82	312.65	362.03	397.03	440.64	548.21	764.80	762.86	920.90	1 026.82	1 094.02	1 342.69	1 598.76	1 768.41	1 879.16	1 984.73
OECD - Europe	148.00	159.72	165.50	185.72	217.64	254.61	279.94	307.47	376.07	508.84	509.70	622.80	690.74	728.69	884.53	1 055.29	1 185.92	1 309.69	1 410.35
EC	116.89	125.80	129.76	146.74	172.73	200.02	221.10	242.39	298.22	404.96	407.91	504.68	556.74	592.02	717.82	843.37	946.09	1 040.40	1 100.46

7. **Gross domestic product** - billions of constant US dollars at the exchange rates and price levels of 1980
Produit intérieur brut - milliards de dollars É-U constants aux taux de change et niveaux de prix de 1980

	1965	1966	1967	1968	1969	1970	1971	1972	1973	1974	1975	1976	1977	1978	1979	1980	1981	1982	1983
Canada	137.18	146.83	151.88	160.37	168.71	173.12	185.20	195.99	210.76	218.22	220.67	234.22	239.45	248.75	257.26	259.93	270.30	258.54	265.81
United States	1 682.29	1 779.69	1 829.90	1 903.37	1 957.77	1 953.54	2 014.26	2 122.10	2 242.24	2 222.47	2 205.74	2 309.89	2 436.81	2 552.01	2 618.12	2 606.63	2 695.47	2 615.24	2 692.15
Japan	379.19	419.37	464.55	523.87	588.13	645.83	675.58	735.13	799.83	791.53	810.08	853.03	897.87	943.04	991.43	1 040.46	1 084.52	1 117.22	1 151.21
Australia	78.18	80.37	85.95	91.12	96.99	102.97	108.96	113.00	119.22	121.44	124.40	128.33	129.65	133.28	139.30	141.68	147.39	147.42	148.87
New Zealand	17.10	17.63	17.47	17.64	19.09	19.38	20.13	20.93	22.60	24.12	23.85	24.56	23.33	23.19	23.36	23.83	24.69	24.50	25.44
Austria	41.40	43.73	45.05	47.07	50.02	53.58	56.32	59.82	62.74	65.22	64.98	67.95	70.91	71.28	74.64	76.88	76.78	77.56	79.20
Belgium	67.78	69.92	72.63	75.68	80.71	85.84	89.00	93.69	99.22	103.31	101.78	107.10	107.53	110.76	113.01	116.94	115.46	116.77	117.25
Denmark	43.68	44.88	46.52	48.30	51.44	52.61	53.90	56.84	59.02	58.58	58.00	61.80	63.22	64.34	66.62	66.32	65.73	67.69	69.04
Finland	28.68	29.36	30.00	30.69	33.63	36.14	36.90	39.71	42.38	43.66	44.16	44.28	44.37	45.51	48.88	51.62	52.58	54.07	55.63
France	353.14	371.56	388.98	405.54	433.89	458.76	483.57	512.10	539.58	557.02	558.06	586.91	604.83	627.73	648.48	655.30	656.80	669.94	676.41
Germany	503.52	516.67	516.19	546.75	587.54	617.76	636.86	663.31	693.51	697.24	685.45	723.08	745.22	768.18	800.23	814.98	815.22	807.25	815.15
Greece	17.89	18.99	20.03	21.36	23.48	25.34	27.15	29.56	31.72	30.57	32.42	34.48	35.66	38.05	39.46	40.15	40.02	39.97	40.08
Iceland	1.56	1.69	1.66	1.57	1.62	1.74	1.96	2.09	2.26	2.35	2.34	2.42	2.56	2.66	2.77	2.88	2.95	2.92	2.78
Ireland	9.63	9.72	10.22	11.05	11.72	12.13	12.54	13.34	13.97	14.57	15.11	15.31	16.57	17.76	18.26	18.86	19.40	19.78	19.90
Italy	214.97	227.84	244.19	260.17	276.04	290.70	295.47	304.94	326.38	339.89	327.53	346.76	353.35	362.84	380.63	395.52	396.21	394.48	389.82
Luxembourg	2.85	2.89	2.94	3.07	3.34	3.41	3.56	3.78	4.19	4.34	4.08	4.16	4.18	4.37	4.55	4.62	4.54	4.49	4.38
Netherlands	97.26	99.93	105.20	111.95	119.15	127.13	132.56	137.10	144.92	150.04	148.50	156.40	160.11	164.04	167.93	169.38	168.23	165.32	166.23
Norway	30.22	31.36	33.32	34.08	35.61	36.32	37.98	39.95	41.59	43.75	45.57	48.68	50.42	52.71	55.38	57.71	58.22	58.80	60.65
Portugal	11.36	11.83	12.72	13.85	14.14	15.43	16.45	17.77	19.76	19.99	19.12	20.44	21.58	22.32	23.70	24.67	24.87	25.66	25.64
Spain	108.64	116.30	121.33	129.55	141.13	146.89	154.17	166.72	179.82	190.10	192.18	197.97	204.50	208.17	208.57	211.78	212.72	214.60	219.11
Sweden	83.65	85.40	88.28	91.49	96.07	102.29	103.26	105.62	109.81	113.32	116.22	117.45	115.57	117.60	122.11	124.15	123.77	124.77	127.92
Switzerland	73.06	74.86	77.15	79.92	84.42	89.80	93.46	96.45	99.39	100.84	93.50	92.18	94.43	94.81	97.18	101.65	103.12	101.96	102.68
Turkey	23.95	26.75	27.95	29.82	31.41	32.95	35.93	38.30	39.06	43.96	48.41	53.64	56.35	58.16	57.18	56.98	59.53	62.89	65.20
United Kingdom	390.74	398.18	409.18	426.32	431.95	441.55	453.28	463.61	500.23	494.97	491.37	510.25	515.20	533.90	545.28	533.49	527.41	537.27	555.06
Yugoslavia	..	..	..	..	..	..	..	..	..	..	..	..	..	..	..	..	..	..	..
OECD - Total	4 397.92	4 625.74	4 803.29	5 064.58	5 337.99	5 525.24	5 728.46	6 031.87	6 404.19	6 451.51	6 433.51	6 741.29	6 993.69	7 265.44	7 504.32	7 596.41	7 745.92	7 709.10	7 875.62
OECD - Europe	2 103.97	2 181.85	2 253.54	2 368.21	2 507.31	2 630.39	2 724.33	2 844.70	3 009.55	3 073.73	3 048.77	3 191.25	3 266.57	3 365.18	3 474.85	3 523.88	3 523.55	3 546.19	3 592.14
EEC	1 701.46	1 760.56	1 816.08	1 910.19	2 019.25	2 115.24	2 187.89	2 278.27	2 412.74	2 450.54	2 422.30	2 546.25	2 605.87	2 691.96	2 784.45	2 815.56	2 809.02	2 822.95	2 853.33

8. **Private final consumption expenditure** - billions of constant US dollars at the exchange rates and price levels of 1980
Consommation finale privée - milliards de dollars É-U constants aux taux de change et niveaux de prix de 1980

	1965	1966	1967	1968	1969	1970	1971	1972	1973	1974	1975	1976	1977	1978	1979	1980	1981	1982	1983
Canada	73.46	77.30	80.97	84.93	88.87	90.93	98.21	105.51	112.84	118.92	124.87	132.84	136.00	139.59	142.52	144.13	146.70	143.74	148.02
United States	1 004.00	1 055.48	1 087.80	1 146.89	1 189.20	1 216.95	1 262.19	1 334.57	1 388.29	1 378.32	1 407.00	1 485.72	1 557.19	1 623.18	1 666.21	1 675.38	1 709.40	1 730.53	1 808.20
Japan	250.74	275.14	301.23	326.22	359.15	384.02	406.56	445.31	486.91	483.54	503.13	520.01	539.71	565.15	598.70	606.24	610.79	636.43	657.65
Australia	47.84	49.57	52.29	55.05	58.38	61.16	63.42	66.06	70.27	72.69	75.55	77.61	78.30	80.66	82.66	85.31	88.28	90.93	92.14
New Zealand	10.77	11.23	10.77	11.03	11.64	12.18	12.24	13.14	14.28	14.90	14.83	14.38	13.95	14.14	14.09	14.19	14.48	14.31	14.73
Austria	24.29	25.32	26.21	27.23	28.02	29.19	31.15	33.04	34.82	35.86	37.02	38.71	40.91	40.25	42.08	42.71	42.83	43.45	45.63
Belgium	41.94	43.05	44.28	46.64	49.13	51.28	53.72	56.91	61.32	62.93	63.34	66.23	67.75	69.52	72.59	74.27	73.34	73.82	73.12
Denmark	26.44	27.57	28.55	28.94	30.72	31.65	31.45	31.95	33.78	32.94	34.13	36.83	37.58	37.95	38.47	37.05	36.20	36.74	37.38
Finland	16.52	16.94	17.30	17.31	19.17	20.62	20.97	22.72	24.08	24.50	25.28	25.51	25.21	25.91	27.37	27.89	28.28	29.44	30.02
France	214.67	225.04	236.51	245.91	260.75	271.87	289.83	307.43	325.13	334.59	345.95	365.33	376.80	392.77	406.58	412.52	421.23	434.78	437.94
Germany	265.24	273.35	276.37	289.44	311.92	335.62	353.15	369.24	378.12	379.79	392.98	408.02	423.29	438.61	452.39	458.85	456.08	449.71	454.77
Greece	11.93	12.73	13.53	14.46	15.35	16.70	17.63	18.86	20.30	20.43	21.55	22.70	23.74	25.09	25.75	25.71	25.96	26.51	26.68
Iceland	0.91	1.03	1.05	0.99	0.94	1.10	1.28	1.40	1.52	1.63	1.47	1.48	1.60	1.70	1.73	1.75	1.83	1.87	1.76
Ireland	6.80	6.91	7.15	7.76	8.21	8.45	8.72	9.17	9.83	9.99	9.72	9.99	10.67	11.63	12.13	12.30	12.56	11.95	11.53
Italy	129.83	139.13	149.40	157.12	167.49	180.23	185.51	191.82	203.09	208.44	205.18	212.23	215.21	221.08	231.98	243.13	245.14	245.69	244.21
Luxembourg	1.55	1.57	1.56	1.63	1.71	1.81	1.92	2.00	2.11	2.22	2.33	2.40	2.46	2.53	2.62	2.70	2.75	2.70	2.67
Netherlands	55.24	56.99	60.09	64.05	69.11	74.41	76.63	79.11	82.17	84.38	87.23	92.24	96.33	100.50	103.49	103.50	100.90	99.57	99.37
Norway	16.00	16.57	17.21	17.84	19.21	19.20	20.08	20.68	21.28	22.10	23.23	24.64	26.35	25.92	26.75	27.38	27.69	28.09	28.37
Portugal	7.54	7.61	7.98	10.11	10.56	10.84	12.21	12.70	14.23	15.62	15.48	16.02	16.12	15.83	15.98	16.44	16.84	17.17	17.00
Spain	75.02	80.20	84.99	90.05	96.31	100.34	105.30	114.05	123.22	129.60	132.71	138.89	142.40	144.32	146.03	147.91	146.60	147.57	148.67
Sweden	46.69	47.59	48.68	50.66	52.92	54.77	54.82	56.70	58.16	60.13	61.81	64.38	63.71	63.26	64.79	64.27	63.94	64.82	63.77
Switzerland	43.56	44.86	46.17	47.96	50.58	53.29	55.83	58.87	60.49	60.20	58.44	59.06	60.85	62.20	63.00	64.65	64.94	64.94	65.95
Turkey	21.31	23.25	23.97	25.71	27.08	27.68	31.42	33.44	33.80	36.50	39.61	43.53	46.14	45.65	44.17	41.92	42.17	43.92	46.07
United Kingdom	231.94	235.94	241.50	248.19	249.58	256.20	264.09	280.24	294.64	290.42	288.28	289.18	287.69	303.43	317.05	315.81	315.69	318.81	332.29
Yugoslavia	..	..	..	..	..	..	..	..	..	..	..	..	..	..	..	..	..	..	..
OECD - Total	2 624.22	2 754.38	2 865.53	3 016.12	3 175.99	3 310.49	3 458.34	3 664.95	3 854.67	3 880.63	3 971.10	4 147.91	4 289.97	4 450.85	4 599.14	4 646.01	4 694.65	4 757.50	4 887.92
OECD - Europe	1 237.41	1 285.66	1 332.49	1 392.01	1 468.77	1 545.25	1 615.71	1 700.36	1 782.08	1 812.27	1 845.73	1 917.35	1 964.81	2 028.14	2 094.95	2 120.77	2 124.99	2 141.56	2 167.18
EEC	985.57	1 022.29	1 058.94	1 104.14	1 163.98	1 228.21	1 282.65	1 346.75	1 410.49	1 426.14	1 450.68	1 505.14	1 541.53	1 603.10	1 663.05	1 685.85	1 689.85	1 700.28	1 719.94

9. **Government final consumption expenditure** - billions of constant US dollars at the exchange rates and price levels of 1980
Consommation finale des administrations publiques - milliards de dollars É-U constants aux taux de change et niveaux de prix de 1980

	1965	1966	1967	1968	1969	1970	1971	1972	1973	1974	1975	1976	1977	1978	1979	1980	1981	1982	1983
Canada	27.14	29.67	31.82	34.23	35.48	39.15	40.77	42.01	43.92	45.66	47.49	47.94	49.47	50.27	50.50	50.74	52.03	52.43	52.56
United States	330.51	364.08	393.23	405.22	407.38	402.30	394.03	403.78	406.21	419.57	428.81	437.14	445.45	454.76	466.06	478.13	489.42	503.21	506.40
Japan	51.04	53.99	56.55	59.80	62.83	66.39	69.96	73.62	77.28	79.96	85.36	88.87	92.32	96.99	101.13	104.05	109.43	111.98	114.69
Australia	10.29	11.03	12.18	13.12	13.37	13.83	14.29	14.87	16.16	17.21	18.95	20.21	20.75	22.03	22.22	23.33	24.26	24.38	25.85
New Zealand	2.64	2.91	2.76	2.83	2.85	2.96	3.04	3.22	3.35	3.62	3.80	3.77	3.95	4.15	4.06	4.04	4.01	4.06	4.13
Austria	8.07	8.44	8.78	9.05	9.26	9.56	9.88	10.28	10.59	11.19	11.64	12.14	12.57	13.05	13.48	13.81	14.08	14.40	14.69
Belgium	11.24	11.77	12.44	12.88	13.68	14.11	14.89	15.76	16.61	17.17	17.95	18.61	19.03	20.18	20.68	20.99	21.25	20.99	21.06
Denmark	8.47	8.96	9.64	10.09	10.78	11.52	12.15	12.85	13.36	13.83	14.11	14.74	15.10	16.03	16.97	17.70	18.16	18.67	18.67
Finland	4.44	4.65	4.86	5.14	5.32	5.61	5.93	6.39	6.75	7.05	7.54	7.97	8.31	8.65	8.96	9.36	9.73	10.08	10.47
France	60.05	61.68	64.30	67.91	70.71	73.67	76.21	78.24	80.74	81.67	85.53	90.85	92.13	96.10	97.84	99.60	101.89	104.45	106.42
Germany	99.42	102.53	106.23	106.70	111.44	116.37	122.38	127.53	133.90	139.37	144.84	147.12	148.52	154.35	159.77	163.89	166.32	164.59	164.58
Greece	2.70	2.87	3.11	3.16	3.40	3.60	3.78	3.99	4.26	4.78	5.35	5.62	5.99	6.20	6.56	6.57	7.02	7.15	7.32
Iceland	0.16	0.17	0.18	0.18	0.19	0.20	0.21	0.23	0.25	0.27	0.28	0.30	0.30	0.31	0.32	0.34	0.35	0.37	0.38
Ireland	1.62	1.63	1.72	1.81	1.93	2.07	2.25	2.42	2.58	2.78	2.96	3.04	3.10	3.35	3.58	3.83	3.91	4.07	4.07
Italy	40.03	41.61	43.44	45.69	46.97	48.17	50.90	53.61	54.90	56.44	58.27	59.54	61.21	62.61	63.62	64.96	67.14	68.66	70.52
Luxembourg	0.42	0.45	0.47	0.49	0.51	0.53	0.55	0.57	0.59	0.62	0.66	0.67	0.69	0.70	0.74	0.77	0.79	0.79	0.79
Netherlands	19.85	20.20	20.68	21.13	22.08	23.40	24.18	24.62	24.79	25.29	26.28	27.33	28.21	29.30	30.14	30.31	30.91	30.98	31.30
Norway	4.94	5.09	5.56	5.80	6.08	6.46	6.85	7.16	7.55	7.85	8.36	8.97	9.41	9.92	10.27	10.83	11.49	11.92	12.36
Portugal	1.15	1.21	1.34	1.46	1.51	1.61	1.72	1.87	2.01	2.36	2.52	2.69	3.01	3.14	3.42	3.54	3.65	3.78	3.93
Spain	12.42	12.63	12.93	13.17	13.72	14.44	15.12	15.95	17.02	18.42	19.39	20.42	21.26	22.43	23.38	24.41	24.76	26.38	27.61
Sweden	19.53	20.61	21.57	23.05	24.25	26.20	26.77	27.43	28.13	29.00	30.35	31.43	32.36	33.43	35.01	35.79	36.51	36.80	37.12
Switzerland	8.93	9.10	9.25	9.60	10.07	10.56	11.17	11.50	11.77	11.97	12.05	12.39	12.44	12.69	12.82	12.94	13.26	13.37	13.96
Turkey	2.39	2.57	2.79	2.98	3.17	3.29	3.49	3.74	4.13	4.54	5.15	5.71	5.89	6.47	6.58	7.16	7.22	7.36	7.50
United Kingdom	82.09	84.27	89.08	89.44	87.76	89.17	91.89	95.78	100.42	101.98	107.59	108.97	107.18	109.65	111.95	113.62	113.65	114.63	117.65
Yugoslavia	..	..	..	..	..	..	..	..	..	..	..	..	..	..	..	..	..	..	..
OECD - Total	809.53	862.14	914.92	944.92	964.73	985.18	1 002.41	1 037.41	1 067.28	1 102.59	1 145.20	1 176.42	1 198.64	1 236.76	1 270.05	1 300.70	1 331.23	1 355.50	1 374.02
OECD - Europe	387.91	400.45	418.38	429.73	442.82	460.55	480.33	499.92	520.36	536.58	560.80	578.49	586.70	608.57	626.08	640.41	652.09	659.44	670.38
EEC	325.89	335.98	351.11	359.29	369.25	382.61	399.18	415.37	432.16	443.93	463.53	476.49	481.15	498.48	511.84	522.24	531.04	534.98	542.38

10. Gross fixed capital formation - billions of constant US dollars at the exchange rates and price levels of 1980
Formation brute de capital fixe - milliards de dollars É-U constants aux taux de change et niveaux de prix de 1980

	1965	1966	1967	1968	1969	1970	1971	1972	1973	1974	1975	1976	1977	1978	1979	1980	1981	1982	1983
Canada	31.59	35.00	34.86	34.90	36.62	36.73	40.41	42.65	47.37	49.92	51.80	53.87	53.63	53.59	57.21	59.18	62.95	56.85	54.09
United States	351.13	368.84	363.96	385.98	395.14	380.78	401.20	435.49	467.23	435.25	386.58	410.97	454.29	497.44	512.79	481.46	486.61	454.64	491.37
Japan	99.52	112.89	133.46	160.19	190.49	222.73	232.21	256.35	291.49	264.97	262.06	269.81	282.88	309.56	329.06	332.63	344.53	350.66	351.45
Australia	22.05	22.51	23.25	25.13	26.66	27.72	29.41	28.61	29.32	29.09	29.05	29.93	29.55	30.29	30.62	32.08	35.75	34.72	31.30
New Zealand	4.15	4.30	3.96	3.43	3.89	4.21	4.42	5.25	5.92	6.46	6.12	5.73	5.03	4.61	4.44	4.33	5.25	5.53	5.60
Austria	10.66	11.60	11.61	11.94	12.53	13.76	15.66	17.56	17.62	18.32	17.41	18.08	19.01	18.30	18.96	19.64	19.24	17.94	17.60
Belgium	16.21	17.32	17.82	17.59	18.53	20.09	19.71	20.38	21.81	23.33	22.89	23.81	23.82	24.47	23.81	24.90	20.83	20.64	19.33
Denmark	10.41	10.85	11.45	11.65	13.06	13.37	13.60	14.77	15.41	14.03	12.32	14.46	14.14	14.34	14.28	12.48	10.08	10.62	10.97
Finland	8.84	9.19	9.07	8.60	9.69	10.90	11.31	12.05	13.08	13.53	14.34	13.07	12.40	11.51	11.87	13.04	13.46	13.93	14.27
France	78.61	84.31	89.39	94.34	102.98	107.74	115.40	123.75	131.34	132.56	128.30	133.10	132.03	133.99	139.00	143.48	141.13	140.33	138.40
Germany	133.11	134.65	125.34	129.93	143.65	157.87	167.61	171.85	171.48	155.07	147.50	154.29	160.21	168.02	180.21	185.94	178.19	169.86	175.05
Greece	5.13	5.29	5.21	6.32	7.50	7.40	8.44	9.74	10.48	7.80	7.82	8.35	9.00	9.54	10.38	9.71	8.95	8.81	8.69
Iceland	0.40	0.47	0.52	0.48	0.36	0.39	0.57	0.56	0.67	0.74	0.68	0.66	0.74	0.70	0.68	0.76	0.77	0.76	0.66
Ireland	2.25	2.19	2.33	2.64	3.12	3.13	3.40	3.66	4.25	3.75	3.65	4.15	4.32	5.13	5.82	5.42	5.85	5.49	5.05
Italy	48.77	50.87	56.85	62.98	67.86	69.93	67.67	68.29	73.57	76.03	66.34	67.90	67.66	67.59	71.53	78.25	78.75	74.66	70.72
Luxembourg	0.92	0.88	0.80	0.77	0.84	0.92	1.06	1.12	1.25	1.19	1.10	1.05	1.06	1.07	1.14	1.21	1.05	1.03	0.97
Netherlands	24.51	26.47	28.71	31.92	31.20	34.16	35.32	34.35	35.89	34.54	32.85	31.94	35.67	36.57	35.94	35.61	31.86	30.53	30.66
Norway	8.24	8.72	9.75	9.45	8.64	9.93	11.79	11.30	12.85	13.50	15.11	16.64	17.25	15.31	14.55	14.33	16.90	15.26	15.67
Portugal	3.48	4.09	4.32	3.92	4.27	4.77	5.23	5.94	6.51	6.05	5.37	5.41	6.06	6.50	6.43	7.10	7.46	7.68	7.10
Spain	22.79	25.70	27.24	29.81	32.73	33.69	32.71	37.90	43.33	46.21	44.40	43.52	43.42	42.41	40.51	41.05	41.53	40.51	39.05
Sweden	19.84	20.75	21.85	21.99	22.94	23.69	23.55	24.53	25.18	24.42	25.18	25.64	24.89	23.19	24.22	25.06	23.72	23.46	23.73
Switzerland	18.69	18.54	18.56	19.13	20.27	22.08	24.26	25.47	26.20	25.09	21.68	19.40	19.72	20.92	21.99	24.17	24.75	24.09	25.12
Turkey	3.93	4.80	5.10	5.79	6.16	6.99	6.65	7.63	8.62	9.32	11.57	13.90	14.54	13.09	12.62	11.36	11.55	11.95	12.30
United Kingdom	76.91	78.80	85.76	91.08	90.48	92.79	94.59	94.34	101.17	96.99	97.16	98.62	96.03	99.79	102.08	96.74	88.49	94.46	98.42
Yugoslavia	..	..	..	..	..	..	..	..	..	..	..	..	..	..	..	..	..	..	..
OECD - Total	1 002.13	1 059.01	1 091.20	1 169.96	1 249.63	1 305.76	1 366.18	1 453.52	1 562.03	1 488.16	1 411.29	1 464.31	1 527.36	1 607.90	1 670.13	1 659.93	1 659.64	1 614.42	1 647.59
OECD - Europe	493.70	515.47	531.70	560.34	596.83	633.59	658.53	685.17	720.71	702.47	675.68	693.99	701.98	712.42	736.02	750.25	724.56	712.01	713.77
EEC	396.83	411.63	423.66	449.22	479.23	507.40	526.80	542.23	566.66	545.28	519.94	537.65	543.95	560.50	584.19	593.74	565.19	556.43	558.27

11. Exports of goods and services - billions of constant US dollars at the exchange rates and price levels of 1980
Exportations de biens et services - milliards de dollars É-U constants aux taux de change et niveaux de prix de 1980

	1965	1966	1967	1968	1969	1970	1971	1972	1973	1974	1975	1976	1977	1978	1979	1980	1981	1982	1983
Canada	29.05	33.12	36.71	41.08	44.62	48.55	50.99	54.51	60.20	59.02	55.01	60.77	65.43	72.03	74.26	74.91	77.36	75.21	80.59
United States	97.06	104.07	108.55	117.00	122.68	134.37	135.63	148.37	177.27	193.12	190.62	198.13	202.20	221.25	240.61	264.99	262.08	239.02	226.53
Japan	24.88	28.73	30.38	37.40	44.73	52.24	61.04	64.22	68.83	84.43	87.80	104.65	117.52	117.52	122.28	145.04	166.34	168.37	176.42
Australia	11.42	11.52	13.17	13.56	14.87	16.98	18.35	19.67	19.68	18.86	20.16	21.99	22.20	22.91	25.51	25.15	24.16	26.00	25.03
New Zealand	3.33	3.61	3.58	4.06	4.60	4.63	4.98	5.08	4.94	4.81	5.47	6.12	6.12	6.40	6.57	6.84	7.06	7.12	7.83
Austria	8.94	9.66	10.31	11.18	13.17	15.33	16.24	17.73	19.32	21.46	20.72	23.13	24.30	25.37	28.15	30.01	31.53	32.20	34.20
Belgium	27.28	29.38	30.64	34.37	39.64	43.69	45.68	50.73	57.91	60.08	55.15	62.67	63.89	65.53	70.69	73.58	75.99	78.37	78.38
Denmark	10.61	11.03	11.41	12.52	13.23	13.92	14.63	15.46	16.65	17.38	17.08	17.81	18.67	19.04	20.63	21.69	23.47	24.07	24.90
Finland	6.21	6.61	7.00	7.70	8.99	9.77	9.65	11.04	11.85	11.77	10.13	11.42	13.24	14.37	15.66	16.99	18.09	17.81	18.45
France	40.46	43.13	46.27	50.63	58.59	68.04	75.53	85.29	95.39	105.27	103.74	114.69	124.99	133.19	142.41	145.79	153.17	150.56	155.68
Germany	82.46	90.81	97.77	110.34	120.38	127.45	135.07	144.53	159.86	179.36	168.45	186.54	193.99	200.50	209.86	221.22	239.44	249.17	246.09
Greece	1.58	2.13	2.23	2.21	2.53	2.85	3.18	3.91	4.83	4.83	5.34	6.22	6.33	7.37	7.86	8.37	8.03	7.31	8.02
Iceland	0.53	0.57	0.52	0.49	0.56	0.66	0.63	0.70	0.76	0.75	0.77	0.86	0.95	1.10	1.17	1.20	1.21	1.10	1.21
Ireland	3.24	3.58	3.95	4.29	4.49	4.69	4.88	5.06	5.61	5.65	6.06	6.55	7.47	8.39	8.95	9.53	9.70	10.23	11.32
Italy	32.00	35.58	38.12	43.41	48.52	51.34	54.92	60.74	62.76	68.07	70.66	79.45	86.23	94.98	103.97	99.20	103.26	104.89	109.08
Luxembourg	2.00	2.00	2.04	2.26	2.57	2.77	2.87	2.98	3.41	3.89	3.26	3.32	3.37	3.48	3.81	3.77	3.82	3.83	3.78
Netherlands	32.56	34.26	36.53	41.20	47.35	53.18	59.00	65.36	73.47	75.31	73.03	80.40	78.96	81.57	87.61	88.93	90.30	90.09	94.42
Norway	12.37	13.06	14.17	15.25	16.06	16.08	16.26	18.55	20.09	20.23	20.85	23.20	24.04	26.06	26.73	27.29	27.67	27.72	29.67
Portugal	3.78	4.40	4.56	4.40	4.53	4.45	4.90	5.80	6.05	5.10	4.30	4.30	4.56	5.06	6.59	7.09	6.85	7.26	8.50
Spain	9.55	11.00	10.48	12.41	14.34	16.84	19.03	21.35	23.27	23.47	23.13	25.46	27.62	30.57	32.54	32.73	35.00	37.35	40.45
Sweden	17.69	18.55	19.57	21.06	23.48	25.50	26.72	28.29	32.16	33.87	30.72	32.05	32.52	35.05	37.21	37.01	37.42	39.07	43.19
Switzerland	17.10	17.99	18.61	20.47	23.20	24.79	25.75	27.39	29.54	29.85	27.89	30.48	33.44	34.69	35.54	37.35	39.08	37.92	38.26
Turkey	1.67	1.87	2.03	2.03	2.17	2.48	2.86	3.28	4.14	3.68	3.64	5.01	3.92	4.42	3.88	4.17	6.76	9.21	9.98
United Kingdom	72.69	75.61	76.80	86.04	93.78	98.34	104.94	105.66	117.79	125.81	122.40	132.98	141.04	143.42	148.89	148.51	145.64	147.11	148.40
Yugoslavia	..	..	..	..	..	..	..	..	..	..	..	..	..	..	..	..	..	..	..
OECD - Total	548.46	592.24	625.39	695.38	769.07	838.94	893.73	965.73	1 075.77	1 156.07	1 126.37	1 238.20	1 303.00	1 374.27	1 461.37	1 531.38	1 593.46	1 590.98	1 620.40
OECD - Europe	382.72	411.19	433.00	482.27	537.58	582.17	622.74	673.87	744.86	795.83	767.32	846.54	889.53	934.16	992.14	1 014.43	1 056.46	1 075.27	1 103.99
EEC	304.89	327.50	345.76	387.28	431.09	466.26	500.69	539.73	597.68	645.66	625.17	690.63	724.93	757.47	804.67	820.59	852.83	865.62	880.08

12. Imports of goods and services - billions of constant US dollars at the exchange rates and price levels of 1980
Importations de biens et services - milliards de dollars É-U constants aux taux de change et niveaux de prix de 1980

	1965	1966	1967	1968	1969	1970	1971	1972	1973	1974	1975	1976	1977	1978	1979	1980	1981	1982	1983
Canada	27.79	31.61	33.26	36.43	41.36	40.50	43.51	49.22	56.43	62.88	60.69	65.70	66.02	67.83	72.52	69.95	71.57	61.49	68.60
United States	121.70	140.31	150.17	173.34	183.55	190.61	202.79	225.21	235.74	228.38	200.25	240.57	261.32	290.26	295.05	285.60	302.95	307.71	341.90
Japan	42.38	47.64	59.30	65.68	74.06	90.27	94.49	103.87	128.71	135.21	122.32	130.28	136.79	146.72	165.86	154.52	156.78	158.52	148.68
Australia	15.32	14.15	15.73	17.45	17.85	18.52	18.29	16.78	20.23	24.97	21.04	23.68	23.55	24.42	24.87	26.30	28.69	30.04	26.80
New Zealand	5.04	5.35	4.36	4.35	4.82	5.71	5.66	6.19	7.52	8.58	6.73	6.69	6.65	6.75	7.67	7.10	7.88	7.95	7.93
Austria	9.94	11.09	11.45	12.29	13.46	15.73	16.64	18.49	20.88	22.44	21.19	24.93	27.01	26.37	29.49	31.51	31.42	30.60	33.63
Belgium	28.63	31.48	31.97	35.72	41.25	44.40	46.02	50.43	59.77	62.42	56.79	64.35	67.25	69.20	75.66	76.77	75.66	76.46	74.24
Denmark	12.79	13.49	14.20	14.90	16.78	18.20	18.11	18.28	21.03	20.29	19.42	22.72	22.75	22.88	24.02	22.39	22.02	22.66	22.82
Finland	8.00	8.28	8.25	7.93	9.70	11.67	11.60	12.08	13.66	14.57	14.65	14.36	14.14	13.59	16.10	17.43	16.81	17.16	17.81
France	41.31	45.68	49.46	55.84	66.74	70.93	77.40	89.76	103.37	108.70	101.57	122.20	125.72	132.45	147.11	157.33	160.23	169.50	166.97
Germany	84.15	86.36	85.32	96.86	112.76	129.74	142.47	151.52	157.79	158.68	162.83	180.81	186.78	198.06	216.80	225.32	223.45	225.25	229.53
Greece	4.09	4.07	4.36	4.81	5.56	5.90	6.35	7.33	9.69	8.11	8.63	9.16	9.89	10.59	11.35	10.60	10.96	11.51	11.81
Iceland	0.51	0.59	0.63	0.57	0.50	0.64	0.79	0.79	0.94	1.06	0.93	0.90	1.08	1.12	1.14	1.18	1.26	1.25	1.18
Ireland	4.48	4.64	4.81	5.56	6.31	6.46	6.76	7.10	8.46	8.26	7.42	8.51	9.64	11.15	12.72	12.12	12.40	12.02	12.48
Italy	33.33	38.01	43.14	45.67	54.49	63.21	64.84	71.95	79.33	80.31	72.51	83.18	83.15	89.90	102.07	110.63	104.97	107.16	108.05
Luxembourg	2.08	2.03	1.93	2.11	2.35	2.70	2.92	2.98	3.30	3.54	3.19	3.25	3.27	3.55	3.83	3.90	3.98	3.94	3.86
Netherlands	35.72	38.24	40.67	45.96	52.46	60.08	63.76	67.07	74.39	73.59	70.58	77.84	80.08	85.11	90.24	89.84	84.54	85.16	89.28
Norway	12.00	12.94	14.46	14.78	15.05	17.09	18.19	18.00	20.60	21.57	23.07	25.91	26.80	23.17	23.01	23.76	24.12	25.12	24.81
Portugal	4.51	4.89	4.60	6.11	6.58	6.64	7.60	8.51	9.59	10.05	7.51	7.77	8.70	8.69	9.68	10.81	10.88	11.53	10.61
Spain	13.22	15.73	15.21	16.44	19.03	20.36	20.49	25.54	29.74	32.03	31.69	34.87	33.23	33.00	36.78	38.20	36.86	38.63	38.51
Sweden	21.54	22.46	23.01	24.91	28.13	31.04	30.01	31.21	33.37	36.68	35.41	38.60	37.15	35.12	39.20	39.37	36.56	38.15	38.15
Switzerland	17.09	17.69	18.41	19.94	22.51	25.64	27.23	29.22	31.12	30.81	26.08	29.49	32.21	35.73	38.18	40.93	40.42	39.36	41.20
Turkey	4.52	5.65	5.21	6.12	6.24	7.62	8.35	9.94	10.98	11.17	12.49	15.19	14.36	9.88	8.99	8.73	9.70	10.45	11.75
United Kingdom	76.59	78.19	83.99	90.09	92.44	96.81	101.92	111.41	124.50	125.67	116.80	121.62	122.68	127.16	140.43	134.45	129.69	134.84	142.18
Yugoslavia	..	..	..	..	..	..	..	..	..	..	..	..	..	..	..	..	..	..	..
OECD - Total	626.77	680.54	723.90	803.89	893.98	980.46	1 036.20	1 132.91	1 261.14	1 289.97	1 203.80	1 352.56	1 400.22	1 472.71	1 592.80	1 598.76	1 603.78	1 626.46	1 672.80
OECD - Europe	414.53	441.49	461.08	506.63	572.34	634.85	671.45	731.63	812.52	829.96	792.76	885.65	905.89	936.73	1 026.83	1 055.29	1 035.91	1 060.74	1 078.89
EEC	323.20	342.17	359.86	397.54	451.14	498.43	530.54	577.83	641.64	649.57	619.73	693.62	711.20	750.06	824.24	843.37	827.88	848.50	861.23

13. Gross domestic product - at current prices and exchange rates, billions of dollars
Produit intérieur brut - aux prix et taux de change courants, milliards de dollars

	1965	1966	1967	1968	1969	1970	1971	1972	1973	1974	1975	1976	1977	1978	1979	1980	1981	1982	1983
Canada	51.84	57.90	62.21	67.83	74.46	82.52	94.44	107.08	124.50	152.24	163.97	196.87	200.65	207.41	230.55	259.93	291.54	299.06	324.00
United States	688.98	754.24	797.89	871.03	941.37	989.51	1 074.19	1 181.26	1 317.11	1 423.38	1 542.17	1 709.90	1 907.53	2 145.70	2 388.40	2 606.63	2 934.91	3 045.28	3 275.73
Japan	90.97	105.64	123.80	146.81	172.72	203.57	230.82	304.47	413.76	459.36	498.78	559.27	686.98	962.93	997.60	1 040.46	1 145.13	1 062.87	1 155.98
Australia	22.81	24.23	26.60	29.13	32.39	35.80	40.70	47.81	67.16	81.43	88.14	96.36	96.26	109.78	122.80	141.68	162.11	159.63	155.52
New Zealand	5.58	5.83	5.96	5.20	5.75	6.53	7.81	9.44	12.50	14.15	14.01	14.04	14.97	18.16	21.56	23.83	25.41	24.19	23.01
Austria	9.47	10.33	10.98	11.80	12.88	14.46	16.81	20.75	27.76	33.09	37.67	40.40	48.17	58.00	68.71	76.88	66.32	66.71	67.13
Belgium	16.60	17.84	19.11	20.45	22.68	25.24	28.28	35.11	45.03	52.80	61.75	66.61	77.40	94.60	108.47	116.94	95.73	84.25	80.09
Denmark	10.18	11.17	12.19	12.58	14.31	15.82	17.68	21.69	28.57	31.77	37.63	41.56	46.53	56.46	65.94	66.32	57.25	56.08	56.36
Finland	8.32	8.92	9.08	8.55	9.76	10.89	12.01	14.14	18.68	23.86	28.35	30.48	32.26	34.88	42.86	51.62	50.62	50.86	49.39
France	97.93	106.02	114.52	124.47	134.90	140.90	157.40	194.50	250.16	265.76	338.82	351.07	383.56	474.45	574.06	655.30	572.52	543.08	519.21
Germany	114.79	122.06	123.59	133.32	151.38	184.51	215.01	258.34	343.21	380.48	417.23	444.67	515.08	639.81	759.71	814.98	683.24	659.49	653.08
Greece	5.99	6.67	7.20	7.82	8.88	9.96	11.01	12.59	16.34	18.81	20.97	22.59	26.16	31.61	38.58	40.15	36.72	37.90	34.53
Iceland	0.50	0.60	0.59	0.45	0.40	0.50	0.63	0.79	1.09	1.43	1.29	1.50	1.96	2.19	2.47	2.88	2.95	2.65	2.26
Ireland	2.68	2.83	3.05	2.99	3.45	3.89	4.51	5.59	6.62	6.98	8.38	8.30	9.84	12.82	15.93	18.86	17.80	18.44	17.96
Italy	62.60	67.83	74.71	80.98	89.40	100.61	110.51	128.81	153.94	170.25	192.05	188.23	215.42	261.89	325.20	395.52	353.26	348.53	352.84
Luxembourg	0.70	0.74	0.76	0.83	0.95	1.08	1.15	1.42	1.96	2.39	2.36	2.58	2.84	3.56	4.21	4.62	3.86	3.36	3.19
Netherlands	19.70	21.45	23.53	26.09	29.55	33.29	38.93	48.08	63.24	74.44	87.09	95.54	112.02	137.28	157.51	169.38	141.41	137.72	131.99
Norway	7.08	7.64	8.36	8.92	9.72	11.18	12.65	14.94	19.40	23.42	28.45	31.29	35.98	40.65	47.13	57.71	57.09	56.35	55.06
Portugal	3.74	4.10	4.58	5.07	5.56	6.18	7.03	8.57	11.44	13.35	14.76	15.51	16.35	17.92	20.30	24.67	23.93	23.37	20.67
Spain	23.31	26.97	29.48	29.11	33.10	36.80	42.03	53.40	71.06	88.44	104.84	108.13	120.83	146.48	195.61	211.78	187.70	180.87	158.15
Sweden	21.67	23.57	25.59	27.15	29.49	33.29	36.39	42.78	51.92	57.69	72.44	78.10	82.56	91.28	107.84	124.15	113.17	99.91	91.88
Switzerland	13.92	14.95	16.09	17.18	18.61	20.73	24.91	30.56	41.07	47.36	54.30	56.79	60.66	84.83	95.35	101.65	94.06	96.53	97.12
Turkey	8.49	10.09	11.24	12.47	13.83	12.65	12.55	16.38	20.81	29.42	35.96	41.37	47.95	52.61	69.44	56.98	57.70	52.98	49.72
United Kingdom	100.24	106.80	111.45	105.10	112.27	123.15	140.27	159.41	180.75	196.15	234.40	227.23	253.69	321.17	414.92	533.49	509.31	482.87	455.08
Yugoslavia	13.12	8.95	9.48	10.40	12.23	14.55	15.82	16.66	21.77	29.71	33.28	37.56	45.67	54.34	68.20	69.96	68.93	62.83	..
OECD - Total	1 388.12	1 518.40	1 622.56	1 755.32	1 927.81	2 103.07	2 337.74	2 717.91	3 288.06	3 648.47	4 085.81	4 428.36	4 995.66	6 006.46	6 875.16	7 596.41	7 683.73	7 592.99	7 829.92
OECD - Europe	527.93	570.56	606.09	635.32	701.13	785.14	889.78	1 067.84	1 353.04	1 517.91	1 778.74	1 851.93	2 089.27	2 562.49	3 114.24	3 523.88	3 124.64	3 001.96	2 895.69
EEC	431.42	463.40	490.11	514.63	567.78	638.45	724.76	865.53	1 089.82	1 199.84	1 400.69	1 448.37	1 642.54	2 033.65	2 464.52	2 815.56	2 471.09	2 371.73	2 304.32

14. Private final consumption expenditure - at current prices and exchange rates, billions of dollars
Consommation finale privée - aux prix et taux de change courants, milliards de dollars

	1965	1966	1967	1968	1969	1970	1971	1972	1973	1974	1975	1976	1977	1978	1979	1980	1981	1982	1983
Canada	31.11	33.80	36.61	39.98	43.44	47.49	54.45	62.10	70.45	84.34	94.21	111.87	114.82	118.25	128.50	144.13	159.67	168.43	183.40
United States	428.80	463.45	489.00	536.64	581.43	621.74	674.34	739.90	815.24	891.43	979.83	1 090.48	1 210.91	1 349.84	1 510.05	1 675.38	1 864.03	1 998.86	2 167.43
Japan	53.12	61.11	70.12	80.14	92.37	106.31	123.55	164.31	221.67	249.37	284.94	320.85	393.99	550.80	579.84	606.24	658.03	623.81	686.30
Australia	14.31	15.27	16.63	18.04	19.79	21.78	24.47	28.46	39.20	47.44	52.47	57.44	58.12	67.09	73.68	85.31	97.18	97.87	96.63
New Zealand	3.64	3.89	3.96	3.43	3.75	4.19	4.78	5.69	7.45	8.75	8.61	8.23	9.05	10.86	12.54	14.19	14.76	14.30	13.64
Austria	5.61	5.99	6.44	6.86	7.30	7.90	9.21	11.24	14.90	17.69	21.14	22.86	27.64	32.29	38.28	42.71	37.40	37.68	38.77
Belgium	10.67	11.40	12.02	13.03	14.12	15.10	17.05	21.13	27.28	31.59	37.81	40.61	47.91	58.24	67.91	74.27	62.68	55.12	52.20
Denmark	5.99	6.66	7.31	7.40	8.22	9.08	9.86	11.57	15.57	17.26	20.87	23.51	26.47	31.71	37.22	37.05	32.09	30.90	30.70
Finland	5.17	5.49	5.55	4.98	5.64	6.17	6.72	7.97	10.28	12.67	15.56	16.97	17.99	19.49	23.49	27.89	27.35	27.83	26.78
France	59.83	64.71	70.06	76.45	82.50	84.50	95.24	117.41	150.20	162.44	209.68	217.99	238.42	294.24	356.77	412.52	369.58	350.78	333.41
Germany	64.41	68.76	70.66	75.18	83.91	100.78	117.29	141.78	185.35	206.26	238.00	251.59	293.23	361.11	425.15	458.85	389.03	375.14	370.99
Greece	4.36	4.82	5.22	5.62	6.14	6.89	7.48	8.27	10.37	12.73	14.17	14.85	17.23	20.60	24.41	25.71	24.62	25.22	23.01
Iceland	0.31	0.38	0.40	0.30	0.25	0.32	0.41	0.51	0.68	0.93	0.81	0.90	1.17	1.31	1.51	1.75	1.83	1.68	1.43
Ireland	1.93	2.03	2.14	2.12	2.41	2.68	3.07	3.63	4.26	4.78	5.38	5.34	6.27	8.11	10.32	12.30	11.76	11.44	10.60
Italy	38.99	43.00	47.63	50.82	55.74	62.99	68.99	80.69	96.16	106.98	123.41	118.26	133.70	161.21	198.86	243.13	220.11	217.03	220.68
Luxembourg	0.41	0.43	0.44	0.47	0.50	0.55	0.63	0.77	0.96	1.11	1.36	1.46	1.70	2.06	2.43	2.70	2.33	2.05	1.96
Netherlands	11.65	12.68	13.76	15.04	17.22	19.35	22.32	27.36	35.65	41.90	50.99	56.13	66.95	82.81	95.93	103.50	85.46	83.08	79.85
Norway	3.96	4.25	4.61	4.93	5.49	6.03	6.80	7.98	10.11	11.93	14.85	16.40	19.52	21.11	23.72	27.38	27.04	27.18	26.38
Portugal	2.54	2.78	3.00	3.47	3.84	4.08	4.80	5.50	7.42	9.70	11.39	11.63	11.77	12.18	13.70	16.44	16.58	16.06	14.31
Spain	16.60	19.05	20.78	20.39	22.54	25.03	28.59	36.22	48.10	60.06	71.45	74.92	83.91	100.46	134.88	147.91	131.01	126.58	109.63
Sweden	12.12	13.17	14.19	15.04	16.23	17.83	19.42	22.97	27.63	31.00	37.79	41.66	44.39	48.80	56.86	64.27	59.45	53.58	47.72
Switzerland	8.34	8.99	9.66	10.29	11.16	12.22	14.49	17.79	24.05	27.97	33.42	35.66	38.65	53.43	60.74	64.65	59.07	60.31	60.85
Turkey	6.30	7.26	8.00	8.90	9.92	8.85	9.12	11.62	14.84	21.65	26.21	28.66	33.29	37.60	49.88	41.92	42.04	38.11	36.72
United Kingdom	64.32	68.04	70.50	65.88	69.89	75.98	86.28	100.15	111.90	123.29	143.24	135.03	149.78	189.36	248.14	315.81	303.66	288.68	274.39
Yugoslavia	6.27	4.52	5.07	5.54	6.40	7.65	8.18	8.92	11.52	15.34	17.00	19.34	23.45	28.35	35.43	35.76	35.08	32.30	..
OECD - Total	854.47	927.41	988.66	1 065.41	1 163.80	1 267.86	1 409.38	1 635.02	1 949.70	2 183.26	2 497.58	2 703.32	3 046.89	3 632.95	4 174.79	4 646.01	4 696.76	4 731.73	4 907.78
OECD - Europe	323.49	349.89	372.34	387.18	423.02	466.34	527.79	634.56	795.68	901.94	1 077.51	1 114.44	1 260.00	1 536.12	1 870.19	2 120.77	1 903.08	1 828.47	1 760.37
EEC	262.55	282.53	299.73	312.01	340.66	377.92	428.22	512.77	637.68	708.33	844.89	864.77	981.67	1 209.45	1 467.14	1 685.85	1 501.32	1 439.44	1 397.79

15. Government final consumption expenditure - at current prices and exchange rates, billions of dollars
Consommation finale des administrations publiques - aux prix et taux de change courants, milliards de dollars

	1965	1966	1967	1968	1969	1970	1971	1972	1973	1974	1975	1976	1977	1978	1979	1980	1981	1982	1983
Canada	7.70	8.99	10.29	11.70	13.14	15.83	18.15	20.46	22.98	28.35	32.75	38.79	40.69	41.76	44.56	50.74	57.68	62.96	68.14
United States	117.75	136.65	154.51	167.48	177.94	190.18	198.87	217.88	234.19	263.18	294.61	320.32	347.78	380.48	420.98	478.13	534.89	584.88	619.68
Japan	7.47	8.48	9.47	10.93	12.66	15.15	18.38	24.86	34.36	41.91	50.17	55.36	67.94	93.87	98.05	104.05	116.17	107.97	117.87
Australia	2.52	2.81	3.27	3.65	3.91	4.37	5.09	6.01	8.73	11.31	13.59	15.37	15.71	18.38	19.52	23.33	27.22	27.54	27.42
New Zealand	0.70	0.81	0.76	0.67	0.72	0.86	1.01	1.22	1.60	2.02	2.08	1.93	2.31	2.99	3.39	4.04	4.36	4.23	3.90
Austria	1.27	1.41	1.60	1.74	1.94	2.12	2.48	3.03	4.18	5.21	6.49	7.12	8.39	10.61	12.42	13.81	12.26	12.56	12.58
Belgium	2.12	2.34	2.58	2.78	3.09	3.39	3.98	5.10	6.55	7.76	10.16	10.97	13.04	16.52	19.14	20.99	18.04	15.50	14.19
Denmark	1.66	1.91	2.17	2.34	2.70	3.16	3.76	4.62	6.08	7.42	9.26	10.01	11.12	13.83	16.51	17.70	15.89	15.71	15.33
Finland	1.14	1.28	1.35	1.31	1.41	1.57	1.82	2.16	2.80	3.63	4.84	5.51	5.96	6.40	7.67	9.36	9.46	9.68	9.56
France	12.86	13.77	14.84	16.83	18.00	18.93	21.17	25.59	32.94	36.16	48.79	51.26	56.52	70.97	85.43	99.60	90.49	87.79	84.40
Germany	17.41	18.86	20.01	20.68	23.61	29.09	36.33	44.26	61.05	73.50	85.57	88.27	101.06	125.73	149.22	163.89	140.64	134.07	130.87
Greece	0.70	0.79	0.94	1.01	1.13	1.26	1.38	1.53	1.87	2.60	3.18	3.40	4.18	5.04	6.31	6.57	6.66	7.03	6.48
Iceland	0.04	0.05	0.06	0.05	0.04	0.05	0.06	0.08	0.11	0.16	0.14	0.16	0.22	0.25	0.29	0.34	0.35	0.33	0.28
Ireland	0.37	0.38	0.41	0.40	0.47	0.57	0.69	0.86	1.04	1.20	1.56	1.51	1.70	2.22	2.93	3.83	3.64	3.75	3.63
Italy	9.46	10.08	10.76	11.73	12.72	13.86	17.11	20.71	23.85	25.70	29.66	27.79	32.86	41.54	52.82	64.96	64.48	64.84	68.72
Luxembourg	0.08	0.08	0.09	0.10	0.10	0.12	0.13	0.17	0.22	0.28	0.35	0.38	0.45	0.56	0.67	0.77	0.67	0.58	0.55
Netherlands	2.91	3.25	3.65	3.96	4.51	5.19	6.22	7.66	9.87	12.13	15.18	16.47	19.50	24.32	28.50	30.31	25.15	24.38	23.38
Norway	1.07	1.18	1.35	1.48	1.63	1.89	2.27	2.71	3.54	4.29	5.49	6.25	7.26	8.31	9.20	10.83	10.91	10.90	10.73
Portugal	0.45	0.50	0.60	0.66	0.72	0.86	0.95	1.15	1.46	1.88	2.21	2.13	2.30	2.50	2.81	3.54	3.55	3.35	3.01
Spain	1.73	2.08	2.48	2.38	2.74	3.13	3.63	4.57	6.09	7.76	9.68	10.63	12.12	15.25	21.24	24.41	21.81	21.75	19.52
Sweden	3.86	4.47	5.01	5.60	6.14	7.14	8.18	9.71	11.77	13.38	17.23	19.41	22.67	25.47	30.48	35.79	33.06	29.08	26.17
Switzerland	1.46	1.56	1.65	1.78	1.96	2.17	2.72	3.33	4.62	5.51	6.85	7.48	7.86	10.91	12.34	12.94	11.99	12.59	13.09
Turkey	1.05	1.22	1.38	1.57	1.72	1.63	1.68	1.98	2.60	3.37	4.42	5.27	6.46	7.11	9.46	7.16	6.29	5.78	5.35
United Kingdom	16.80	18.28	19.94	18.41	19.21	21.64	25.03	29.29	32.94	39.09	51.12	48.58	51.39	64.01	82.24	113.62	111.35	105.35	99.99
Yugoslavia	2.13	1.41	1.61	1.84	2.08	2.44	2.47	2.66	3.25	4.67	5.64	6.53	8.06	9.51	11.99	11.81	10.89	9.94	..
OECD - Total	212.58	241.23	269.16	289.22	312.22	344.16	381.10	438.92	515.43	597.80	705.38	754.41	839.47	989.03	1 136.17	1 300.70	1 327.02	1 352.60	1 384.84
OECD - Europe	76.44	83.50	90.87	94.80	103.85	117.76	139.60	168.49	213.58	251.03	312.18	322.63	365.04	451.55	549.67	640.41	586.70	565.02	547.83
EEC	64.38	69.75	75.39	78.24	85.55	97.20	115.80	139.78	176.41	205.84	254.83	258.66	291.80	364.74	443.76	522.24	477.02	458.99	447.55

16. Gross fixed capital formation - at current prices and exchange rates, billions of dollars
Formation brute de capital fixe - aux prix et taux de change courants, milliards de dollars

	1965	1966	1967	1968	1969	1970	1971	1972	1973	1974	1975	1976	1977	1978	1979	1980	1981	1982	1983
Canada	12.19	14.21	14.46	14.57	15.94	17.20	20.60	23.29	27.85	35.03	39.38	45.56	45.49	46.01	52.01	59.18	68.44	64.30	63.00
United States	129.12	139.85	142.43	157.57	171.63	174.02	194.37	221.04	251.31	261.69	261.58	292.61	349.12	418.07	472.12	481.46	523.15	503.64	549.15
Japan	27.17	32.12	39.69	48.80	59.56	72.34	79.11	103.98	150.67	159.87	161.79	174.94	209.22	296.45	320.56	332.63	355.49	317.90	328.38
Australia	6.25	6.55	6.97	7.76	8.50	9.23	10.61	11.58	15.35	18.49	20.35	22.21	22.03	25.07	26.88	32.08	39.59	38.23	33.26
New Zealand	1.22	1.28	1.21	0.96	1.13	1.36	1.61	2.12	2.84	3.66	3.78	3.49	3.36	3.78	3.92	4.33	5.39	5.57	5.31
Austria	2.59	2.88	2.92	3.03	3.23	3.74	4.68	6.27	7.91	9.40	10.04	10.52	12.87	14.82	17.27	19.64	16.74	15.41	14.88
Belgium	3.71	4.09	4.38	4.39	4.83	5.72	6.24	7.49	9.64	12.00	13.90	14.73	16.82	20.56	22.55	24.90	17.30	14.78	12.91
Denmark	2.46	2.69	2.95	2.94	3.51	3.90	4.28	5.33	7.08	7.62	7.93	9.54	10.27	12.24	13.78	12.48	8.96	9.04	9.20
Finland	2.19	2.36	2.28	1.97	2.33	2.86	3.30	3.95	5.38	7.12	8.88	8.52	8.71	8.36	9.93	13.04	12.67	12.65	12.15
France	22.82	25.12	27.29	29.06	31.63	32.96	37.15	46.00	59.49	64.64	78.83	81.74	85.46	101.69	123.29	143.48	122.46	111.47	101.83
Germany	29.97	31.04	28.55	29.85	35.22	47.01	56.18	65.60	82.04	82.20	85.12	89.77	104.65	132.82	166.31	185.94	149.65	136.26	135.72
Greece	1.29	1.44	1.46	1.81	2.19	2.36	2.78	3.49	4.58	4.18	4.37	4.79	6.01	7.57	9.97	9.71	8.20	7.66	7.08
Iceland	0.13	0.16	0.18	0.14	0.10	0.12	0.18	0.22	0.32	0.45	0.41	0.43	0.55	0.56	0.61	0.76	0.77	0.69	0.52
Ireland	0.58	0.56	0.61	0.62	0.80	0.88	1.07	1.32	1.67	1.72	1.90	2.09	2.46	3.58	4.95	5.42	5.25	4.75	4.07
Italy	12.06	12.75	14.57	16.44	18.80	21.49	22.50	25.45	31.99	38.10	39.48	37.72	42.16	48.89	61.29	78.25	71.39	66.22	63.38
Luxembourg	0.20	0.20	0.18	0.18	0.21	0.25	0.33	0.40	0.54	0.59	0.65	0.63	0.72	0.85	1.03	1.21	0.90	0.81	0.74
Netherlands	4.95	5.63	6.20	7.01	7.26	8.59	10.06	11.42	14.61	16.26	18.18	18.45	23.59	29.26	33.15	35.61	27.08	25.15	24.00
Norway	2.00	2.19	2.48	2.40	2.36	2.97	3.76	4.14	5.68	7.15	9.72	11.36	13.35	12.92	13.07	14.33	15.99	14.20	13.80
Portugal	0.85	1.03	1.22	1.12	1.25	1.44	1.74	2.32	3.07	3.47	3.83	3.89	4.33	5.00	5.40	7.10	7.34	7.21	5.97
Spain	5.07	5.93	6.56	6.64	7.70	8.52	8.89	11.86	16.75	21.82	24.39	23.58	25.37	29.17	36.96	41.05	38.02	35.56	29.77
Sweden	5.35	5.84	6.35	6.49	6.84	7.49	7.99	9.50	11.36	12.39	15.15	16.53	17.41	17.73	21.36	25.06	21.70	18.82	17.15
Switzerland	3.99	4.09	4.19	4.39	4.80	5.71	7.29	9.07	12.07	13.05	13.04	11.69	12.58	18.17	20.80	24.17	22.69	22.31	22.63
Turkey	1.24	1.60	1.84	2.16	2.41	2.35	2.13	3.31	4.19	5.46	7.47	9.57	11.71	11.51	14.46	11.36	11.16	10.13	9.30
United Kingdom	18.53	19.74	21.27	20.43	21.20	23.36	26.50	29.84	36.35	40.46	47.15	44.42	47.13	59.71	78.11	96.74	83.98	80.34	75.12
Yugoslavia	3.13	2.13	2.42	2.80	3.28	4.14	4.35	4.36	5.25	7.38	9.42	11.37	14.65	19.17	23.59	22.15	19.59	17.00	..
OECD - Total	295.94	323.35	340.22	370.74	413.42	455.86	513.35	609.00	762.74	826.83	877.31	938.79	1 075.38	1 324.77	1 529.76	1 659.93	1 634.32	1 523.10	1 539.32
OECD - Europe	119.98	129.35	135.47	141.08	156.66	181.72	207.04	246.98	314.72	348.09	390.44	399.98	446.17	535.40	654.27	750.25	642.26	593.46	560.21
EEC	96.57	103.26	107.44	112.73	125.64	146.53	167.08	196.34	247.98	267.77	297.51	303.88	339.28	417.16	514.42	593.74	495.18	456.48	434.05

17. Exports of goods and services - at current prices and exchange rates, billions of dollars
Exportations de biens et services - aux prix et taux de change courants, milliards de dollars

	1965	1966	1967	1968	1969	1970	1971	1972	1973	1974	1975	1976	1977	1978	1979	1980	1981	1982	1983
Canada	9.94	11.64	13.16	14.95	16.58	19.27	21.06	23.88	29.56	38.49	38.18	44.84	48.09	53.56	64.11	74.91	80.85	78.29	83.69
United States	35.09	38.72	41.11	45.31	48.98	56.39	59.39	66.91	90.30	120.10	131.43	141.58	150.37	175.91	217.00	264.99	284.11	262.49	252.27
Japan	9.59	11.20	11.97	14.86	18.22	22.02	27.06	32.26	41.56	62.51	63.96	76.15	90.53	108.01	116.94	145.04	172.20	158.17	162.00
Australia	3.45	3.62	4.01	4.12	4.80	5.51	5.98	7.34	10.60	12.63	13.56	14.98	15.25	16.64	21.62	25.15	25.11	24.60	23.02
New Zealand	1.20	1.28	1.17	1.19	1.41	1.45	1.77	2.33	3.04	2.96	3.20	3.75	4.01	4.95	6.13	6.84	7.19	6.84	7.18
Austria	2.43	2.67	2.87	3.16	3.82	4.69	5.36	6.53	8.99	11.68	12.69	14.00	16.61	20.33	25.80	30.01	27.25	27.16	27.58
Belgium	7.08	7.91	8.28	9.31	11.23	13.09	14.30	17.93	25.04	32.35	33.17	38.00	43.25	51.07	64.54	73.58	65.54	62.11	59.61
Denmark	2.97	3.18	3.32	3.46	3.92	4.41	4.88	5.88	8.15	10.09	11.32	11.99	13.40	15.69	19.28	21.69	20.92	20.28	20.44
Finland	1.68	1.78	1.79	1.94	2.36	2.80	2.92	3.60	4.75	6.57	6.73	7.64	9.18	10.43	13.47	16.99	16.99	15.85	15.09
France	13.49	14.67	15.67	17.07	19.68	23.03	26.85	33.53	45.63	57.19	66.22	70.77	81.80	100.87	125.90	145.79	135.35	125.54	121.84
Germany	20.72	23.39	25.25	28.47	32.83	39.07	45.26	54.12	75.96	101.43	104.46	116.95	134.27	163.15	195.45	221.22	204.14	206.18	196.16
Greece	0.54	0.75	0.77	0.75	0.86	1.00	1.14	1.48	2.33	3.03	3.54	3.97	4.41	5.56	6.74	8.37	7.48	6.91	6.71
Iceland	0.19	0.21	0.18	0.15	0.18	0.24	0.25	0.29	0.41	0.47	0.47	0.58	0.73	0.92	1.08	1.20	1.21	1.03	1.09
Ireland	0.93	1.05	1.15	1.16	1.29	1.44	1.63	1.93	2.51	2.97	3.58	3.87	4.91	6.47	8.06	9.53	8.86	9.13	9.59
Italy	10.06	11.21	12.15	13.88	15.93	17.88	20.12	24.31	28.93	37.96	43.70	46.39	56.59	70.15	90.65	99.20	94.18	92.53	92.54
Luxembourg	0.55	0.55	0.57	0.64	0.77	0.94	0.96	1.13	1.68	2.38	2.08	2.17	2.34	2.82	3.59	3.77	3.06	2.88	2.67
Netherlands	8.51	9.01	9.61	10.78	12.66	14.94	17.66	21.62	29.83	40.00	43.29	48.59	53.27	61.63	77.30	88.93	82.01	79.21	77.20
Norway	2.88	3.12	3.50	3.85	4.11	4.68	5.09	6.08	8.45	10.83	11.90	12.86	14.33	16.64	20.81	27.29	27.23	25.58	25.38
Portugal	1.00	1.11	1.25	1.27	1.36	1.51	1.76	2.33	3.06	3.59	3.01	2.70	3.01	3.60	5.49	7.09	6.55	6.15	6.52
Spain	2.48	3.02	3.02	3.43	4.03	4.97	6.00	7.73	10.26	12.76	13.95	15.17	17.41	22.13	29.06	32.73	32.54	32.93	32.39
Sweden	4.76	5.07	5.43	5.88	6.77	8.02	8.86	10.35	14.23	18.58	20.39	21.60	22.61	25.76	32.79	37.01	34.07	32.05	32.51
Switzerland	4.00	4.39	4.69	5.30	6.09	6.79	7.75	9.37	12.70	15.41	17.06	19.08	22.24	29.77	33.69	37.35	35.18	34.26	34.03
Turkey	0.52	0.62	0.66	0.66	0.71	0.75	0.88	1.17	1.84	2.15	2.13	3.02	2.53	3.08	4.04	4.17	6.43	7.80	7.31
United Kingdom	19.49	20.87	21.41	22.59	25.24	28.80	32.72	35.28	43.43	55.37	61.38	64.85	77.16	92.74	118.36	148.51	137.84	128.75	121.80
Yugoslavia	2.71	1.69	1.77	1.86	2.19	2.55	2.88	3.48	4.71	6.35	6.41	7.12	7.46	8.22	10.89	15.57	12.53	11.97	..
OECD - Total	163.55	181.04	192.98	214.18	243.84	283.67	319.64	377.37	503.24	661.51	711.40	785.49	888.28	1 061.87	1 301.90	1 531.38	1 516.29	1 446.70	1 418.62
OECD - Europe	104.28	114.57	121.55	133.75	153.84	179.05	204.38	244.66	328.18	424.81	461.07	504.19	580.04	702.81	876.10	1 014.43	946.83	916.32	890.46
EEC	84.34	92.59	98.18	108.11	124.42	144.60	165.52	197.20	263.50	342.77	372.75	407.55	471.41	570.15	709.85	820.59	759.38	733.53	708.56

18. Imports of goods and services - at current prices and exchange rates, billions of dollars
Importations de biens et services - aux prix et taux de change courants, milliards de dollars

	1965	1966	1967	1968	1969	1970	1971	1972	1973	1974	1975	1976	1977	1978	1979	1980	1981	1982	1983
Canada	10.07	11.70	12.52	14.06	16.42	17.03	19.33	22.99	27.97	38.15	40.61	45.81	48.09	52.52	62.46	69.95	77.44	66.76	73.02
United States	30.54	35.96	38.70	45.24	49.07	54.32	60.90	72.58	89.29	124.67	119.75	147.91	177.61	206.39	245.90	285.60	305.69	290.82	308.63
Japan	8.31	9.54	11.70	13.21	15.46	19.40	20.77	25.22	41.45	65.93	63.75	71.65	79.20	91.11	126.08	154.52	162.90	149.93	139.63
Australia	4.15	3.89	4.37	4.83	5.01	5.51	6.01	6.01	8.84	14.08	12.96	14.85	16.24	18.72	21.30	26.30	30.27	29.87	25.19
New Zealand	1.32	1.41	1.19	1.11	1.28	1.63	1.71	2.04	3.03	4.71	4.15	4.11	4.25	4.81	6.46	7.10	7.98	7.69	7.33
Austria	2.48	2.82	2.95	3.19	3.66	4.55	5.24	6.41	8.89	11.79	12.44	14.62	17.91	20.30	26.10	31.51	28.13	26.05	27.04
Belgium	7.11	8.07	8.24	9.25	11.02	12.47	13.68	16.71	24.05	32.04	32.93	37.80	43.86	51.94	66.42	76.77	67.80	62.91	58.52
Denmark	3.13	3.35	3.56	3.64	4.23	4.89	5.20	5.75	8.70	11.02	11.67	13.92	15.10	16.91	21.15	22.39	20.50	20.03	19.28
Finland	1.83	1.92	1.87	1.80	2.27	2.93	3.14	3.57	4.87	7.44	8.41	8.23	8.62	9.08	12.82	17.43	16.28	15.43	14.87
France	12.61	14.39	15.37	17.16	20.45	22.31	25.31	31.68	44.13	61.01	63.85	74.82	82.88	96.23	125.08	157.33	144.38	138.40	124.92
Germany	20.40	21.32	20.76	23.64	28.59	35.32	41.34	48.93	65.86	84.85	93.27	106.75	121.95	146.93	190.92	225.32	198.05	189.97	182.59
Greece	1.22	1.25	1.30	1.44	1.66	1.83	2.03	2.52	4.12	4.82	5.63	5.83	6.60	7.79	9.74	10.60	9.72	10.68	10.11
Iceland	0.18	0.21	0.22	0.19	0.17	0.22	0.29	0.30	0.43	0.61	0.57	0.56	0.73	0.83	1.03	1.18	1.24	1.16	1.02
Ireland	1.18	1.22	1.25	1.35	1.60	1.75	1.96	2.23	2.97	3.99	4.09	4.53	5.82	7.75	10.71	12.12	11.46	10.52	10.03
Italy	8.42	9.78	11.18	11.92	14.42	17.34	18.89	23.15	32.19	45.64	43.67	48.76	53.84	63.38	86.31	110.63	100.89	96.03	90.35
Luxembourg	0.54	0.54	0.51	0.55	0.63	0.81	0.94	1.06	1.46	1.91	2.01	2.06	2.28	2.84	3.51	3.90	3.26	3.02	2.79
Netherlands	8.64	9.32	9.82	10.78	12.72	15.52	17.78	20.30	27.82	37.97	40.37	45.36	51.91	61.58	78.11	89.84	77.04	73.43	72.23
Norway	2.94	3.23	3.66	3.67	3.90	4.82	5.50	5.96	8.55	11.51	13.80	15.84	18.18	17.00	19.58	23.76	22.73	22.43	20.91
Portugal	1.18	1.27	1.35	1.51	1.59	1.91	2.26	2.74	3.86	5.63	4.84	4.78	5.47	5.83	7.69	10.81	11.38	10.86	9.16
Spain	3.26	3.89	3.76	3.96	4.72	5.31	5.66	7.75	10.99	16.98	18.07	19.52	19.97	21.08	28.79	38.20	36.38	36.18	33.43
Sweden	4.95	5.24	5.44	5.93	6.88	8.21	8.44	9.70	12.79	19.02	20.53	22.90	23.99	24.83	33.87	39.37	34.01	32.65	30.40
Switzerland	4.12	4.38	4.60	5.03	5.86	7.15	8.14	9.64	13.16	16.33	15.51	17.21	20.67	27.70	34.18	40.93	36.11	33.82	34.24
Turkey	0.64	0.81	0.76	0.91	0.94	1.09	1.36	1.82	2.44	4.11	5.14	5.97	6.42	5.03	6.87	8.73	9.73	9.62	9.72
United Kingdom	20.19	20.94	22.45	23.29	24.57	27.55	30.54	35.21	47.61	65.08	65.10	67.07	74.92	87.89	116.43	134.45	121.20	117.76	116.63
Yugoslavia	2.63	1.76	1.91	2.02	2.39	3.24	3.78	3.82	5.42	8.92	8.65	8.19	10.43	11.87	17.14	21.40	16.34	15.04	..
OECD - Total	159.40	176.44	187.52	207.67	237.13	273.88	306.40	364.27	495.44	689.29	703.12	800.85	906.51	1 048.47	1 341.50	1 598.76	1 534.56	1 456.03	1 422.05
OECD - Europe	105.01	113.94	119.05	129.22	149.88	175.98	197.69	235.42	324.86	441.75	461.90	516.53	581.12	674.91	879.31	1 055.29	950.28	910.95	868.24
EEC	83.43	90.17	94.43	103.03	119.90	139.79	157.67	187.54	258.90	348.32	362.59	406.90	459.17	543.23	708.38	843.37	754.30	722.76	687.45

19. Gross domestic product, per capita, in US dollars - at current prices and 1980 exchange rates
Produit intérieur brut, par habitant, en dollars É-U - aux prix courants et taux de change de 1980

	1965	1966	1967	1968	1969	1970	1971	1972	1973	1974	1975	1976	1977	1978	1979	1980	1981	1982	1983
Canada	2 436	2 670	2 818	3 025	3 274	3 467	3 777	4 154	4 824	5 686	6 275	7 210	7 834	8 598	9 717	10 799	12 268	12 796	13 711
United States	3 546	3 837	4 015	4 340	4 645	4 826	5 173	5 628	6 215	6 656	7 141	7 842	8 661	9 640	10 613	11 446	12 759	13 109	13 969
Japan	1 475	1 697	1 967	2 306	2 680	3 116	3 365	3 798	4 563	5 372	5 854	6 486	7 144	7 777	8 320	8 908	9 466	9 857	10 154
Australia	1 991	2 076	2 240	2 407	2 623	2 840	3 131	3 432	3 987	4 707	5 518	6 398	6 965	7 606	8 619	9 644	10 764	11 806	12 787
New Zealand	1 483	1 521	1 562	1 642	1 798	2 014	2 338	2 642	3 016	3 259	3 686	4 416	4 815	5 465	6 608	7 653	9 131	9 944	10 471
Austria	2 624	2 847	3 014	3 222	3 502	3 912	4 348	4 945	5 582	6 347	6 744	7 456	8 185	8 671	9 462	10 244	10 874	11 619	12 346
Belgium	2 999	3 202	3 410	3 635	4 021	4 472	4 886	5 443	6 162	7 201	7 929	8 963	9 659	10 364	11 055	11 875	12 337	13 356	14 208
Denmark	2 623	2 855	3 110	3 440	3 892	4 270	4 688	5 357	6 107	6 810	7 583	8 786	9 740	10 825	12 029	12 941	14 126	16 197	17 882
Finland	1 564	1 671	1 823	2 081	2 376	2 662	2 921	3 387	4 100	5 147	5 934	6 681	7 354	8 101	9 394	10 800	12 201	13 620	15 165
France	2 346	2 519	2 700	2 913	3 295	3 647	4 028	4 490	5 059	5 766	6 520	7 507	8 402	9 510	10 807	12 200	13 643	15 578	17 200
Germany	4 309	4 541	4 587	4 931	5 467	6 126	6 736	7 348	8 143	8 729	9 134	10 011	10 717	11 529	12 485	13 237	13 772	14 284	14 936
Greece	493	545	582	630	713	798	878	997	1 272	1 477	1 744	2 112	2 429	2 890	3 511	4 164	4 907	6 067	7 244
Iceland	233	273	272	290	357	444	561	691	962	1 386	1 890	2 589	3 665	5 549	8 028	12 653	19 247	29 121	49 313
Ireland	685	720	782	878	1 010	1 129	1 279	1 520	1 806	1 965	2 451	2 941	3 544	4 145	4 749	5 546	6 600	7 663	8 466
Italy	879	946	1 035	1 115	1 224	1 368	1 481	1 612	1 913	2 345	2 641	3 284	3 982	4 624	5 604	7 011	8 299	9 718	11 010
Luxembourg	3 620	3 768	3 855	4 211	4 813	5 436	5 596	6 151	7 444	8 982	8 252	9 426	9 650	10 588	11 618	12 702	13 417	14 364	15 248
Netherlands	2 918	3 136	3 401	3 732	4 178	4 648	5 198	5 823	6 617	7 432	8 107	9 224	9 980	10 715	11 321	11 970	12 457	12 926	13 194
Norway	2 750	2 944	3 193	3 380	3 650	4 169	4 622	5 066	5 717	6 591	7 513	8 585	9 591	10 626	11 864	14 121	16 181	17 891	19 696
Portugal	235	258	289	319	351	393	442	516	628	745	799	969	1 284	1 604	2 013	2 490	2 954	3 710	4 547
Spain	608	695	772	855	963	1 061	1 191	1 388	1 659	2 025	2 363	2 807	3 520	4 259	4 935	5 665	6 418	7 305	8 275
Sweden	3 427	3 693	3 977	4 198	4 527	5 063	5 437	5 931	6 588	7 421	8 681	9 783	10 603	11 784	13 179	14 938	16 276	17 820	19 993
Switzerland	6 111	6 505	6 924	7 311	7 819	8 633	9 719	10 908	12 069	13 069	13 058	13 350	13 751	14 283	14 898	15 920	17 150	18 085	18 702
Turkey	32	37	40	44	47	54	67	81	101	137	169	213	271	393	649	1 274	1 845	2 421	3 087
United Kingdom	1 531	1 622	1 707	1 843	1 960	2 144	2 396	2 645	3 050	3 468	4 381	5 229	6 017	6 931	8 099	9 475	10 448	11 403	12 376
Yugoslavia	191	231	242	263	307	362	464	553	685	907	1 096	1 285	1 556	1 871	2 369	3 137	4 353	5 661	..
OECD - Total	2 368	2 560	2 711	2 949	3 230	3 508	3 816	4 203	4 754	5 292	5 783	6 478	7 172	7 953	8 823	9 736	10 735	11 461	12 322
OECD - Europe	1 983	2 114	2 216	2 384	2 631	2 924	3 226	3 566	4 029	4 518	4 996	5 680	6 320	7 034	7 915	8 947	9 854	10 893	11 913
EEC	2 302	2 449	2 558	2 758	3 057	3 404	3 756	4 142	4 682	5 236	5 815	6 654	7 402	8 233	9 264	10 408	11 392	12 543	13 614

20. Gross domestic product, per capita, in constant US dollars - at the exchange rates and price levels of 1980
Produit intérieur brut, par habitant, en dollars É-U constants - aux taux de change et niveaux de prix de 1980

	1965	1966	1967	1968	1969	1970	1971	1972	1973	1974	1975	1976	1977	1978	1979	1980	1981	1982	1983
Canada	6 971	7 324	7 441	7 736	8 023	8 119	8 576	8 981	9 549	9 744	9 709	10 171	10 279	10 569	10 824	10 799	11 093	10 485	10 672
United States	8 658	9 054	9 209	9 483	9 660	9 527	9 700	10 110	10 581	10 392	10 213	10 594	11 064	11 465	11 633	11 446	11 718	11 258	11 481
Japan	3 871	4 242	4 649	5 183	5 748	6 227	6 392	6 859	7 361	7 185	7 264	7 564	7 884	8 206	8 556	8 908	9 217	9 433	9 653
Australia	6 712	6 774	7 119	7 408	7 726	8 034	8 339	8 494	8 828	8 849	8 954	9 145	9 135	9 283	9 598	9 644	9 876	9 713	9 686
New Zealand	6 491	6 570	6 404	6 405	6 866	6 873	7 030	7 186	7 608	7 975	7 737	7 896	7 479	7 431	7 515	7 653	7 901	7 757	7 941
Austria	5 706	5 998	6 152	6 395	6 766	7 216	7 551	7 981	8 338	8 657	8 641	9 045	9 433	9 494	9 948	10 244	10 226	10 244	10 492
Belgium	7 162	7 338	7 581	7 868	8 367	8 895	9 201	9 650	10 188	10 576	10 391	10 916	10 948	11 268	11 489	11 875	11 720	11 848	11 896
Denmark	9 182	9 355	9 614	9 923	10 514	10 674	10 861	11 386	11 752	11 612	11 463	12 181	12 426	12 605	13 019	12 941	12 833	13 222	13 500
Finland	6 284	6 409	6 512	6 633	7 273	7 847	8 000	8 559	9 082	9 307	9 373	9 370	9 362	9 574	10 258	10 800	10 954	11 205	11 439
France	7 243	7 558	7 850	8 125	8 624	9 036	9 435	9 905	10 353	10 618	10 588	11 097	11 395	11 782	12 126	12 200	12 171	12 356	12 425
Germany	8 590	8 735	8 707	9 189	9 781	10 185	10 389	10 755	11 190	11 236	11 086	11 751	12 137	12 526	13 042	13 237	13 216	13 097	13 272
Greece	2 093	2 204	2 298	2 444	2 676	2 882	3 074	3 325	3 553	3 411	3 584	3 761	3 831	4 035	4 132	4 164	4 113	4 082	4 069
Iceland	8 110	8 624	8 352	7 799	7 964	8 501	9 535	10 008	10 646	10 922	10 719	10 997	11 533	11 934	12 263	12 653	12 761	12 488	11 747
Ireland	3 347	3 371	3 525	3 794	4 006	4 111	4 212	4 413	4 548	4 664	4 755	4 744	5 063	5 359	5 423	5 546	5 634	5 678	5 671
Italy	4 135	4 354	4 637	4 910	5 177	5 417	5 470	5 605	5 958	6 165	5 908	6 225	6 340	6 465	6 762	7 011	7 012	6 965	6 859
Luxembourg	8 574	8 664	8 780	9 124	9 881	10 042	10 416	10 901	11 941	12 236	11 365	11 519	11 591	12 084	12 529	12 702	12 438	12 268	11 973
Netherlands	7 912	8 023	8 351	8 794	9 252	9 750	10 047	10 286	10 783	11 077	10 866	11 355	11 555	11 766	11 962	11 970	11 808	11 553	11 574
Norway	8 116	8 356	8 804	8 923	9 247	9 364	9 732	10 157	10 500	10 979	11 374	12 091	12 471	12 983	13 597	14 121	14 199	14 285	14 686
Portugal	1 245	1 298	1 397	1 519	1 554	1 706	1 830	1 981	2 202	2 197	2 028	2 115	2 217	2 277	2 404	2 490	2 497	2 567	2 549
Spain	3 386	3 584	3 693	3 897	4 205	4 336	4 509	4 833	5 166	5 409	5 411	5 509	5 623	5 660	5 621	5 665	5 649	5 657	5 732
Sweden	10 816	10 939	11 218	11 564	12 057	12 718	12 751	13 004	13 495	13 888	14 187	14 284	14 007	14 211	14 723	14 938	14 870	14 982	15 354
Switzerland	12 294	12 485	12 724	13 033	13 589	14 329	14 779	15 106	15 455	15 651	14 597	14 526	14 924	14 962	15 301	15 920	16 040	15 766	15 784
Turkey	763	831	847	881	905	925	983	1 021	1 016	1 116	1 200	1 311	1 347	1 360	1 307	1 274	1 301	1 344	1 366
United Kingdom	7 189	7 287	7 445	7 721	7 788	7 937	8 108	8 267	8 898	8 802	8 741	9 079	9 172	9 507	9 699	9 475	9 355	9 537	9 846
Yugoslavia	..	..	..	..	..	..	..	..	..	..	..	..	..	..	..	..	..	..	..
OECD - Total	6 465	6 730	6 920	7 228	7 544	7 727	7 916	8 251	8 679	8 666	8 569	8 914	9 180	9 461	9 697	9 736	9 853	9 737	9 881
OECD - Europe	5 943	6 107	6 256	6 523	6 846	7 121	7 308	7 568	7 945	8 060	7 947	8 282	8 438	8 642	8 875	8 947	8 897	8 910	8 985
EEC	6 752	6 934	7 110	7 438	7 808	8 122	8 336	8 625	9 083	9 189	9 062	9 510	9 720	10 012	10 327	10 408	10 354	10 388	10 485

21. Gross domestic product, per capita, in US dollars - at current prices and exchange rates
Produit intérieur brut, par habitant, en dollars É-U - aux prix et taux de change courants

	1965	1966	1967	1968	1969	1970	1971	1972	1973	1974	1975	1976	1977	1978	1979	1980	1981	1982	1983
Canada	2 634	2 888	3 048	3 272	3 541	3 870	4 373	4 907	5 640	6 798	7 215	8 549	8 613	8 813	9 700	10 799	11 965	12 128	13 008
United States	3 546	3 837	4 015	4 340	4 645	4 826	5 173	5 628	6 215	6 656	7 141	7 842	8 661	9 640	10 613	11 446	12 759	13 109	13 969
Japan	929	1 069	1 239	1 453	1 688	1 963	2 184	2 841	3 808	4 170	4 473	4 959	6 032	8 379	8 609	8 908	9 732	8 974	9 693
Australia	1 959	2 042	2 203	2 368	2 580	2 793	3 115	3 594	4 973	5 934	6 344	6 866	6 782	7 646	8 461	9 644	10 863	10 517	10 119
New Zealand	2 118	2 171	2 185	1 888	2 068	2 316	2 726	3 241	4 206	4 678	4 543	4 513	4 798	5 817	6 934	7 653	8 132	7 661	7 183
Austria	1 306	1 417	1 500	1 603	1 743	1 947	2 254	2 768	3 688	4 393	5 010	5 377	6 408	7 726	9 158	10 244	8 833	8 812	8 892
Belgium	1 754	1 873	1 994	2 126	2 352	2 616	2 924	3 616	4 623	5 406	6 304	6 789	7 880	9 624	11 027	11 875	9 716	8 548	8 126
Denmark	2 140	2 329	2 520	2 585	2 924	3 209	3 562	4 345	5 690	6 297	7 438	8 192	9 144	11 063	12 886	12 941	11 177	10 956	11 020
Finland	1 824	1 948	1 971	1 848	2 110	2 365	2 604	3 047	4 003	5 087	6 017	6 449	6 808	7 339	8 995	10 800	10 547	10 539	10 155
France	2 008	2 156	2 311	2 494	2 681	2 775	3 071	3 762	4 800	5 066	6 429	6 638	7 226	8 905	10 735	12 200	10 609	10 016	9 538
Germany	1 958	2 064	2 085	2 241	2 520	3 042	3 507	4 189	5 538	6 131	6 748	7 227	8 389	10 433	12 381	13 237	11 077	10 699	10 633
Greece	701	774	826	894	1 012	1 133	1 247	1 416	1 830	2 099	2 318	2 464	2 810	3 352	4 040	4 164	3 774	3 870	3 505
Iceland	2 596	3 049	2 956	2 236	1 948	2 420	3 060	3 757	5 119	6 654	5 900	6 818	8 841	9 820	10 923	12 653	12 782	11 311	9 523
Ireland	934	981	1 051	1 026	1 180	1 318	1 514	1 848	2 153	2 236	2 638	2 572	3 008	3 868	4 730	5 546	5 170	5 293	5 120
Italy	1 204	1 296	1 419	1 528	1 677	1 875	2 046	2 368	2 810	3 088	3 464	3 379	3 865	4 666	5 777	7 011	6 252	6 154	6 208
Luxembourg	2 117	2 204	2 255	2 463	2 815	3 179	3 349	4 087	5 585	6 743	6 561	7 140	7 873	9 832	11 587	12 702	10 566	9 193	8 721
Netherlands	1 603	1 722	1 868	2 050	2 295	2 553	2 951	3 607	4 706	5 496	6 373	6 936	8 085	9 846	11 220	11 970	9 926	9 624	9 190
Norway	1 901	2 036	2 208	2 337	2 524	2 883	3 242	3 798	4 898	5 877	7 100	7 771	8 899	10 011	11 571	14 121	13 925	13 692	13 333
Portugal	410	450	503	556	611	684	782	955	1 274	1 468	1 566	1 605	1 679	1 828	2 060	2 490	2 403	2 337	2 055
Spain	727	831	897	876	986	1 086	1 229	1 548	2 041	2 516	2 952	3 009	3 322	3 983	5 271	5 665	4 985	4 768	4 137
Sweden	2 802	3 020	3 252	3 432	3 701	4 139	4 494	5 268	6 381	7 070	8 843	9 499	10 006	11 031	13 002	14 938	13 596	11 997	11 029
Switzerland	2 342	2 493	2 653	2 801	2 996	3 308	3 939	4 786	6 387	7 351	8 477	8 949	9 587	13 386	15 014	15 920	14 631	14 926	14 930
Turkey	271	313	341	368	398	355	343	437	541	747	891	1 011	1 146	1 230	1 588	1 274	1 261	1 132	1 041
United Kingdom	1 844	1 955	2 028	1 904	2 024	2 214	2 509	2 842	3 215	3 488	4 170	4 043	4 516	5 719	7 381	9 475	9 034	8 571	8 072
Yugoslavia	675	456	478	519	605	714	769	802	1 039	1 404	1 557	1 741	2 097	2 473	3 077	3 137	3 068	2 774	..
OECD - Total	2 041	2 209	2 338	2 505	2 724	2 941	3 230	3 718	4 456	4 901	5 442	5 855	6 557	7 822	8 884	9 736	9 774	9 590	9 824
OECD - Europe	1 491	1 597	1 682	1 750	1 914	2 126	2 387	2 841	3 572	3 980	4 637	4 806	5 397	6 581	7 954	8 947	7 890	7 542	7 243
EEC	1 712	1 825	1 919	2 004	2 195	2 452	2 761	3 277	4 103	4 499	5 240	5 410	6 127	7 564	9 141	10 408	9 109	8 727	8 468

22. Private consumption expenditure, per capita, in US dollars - at current prices and 1980 exchange rates
Consommation finale privée, par habitant, en dollars É-U - aux prix courants et taux de change de 1980

	1965	1966	1967	1968	1969	1970	1971	1972	1973	1974	1975	1976	1977	1978	1979	1980	1981	1982	1983
Canada	1 462	1 559	1 658	1 783	1 910	1 995	2 178	2 409	2 730	3 150	3 606	4 097	4 483	4 902	5 416	5 988	6 719	7 206	7 761
United States	2 207	2 358	2 461	2 674	2 869	3 032	3 247	3 525	3 847	4 168	4 537	5 001	5 498	6 064	6 710	7 357	8 104	8 604	9 243
Japan	861	982	1 114	1 259	1 433	1 627	1 801	2 050	2 445	2 916	3 344	3 721	4 097	4 448	4 836	5 190	5 440	5 785	6 028
Australia	1 249	1 308	1 401	1 491	1 603	1 728	1 882	2 043	2 327	2 742	3 285	3 814	4 205	4 648	5 171	5 807	6 453	7 238	7 945
New Zealand	968	1 016	1 036	1 083	1 172	1 292	1 432	1 593	1 799	2 015	2 266	2 590	2 912	3 268	3 843	4 557	5 302	5 878	6 210
Austria	1 553	1 650	1 766	1 873	1 983	2 137	2 383	2 679	2 997	3 392	3 785	4 220	4 697	4 827	5 271	5 690	6 132	6 563	7 130
Belgium	1 927	2 046	2 146	2 316	2 503	2 676	2 945	3 276	3 734	4 307	4 854	5 464	5 979	6 380	6 921	7 542	8 079	8 738	9 261
Denmark	1 544	1 701	1 864	2 022	2 237	2 451	2 616	2 859	3 328	3 701	4 206	4 971	5 541	6 080	6 790	7 229	7 918	8 924	9 742
Finland	971	1 029	1 115	1 213	1 373	1 508	1 634	1 909	2 256	2 732	3 256	3 721	4 100	4 525	5 148	5 835	6 591	7 453	8 223
France	1 434	1 538	1 652	1 789	2 015	2 187	2 437	2 711	3 037	3 524	4 035	4 661	5 223	5 898	6 716	7 680	8 807	10 062	11 045
Germany	2 418	2 558	2 623	2 781	3 031	3 346	3 675	4 033	4 397	4 732	5 210	5 664	6 101	6 507	6 987	7 453	7 842	8 125	8 485
Greece	359	394	421	452	493	552	597	655	807	1 000	1 178	1 388	1 600	1 883	2 222	2 666	3 290	4 038	4 826
Iceland	144	175	183	195	224	287	361	446	599	904	1 195	1 555	2 182	3 314	4 903	7 661	11 947	18 519	31 195
Ireland	491	517	548	623	705	777	870	988	1 162	1 345	1 574	1 892	2 259	2 621	3 077	3 618	4 360	4 757	4 997
Italy	547	600	660	700	763	857	925	1 010	1 195	1 473	1 697	2 063	2 472	2 846	3 427	4 310	5 171	6 051	6 886
Luxembourg	2 122	2 214	2 247	2 395	2 546	2 788	3 070	3 321	3 635	4 146	4 747	5 325	5 767	6 130	6 703	7 429	8 117	8 757	9 357
Netherlands	1 726	1 853	1 989	2 152	2 434	2 703	2 980	3 314	3 730	4 183	4 746	5 419	5 965	6 464	6 895	7 315	7 528	7 797	7 981
Norway	1 539	1 636	1 761	1 865	2 062	2 247	2 485	2 706	2 979	3 359	3 922	4 500	5 204	5 519	5 970	6 700	7 664	8 629	9 436
Portugal	160	175	189	219	242	259	302	331	407	541	617	727	924	1 091	1 358	1 659	2 047	2 550	3 149
Spain	433	491	544	599	656	721	810	941	1 123	1 375	1 611	1 945	2 444	2 921	3 403	3 956	4 479	5 113	5 737
Sweden	1 917	2 063	2 206	2 325	2 492	2 711	2 901	3 184	3 506	3 988	4 529	5 218	5 700	6 299	6 949	7 733	8 550	9 557	10 383
Switzerland	3 663	3 914	4 159	4 381	4 687	5 090	5 652	6 351	7 065	7 720	8 038	8 383	8 762	8 997	9 490	10 125	10 769	11 299	11 718
Turkey	24	27	29	31	34	38	49	58	72	101	123	148	188	281	466	937	1 344	1 741	2 280
United Kingdom	982	1 034	1 079	1 155	1 220	1 323	1 474	1 662	1 888	2 180	2 677	3 107	3 552	4 086	4 844	5 609	6 229	6 817	7 462
Yugoslavia	91	117	130	140	161	190	240	296	362	468	560	661	799	976	1 231	1 603	2 215	2 910	..
OECD - Total	1 439	1 545	1 634	1 768	1 923	2 079	2 265	2 496	2 792	3 133	3 508	3 929	4 355	4 803	5 350	5 954	6 568	7 130	7 708
OECD - Europe	1 185	1 265	1 332	1 423	1 553	1 701	1 874	2 077	2 329	2 637	2 989	3 389	3 791	4 199	4 736	5 385	6 016	6 670	7 308
EEC	1 371	1 462	1 535	1 642	1 800	1 977	2 180	2 412	2 702	3 054	3 481	3 955	4 413	4 891	5 514	6 232	6 929	7 639	8 300

23. Private consumption expenditure, per capita, in constant US dollars - at the exchange rates and price levels of 1980
Consommation finale privée, par habitant, en dollars É-U constants - aux taux de change et niveaux de prix de 1980

	1965	1966	1967	1968	1969	1970	1971	1972	1973	1974	1975	1976	1977	1978	1979	1980	1981	1982	1983
Canada	3 733	3 856	3 967	4 097	4 226	4 264	4 548	4 835	5 113	5 310	5 494	5 769	5 838	5 931	5 996	5 988	6 021	5 829	5 943
United States	5 167	5 370	5 474	5 714	5 867	5 935	6 078	6 358	6 551	6 445	6 515	6 814	7 070	7 292	7 404	7 357	7 432	7 449	7 711
Japan	2 560	2 783	3 015	3 228	3 510	3 702	3 847	4 155	4 481	4 390	4 512	4 611	4 739	4 918	5 167	5 190	5 191	5 373	5 514
Australia	4 107	4 178	4 331	4 476	4 650	4 772	4 854	4 966	5 203	5 297	5 438	5 530	5 517	5 618	5 695	5 807	5 916	5 991	5 995
New Zealand	4 089	4 184	3 946	4 004	4 186	4 320	4 273	4 510	4 807	4 927	4 809	4 622	4 471	4 529	4 533	4 557	4 635	4 530	4 598
Austria	3 348	3 472	3 579	3 700	3 790	3 930	4 176	4 408	4 627	4 760	4 923	5 152	5 442	5 360	5 609	5 690	5 705	5 740	6 045
Belgium	4 431	4 518	4 621	4 848	5 094	5 313	5 553	5 862	6 296	6 443	6 466	6 750	6 898	7 073	7 379	7 542	7 445	7 490	7 419
Denmark	5 557	5 747	5 900	5 946	6 279	6 421	6 336	6 400	6 726	6 529	6 744	7 260	7 386	7 435	7 518	7 229	7 067	7 176	7 309
Finland	3 620	3 698	3 756	3 742	4 146	4 477	4 546	4 897	5 160	5 224	5 364	5 397	5 320	5 451	5 744	5 835	5 892	6 101	6 173
France	4 403	4 577	4 773	4 927	5 182	5 355	5 655	5 946	6 238	6 378	6 564	6 907	7 099	7 372	7 603	7 680	7 806	8 019	8 045
Germany	4 525	4 622	4 662	4 864	5 193	5 534	5 761	5 987	6 101	6 120	6 356	6 631	6 894	7 152	7 373	7 453	7 394	7 296	7 404
Greece	1 395	1 478	1 552	1 654	1 750	1 899	1 996	2 122	2 273	2 280	2 382	2 476	2 550	2 660	2 697	2 666	2 668	2 707	2 709
Iceland	4 737	5 242	5 255	4 929	4 654	5 358	6 206	6 705	7 185	7 580	6 728	6 734	7 207	7 606	7 655	7 661	7 940	7 993	7 418
Ireland	2 364	2 397	2 466	2 664	2 805	2 863	2 928	3 032	3 198	3 197	3 058	3 095	3 260	3 509	3 601	3 618	3 649	3 431	3 285
Italy	2 497	2 659	2 837	2 965	3 141	3 359	3 435	3 526	3 707	3 781	3 701	3 810	3 862	3 939	4 121	4 310	4 339	4 338	4 297
Luxembourg	4 664	4 705	4 668	4 855	5 067	5 337	5 611	5 771	6 015	6 242	6 485	6 645	6 803	6 985	7 217	7 429	7 534	7 386	7 297
Netherlands	4 494	4 576	4 770	5 032	5 367	5 707	5 808	5 935	6 114	6 230	6 383	6 697	6 952	7 209	7 372	7 315	7 082	6 958	6 919
Norway	4 296	4 415	4 546	4 671	4 987	4 951	5 146	5 258	5 371	5 545	5 797	6 120	6 517	6 384	6 568	6 700	6 754	6 824	6 868
Portugal	826	835	877	1 109	1 161	1 198	1 358	1 416	1 585	1 716	1 642	1 657	1 655	1 615	1 621	1 659	1 691	1 718	1 690
Spain	2 338	2 471	2 587	2 709	2 869	2 962	3 080	3 306	3 540	3 687	3 737	3 865	3 916	3 924	3 935	3 956	3 893	3 890	3 889
Sweden	6 037	6 096	6 186	6 403	6 641	6 810	6 770	6 981	7 148	7 369	7 545	7 830	7 722	7 645	7 811	7 733	7 681	7 783	7 655
Switzerland	7 329	7 482	7 615	7 821	8 142	8 504	8 829	9 220	9 406	9 343	9 124	9 307	9 618	9 816	9 919	10 125	10 102	10 042	10 138
Turkey	679	722	726	760	780	777	860	892	879	926	982	1 064	1 103	1 067	1 010	937	922	939	965
United Kingdom	4 268	4 318	4 394	4 495	4 500	4 605	4 724	4 997	5 241	5 165	5 128	5 145	5 122	5 403	5 640	5 609	5 599	5 659	5 894
Yugoslavia	..	..	..	..	..	..	..	..	..	..	..	..	..	..	..	..	..	..	..
OECD - Total	3 858	4 008	4 129	4 305	4 488	4 629	4 779	5 014	5 224	5 212	5 289	5 485	5 631	5 796	5 943	5 954	5 972	6 009	6 133
OECD - Europe	3 495	3 599	3 699	3 834	4 010	4 183	4 334	4 523	4 704	4 752	4 811	4 976	5 075	5 209	5 351	5 385	5 366	5 381	5 421
EEC	3 911	4 026	4 146	4 299	4 501	4 716	4 887	5 099	5 310	5 348	5 427	5 622	5 750	5 962	6 168	6 232	6 229	6 257	6 320

24. Private consumption expenditure, per capita, in US dollars - at current prices and exchange rates
Consommation finale privée, par habitant, en dollars É-U - aux prix et taux de change courants

	1965	1966	1967	1968	1969	1970	1971	1972	1973	1974	1975	1976	1977	1978	1979	1980	1981	1982	1983
Canada	1 581	1 686	1 794	1 929	2 066	2 227	2 522	2 846	3 192	3 766	4 145	4 858	4 929	5 024	5 406	5 988	6 553	6 830	7 364
United States	2 207	2 358	2 461	2 674	2 869	3 032	3 247	3 525	3 847	4 168	4 537	5 001	5 498	6 064	6 710	7 357	8 104	8 604	9 243
Japan	542	618	702	793	903	1 025	1 169	1 533	2 040	2 264	2 555	2 845	3 460	4 793	5 004	5 190	5 593	5 267	5 755
Australia	1 229	1 287	1 378	1 467	1 577	1 700	1 872	2 139	2 902	3 457	3 777	4 093	4 095	4 672	5 077	5 807	6 512	6 448	6 287
New Zealand	1 383	1 451	1 450	1 245	1 347	1 486	1 669	1 954	2 509	2 893	2 794	2 646	2 902	3 479	4 032	4 557	4 722	4 529	4 260
Austria	773	821	879	932	987	1 063	1 235	1 500	1 980	2 348	2 812	3 043	3 677	4 300	5 102	5 690	4 981	4 978	5 135
Belgium	1 127	1 197	1 255	1 355	1 464	1 565	1 762	2 177	2 801	3 234	3 860	4 139	4 878	5 924	6 903	7 542	6 362	5 592	5 297
Denmark	1 260	1 388	1 510	1 520	1 681	1 842	1 988	2 319	3 101	3 422	4 125	4 635	5 202	6 214	7 274	7 229	6 264	6 036	6 004
Finland	1 132	1 199	1 205	1 078	1 219	1 339	1 457	1 717	2 202	2 701	3 302	3 592	3 796	4 100	4 929	5 835	5 698	5 767	5 507
France	1 227	1 316	1 414	1 532	1 640	1 664	1 858	2 271	2 882	3 096	3 978	4 121	4 492	5 523	6 671	7 680	6 849	6 470	6 125
Germany	1 099	1 163	1 192	1 264	1 397	1 662	1 913	2 299	2 991	3 324	3 849	4 089	4 776	5 888	6 929	7 453	6 307	6 086	6 040
Greece	510	559	599	643	700	784	848	930	1 161	1 421	1 566	1 620	1 851	2 184	2 557	2 666	2 530	2 576	2 336
Iceland	1 601	1 954	1 987	1 507	1 219	1 562	1 968	2 422	3 188	4 338	3 731	4 095	5 264	5 864	6 671	7 661	7 934	7 193	6 024
Ireland	670	704	737	728	823	908	1 030	1 201	1 386	1 530	1 694	1 655	1 918	2 446	3 065	3 618	3 415	3 286	3 022
Italy	750	822	904	959	1 045	1 174	1 277	1 483	1 755	1 940	2 226	2 123	2 399	2 872	3 533	4 310	3 896	3 832	3 883
Luxembourg	1 241	1 295	1 314	1 401	1 489	1 630	1 837	2 207	2 727	3 113	3 774	4 033	4 705	5 692	6 685	7 429	6 393	5 605	5 352
Netherlands	948	1 018	1 093	1 182	1 337	1 484	1 692	2 053	2 652	3 093	3 731	4 075	4 832	5 940	6 833	7 315	5 998	5 805	5 560
Norway	1 064	1 131	1 218	1 290	1 426	1 554	1 743	2 028	2 552	2 995	3 706	4 073	4 828	5 200	5 823	6 700	6 595	6 604	6 388
Portugal	278	305	329	381	422	451	534	613	826	1 067	1 208	1 204	1 209	1 243	1 390	1 659	1 665	1 606	1 423
Spain	517	587	633	613	672	739	836	1 050	1 382	1 709	2 012	2 085	2 307	2 732	3 635	3 956	3 479	3 337	2 868
Sweden	1 567	1 686	1 804	1 901	2 038	2 217	2 398	2 828	3 396	3 799	4 613	5 067	5 380	5 897	6 855	7 733	7 142	6 434	5 728
Switzerland	1 403	1 500	1 594	1 679	1 796	1 951	2 291	2 787	3 739	4 342	5 218	5 620	6 109	8 432	9 565	10 125	9 188	9 325	9 354
Turkey	201	226	242	263	286	249	250	310	386	549	650	700	796	879	1 140	937	919	815	769
United Kingdom	1 183	1 245	1 283	1 193	1 260	1 366	1 543	1 786	1 990	2 193	2 548	2 403	2 666	3 372	4 414	5 609	5 386	5 124	4 867
Yugoslavia	322	230	256	277	316	375	398	430	550	725	796	896	1 077	1 290	1 598	1 603	1 561	1 426	..
OECD - Total	1 256	1 349	1 424	1 521	1 645	1 773	1 948	2 237	2 642	2 933	3 326	3 574	3 999	4 731	5 395	5 954	5 975	5 976	6 158
OECD - Europe	914	979	1 034	1 066	1 155	1 263	1 416	1 688	2 100	2 365	2 809	2 892	3 255	3 945	4 777	5 385	4 805	4 594	4 403
EEC	1 042	1 113	1 173	1 215	1 317	1 451	1 632	1 941	2 401	2 656	3 161	3 230	3 662	4 498	5 442	6 232	5 534	5 297	5 137

25. Gross domestic product - volume indices, 1980 = 100
Produit intérieur brut - indices de volume, 1980 = 100

	1965	1966	1967	1968	1969	1970	1971	1972	1973	1974	1975	1976	1977	1978	1979	1980	1981	1982	1983
Canada	52.8	56.5	58.4	61.7	64.9	66.6	71.2	75.4	81.1	84.0	84.9	90.1	92.1	95.7	99.0	100.0	104.0	99.5	102.3
United States	64.5	68.3	70.2	73.0	75.1	74.9	77.3	81.4	86.0	85.3	84.6	88.6	93.5	97.9	100.4	100.0	103.4	100.3	103.3
Japan	36.4	40.3	44.6	50.3	56.5	62.1	64.9	70.7	76.9	76.1	77.9	82.0	86.3	90.6	95.3	100.0	104.2	107.4	110.6
Australia	55.2	56.7	60.7	64.3	68.5	72.7	76.9	79.8	84.1	85.7	87.8	90.6	91.5	94.1	98.3	100.0	104.0	104.0	105.1
New Zealand	71.8	74.0	73.3	74.0	80.1	81.4	84.5	87.9	94.9	101.2	100.1	103.1	97.9	97.3	98.1	100.0	103.6	102.8	106.8
Austria	53.8	56.9	58.6	61.2	65.1	69.7	73.3	77.8	81.6	84.8	84.5	88.4	92.2	92.7	97.1	100.0	99.9	100.9	103.0
Belgium	58.0	59.8	62.1	64.7	69.0	73.4	76.1	80.1	84.9	88.3	87.0	91.6	92.0	94.7	96.6	100.0	98.7	99.9	100.3
Denmark	65.9	67.7	70.1	72.8	77.6	79.3	81.3	85.7	89.0	88.3	87.5	93.2	95.3	97.0	100.4	100.0	99.1	102.1	104.1
Finland	55.6	56.9	58.1	59.4	65.1	70.0	71.5	76.9	82.1	84.6	85.6	85.8	85.9	88.2	94.7	100.0	101.9	104.8	107.8
France	53.9	56.7	59.4	61.9	66.2	70.0	73.8	78.1	82.3	85.0	85.2	89.6	92.3	95.8	99.0	100.0	100.2	102.2	103.2
Germany	61.8	63.4	63.3	67.1	72.1	75.8	78.1	81.4	85.1	85.6	84.1	88.7	91.4	94.3	98.2	100.0	100.0	99.1	100.0
Greece	44.6	47.3	49.9	53.2	58.5	63.1	67.6	73.6	79.0	76.1	80.8	85.9	88.8	94.8	98.3	100.0	99.7	99.6	99.8
Iceland	54.0	58.6	57.6	54.3	56.0	60.4	68.1	72.5	78.2	81.4	81.0	83.9	88.7	92.2	96.1	100.0	102.2	101.3	96.5
Ireland	51.0	51.5	54.2	58.6	62.1	64.3	66.5	70.8	74.1	77.2	80.1	81.2	87.8	94.2	96.8	100.0	102.9	104.9	105.5
Italy	54.4	57.6	61.7	65.8	69.8	73.5	74.7	77.1	82.5	85.9	82.8	87.7	89.3	91.7	96.2	100.0	100.2	99.7	98.6
Luxembourg	61.6	62.6	63.6	66.3	72.2	73.9	77.0	81.8	90.7	93.9	88.2	89.9	90.5	94.6	98.4	100.0	98.2	97.1	94.8
Netherlands	57.4	59.0	62.1	66.1	70.3	75.1	78.3	80.9	85.6	88.6	87.7	92.3	94.5	96.8	99.1	100.0	99.3	97.6	98.1
Norway	52.4	54.3	57.7	59.0	61.7	62.9	65.8	69.2	72.1	75.8	79.0	84.3	87.4	91.3	96.0	100.0	100.9	101.9	105.1
Portugal	46.1	47.9	51.6	56.1	57.3	62.5	66.7	72.0	80.1	81.0	77.5	82.9	87.5	90.5	96.1	100.0	100.8	104.0	103.9
Spain	51.3	54.9	57.3	61.2	66.6	69.4	72.8	78.7	84.9	89.8	90.7	93.5	96.6	98.3	98.5	100.0	100.4	101.3	103.5
Sweden	67.4	68.8	71.1	73.7	77.4	82.4	83.2	85.1	88.5	91.3	93.6	94.6	93.1	94.7	98.4	100.0	99.7	100.5	103.0
Switzerland	71.9	73.6	75.9	78.6	83.0	88.3	91.9	94.9	97.8	99.2	92.0	90.7	92.9	93.3	95.6	100.0	101.5	100.3	101.0
Turkey	42.0	46.9	49.1	52.3	55.1	57.8	63.1	67.2	68.6	77.2	85.0	94.1	98.9	102.1	100.3	100.0	104.5	110.4	114.4
United Kingdom	73.2	74.6	76.7	79.9	81.0	82.8	85.0	86.9	93.8	92.8	92.1	95.6	96.6	100.1	102.2	100.0	98.9	100.7	104.0
Yugoslavia	..	..	..	..	..	..	..	..	..	..	..	..	..	..	..	..	..	..	..
OECD - Total	57.9	60.9	63.2	66.7	70.3	72.7	75.4	79.4	84.3	84.9	84.7	88.7	92.1	95.6	98.8	100.0	102.0	101.5	103.7
OECD - Europe	59.7	61.9	64.0	67.2	71.2	74.6	77.3	80.7	85.4	87.2	86.5	90.6	92.7	95.5	98.6	100.0	100.0	100.6	101.9
EEC	60.4	62.5	64.5	67.8	71.7	75.1	77.7	80.9	85.7	87.0	86.0	90.4	92.6	95.6	98.9	100.0	99.8	100.3	101.3

26. Private final consumption expenditure - volume indices, 1980 = 100
Consommation finale privée - indices de volume, 1980 = 100

	1965	1966	1967	1968	1969	1970	1971	1972	1973	1974	1975	1976	1977	1978	1979	1980	1981	1982	1983
Canada	51.0	53.6	56.2	58.9	61.7	63.1	68.1	73.2	78.3	82.5	86.6	92.2	94.4	96.9	98.9	100.0	101.8	99.7	102.7
United States	59.9	63.0	64.9	68.5	71.0	72.6	75.3	79.7	82.9	82.3	84.0	88.7	92.9	96.9	99.5	100.0	102.0	103.3	107.9
Japan	41.4	45.4	49.7	53.8	59.2	63.3	67.1	73.5	80.3	79.8	83.0	85.8	89.0	93.2	98.8	100.0	100.8	105.0	108.5
Australia	56.1	58.1	61.3	64.5	68.4	71.7	74.3	77.4	82.4	85.2	88.6	91.0	91.8	94.6	96.9	100.0	103.5	106.6	108.0
New Zealand	75.9	79.1	75.9	77.7	82.0	85.9	86.3	92.6	100.7	105.0	104.5	101.4	98.3	99.6	99.4	100.0	102.1	100.9	103.8
Austria	56.9	59.3	61.4	63.8	65.6	68.3	72.9	77.4	81.5	84.0	86.7	90.6	95.8	94.2	98.5	100.0	100.3	101.8	106.9
Belgium	56.5	58.0	59.6	62.8	66.2	69.0	72.3	76.6	82.6	84.7	85.3	89.2	91.2	93.6	97.7	100.0	98.8	99.4	98.5
Denmark	71.4	74.4	77.1	78.1	82.9	85.4	84.9	86.2	91.2	88.9	92.1	99.4	101.4	102.4	103.8	100.0	97.7	99.1	100.9
Finland	59.2	60.7	62.0	62.1	68.7	73.9	75.2	81.5	86.3	87.9	90.6	91.4	90.4	92.9	98.1	100.0	101.4	105.6	107.6
France	52.0	54.6	57.3	59.6	63.2	65.9	70.3	74.5	78.8	81.1	83.9	88.6	91.3	95.2	98.6	100.0	102.1	105.4	106.2
Germany	57.8	59.6	60.2	63.1	68.0	73.1	77.0	80.5	82.4	82.8	85.6	88.9	92.3	95.6	98.6	100.0	99.4	98.0	99.1
Greece	46.4	49.5	52.6	56.2	59.7	65.0	68.6	73.4	79.0	79.5	83.8	88.3	92.3	97.6	100.2	100.0	101.0	103.1	103.8
Iceland	52.1	58.8	59.9	56.7	54.1	62.9	73.2	80.2	87.2	93.3	84.0	84.8	91.6	97.1	99.0	100.0	105.0	107.1	100.7
Ireland	55.3	56.2	58.1	63.1	66.7	68.6	70.9	74.5	79.9	81.2	79.0	81.2	86.7	94.5	98.6	100.0	102.1	97.1	93.7
Italy	53.4	57.2	61.4	64.6	68.9	74.1	76.3	78.9	83.5	85.7	84.4	87.3	88.5	90.9	95.4	100.0	100.8	101.1	100.4
Luxembourg	57.3	58.1	57.8	60.3	63.3	67.1	71.0	74.1	78.1	82.0	86.1	88.7	90.8	93.5	96.9	100.0	101.7	100.0	98.8
Netherlands	53.4	55.1	58.1	61.9	66.8	71.9	74.0	76.4	79.4	81.5	84.3	89.1	93.1	97.1	100.0	100.0	97.5	96.2	96.0
Norway	58.4	60.5	62.8	65.1	70.1	70.1	73.3	75.5	77.7	80.7	84.8	90.0	96.2	94.7	97.7	100.0	101.1	102.6	103.6
Portugal	45.9	46.3	48.6	61.5	64.2	65.9	74.3	77.3	86.5	95.0	94.1	97.4	98.0	96.3	97.2	100.0	102.4	104.5	103.4
Spain	50.7	54.2	57.5	60.9	65.1	67.8	71.2	77.1	83.3	87.6	89.7	93.9	96.3	97.6	98.7	100.0	99.1	99.8	100.5
Sweden	72.6	74.0	75.7	78.8	82.3	85.2	85.3	88.2	90.5	93.6	96.2	100.2	99.1	98.4	100.8	100.0	99.5	100.9	99.2
Switzerland	67.4	69.4	71.4	74.2	78.2	82.4	86.4	91.1	93.6	93.1	90.4	91.4	94.1	96.2	97.4	100.0	100.5	100.5	102.0
Turkey	50.8	55.5	57.2	61.3	64.6	66.0	75.0	79.8	80.6	87.1	94.5	103.8	110.1	108.9	105.4	100.0	100.6	104.8	109.9
United Kingdom	73.4	74.7	76.5	78.6	79.0	81.1	83.6	88.7	93.3	92.0	91.3	91.6	91.1	96.1	100.4	100.0	100.0	100.9	105.2
Yugoslavia	..	..	..	..	..	..	..	..	..	..	..	..	..	..	..	..	..	..	..
OECD - Total	56.5	59.3	61.7	64.9	68.4	71.3	74.4	78.9	83.0	83.5	85.5	89.3	92.3	95.8	99.0	100.0	101.0	102.4	105.2
OECD - Europe	58.3	60.6	62.8	65.6	69.3	72.9	76.2	80.2	84.0	85.5	87.0	90.4	92.6	95.6	98.8	100.0	100.2	101.0	102.2
EEC	58.5	60.6	62.8	65.5	69.0	72.9	76.1	79.9	83.7	84.6	86.1	89.3	91.4	95.1	98.6	100.0	100.2	100.9	102.0

27. Government final consumption expenditure - volume indices, 1980 = 100
Consommation finale des administrations publiques - indices de volume, 1980 = 100

	1965	1966	1967	1968	1969	1970	1971	1972	1973	1974	1975	1976	1977	1978	1979	1980	1981	1982	1983
Canada	53.5	58.5	62.7	67.5	69.9	77.2	80.3	82.8	86.6	90.0	93.6	94.5	97.5	99.1	99.5	100.0	102.5	103.3	103.6
United States	69.1	76.1	82.2	84.8	85.2	84.1	82.4	84.4	85.0	87.8	89.7	91.4	93.2	95.1	97.5	100.0	102.4	105.2	105.9
Japan	49.1	51.9	54.4	57.5	60.4	63.8	67.2	70.8	74.3	76.8	82.0	85.4	88.7	93.2	97.2	100.0	105.2	107.6	110.2
Australia	44.1	47.3	52.2	56.3	57.3	59.3	61.3	63.7	69.3	73.8	81.2	86.6	89.0	94.4	95.3	100.0	104.0	104.5	110.8
New Zealand	65.3	71.9	68.4	69.9	70.4	73.3	75.1	79.7	82.9	89.6	93.8	93.3	97.7	102.5	100.3	100.0	99.0	100.5	102.1
Austria	58.4	61.1	63.6	65.5	67.0	69.2	71.5	74.5	76.7	81.0	84.3	87.9	91.0	94.5	97.6	100.0	101.9	104.3	106.4
Belgium	53.6	56.1	59.3	61.3	65.2	67.2	70.9	75.1	79.1	81.8	85.5	88.6	90.6	96.1	98.5	100.0	101.2	100.0	100.3
Denmark	47.9	50.6	54.5	57.0	60.9	65.1	68.7	72.6	75.5	78.2	79.7	83.3	85.3	90.6	95.9	100.0	102.6	105.5	105.5
Finland	47.5	49.7	51.9	55.0	56.8	59.9	63.4	68.3	72.1	75.4	80.6	85.2	88.8	92.4	95.8	100.0	104.0	107.7	111.9
France	60.3	61.9	64.6	68.2	71.0	74.0	76.5	78.6	81.1	82.0	85.9	91.2	92.5	96.5	98.2	100.0	102.3	104.9	106.8
Germany	60.7	62.6	64.8	65.1	68.0	71.0	74.7	77.8	81.7	85.0	88.4	89.8	90.6	94.2	97.5	100.0	101.5	100.4	100.4
Greece	41.1	43.7	47.4	48.0	51.7	54.7	57.5	60.7	64.8	72.7	81.3	85.5	91.1	94.3	99.8	100.0	106.8	108.8	111.4
Iceland	45.9	49.2	52.5	54.0	55.1	59.3	63.4	68.2	74.6	79.1	83.0	88.8	89.5	92.8	96.1	100.0	105.0	109.0	112.3
Ireland	42.1	42.6	44.9	47.1	50.2	54.0	58.7	63.1	67.4	72.5	77.2	79.2	80.9	87.5	93.4	100.0	102.0	106.1	106.2
Italy	61.6	64.1	66.9	70.3	72.3	74.2	78.4	82.5	84.5	86.9	89.7	91.7	94.2	96.4	97.9	100.0	103.3	105.7	108.6
Luxembourg	54.8	58.0	60.4	63.8	65.9	68.5	71.2	74.0	76.4	80.1	85.3	86.9	89.5	91.3	95.6	100.0	102.1	102.3	102.3
Netherlands	65.5	66.6	68.2	69.7	72.9	77.2	79.8	81.2	81.8	83.4	86.7	90.2	93.1	96.7	99.4	100.0	102.0	102.2	103.3
Norway	45.6	47.0	51.4	53.5	56.1	59.6	63.2	66.1	69.7	72.5	77.2	82.9	87.0	91.6	94.9	100.0	106.1	110.1	114.2
Portugal	32.6	34.3	37.9	41.2	42.6	45.6	48.5	52.7	56.8	66.6	71.0	76.0	85.0	88.6	96.4	100.0	103.0	106.6	110.9
Spain	50.9	51.8	53.0	54.0	56.2	59.2	61.9	65.4	69.7	75.5	79.4	83.7	87.1	91.9	95.8	100.0	101.5	108.1	113.1
Sweden	54.6	57.6	60.3	64.4	67.8	73.2	74.8	76.6	78.6	81.0	84.8	87.8	90.4	93.4	97.8	100.0	102.0	102.8	103.7
Switzerland	69.0	70.3	71.5	74.2	77.9	81.6	86.4	88.8	91.0	92.5	93.1	95.7	96.1	98.0	99.1	100.0	102.4	103.3	107.9
Turkey	33.4	35.9	39.0	41.7	44.4	46.0	48.7	52.3	57.7	63.4	72.0	79.7	82.3	90.4	91.9	100.0	100.8	102.9	104.8
United Kingdom	72.2	74.2	78.4	78.7	77.2	78.5	80.9	84.3	88.4	89.8	94.7	95.9	94.3	96.5	98.5	100.0	100.0	100.9	103.6
Yugoslavia	..	..	..	..	..	..	..	..	..	..	..	..	..	..	..	..	..	..	..
OECD - Total	62.2	66.3	70.3	72.6	74.2	75.7	77.1	79.8	82.1	84.8	88.0	90.4	92.2	95.1	97.6	100.0	102.3	104.2	105.6
OECD - Europe	60.6	62.5	65.3	67.1	69.1	71.9	75.0	78.1	81.3	83.8	87.6	90.3	91.6	95.0	97.8	100.0	101.8	103.0	104.7
EEC	62.4	64.3	67.2	68.8	70.7	73.3	76.4	79.5	82.8	85.0	88.8	91.2	92.1	95.5	98.0	100.0	101.7	102.4	103.9

28. Gross fixed capital formation - volume indices, 1980=100
Formation brute de capital fixe - indices de volume, 1980=100

	1965	1966	1967	1968	1969	1970	1971	1972	1973	1974	1975	1976	1977	1978	1979	1980	1981	1982	1983
Canada	53.4	59.1	58.9	59.0	61.9	62.1	68.3	72.1	80.0	84.4	87.5	91.0	90.6	90.6	96.7	100.0	106.4	96.1	91.4
United States	72.9	76.6	75.6	80.2	82.1	79.1	83.3	90.5	97.0	90.4	80.3	85.4	94.4	103.3	106.5	100.0	101.1	94.4	102.1
Japan	29.9	33.9	40.1	48.2	57.3	67.0	69.8	77.1	87.6	79.7	78.8	81.1	85.0	93.1	98.9	100.0	103.6	105.4	105.7
Australia	68.7	70.2	72.5	78.3	83.1	86.4	91.7	89.2	91.4	90.7	90.6	93.3	92.1	94.4	95.4	100.0	111.4	108.2	97.6
New Zealand	95.8	99.2	91.5	79.1	89.8	97.1	102.1	121.1	136.7	149.2	141.3	132.2	116.2	106.4	102.5	100.0	121.1	127.7	129.3
Austria	54.3	59.1	59.1	60.8	63.8	70.1	79.7	89.4	89.7	93.3	88.7	92.0	96.8	93.2	96.5	100.0	98.0	91.3	89.6
Belgium	65.1	69.5	71.6	70.7	74.4	80.7	79.2	81.8	87.6	93.7	91.9	95.6	95.6	98.3	95.6	100.0	83.7	82.9	77.6
Denmark	83.4	87.0	91.8	93.4	104.7	107.2	109.0	118.4	123.5	112.4	98.8	115.9	113.3	114.9	114.4	100.0	80.8	85.2	87.9
Finland	67.8	70.4	69.6	66.0	74.3	83.6	86.7	92.4	100.3	103.8	109.9	100.2	95.1	88.2	91.0	100.0	103.2	106.8	109.5
France	54.8	58.8	62.3	65.7	71.8	75.1	80.4	86.2	91.5	92.4	89.4	92.8	92.0	93.4	96.9	100.0	98.4	97.8	96.5
Germany	71.6	72.4	67.4	69.9	77.3	84.9	90.1	92.4	92.2	83.4	79.3	83.0	86.2	90.4	96.9	100.0	95.8	91.4	94.1
Greece	52.9	54.5	53.7	65.1	77.3	76.2	86.9	100.3	108.0	80.4	80.5	86.0	92.7	98.3	106.9	100.0	92.2	90.8	89.5
Iceland	52.9	61.2	68.5	62.7	47.7	51.4	74.4	73.7	88.0	97.2	88.9	86.7	97.0	91.3	89.2	100.0	101.1	99.6	86.1
Ireland	41.6	40.4	43.0	48.6	57.5	57.7	62.8	67.4	78.3	69.2	67.4	76.5	79.6	94.7	107.4	100.0	108.0	101.2	93.2
Italy	62.3	65.0	72.6	80.5	86.7	89.4	86.5	87.3	94.0	97.2	84.8	86.8	86.5	86.4	91.4	100.0	100.6	95.4	90.4
Luxembourg	76.4	72.5	66.0	63.2	69.7	76.1	87.5	92.8	103.4	98.1	91.1	86.4	88.0	88.2	94.4	100.0	86.6	84.8	80.2
Netherlands	68.8	74.3	80.6	89.6	87.6	95.9	99.2	96.5	100.8	97.0	92.3	89.7	100.2	102.7	100.9	100.0	89.5	85.7	86.1
Norway	57.5	60.9	68.0	65.9	60.3	69.2	82.2	78.9	89.6	94.2	105.4	116.1	120.3	106.8	101.5	100.0	117.9	106.5	109.4
Portugal	49.1	57.6	60.9	55.2	60.2	67.1	73.7	83.7	91.7	85.3	75.7	76.3	85.4	91.5	90.7	100.0	105.1	108.1	100.0
Spain	55.5	62.6	66.4	72.6	79.7	82.1	79.7	92.3	105.5	112.6	108.2	106.0	105.8	103.3	98.7	100.0	101.2	98.7	95.1
Sweden	79.2	82.8	87.2	87.8	91.5	94.5	94.0	97.9	100.5	97.5	100.5	102.3	99.3	92.5	96.7	100.0	94.7	93.6	94.7
Switzerland	77.3	76.7	76.8	79.2	83.9	91.4	100.4	105.4	108.4	103.8	89.7	80.3	81.6	86.6	91.0	100.0	102.4	99.7	103.9
Turkey	34.6	42.2	44.9	51.0	54.2	61.6	58.5	67.2	75.9	82.0	101.9	122.4	128.0	115.3	111.1	100.0	101.7	105.2	108.3
United Kingdom	79.5	81.5	88.6	94.1	93.5	95.9	97.8	97.5	104.6	100.3	100.4	101.9	99.3	103.1	105.5	100.0	91.5	97.6	101.7
Yugoslavia	..	..	..	..	..	..	..	..	..	..	..	..	..	..	..	..	..	..	..
OECD - Total	60.4	63.8	65.7	70.5	75.3	78.7	82.3	87.6	94.1	89.7	85.0	88.2	92.0	96.9	100.6	100.0	100.0	97.3	99.3
OECD - Europe	65.8	68.7	70.9	74.7	79.6	84.5	87.8	91.3	96.1	93.6	90.1	92.5	93.6	95.0	98.1	100.0	96.6	94.9	95.1
EEC	66.8	69.3	71.4	75.7	80.7	85.5	88.7	91.3	95.4	91.8	87.6	90.6	91.6	94.4	98.4	100.0	95.2	93.7	94.0

29. Exports of goods and services - volume indices, 1980=100
Exportations de biens et services - indices de volume, 1980=100

	1965	1966	1967	1968	1969	1970	1971	1972	1973	1974	1975	1976	1977	1978	1979	1980	1981	1982	1983
Canada	38.8	44.2	49.0	54.8	59.6	64.8	68.1	72.8	80.4	78.8	73.4	81.1	87.3	96.2	99.1	100.0	103.3	100.4	107.6
United States	36.6	39.3	41.0	44.2	46.3	50.7	51.2	56.0	66.9	72.9	71.9	74.8	76.3	83.5	90.8	100.0	98.9	90.2	85.5
Japan	17.2	19.8	20.9	25.8	30.8	36.0	42.1	44.3	47.5	58.2	60.5	72.2	81.0	81.0	84.3	100.0	114.7	116.1	121.6
Australia	45.4	45.8	52.4	53.9	59.1	67.5	72.9	78.2	78.2	75.0	80.1	87.4	88.3	91.1	101.4	100.0	96.0	103.4	99.5
New Zealand	48.6	52.7	52.3	59.3	67.2	67.7	72.8	74.3	72.2	70.3	79.9	89.4	89.5	93.6	96.0	100.0	103.2	104.1	114.4
Austria	29.8	32.2	34.3	37.3	43.9	51.1	54.1	59.1	64.4	71.5	69.0	77.1	81.0	84.6	93.8	100.0	105.1	107.3	114.0
Belgium	37.1	39.9	41.6	46.7	53.9	59.4	62.1	68.9	78.7	81.7	74.9	85.2	86.8	89.1	96.1	100.0	103.3	106.5	106.5
Denmark	48.9	50.8	52.6	57.7	61.0	64.2	67.4	71.3	76.7	80.1	78.7	82.1	86.0	87.8	95.1	100.0	108.2	111.0	114.8
Finland	36.5	38.9	41.2	45.3	52.9	57.5	56.8	65.0	69.7	69.3	59.6	67.2	77.9	84.6	92.2	100.0	106.4	104.8	108.6
France	27.8	29.6	31.7	34.7	40.2	46.7	51.8	58.5	65.4	72.2	71.2	78.7	85.7	91.4	97.7	100.0	105.1	103.3	106.8
Germany	37.3	41.1	44.2	49.9	54.4	57.6	61.1	65.3	72.3	81.1	76.1	84.3	87.7	90.6	94.9	100.0	108.2	112.6	111.2
Greece	18.9	25.4	26.7	26.4	30.2	34.0	38.0	46.7	57.6	57.7	63.8	74.3	75.6	88.0	93.8	100.0	95.9	87.3	95.8
Iceland	44.1	47.4	43.7	41.0	46.9	55.1	52.9	58.6	63.5	63.0	64.7	72.2	79.6	91.6	97.4	100.0	101.4	91.6	101.0
Ireland	34.0	37.6	41.4	45.1	47.1	49.2	51.2	53.1	58.9	59.3	63.6	68.7	78.4	88.0	93.9	100.0	101.8	107.3	118.7
Italy	32.3	35.9	38.4	43.8	48.9	51.8	55.4	61.2	63.3	68.6	71.2	80.1	86.9	95.7	104.8	100.0	104.1	105.7	110.0
Luxembourg	53.2	53.1	54.2	60.0	68.3	73.6	76.1	79.2	90.6	103.3	86.7	88.2	89.4	92.5	101.2	100.0	101.6	101.8	100.5
Netherlands	36.6	38.5	41.1	46.3	53.2	59.8	66.3	73.5	82.6	84.7	82.1	90.4	88.8	91.7	98.5	100.0	101.5	101.3	106.2
Norway	45.3	47.9	51.9	55.9	58.9	58.9	59.6	68.0	73.6	74.1	76.4	85.0	88.1	95.5	97.9	100.0	101.4	101.6	108.7
Portugal	53.3	62.0	64.2	62.1	63.8	62.8	69.0	81.8	85.2	71.8	60.6	60.6	64.2	71.3	92.9	100.0	96.6	102.4	119.8
Spain	29.2	33.6	32.0	37.9	43.8	51.5	58.1	65.2	71.1	71.7	70.7	77.8	84.4	93.4	99.4	100.0	106.9	114.1	123.6
Sweden	47.8	50.1	52.9	56.9	63.4	68.9	72.2	76.4	86.9	91.5	83.0	86.6	87.9	94.7	100.5	100.0	101.1	105.6	116.7
Switzerland	45.8	48.2	49.8	54.8	62.1	66.4	69.0	73.3	79.1	79.9	74.7	81.6	89.6	93.3	95.2	100.0	104.6	101.5	102.5
Turkey	40.1	44.8	48.6	48.7	52.0	59.4	68.6	78.6	99.3	88.3	87.3	120.1	93.9	106.1	93.1	100.0	162.2	220.8	239.4
United Kingdom	48.9	50.9	51.7	57.9	63.1	66.2	70.7	71.1	79.3	84.7	82.4	89.5	95.0	96.6	100.3	100.0	98.1	99.1	99.9
Yugoslavia	..	..	..	..	..	..	..	..	..	..	..	..	..	..	..	..	..	..	..
OECD - Total	35.8	38.7	40.8	45.4	50.2	54.8	58.4	63.1	70.2	75.5	73.6	80.9	85.1	89.7	95.4	100.0	104.1	103.9	105.8
OECD - Europe	37.7	40.5	42.7	47.5	53.0	57.4	61.4	66.4	73.4	78.5	75.6	83.4	87.7	92.1	97.8	100.0	104.1	106.0	108.8
EEC	37.2	39.9	42.1	47.2	52.5	56.8	61.0	65.8	72.8	78.7	76.2	84.2	88.3	92.3	98.1	100.0	103.9	105.5	107.2

30. Imports of goods and services - volume indices, 1980=100
Importations de biens et services - indices de volume, 1980=100

	1965	1966	1967	1968	1969	1970	1971	1972	1973	1974	1975	1976	1977	1978	1979	1980	1981	1982	1983
Canada	39.7	45.2	47.6	52.1	59.1	57.9	62.2	70.4	80.7	89.9	86.8	93.9	94.4	97.0	103.7	100.0	102.3	87.9	98.1
United States	42.6	49.1	52.6	60.7	64.3	66.7	71.0	78.9	82.5	80.0	70.1	84.2	91.5	101.6	103.3	100.0	106.1	107.7	119.7
Japan	27.4	30.8	38.4	42.5	47.9	58.4	61.2	67.2	83.3	87.5	79.2	84.3	88.5	94.9	107.3	100.0	101.5	102.6	96.2
Australia	58.3	53.8	59.8	66.4	67.9	70.4	69.6	63.8	76.9	94.9	80.0	90.0	89.6	92.8	94.6	100.0	109.1	114.2	101.9
New Zealand	71.0	75.3	61.4	61.3	67.9	80.5	79.8	87.2	105.9	120.8	94.8	94.2	93.7	95.1	108.1	100.0	111.0	112.0	111.6
Austria	31.6	35.2	36.3	39.0	42.7	49.9	52.8	58.7	66.3	71.2	67.3	79.1	85.7	83.7	93.6	100.0	99.7	97.1	106.7
Belgium	37.3	41.0	41.6	46.5	53.7	57.8	59.9	65.7	77.9	81.3	74.0	83.8	87.6	90.1	98.6	100.0	98.6	99.6	96.7
Denmark	57.1	60.2	63.4	66.5	74.9	81.3	80.9	81.6	93.9	90.6	86.7	101.5	101.6	102.2	107.3	100.0	98.3	101.2	101.9
Finland	45.9	47.5	47.4	45.5	55.6	66.9	66.5	69.3	78.4	83.6	84.1	82.4	81.1	77.9	92.4	100.0	96.5	98.5	102.2
France	26.3	29.0	31.4	35.5	42.4	45.1	49.2	57.1	65.7	69.1	64.6	77.7	79.9	84.2	93.5	100.0	101.8	107.7	106.1
Germany	37.3	38.3	37.9	43.0	50.0	57.6	63.2	67.2	70.0	70.4	72.3	80.2	82.9	87.9	96.2	100.0	99.2	100.0	101.9
Greece	38.6	38.4	41.1	45.4	52.4	55.7	59.9	69.1	91.4	76.5	81.4	86.4	93.3	99.9	107.1	100.0	103.4	108.6	111.4
Iceland	43.5	50.0	53.3	48.5	42.7	54.5	67.1	67.2	79.7	89.9	78.8	76.1	91.4	94.8	97.1	100.0	107.2	106.0	100.0
Ireland	36.9	38.2	39.7	45.9	52.1	53.3	55.8	58.6	69.7	68.2	61.2	70.2	79.5	92.0	104.9	100.0	102.3	99.1	103.0
Italy	30.1	34.4	39.0	41.3	49.2	57.1	58.6	65.0	71.7	72.6	65.5	75.2	75.2	81.3	92.3	100.0	94.9	96.9	97.7
Luxembourg	53.4	52.0	49.6	54.2	60.3	69.1	74.8	76.2	84.5	90.8	81.7	83.4	83.8	91.0	98.2	100.0	101.8	100.9	98.9
Netherlands	39.8	42.6	45.3	51.2	58.4	66.9	71.0	74.6	82.8	81.9	78.6	86.6	89.1	94.7	100.4	100.0	94.1	94.8	99.4
Norway	50.5	54.5	60.8	62.2	63.3	71.9	76.5	75.8	86.7	90.8	97.1	109.1	112.8	97.5	96.8	100.0	101.5	105.7	104.4
Portugal	41.7	45.2	42.5	56.6	60.9	61.4	70.3	78.8	88.7	93.0	69.5	71.9	80.5	80.4	89.6	100.0	100.6	106.7	98.2
Spain	34.6	41.2	39.8	43.0	49.8	53.3	53.6	66.9	77.9	83.9	83.0	91.3	87.0	86.4	96.3	100.0	96.5	101.1	100.8
Sweden	54.7	57.0	58.4	63.3	71.4	78.8	76.2	79.3	84.8	93.2	89.9	98.0	94.4	89.2	99.6	100.0	92.9	96.9	96.9
Switzerland	41.8	43.2	45.0	48.7	55.0	62.6	66.5	71.4	76.0	75.3	63.7	72.0	78.7	87.3	93.3	100.0	98.7	96.2	100.7
Turkey	51.8	64.7	59.6	70.1	71.5	87.2	95.7	113.9	125.8	127.9	143.1	173.9	164.4	113.1	102.9	100.0	111.1	119.6	134.6
United Kingdom	57.0	58.2	62.5	67.0	68.8	72.0	75.8	82.9	92.6	93.5	86.9	90.5	91.2	94.6	104.5	100.0	96.5	100.3	105.8
Yugoslavia	..	..	..	..	..	..	..	..	..	..	..	..	..	..	..	..	..	..	..
OECD - Total	39.2	42.6	45.3	50.3	55.9	61.3	64.8	70.9	78.9	80.7	75.3	84.6	87.6	92.1	99.6	100.0	100.3	101.7	104.6
OECD - Europe	39.3	41.8	43.7	48.0	54.2	60.2	63.6	69.3	77.0	78.6	75.1	83.9	85.8	88.8	97.3	100.0	98.2	100.5	102.2
EEC	38.3	40.6	42.7	47.1	53.5	59.1	62.9	68.5	76.1	77.0	73.5	82.2	84.3	88.9	97.7	100.0	98.2	100.6	102.1

31. Gross domestic product - price indices, 1980=100
Produit intérieur brut - indices de prix, 1980=100

	1965	1966	1967	1968	1969	1970	1971	1972	1973	1974	1975	1976	1977	1978	1979	1980	1981	1982	1983
Canada	34.9	36.5	37.9	39.1	40.8	42.7	44.0	46.3	50.5	58.4	64.6	70.9	76.2	81.3	89.8	100.0	110.6	122.0	128.5
United States	41.0	42.4	43.6	45.8	48.1	50.7	53.3	55.7	58.7	64.0	69.9	74.0	78.3	84.1	91.2	100.0	108.9	116.4	121.7
Japan	38.1	40.0	42.3	44.5	46.6	50.0	52.6	55.4	62.0	74.8	80.6	85.7	90.6	94.8	97.3	100.0	102.7	104.5	105.2
Australia	29.7	30.7	31.5	32.5	34.0	35.3	37.5	40.4	45.2	53.2	61.6	70.0	76.2	81.9	89.8	100.0	109.0	121.5	132.0
New Zealand	22.9	23.2	24.4	25.6	26.2	29.3	33.3	36.8	39.6	40.9	47.6	55.9	64.4	73.5	87.9	100.0	115.6	128.2	131.9
Austria	46.0	47.5	49.0	50.4	51.8	54.2	57.6	62.0	66.9	73.3	78.0	82.4	86.8	91.3	95.1	100.0	106.3	113.4	117.7
Belgium	41.9	43.6	45.0	46.2	48.1	50.3	53.1	56.4	60.5	68.1	76.3	82.1	88.2	92.0	96.2	100.0	105.3	112.7	119.4
Denmark	28.6	30.5	32.3	34.7	37.0	40.0	43.2	47.1	52.0	58.6	66.2	72.1	78.4	85.9	92.4	100.0	110.1	122.5	132.5
Finland	24.9	26.1	28.0	31.4	32.7	33.9	36.5	39.6	45.1	55.3	63.3	71.3	78.6	84.6	91.6	100.0	111.4	121.6	132.6
France	32.4	33.3	34.4	35.9	38.2	40.4	42.7	45.3	48.9	54.3	61.6	67.7	73.7	80.7	89.1	100.0	112.1	126.1	138.4
Germany	50.2	52.0	52.7	53.7	55.9	60.1	64.8	68.3	72.8	77.7	82.4	85.2	88.3	92.0	95.7	100.0	104.2	109.1	112.5
Greece	23.6	24.7	25.3	25.8	26.6	27.7	28.5	30.0	35.8	43.3	48.7	56.1	63.4	71.6	85.0	100.0	119.3	148.6	178.0
Iceland	2.9	3.2	3.3	3.7	4.5	5.2	5.9	6.9	9.0	12.7	17.6	23.5	31.8	46.5	65.5	100.0	150.8	233.2	419.8
Ireland	20.5	21.4	22.2	23.2	25.2	27.5	30.4	34.5	39.7	42.1	51.5	62.0	70.0	77.3	87.6	100.0	117.1	135.0	149.3
Italy	21.3	21.7	22.3	22.7	23.6	25.3	27.1	28.8	32.1	38.0	44.7	52.7	62.8	71.5	82.9	100.0	118.3	139.5	160.5
Luxembourg	42.2	43.5	43.9	46.2	48.7	54.1	53.7	56.4	62.3	73.4	72.6	81.8	83.3	87.6	92.7	100.0	107.9	117.1	127.4
Netherlands	36.9	39.1	40.7	42.4	45.2	47.7	51.7	56.6	61.4	67.1	74.6	81.2	86.4	91.1	94.6	100.0	105.5	111.9	114.0
Norway	33.9	35.2	36.3	37.9	39.5	44.5	47.5	49.9	54.4	60.0	66.1	71.0	76.9	81.8	87.3	100.0	114.0	125.2	134.1
Portugal	18.9	19.9	20.7	21.0	22.6	23.0	24.2	26.1	28.5	33.9	39.4	45.8	57.9	70.5	83.7	100.0	118.3	144.5	178.4
Spain	18.0	19.4	20.9	21.9	22.9	24.5	26.4	28.7	32.1	37.4	43.7	51.0	62.6	75.2	87.8	100.0	113.6	129.1	144.4
Sweden	31.7	33.8	35.5	36.3	37.5	39.8	42.6	45.6	48.8	53.4	61.2	68.5	75.7	82.9	89.5	100.0	109.5	118.9	130.2
Switzerland	49.7	52.1	54.4	56.1	57.5	60.3	65.8	72.2	78.1	83.5	89.5	91.9	92.1	95.5	97.4	100.0	106.9	114.7	118.5
Turkey	4.2	4.5	4.8	4.9	5.2	5.8	6.8	8.0	9.9	12.3	14.1	16.3	20.1	28.9	49.6	100.0	141.8	180.1	226.1
United Kingdom	21.3	22.3	22.9	23.9	25.2	27.0	29.6	32.0	34.3	39.4	50.1	57.6	65.6	72.9	83.5	100.0	111.7	119.6	125.7
Yugoslavia	..	..	..	..	..	..	..	..	..	..	..	..	..	..	..	..	..	..	..
OECD - Total	36.6	38.0	39.2	40.8	42.8	45.4	48.2	50.9	54.8	61.1	67.5	72.7	78.1	84.1	91.0	100.0	109.0	117.7	124.7
OECD - Europe	33.4	34.6	35.4	36.5	38.4	41.1	44.1	47.1	50.7	56.1	62.9	68.6	74.9	81.4	89.2	100.0	110.8	122.3	132.6
EEC	34.1	35.3	36.0	37.1	39.2	41.9	45.1	48.0	51.5	57.0	64.2	70.0	76.1	82.2	89.7	100.0	110.0	120.7	129.8

32. Private final consumption expenditure - price indices, 1980=100
Consommation finale privée - indices de prix, 1980=100

	1965	1966	1967	1968	1969	1970	1971	1972	1973	1974	1975	1976	1977	1978	1979	1980	1981	1982	1983
Canada	39.2	40.4	41.8	43.5	45.2	46.8	47.9	49.8	53.4	59.3	65.6	71.0	76.8	82.6	90.3	100.0	111.6	123.6	130.6
United States	42.7	43.9	45.0	46.8	48.9	51.1	53.4	55.4	58.7	64.7	69.6	73.4	77.8	83.2	90.6	100.0	109.0	115.5	119.9
Japan	33.6	35.3	37.0	39.0	40.8	44.0	46.8	49.3	54.6	66.4	74.1	80.7	86.4	90.5	93.6	100.0	104.8	107.7	109.3
Australia	30.4	31.3	32.3	33.3	34.5	36.2	38.8	41.1	44.7	51.8	60.4	69.0	76.2	82.7	90.8	100.0	109.1	120.8	132.5
New Zealand	23.7	24.3	26.3	27.0	28.0	29.9	33.5	35.3	37.4	40.9	47.1	56.0	65.1	72.2	84.8	100.0	114.4	129.7	135.1
Austria	46.4	47.5	49.3	50.6	52.3	54.4	57.1	60.8	64.8	71.3	76.9	81.9	86.3	90.0	94.0	100.0	107.5	114.3	118.0
Belgium	43.5	45.3	46.4	47.8	49.1	50.4	53.0	55.9	59.3	66.9	75.1	80.9	86.7	90.2	93.8	100.0	108.5	116.7	124.8
Denmark	27.8	29.6	31.6	34.0	35.6	38.2	41.3	44.7	49.5	56.7	62.4	68.5	75.0	81.8	90.3	100.0	112.0	124.4	133.3
Finland	26.8	27.8	29.7	32.4	33.1	33.7	36.0	39.0	43.7	52.3	60.7	68.9	77.1	83.0	89.6	100.0	111.9	122.2	133.2
France	32.6	33.6	34.6	36.3	38.9	40.9	43.1	45.6	48.7	55.3	61.5	67.5	73.6	80.0	88.3	100.0	112.8	125.5	137.3
Germany	53.4	55.4	56.3	57.2	58.4	60.5	63.8	67.4	72.1	77.3	82.0	85.4	88.5	91.0	94.8	100.0	106.1	111.4	114.6
Greece	25.7	26.6	27.1	27.3	28.2	29.1	29.9	30.9	35.5	43.9	49.4	56.1	62.8	70.8	82.4	100.0	123.3	149.1	178.2
Iceland	3.0	3.3	3.5	4.0	4.8	5.3	5.8	6.6	8.3	11.9	17.8	23.1	30.3	43.6	64.0	100.0	150.5	231.7	420.5
Ireland	20.8	21.6	22.2	23.4	25.1	27.1	29.7	32.6	36.3	42.1	51.5	61.1	69.3	74.7	85.5	100.0	119.5	138.7	152.1
Italy	21.9	22.6	23.3	23.6	24.3	25.5	26.9	28.6	32.2	39.0	45.9	54.1	64.0	72.3	83.2	100.0	119.2	139.5	160.3
Luxembourg	45.5	47.1	48.1	49.3	50.2	52.2	54.7	57.6	60.4	66.4	73.2	80.1	84.8	87.8	92.9	100.0	107.7	118.6	128.2
Netherlands	38.4	40.5	41.7	42.8	45.4	47.4	51.3	55.8	61.0	67.1	74.4	80.9	85.8	89.7	93.5	100.0	106.3	112.1	115.4
Norway	35.8	37.1	38.7	39.9	41.3	45.4	48.3	51.5	55.5	60.6	67.6	73.5	79.8	86.4	90.9	100.0	113.5	126.5	137.4
Portugal	19.3	21.0	21.5	19.7	20.9	21.6	22.2	23.4	25.7	31.5	37.5	43.9	55.8	67.5	83.8	100.0	121.0	148.4	186.3
Spain	18.5	19.9	21.0	22.1	22.8	24.4	26.3	28.5	31.7	37.3	43.1	50.3	62.4	74.4	86.5	100.0	115.1	131.4	147.5
Sweden	31.8	33.8	35.7	36.3	37.5	39.8	42.9	45.6	49.1	54.1	60.0	66.6	73.8	82.4	89.0	100.0	111.3	122.8	135.6
Switzerland	50.0	52.3	54.6	56.0	57.6	59.9	64.0	68.9	75.1	82.6	88.1	90.1	91.1	91.7	95.7	100.0	106.6	112.5	115.6
Turkey	3.5	3.7	3.9	4.1	4.3	4.8	5.7	6.5	8.2	10.9	12.6	13.9	17.1	26.3	46.2	100.0	145.8	185.5	236.3
United Kingdom	23.0	23.9	24.6	25.7	27.1	28.7	31.2	33.3	36.0	42.2	52.2	60.4	69.4	75.6	85.9	100.0	111.2	120.5	126.6
Yugoslavia	..	..	..	..	..	..	..	..	..	..	..	..	..	..	..	..	..	..	..
OECD - Total	37.3	38.6	39.6	41.1	42.8	44.9	47.4	49.8	53.4	60.1	66.3	71.6	77.3	82.9	90.0	100.0	110.0	118.7	125.7
OECD - Europe	33.9	35.2	36.0	37.1	38.7	40.7	43.2	45.9	49.5	55.5	62.1	68.1	74.7	80.6	88.5	100.0	112.1	124.0	134.8
EEC	35.1	36.3	37.0	38.2	40.0	41.9	44.6	47.3	50.9	57.1	64.1	70.3	76.7	82.0	89.4	100.0	111.2	122.1	131.3

33. Government final consumption expenditure - price indices, 1980=100
Consommation finale des administrations publiques - indices de prix, 1980=100

	1965	1966	1967	1968	1969	1970	1971	1972	1973	1974	1975	1976	1977	1978	1979	1980	1981	1982	1983
Canada	26.2	28.0	29.9	31.6	34.2	36.2	38.5	41.2	44.7	51.9	60.0	68.2	74.8	81.1	88.4	100.0	113.7	126.7	136.6
United States	35.6	37.5	39.3	41.3	43.7	47.3	50.5	54.0	57.7	62.7	68.7	73.3	78.1	83.7	90.3	100.0	109.3	116.2	122.4
Japan	23.2	24.9	26.6	29.0	32.0	36.2	40.5	45.2	53.3	67.5	76.9	81.5	87.1	89.8	93.7	100.0	103.3	105.9	107.7
Australia	24.9	25.9	27.3	28.3	29.8	32.1	35.8	38.6	43.3	52.1	62.4	70.9	77.7	83.0	89.5	100.0	111.2	126.8	134.0
New Zealand	18.5	19.4	19.5	20.6	22.0	25.3	28.4	30.9	34.2	38.8	44.5	50.2	58.5	67.7	79.8	100.0	122.1	135.0	137.8
Austria	31.6	33.6	36.6	38.6	42.1	44.6	48.5	52.7	59.8	67.3	75.1	81.4	85.3	91.3	95.2	100.0	107.1	115.0	118.9
Belgium	32.3	34.0	35.4	36.9	38.6	41.1	44.7	48.7	52.6	60.2	71.2	77.8	84.0	88.1	92.8	100.0	107.8	115.3	117.8
Denmark	24.0	26.2	27.8	30.9	33.3	36.5	40.7	44.3	48.9	58.0	66.9	72.8	78.5	84.4	90.8	100.0	110.6	124.4	133.3
Finland	21.9	23.6	25.7	28.6	29.9	31.6	34.4	37.6	42.5	52.0	63.3	71.7	77.5	81.7	89.4	100.0	112.5	124.1	136.3
France	25.0	26.1	27.0	28.9	31.3	33.8	36.4	39.0	43.0	50.4	57.9	63.8	71.3	78.9	87.9	100.0	114.2	130.7	143.0
Germany	38.5	40.5	41.5	42.7	46.0	50.3	57.0	60.9	67.0	75.1	80.0	83.1	86.9	90.0	94.2	100.0	105.1	108.7	111.7
Greece	18.3	19.3	21.2	22.5	23.4	24.6	25.7	27.0	30.5	38.4	44.8	51.9	60.3	70.1	83.6	100.0	123.3	154.2	182.9
Iceland	2.5	2.8	2.9	3.2	3.7	4.4	5.4	6.5	8.2	12.2	16.3	20.8	29.6	45.4	65.6	100.0	148.0	229.4	378.4
Ireland	16.6	17.3	17.6	19.0	20.8	23.5	25.8	29.1	33.6	37.9	49.0	56.8	64.5	71.0	82.2	100.0	118.9	133.4	147.4
Italy	17.3	17.7	18.1	18.7	19.8	21.0	24.3	26.3	29.6	34.6	38.8	45.4	55.3	65.7	80.5	100.0	127.5	149.1	172.8
Luxembourg	31.0	32.1	32.9	34.0	34.8	37.3	40.8	44.4	50.1	59.3	67.1	74.8	80.4	85.0	90.4	100.0	108.6	114.1	122.2
Netherlands	26.7	29.3	32.2	34.1	37.2	40.4	45.3	50.2	56.0	64.8	73.5	80.1	85.3	90.3	95.4	100.0	102.1	105.7	107.2
Norway	31.2	33.6	35.0	36.9	38.9	42.4	47.2	50.5	54.7	61.3	69.5	76.9	83.1	88.9	91.8	100.0	110.3	119.6	128.2
Portugal	22.3	23.5	25.6	26.1	27.4	30.4	31.3	33.2	35.9	40.5	44.9	47.8	58.3	69.8	80.5	100.0	119.8	141.1	169.7
Spain	11.7	13.8	16.5	17.7	19.5	21.2	23.3	25.7	29.1	33.9	40.0	48.6	60.4	72.7	85.0	100.0	113.4	126.3	141.4
Sweden	24.2	26.5	28.4	29.7	31.0	33.3	36.9	39.9	43.2	48.4	55.7	63.6	74.2	81.4	88.2	100.0	108.4	117.4	127.8
Switzerland	42.7	44.6	46.7	48.4	50.7	53.7	60.0	65.9	74.1	81.8	87.6	90.1	90.7	91.8	95.5	100.0	106.0	114.0	117.5
Turkey	5.2	5.6	5.9	6.2	6.4	7.5	9.4	9.8	11.7	13.6	16.3	19.5	26.0	35.1	58.8	100.0	127.6	167.8	211.6
United Kingdom	17.0	18.0	18.8	19.9	21.2	23.5	26.0	28.5	31.1	38.1	49.9	57.7	63.9	70.8	80.6	100.0	113.3	122.3	130.3
Yugoslavia	..	..	..	..	..	..	..	..	..	..	..	..	..	..	..	..	..	..	..
OECD - Total	29.8	31.6	33.1	34.8	37.1	40.2	43.7	47.0	51.3	58.1	65.2	70.6	76.4	82.1	89.3	100.0	110.3	119.2	127.0
OECD - Europe	26.2	27.6	28.8	30.1	32.4	35.3	39.4	42.5	46.9	54.0	61.3	67.1	73.6	79.9	87.9	100.0	111.8	122.7	132.6
EEC	26.4	27.8	28.7	30.0	32.4	35.4	39.6	42.7	47.1	54.6	62.0	67.7	73.8	80.0	88.0	100.0	111.9	122.5	131.8

34. Gross fixed capital formation - prices indices, 1980=100
Formation brute de capital fixe - indices de prix, 1980=100

	1965	1966	1967	1968	1969	1970	1971	1972	1973	1974	1975	1976	1977	1978	1979	1980	1981	1982	1983
Canada	35.7	37.5	38.3	38.6	40.2	42.0	44.0	46.2	50.3	58.7	66.1	71.3	77.1	83.8	91.1	100.0	111.5	119.3	122.8
United States	36.8	37.9	39.1	40.8	43.4	45.7	48.4	50.8	53.8	60.1	67.7	71.2	76.8	84.0	92.1	100.0	107.5	110.8	111.8
Japan	43.3	45.2	47.2	48.4	49.6	51.6	52.5	54.2	61.9	77.7	80.8	84.8	87.6	88.9	94.2	100.0	100.4	99.6	97.9
Australia	28.8	29.6	30.5	31.4	32.4	33.8	36.3	38.7	42.0	50.4	60.9	69.1	76.5	82.3	89.4	100.0	109.7	123.6	134.3
New Zealand	20.6	20.8	21.8	24.4	25.2	28.1	31.3	33.0	34.4	39.4	50.1	59.6	66.9	77.0	84.1	100.0	115.4	130.7	138.3
Austria	48.9	49.8	50.6	51.0	51.8	54.6	57.7	63.8	68.0	74.1	77.6	80.7	86.5	90.9	94.1	100.0	107.1	113.3	117.4
Belgium	39.1	40.4	42.0	42.7	44.5	48.7	52.9	55.3	58.9	68.5	76.4	81.7	86.6	90.5	95.0	100.0	105.4	111.8	116.8
Denmark	28.9	30.4	31.8	33.6	35.8	38.9	41.4	44.5	49.3	58.8	65.6	70.8	77.4	83.5	90.1	100.0	112.4	125.8	136.1
Finland	21.3	22.1	23.2	25.8	27.0	29.5	32.7	36.4	42.2	53.2	61.1	67.5	75.9	80.2	87.4	100.0	108.9	117.4	127.1
France	33.9	34.8	35.7	36.0	37.7	40.2	42.2	44.4	47.7	55.5	62.3	69.5	75.3	81.0	89.3	100.0	111.6	123.5	132.7
Germany	49.6	50.7	50.1	50.6	53.2	60.0	64.4	67.0	70.3	75.5	78.1	80.6	83.4	87.4	93.1	100.0	104.4	107.1	108.9
Greece	17.7	19.2	19.8	20.2	20.5	22.4	23.2	25.3	30.4	37.7	42.0	49.2	57.7	68.4	83.5	100.0	119.2	136.3	168.2
Iceland	2.9	3.1	3.2	3.8	4.9	5.5	6.0	7.2	8.9	12.7	19.5	24.6	30.8	45.1	65.4	100.0	149.4	234.3	411.4
Ireland	18.7	18.8	19.5	20.3	22.0	24.2	26.4	29.8	33.0	40.3	48.2	57.6	67.2	74.8	85.3	100.0	114.6	125.4	133.1
Italy	18.1	18.3	18.7	19.0	20.2	22.4	24.1	25.4	29.6	38.0	45.4	54.0	64.2	71.7	83.1	100.0	120.3	140.1	158.9
Luxembourg	36.3	38.2	37.6	39.6	41.8	47.2	51.3	53.5	57.2	66.3	74.7	79.7	82.6	85.7	90.8	100.0	108.6	123.7	133.1
Netherlands	36.8	38.7	39.3	40.0	42.3	45.8	50.2	53.7	57.3	63.7	70.4	76.8	81.6	87.1	93.0	100.0	106.7	110.6	112.4
Norway	35.1	36.3	36.8	36.7	39.5	43.2	45.4	48.9	51.6	59.4	68.1	75.4	83.4	89.5	92.1	100.0	110.0	121.6	130.0
Portugal	14.1	14.4	16.2	16.4	16.9	17.3	18.8	21.1	23.2	29.1	36.4	43.3	54.6	67.6	81.9	100.0	120.9	149.1	186.1
Spain	18.6	19.3	20.7	21.8	23.0	24.7	26.3	28.1	31.4	38.0	44.0	50.6	61.9	73.5	85.4	100.0	117.9	134.5	152.5
Sweden	33.0	34.4	35.5	36.1	36.5	38.7	41.0	43.6	46.6	53.2	59.1	66.4	74.1	81.7	89.4	100.0	109.5	119.2	131.0
Switzerland	55.8	57.6	58.9	59.9	61.8	67.4	74.1	81.2	87.0	92.5	92.6	89.9	91.5	92.7	93.9	100.0	107.4	112.2	112.9
Turkey	3.7	4.0	4.3	4.4	4.6	5.1	6.3	8.1	9.0	10.7	12.3	14.5	19.1	28.1	46.8	100.0	141.4	181.3	224.0
United Kingdom	20.0	20.8	20.9	21.7	22.7	24.4	26.8	29.4	34.1	41.5	51.0	58.3	65.4	72.5	84.0	100.0	109.8	113.2	117.0
Yugoslavia	..	..	..	..	..	..	..	..	..	..	..	..	..	..	..	..	..	..	..
OECD - Total	35.9	37.0	37.7	38.8	40.9	43.9	46.6	49.1	53.2	61.2	67.2	71.9	77.5	83.2	90.8	100.0	107.7	113.2	117.0
OECD - Europe	34.2	35.0	34.7	35.0	36.9	40.8	44.2	46.8	50.0	56.5	62.1	67.6	73.9	80.1	88.4	100.0	110.8	120.3	128.6
EEC	34.5	35.4	34.8	35.1	37.2	41.3	44.7	47.1	50.4	57.1	63.3	69.3	75.2	80.9	89.1	100.0	109.9	118.1	124.8

35. Exports of goods and services - prices indices, 1980=100
Exportations de biens et services - indices de prix, 1980=100

	1965	1966	1967	1968	1969	1970	1971	1972	1973	1974	1975	1976	1977	1978	1979	1980	1981	1982	1983
Canada	31.6	32.5	33.1	33.6	34.4	35.6	35.7	37.1	42.0	54.6	60.4	62.2	66.8	72.5	86.5	100.0	107.2	109.8	109.4
United States	36.2	37.2	37.9	38.7	39.9	42.0	43.8	45.1	50.9	62.2	68.9	71.5	74.4	79.5	90.2	100.0	108.4	109.8	111.4
Japan	61.2	61.9	62.6	63.1	64.7	66.9	68.3	67.2	72.4	95.4	95.4	95.2	91.2	85.3	92.4	100.0	100.7	103.2	96.2
Australia	30.7	32.0	30.9	30.9	32.9	33.0	32.8	35.6	43.2	53.1	58.5	63.5	70.5	72.2	86.3	100.0	103.0	106.2	116.2
New Zealand	25.3	24.8	23.5	25.6	26.8	27.3	30.5	37.3	44.2	42.9	47.5	59.9	65.7	72.6	89.0	100.0	114.4	124.7	133.8
Austria	54.6	55.6	55.9	56.7	58.2	61.4	63.7	65.8	70.4	78.6	82.4	84.0	87.3	89.9	94.7	100.0	106.4	111.2	112.0
Belgium	44.4	46.0	46.2	46.3	48.4	51.2	52.3	53.2	57.6	71.7	75.7	80.0	83.0	83.9	91.5	100.0	109.5	123.8	133.0
Denmark	34.3	35.3	35.9	36.8	39.5	42.2	43.9	46.9	52.6	62.8	67.6	72.2	76.5	80.6	87.3	100.0	112.7	124.6	133.2
Finland	23.3	23.1	23.7	28.4	29.6	32.2	34.0	36.3	41.1	56.5	65.5	69.3	74.9	80.2	89.8	100.0	108.7	115.0	122.1
France	38.9	39.7	39.6	39.4	41.3	44.5	46.6	46.9	50.4	61.8	64.7	69.8	76.1	80.9	89.0	100.0	113.6	129.7	141.1
Germany	55.3	56.7	56.8	56.8	59.2	61.7	64.4	65.7	69.9	80.5	83.9	86.8	88.4	89.9	93.9	100.0	106.0	110.5	112.0
Greece	23.9	24.9	24.2	23.9	24.0	24.7	25.1	26.6	33.5	44.1	49.8	54.8	60.2	65.1	74.5	100.0	121.1	148.2	172.9
Iceland	3.3	3.3	3.1	4.0	5.9	6.6	7.2	7.7	10.1	13.1	19.3	25.3	31.6	47.1	68.1	100.0	149.8	241.7	466.7
Ireland	21.2	21.6	21.7	23.1	24.6	26.2	28.1	31.4	37.6	46.2	54.9	67.5	77.5	82.6	90.4	100.0	116.6	129.2	140.2
Italy	22.9	23.0	23.3	23.3	24.0	25.4	26.5	27.3	31.4	42.3	47.1	56.7	67.6	73.2	84.6	100.0	121.1	139.3	150.4
Luxembourg	47.1	47.4	47.6	48.1	51.4	57.9	56.2	56.9	65.8	81.4	80.2	86.3	85.3	87.0	94.6	100.0	101.7	117.4	123.4
Netherlands	47.6	47.9	47.9	47.6	48.7	51.2	52.7	53.4	57.1	71.8	75.4	80.4	83.3	82.2	89.0	100.0	114.0	118.1	117.4
Norway	33.7	34.5	35.8	36.5	37.0	42.1	44.6	43.7	49.1	60.1	60.4	61.2	64.2	67.8	79.8	100.0	114.4	120.6	126.4
Portugal	15.2	14.5	15.7	16.6	17.2	19.4	20.4	21.7	24.9	35.7	35.7	38.0	50.6	62.5	81.5	100.0	117.5	134.4	169.7
Spain	21.7	22.9	24.7	27.0	27.4	28.8	30.5	32.4	35.8	43.7	48.3	55.6	66.8	77.4	83.6	100.0	119.7	135.1	160.2
Sweden	32.9	33.4	33.9	34.2	35.3	38.5	40.1	41.2	45.7	57.6	65.2	69.4	73.7	78.5	89.3	100.0	109.0	121.8	136.4
Switzerland	61.0	63.7	65.7	67.5	68.5	71.5	74.3	77.9	81.3	91.8	94.2	93.4	95.4	91.6	94.0	100.0	105.5	109.5	111.4
Turkey	3.7	3.9	3.8	3.9	3.9	4.6	6.0	6.7	8.3	10.7	11.1	12.7	15.3	22.2	42.6	100.0	138.9	181.0	217.0
United Kingdom	22.3	22.9	23.5	25.4	26.1	28.4	29.8	31.1	35.0	43.7	52.7	63.1	72.9	78.4	87.2	100.0	109.5	116.4	125.8
Yugoslavia	..	..	..	..	..	..	..	..	..	..	..	..	..	..	..	..	..	..	..
OECD - Total	38.6	39.6	40.1	40.9	42.5	44.9	46.7	47.9	52.4	64.8	69.4	73.9	78.2	80.9	89.4	100.0	109.5	117.1	122.5
OECD - Europe	38.6	39.5	40.1	40.8	42.3	44.9	46.7	47.9	52.1	63.4	67.7	73.0	78.4	81.5	89.1	100.0	111.5	121.7	130.0
EEC	38.7	39.7	40.2	40.6	42.2	44.8	46.6	47.8	52.0	63.4	67.7	73.7	79.1	82.1	89.5	100.0	111.4	121.3	128.3

36. Imports of goods and services - prices indices, 1980=100
Importations de biens et services - indices de prix, 1980=100

	1965	1966	1967	1968	1969	1970	1971	1972	1973	1974	1975	1976	1977	1978	1979	1980	1981	1982	1983
Canada	33.5	34.2	34.8	35.7	36.7	37.7	38.4	39.5	42.4	50.7	58.2	58.8	66.2	75.5	86.3	100.0	110.9	114.6	112.2
United States	25.1	25.6	25.8	26.1	26.7	28.5	30.0	32.2	37.9	54.6	59.8	61.5	68.0	71.1	83.3	100.0	100.9	94.5	90.3
Japan	31.1	31.8	31.3	31.9	33.2	34.1	33.9	32.5	38.6	62.8	68.2	71.9	68.6	57.6	73.5	100.0	101.1	103.9	98.4
Australia	27.5	27.9	28.2	28.1	28.5	30.3	33.0	34.2	35.0	44.7	53.6	58.4	70.8	76.3	87.2	100.0	104.5	111.6	118.8
New Zealand	18.4	18.4	19.5	22.3	23.1	24.8	25.9	26.9	28.9	38.3	50.0	60.1	64.1	66.9	80.2	100.0	113.6	125.6	134.9
Austria	50.2	51.1	51.8	52.1	54.7	58.1	60.7	61.9	64.4	75.9	79.0	81.3	84.7	86.4	91.4	100.0	110.2	112.3	111.7
Belgium	42.5	43.8	44.1	44.3	45.7	48.0	49.7	49.9	53.6	68.4	72.9	77.5	79.9	80.8	88.0	100.0	113.8	128.6	137.8
Denmark	29.9	30.4	30.9	32.5	33.6	35.7	37.8	38.8	44.4	58.7	61.3	65.7	70.7	72.3	82.2	100.0	117.7	130.7	137.1
Finland	19.6	19.9	21.0	25.6	26.3	28.3	30.4	32.8	36.5	51.7	56.6	59.4	65.9	73.8	83.2	100.0	112.0	116.2	124.7
France	35.7	36.8	36.3	35.9	37.7	41.3	42.9	42.1	45.0	63.9	63.8	69.2	76.6	77.6	85.6	100.0	115.9	127.0	134.9
Germany	53.3	54.3	53.5	53.7	55.0	54.8	55.7	56.7	61.4	76.1	77.5	81.8	83.4	82.0	88.8	100.0	110.2	112.6	111.7
Greece	20.9	21.6	21.0	21.0	21.0	21.9	22.5	24.2	29.6	41.8	49.1	54.6	57.7	63.4	74.6	100.0	115.3	145.4	176.9
Iceland	3.2	3.2	3.3	4.2	6.2	6.4	6.7	7.1	8.5	12.0	19.8	23.7	28.1	41.9	66.2	100.0	147.6	239.3	447.5
Ireland	19.3	19.3	19.3	20.8	21.7	23.2	24.4	25.8	29.4	42.5	51.2	60.9	71.2	74.5	84.6	100.0	117.9	126.8	132.9
Italy	18.4	18.8	18.9	19.0	19.3	20.0	21.1	21.9	27.6	43.2	45.9	57.0	66.7	69.9	82.0	100.0	127.6	141.5	148.3
Luxembourg	44.5	45.1	44.7	44.7	46.0	51.1	53.6	53.7	58.9	71.6	79.2	83.6	85.5	86.1	91.8	100.0	104.0	119.9	126.4
Netherlands	44.0	44.4	44.0	42.7	44.1	47.0	49.1	48.9	52.6	69.8	72.8	77.5	80.0	78.7	87.3	100.0	114.4	115.8	116.1
Norway	35.5	36.1	36.6	35.9	37.5	40.8	43.1	44.2	48.4	59.9	63.3	67.5	73.1	77.9	87.2	100.0	109.5	116.7	124.5
Portugal	15.0	14.9	16.9	14.2	13.9	16.5	16.8	17.4	19.8	28.4	32.9	37.2	48.1	58.9	77.6	100.0	128.6	149.4	191.1
Spain	20.6	20.7	21.3	23.5	24.2	25.5	26.7	27.2	30.0	42.7	45.7	52.2	63.7	68.3	73.3	100.0	127.1	143.5	173.6
Sweden	28.1	28.5	28.9	29.1	29.9	32.4	34.0	35.0	39.6	54.4	56.9	61.1	68.4	75.5	87.6	100.0	111.4	127.1	144.5
Switzerland	62.9	64.6	65.3	65.8	67.9	72.7	73.7	75.2	79.9	94.2	91.6	87.0	92.0	82.7	88.8	100.0	104.7	104.1	104.1
Turkey	1.7	1.7	1.7	1.8	1.8	2.2	3.2	3.4	4.1	6.7	7.8	8.3	10.6	16.3	31.3	100.0	146.7	196.9	245.3
United Kingdom	21.9	22.2	22.5	25.0	25.7	27.6	28.6	29.4	36.3	51.5	58.5	71.3	81.4	83.8	91.0	100.0	108.1	116.2	125.8
Yugoslavia	..	..	..	..	..	..	..	..	..	..	..	..	..	..	..	..	..	..	..
OECD - Total	32.9	33.3	33.1	33.7	35.0	36.9	38.3	38.9	43.5	59.3	63.4	68.1	73.3	74.3	84.3	100.0	110.3	115.5	118.6
OECD - Europe	35.7	36.2	35.9	36.7	38.0	40.1	41.7	42.0	46.3	61.3	64.3	70.3	76.3	77.8	86.1	100.0	114.5	123.5	130.7
EEC	36.2	36.8	36.1	36.9	38.3	40.1	41.7	41.9	46.5	62.3	65.8	72.8	78.3	78.9	87.1	100.0	114.3	122.6	127.8

37. Population - thousands (mid-year estimates)
Population - milliers (estimations au milieu de l'année)

	1965	1966	1967	1968	1969	1970	1971	1972	1973	1974	1975	1976	1977	1978	1979	1980	1981	1982	1983
Canada	19 678	20 048	20 412	20 729	21 028	21 324	21 595	21 822	22 072	22 395	22 727	23 027	23 295	23 535	23 768	24 070	24 366	24 659	24 907
United States	194 303	196 560	198 712	200 706	202 677	205 052	207 661	209 896	211 909	213 854	215 973	218 035	220 239	222 585	225 055	227 738	230 019	232 309	234 496
Japan	97 950	98 860	99 920	101 070	102 320	103 720	105 687	107 180	108 660	110 158	111 520	112 768	113 880	114 920	115 880	116 800	117 660	118 440	119 259
Australia	11 648	11 865	12 074	12 300	12 553	12 817	13 067	13 304	13 505	13 723	13 893	14 033	14 192	14 358	14 514	14 692	14 923	15 178	15 369
New Zealand	2 635	2 683	2 728	2 754	2 780	2 820	2 864	2 913	2 971	3 083	3 111	3 120	3 121	3 109	3 113	3 125	3 158	3 203
Austria	7 255	7 291	7 323	7 360	7 393	7 426	7 459	7 495	7 525	7 533	7 520	7 513	7 518	7 508	7 503	7 505	7 508	7 571	7 549
Belgium	9 464	9 528	9 581	9 619	9 646	9 651	9 673	9 709	9 739	9 768	9 795	9 811	9 822	9 830	9 837	9 847	9 852	9 856	9 856
Denmark	4 757	4 797	4 839	4 867	4 893	4 929	4 963	4 992	5 022	5 045	5 060	5 073	5 088	5 104	5 117	5 125	5 122	5 119	5 114
Finland	4 564	4 581	4 606	4 626	4 624	4 606	4 612	4 640	4 666	4 691	4 712	4 726	4 739	4 753	4 765	4 780	4 800	4 826	4 863
France	48 758	49 164	49 548	49 915	50 315	50 772	51 251	51 701	52 118	52 460	52 705	52 891	53 077	53 277	53 478	53 714	53 963	54 219	54 438
Germany	58 619	59 148	59 286	59 500	60 067	60 651	61 302	61 672	61 976	62 054	61 829	61 531	61 400	61 327	61 359	61 566	61 682	61 638	61 421
Greece	8 551	8 614	8 716	8 741	8 773	8 793	8 831	8 889	8 929	8 962	9 046	9 167	9 309	9 430	9 548	9 642	9 730	9 792	9 850
Iceland	192	196	199	201	203	205	206	209	212	215	218	220	222	223	226	228	231	234	237
Ireland	2 876	2 884	2 900	2 913	2 926	2 950	2 978	3 024	3 073	3 124	3 177	3 228	3 272	3 314	3 368	3 401	3 443	3 483	3 508
Italy	51 988	52 332	52 667	52 987	53 317	53 661	54 015	54 400	54 779	55 130	55 441	55 701	55 730	56 127	56 292	56 416	56 502	56 639	56 835
Luxembourg	332	334	335	336	338	340	342	347	351	355	359	361	362	361	363	364	365	366	366
Netherlands	12 292	12 455	12 597	12 730	12 878	13 039	13 194	13 329	13 439	13 545	13 666	13 774	13 856	13 942	14 038	14 150	14 247	14 310	14 362
Norway	3 723	3 753	3 785	3 819	3 851	3 879	3 903	3 933	3 961	3 985	4 007	4 026	4 043	4 060	4 073	4 087	4 100	4 116	4 130
Portugal	9 129	9 109	9 103	9 115	9 097	9 044	8 990	8 970	8 976	9 098	9 426	9 666	9 736	9 802	9 857	9 909	9 957	9 997	10 058
Spain	32 085	32 453	32 850	33 240	33 566	33 876	34 190	34 498	34 810	35 147	35 515	35 937	36 368	36 778	37 108	37 386	37 654	37 935	38 228
Sweden	7 734	7 807	7 869	7 912	7 968	8 043	8 098	8 122	8 137	8 160	8 192	8 222	8 251	8 275	8 294	8 311	8 324	8 328	8 331
Switzerland	5 943	5 996	6 063	6 132	6 212	6 267	6 324	6 385	6 431	6 443	6 405	6 346	6 327	6 337	6 351	6 385	6 429	6 467	6 505
Turkey	31 391	32 192	33 013	33 855	34 719	35 605	36 554	37 502	38 451	39 399	40 348	40 925	41 835	42 774	43 741	44 737	45 747	46 788	47 750
United Kingdom	54 350	54 643	54 959	55 214	55 461	55 632	55 907	56 082	56 218	56 231	56 213	56 202	56 173	56 161	56 218	56 304	56 379	56 335	56 377
Yugoslavia	19 430	19 640	19 840	20 030	20 210	20 370	20 570	20 770	20 960	21 160	21 370	21 570	21 780	21 970	22 166	22 304	22 471	22 646	22 855
OECD - Total	680 217	687 293	694 085	700 641	707 605	715 102	723 666	731 014	737 930	744 499	750 830	756 634	761 853	767 903	773 862	780 270	786 128	791 763	797 012
OECD - Europe	354 003	357 277	360 239	363 082	366 247	369 369	372 792	375 899	378 813	381 345	383 634	385 320	387 127	389 384	391 536	393 857	396 035	398 019	399 778
EEC	251 987	253 899	255 428	256 822	258 614	260 418	262 456	264 145	265 644	266 674	267 291	267 739	268 088	268 874	269 618	270 529	271 285	271 757	272 127

38. Exchange rates - units per US dollars
Taux de change - unités par dollars É-U

	1965	1966	1967	1968	1969	1970	1971	1972	1973	1974	1975	1976	1977	1978	1979	1980	1981	1982	1983
Canada	1.081	1.081	1.081	1.081	1.081	1.048	1.010	0.990	1.000	0.978	1.017	0.986	1.063	1.141	1.171	1.169	1.199	1.234	1.232
United States	1.000	1.000	1.000	1.000	1.000	1.000	1.000	1.000	1.000	1.000	1.000	1.000	1.000	1.000	1.000	1.000	1.000	1.000	1.000
Japan	360.000	360.000	360.000	360.000	360.000	360.000	349.330	303.170	271.700	292.080	296.790	296.550	268.510	210.440	219.140	226.740	220.540	249.050	237.520
Australia	0.893	0.893	0.893	0.893	0.893	0.893	0.883	0.839	0.704	0.697	0.764	0.818	0.902	0.874	0.895	0.878	0.870	0.986	1.110
New Zealand	0.719	0.719	0.734	0.893	0.893	0.893	0.890	0.837	0.736	0.715	0.833	1.005	1.030	0.964	0.978	1.027	1.153	1.333	1.497
Austria	26.000	26.000	26.000	26.000	26.000	26.000	24.960	23.115	19.580	18.692	17.417	17.940	16.527	14.522	13.368	12.938	15.927	17.059	17.963
Belgium	50.000	50.000	50.000	50.000	50.000	50.000	48.870	44.015	38.976	38.951	36.779	38.605	35.843	31.492	29.319	29.243	37.131	45.691	51.132
Denmark	6.907	6.907	6.956	7.500	7.500	7.500	7.417	6.949	6.049	6.095	5.746	6.045	6.003	5.515	5.261	5.636	7.123	8.332	9.145
Finland	3.200	3.200	3.450	4.200	4.200	4.200	4.184	4.146	3.821	3.774	3.679	3.864	4.029	4.117	3.895	3.730	4.315	4.820	5.570
France	4.937	4.937	4.937	4.937	5.194	5.554	5.543	5.044	4.454	4.810	4.286	4.780	4.913	4.513	4.254	4.226	5.435	6.572	7.621
Germany	4.000	4.000	4.000	4.000	3.943	3.660	3.491	3.189	2.673	2.588	2.460	2.518	2.322	2.009	1.833	1.818	2.260	2.427	2.553
Greece	30.000	30.000	30.000	30.000	30.000	30.000	30.000	30.000	29.625	30.000	32.051	36.518	36.838	36.745	37.038	42.617	55.408	66.803	88.064
Iceland	0.430	0.430	0.442	0.622	0.880	0.880	0.880	0.883	0.901	1.000	1.537	1.822	1.989	2.711	3.526	4.798	7.224	12.351	24.843
Ireland	0.357	0.357	0.362	0.417	0.417	0.417	0.411	0.400	0.408	0.428	0.452	0.557	0.573	0.522	0.489	0.487	0.621	0.705	0.805
Italy	625.000	625.000	625.000	625.000	625.000	625.000	619.930	583.220	583.000	650.340	652.850	832.280	882.390	848.660	830.860	856.450	1136.770	1352.510	1518.850
Luxembourg	50.000	50.000	50.000	50.000	50.000	50.000	48.870	44.015	38.976	38.951	36.779	38.605	35.843	31.492	29.319	29.243	37.131	45.691	51.132
Netherlands	3.620	3.620	3.620	3.620	3.620	3.620	3.502	3.209	2.796	2.688	2.529	2.644	2.454	2.164	2.006	1.988	2.495	2.670	2.854
Norway	7.143	7.143	7.143	7.143	7.143	7.143	7.042	6.588	5.766	5.540	5.227	5.457	5.323	5.242	5.064	4.939	5.740	6.454	7.296
Portugal	28.750	28.750	28.750	28.750	28.750	28.750	28.312	27.054	24.673	25.408	25.553	30.229	38.277	43.940	48.923	50.062	61.546	79.473	110.782
Spain	60.000	60.000	61.667	70.000	70.000	70.000	69.469	64.271	58.260	57.687	57.407	66.903	75.962	76.668	67.125	71.702	92.314	109.858	143.428
Sweden	5.173	5.173	5.173	5.173	5.173	5.173	5.117	4.762	4.367	4.439	4.152	4.356	4.482	4.518	4.287	4.230	5.063	6.283	7.667
Switzerland	4.373	4.373	4.373	4.373	4.373	4.373	4.134	3.819	3.167	2.979	2.581	2.500	2.403	1.788	1.663	1.676	1.964	2.030	2.099
Turkey	9.000	9.000	9.000	9.000	9.000	11.500	14.917	14.150	14.150	13.927	14.442	16.053	18.002	24.282	31.077	76.038	111.219	162.553	225.457
United Kingdom	0.357	0.357	0.362	0.417	0.417	0.417	0.411	0.400	0.408	0.428	0.452	0.557	0.573	0.522	0.472	0.430	0.498	0.572	0.660
Yugoslavia	6.958	12.500	12.500	12.500	12.500	12.500	14.875	17.000	16.242	15.912	17.344	18.178	18.289	18.637	18.973	24.639	34.966	50.276	92.838

PART FIVE

CINQUIÈME PARTIE

Estimates based on PPPs
Estimations basées sur les PPA

1. **Purchasing power parities (PPPs) for GDP:** national currency per US dollar
Parités de pouvoir d'achat (PPA) du PIB: monnaie nationale par dollar É-U

	1970	1971	1972	1973	1974	1975	1976	1977	1978	1979	1980	1981	1982	1983	
Canada	0.93	0.91	0.91	0.95	1.00	1.02	1.05	1.07	1.06	1.08	1.10	1.12	1.15	1.16	Canada
United States[1]	1.00	1.00	1.00	1.00	1.00	1.00	1.00	1.00	1.00	1.00	1.00	1.00	1.00	1.00	États-Unis[1]
Japan	245	245	247	262	289	286	287	287	280	264	248	234	223	214	Japon
Austria	17.7	17.8	18.4	18.8	18.9	18.4	18.4	18.3	17.9	17.2	16.5	16.1	16.1	16.0	Autriche
Belgium	39.2	39.4	40.1	40.7	42.1	43.1	43.8	44.5	43.3	41.7	39.6	38.3	38.3	38.9	Belgique
Denmark	6.34	6.51	6.79	7.11	7.36	7.60	7.80	8.04	8.19	8.13	8.03	8.11	8.44	8.73	Danemark
Finland	3.40	3.48	3.61	3.90	4.39	4.60	4.89	5.10	5.11	5.10	5.08	5.20	5.30	5.54	Finlande
France	4.51	4.54	4.61	4.71	4.81	4.99	5.19	5.35	5.44	5.54	5.67	5.84	6.14	6.45	France
Germany	3.06	3.12	3.15	3.18	3.11	3.02	2.95	2.89	2.81	2.69	2.56	2.45	2.40	2.37	Allemagne
Greece	20.9	20.5	20.7	23.3	25.9	26.6	29.0	31.0	32.6	35.7	38.3	41.9	48.8	56.0	Grèce
Ireland	0.270	0.284	0.308	0.337	0.328	0.368	0.417	0.445	0.458	0.478	0.498	0.537	0.578	0.611	Irlande
Italy	409	417	424	448	487	525	584	658	698	746	821	892	983	1 082	Italie
Luxembourg	36.0	36.2	36.3	36.3	37.9	38.5	40.3	40.0	38.6	37.2	37.4	37.6	38.2	39.2	Luxembourg
Netherlands	2.57	2.65	2.78	2.86	2.86	2.91	2.99	3.01	2.96	2.84	2.73	2.65	2.62	2.56	Pays-Bas
Norway	5.97	6.05	6.08	6.29	6.36	6.42	6.51	6.67	6.61	6.49	6.79	7.11	7.30	7.48	Norvège
Portugal	15.5	15.6	16.1	16.6	18.3	19.4	21.2	25.4	28.8	31.3	34.1	37.1	42.4	50.0	Portugal
Spain	34.6	35.5	36.9	39.2	41.9	44.7	49.3	57.3	64.1	69.0	71.7	74.8	79.5	85.0	Espagne
United Kingdom	0.280	0.291	0.302	0.307	0.324	0.377	0.409	0.441	0.456	0.481	0.526	0.539	0.540	0.543	Royaume-Uni

2. **Purchasing power parities (PPPs) for private consumption:** national currency per US dollar
Parités de pouvoir d'achat (PPA) de la consommation privée: monnaie nationale par dollar É-U

	1970	1971	1972	1973	1974	1975	1976	1977	1978	1979	1980	1981	1982	1983	
Canada	0.97	0.95	0.95	0.96	0.97	1.00	1.03	1.05	1.05	1.06	1.06	1.08	1.13	1.15	Canada
United States[1]	0.98	0.98	0.98	0.98	0.98	0.98	0.98	0.98	0.98	0.98	0.98	0.98	0.98	0.98	États-Unis[1]
Japan	219	223	227	237	262	271	280	283	277	263	255	245	238	233	Japon
Austria	17.5	17.5	18.0	18.1	18.1	18.1	18.3	18.2	17.8	17.0	16.4	16.2	16.2	16.1	Autriche
Belgium	38.9	39.1	39.6	39.6	40.5	42.2	43.2	43.7	42.4	40.3	39.0	38.8	39.4	40.6	Belgique
Denmark	6.37	6.57	6.84	7.14	7.42	7.58	7.84	8.17	8.24	8.34	8.40	8.60	9.01	9.31	Danemark
Finland	3.39	3.47	3.62	3.83	4.17	4.49	4.84	5.10	5.14	5.09	5.15	5.28	5.45	5.72	Finlande
France	4.62	4.67	4.75	4.79	4.92	5.08	5.31	5.48	5.50	5.59	5.75	5.93	6.23	6.57	France
Germany	3.06	3.11	3.16	3.21	3.13	3.09	3.05	2.99	2.87	2.74	2.58	2.50	2.47	2.45	Allemagne
Greece	21.9	21.3	21.1	22.8	25.9	26.9	28.7	30.3	33.0	35.2	38.8	43.8	50.0	57.6	Grèce
Ireland	0.265	0.277	0.295	0.311	0.327	0.376	0.424	0.455	0.456	0.478	0.508	0.556	0.609	0.644	Irlande
Italy	404	406	416	442	485	528	591	655	710	747	817	891	985	1 090	Italie
Luxembourg	36.8	36.8	37.3	36.9	36.8	37.6	39.1	39.0	37.7	36.5	35.7	35.2	36.5	38.0	Luxembourg
Netherlands	2.41	2.49	2.61	2.68	2.68	2.76	2.84	2.85	2.77	2.65	2.58	2.50	2.49	2.47	Pays-Bas
Norway	6.13	6.24	6.40	6.52	6.46	6.70	6.91	7.17	7.17	6.92	6.90	7.18	7.55	7.91	Norvège
Portugal	14.6	14.3	15.1	15.2	17.1	18.7	20.7	24.6	27.6	31.9	34.6	38.4	44.4	53.7	Portugal
Spain	32.4	33.2	34.8	36.6	39.4	42.4	47.1	55.2	61.2	65.6	69.3	75.2	81.1	87.7	Espagne
United Kingdom	0.302	0.314	0.322	0.329	0.349	0.401	0.440	0.477	0.485	0.504	0.534	0.543	0.555	0.563	Royaume-Uni

1. The PPP for United States G.D.P., which has been set equal to one US dollar, is a weighted average of the PPPs of its individual components. The PPP for any particular component, such as private consumption, may of course differ from one dollar.
1. La PPA du P.I.B. des États-Unis, qui a été fixée à un dollar des États-Unis, est une moyenne pondérée des PPA de ses composantes. La PPA d'une composante donnée, telle que la consommation privée, peut, en conséquence, ne pas être égale à un dollar.

3. GDP in current dollars using current PPPs (Billions US dollars)
PIB en dollars courants en utilisant les PPA courantes (Milliards de dollars É-U)

	1970	1971	1972	1973	1974	1975	1976	1977	1978	1979	1980	1981	1982	1983	
Canada	93.2	105.0	116.0	131.6	148.6	164.0	184.3	199.2	222.3	249.5	276.3	312.8	320.0	343.8	Canada
United States	989.5	1 074.2	1 181.3	1 317.1	1 423.4	1 542.2	1 709.9	1 907.5	2 145.7	2 388.4	2 606.6	2 934.9	3 045.3	3 275.7	États-Unis
Japan	299.1	329.4	374.1	429.6	463.5	517.8	577.3	642.6	724.9	826.9	951.3	1 079.6	1 189.4	1 280.7	Japon
Austria	21.3	23.6	26.1	28.9	32.8	35.6	39.4	43.5	47.0	53.4	60.3	65.5	70.8	75.6	Autriche
Belgium	32.2	35.1	38.5	43.1	48.9	52.6	58.7	62.3	68.8	76.2	86.5	92.8	100.5	105.4	Belgique
Denmark	18.7	20.2	22.2	24.3	26.3	28.4	32.2	34.8	38.0	42.6	46.6	50.3	55.4	59.0	Danemark
Finland	13.4	14.4	16.2	18.3	20.5	22.7	24.1	25.5	28.1	32.7	37.9	42.0	46.2	49.7	Finlande
France	173.3	192.3	212.7	236.3	266.0	290.8	323.3	352.1	393.3	440.9	488.3	533.0	581.3	613.8	France
Germany	221.0	240.5	261.4	288.3	316.7	339.8	379.5	414.4	458.1	517.7	578.8	629.9	666.5	703.1	Allemagne
Greece	14.3	16.1	18.3	20.8	21.8	25.3	28.5	31.1	35.6	40.1	44.7	48.5	51.8	54.3	Grèce
Ireland	6.0	6.5	7.3	8.0	9.1	10.3	11.1	12.7	14.6	16.3	18.4	20.6	22.5	23.6	Irlande
Italy	153.8	164.4	177.3	200.2	227.3	239.0	268.3	288.9	318.6	362.4	412.5	450.2	479.6	495.1	Italie
Luxembourg	1.5	1.5	1.7	2.1	2.5	2.2	2.5	2.5	2.9	3.3	3.5	3.8	4.0	4.2	Luxembourg
Netherlands	46.9	51.5	55.5	61.9	69.9	75.6	84.4	91.2	100.2	111.2	123.2	133.2	140.1	147.2	Pays-Bas
Norway	13.4	14.7	16.2	17.8	20.4	23.2	26.2	28.7	32.2	36.8	42.0	46.1	49.8	53.7	Norvège
Portugal	11.4	12.8	14.4	17.0	18.6	19.5	22.1	24.7	27.3	31.7	36.2	39.7	43.8	45.7	Portugal
Spain	74.5	82.3	92.9	105.7	121.7	134.5	146.6	160.3	175.2	190.3	211.7	231.6	249.8	266.7	Espagne
United Kingdom	183.1	197.8	211.1	240.6	259.3	281.2	309.0	329.9	367.2	407.1	436.1	469.8	511.9	552.6	Royaume-Uni
Other countries	158.2	174.7	189.5	208.1	237.6	265.1	291.4	312.6	342.9	379.8	423.2	473.5	513.8	548.4	Autres pays
OECD - Total	2 524.9	2 757.1	3 032.8	3 399.6	3 734.7	4 069.9	4 518.7	4 964.5	5 543.2	6 207.4	6 884.1	7 658.0	8 142.8	8 698.2	OCDE - Total
OECD - Europe	1 087.6	1 186.9	1 294.7	1 446.8	1 615.8	1 753.1	1 945.9	2 108.0	2 332.5	2 609.8	2 901.8	3 163.0	3 409.0	3 608.2	OCDE - Europe
EEC	850.8	925.9	1 006.0	1 125.7	1 247.6	1 345.4	1 497.4	1 619.9	1 797.5	2 017.8	2 238.7	2 432.1	2 613.7	2 758.2	CEE

4. Shares in OECD totals: GDP in current dollars at current exchange rates (%)
Parts dans le total OCDE: PIB en dollars courants aux taux de change courants (%)

	1970	1971	1972	1973	1974	1975	1976	1977	1978	1979	1980	1981	1982	1983	
Canada	3.92	4.04	3.94	3.79	4.17	4.01	4.45	4.02	3.45	3.35	3.42	3.79	3.94	4.14	Canada
United States	47.05	45.95	43.46	40.06	39.01	37.74	38.61	38.18	35.72	34.74	34.31	38.20	40.11	41.84	États-Unis
Japan	9.68	9.87	11.20	12.58	12.59	12.21	12.63	13.75	16.03	14.51	13.70	14.90	14.00	14.76	Japon
Austria	0.69	0.72	0.76	0.84	0.91	0.92	0.91	0.96	0.97	1.00	1.01	0.86	0.88	0.86	Autriche
Belgium	1.20	1.21	1.29	1.37	1.45	1.51	1.50	1.55	1.57	1.58	1.54	1.25	1.11	1.02	Belgique
Denmark	0.75	0.76	0.80	0.87	0.87	0.92	0.94	0.93	0.94	0.96	0.87	0.75	0.74	0.72	Danemark
Finland	0.52	0.51	0.52	0.57	0.65	0.69	0.69	0.65	0.58	0.62	0.68	0.66	0.67	0.63	Finlande
France	6.70	6.73	7.16	7.61	7.28	8.29	7.93	7.68	7.90	8.35	8.63	7.45	7.15	6.63	France
Germany	8.77	9.20	9.50	10.44	10.43	10.21	10.04	10.31	10.65	11.05	10.73	8.89	8.69	8.34	Allemagne
Greece	0.47	0.47	0.46	0.50	0.52	0.51	0.51	0.52	0.53	0.56	0.53	0.48	0.50	0.44	Grèce
Ireland	0.18	0.19	0.21	0.20	0.19	0.21	0.19	0.20	0.21	0.23	0.25	0.23	0.24	0.23	Irlande
Italy	4.78	4.73	4.74	4.68	4.67	4.70	4.25	4.31	4.36	4.73	5.21	4.60	4.59	4.51	Italie
Luxembourg	0.05	0.05	0.05	0.06	0.07	0.06	0.06	0.06	0.06	0.06	0.06	0.05	0.04	0.04	Luxembourg
Netherlands	1.58	1.67	1.77	1.92	2.04	2.13	2.16	2.24	2.29	2.29	2.23	1.84	1.81	1.69	Pays-Bas
Norway	0.53	0.54	0.55	0.59	0.64	0.70	0.71	0.72	0.68	0.69	0.76	0.74	0.74	0.70	Norvège
Portugal	0.29	0.30	0.32	0.35	0.37	0.36	0.35	0.33	0.30	0.30	0.32	0.31	0.31	0.26	Portugal
Spain	1.75	1.80	1.96	2.16	2.42	2.57	2.44	2.42	2.44	2.85	2.79	2.44	2.38	2.02	Espagne
United Kingdom	5.86	6.00	5.87	5.50	5.38	5.74	5.13	5.08	5.35	6.04	7.02	6.63	6.36	5.81	Royaume-Uni
Other countries	5.21	5.26	5.44	5.92	6.34	6.51	6.51	6.09	5.97	6.10	5.94	5.93	5.74	5.36	Autres pays
OECD - Total	100.00	100.00	100.00	100.00	100.00	100.00	100.00	100.00	100.00	100.00	100.00	100.00	100.00	100.00	OCDE - Total
OECD - Europe	37.33	38.06	39.29	41.15	41.60	43.53	41.82	41.82	42.66	45.30	46.39	40.67	39.54	36.98	OCDE - Europe
EEC	30.36	31.00	31.85	33.14	32.89	34.28	32.71	32.88	33.86	35.85	37.06	32.16	31.24	29.43	CEE

5. Shares in OECD totals: GDP in current dollars using current PPPs (%)
Parts dans le total OCDE: PIB en dollars courants en utilisant les PPA courantes (%)

	1970	1971	1972	1973	1974	1975	1976	1977	1978	1979	1980	1981	1982	1983	
Canada	3.69	3.81	3.82	3.87	3.98	4.03	4.08	4.01	4.01	4.02	4.01	4.09	3.93	3.95	Canada
United States	39.19	38.96	38.95	38.74	38.11	37.89	37.84	38.42	38.71	38.48	37.86	38.32	37.40	37.66	États-Unis
Japan	11.85	11.95	12.34	12.64	12.41	12.72	12.78	12.94	13.08	13.32	13.82	14.10	14.61	14.72	Japon
Austria	0.84	0.85	0.86	0.85	0.88	0.88	0.87	0.88	0.85	0.86	0.88	0.86	0.87	0.87	Autriche
Belgium	1.27	1.27	1.27	1.27	1.31	1.29	1.30	1.25	1.24	1.23	1.26	1.21	1.23	1.21	Belgique
Denmark	0.74	0.73	0.73	0.72	0.70	0.70	0.71	0.70	0.69	0.69	0.68	0.66	0.68	0.68	Danemark
Finland	0.53	0.52	0.54	0.54	0.55	0.56	0.53	0.51	0.51	0.53	0.55	0.55	0.57	0.57	Finlande
France	6.87	6.98	7.01	6.95	7.12	7.15	7.16	7.09	7.10	7.10	7.09	6.96	7.14	7.06	France
Germany	8.75	8.72	8.62	8.48	8.48	8.35	8.40	8.35	8.26	8.34	8.41	8.23	8.18	8.08	Allemagne
Greece	0.57	0.58	0.60	0.61	0.58	0.62	0.63	0.63	0.64	0.65	0.65	0.63	0.64	0.62	Grèce
Ireland	0.24	0.24	0.24	0.24	0.24	0.25	0.25	0.26	0.26	0.26	0.27	0.27	0.28	0.27	Irlande
Italy	6.09	5.96	5.85	5.89	6.09	5.87	5.94	5.82	5.75	5.84	5.99	5.88	5.89	5.69	Italie
Luxembourg	0.06	0.06	0.06	0.06	0.07	0.06	0.05	0.05	0.05	0.05	0.05	0.05	0.05	0.05	Luxembourg
Netherlands	1.86	1.87	1.83	1.82	1.87	1.86	1.87	1.84	1.81	1.79	1.79	1.74	1.72	1.69	Pays-Bas
Norway	0.53	0.53	0.53	0.52	0.55	0.57	0.58	0.58	0.58	0.59	0.61	0.60	0.61	0.62	Norvège
Portugal	0.45	0.46	0.48	0.50	0.50	0.48	0.49	0.50	0.49	0.51	0.53	0.52	0.54	0.53	Portugal
Spain	2.95	2.98	3.06	3.11	3.26	3.31	3.24	3.23	3.16	3.07	3.07	3.02	3.07	3.07	Espagne
United Kingdom	7.25	7.18	6.96	7.08	6.94	6.91	6.84	6.65	6.62	6.56	6.33	6.13	6.29	6.35	Royaume-Uni
Other countries	6.27	6.34	6.25	6.12	6.36	6.51	6.45	6.30	6.19	6.12	6.15	6.18	6.31	6.30	Autres pays
OECD - Total	100.00	100.00	100.00	100.00	100.00	100.00	100.00	100.00	100.00	100.00	100.00	100.00	100.00	100.00	OCDE - Total
OECD - Europe	43.07	43.05	42.69	42.56	43.26	43.07	43.06	42.46	42.08	42.04	42.15	41.30	41.87	41.48	OCDE - Europe
EEC	33.70	33.58	33.17	33.11	33.41	33.06	33.14	32.63	32.43	32.51	32.52	31.76	32.10	31.71	CEE

6. GDP per head in current dollars using current PPPs (US dollars)
PIB par habitant en dollars courants en utilisant les PPA courantes (dollars É-U)

	1970	1971	1972	1973	1974	1975	1976	1977	1978	1979	1980	1981	1982	1983	
Canada	4 371	4 862	5 314	5 962	6 634	7 216	8 004	8 553	9 446	10 496	11 479	12 839	12 978	13 803	Canada
United States	4 826	5 173	5 628	6 215	6 656	7 141	7 842	8 661	9 640	10 613	11 446	12 759	13 109	13 969	États-Unis
Japan	2 884	3 117	3 491	3 953	4 207	4 643	5 120	5 643	6 308	7 136	8 144	9 176	10 042	10 739	Japon
Austria	2 866	3 157	3 484	3 840	4 348	4 737	5 250	5 790	6 259	7 116	8 033	8 731	9 353	10 010	Autriche
Belgium	3 334	3 627	3 969	4 425	5 003	5 375	5 982	6 342	7 002	7 750	8 780	9 421	10 198	10 690	Belgique
Denmark	3 795	4 061	4 445	4 843	5 217	5 621	6 351	6 831	7 446	8 334	9 086	9 814	10 816	11 538	Danemark
Finland	2 918	3 133	3 498	3 917	4 377	4 812	5 093	5 381	5 911	6 871	7 930	8 757	9 580	10 220	Finlande
France	3 414	3 752	4 113	4 534	5 070	5 518	6 113	6 635	7 383	8 244	9 091	9 876	10 722	11 276	France
Germany	3 644	3 924	4 239	4 651	5 104	5 495	6 168	6 748	7 470	8 438	9 402	10 212	10 812	11 447	Allemagne
Greece	1 629	1 824	2 057	2 327	2 430	2 793	3 106	3 342	3 777	4 195	4 634	4 986	5 294	5 512	Grèce
Ireland	2 033	2 191	2 400	2 610	2 919	3 244	3 432	3 872	4 404	4 830	5 416	5 986	6 457	6 740	Irlande
Italy	2 866	3 043	3 260	3 655	4 124	4 311	4 816	5 184	5 676	6 438	7 313	7 968	8 469	8 711	Italie
Luxembourg	4 419	4 518	4 960	5 995	6 937	6 264	6 839	7 063	8 013	9 137	9 926	10 432	10 996	11 381	Luxembourg
Netherlands	3 594	3 902	4 162	4 605	5 163	5 534	6 124	6 581	7 189	7 924	8 705	9 352	9 793	10 247	Pays-Bas
Norway	3 450	3 775	4 113	4 487	5 115	5 785	6 511	7 102	7 941	9 023	10 272	11 246	12 100	12 999	Norvège
Portugal	1 266	1 423	1 610	1 889	2 043	2 064	2 283	2 532	2 789	3 216	3 652	3 985	4 386	4 549	Portugal
Spain	2 198	2 407	2 693	3 036	3 462	3 788	4 079	4 406	4 764	5 129	5 662	6 150	6 586	6 977	Espagne
United Kingdom	3 291	3 538	3 765	4 281	4 611	5 002	5 499	5 874	6 539	7 241	7 745	8 333	9 086	9 802	Royaume-Uni
Other countries	2 406	2 603	2 770	2 986	3 348	3 674	3 999	4 227	4 566	4 982	5 463	6 011	6 411	6 737	Autres pays
OECD - Total	3 531	3 810	4 149	4 607	5 016	5 421	5 975	6 516	7 219	8 021	8 823	9 741	10 284	10 914	OCDE - Total
OECD - Europe	2 944	3 184	3 444	3 819	4 237	4 570	5 050	5 445	5 990	6 666	7 368	7 987	8 565	9 026	OCDE - Europe
EEC	3 267	3 528	3 808	4 237	4 679	5 033	5 593	6 042	6 685	7 484	8 275	8 965	9 618	10 136	CEE

7. Indices of GDP per head, using current exchange rates (OECD = 100)
Indices du PIB par habitant, en utilisant les taux de change courants (OCDE = 100)

	1970	1971	1972	1973	1974	1975	1976	1977	1978	1979	1980	1981	1982	1983	
Canada	132	135	132	127	139	133	146	131	113	109	111	122	126	132	Canada
United States	164	160	151	139	136	131	134	132	123	119	118	131	137	142	États-Unis
Japan	67	68	76	85	85	82	85	92	107	97	91	100	94	99	Japon
Austria	66	70	74	83	90	92	92	98	99	103	105	90	92	91	Autriche
Belgium	89	91	97	104	110	116	116	120	123	124	122	99	89	83	Belgique
Denmark	109	110	117	128	128	137	140	139	141	145	133	114	114	112	Danemark
Finland	80	81	82	90	104	111	110	104	94	101	111	108	110	103	Finlande
France	94	95	101	108	103	118	113	110	114	121	125	109	104	97	France
Germany	103	109	113	124	125	124	123	128	133	139	136	113	112	108	Allemagne
Greece	39	39	38	41	43	43	42	43	43	45	43	39	40	36	Grèce
Ireland	45	47	50	48	46	48	44	46	49	53	57	53	55	52	Irlande
Italy	64	63	64	63	63	64	58	59	60	65	72	64	64	63	Italie
Luxembourg	108	104	110	125	138	121	122	120	126	130	130	108	96	89	Luxembourg
Netherlands	87	91	97	106	112	117	118	123	126	126	123	102	100	94	Pays-Bas
Norway	98	100	102	110	120	130	133	136	128	130	145	142	143	136	Norvège
Portugal	23	24	26	29	30	29	27	26	23	23	26	25	24	21	Portugal
Spain	37	38	42	46	51	54	51	51	51	59	58	51	50	42	Espagne
United Kingdom	75	78	76	72	71	77	69	69	73	83	97	92	89	82	Royaume-Uni
Other countries	57	57	58	63	67	68	68	63	61	62	60	59	57	52	Autres pays
OECD - Total	100	100	100	100	100	100	100	100	100	100	100	100	100	100	OCDE - Total
OECD - Europe	72	74	76	80	81	85	82	82	84	90	92	81	79	74	OCDE - Europe
EEC	83	85	88	92	92	96	92	93	97	103	107	93	91	86	CEE

8. Indices of GDP per head, using current PPPs (OECD = 100)
Indices du PIB par habitant, en utilisant les PPA courantes (OCDE = 100)

	1970	1971	1972	1973	1974	1975	1976	1977	1978	1979	1980	1981	1982	1983	
Canada	124	128	128	129	132	133	134	131	131	131	130	132	126	126	Canada
United States	137	136	136	135	133	132	131	133	134	132	130	131	127	128	États-Unis
Japan	82	82	84	86	84	86	86	87	87	89	92	94	98	98	Japon
Austria	81	83	84	83	87	87	88	89	87	89	91	90	91	92	Autriche
Belgium	94	95	96	96	100	99	100	97	97	97	100	97	99	98	Belgique
Denmark	107	107	107	105	104	104	106	105	103	104	103	101	105	106	Danemark
Finland	83	82	84	85	87	89	85	83	82	86	90	90	93	94	Finlande
France	97	98	99	98	101	102	102	102	102	103	103	101	104	103	France
Germany	103	103	102	101	102	101	103	104	103	105	107	105	105	105	Allemagne
Greece	46	48	50	51	48	52	52	51	52	52	53	51	51	51	Grèce
Ireland	58	58	58	57	58	60	57	59	61	60	61	61	63	62	Irlande
Italy	81	80	79	79	82	80	81	80	79	80	83	82	82	80	Italie
Luxembourg	125	119	120	130	138	116	114	108	111	114	113	107	107	104	Luxembourg
Netherlands	102	102	100	100	103	102	103	101	100	99	99	96	95	94	Pays-Bas
Norway	98	99	99	97	102	107	109	109	110	112	116	115	118	119	Norvège
Portugal	36	37	39	41	41	38	38	39	39	40	41	41	43	42	Portugal
Spain	62	63	65	66	69	70	68	68	66	64	64	63	64	64	Espagne
United Kingdom	93	93	91	93	92	92	92	90	91	90	88	86	88	90	Royaume-Uni
Other countries	68	68	67	65	67	68	67	65	63	62	62	62	62	62	Autres pays
OECD - Total	100	100	100	100	100	100	100	100	100	100	100	100	100	100	OCDE - Total
OECD - Europe	83	84	83	83	84	84	85	84	83	83	84	82	83	83	OCDE - Europe
EEC	93	93	92	92	93	93	94	93	93	93	94	92	94	93	CEE

9. Private consumption in current dollars using current PPPs (Billions US dollars)
Consommation privée en dollars courants en utilisant les PPA courantes (Milliards de dollars É-U)

	1970	1971	1972	1973	1974	1975	1976	1977	1978	1979	1980	1981	1982	1983	
Canada	51.2	57.9	64.5	73.1	84.8	95.9	107.6	116.7	128.1	142.5	159.0	176.5	183.1	195.7	Canada
United States	635.7	689.5	756.5	833.6	911.5	1 001.9	1 115.0	1 238.2	1 380.2	1 544.0	1 713.1	1 906.0	2 043.8	2 216.2	États-Unis
Japan	174.5	193.1	219.5	254.2	278.1	311.5	339.4	373.2	417.9	482.5	539.1	592.2	653.6	700.9	Japon
Austria	11.8	13.1	14.5	16.1	18.3	20.3	22.4	25.1	26.4	30.1	33.7	36.8	39.6	43.2	Autriche
Belgium	19.4	21.3	23.5	26.8	30.4	33.0	36.3	39.3	43.3	49.5	55.7	60.0	64.0	65.7	Belgique
Denmark	10.7	11.1	11.8	13.2	14.2	15.8	18.1	19.5	21.2	23.5	24.9	26.6	28.6	30.2	Danemark
Finland	7.6	8.1	9.1	10.2	11.5	12.7	13.6	14.2	15.6	18.0	20.2	22.4	24.6	26.1	Finlande
France	101.6	113.0	124.6	139.6	158.9	176.7	196.4	213.8	241.2	271.6	303.1	338.7	370.0	387.0	France
Germany	120.5	131.8	143.0	154.2	170.3	189.7	207.5	227.8	253.1	284.5	323.3	351.6	367.9	386.2	Allemagne
Greece	9.4	10.6	11.8	13.5	14.8	16.9	18.9	21.0	22.9	25.7	28.2	31.2	33.7	35.2	Grèce
Ireland	4.2	4.6	4.9	5.6	6.3	6.5	7.0	7.9	9.3	10.6	11.8	13.1	13.2	13.2	Irlande
Italy	97.5	105.2	113.0	126.8	143.6	152.5	166.4	180.2	192.7	221.1	254.8	280.8	298.1	307.4	Italie
Luxembourg	0.8	0.8	0.9	1.0	1.2	1.3	1.4	1.6	1.7	1.9	2.2	2.5	2.6	2.6	Luxembourg
Netherlands	29.1	31.4	33.7	37.1	42.0	46.8	52.2	57.6	64.6	72.7	79.8	85.3	88.9	92.1	Pays-Bas
Norway	7.0	7.7	8.2	8.9	10.2	11.6	12.9	14.7	15.4	17.4	19.6	21.6	23.2	24.3	Norvège
Portugal	8.0	9.5	9.8	12.0	14.4	15.6	17.0	18.3	19.4	21.0	23.8	26.6	28.7	29.5	Portugal
Spain	54.1	59.8	66.9	76.6	88.0	96.7	106.3	115.4	125.9	137.9	153.0	160.8	171.5	179.3	Espagne
United Kingdom	104.7	112.9	124.5	138.9	151.0	161.4	170.8	179.9	203.7	232.6	254.6	278.2	297.5	321.7	Royaume-Uni
Other countries	99.7	110.1	120.1	131.7	150.9	168.3	185.4	201.0	216.6	236.7	260.2	287.4	311.5	329.6	Autres pays
OECD - Total	1 547.7	1 691.6	1 860.9	2 073.3	2 300.3	2 535.1	2 794.6	3 065.1	3 399.3	3 823.6	4 259.9	4 698.2	5 044.3	5 386.1	OCDE - Total
OECD - Europe	652.8	714.9	781.1	868.1	975.3	1 069.5	1 172.4	1 273.1	1 402.8	1 576.4	1 760.0	1 923.6	2 055.3	2 159.0	OCDE - Europe
EEC	497.9	542.7	591.7	656.8	732.6	800.5	875.0	948.5	1 053.7	1 193.6	1 338.3	1 468.0	1 564.5	1 641.3	CEE

10. Shares in OECD totals: Private consumption in current dollars at current exchange rates (%)
Parts dans le total OCDE: Consommation privée en dollars courants aux taux de change courants (%)

	1970	1971	1972	1973	1974	1975	1976	1977	1978	1979	1980	1981	1982	1983	
Canada	3.75	3.86	3.80	3.61	3.86	3.77	4.14	3.77	3.25	3.08	3.10	3.40	3.56	3.74	Canada
United States	49.04	47.85	45.25	41.81	40.83	39.23	40.34	39.74	37.16	36.17	36.06	39.69	42.24	44.16	États-Unis
Japan	8.39	8.77	10.05	11.37	11.42	11.41	11.87	12.93	15.16	13.89	13.05	14.01	13.18	13.98	Japon
Austria	0.62	0.65	0.69	0.76	0.81	0.85	0.85	0.91	0.89	0.92	0.92	0.80	0.80	0.79	Autriche
Belgium	1.19	1.21	1.29	1.40	1.45	1.51	1.50	1.57	1.60	1.63	1.60	1.33	1.16	1.06	Belgique
Denmark	0.72	0.70	0.71	0.80	0.79	0.84	0.87	0.87	0.87	0.89	0.80	0.68	0.65	0.63	Danemark
Finland	0.49	0.48	0.49	0.53	0.58	0.62	0.63	0.59	0.54	0.56	0.60	0.58	0.59	0.55	Finlande
France	6.66	6.76	7.18	7.70	7.44	8.40	8.06	7.83	8.10	8.55	8.88	7.87	7.41	6.79	France
Germany	7.95	8.32	8.67	9.51	9.45	9.53	9.31	9.62	9.94	10.18	9.88	8.28	7.93	7.56	Allemagne
Greece	0.54	0.53	0.51	0.53	0.58	0.57	0.55	0.57	0.57	0.58	0.55	0.52	0.53	0.47	Grèce
Ireland	0.21	0.22	0.22	0.22	0.22	0.22	0.20	0.21	0.22	0.25	0.26	0.25	0.24	0.22	Irlande
Italy	4.97	4.90	4.94	4.93	4.90	4.94	4.37	4.39	4.44	4.76	5.23	4.69	4.59	4.50	Italie
Luxembourg	0.04	0.04	0.05	0.05	0.05	0.05	0.05	0.06	0.06	0.06	0.06	0.05	0.04	0.04	Luxembourg
Netherlands	1.53	1.58	1.67	1.83	1.92	2.04	2.08	2.20	2.28	2.30	2.23	1.82	1.76	1.63	Pays-Bas
Norway	0.48	0.48	0.49	0.52	0.55	0.59	0.61	0.64	0.58	0.57	0.59	0.58	0.57	0.54	Norvège
Portugal	0.32	0.34	0.34	0.38	0.44	0.46	0.43	0.39	0.34	0.33	0.35	0.35	0.34	0.29	Portugal
Spain	1.97	2.03	2.22	2.47	2.75	2.86	2.77	2.75	2.77	3.23	3.18	2.79	2.68	2.23	Espagne
United Kingdom	5.99	6.12	6.13	5.74	5.65	5.74	4.99	4.92	5.21	5.94	6.80	6.47	6.10	5.59	Royaume-Uni
Other countries	5.14	5.16	5.32	5.84	6.31	6.38	6.38	6.06	6.03	6.11	5.86	5.84	5.62	5.24	Autres pays
OECD - Total	100.00	100.00	100.00	100.00	100.00	100.00	100.00	100.00	100.00	100.00	100.00	100.00	100.00	100.00	OCDE - Total
OECD - Europe	36.78	37.45	38.81	40.81	41.31	43.14	41.22	41.35	42.28	44.80	45.65	40.52	38.64	35.87	OCDE - Europe
EEC	29.81	30.38	31.36	32.71	32.44	33.83	31.99	32.22	33.29	35.14	36.29	31.96	30.42	28.48	CEE

11. Shares in OECD totals: Private consumption in current dollars using current PPPs (%)
Parts dans le total OCDE: Consommation privée en dollars courants en utilisant les PPA courantes (%)

	1970	1971	1972	1973	1974	1975	1976	1977	1978	1979	1980	1981	1982	1983	
Canada	3.31	3.42	3.47	3.53	3.69	3.78	3.85	3.81	3.77	3.73	3.73	3.76	3.63	3.63	Canada
United States	41.08	40.76	40.65	40.20	39.62	39.52	39.90	40.39	40.60	40.38	40.21	40.57	40.52	41.15	États-Unis
Japan	11.27	11.42	11.80	12.26	12.09	12.29	12.14	12.18	12.29	12.62	12.65	12.61	12.96	13.01	Japon
Austria	0.76	0.78	0.78	0.78	0.80	0.80	0.80	0.82	0.78	0.79	0.79	0.78	0.78	0.80	Autriche
Belgium	1.25	1.26	1.26	1.29	1.32	1.30	1.30	1.28	1.27	1.29	1.31	1.28	1.27	1.22	Belgique
Denmark	0.69	0.66	0.63	0.64	0.62	0.62	0.65	0.63	0.62	0.61	0.58	0.57	0.57	0.56	Danemark
Finland	0.49	0.48	0.49	0.49	0.50	0.50	0.49	0.46	0.46	0.47	0.47	0.48	0.49	0.48	Finlande
France	6.57	6.68	6.70	6.73	6.91	6.97	7.03	6.97	7.10	7.10	7.12	7.21	7.34	7.19	France
Germany	7.79	7.79	7.69	7.44	7.40	7.48	7.43	7.43	7.44	7.44	7.59	7.48	7.29	7.17	Allemagne
Greece	0.61	0.62	0.63	0.65	0.64	0.67	0.68	0.68	0.67	0.67	0.66	0.66	0.67	0.65	Grèce
Ireland	0.27	0.27	0.26	0.27	0.27	0.25	0.25	0.26	0.27	0.28	0.28	0.28	0.26	0.25	Irlande
Italy	6.30	6.22	6.07	6.11	6.24	6.02	5.96	5.88	5.67	5.78	5.98	5.98	5.91	5.71	Italie
Luxembourg	0.05	0.05	0.05	0.05	0.05	0.05	0.05	0.05	0.05	0.05	0.05	0.05	0.05	0.05	Luxembourg
Netherlands	1.88	1.85	1.81	1.79	1.83	1.84	1.87	1.88	1.90	1.90	1.87	1.82	1.76	1.71	Pays-Bas
Norway	0.45	0.45	0.44	0.43	0.44	0.46	0.46	0.48	0.45	0.45	0.46	0.46	0.46	0.45	Norvège
Portugal	0.52	0.56	0.53	0.58	0.63	0.62	0.61	0.60	0.57	0.55	0.56	0.57	0.57	0.55	Portugal
Spain	3.50	3.53	3.60	3.69	3.82	3.81	3.81	3.76	3.70	3.61	3.59	3.42	3.40	3.33	Espagne
United Kingdom	6.76	6.67	6.69	6.70	6.56	6.37	6.11	5.87	5.99	6.08	5.98	5.92	5.90	5.97	Royaume-Uni
Other countries	6.44	6.51	6.45	6.35	6.56	6.64	6.64	6.56	6.37	6.19	6.11	6.12	6.18	6.12	Autres pays
OECD - Total	100.00	100.00	100.00	100.00	100.00	100.00	100.00	100.00	100.00	100.00	100.00	100.00	100.00	100.00	OCDE - Total
OECD - Europe	42.18	42.26	41.97	41.87	42.40	42.19	41.95	41.53	41.27	41.23	41.32	40.94	40.74	40.08	OCDE - Europe
EEC	32.17	32.09	31.80	31.68	31.85	31.58	31.31	30.95	31.00	31.22	31.42	31.25	31.01	30.47	CEE

12. Private consumption per head in current dollars using current PPPs (US dollars)
Consommation privée par habitant en dollars courants en utilisant les PPA courantes (dollars É-U)

	1970	1971	1972	1973	1974	1975	1976	1977	1978	1979	1980	1981	1982	1983	
Canada	2 403	2 680	2 957	3 312	3 788	4 221	4 671	5 008	5 441	5 995	6 605	7 242	7 427	7 858	Canada
United States	3 100	3 320	3 604	3 934	4 262	4 639	5 114	5 622	6 201	6 861	7 522	8 286	8 798	9 451	États-Unis
Japan	1 682	1 827	2 048	2 340	2 524	2 794	3 010	3 277	3 636	4 163	4 615	5 033	5 519	5 877	Japon
Austria	1 584	1 760	1 928	2 143	2 429	2 705	2 983	3 338	3 517	4 010	4 489	4 908	5 230	5 716	Autriche
Belgium	2 012	2 205	2 421	2 757	3 111	3 365	3 697	4 005	4 405	5 027	5 652	6 089	6 493	6 669	Belgique
Denmark	2 169	2 243	2 356	2 626	2 809	3 128	3 575	3 823	4 157	4 590	4 853	5 187	5 580	5 900	Danemark
Finland	1 657	1 759	1 967	2 195	2 447	2 706	2 869	2 996	3 283	3 771	4 226	4 654	5 104	5 359	Finlande
France	2 002	2 206	2 410	2 679	3 030	3 354	3 713	4 028	4 528	5 079	5 644	6 277	6 824	7 110	France
Germany	1 987	2 151	2 319	2 488	2 745	3 068	3 373	3 711	4 127	4 636	5 251	5 701	5 969	6 287	Allemagne
Greece	1 075	1 196	1 325	1 512	1 648	1 865	2 062	2 254	2 429	2 690	2 926	3 202	3 442	3 570	Grèce
Ireland	1 428	1 530	1 627	1 816	2 003	2 034	2 169	2 418	2 795	3 133	3 463	3 819	3 800	3 775	Irlande
Italy	1 817	1 948	2 078	2 314	2 604	2 751	2 988	3 233	3 433	3 928	4 517	4 971	5 263	5 408	Italie
Luxembourg	2 213	2 438	2 605	2 881	3 294	3 688	3 979	4 320	4 755	5 371	6 078	6 751	7 022	7 195	Luxembourg
Netherlands	2 231	2 377	2 526	2 763	3 102	3 422	3 788	4 156	4 631	5 178	5 637	5 986	6 215	6 415	Pays-Bas
Norway	1 811	1 968	2 087	2 258	2 567	2 890	3 216	3 628	3 800	4 261	4 796	5 272	5 642	5 893	Norvège
Portugal	888	1 054	1 098	1 342	1 583	1 655	1 758	1 878	1 981	2 132	2 400	2 667	2 874	2 936	Portugal
Spain	1 598	1 749	1 940	2 200	2 503	2 722	2 959	3 172	3 424	3 717	4 092	4 271	4 521	4 690	Espagne
United Kingdom	1 881	2 019	2 220	2 471	2 685	2 871	3 038	3 203	3 628	4 137	4 522	4 934	5 281	5 706	Royaume-Uni
Other countries	*1 517*	*1 641*	*1 754*	*1 890*	*2 127*	*2 332*	*2 545*	*2 718*	*2 885*	*3 105*	*3 359*	*3 649*	*3 887*	*4 049*	Autres pays
OECD - Total	2 164	2 337	2 546	2 810	3 090	3 376	3 695	4 023	4 427	4 941	5 460	5 976	6 371	6 758	OCDE - Total
OECD - Europe	1 767	1 918	2 078	2 292	2 557	2 788	3 043	3 289	3 603	4 026	4 469	4 857	5 164	5 400	OCDE - Europe
EEC	1 912	2 068	2 240	2 472	2 747	2 995	3 268	3 538	3 919	4 427	4 947	5 411	5 757	6 031	CEE

13. Indices of private consumption per head, using current exchange rates (OECD = 100)
Indices de consommation privée par habitant, en utilisant les taux de change courants (OCDE = 100)

	1970	1971	1972	1973	1974	1975	1976	1977	1978	1979	1980	1981	1982	1983	
Canada	126	129	127	121	128	125	136	123	106	100	101	110	114	120	Canada
United States	171	167	158	146	142	136	140	137	128	124	124	136	144	150	États-Unis
Japan	58	60	69	77	77	77	80	87	101	93	87	94	88	93	Japon
Austria	60	63	67	75	80	85	85	92	91	95	96	83	83	83	Autriche
Belgium	88	90	97	106	110	116	116	122	125	128	127	106	94	86	Belgique
Denmark	104	102	104	117	117	124	130	130	131	135	121	105	101	98	Danemark
Finland	76	75	77	83	92	99	100	95	87	91	98	95	97	89	Finlande
France	94	95	102	109	106	120	115	112	117	124	129	115	108	99	France
Germany	94	98	103	113	113	116	114	119	124	128	125	106	102	98	Allemagne
Greece	44	44	42	44	48	47	45	46	46	47	45	42	43	38	Grèce
Ireland	51	53	54	52	52	51	46	48	52	57	61	57	55	49	Irlande
Italy	66	66	66	66	66	67	59	60	61	65	72	65	64	63	Italie
Luxembourg	92	94	99	103	106	113	113	118	120	124	125	107	94	87	Luxembourg
Netherlands	84	87	92	100	105	112	114	121	126	127	123	100	97	90	Pays-Bas
Norway	88	89	91	97	102	111	114	121	110	108	113	110	111	104	Norvège
Portugal	25	27	27	31	36	36	34	30	26	26	28	28	27	23	Portugal
Spain	42	43	47	52	58	60	58	58	58	58	67	66	58	47	Espagne
United Kingdom	77	79	80	75	75	77	67	67	71	82	94	90	86	79	Royaume-Uni
Other countries	*56*	*56*	*57*	*62*	*66*	*66*	*66*	*62*	*62*	*62*	*59*	*58*	*56*	*51*	Autres pays
OECD - Total	100	100	100	100	100	100	100	100	100	100	100	100	100	100	OCDE - Total
OECD - Europe	71	73	75	79	81	84	81	81	83	89	90	80	77	72	OCDE - Europe
EEC	82	84	87	91	91	95	90	92	95	101	105	93	89	83	CEE

14. Indices of private consumption per head, using current PPPs (OECD = 100)
Indices de consommation privée par habitant, en utilisant les PPA courantes (OCDE = 100)

	1970	1971	1972	1973	1974	1975	1976	1977	1978	1979	1980	1981	1982	1983	
Canada	111	115	116	118	123	125	126	124	123	121	121	121	117	116	Canada
United States	143	142	142	140	138	137	138	140	140	139	138	139	138	140	États-Unis
Japan	78	78	80	83	82	83	81	81	82	84	85	84	87	87	Japon
Austria	73	75	76	76	79	80	81	83	79	81	82	82	82	85	Autriche
Belgium	93	94	95	98	101	100	100	100	100	102	104	102	102	99	Belgique
Denmark	100	96	93	93	91	93	97	95	94	93	89	87	88	87	Danemark
Finland	77	75	77	78	79	80	78	74	74	76	77	78	80	79	Finlande
France	92	94	95	95	98	99	100	100	102	103	103	105	107	105	France
Germany	92	92	91	89	89	91	91	92	93	94	96	95	94	93	Allemagne
Greece	50	51	52	54	53	55	56	56	55	54	54	54	54	53	Grèce
Ireland	66	65	64	65	65	60	59	60	63	63	63	64	60	56	Irlande
Italy	84	83	82	82	84	81	81	80	78	79	83	83	83	80	Italie
Luxembourg	102	104	102	103	107	109	108	107	107	109	111	113	110	106	Luxembourg
Netherlands	103	102	99	98	100	101	103	103	105	105	103	100	98	95	Pays-Bas
Norway	84	84	82	80	83	86	87	90	86	86	88	88	89	87	Norvège
Portugal	41	45	43	48	51	49	48	47	45	43	44	45	45	43	Portugal
Spain	74	75	76	78	81	81	80	79	77	75	75	71	71	69	Espagne
United Kingdom	87	86	87	88	87	85	82	80	82	84	83	83	83	84	Royaume-Uni
Other countries	*70*	*70*	*69*	*67*	*69*	*69*	*69*	*68*	*65*	*63*	*62*	*61*	*61*	*60*	Autres pays
OECD - Total	100	100	100	100	100	100	100	100	100	100	100	100	100	100	OCDE - Total
OECD - Europe	82	82	82	82	83	83	82	82	81	81	82	81	81	80	OCDE - Europe
EEC	88	88	88	88	89	89	88	88	89	90	91	91	90	89	CEE

PURCHASING POWER PARITIES — PARITÉS DE POUVOIR D'ACHAT

EXPLANATORY NOTES

The data in this section have been converted to United States dollars using purchasing power parities (PPPs) rather than the exchange rates used in earlier parts of this volume. The PPP for a given country's GDP can be defined as the rate of currency conversion which ensures that the price level within each country, when expressed in dollars, is the same as that in every other country.

When PPPs are used, the GDPs for different countries are in effect expressed at a fixed set of international prices — here, average OECD prices denominated in United States dollars — so that comparisons between countries reflect only differences in the volume of goods and services produced. Thus, PPPs are essentially similar to the implicit GDP price deflators used to compile constant price series over time in the national accounts of a single country.

As the exchange rate converted data shown earlier are expressed in United States dollars, the PPP converted data shown here also shown in United States dollars, but the choice of currency unit in both cases is purely a matter of convenience which has no effect on comparisons between countries.

The PPPs used in this section are derived from price surveys relating to the year 1980. The Statistical Office of the European Communities (Eurostat) carried out the surveys for its ten Member countries plus Spain and Portugal; the OECD undertook its own study for Canada, United States, Japan and Norway; and the Central Statistical Office of Austria together with the UN Economic Commission for Europe carried out the enquiries for Austria and Finland. The OECD was responsible for combining the results of these various surveys in order to obtain a set of PPPs for the group of eighteen OECD countries, but the actual calculations were carried out at Eurostat. The OECD Secretariat gratefully acknowledges the material support and technical expertise provided by Eurostat.

The benchmark set of 1980 PPPs for the eighteen participating countries were then expanded in two ways. First, regression methods were used to estimate PPPs for the remaining six Member countries so that totals could be obtained for *OECD-Europe* and for *OECD-Total*. The estimated PPPs for these countries are shown in the annex to these notes. Secondly, the 1980 PPPs — including the six estimated PPPs — were backdated to 1970 and updated to 1983 using each country's rate of inflation relative to that of the United States. Specifically, country k's PPP for year t was obtained by multiplying its 1980 PPP by $\frac{Ik_t}{Ius_t}$, where Ik is the appropriate price index based on 1980 (for GDP or private consumption) for country k, and Ius is the corresponding price index for the United States. As changes in PPPs depend directly on the relative rates of inflation in different countries, this method must produce robust estimates for years other than the base year provided they are not too remote from the base year.

A full description of the methodology used for the calculation of these PPPs together with the detailed results is contained in *OECD Purchasing Power Parities and Real Expenditures* (Michael Ward, OECD, Paris, 1985 — forthcoming). A shorter explanation and some summary results are given in *Real Gross Product in OECD Countries and Associated Purchasing Power Parities* (Peter Hill, ESD Working Paper No. 17, December 1984).

NOTES EXPLICATIVES

Les données de la présente section ont été converties en dollars des États-Unis au moyen des parités de pouvoir d'achat (PPA) et non des taux de change comme dans les précédentes parties du présent volume. La parité de pouvoir d'achat du PIB d'un pays peut se définir comme étant le taux de conversion pour lequel le niveau des prix dans ce pays, exprimé en dollars, est le même que dans tous les autres.

Lorsqu'on utilise les PPA, les PIB des différents pays sont en fait exprimés sur la base d'un ensemble fixe de prix internationaux — dans le cas présent, les prix moyens de la zone de l'OCDE en dollars des États-Unis — de sorte que les comparaisons entre pays reflètent uniquement les écarts en volume de la production de biens et services. Les PPA sont donc intrinsèquement semblables aux indices implicites de prix du PIB utilisés en comptabilité nationale pour calculer les séries à prix constants.

Les données converties au moyen des taux de change présentées précédemment étant exprimées en dollars des États-Unis, celles qui figurent dans la présente section et qui ont été établies à partir des PPA sont, elles aussi, exprimées en dollars des États-Unis, mais le choix de l'unité monétaire ne répond, dans les deux cas, qu'à un souci de commodité et n'a pas d'indicence sur les comparaisons entre pays.

Les PPA utilisées dans la présente section sont tirées d'enquêtes sur les prix concernant l'année 1980. L'office de Statistique des Communautés Européennes (EUROSTAT) s'est chargé des enquêtes dans ses dix pays Membres ainsi qu'en Espagne et au Portugal; l'OCDE a mené sa propre étude sur le Canada, les États-Unis, le Japon et la Norvège; l'Office Central de Statistiques de l'Autriche, enfin, a effectué, en collaboration avec la Commission Économique pour l'Europe des Nations Unies, les enquêtes relatives à l'Autriche et à la Finlande. L'OCDE s'est occupée de combiner les résultats de ces diverses enquêtes afin d'obtenir un ensemble de PPA pour le groupe des dix-huit pays de l'OCDE considérés, mais les calculs proprement dits ont été effectués par Eurostat. Le Secrétariat de l'OCDE adresse tous ses remerciements à Eurostat pour son concours matériel et ses conseils techniques.

L'ensemble de référence, composé des PPA de 1980 pour les dix-huit pays participants, a ensuite été élargi de deux manières. En premier lieu, on a estimé, par régression, des PPA pour les six autres pays Membres afin de pouvoir présenter des chiffres globaux pour les zones *OCDE-Europe* et *OCDE-Total*. Les PPA estimées pour ces pays figurent dans l'annexe aux présentes notes. En second lieu, les PPA de 1980 — y compris les six PPA estimées — ont été extrapolées, d'une part, jusqu'à 1970 et, d'autre part, jusqu'à 1983, au moyen des taux d'inflation de chaque pays rapportés à ceux des États-Unis. Plus précisément, la PPA du pays k pour l'année t a été obtenue en multipliant sa PPA de 1980 par le rapport $\frac{Ik_t}{Ius_t}$, où Ik est l'indice de prix voulu (du PIB ou de la consommation privée) du pays k sur la base 1980 et Ius l'indice de prix correspondant pour les États-Unis. Les variations des PPA dépendant directement des taux d'inflation relatifs des différents pays, cette méthode doit permettre d'obtenir des estimations fiables pour les années autres que l'année de référence dans la mesure où les deux années considérées ne sont pas trop éloignées l'une de l'autre.

On trouvera une description détaillée de la méthode de calcul de ces PPA ainsi que des résultats obtenus dans *Parités de pouvoir d'achat et dépenses réelles dans la zone de l'OCDE* (Michael Ward, OCDE, Paris, 1985 — à paraître).

Des explications plus succinctes et quelques résultats sommaires figurent dans *Produit brut réel et parités de pouvoir d'achat dans les pays de l'OCDE* (Peter Hill, document de travail nº 17 du Département des Affaires Économiques et Statistiques, décembre 1984).

Annex: **Purchasing Power Parities Estimated for Non-Participating Countries.**

In order to calculate GDP and Private Consumption for *OECD-Europe* and *OECD-Total*, PPPs have been estimated for the six OECD countries that did not participate in the 1980 price surveys. These were obtained by a regression procedure originally used by Kravis, Heston and Summers[1], in which the relationship between a country's PPP and its exchange rate is assumed to depend on its per capita GDP (converted into dollars using exchange rates) and its "open-ness" vis-à-vis the rest of the world, which is represented by the ratio of its foreign trade to GDP. The following results were obtained for the eighteen participating countries (t-statistic in brackets):

a. PPPs for GDP

$$\log \frac{PPP(GDP)}{XR} = -3.160 + 0.367 \log \frac{GDP}{POP} + 0.084 \log OPN$$
$$(-6.712) \quad (7.164) \quad (1.909)$$

$R_2 = 0.774$

b. PPPs for Private Consumption

$$\log \frac{PPP(PC)}{XR} = -3.021 + 0.373 \log \frac{PC}{POP} + 0.086 \log OPN$$
$$(-4.923) \quad (5.259) \quad (1.590)$$

$R_2 = 0.642$

where PPP is the purchasing power parity for GDP or Private Consumption (PC) in 1980,

XR is the dollar exchange rate in 1980,

POP is the population in 1980,

OPN is the "open-ness" variable defined as

$$\frac{1}{3} \sum_{i=1978}^{1980} \frac{(XGS + MGS)}{(GDP)}_i$$

and XGS and MGS are, respectively, exports and imports of goods and services.

These results were used to estimate 1980 PPPs for the six countries, which were then backdated to 1970 and updated to 1983 as described above. The full sets of estimated PPPs are shown in Table A below.

---

[1]. Irving B. Kravis, Alan Heston and Robert Summers: "Real GDP per Capita in More than One Hundred Countries", Economic Journal, June 1978.

TABLE A

Estimated PPPs for GDP and Private Consumption for non-participating countries: national currency per 1 US dollar

Estimations des PPA du PIB et de la Consommation privée des pays non participants : monnaie nationale par dollar É.-U.

	1970	1971	1972	1973	1974	1975	1976	1977	1978	1979	1980	1981	1982	1983	
a. PPPs for GDP													**a. PPA du PIB**		
Australia	0.69	0.70	0.72	0.76	0.82	0.87	0.93	0.96	0.96	0.97	0.99	0.99	1.03	1.07	Australie
New Zealand	0.64	0.69	0.73	0.75	0.71	0.75	0.84	0.91	0.97	1.07	1.11	1.17	1.22	1.20	Nouvelle-Zélande
Iceland	0.66	0.71	0.80	0.99	1.27	1.62	2.04	2.60	3.55	4.60	6.42	8.89	12.8	22.1	Islande
Sweden	4.60	4.68	4.79	4.86	4.88	5.12	5.41	5.66	5.77	5.74	5.85	5.88	5.97	6.26	Suède
Switzerland	2.87	2.97	3.13	3.20	3.14	3.08	2.99	2.84	2.74	2.57	2.41	2.37	2.37	2.35	Suisse
Turkey	4.42	4.95	5.51	6.50	7.37	7.77	8.47	9.91	13.2	21.0	38.5	50.1	59.6	71.6	Turquie
b. PPPs for Private Consumption													**b. PPA de la Consommation privée**		
Australia	0.70	0.72	0.74	0.76	0.79	0.86	0.93	0.97	0.99	0.99	0.99	0.99	1.04	1.10	Australie
New Zealand	0.65	0.69	0.70	0.70	0.70	0.75	0.84	0.93	0.96	1.03	1.11	1.16	1.24	1.25	Nouvelle-Zélande
Iceland	0.68	0.71	0.78	0.92	1.19	1.65	2.04	2.52	3.39	4.58	6.47	8.93	13.0	22.7	Islande
Sweden	4.34	4.47	4.58	4.65	4.66	4.80	5.06	5.29	5.52	5.47	5.57	5.68	5.92	6.30	Suède
Switzerland	2.91	2.97	3.08	3.17	3.17	3.14	3.04	2.91	2.73	2.62	2.48	2.42	2.42	2.39	Suisse
Turkey	3.89	4.38	4.79	5.71	6.90	7.41	7.78	9.02	13.0	20.9	41.1	54.9	65.9	80.9	Turquie

OECD SALES AGENTS
DÉPOSITAIRES DES PUBLICATIONS DE L'OCDE

ARGENTINA – ARGENTINE
Carlos Hirsch S.R.L., Florida 165, 4° Piso (Galería Guemes)
1333 BUENOS AIRES, Tel. 33.1787.2391 y 30.7122

AUSTRALIA – AUSTRALIE
Australia and New Zealand Book Company Pty, Ltd.,
10 Aquatic Drive, Frenchs Forest, N.S.W. 2086
P.O. Box 459, BROOKVALE, N.S.W. 2100. Tel. (02) 452.44.11

AUSTRIA – AUTRICHE
OECD Publications and Information Center
4 Simrockstrasse 5300 Bonn (Germany). Tel. (0228) 21.60.45
Local Agent/Agent local :
Gerold and Co., Graben 31, WIEN 1. Tel. 52.22.35

BELGIUM – BELGIQUE
Jean De Lannoy, Service Publications OCDE
avenue du Roi 202, B-1060 BRUXELLES. Tel. 02/538.51.69

CANADA
Renouf Publishing Company Limited,
Central Distribution Centre,
61 Sparks Street (Mall),
P.O.B. 1008 - Station B,
OTTAWA, Ont. KIP 5R1.
Tel. (613)238.8985-6
Toll Free: 1-800.267.4164
Librairie Renouf Limitée
980 rue Notre-Dame,
Lachine, P.Q. H8S 2B9,
Tel. (514) 634-7088.

DENMARK – DANEMARK
Munksgaard Export and Subscription Service
35, Nørre Søgade
DK 1370 KØBENHAVN K. Tel. +45.1.12.85.70

FINLAND – FINLANDE
Akateeminen Kirjakauppa
Keskuskatu 1, 00100 HELSINKI 10. Tel. 65.11.22

FRANCE
Bureau des Publications de l'OCDE,
2 rue André-Pascal, 75775 PARIS CEDEX 16. Tel. (1) 524.81.67
Principal correspondant :
13602 AIX-EN-PROVENCE : Librairie de l'Université.
Tel. 26.18.08

GERMANY – ALLEMAGNE
OECD Publications and Information Center
4 Simrockstrasse 5300 BONN Tel. (0228) 21.60.45

GREECE – GRÈCE
Librairie Kauffmann, 28 rue du Stade,
ATHÈNES 132. Tel. 322.21.60

HONG-KONG
Government Information Services,
Publications/Sales Section, Baskerville House,
2nd Floor, 22 Ice House Street

ICELAND – ISLANDE
Snaebjörn Jönsson and Co., h.f.,
Hafnarstraeti 4 and 9, P.O.B. 1131, REYKJAVIK.
Tel. 13133/14281/11936

INDIA – INDE
Oxford Book and Stationery Co. :
NEW DELHI-1, Scindia House. Tel. 45896
CALCUTTA 700016, 17 Park Street. Tel. 240832

INDONESIA – INDONÉSIE
PDIN-LIPI, P.O. Box 3065/JKT., JAKARTA, Tel. 583467

IRELAND – IRLANDE
TDC Publishers – Library Suppliers
12 North Frederick Street, DUBLIN 1 Tel. 744835-749677

ITALY – ITALIE
Libreria Commissionaria Sansoni :
Via Lamarmora 45, 50121 FIRENZE. Tel. 579751/584468
Via Bartolini 29, 20155 MILANO. Tel. 365083
Sub-depositari :
Ugo Tassi
Via A. Farnese 28, 00192 ROMA. Tel. 310590
Editrice e Libreria Herder,
Piazza Montecitorio 120, 00186 ROMA. Tel. 6794628
Costantino Ercolano, Via Generale Orsini 46, 80132 NAPOLI. Tel. 405210
Libreria Hoepli, Via Hoepli 5, 20121 MILANO. Tel. 865446
Libreria Scientifica, Dott. Lucio de Biasio "Aeiou"
Via Meravigli 16, 20123 MILANO Tel. 807679
Libreria Zanichelli
Piazza Galvani 1/A, 40124 Bologna Tel. 237389
Libreria Lattes, Via Garibaldi 3, 10122 TORINO. Tel. 519274
La diffusione delle edizioni OCSE è inoltre assicurata dalle migliori librerie nelle
città più importanti.

JAPAN – JAPON
OECD Publications and Information Center,
Landic Akasaka Bldg., 2-3-4 Akasaka,
Minato-ku, TOKYO 107 Tel. 586.2016

KOREA – CORÉE
Pan Korea Book Corporation,
P.O. Box n° 101 Kwangwhamun, SÉOUL. Tel. 72.7369

LEBANON – LIBAN
Documenta Scientifica/Redico,
Edison Building, Bliss Street, P.O. Box 5641, BEIRUT.
Tel. 354429 – 344425

MALAYSIA – MALAISIE
University of Malaya Co-operative Bookshop Ltd.
P.O. Box 1127, Jalan Pantai Baru
KUALA LUMPUR. Tel. 577701/577072

THE NETHERLANDS – PAYS-BAS
Staatsuitgeverij, Verzendboekhandel,
Chr. Plantijnstraat 1 Postbus 20014
2500 EA S-GRAVENHAGE. Tel. nr. 070.789911
Voor bestellingen: Tel. 070.789208

NEW ZEALAND – NOUVELLE-ZÉLANDE
Publications Section,
Government Printing Office Bookshops:
AUCKLAND: Retail Bookshop: 25 Rutland Street,
Mail Orders: 85 Beach Road, Private Bag C.P.O.
HAMILTON: Retail: Ward Street,
Mail Orders, P.O. Box 857
WELLINGTON: Retail: Mulgrave Street (Head Office),
Cubacade World Trade Centre
Mail Orders: Private Bag
CHRISTCHURCH: Retail: 159 Hereford Street,
Mail Orders: Private Bag
DUNEDIN: Retail: Princes Street
Mail Order: P.O. Box 1104

NORWAY – NORVÈGE
J.G. TANUM A/S
P.O. Box 1177 Sentrum OSLO 1. Tel. (02) 80.12.60

PAKISTAN
Mirza Book Agency, 65 Shahrah Quaid-E-Azam, LAHORE 3.
Tel. 66839

PORTUGAL
Livraria Portugal, Rua do Carmo 70-74,
1117 LISBOA CODEX. Tel. 360582/3

SINGAPORE – SINGAPOUR
Information Publications Pte Ltd,
Pei-Fu Industrial Building,
24 New Industrial Road N° 02-06
SINGAPORE 1953, Tel. 2831786, 2831798

SPAIN – ESPAGNE
Mundi-Prensa Libros, S.A.
Castelló 37, Apartado 1223, MADRID-1. Tel. 275.46.55
Libreria Bosch, Ronda Universidad 11, BARCELONA 7.
Tel. 317.53.08, 317.53.58

SWEDEN – SUÈDE
AB CE Fritzes Kungl Hovbokhandel,
Box 16 356, S 103 27 STH, Regeringsgatan 12,
DS STOCKHOLM. Tel. 08/23.89.00
Subscription Agency/Abonnements:
Wennergren-Williams AB,
Box 13004, S104 25 STOCKHOLM.
Tel. 08/54.12.00

SWITZERLAND – SUISSE
OECD Publications and Information Center
4 Simrockstrasse 5300 BONN (Germany). Tel. (0228) 21.60.45
Local Agents/Agents locaux
Librairie Payot, 6 rue Grenus, 1211 GENÈVE 11. Tel. 022.31.89.50

TAIWAN – FORMOSE
Good Faith Worldwide Int'l Co., Ltd.
9th floor, No. 118, Sec. 2,
Chung Hsiao E. Road
TAIPEI. Tel. 391.7396/391.7397

THAILAND – THAILANDE
Suksit Siam Co., Ltd., 1715 Rama IV Rd,
Samyan, BANGKOK 5. Tel. 2511630

TURKEY – TURQUIE
Kültur Yayinlari Is-Türk Ltd. Sti.
Atatürk Bulvari No : 191/Kat. 21
Kavaklidere/ANKARA. Tel. 17 02 66
Dolmabahce Cad. No : 29
BESIKTAS/ISTANBUL. Tel. 60 71 88

UNITED KINGDOM – ROYAUME-UNI
H.M. Stationery Office,
P.O.B. 276, LONDON SW8 5DT.
(postal orders only)
Telephone orders: (01) 622.3316, or
49 High Holborn, LONDON WC1V 6 HB (personal callers)
Branches at: EDINBURGH, BIRMINGHAM, BRISTOL,
MANCHESTER, BELFAST.

UNITED STATES OF AMERICA – ÉTATS-UNIS
OECD Publications and Information Center, Suite 1207,
1750 Pennsylvania Ave., N.W. WASHINGTON, D.C.20006 – 4582
Tel. (202) 724.1857

VENEZUELA
Libreria del Este, Avda. F. Miranda 52, Edificio Galipan,
CARACAS 106. Tel. 32.23.01/33.26.04/31.58.38

YUGOSLAVIA – YOUGOSLAVIE
Jugoslovenska Knjiga, Knez Mihajlova 2, P.O.B. 36, BEOGRAD.
Tel. 621.992

Les commandes provenant de pays où l'OCDE n'a pas encore désigné de dépositaire peuvent être adressées à :
OCDE, Bureau des Publications, 2, rue André-Pascal, 75775 PARIS CEDEX 16.
Orders and inquiries from countries where sales agents have not yet been appointed may be sent to:
OECD, Publications Office, 2, rue André-Pascal, 75775 PARIS CEDEX 16.

68236-12-1984

PUBLICATIONS DE L'OCDE, 2, rue André-Pascal, 75775 PARIS CEDEX 16 - N° 43195 1985
IMPRIMÉ EN FRANCE
(30 85 02 3) ISBN 92-64-02668-1

SEP 25 1985